中國私營經濟年鑒

（一九七八年——一九九三年中文繁體字版）

主編

張緒武　謝明幹　李定

中華全國工商業聯合會
香 港 經 濟 導 報 社
中國民（私）營經濟研究會
聯合編輯

香港經濟導報社出版

特別鳴謝

黃學敏先生　莊瑪健先生　吴　旭先生　冼篤信先生　封國强先生

對首卷《中國私營經濟年鑑》出版事務的真誠支持

中國私營經濟年鉴

薄一波

[illegible]
告及設計、一批資產規模較
大管理規范效益顯著的企業
及其經營者進行介紹、並輯錄
中國一百家最大的私營企業概
序和中國部分私營企業的名
錄。這樣的一部書對有關經營
者有實用價值，對有關研究
者有學術價值、對各種關心這方
面問題的人都是很有用處的。
我希望它每年更加補充、一年
比一年更完善。

為中國私營經濟年鑒題詞

于光遠

一九九四年一月三日

這是一部由聯京署中國廣大私營經濟、掌握中國私營經濟大量而翔實材料的中華全國工商業聯合會，和擁有在全球客戶十六括刊物、由近百個分支機構網和客戶代理點、亦即擁有廣大客戶網絡的香港經濟導報社，合作編輯出版的大型工具書。它全面地介紹有關中國私營經濟的各方面的情況，分別對有關私營經濟的政策法令其中包括詳盡的統

目　　録

書名題字：薄一波
序：于光遠

文獻篇

政策法規

（本政策法規收自一九八六年至一九九三年期間由中國國務院及有關部門所頒布之政策法規）

要論選摘

專　　論

發展與管理

調研報告

人物篇

CHINA PRIVATE ECONOMY ALMANAC

(1978—1993 The unsimplified chinese character Edition)

CONTENTS

Foredword: by Bo Yibo, Yu Guangyuan

PART ONE : DOCUMENTS

Policies, laws and Regulations

(promulgated between 1986 and 1993 by China's State Council or its relevant departments)

Selections of Important Documents

Specialized Treatises

Development and Administration

Research Reports

PART TWO: PERSONAGES

PART THREE: ENTERPRISES

文献篇

本政策法规
收自中国自一九八六年至一九九三年期间
由中国国务院及有关部门所颁布之政策法规

中華人民共和國憲法修正案(節録)

(1988年4月12日七届全國人大一次會議通過 1988年4月12日七届全國人大一次會議主席團公告公布施行)

第一條　憲法第十一條增加規定:

"國家允許私營經濟在法律規定的範圍内存在和發展。私營經濟是社會主義公有制經濟的補充。國家保護私營經濟的合法的權利和利益,對私營經濟實行引導、監督和管理。"

中華人民共和國個人收入調節税暫行條例施行細則(節録)

(1986年12月10日財政部發布)

第二條　條例第二條所説的納税義務人,是指具有中國國籍、户籍,并在中國境内居住,取得條例規定納税收入的公民。

第三條　條例第二條所説的個人收入,是指取得現金收入和實物、有價證券的收入。

實物的折價收入,應按取得實物時的憑證價格或當地國營商店零售價格折算。

有價證券的收入,應按取得有價證券時的當地金融市場的牌價折算。

第四條　條例第三條所説的各項收入,其範圍如下:

一、工資、薪金收入,是指從機關、團體、部隊、學校、企業、事業單位、個體工商業户以及其他單位和個人取得的工資、薪金、獎金、年終加薪、勞動分紅以及各類津貼、補貼的收入。

二、承包、轉包取得的收入,是指對國營、集體、聯營企業事業單位實行承包、轉包、承租取得的個人收入。對承包轉包收入中税前列支部分,應按現行財務制度有關規定,經税務部門審核減除后,并入綜合收入徵收個人收入調節税。對没有財產憑證的個人承包收入,其扣費標准,由各省、自治區、直轄市税務機關核定。

三、勞務報酬收入,則指從事設計、安裝、制圖、化驗、測試、醫療、法律、會計、講學、辦學、新聞、廣播、書畫、雕刻、影視、録音、録像、戲劇、音樂、舞蹈、雜技、曲藝、體育、展覽、咨詢、技術服務、介紹服務等項取得的收入。

四、財產租賃收入,是指出租房屋、機器、設施、車船以及其他動產、不動產的收入。

五、專利權的轉讓、專利實施許可和非專利技術的提供、轉讓取得的收入,是指專利權人將其專利權轉讓給他人或許可他人在一定時間和範圍内使用其專利所取得的個人收入和非專利技術所有者將非專利技術有償地提供轉讓他人所取得的個人收入。

六、投稿、翻譯收入,是指稿酬、審稿及翻譯取得的收入。

七、利息、股息、紅利收入,是指存款、貸款及各種債券的利息收入以及投資的股息、紅利收入。

八、其他收入,是指上述各項收入以外,經中華人民共和國財政部確定徵税的收入。

第五條　條例第四條所説的超倍累進税率,是指將個人收入按全國不同類别的工資地區(工資類别地區按國家統一規定)劃分爲四個檔次,每個檔次都確定一個計税基數,以這個基數爲1倍,未超過基數3倍的部分不徵税,從超過基數3倍的部分起,按不同超倍數采用不同累進税率計徵。

第六條　超倍累進税率的計算公式:個人收入調節税應納税額=綜合收入額×適用税率-速算扣除數(速算扣除數表附后)。

第七條　條例第七條第一款比例税率計算公式:每次收入不滿4000元的,應納税額=(每次收入額-800元)×20%;每次收入4000元以上的,應納税額=每次收入額×(1-20%)×20%

條例第七條第二款比例税率計算公式：每次收入的應納税額＝每次收入額×20％

第八條　條例第七條第一款所説的每次收入，是指納税人完成一件事物(務)的整個收入。不論是預付或分次支付，均應按一次計徵。

中華人民共和國私營企業暫行條例

（1988年6月15日國務院令第4號發布）

第一章　總　　則

第一條　爲鼓勵、引導私營企業健康發展，保障私營企業的合法權益，加强監督管理，繁榮社會主義有計劃商品經濟，制定本條例。

第二條　本條例所稱私營企業是指企業資産屬于私人所有、僱工八人以上的營利性的經濟組織。

第三條　私營經濟是社會主義公有制經濟的補充。國家保護私營企業的合法權益。

私營企業必須在國家法律、法規和政策規定的範圍内從事經營活動。

第四條　私營企業職工依法組織工會。職工的合法權益受國家法律保護。

第五條　私營企業可以成立私營企業協會。

第二章　私營企業的種類

第六條　私營企業分爲以下三種：

(一)獨資企業；

(二)合夥企業；

(三)有限責任公司。

第七條　獨資企業是指一人投資經營的企業。

獨資企業投資者對企業債務負無限責任。

第八條　合夥企業是指二人以上按照協議投資、共同經營、共負盈虧的企業。

合夥企業應當有書面協議。

合夥人對企業債務負連帶無限責任。

第九條　有限責任公司是指投資者以其出資額對公司負責，公司以其全部資産對公司債務承擔責任的企業。

有限責任公司應當符合下列規定：

(一)公司名稱標明有限責任公司或者有限公司的字様；

(二)有符合本條例規定的公司章程；

(三)投資者爲二人以上三十人以下；

(四)注册資金取得合法的驗資證明；

(五)投資者轉讓出資應當取得其他投資者的同意，投資者爲三人以上的，需要取得半數以上的投資者的同意；

(六)不得減少注册資金；

(七)不得向社會發行股票。

有限責任公司投資者超過三十人的，應當向工商行政管理機關作專項申報，經同意后始得辦理登記。

第十條　有限責任公司依法取得法人資格。

第三章　私營企業的開辦和關閉

第十一條　下列人員可以申請開辦私營企業：

（一）農村村民；

（二）城鎮待業人員；

（三）個體工商户經營者；

（四）辭職、退職人員；

（五）國家法律、法規和政策允許的離休、退休人員和其他人員。

第十二條　私營企業可以在國家法律、法規和政策規定的範圍內，從事工業、建築業、交通運輸業、商業、飲食業、服務業、修理業和科技咨詢等行業的生産經營。

私營企業不得從事軍工、金融業的生産經營，不得生産經營國家禁止經營的産品。

第十三條　申請開辦私營企業應當具備下列條件：

（一）與生産經營和服務規模相適應的資金和從業人員；

（二）固定的經營場所和必要的設施；

（三）符合國家法律、法規和政策規定的經營範圍。

第十四條　有限責任公司章程應當包括下列事項：

（一）公司名稱和住所；

（二）開辦公司的宗旨和經營範圍；

（三）注册資金和各個投資者的出資數額；

（四）投資者的姓名、住所及投資者的權利、義務；

（五）公司的組織機構；

（六）公司的解散條件；

（七）投資者轉讓出資的條件；

（八）利潤分配和虧損分擔的辦法；

（九）公司章程的修改程序；

（十）需要説明的其他事項。

第十五條　申請開辦私營企業，必須持有關證件向企業所在地工商行政管理機關辦理登記，經核准發給營業執照后，始得營業。

第十六條　私營企業分立、合并、轉讓、遷移以及改變經營範圍等，應當向工商行政管理機關辦理變更登記或者重新登記。

第十七條　私營企業歇業，應當在距歇業三十日前向工商行政管理機關提出申請，經核准后辦理注銷登記。

私營企業歇業，應當進行財産清算，償還債務。

第十八條　私營企業破産，應當進行破産清算，償還債務，具體辦法另行制定。

第十九條　具備法人條件的私營企業辦理開業登記、變更登記和注銷登記，依照《中華人民共和國企業法人登記管理條例》的規定執行。

第四章　私營企業的權利和義務

第二十條　私營企業投資者對其財産依法享有所有權，其財産可以依法繼承。

第二十一條　私營企業在生産經營活動中享有下列權利：

（一）核准登記的名稱在規定的範圍内享有專用權；

（二）在核准登記的範圍内自主經營；

（三）决定企業的機構設置，招用或者辭退職工；

(四)决定企業的工資制度和利潤分配形式;

(五)按照國家價格管理規定,制定企業的商品價格和收費標准;

(六)訂立合同;

(七)申請專利、注册商標。

第二十二條　私營企業按照國家法律、法規的規定,可以同外國公司、企業和其他經濟組織或者個人舉辦中外合資經營企業、中外合作經營企業,可以承攬來料加工、來樣加工、來件裝配,從事補償貿易。

第二十三條　私營企業在生産經營活動中應當履行下列義務:

(一)遵守國家法律、法規和政策;

(二)依法納税;

(三)服從國家有關機關的監督管理。

第二十四條　私營企業應當在銀行或者其他金融機構按照國家有關規定開立帳户。符合規定條件的,可以申請貸款。

第二十五條　除國家法律、法規規定者外,任何單位不得以任何方式要求私營企業提供財力、物力、人力。對于向私營企業的攤派,私營企業有權拒絶提供,工商行政管理機關有權予以制止。

第二十六條　私營企業的《企業法人營業執照》或者《營業執照》,除工商行政管理機關依照法定程序可以扣繳或者吊銷外,不被扣繳或者吊銷。

第五章　私營企業的勞動管理

第二十七條　私營企業招用職工必須按照平等自願、協商一致的原則以書面形式簽訂勞動合同,確定雙方的權利、義務。

私營企業勞動合同應當向當地勞動行政管理機關備案。

第二十八條　勞動合同應當包括下列内容:

(一)對職工勞動的質量和數量要求;

(二)合同期限;

(三)勞動條件;

(四)勞動報酬、保險和福利待遇;

(五)勞動紀律;

(六)違反勞動合同應當承擔的責任;

(七)雙方議定的其他事項。

第二十九條　私營企業發生的勞動争議,參照《國營企業勞動争議處理暫行規定》處理。

第三十條　私營企業必須執行國家有關勞動保護的規定,建立必要的規章制度,提供勞動安全、衛生設施,保障職工的安全和健康。

私營企業對從事關系到人身健康、生命安全的行業或者工種的職工,必須按照國家規定向保險公司投保。

私營企業有條件的應當爲職工辦理社會保險。

第三十一條　私營企業實行八小時工作制。

第三十二條　私營企業不得招用未滿十六周歲的童工。

第三十三條　私營企業工會有權代表職工與企業簽訂集體合同,依法保護職工的合法權益,支持企業的生産經營活動。

第六章　私營企業的財務和税收

第三十四條　私營企業必須在領取《企業法人營業執照》或者《營業執照》之日起三十日内,向當地税務機關申報辦理税務登記。

第三十五條　私營企業必須按照國家財務會計法規和稅務機關的規定，健全財務會計制度，配備財會人員，建立會計帳簿，編送財務報表，嚴格履行納稅義務，接受稅務機關的監督檢查。

第三十六條　私營企業廠長(經理或董事長)的工資，可以在本企業職工平均工資十倍以內確定。

第三十七條　私營企業所得稅，按照《中華人民共和國私營企業所得稅暫行條例》和有關規定執行。

第三十八條　私營企業稅后利潤留作生產發展基金的部分不得低于50%。由于特殊原因，提取比例低于50%的，須經稅務機關批准。

私營企業的生產發展基金可以用于本企業擴大再生產、向其他企業投資、償還貸款或者彌補本企業的虧損。用于其他用途，須經稅務機關批准。

第三十九條　私營企業投資者的工資收入和稅后利潤分配所得應當依法繳納個人收入調節稅。

第七章　監督與處罰

第四十條　工商行政管理機關應當加强對私營企業的行政管理和監督，保護合法經營，查處違法經營活動。

各有關行業主管部門應當按照國家規定，對私營企業的生產經營活動進行業務指導、幫助和管理。

第四十一條　私營企業有下列行爲之一的，由工商行政管理機關根據情節，分別給予警告、罰款、没收非法所得、責令停業整頓、吊銷《營業執照》的處罰：

(一)登記中隱瞞真實情況、弄虛作假或者未經核准登記注册擅自開業的；

(二)超出核准登記的經營範圍從事經營活動或者不按規定辦理變更登記、重新登記、注銷登記的；

(三)僞造、塗改、出租、轉讓、出賣或者擅自復印《營業執照》的；

(四)從事非法經營活動的；

取得法人資格的私營企業違反登記管理規定，按照《中華人民共和國企業法人登記管理條例》的規定處罰。

第四十二條　私營企業有下列行爲之一的，由勞動行政管理機關根據情節，分別給予警告、罰款的處罰：

(一)不按國家關于勞動保護的規定從事生產經營的；

(二)招用童工的；

(三)侵犯職工合法權益的。

第四十三條　私營企業違反本條例第三十八條規定的行爲，由稅務機關根據情節，分別給予警告、罰款的處罰。

第四十四條　私營企業對管理機關按照本條例第四十一條、第四十二條的規定作出的處罰决定不服時，應當在收到通知之日起十五日内向作出處罰决定機關的上一級機關申請復議。上一級機關應當在收到申請之日起三十日内作出復議决定。申請人對復議决定不服的，可以在收到通知之日起三十日内向人民法院起訴。

逾期未申請復議或者未向人民法院起訴的，處罰决定生效。

第四十五條　私營企業違反國家有關稅收、資源、工商行政、價格、金融、計量、質量、衛生、環境保護等法律、法規的行爲，由有關機關依法予以處罰。

第四十六條　管理機關的工作人員違反本條例規定，濫用職權、徇私舞弊、收受賄賂或者侵害私營企業合法權益的，有關主管機關應當根據情節給予行政處分、經濟處罰；觸犯刑律的，依法追究刑事責任。

第八章　附　　則

第四十七條　本條例由國家工商行政管理局負責解釋；施行辦法由國家工商行政管理局會同有關部門制定。

第四十八條　本條例自一九八八年七月一日起施行。

中華人民共和國
私營企業所得稅暫行條例(廢止)

(1988 年 6 月 25 日國務院令第 5 號發布)

第一條　凡從事工業、建築業、交通運輸業、商業、飲食業以及其他行業的城鄉私營企業，都是私營企業所得稅的納稅義務人(以下簡稱納稅人)，應當依照本條例繳納所得稅。

第二條　納稅人每一納稅年度的收入總額，減除成本、費用、國家允許在所得稅前列支的稅金和營業外支出后的餘額，爲私營企業應納稅所得額。

納稅人計算繳納所得稅的列支項目和標准，由稅務機關規定。

第三條　私營企業所得稅依照 35%的比例稅率計算徵收。

第四條　納稅人有下列情況之一的，可由省，自治區、直轄市人民政府確定，在一定期限內減徵、免徵所得稅：

(一)利用廢水、廢氣、廢渣等廢弃物爲主要原料進行生產的；

(二)遇有風、火、水、震等灾情，納稅確有困難的；

(三)納稅人因特殊情況需要減稅、免稅的。

第五條　除本條例第四條規定者外，其他需要減稅、免稅的，由財政部確定。

第六條　納稅人在納稅年度發生虧損，經稅務機關批准，可以從下一年度的所得中提取相應的數額加以彌補；下一年度的所得額不足彌補的，可以遞延逐年提取所得繼續彌補，但連續彌補期限不得超過三年。

第七條　私營企業所得稅，由納稅人向當地稅務機關繳納。

第八條　私營企業所得稅按年計算，分月或者分季預繳，年終匯算清繳，多退少補。具體納稅期限由縣、市稅務機關確定。

第九條　納稅人必須按照稅務機關的規定建立帳簿和保存憑證，并按規定向當地稅務機關編送財務報表和進行納稅申報。對未按照規定執行的納稅人，稅務機關可處以 5000 元以下的罰款；情節嚴重的，經省、自治區、直轄市稅務機關批准可處以三萬元以下的罰款。

第十條　私營企業所得稅的徵收管理，依照《中華人民共和國稅收徵收管理暫行條例》的規定執行。

第十一條　本條例由財政部負責解釋；施行細則由財政部制定。

第十二條　本條例自一九八八年度起施行。

國務院關于徵收私營企業
投資者個人收入調節稅的規定(廢止)

(1988 年 6 月 25 日國務院令第 6 號發布)

第一條　爲調節私營企業投資者的收入，鼓勵私營企業投資者發展生產，制定本規定。

第二條　對私營企業投資者參加企業經營取得的工資收入，依照《中華人民共和國個人收入調節稅暫行條例》的規定，徵收個人收入調節稅。

第三條　對私營企業投資者從私營企業稅后利潤取得的收入，按下列規定徵收或者免徵個人收入調節稅：

(一)私營企業投資者將私營企業稅后利潤用于生產發展基金的部分，免徵個人收入調節稅；

(二)私營企業投資者將私營企業税后利潤用于個人消費的部分，依照40%的比例税率，計算徵收個人收入調節税；

(三)私營企業投資者不論以何種方式撤回生產發展基金或者轉讓企業資産用于個人消費的，依照前項規定，補徵個人收入調節税。

第四條　本規定由財政部負責解釋。

第五條　本規定自一九八八年度起施行。

個體工商户、私營企業貸款管理暫行辦法(節録)

(1988年8月24日中國農業銀行發布)

第一條　總則

在社會主義初級階段，個體工商業和私營企業是公有制經濟必要的和有益的補充，對于方便人民生活、擴大就業、促進經濟發展具有積極作用。爲了充分發揮銀行信貸利率的槓桿作用，對個體工商户、私營企業進行引導、監督和管理，根據《中華人民共和國銀行管理暫行條例》和有關規定，制定本辦法。

第二條　貸款對象及使用範圍

一、貸款對象

(一)城鄉個體工商户

1.個人經營的工商户；

2.家庭經營的工商户；

3.合夥經營的工商户。

(二)私營企業

1.獨資企業；

2.合夥企業；

3.有限責任公司。

二、貸款使用範圍：包括工業、手工業、建築業、交通運輸業、商業、飲食業、服務業、修理業、科技咨詢、旅游等行業。

第三條　貸款條件

一、持有縣(市)級工商行政管理部門核發的正式營業執照；

二、生産經營符合國家法令法規、政策，并接受銀行監督；

三、實行獨立核算，自負盈虧，并有相對穩定的生産經營場地和必要的設施；

四、有生産經營能力和償還貸款的能力；

五、在銀行開立帳户并建有基本帳册。

第四條　貸款原則

一、自籌資金爲主，銀行貸款支持爲輔；

二、信用第一，誰借誰用誰還，按期清償本息；

三、有適銷適用商品、原材料做物資保證；

四、區别對待，擇優扶持，注重貸款使用的經濟效益；

五、堅持貸户借款自願，銀行貸款自主，任何單位和個人不得强迫銀行貸款。

第五條　貸款用途、期限、利率

一、貸款用途：貸款主要解决生産經營過程中所需流動資金的不足部分。

二、貸款期限

(一)商品流轉貸款期限一般掌握在三個月以内，最長不超過六個月；工業流動資金貸款一般掌握在六個月以内，最長不超過十二個月。牧區、交通不便的邊遠山區，貸款期限可以適當放寬；

(二)購置必要的經營器具、小型設備、小型運輸工具，貸款期限最長不得超過十二個月；

(三)由工商行政管理部門統一舉辦的攤位建設，在保證有償還貸款來源的前提下可以發放貸款，期限一般掌握在十二個月以内，最長不得超過十八個月；

(四)對私營企業一般不發放固定資産貸款。但對其購置生產經營所急需的少量設備所需資金不足部分，或是先支后提性的資金需要，如能保證在十二個月内償還貸款的，銀行可適當給予支持。

三、貸款利率：執行國家規定利率，并可結合當地實際情況，根據不同對象與用途，在規定的利率浮動權限内實行差別利率。

第六條　貸款額度

貸款額度控制在自有流動資金的 30－50％以下，在這一比例之内，若貸款額度過大，由各分行根據本地經濟發展情況規定貸款額度最高限額。

第七條　貸款方式

、信用擔保貸款：借款人辦理貸款時，需要有保證人向銀行保證借款人履行債務清償責任，借款人到期不履行或不能履行清償債務責任時，由保證人連帶承擔清償責任。保證人必須有足够代償貸款本息的資財。擔保方式可分爲全額擔保、分額擔保、差額擔保、定額擔保。

農業銀行不辦理異地信用擔保貸款。

二、抵押擔保款：借款人向銀行借款時，由本人向銀行提供一定抵押物，在借款人無力償還銀行債務時，銀行依據法律規定，以抵押物折價或者變賣抵押物品的價款抵償貸款本息。

抵押物必須是易于保管存儲、變賣的物品，包括用自有資金購置的營業設備，可以轉讓的房産、專利及表示債權的各種有價證券、票據。

抵押物由銀行直接保管的要辦理過户手續，抵押物品由銀行指定或同意的倉庫代爲保管或委托借款人代爲保管的，應當向中國人民保險公司辦理足額保險，保險單交由銀行保管。

辦理保險的抵押物品，發生保險責任險后，借款人要及時通知銀行和保險人，銀行要從保險賠償金中收回貸款本息；發生除外責任險或因其它原因保險人不負理賠責任時，由借款人用其它資金來源歸還銀行貸款本息。

農業銀行不辦理異地抵押擔保款。

三、信用貸款：借款人具備信用好、自有資金比例高，經營管理好、購銷範圍固定、借款額度小，同時有相應的物資保證條件的，可采用信用貸款。

四、各地可分别采用一種或同時采用兩種以上方式相結合的貸款方式。

凡風險大的貸款、額度大的貸款，原則上要經公證機關公證。

第八條　貸款程序

一、貸款申請：借款人應當向開户銀行逐筆提交申請書和必要證件。

二、銀行審查：借款人提出借款申請后，銀行要進行可行性審查。審查内容包括商品是否有銷路，原材料是否有來源，經營能力和經營規模是否相適應。

三、銀行審批：

(一)借款人提出借款申請后，由信貸員據實寫出調查報告，並簽署意見；

(二)根據借款人借款的不同數額，實行信貸員、股長(營業所主任)、行長三級審批制度；

(三)風險大的貸款、數額大的貸款要提交集體討論，由主管負責人簽字；

(四)不得越級審批貸款。

四、簽訂合同：經銀行審查同意后，借款雙方要簽訂借款合同，如有必要和條件的還要經公證機關公證。

第九條　貸款管理

一、帳户管理

(一)銀行檢驗借款人營業執照并收存有關部門開具的證明，開立帳户。

(二)借款人的帳户名稱要和工商行政管理部門核准的字號一致。

(三)對經營規模較大，經濟往來頻繁的要建立經濟檔案。

二、貸款發放

(一)個體工商户、獨資企業,由營業執照立户人申請借用,歸還貸款。

(二)對合夥企業、有限責任公司,銀行不發放入股貸款,企業在生産經營中所需貸款,由企業向開户銀行申請貸款。

(三)堅持按條件和政策發放貸款。對不按國家政策、法律非法經營者、對哄抬價格搶購商品和物資的,一律不予貸款。

三、貸款檢查:

(一)銀行有權監督檢查借款人的貸款使用、企業經營管理、財務活動、物資庫存等情況。

(二)借款人必須按照借款合同規定的貸款金額、用途使用貸款,接受銀行監督檢查,按時向銀行報送有關生産經營、資金運用、財務狀況等經濟資料。

(三)銀行要監督私營企業税后留利分配,促其留足生産發展基金,不斷充實自有資金。

(四)銀行要定期對貸款帳户進行清理整頓。

四、貸款歸還:

(一)銀行對生産經營項目要根據資金周轉期合理確定借款期限,實行按期限管理貸款,到期收回。

(二)借款人如因特殊原因不能按期歸還貸款時,要提前向銀行提出書面延期申請。申請書要寫明延期原因。在徵得債務關系人、保證人同意,并由債務關系人、保證人在貸款延期申請書上簽字后,經銀行審查同意,可辦理延期手續。所延期限最長不得超過原定期限的一半。一筆款只能辦理一次延期。在延期后仍不能按期歸還貸款時,要由保證人代其歸還貸款本息,或由銀行處理抵押物品收回貸款本息。

五、變更:借款人變更登記,歇業、停業,拍賣其財産或被工商行政管理部門吊銷營業執照時,銀行要相應辦理帳户變更、更換、及銷户手續。辦理帳户變更、更換手續時,要檢驗新照。

第十條　債務清償

一、債務承擔

(一)個體工商户的債務,個人經營的,以個人財産承擔;家庭經營的,以家庭財産承擔。

(二)私營企業的債務,按企業在工商行政管理部門的登記注册,凡取得法人資格的,承擔有限清償責任。凡未取得法人資格的,獨資經營者承擔無限清償責任;合夥經營者承擔連帶無限清償責任;集股經營者,參與經營的負無限清償責任,不參加經營的按投資比例或按協議規定承擔經濟責任。

二、歇業、破産

(一)借款人歇業,要進行財産清算,銀行要依照合同規定收回貸款。不足償還貸款部分,要落實還款期限和資金來源,并以書面形式留存銀行,銀行依此收回貸款。

(二)企業破産,要進行破産清算,并向銀行提供資産清單。破産資財要優先用于償還銀行貸款。清償貸款不足部分要及時落實債務的清償期限和資金來源,以書面形式留存銀行。銀行依此收回貸款。

三、失踪、死亡

(一)借款人被宣告失踪,其貸款由代管人從失踪人財産中支付。

(二)借款人死亡(包括宣告死亡),其債務由其遺産繼承人負責清償。原借款人的保證人在擔保責任期内,自然延續對借款人遺産繼承者所負債務的擔保責任。

第十一條　信貸制裁

(一)不按規定用途使用貸款;

(二)到期不償還貸款;

(三)用銀行貸款墊交税款、管理費、其它非經營性開支;

(四)外借、出租銀行帳户、轉户、轉借貸款;

(五)未通知銀行變更字號、改變經營範圍、經營形式,改變住所、經營場地;

(六)未通知銀行合并、分立、出租或拍賣企業,轉讓、出租、拍賣財産,處理抵押物品;

(七)違反國家政策法令,進行非法經營活動。

二、制裁:

(一)限期糾正違規行爲,并按規定加罰利息;
(二)强制扣收過期貸款本息,提前收回貸款本息;
(三)停止發放新貸款;
(四)凍結銀行帳户;
(五)取消銀行帳户;
(六)觸及刑律的依法追究刑事責任;
(七)對違規借款人可分别或同時采取以上信貸制裁措施。

中華人民共和國私營企業所得税暫行條例施行細則(廢止)

([88]財税字第 257 號　1988 年 11 月 17 日財政部發布)

總　　則

第一條　根據《中華人民共和國私營企業所得税暫行條例》(以下簡稱《條例》)第十一條規定,制定本施行細則。

第二條　《條例》第一條所稱"私營企業所得税的納税義務人",是指符合《中華人民共和國私營企業暫行條例》規定的營利性經濟組織。

第三條　《條例》第二條所稱"納税年度",是指從 1 月 1 日起至 12 月 31 日止的公曆年度。

計　算　依　據

第四條　《條例》第二條所稱"收入總額",包括納税人的生産經營收入、營業外收入或其他收入。

第五條　《條例》第二條所稱"成本"、"費用"、"營業外支出",是指國家税收法規及國家税務局制定的私營企業財務制度規定的成本、費用、營業外支出。

第六條　《條例》第二條所稱"國家允許在所得税前列支的税金",是指按規定繳納的産品税、增值税、營業税、資源税、城市維護建設税,以及其他按規定允許在所得税前列支的税金。

第七條　《條例》第二條所稱"應納税所得額",是指納税人來源于中國境内外的全部生産經營所得和其他所得。

"生産經營所得"是指納税人從事物質生産、交通運輸、商品經營、勞務服務和其他營利業取得的所得。

"其他所得"是指從其他企業分得的利潤和取得的股息、利息(不包括國庫券利息)所得,出租或出售財産所得,轉讓專利權、專有技術、商標權等項所得,以及營業外收益等。

第八條　納税人在計算應納税所得額時,允許扣除下列項目:

一、經核准抵補以前年度的虧損;

二、從其他企業分得已徵收所得税后的利潤、股息;

三、國務院或財政部、國家税務局規定允許扣除的其他項目。

第九條　納税人在計算應納税所得額時,不得扣除下列項目:

一、歸還的各種貸款、借款的本息(不包括按規定允許列支的流動資金借款利息);

二、股息、紅利;

三、超過税務部門核定工資(包括各種獎金、補貼、津貼、加班費)的部分;

四、贊助金、賠償金、違約金、滯納金、罰息和罰款等;

五、繳納的所得稅、建築稅、能源交通重點建設基金；

六、購買的國庫券及其他債券；

七、國務院或財政部、國家稅務局規定不允許在成本、費用、營業外支出中列支的款項。

第十條　根據《條例》第六條規定，納稅人發生年度虧損，經稅務機關核准后，可以從下一年度的所得中提取相應的數額彌補。但連續彌補期最長不得超過三年。連續發生年度虧損，不能合并進行彌補，只能分別年度在相應的年限所得中提取相應的數額進行彌補。

第十一條　應納稅所得額的計算公式如下：

一、工業企業

(一)本期產品成本合計＝原材料＋燃料和動力＋工資(不包括超過核定工資標准的部分)＋職工福利費＋廢品損失＋車間經費＋企業管理費。

(二)本期完工產品成本＝期初在產品、自制半成品餘額＋本期產品成本合計－期末在產品、自制半成品餘額。

(三)產品銷售工廠成本＝期初庫存產品成本＋本期完工產品成本－期末庫存產品成本。

(四)產品銷售利潤＝產品銷售收入－產品稅－增值稅－營業稅－城市維護建設稅－教育費附加－產品銷售工廠成本－銷售費用。

(五)利潤總額＝產品銷售利潤＋其他銷售利潤－資源稅＋營業外收入－營業外支出。

(六)應納稅所得額＝利潤總額－允許扣除項目的利潤。

二、交車運輸企業

汽車運輸企業

(一)營運成本＝燃料＋輪胎＋保修＋折舊＋養路費＋車船使用稅＋管理費用＋行車事故損失(扣除保險賠償后的凈額)

(二)營運利潤＝營運收入－營運成本－營業稅－城市維護建設稅－教育費附加

(三)利潤總額＝營運利潤＋其他銷售利潤＋營業外收入－營業外支出

(四)應納稅所得額＝利潤總額－允許扣除的利潤

三、商業企業

(一)商品銷售成本＝期初庫存商品進價＋本期購進商品進價－期末庫存商品進價－非銷售付出商品金額。

(二)商品流通費＝運雜費＋包裝費＋商品損耗費＋手續費＋利息＋工資(不包括超過核定工資標准的部分)＋職工福利費＋折舊費＋修理費＋家俱用具攤銷＋財產保險費＋工會經費＋職工教育經費＋企業管理費。

(三)商品經營利潤＝商品銷售收入－商品銷售成本－商品流通費－營業稅－城市維護建設稅－教育費附加。

(四)附營業務凈收入＝附營業務收入－附營業務成本。

(五)利潤總額＝商品經營利潤＋附營業務凈收入＋財產溢餘＋其他收入－其他支出。

(六)應納稅所得額＝利潤總額－允許扣除項目的利潤。

四、飲食服務企業

(一)營業成本＝期初庫存原材料和半成品、產成品盤存餘額＋本期購進原材料－期末庫存原材料和半成品、產成品盤存餘額。

(二)費用＝燃料費＋水電費＋物料消耗＋運雜費＋工資(不包括超過核定工資標准的部分)＋職工福利費＋手續費＋修理費＋折舊費＋家具用具攤銷＋財產保險費＋工會經費＋職工教育經費＋企業管理費。

(三)經營利潤＝營業收入－營業成本－費用－營業稅－城市維護建設稅－教育費附加。

(四)附營業務凈收入＝附營業務收入－附營業務成本。

(五)利潤總額＝經營利潤＋附營業務凈收入＋財產溢餘＋其他收入－其他支出

(六)應納稅所得額＝利潤總額－允許扣除項目的利潤。

五、其他行業

除以上四款列舉外的其他行業的應納稅所得額，可以區別情況參照以上公式計算。

減　免　税

第十二條　《條例》第四條第一款所稱“利用廢水、廢氣、廢渣等廢弃物品爲主要原料進行生産的”，是指納税人開展資源綜合利用，利用本企業的“三廢”并在《資源綜合利用目録》範圍内的資源作主要原料生産的産品。

第十三條　《條例》第四條第二款所稱的納税人“遇有風、火、水、震等災情，納税確有困難的”，是指人力不可抗拒的自然灾害，影響企業正常生産經營，造成企業納税困難的。

第十四條　《條例》第四條第三款所稱“納税人因特殊情况需要减税免税的”是指個人别納税人因特殊情况需要給予定期或一次性的减税或免税的。

徵　收　管　理

第十五條　私營企業所得税由税務機關負責徵收管理。

第十六條　《條例》第七條規定“私營企業所得税，由納税人向當地税務機關繳納”，下列情况可分别處理：

一、企業所在地與經營地一致的，就地繳納；

二、納税人離開所在地臨時外出經營，按規定辦理外出經營税收管理證明的，在企業所在地一并繳納；没有辦理外出經營證明的，在經營地繳納。

第十七條　納税人分期預繳所得税，應按期末累計實際利潤，求出本期應納税所得額計算繳納。年終匯算清繳。

第十八條　根據《條例》第九條規定，納税人必須按照税務機關的規定建立帳簿和保存憑證，在納税年度内無論經營情况如何，都應按規定的期限向當地税務機關報送所得税申報表和財務會計報表。

納税人進行納税申報的期限，由縣、市税務機關確定，納税申報的最后一日，如遇公休假日，可以順延。

第十九條　納税人如果不能提供准確的成本、費用憑證，不能正確計算應納税所得額，當地税務機關有權核定其應納税所得額。

第二十條　納税人主動自查補撥錯漏税款，只補税不處以罰款，不加收滯納金。

第二十一條　納税人違反本施行細則第十八條規定的，税務機關可處以五千元以下的罰款，并限期改正。如在規定期限内仍不改正的，可以加重處罰，對處五千元以上、三萬元以下的罰款，須經省、自治區、直轄市税務機關批准。

第二十二條　根據《條例》第十條規定，私營企業所得税的徵收管理，除本細則中所明確的以外，均依照《中華人民共和國税收徵收管理暫行條例》的規定辦理。

第二十三條 税務機關根據《條例》和本施行細則的規定，對納税人處以罰款時，須經縣（含縣）以上税務機關批准，并填開違章處理通知書。

附　　則

第二十四條 本施行細則由國家税務局負責解釋。

第二十五條 本施行細則從《條例》施行之日起施行。

關于私營企業税收政策的若干規定（廢止）

（[88]國税所字第 055 號
1988 年 11 月 17 日國家税務局發布）

爲了更好地貫徹執行《中華人民共和國私營企業所得税暫行條例》(以下簡稱《條例》和《國務院關于徵收私營企業

投資者個人收入調節税的規定》(以下簡稱)《規定》),現對私營企業的若干税收政策問題明確如下:

一、關于從聯營企業分得利潤的納税問題

(一) 私營企業從聯營企業分得的利潤,在聯營企業所在地繳納私營企業所得税;分得的虧損,在聯營企業所在地按《條例》規定彌補。

(二) 聯營企業年終不分配利潤的,由聯營企業所在地税務機關根據企業實現的利潤,按協議分配比例核定私營企業的所得額,計算徵收私營企業所得税。

(三) 對私營企業分回的已税利潤,私營企業所在地税務機關憑聯營企業所在地税務機關開具的"完税證明通知單",不再徵收所得税。

(四) 對私營企業從聯營企業分回的免税利潤,憑聯營企業所在地税務機關的證明,不再徵收所得税。

二、關于减免的産品税、增值税、營業税徵收所得税問題

對私營企業减免的産品税、增值税、營業税,除另有規定者外,均應并入企業損益,徵收所得税。

三、關于私營企業流動資金貸款、借款利息的列支問題

對私營企業從銀行(信用社)取得的流動資金貸款的利息,允許在所得税前按實列支;對從民間單位或個人取得的流動資金的借款,經税務機關審查核實后,按中國人民銀行規定的一年期存款利率計算的利息,允許在所得税前列支,超過部分不得在所得税前列支。

四、關于私營企業將固定資産轉讓、變賣后的收益處理問題和清理費用后的差額,列爲當年度的損益。

五、關于私營企業與外商合資經營所得和從中國境外所得的徵税問題

私營企業與外商合資經營所得,應按《條例》規定徵收所得税。對其在合資企業已繳納的税款,准予扣除。

私營企業從中國境外取得的所得,比照上述規定辦理,但准予扣除的已納税款,最多不得超過按《條例》規定計算的税款。

六、關于原以集體企業名義登記的私營企業在重新登記爲私營企業后,减免税款的處理問題

凡是在《私營企業暫行條例》和《條例》發布前,已按集體企業登記并享受减免税優惠的私營企業,在其重新登記爲私營企業后,原享受的减免税税款,應一律轉爲生産發展基金,用于發展生産,不補激私營企業所得税;但私營企業投資者不論以任何方式撤回或轉讓的,按《規定》第三條(三)款規定徵收個人收入調節税。

七、 對因各種原因按個體工商業户或集體企業徵税,以重新辦理工商登記爲私營企業的。自領取私營企業營業執照后,改按私營企業税收規定執行。

八、關于徵收個人收入調節税問題

(一)私營企業投資者及其職工的收入,凡達到應税項目納税標准的,應由企業按規定代扣代繳個人收入調節税。

(二)私營企業因各種原因注銷或被吊銷營業執照后,對企業資産超過投資(不含已徵收個人收入調節税的税后利潤投資部分)的增值部分,應按照《規定》第三條(三)款的規定,對私營企業投資者補徵個人收入調節税。

(三)私營企業投資者從聯營企業或從合資企業分得的利潤,回投資者企業所在地按規定繳納個人收入調節税。

(四)私營企業投資者將私營企業税后利潤扣除用于生産隊發展基金部分后,必須先依 40%的比例税率徵收個人收入調節税后,方能用于超標准部分工資及其他福利、獎勵性名項開支。

九、上述各項規定自《條例》、《規定》實行之日起執行

私營企業財務管理暫行辦法(廢止)

[88]國税集字第 058 號　1988 年 11 月 21 日國家税務局發布)

第一章　總則

第一條　爲加强私營企業的財務監督管理,根據《中華人民共和國私營企業暫行條例》和中華人民共和國私營企

業所得稅暫行條例施行細則》制定本辦法。

第二條　城鄉私營企業的財務工作都依本辦法辦理。

第三條　私營企業的資産屬于私人所有，受國家法律保護、除依法向國家繳納稅金和除法律、法規所規定繳納的費用外，任何部門、單位和個人都不得對其攤派或抽調，對侵害其合法經濟權益的行爲，企業有權按國務院發布的《禁止向企業攤派暫行條例》的規定予以拒絶、抵制及向審計機關或其他有關部門控告、檢舉、揭發。

第四條　財務管理是企業經營管理機制的重要組成部分，私營企業必須依照國家的法律、法規、政策，對企業的經濟業務活動實行會計核算和財務管理。企業應對國家認真履行納稅義務，及時足額繳納稅金；合理支付勞動報酬，按時兑現職工工資；依法分配稅后利潤。堅持正當經營合法收益，抵制違法經營非法謀利，不得偷稅、漏稅、貪污、行賄、帳外私分等。

第五條　私營企業必須設立與本企業業務需要相適應的財務機構，配備財會人員、健全財會制度，設立帳簿，保存會計憑證，編制會計報表，認真做好財會工作。

私營企業録用的財會人員，必須報稅務機關備案。財會人員必須克盡職守，認真執行稅收、財會法規。對不適合擔任財會工作的人員，稅務機關有權責令企業更換。

第六條　私營企業的財會工作，受稅務機關管理與監督。

第二章　固定資金管理

第七條　私營企業的固定資金，是由個人投資、集資入股和按規定提取的更新改造基金、生産發展基金等形成。企業對從外部取得的專項設備貸款，應實行專款專用，以保證生産經營不斷發展的需要。

第八條　企業固定資産是固定資金的實物形態，包括生産和經營用的房屋、建築物，動力、傳導、運輸設備，機器機械、工具、器具、儀器、管理用具及其它勞動資料等。

各種勞動資料，同時具備下列條件的爲固定資産：(一)使用年限在一年以上；(二)單位價值在二百元或五百元或八百元以上。不同時具備這兩個條件的爲低值易耗品。固定資産單位價值的具體標准，由地、市稅務機關確定。

對單位價值低于規定標准的主要勞動資料或高于規定標准的易損勞動資料，應否按固定資産管理，由地、市稅務機關依實際情況確定。

第九條　企業應按照下列規定，確定固定資産價值：

一、入股固定資産的入帳價值，由投資各方依新舊程度協商估價；

二、自建、自制的固定資産，按實際耗用的材料、工資、費用確定的價值記帳；

三、建設單位交來完工的固定資産，應根據建設單位交付使用財産的清册中確定的價值記帳。對已經動用而建設單位尚未辦理移交手續的固定資産，可暫時估價入帳，待移交手續完成后，再行調整；

四、購入的設備，以買價加包裝費、運雜費、安裝費的價值記帳；

五、購入房屋、建築物，按實際購入價格記帳；

六、在原有基礎上改建、擴建的固定資産，按原固定資産價值減去改、擴建過程中的變價收入，加上改、擴建增加的價值記帳；

七、租入固定資産改良工程，符合固定資産標准的，按實際發生的工程支出記帳；

八、盤盈固定資産的原值，按重置完全價值記帳；

九、凡已入帳的固定資産，其原值非屬下列情形不得隨意變動：

(一)根據有關規定應重新估價的；

(二)增加補充設備或改良裝置；

(三)將固定資産一部分拆除；

(四)發現原記帳價值有錯誤。

第十條　確定固定資産的入帳價值及變動固定資産原值，須報經稅務機關審批后進行財務處理。

第十一條　固定資産折舊，按下列規定提取：

一、提取折舊的範圍：

(一)房屋和建築物;

(二)生產經營中在用的固定資產;

(三)季節性停用、修理停用和生產中義替使用的設備;

(四)租給外單位(個人)使用的固定資產。

二、提取折舊的依據和方法:

(一)計提折舊的依據爲固定資產原值。企業應按月初在用固定資產帳面原值計提當月折舊,列入當月成本。當月減少的固定資產,當月照提折舊;當月增加的固定資產,當月不提折舊;停用一個月以上的固定資產,除開始停用的當月外,不提折舊;改、擴建中的房屋、建築物,按月照提折舊;因主觀過失造成固定資產提前報廢。其未提足折舊的部分,不予補提;因技術更新或耗能高而提前報廢的固定資產,采用單項折舊或分類折舊的企業,可一次性提足折舊,采用綜合折舊的企業,不予補提。

(二)計提折舊可采取單項折舊或分類折舊方法。個別企業采用上述兩種方法有困難的,經税務機關批准,也可采用綜合折舊方法。在一個年度内,一個企業只能采用一種折舊方法,不可同時兼用多種方法。具體適用方法由地、市税務機關按實際情况確定。

(三)各類固定資產的凈殘值比例,在原價值3%至5%的範圍内,由地、市税務機關確定。

(四)固定資產折舊年限,應參照《國營企業固定資產折舊試行條例》規定的年限,結合私營企業實際情况,由省、自治區、直轄市税務機關具體確定。

企業添置使用過的固定資產,按重估年限計提。

第十二條　借入、租入的固定資產及土地,不計提折舊。

第十三條　企業的固定資產,應建立相應的帳簿或卡片,分别按生產經營用和非生產經營用、租出,以及未用、不需用的固定資產等類别進行登記、全面、及時、准確地記録增减變化和利用情况。企業必須加强固定資產的日常管理,實行保管、使用、維護保養責任制,提高固定資產完好率和設備利用率,充分發揮使用效能。

第十四條　企業到年終應對固定資產進行徹底清點,并在年度决算期内,對盤盈、盤虧、報廢的固定資產損溢查明原因,認真處理。盤盈的固定資產,應在查明原因后,對其擠入成本的部分,隨時冲减當期成本;盤虧和損失的固定資產,在明確責任的同時,對取得的保險賠償金或責任人賠款,列作專用基金管理,全額冲减固定資金,差額冲减專用基金;報廢的固定資產,應憑有關鑒定、檢測或可資依據的資料,報經税務機關審報后處理。

第三章　流動資金管理

第十五條　私營企業的流動資金,包括個人投入、集資入股、税后積累補充和金融部門的貸款及其它借款等。

第十六條　企業的流動資金,應在確保生產經營需要的前提下,合理使用。要建立健全物資采購、收、發、領、退、保管責任制度,往來結算責任制度,現金管理責任制度和會計核算制度。要按規定設置帳簿,真實、准確、及時、完整地記録和反映流動資金的占用、流向和變化。

第十七條　儲備資金的管理

一、企業必須按生產需要、經營範圍,有計劃地組織材料或商品(以下簡稱物資)采購。

二、入庫物資,須指定人員保管,及時登記入帳。做到采購適當,入庫認真驗收,出庫依憑據准確點付,退庫要有手續,庫存按月盤點,記帳必須有合法依據。達到帳物相符、帳帳相符,確保物資財產安全完整。

三、入庫物資一律以買價加運雜費和途中合理損耗計價。

四、發出物資的成本,按月末一次加權平均法計算單價和總價。

五、外委加工物資的成本,爲發出物資實際耗用的成本,加上加工費、往返運雜費和受托方代扣的税金。

第十八條　生產資金和產成品資金和管理

一、一切從事產品生產和工藝加工的工業企業,都必須根據生產需要,耗料標准或定額,依規定手續領用各種材料,并在生產過程中實行領用、消耗、保管、退庫責任制。要認真做好工時、產品產量記録,按產品對象進行統計,爲核算產成品成本提供數據;月終對在產品應進行清點,按成本對象確定完工程度,爲計算在產品成本提供數據。

二、對產成品要指定人員保管,建立相應的入庫、出庫、保管制度。做到手續完務,及時入帳。產成品入庫時,按生產實際成本計價入帳;出庫時按月末一次加權平均法計算單價和總價,不准估算。月終要進行認真盤點,防止差錯,做到帳實相符。

第十九條　對各種物資盤盈、盤虧的處理。盤盈的,應及時調整有關帳户,并相應冲減成本,盤虧的,除合理損耗部分列入成本外,損失部分應查明原因,分清責任,該由企業承擔的須報經税務機關審批后處理。

第二十條　結算資金的管理。企業必須嚴格遵守結算紀律,執行結算制度。對應付税金及法定費用,必須按期足額繳齊,不得拖欠;應收、應付款項,要認真及時辦理結算、催收或支付。對確實無法收回的壞帳和無法付出的款項(不包括各種押金),一律在企業自有資金項下處理。對逾期的包裝物等各種押金應列作營業外收入。

第二十一條　貨幣資金的管理。企業對貨幣資金的收、付,應認真執行結算制度、信貸制度和現金管理制度。企業必須在當地銀行或者其他金融機構按照國家有關規定開立帳户,所發生的收、支事項,要有合法憑證,及時入帳。庫存現金發生差錯時,應查明原因,分清責任,區别情况,加以處理。對現金的損失和溢餘,均在企業的自有資金項下處理。

第二十二條　企業在生產經營活動中發生的所有收、支事項,都必須開具或收取合法憑證,及時如數登記入帳。嚴禁憑白條付款;嚴禁開白條、不開發票或少開發票;嚴禁隱瞞收入、虚構成本、假報開支、編造假帳、抽逃資金、偷税漏税。

第四章　工資管理

第二十三條　工資是企業成本的構成要素。是按合同或協議規定,向投資經營者、生產人員、經營管理人員所付給的勞動報酬。

第二十四條　企業的工資形式及計入成本、費用的工資標准。根據私營企業屬自主僱工并由雙方簽訂勞動合同報勞動部門備案的特點,其工資形式可以自行選定。工資的列支標准,職工工資(包括各種奬金、津貼、補貼、加班費)可參照當地同行業、同工種國營(集體)企業職工的平均工資水平確定,但最多不得高于二倍;私營企業廠長(經理或董事長)的工資,可以在本企業職工平均工資十倍以内確定。在此範圍内,按實際支出數列入成本或有關支出項目。其超過部分,不得在税前列支。對不同行業、不同工種的工資列支標准、由省、自治區、直轄市税務機關確定。

對僱用的監時工、業餘科技人員的勞動報酬,由當地税務機關審核按上述原則確定。

第二十五條　企業應建立必要的考勤、工時、産品産量等記録制度,有條件的也應實行勞動生産定額制度,據以考核、計算和支付工資,爲核算成本提供確切數據。

第五章　成本及費用管理

第二十六條　企業應加强成本及費用管理,建立健全必要的經濟核算制度,節約各項支出,認真執行成本開支範圍,嚴禁亂擠、濫攤成本。

第二十七條　成本開支範圍按下列規定執行

一、工業企業列入成本的費用爲:

(一)生產經營過程中實際消耗的各種原材料,輔助材料、燃料、動力、備品配件、外購半成品、包裝物、低值易耗品和運輸、裝卸、整理費;

(二)固定資産的折舊費、租賃費、修理費;

(三)在規定標准範圍内應列入成本的生產和管理人員工資;

(四)在列入成本的工資(不包括副食品價格補貼)11%範圍内實際支付的職工醫藥費、困難補助費、福利費;

(五)按列入成本的工資(不包括副食品價格補貼)2%提取的工會經費(建立了工會的企業);

(六)在列入成本的工資 1.5%以内按實列支的職工教育經費;

(七)按規定允許列支的各種税金;

(八)財産保險、運輸保險、特殊工種人身保險費;

(九)應列成本的排污費;

(十)産成品的包修、包换、包退費用和廢品修復費以及經税務機關批准的産成品報廢損失(按實際成本扣除殘值或過失人賠款后的净額計列)；

(十一)銀行(信用社)流動資金貸款利息,及經過公證部門公證的私人借款并按銀行一年期存款利率列支的利息；

(十二)銷售產品發生的運輸費、包裝費、廣告費；

(十三)辦公費和按國家規定標準支出的差旅費,勞動保護用品費、防暑降温費、冬季采暖費以及消防費、檢驗(測)費、倉儲費、商標注册費、展覽費、契約或合同公(監)證費、法律顧問費、咨詢費、專有技術使用費；

(十四)國務院及國家税務局准許列入成本的其他費用。

上列費用中的低值易耗品、冬季采暖費、專有技術使用費、勞保用品費、固定資產修理費及其他數額較大的費用,應按實際受益期在一年内分期攤入成本,數額特大的攤銷期最長不得超過兩年。

二、商業企業的下列費用開支,列入商品流通費：

(一)購進、儲存、銷售商品和物資過程中發生的運雜費、廣告費、保管、養護、檢驗、整理、轉庫的費用,包裝、改裝或組裝商品的費用和合理損耗以及税務機關批准的超定額損耗的損失；

(二)固定資產的折舊費、租憑費、修理費和家具用具攤銷費；

(三)委托代購、代銷、代儲、代運、代辦的手續費；

(四)本條第一款所列的其他有關費用。

三、交通運輸、建築安裝、飲食服務及其他行業的成本開支範圍,參照工業,商業的有關規定辦理。

四、企業的生產或營業用房與生活用房劃分不清的,其租金、水電費應確定比例合理分攤。

第二十八條　企業的下列費用不得列入成本：

一、應在各種專用基金列支的費用；

二、超出規定範圍和標準的支出；

三、繳納的所得税、建築税、筵席税和能源交通重點建設基金,投資者或投資經營者及其他人員繳納的個人收入調節税,企業購置的國庫券、債券和股票；

四、超過核定工資標準的部分(包括獎金、津貼、補貼、加班費)、流動資金貸款罰息、賠償金、違約金、贊助金、滯納金、罰款等；

五、應在營業外項下列支的訴訟費、企業搬遷費和經税務機關批准的新產品試制失敗損失、治理“三廢”支出、流動資產非常損失等；

六、以前年度虧損；

七、與生產經營無關的其他費用和攤派支出；

八、税務機關規定的不准列入成本的其他費用。

第二十九條　企業必須按月核算成本。成本核算方法,一般可采用綜合核算法,有條件的工業企業可按產品或主要產品核算；運輸企業可按營運項目或營運額(噸公里)核算；建築安裝企業可以按工程項目進度核算；商業、飲食、服務業可按經營項目核算,等等。

企業在進行成本核算時,必須劃清各種費用和成本的界限,本期成本與下期成本的界限,生產或經營成本與基建成本的界限等等,并按規定的成本項目核算成本。各行業成本項目的設置,由地、市税務機關規定。

第三十條　企業對成本核算的原始記録、憑證、帳册、費用匯集和分配表及統計資料等,必須真實、准確、完整地登記、編制,并按規定期限妥加保管,不得毁損。

第六章　營業收入及盈利管理

第三十一條　私營企業的營業收入,是指工、商業企業的銷售、加工、服務收入,交通運輸企業的營運收入,建築安裝企業的工程及勞務收入,飲食服務及其他行業的銷售、服務業務收入。

企業必須嚴格遵守國家價格政策,認真履行合同或協議,切實恪守結算紀律。對發生的營業收入,收回貨款后必須及時登記入賬。嚴禁以任何方式抵扣或坐支銷售(營業)收入。

第三十二條　營業收入的確定。企業必須本着權責發生制原則,對有下列情形之一的,即視爲營業收入的發生與形成：

一、發票開出；

二、產(商)品及各種貨物的付出；

三、交通運輸業爲承運事項的結束或取得營運收入；

四、建築安裝企業爲承建工程的結(決)算或收到工程及勞務款(不包括予收工程備料款)；

五、飲食、服務、修理修配業，爲銷售或服務業務結束或收取的銷售、服務收入；

六、自產的產品，不論是用于本企業的基本建設、專項工程或生活福利設施等非生產項目的，也不論是商品產品還是非商品產品，均視同對外銷售，應列記營業收入。

第三十三條　企業營業收入的計算期爲月度。企業必須按月計算主業和附營業務的成本、税金和經營利潤。銷售成本應按實際成本結轉，銷售費用應按規定計算列支，應納税金要按税法規定計算、中報、繳納。

第三十四條　企業的營業外收入，是指不屬于業務經營的各種收入，包括逾期包裝物押金、技術轉讓收入、財產租賃收入，收取的各種賠償金、違約金等收入。

第三十五條　企業的營業外支出，一般包括企業搬遷費、訴訟費、新產品試制失敗損失、流動資產非常損失、治理“三廢”支出等。

第三十六條　企業的盈利，是其生產經營的經濟成果。營業收入減除營業成本和税金后的餘額是營業利潤。營業利潤加營業外收入減營業外支出爲利潤總額。

第三十七條　企業利潤在繳納所得税前應分配的項目：

一、技術轉讓費；

二、按税法規定允許彌補的以前年度虧損；

三、按國務院及國家税務局和省、自治區、直轄市人民政府規定的有關項目。

第三十八條　企業應正確計算應納税所得額，據以按税法規定計算繳納私營企業所得税。

企業的應納税所得額爲利潤總額扣除本辦法允許扣除項目的税前分配的各項數額，爲計税所得額。

第三十九條　企業的税后利潤，應在確保生產發展前提下，按國家規定進行合理分配。

一、利潤分配的基數，以企業繳納所得税、能源交通重點建設基金后的利潤，爲利潤分配基數。

二、企業在分配税后利潤時，用于發展生產的部分，不得少于50%。因特殊原因需要降低分配比例時，須報經税務機關批准。

第七章　專用基金管理

第四十條　企業的專業基金，是由企業內部形成及按税法規定的减免税金，且有專門用途的資金。主要有更新改造基金、生產發展基金等。

一、更新改造基金，是按規定提取的固定資產折舊，因灾害取得的固定資產保險賠償金和責任人賠款以及私營煤礦按規定提取的井下維簡費等。

更新改造基金的使用範圍包括：機器設備的更新，房屋建築物的重建、改擴建，對原有固定資產進行技術改造，試制新產品的措施，綜合利用和治理“三廢”措施，勞動安全保護措施和零星固定資產購置等。

二、生產發展基金，是來源于税后利潤分配，經税務機關批准减免的所得税和特定的减免税。國家特定减免税金應作爲國家扶持基金專項核算。

生產發展基金的使用範圍包括：補充企業流動資金，向外部聯營單位投資，爲發展生產進行基建和購置固定資產的支出，開發新產品及挖潛、革新改造項目支出，歸還貸款，超過規定期限的彌補本企業虧損，流動資金貸款罰息以及賠償金、違約金、滯納金和罰款支出等。

第四十一條　企業對專用基金應加强管理，要本着先提后用的原則，按規定合理使用。

第八章　歇業清理及撤出轉讓財產的管理

第四十二條　私營企業歇業時，一般以一個月爲清理期；如果一個月清理不完時，須報經税務機關批准后方可適當延長,但最多不得超過三個月。在規定期限内,必須付清僱傭人員的勞動報酬;繳清應納税金(包括特定的減免税金而未按規定使用和未用的部分);歸還銀行貸款;支付法定費用;收回應收款項;償還應付債務。

第四十三條　私營企業投資者,按規定撤出股金或生產發展基金時,按下列規定辦理:

一、對投資者取得的貨幣收入和材料、商品等物資,在企業支付時必須開具"撤股清單",詳細登記撤出的貨幣量和物資名稱、數量、單價、總價,由企業和撤股人共同簽章并經公證機關公證,各執一份存量,并報送税務機關備查。

二、對投資者取得的固定資産,應填制"撤出固定資産清單",詳細登記固定資産的名稱、牌名、號碼、規格、數量、單價、總價,由企業和撤股人共同簽章并經公證機關公證,據以存查,并報税務機關備查。

第四十四條　私營企業投資者,將企業資産或股金轉讓時,應憑工商行政管理部門的批准手續和轉讓有關各方簽訂的合同或協議,按時辦理變更資産或股金所有權和有關的税務事項。

對轉讓時投資者取得的貨幣收入和各種物資及固定資産,應按本辦法第四十三條有關規定辦理。

第九章　財務監督及處罰

第四十五條　私營企業每年必須進行一至兩次財務,納税自查、發現問題,及時糾正,并報税務機關備查。

企業要隨時接受税務機關的檢查與監督。在税務機關進行檢查時,必須如實報告和提供有關資料,不得拒絶和隱瞞。

第四十六條　企業必須按税法規定,按期向税務機關報送會計報表、辦理有關税務事項,如實報告財務狀况和納税情况。

第四十七條　企業違反本辦法規定的行爲,由税務機關視其情節輕重,依法給予警告、通報批評、罰款等處罰,情節嚴重,構成犯罪的,由税務機關提請司法機關追究其刑事責任。

第十章　附　　則

第四十八條　各省、自治區、直轄市税務機關,可按本辦法的規定制定具體管理辦法,同時報國家税務局備案。

第四十九條　本辦法的解釋權屬于國家税務局。

第五十條　本辦法自 1988 年起實行。各地、各部門實行的有關規定,與本辦法有抵觸的,一律以本辦法爲准。

關于徵收私營企業投資者個人收入調節税的補充規定(廢止)

([88]國税所字第 004 號 1988 年 12 月 12 日國家税務局發布)

《國務院關于徵收私營企業投資者個人收入調節税的規定》第三條二款明確了"私營企業投資者將私營企業税后利潤用于個人消費的部分,依照 40%的比例税率計算徵收個人收入調節税"。對此,各地對投資者用于個人消費的部分的理解不同,在政策掌握上不盡一致。經研究,現統一明確如下:

一、獨資企業的企業資産和個人財産難以劃分,對其繳納所得税和能源交通重點建設基金后的利潤如何徵收個人收入調節税,可區别情况辦理:凡轉爲生產發展基金的,不徵收個人收入調節税;其他的應視同個人消費,按規定徵收個人收入調節税。

二、合夥經營企業繳納所得税和能源交通重點建設基金后的利潤,凡已在投資者之間進行分配的或超標准支付給職工的工資、奬金和其他福利費,應視同個人消費,徵收個人收入調節税。

三、有限責任公司的資産與個人財産是嚴格區分的,公司以其全部資産承擔債務責任,投資者不能隨意動用企業資産。因此，對有限責任公司繳納所得稅和能源交通重點建設基金后的利潤，只要不轉入個人户頭和不用于超標准支付職工工資、獎金和其他福利，可不徵收個人收入調節税。否則，應徵收個人收入調節税。

以上規定希照執行。

中華人民共和國私營企業暫行條例施行辦法

（1989年1月16日國家工商行政管理局令第2號發布）

第一條　根據《中華人民共和國私營企業暫行條例》（以下簡稱《條例》）第四十七條規定，制定本施行辦法。

第二條　《條例》第二條規定的私營企業僱工，是指投資者外的受僱于本企業的人員。

第三條　《條例》第十一條所列人員中：

（一）農村村民，指農民個人，不含農村中的非農業居民。

（二）城鎮待業人員，包括城鎮待業青年和其他無業人員。

（三）個體工商户經營者，指個體工商户業主，含個人合夥的合夥人。

（四）辭職、退職人員，指機關、團體、企業、事業單位辭職退職人員。

（五）國家法律、法規和政策允許的其他人員主要包括：

（1）離退休科技人員；

（2）停薪留職科技人員；

（3）企事業單位離退休人員；

（4）符合國家規定的黨政機關、團體離退休人員。

第四條　《條例》第八條、第九條規定的合夥企業、有限責任公司中的二人，是指資産獨立的兩個投資主體。

第五條　《條例》第十二條規定私營企業可以經營的行業，還包括營利性的文化、藝術、旅游、體育、食品、醫藥、養殖等行業。

私營企業可以一業爲主，兼營他業。

第六條　私營企業可以設立分廠、分店、分公司等，投資者可以到異地辦企業。

第七條　有限責任公司按照《中華人民共和國企業法人登記管理條例》的規定辦理登記。

第八條　私營企業登記管理機關是工商行政管理機關。

第九條　凡符合《條例》第十一條規定的人員申請開辦私營企業，申請人應當向辦理登記的工商行政管理機關提交有關證件：

（一）申請人身份證明。

獨資企業申請人是指投資者本人，合夥企業申請人是指合夥人推舉的負責人，有限責任公司申請人是指投資者推舉的企業負責人。

合夥企業和有限責任公司申請登記時，除提供申請人的身份證明外，還應當提供其他合夥人、其他投資者的身份證明。

（二）場地使用證明。

（三）驗資證明。

有限責任公司注册資金數額按照企業法人注册資金數額的規定執行。

（四）申請從事資源開采、建築設計、施工、交通運輸、食品生産、藥品生産、印刷、旅店、外貿、計量器具制造等行業生産經營的私營企業，應當按照國家有關規定提交有關部門的審批證件。

（五）合夥企業申請登記時，應當提供合夥人的書面協議。

合夥人的書面協議應當載明合夥人的出資形式、出資數額、盈餘分配、債務承擔、入夥、退夥、合夥終止等事項。

(六)有限責任公司申請登記時,應當提供公司章程,章程內容應當符合《條例》第十四條的規定。

第十條　申請開辦私營企業,申請人應當在企業所在地縣、市、區工商行政管理機關辦理登記,經核准發給營業執照后,始得營業。

私營企業申請開辦分廠、分店、分公司的,應當在分廠、分店、分公司所在地縣級工商行政管理機關辦理登記,經核准發給營業執照后,始得營業。

有限責任公司投資者超過三十人的,應當經地市以上工商行政管理機關核准。

第十一條　私營企業登記的主要事項應當包括企業名稱、企業負責人、經營地址、資金數額、經營範圍、經營方式、企業種類、僱工人數以及合夥企業的合夥人姓名、有限責任公司的投資者姓名等。

私營企業的名稱應當按照工商企業名稱登記管理的規定辦理。

企業負責人:獨資企業是指投資者本人;合夥企業是指合夥人確定的負責人;有限責任公司是指公司的法定代表人。企業負責人姓名須與身份證相符,不得使用別名。

經營地址,指企業所在市、縣(區)、鄉(鎮)、村、街道、門牌等。

資金數額,包括企業的固定資金和自有流動資金。

經營範圍,指經核准登記的生產經營項目和商品類別。

經營方式,指自產自銷、代購代銷、來料加工、來樣加工、來件裝配、零售、批發、批零兼營、客運服務、貨運服務、代客儲運、裝卸、修理服務、咨詢服務等。

企業種類,指獨資企業、合夥企業、有限責任公司。

第十二條　工商行政管理機關自受理申請之日起三十日內做出審核決定。符合條件的,經核准登記后,發給營業執照;不符合條件的,不予登記,并應當書面通知申請人。

私營企業憑營業執照刻制圖章,開立銀行帳户,在核准的經營範圍內從事生產經營活動。

第十三條　私營企業改變企業名稱、企業負責人、經營地址、經營範圍、經營方式、企業種類等主要登記事項,應當向原登記管理機關辦理變更登記。

第十四條　私營企業因分立、合并而保留的企業應當辦理變更登記;因分立、合并而新辦的企業應當辦理開業登記;因分立、合并而終止的企業應當辦理注銷登記。

私營企業轉讓時,轉讓方應當辦理注銷登記,受讓方應當辦理重新登記。

私營企業遷移到原登記管理機關管轄區域之外,應當申請辦理變更登記。原登記管理機關根據企業申請,收回營業執照及其副本,撤銷注册號,開出遷移證明,并將企業檔案移交企業新址所在地登記管理機關。企業憑遷移證明,向新址所在地登記管理機關重新申請名稱和注册號,領取營業執照。

合夥企業增加或減少合夥人,應當辦理變更登記。

有限責任公司辦理變更登記按照《中華人民共和國企業法人登記管理條例》的規定執行。

第十五條　私營企業辦理變更登記時,應當提交申請書及有關證件。合夥企業的申請書應當經合夥人簽署,有限責任公司的申請書應當經董事會簽署。

第十六條　工商行政管理機關自受理私營企業變更申請之日起十五日內做出審核決定。

第十七條　根據《條例》第十七條規定,私營企業歇業,應當向原登記管理機關提出申請,并提交資產清理和處分證明、債務清理證明、完税情況證明,經核准后,收繳營業執照及其副本、圖章,并通知其開户銀行。

合夥企業歇業時,應當提交合夥人的歇業申請書。有限責任公司歇業時,應當提交董事會決議或其他有關證件。

第十八條　根據《條例》第十八條規定,私營企業破產時,應當向原登記管理機關提交破產證明、資產清理證明、債務清理證明,經核准后,辦理注銷登記手續。

第十九條　因行政處分、法院裁決而終止營業的私營企業,應當到原登記管理機關辦理注銷登記手續。

第二十條　私營企業遺失營業執照,應當向原登記管理機關挂失,并申請補發。

第二十一條　私營企業與外國的公司、企業和其他經濟組織或者個人舉辦中外合資經營企業、中外合作經營企業,按《中華人民共和國企業法人登記管理條例》的有關規定辦理登記。

第二十二條　私營企業申請承攬來料加工、來樣加工、來件裝配,從事補償貿易,應當按照國家規定與外商簽訂合同,經有關部門審批,報縣以上工商行政管理機關批准。

第二十三條 私營企業與香港、澳門、臺灣的公司、企業和其他經濟組織或者個人舉辦合資經營企業、合作經營企業,承攬來自這些地區的來料加工、來樣加工、來件裝配,從事補償貿易,可參照本辦法第二十一條、第二十二條的規定及國家有關規定辦理。

第二十四條 私營企業經批准使用的經營場地,任何單位和個人不得侵占。需要拆遷的,拆遷單位和個人應當按照有關規定承擔拆遷費用,并合理安排遷移地址。因侵占造成經濟損失的,由侵占單位和責任人負責賠償。

第二十五條 私營企業開業、分立、合并、轉讓、遷移、歇業,均應當在辦理開業登記、變更登記、重新登記或者注銷登記之日起三十日内向企業所在地税務機關辦理税務登記或注銷税務登記。

第二十六條 根據《條例》第三十五條規定,私營企業應當建立健全財務會計制度,嚴格執行財務管理規定,不得瞞報收入,亂攤成本費用。

第二十七條 私營企業不得抽逃企業資金,轉移資産,隱匿財産,逃避債務。

第二十八條 私營企業的外匯收入和支出按國家有關外匯管理的規定執行。

第二十九條 按照《條例》第四十條規定,工商行政管理機關對私營企業履行下列管理職責:

(一)辦理開業登記、變更登記、重新登記、注銷登記;

(二)監督私營企業依照登記事項和核准的經營範圍從事生産經營活動;

(三)制止和查處私營企業的違法經營活動;

(四)保護私營企業的合法經營,制止對私營企業的攤派;

(五)指導私營企業協會的工作;

(六)國家授予的其他管理職責。

《條例》第四十條規定對私營企業進行業務指導、幫助和管理的各有關行業主管部門,是指工業、礦産資源、建築、交通運輸、商業、能源等部門。

第三十條 私營企業應當在每年的第一季度内向原登記管理機關呈報上一年度生産經營年檢報告書、資金平衡表或者資産負債表。年檢報告書式樣由國家工商行政管理局統一制定。

第三十一條 私營企業應當按規定交納管理費。管理費經收費標准暫參照個體工商户管理費收費標准執行,但月收費額最多不得超過一千元。

第三十二條 根據《條例》第四十一條規定,對私營企業的違法行爲,工商行政管理機關按照下列規定處罰:

(一)未經核准登記擅自開業的,予以取締,没收非法所得,處以二千元以下的罰款;

(二)登記中隱瞞真實情况,弄虚作假的,處以一千元以下的罰款;

(三)超出核准登記的範圍從事生産經營活動的,没收非法所得,處以五百元以下的罰款,情節嚴重的,責令其停業整頓;

(四)不按規定辦理變更登記、重新登記和注銷登記的,處以五百元以下的罰款;

(五)出租、轉讓、出賣營業執照的,没收非法所得,處以三千元以下的罰款,吊銷營業執照;

(六)騙取營業執照的,責令其停止經營活動,没收非法所得,處以三千元以下的罰款,吊銷營業執照;

(七)僞造營業執照的,責令其停止經營活動,没收假營業執照和非法所得,處以五千元以下的罰款;

(八)塗改營業執照的,没收非法所得,處以二千元以下的罰款,情節嚴重的,吊銷營業執照;

(九)拒不辦理年檢手續的,處以五百元以下的罰款,令其補辦年檢手續;

(十)從事投機倒把活動的,按照《投機倒把行政處罰暫行條例》等有關規定給予處罰。

對有限責任公司的處罰,按照《中華人民共和國企業法人登記管理條例》的規定執行。

罰没款二百元以上和吊銷營業執照的處罰由縣級以上工商行政管理局局長審核批准。

第三十三條 私營企業從業人員阻撓、抗拒行政管理人員依法執行公務的,予以警告;情節嚴重的,由公安機關依照《中華人民共和國治安管理處罰條例》的規定處罰;構成犯罪的,由司法機關依法追究其刑事責任。

第三十四條 私營企業違反財政税務管理規定的,按財政税務管理規定處罰。

第三十五條 私營企業違反勞動管理規定,侵犯職工合法權益的,按有關勞動管理法規處罰。

第三十六條 根據《條例》第五條規定成立的私營企業協會是由私營企業聯合組成的社會團體。私營企業協會可以有團體會員、個人會員。

成立私營企業協會，經同級工商行政管理機關同意，按有關規定辦理社會團體登記。

各級私營企業協會接受同級工商行政管理機關的指導。

第三十七條　私營企業職工成立工會組織，依照中華全國總工會有關規定執行。

第三十八條　私營企業的勞動管理按有關規定執行。

第三十九條　本施行辦法自一九八九年二月一日起施行。

私營企業勞動管理暫行規定

（勞政字[1989]5號　1989年9月21日勞動部發布）

第一章　總　則

第一條　爲了加强私營企業的勞動管理，保障經營者和職工的合法權益，促進私營企業健康發展，根據《中華人民共和國私營企業暫行條例》和有關勞動法規，制定本規定。

第二條　私營企業必須嚴格執行國家的勞動政策和有關勞動管理的法律規定，建立健全勞動管理制度。

第三條　私營企業職工應當以積極的態度從事勞動，遵守勞動紀律和規章制度，完成生產和工作任務。

第四條　私營企業經營者不得打罵、虐待和侮辱職工。

第五條　本規定適用于城鎮私營企業。農村私營企業可參照執行。

第二章　企業用工和勞動合同

第六條　私營企業享有用工自主權，可根據行業特點和生產經營的需要，確定職工數量，招用條件和考核辦法。

私營企業用工，應當主要在城鎮招收，并向當地勞動行政部門登記。不得招用在校學生，禁止使用未滿十六周歲的童工。

第七條　私營企業用工必須按照平等自願、協商一致的原則，以書面形式簽訂勞動合同，確定雙方的權利、義務。勞動合同簽訂后，須經當地勞動行政部門鑒證并備案。

私營企業工會有權代表職工與企業簽訂集體合同。

第八條　勞動合同應包括下列內容：

（一）對職工勞動的質量和數量要求；

（二）合同期限；

（三）勞動條件；

（四）勞動報酬，保險和福利待遇；

（五）工作時間，休假；

（六）勞動紀律；

（七）違反勞動合同應承擔的責任；

（八）雙方議定的其他事項。

第九條　私營企業因轉產、調整生產項目，或者由于情况變化，經雙方協商同意，可以變更合同的相關內容。變更后的勞動合同，須報當地勞動行政部門鑒證并備案。

第十條　在下列情況下，私營企業可解除勞動合同：

（一）録用后職工不符合用工條件的；

（二）職工患病或非因工負傷，醫療期滿后不能從事原工作又無法安排其他工作的；

(三)參照國務院《關于國營企業辭退違紀職工暫行規定》,屬于應予辭退的;
(四)企業歇業、宣告破産,或者瀕臨破産處于法定整頓期間的;
第十一條　私營企業在下列情況下,不得解除勞動合同:
(一)勞動合同期限未滿,又不符合第十條規定的;
(二)職工患有職業病或因工負傷并經醫務勞動鑒定委員會確認的;
(三)職工患病或非因工負傷,在規定的醫療期内的;
(四)女工在孕期、産假和哺乳期間的。
第十二條　在下列情況下,職工可以解除勞動合同:
(一)企業違反國家規定,無安全防護設施,勞動安全、衛生條件惡劣,嚴重危害職工身體健康的;
(二)企業無力或不按照勞動合同規定支付職工勞動報酬的;
(三)企業不履行勞動合同或者違反國家政策、法規,侵害職工合法權益的;
(四)職工本人有正當理由要求辭職的。
第十三條　私營企業職工被勞動教養,以及受刑事處分的,勞動合同自行解除。
第十四條　私營企業或職工任何一方解除勞動合同,須提前十天通知對方,并辦理解除勞動合同的手續,未辦理手續而中止合同關系的一方應負法律責任。
企業或職工任何一方違反勞動合同,給對方造成經濟損失的,應根據其后果和責任大小,予以賠償。
企業解除勞動合同,應徵求本企業工會組織的意見。
企業解除勞動合同,應報當地勞動行政管理部門備案。
第十五條　私營企業因破産或歇業而解除勞動合同,經營者按工作每滿一年(超過半年不滿一年的按一年計算)發給職工一個月標准工資的辭退費,同時還應對合同期未滿的職工發給合同期内的失業補償費,其標准爲:合同期未滿的時間,每相差一年發給相當于本人標准工資一個月的補償費。補償費合計最高不超過十二個月本人標准工資。

第三章　工資待遇

第十六條　私營企業有權依照國家法律和有關政策確定企業的工資制度和工資形式。
企業應當每月按期發放工資。超過當月規定發薪日期的,從第六日起每天按拖欠職工本人工資額的1%賠償職工損失。
第十七條　私營企業職工的最低工資不得低于當地同行業集體所有制企業同等條件工人的最低工資水平。男女應同工同酬。
私營企業的工資標准由企業與職工代表或工會組織協商制定,并經當地勞動行政部門同意后實行。
第十八條　私營企業應當根據企業的生産發展,逐步提高職工的工資水平。
第十九條　私營企業除按國家規定交納税金外,企業經營者和職工的收入超過國家規定限額的,必須照章繳納個人收入調節税。

第四章　保險福利

第二十條　國家對私營企業職工退休養老,實行社會保險制度。
企業按職工工資總額的百分之十五左右,職工按不超過本人工資的百分之三,按月向當地勞動行政部門所屬的社會保險事業管理局繳納退體養老金。企業繳納的退休養老基金在繳納所得税前列支。
職工退休后,由社會保險機構依據其繳納退休養老金數額多少和年限長短確定退休金標准,并按月支付。
第二十一條　私營企業職工參照《國營企業職工待業保險暫行規定》實行失業保險制度。
第二十二條　私營企業職工因工負傷或患職業病治療期間工資照發,所需醫療費用由企業支付。醫療終結,經市(縣)醫務勞動鑒定委員會鑒定,確認爲殘廢的,由企業發給殘廢金。職工因工死亡或患職業病死亡,由企業發給喪葬費和供養直系親屬撫恤費。殘廢金、喪葬費和供養直系親屬撫恤費的標准,按照《勞動保險條例》和有關規定執行。

第二十三條　私營企業職工患病或非因工負傷，企業應按其工作時間長短給予三至六個月的醫療期。在醫療期間發給不低于本人原工資百分之六十的病假工資。

第二十四條　私營企業女職工生育，按《女職工勞動保護規定》及有關規定執行。

第二十五條　私營企業經營者應從利潤中提取適當的職工福利基金，爲職工舉辦集體福利事業。

第五章　勞動安全與衛生

第二十六條　私營企業必須執行國家有關勞動安全與衛生的法規、標准，采取勞動保護措施，改善勞動條件，建立安全生產規章制度，保證安全生產和職工健康，并接受勞動行政部門的監察和工會組織的監督。

第二十七條　企業經營者對企業的安全生産負有全面責任。企業對從事關系到人身健康、生命安全的行業或者工種的職工必須采取特殊保護措施，在保證職工安全和健康的前提下，組織生產經營活動。

第二十八條　私營企業生產經營場所和設施應符合國家規定的要求，各類設備的安全衛生防護裝置必須齊全，有關技術條件應符合國家標准。

第二十九條　私營企業在從事礦山及鍋爐、壓力容器、起重機械等危險性較大的生產設備的設計、制造、安裝、維修作業時，必須按照國家有關規定，經審查取得相應資格證書后，才可報工商行政管理部門核發營業執照。

新建私營企業設計、竣工、投産時的安全衛生設施，應報請勞動行政部門審查驗收；新設備、新工藝、新技術投産前，應組織進行技術鑒定，并請當地勞動行政部門參加。

第三十條　私營企業應對職工從事的作業進行正確有效的管理，進行安全教育和技術培訓、制定安全操作規程。對從事特種作業職工，必須進行專業訓練，并經勞動行政部門考核合格發證后持證上崗操作。

私營企業應有專人定期對生產場所，危險設備進行安全檢查，消除事故隱患，糾正違章。

第三十一條　私營企業應當對從事有毒有害作業的職工定期實施體檢及其它有利于職工健康的措施。

企業應當根據勞動生產需要，按照國家規定發給職工勞動保護用品。

企業應當做好女職工和未成年工（16－18周歲）的勞動保護工作，不得安排不適合他們從事勞動的工種。

從事有易燃、易爆和有毒有害作業的私營企業的廠（礦）長，必須經過安全培訓，并經勞動行政部門考核發證，未經考核發證者，不得出任長（礦）長。

第三十二條　私營企業發生職工因工傷亡事故、急性中毒、職業病以及鍋爐壓力容器設備損壞、礦山重大非傷亡事故時，應及時報告當地勞動行政部門和工會組織，并接受他們對事故的調查處理。

第三十三條　私營企業應實行每日不超過八小時工作制，因生產需要確需延長工作時間時，須經職工本人同意，并發給職工加班工資。日加班時間不得超過三小時，連續加班不得超過三天。連續加班，工時過長，影響職工身體健康的，工會可以提出意見，當地勞動部門有權予以制止，禁止安排未成年工、孕期、哺乳期女職工加班加點。

第六章　勞動爭議

第三十四條　私營企業發生的勞動爭議，雙方當事人應及時協商解決。協商不能解決的，可向當地勞動爭議仲裁委員會申請仲裁，勞動爭議仲裁委員會可參照《國營企業處理勞動爭議暫行規定》處理。

第七章　附　　則

第三十五條　私營企業應按照國家有關規定，向所在地勞動行政部門報送勞動工作的有關統計報表。

第三十六條　私營企業違反本規定，由勞動行政管理部門視其情節輕重，給予處罰、罰款，提請工商行政管理部門責令停業或吊銷營業執照，直至追究刑事責任。

第三十七條　本規定由勞動部負責解釋，并由各級勞動行政管理部門監督實施。

第三十八條　本規定自公布之日起施行。

國家稅務局關于私營企業財務會計有關問題的通知(廢止)

(國稅函發[1991]140號 1991年1月16日)

《私營企業財務管理暫行辦法》、《私營企業會計制度》下發后,各地在貫徹執行過程中,提出了一些問題。經研究,現對私營企業財務會計有關問題明確如下:

一、關于固定資産折舊問題

私營企業的固定資産折舊必須按《私營企業財務管理暫行辦法》規定執行。但對家店、家廠不分的房屋可按企業實際情況確定比例計提折舊。

二、關于企業購置的摩托車、打字機、復印機、微機等各種設備的折舊問題

私營企業購置的摩托車、打字機、復印機、微機等各種設備,凡國家發布的有關固定資産折舊年限表中没有列舉的項目,其折舊年限由各省、自治區、直轄市稅務局確定。

三、關于企業安裝變壓器(含附屬綫路)、電話機等的處理問題

私營企業安裝的變壓器(含附屬綫路)、電話機等,凡達到固定資産標准的,其所有權屬于企業的,按固定資産處理;所有權不屬于企業的,一律按待攤費用處理。

四、關于企業購置各種機動車發生的購置附加費修理問題

私營企業購置各種機動車輛時,按規定繳納的購置附加費,應做爲固定資産原值入帳。

五、關于專項設備貸款超期利息列支問題

專項設備貸款超期利息的支出,不准列計有關項目的成本,應在專用基金項下處理。

六、關于工資列支問題

(一)對聘請境外的外籍人員及僑胞(包括港、澳、臺同胞)修理進口設備發生的工資及費用,可按合同規定并報經當地稅務機關審核后列支。

(二)發生虧損的私營企業,其應列成本的投資經營者的工資,不得高于本企業職工列入成本的平均工資的2倍,盈利企業的列支標准,可視其盈利水平分檔次確定,具體由各地稅務機關掌握。

七、關于勞動保險金、社會養老金列支問題

私營企業按有關規定支付的勞動保險金、社會養老金,可在"營業外支出"項下列支。

八、關于業務招待費列支問題

私營企業所發生的與生産經營業務有關的業務招待費,必須按現行規定辦理。對超過規定標准數額的,應在稅后利潤轉爲"生産發展基金"后列支。

九、關于開辦費列支問題

私營企業的開辦費應根據數額大小結合企業實際情況,采取一次性或分期攤銷的辦法處理。

十、關于徵用土地所支付的補償費列支問題

私營企業因徵用土地而支付的補償費,應計入與土地有關的房屋、建築物的價值内,不單獨作爲土地價值入帳。

十一、關于企業拖欠貨款所收、支的得息列支問題

私營企業在結算貨款中,售貨方因購貨方延期付款而收取的延期付款利息收入與因此發生的利息支出相抵后的收入凈額,年終轉入營業外收入;支出凈額,在企業"生産發展基金"中核銷。

十二、關于企業向私人借款利息的列支問題

私營企業向民間私人借款而支付的利息,除按《私營企業財務管理暫行辦法》規定執行外,其超過銀行規定的利息部分,其中的40%准予在"生産發展基金"項下核銷,其餘的60%由投資者個人負擔。

十三、關于企業向工商行政管理部門上交管理費的列支問題

私營企業向工商行政管理部門上交的管理費，應在税后利潤核銷。核銷后的利潤再進行"生產發展基金"和"投資者分配所得"的分配。

十四、關于私營企業登記前發生的虧損處理問題

《私營企業暫行條例》發布后，原屬于個體户或集體企業改登記爲私營企業的，對其在登記前發生的虧損，一律不准用私營企業實現的利潤彌補。

十五、關于對企業查補税款代扣税金的處理問題

私營企業在經營批發及其他業務中，應代扣代繳而未扣繳的税款，被查出后補繳的税款，應列記"投資者分配所得支出"。

十六、關于企業内部形成并用于本企業的專利及其他專有技術的處理問題

私營企業投資經營者把本企業内部形成的專利及其他專有技術等，用于本企業后，不得以任何方式或名義，從企業銷售收入或利潤中向投資經營者支付提成或費用，應作爲企業自制的無形資產處理。

關于私營企業若干税收政策規定（廢止）

（國税發[1991]048 號 1991 年 2 月 23 日國家税務局發布）

《中華人民共和國私營企業所得税暫行條例》、《國務院關于徵收私營企業投資者個人收入調節税的規定》發布執行兩年多來，各地反映了一些需要明確的問題，經研究，現作規定如下：

一、關于原以集體企業名義登記后轉爲私營企業的，其税款處理問題

《中華人民共和國私營企業暫行條例》和《中華人民共和國私營企業所得税暫行條例》發布后，仍挂集體企業牌子而實際是私人投資經營的企業，在清理檢查中被查出并换發了私營企業營業執照的，應即按私營企業税收規定徵收所得税。其在變更登記前已享受的集體企業優惠減免税款應一律轉爲生產發展基金，專户管理。

二、關于私營企業生產出口產品取得的外匯留成額度調劑收入的徵税問題

爲鼓勵私營企業多出口創匯，對私營企業生產出口產品取得的外匯留成額度調劑收入，通過國家外匯調劑中心按國家規定辦理的，不計徵私營企業所得税，全額轉入生產發展基金，作爲國家扶植資金專户管理。

三、關于私營企業承攬外商來料加工、來件裝配所得的徵税問題

私營企業接受外商來料加工、來件裝配業務的所得，凡來料、來件部分價值占產品原材料、輔助材料和零部件總值20%以上的，從取得第一筆收入的月份，在一至二年内，由省、自治區、直轄市税務局審批，給予減徵或免徵私營企業所得税。

四、關于新辦私營企業的徵税問題

新辦的私營企業，原則上應照章納税，但新辦的生產性企業照章納税確有困難的，可在一年的期限内，由省、自治區、直轄市税務局確定，酌予減徵或免徵私營企業所得税。

五、關于歸國華僑新辦私營企業的徵税問題

歸國華僑用僑資新辦生產性私營企業，其僑資占投資 50%以上的，可從投產經營的月份起，免徵私營企業所得税二年。

六、關于私營企業技術轉讓收入的徵税問題

私營企業從事技術轉讓而取得的收入，經省、自治區、直轄市税務局審核批准，在三年内，該項所得每年不超過 10 萬元的，可不計入應納税所得額；超過 10 萬元的部分，應并入應納税所得額，照章徵税。

七、本規定自一九九一年一月一日起施行。

私營企業登記程序

（1991年7月20日國家工商行政管理局發布）

第一章　總　則

第一條　爲加强對私營企業的登記管理，根據《中華人民共和國私營企業暫行條例》(以下簡稱《條例》)和《中華人民共和國私營企業暫行條例施行辦法》(以下簡稱《施行辦法》)及國家有關法律、法規的規定，制定本程序。

第二條　私營企業依照本程序辦理登記，工商行政管理機關依照本程序對私營企業進行登記。

第二章　開業登記

第三條　符合《施行辦法》第三條規定的人員申請開辦私營企業，應當到企業所在地工商行政管理機關辦理開業登記，填寫《私營企業申請開業登記注册書》和《私營企業負責人履歷表》。

第四條　私營企業辦理開業登記應當向企業所在地工商行政管理機關提交下列文件、證明：

(一)申請書。申請書的主要内容包括：開辦企業的宗旨、條件、可行性分析等。

合夥企業還應提交符合《施行辦法》第九條第(五)項規定的合夥協議書，有限責任公司還應提交符合《條例》第十四條規定的公司章程。

(二)申請人身分證明。凡申請開辦私營企業的人員，必須出具申請人的居民身分證并提交相應證件；

(1)城鎮待業人員應提交待業證明；

(2)個體工商户應提交營業執照；

(3)辭職、退職人員應提交原單位出具的辭職、退職證明；

(4)離休、退休的科技人員應提交離休、退休證明和資格證書；

(5)停薪留職的科技人員應提交停薪留職協議書和資格證書；

(6)企事業單位的離休、退休人員應提交離休、退休證明和原工作單位的批准文件；

(7)符合國家規定的其他人員，應按規定提交有關證明。没有頒發居民身分證的農村村民應提交户籍證明。

合夥企業和有限責任公司還應提交其他合夥人或投資者的身份證明。

(三)場地使用證明；

(1)自有私房應提交房産證明；

(2)租用房屋、場地，應提交房屋、場地租賃合同，有關房、地産證明及房管部門許可使用證明；

(3)使用土地應提交土地管理部門的批准文件。

(四)資金證明。有限責任公司必須提交具有驗資資格的機構出具的證明資金真實性的驗資證明。

(五)與擬僱用者簽訂的協議或僱工意向書。

(六)其他有關文件、證明。

第五條 申請從事國家有專項規定的行業或品種的生産經營，應按國家有關規定，提交有關部門的審批文件。

第六條　工商行政管理機關接到申請人填寫的《私營企業申請開業登記注册書》和《私營企業負責人履歷表》后，查驗有關文件、證明，對手續完備的，予以受理；對手續不完備的，不予受理。

第七條　工商行政管理機關受理開業登記申請后，對其開業條件、文件和證明進行審查，審查内容包括：

(一)是否具備開業條件。

(二)申請開業登記注册書填寫的内容是否真實，提交的文件、證明是否齊備、真實、有效、合法，協議、章程是否符合規定。

(三)企業名稱、資金來源、經營範圍、經營方式等主要登記事項是否符合國家有關規定。

(四)其他需要審查的内容。

第八條　經工商行政管理機關審核,對符合開業條件的,准予登記,由主管局長簽字蓋章后,核發營業執照。

獨資企業、合夥企業核發《營業執照》,有限責任公司核發《企業法人營業執照》。

經工商行政管理機關審核,不予登記的,應書面通知申請人,并退回申請人提交的文件、證明。

工商行政管理機關應當自受理之日起三十日内做出審核决定。

第九條　在縣(區)工商行政管理機關登記的有限責任公司投資者超過三十人的,縣(區)工商行政管理機關應當自受理之日起十五日内提出初審意見并報送地(市)工商行政管理機關審核,地(市)工商行政管理機關應當自接到報送材料之日起十日内作出審核决定并返回縣(區)工商行政管理機關。

第十條　私營企業憑營業執照刻制行政用章、財務用章、合同用章,并提取印模到原登記的工商行政管理機關備案。

私營企業憑營業執照到銀行開立帳户,并將開户銀行及銀行帳户報原登記的工商行政管理機關備案。

私營企業核准登記開業后,須將與僱工簽訂的勞動合同副本報原登記的工商行政管理機關備案。

第三章　變更登記、重新登記

第十一條　私營企業改變企業名稱、企業負責人、經營地址、經營範圍、經營方式、企業種類,以及改變合夥人或投資者等主要登記事項之一的,均應辦理變更登記。

第十二條　私營企業發生下列情况之一的,應當辦理變更登記:

(一)設立或者撤銷分支機構;

(二)修改合夥協議或者公司章程,涉及主要登記事項;

(三)因分立、合并而保留的企業;

(四)分支機構變更登記事項涉及私營企業主要登記事項。

第十三條　私營企業實有資金增加或者减少超過注册資金的 20%,應向原登記的工商行政管理機關申請辦理變更登記,注册資金减少超過 20%的,應重新核定其經營範圍和經營方式。

有限責任公司不得减少注册資金。

第十四條　私營企業辦理變更登記,應當向原登記的工商行政管理機關提出申請,填寫《私營企業申請變更登記注册書》,合夥企業、有限責任公司變更企業負責人還應填寫《私營企業負責人履歷表》。

第十五條　私營企業申請變更登記應當向工商行政管理機關提交下列文件、證明:

(一)企業負責人簽署的變更登記申請書。合夥企業還應提交合夥人簽署的協議書,有限責任公司還應提交董事會决議書。

(二)其他有關文件、證明。

第十六條　工商行政管理機關接到申請人填寫的《私營企業申請變更登記注册書》后,查驗有關文件、證明、對手續完備的,予以受理;對手續不完備的、不予受理。

第十七條　工商行政管理機關受理私營企業變更登記申請后,進行審核,對符合條件的,准予變更登記;對不符合條件的,不予辦理變更登記,并書面通知申請人,退回申請人提交的文件、證明。

工商行政管理機關應當自受理之日起十五内做出審核决定。

第十八條　私營企業遷往原登記的工商行政管機關管轄區域之外,應到原登記的工商行政管理機關辦理遷移手續,填寫《私營企業遷移申請表》。原登記的工商行政管理機關查驗《私營企業遷移申請表》和有關證明文件后,對符合遷移條件的,准予遷移,收回營業執照及副本,撤銷注册號,并將企業檔案移交遷入地工商行政管理機關。企業憑《私營企業遷移申請表》和有關部門的證明文件,到遷入地工商行政管理機關辦理變更登記,領取營業執照。

第十九條　私營企業轉讓,受讓方應當持轉讓協議書和有關證明文件,向工商行政管理機關申請重新登記,工商行政管理機關參照開業登記有關規定進行審核,重新核發營業執照。

第二十條　私營企業停業三個月以上的,應在停業前十日内報原登記的工商 行政管理機關,并填寫《私營企業停業報告書》。

合夥企業停業應提交合夥人簽署的協議書，有限責任公司應提交董事會決議書。

私營企業停業期間，應交回營業執照及副本、行政用章、財務用章、合同用章。

私營企業停業期滿，應在復業前十日內持《私營企業停業報告書》到工商行政管理機關辦理復業手續，填寫《私營企業復業報告書》，領回營業執照及副本、行政用章、財務用章、合同用章后，始得營業。

第四章　注銷登記

第二十一條　私營企業發生下列情況之一的，應當辦理注銷登記：

(一)歇業；

(二)因分立、合并而終止營業；

(三)自行停業一年以上；

(四)領取營業執照六個月未開業；

(五)因行政處分、法院裁決而終止經營；

(六)因其他原因終止經營。

第二十二條　私營企業轉讓，轉讓方應當持轉讓協議書、營業執照和有關證明文件向原登記的工商行政管理機關辦理注銷登記。

第二十三條　私營企業辦理注銷登記，應當填寫《私營企業申請注銷登記注册書》。

私營企業歇業，應當提前三十日向原登記的工商行政管理機關提出申請。

第二十四條　私營企業辦理注銷登記，應當向原登記的工商行政管理機關提交下列文件、證明：

(一)企業負責人簽署的注銷登記申請書。合夥企業還應提交合夥人簽署的協議書，有限責任公司還應提交董事會決議書。

(二)資産清理和處分報告。

(三)債權債務清償證明或債務清償保證書。

(四)完税證明。

(五)企業與僱工解除勞動合同文件。

(六)其他必須提交的文件、證明。

第二十五條　工商行政管理機關接到申請人填寫的《私營企業申請注銷登記注册書》后，查驗有關證明、文件，對手續完備的，予以受理。

工商行政管理機關應當自受理之日起二十日內做出審核决定。

第二十六條　工商行政管理機關對核准注銷登記的私營企業，應當收回其營業執照及副本、行政用章、財務用章、合同用章，撤銷其注册號，并通知其開户銀行。

第五章　分支機構登記

第二十七條　私營企業分支機構是指私營企業設立的分廠、分店、分公司。

第二十八條　私營企業設立分支機構，應當按本程序第二章的有關規定，在分支機構所在地工商行政管理機關辦理開業登記。

私營企業在原登記的工商行政管理機關管轄區域之外設立分支機構的，應當填寫《私營企業異地設立分支機構申請表》，并憑此表在分支機構所在地工商行政管理機關辦理開業登記。

第二十九條　私營企業設立分支機構，應當提交下列文件、證明：

(一)私營企業負責人簽署的申請書。

合夥企業還應提交合夥人簽署的協議書，有限責任公司還應提交董事會決議書。

(二)私營企業的營業執照副本。

(三)分支機構負責人的任職文件。

(四)其他有關文件、證明。

第三十條　私營企業分支機構改變主要登記事項,應當按本程序第三章的有關規定,到分支機構原登記的工商行政管理機關辦理變更登記,并應提交下列文件、證明:

(一)分支機構負責人簽署的决定書;

(二)私營企業負責人簽署的决定書。

第三十一條　私營企業撤銷分支機構,應當按本程序第四章的有關規定在分支機構原登記的工商行政管理機關辦理分支機構注銷登記,并提交下列文件、證明:

(一)分支機構負責人簽署的注銷登記申請書。

(二)私營企業負責人簽署的决定書。合夥企業還應當提交合夥人簽署的協議書,有限責任公司還應當提交董事會的决議書。

第六章　附　則

第三十二條　具備法人條件的私營企業辦理登記,應當依照《中華人民共和國企業法人登記管理條例》及其《施行細則》和本程序的有關規定執行。

第三十三條　私營企業舉辦中外合資經營企業和中外合作經營企業,應當依照國家有關規定辦理。

第三十四條　私營企業辦理登記,本程序没有規定的,依照《中華人民共和國私營企業暫行條例》及其《施行辦法》的有關規定執行。

第三十五條　本程序中規定的表格由國家工商行政管理局統一制定。

第三十六條　本程序自發布之日起施行。

中華人民共和國個人所得稅法

1980 年 9 月 10 日第五屆全國人民代表大會第三次會議通過根據 1993 年 10 月 31 日第八屆全國人民代表大會常務委員會第四次會議《關于修改(中華人民共和國個人所得稅法)的决定》修正

中華人民共和國主席令
第十二號

《全國人代表大會常務委員會關于修改(中華人民共和國個人所得稅法)的決定》已由中華人民共和國第八屆全國人民代表大會常務委員會第四次會議于 1993 年 10 月 31 日通過,現予公布,自 199 4 年 1 月 1 日起施行。

中華人民共和國主席　**江澤民**

1993 年 10 月 31 日

第一條　在中國境內有住所、或者無住所而在境內居住滿一年的個人，從中國境內和境外取得的所得，依照本法規定繳納個人所得稅。

在中國境內無住所又不居住或者無住所而在境內居住不滿一年的個人，從中國境內取得的所得，依照本法規定繳納個人所得稅。

第二條　下列各項個人所得，應納個人所得稅：

一、工資、薪金所得；

二、個體工商户的生產、經營所得；

三、對企事業單位的承包經營、承租經營所得；

四、勞務報酬所得；

五、稿酬所得；

六、特許權使用費所得；

七、利息、股息、紅利所得

八、財產租賃所得；

九、財產轉讓所得；

十、偶然所得；

十一、經國務院財政部門確定徵稅的其它所得。

第三條　個人所得稅的稅率：

一、工資、薪金所得、適用超額累進稅率，稅率爲百分之五至百分之四十五（稅率表附后）。

二、個體工商户的生產、經營所得和對企事業單位的承包經營、承租經營所得，適用百分之五至百分之三十五的超額累進稅率（稅率表附后）。

三、稿酬所得，適用比例稅率，稅率爲百分之二十，并按應納稅額減徵 30％。

四，勞務報酬所得，適用比例稅率，稅率爲百分之二十。對勞務報酬所得一次收入畸高的，可以實行加成徵收，具體辦法由國務院規定。

五、特許權使用費所得，利息、股息、紅利所得，財產租賃所得，財產轉讓所得，偶然所得和其他所得，適用比例稅率，稅率爲百分之二十。

第四條　下列各項個人所得，免納個人所得稅：

一、省級人民政府、國務院部委和中國人民解放軍軍以上單位，以及外國組織、國際組織頒發的科學、教育、技術、文化、衛生、體育、環境保護等方面的獎金；

二、儲蓄存款利息，國債和國家發行的金融債券利息；

三、按照國家統一規定發給的補貼、津貼；

四、福利費、撫恤金、救濟金；

五、保險賠款；

六、軍人轉業費、復員費；

七、按照國家統一規定發給干部、職工的安家費、退職費、退休工資、離休工資、離休生活補助費；

八、依照我國有關法律規定應予免稅的各國駐華使館、領事館的外交代表、領事官員和其他人員的所得；

九、中國政府參加的國際公約、簽訂的協義中規定免稅的所得；

十、經國務院財政部門批准免稅的所得。

第五條　有下列情形之一的，經批准可以減徵個人所得稅：

一、殘疾、孤老人員和烈屬的所得；

二、因嚴重自然災害造成重大損失的；

三、其他經國務院財政部門批准減稅的。

第六條　應納稅所得額的計算：

一、工資、薪金所得、以每月收入額減除費用八百元后的餘額，爲應納稅所得額。

二、個體工商户的生產、經營所得，以每一納稅年度的收入總額，減除成本、費用以及損失后的餘額，爲應納稅所得額。

三、對企事業單位的承包經營、承租經營所得，以每一納税年度的收入總額，减除必要費用后的餘額，爲應納税所得額。

四、勞務報酬所得、稿酬所得、特許權使用費所得，財産租賃所得，每次收入不超四千元的，减除費用八百元；四千元以上的，减除百分之二十的費用，其餘額爲應納税所得額。

五、財産轉讓所得，以轉讓財産的收入額减除財産原值和合理費用后的餘額，爲應納税所得額。

六、利息、股息、紅利所得、偶然所得和其它所得，以每次收入額爲應納税所得額。

個人將其所得對教育事業和其他公益事業捐贈的部分，按照國務院有關規定從應納税所得中扣除。

對在中國境内無住所而在中國境内取得工資、薪金所得的納税義務人和在中國境内有住所而在中國境外取得工資、薪金所得的納税義務人，可以根據其平均收入水平，生活水平以及匯率變化情況確定附加减除費用，附加减除費用適用的範圍和標准由國務院規定。

第七條　納税義務人從中國境外取得的所得，准予其在應納税額中扣除已在境外繳納的個人所得税税額。但扣除額不得超過該納税義務人境外所得依照本規定計算的應納税額。

第八條　個人所得税，以所得人爲納税義務人，以支付所得的單位或者個人爲扣繳義務人。在兩處以上取得工資、薪金所得和没有扣繳義務人的，納税義務人應當自行申報納税。

第九條　扣繳義務人每月所扣的税款，自行申報納税人每月應納的税款，都應當在次月七日内繳入國庫，并向税務機關報送納税申報表。

工資、薪金所得應納的税款，按月計徵，由扣繳義務人或者納税義務人在次月七日内繳入國庫，并向税務機關報送納税申報表。特定行業的工資、薪金所得應納的税款，可以實行按年計算、分月預繳的方式計徵，具體辦法由國務院規定。

個體工商户的生産、經營所得應納的税款、按年計算，分月預繳，由納税義務人在次月七日内預繳，年度終了后三個月内匯算清繳，多退少補。

對企事業單位的承包經營、承租經營所得應納的税款，按年計算，由納税義務人在年度終了后三十日内繳入國庫，并向税務機關報送納税申報表。納税義務人在一年内分次取得承包經營、承租經營所得的，應當在取得每次所得后的七日内預繳，年度終了后三個月内匯算清繳，多退少補。

從中國境外取得所得的納税義務人，應當在年度終了后三十日内，將應納的税款繳入國庫，并向税務機關報送納税申報表。

第十條　各項所得的計算，以人民幣爲單位。所得爲外國貨幣的，按照國家外匯管理機關規定的外匯牌價折合成人民幣繳納税款。

第十一條　對扣繳義務人按照所扣繳的税款，付給百分之二的手續費。

第十二條　個人所得税的徵收管理，依照《中華人民共和國税收徵收管理法》的規定執行。

第十三條　國務院根據本法制定實施條例。

第十四條　本法自公布之日起施行。

個人所得税税率表一（工資、薪金所得適用）

級　數	全月應納税所得額	税　　率(%)
1	不超過 500 元的	5
2	超過 500 元至 2.000 元的部分	10
3	超過 2.000 元至 5.000 元的部分	15
4	超過 5.000 元至 20.000 元的部分	20
5	超過 20.000 元至 40.000 元的部分	25
6	超過 40.000 元至 60.000 元的部分	30
7	超過 60.000 元至 80.000 元的部分	35

級　數	全月應納税所得額	税　　率(%)
8	超過 80.000 元至 100.000 元的部分	40
9	超過 100.000 元的部分	45

(注:本表所稱全月應納税所得額是指依照本法第六條的規定,以每月收入額减除費用八百元后的餘額或者减除附加减除費用后的餘額)

個人所得税税率表二
(個體工商户的生產、經營所得和對企事業單位的承包經營、承租經營所得適用)

級　數	全年應納税所得額	税　　率(%)
1	不超過 5.000 元的	5
2	超過 5.000 元至 10.000 元的部分	10
3	超過 10.000 元至 30.000 元的部分	20
4	超過 30.000 元至 50.000 元的部分	30
5	超過 50.000 元的部分	35

(注:本表所稱全年應納税所得額是指依照本法第六條的規定,以每一納税年度的收入總額,减除成本,費用以及損失后的餘額)

中華人民共和國企業所得税暫行條例

中華人民共和國國務院令
第 137 號

《中華人民共和國企業所得税暫行條例》已經 1993 年 11 月 26 日國務院第十二次常務會議通過,現予發布,自 1994 年 1 月 1 日起施行。

總理　　李　鵬
1993 年 12 月 13 日

第一條　中華人民共和國境内的企業,除外商投資企業和外國企業外,應當就其生產、經營所得和其他所得,依照本條例繳納企業所得税。

企業的生產、經營所得和其他所得,包括來源于中國境内、境外的所得。

第二條　下列實行獨立經濟核算的企業或者組織，爲企業所得税的納税義務人(以下簡稱納税人)：

(一)國有企業；

(二)集體企業；

(三)私營企業；

(四)聯營企業；

(五)股份制企業；

(六)有生產、經營所得和其他所得的其他組織。

第三條　納税人應納税額，按應納税所得額計算，税率爲百分之三十三。

第四條　納税人每一納税年度的收入總額減去准予扣除項目后的餘額爲應納税所得額。

第五條　納税人的收入總額包括：

(一)生産、經營收入；

(二)財産轉讓收入；

(三)利息收入；

(四)租賃收入；

(五)特許權使用費收入；

(六)股息收入；

(七)其他收入。

第六條　計算應納税所得額時准予扣除的項目，是指與納税人取得收入有關的成本、費用和損失。

下列項目，按照規定的範圍、標準扣除：

(一)納税人在生産、經營期間，向金融機構借款的利息支出，按照實際發生數扣除；向非金融機構借款的利息支出，不高于按照金融機構同類、同期貸款利率計算的數額以内的部分，准予扣除。

(二)納税人支付給職工的工資，按照計税工資扣除。計税工資的具體標准，在財政部規定的範圍内，由省、自治區、直轄市人民政府規定，報財政部備案。

(三)納税人的職工工會經費、職工福利費、職工教育經費，分别按照計税工資總額的百分之二、百分之十四、百分之一點五計算扣除。

(四)納税人用于公益、救濟性的捐贈，在年度應納税所得額百分之三以内的部分，准予扣除。

除本條第二款規定外，其他項目，依照法律、行政法規和國家有關税收的規定扣除。

第七條　在計算應納税所得額時，下列項目不得扣除：

(一)資本性支出；

(二)無形資産受讓、開發支出；

(三)違法經營的罰款和被没收財物的損失；

(四)各項税收的滯納金、罰金和罰款；

(五)自然灾害或者意外事故損失有賠償的部分；

(六)超過國家規定允許扣除的公益、救濟性的捐贈，以及非公益、救濟性的捐贈；

(七)各種贊助支出；

(八)與取得收入無關的其他各項支出。

第八條　對下列納税人，實行税收優惠政策：

(一)民族自治地方的企業，需要照顧和鼓勵的，經省級人民政府批准，可以實行定期减税或者免税；

(二)法律、行政法規和國務院有關規定給予减税或者免税的企業，依照規定執行。

第九條　納税人在計算應納税所得額時，其財務、會計處理辦法同國家有關税收的規定有抵觸的，應當依照國家有關税收的規定計算納税。

第十條　納税人與其關聯企業之間的業務往來，應當按照獨立企業之間的業務往來收取或者支付價款、費用。不按照獨立企業之間的業務往來收取或者支付價款、費用，而减少其應納税所得額的，税務機關有權進行合理調整。

第十一條　納税人發生年度虧損的，可以用下一納税年度的所得彌補；下一納税年度的所得不足彌補的，可以逐年延續彌補，但是延續彌補期最長不得超過五年。

第十二條　納稅人來源于中國境外的所得，已在境外繳納的所得稅稅款，准予在匯總納稅時，從其應納稅額中扣除，但是扣除額不得超過其境外所得依照本條例規定計算的應納稅額。

第十三條　納稅人依法進行清算時，其清算終了后的清算所得，應當依照本條例規定繳納企業所得稅。

第十四條　除國家另有規定外，企業所得稅由納稅人向其所在地主管稅務機關繳納。

第十五條　繳納企業所得稅，按年計算，分月或者分季預繳，月份或者季度終了后十五日內預繳，年度終了后四個月內匯算清繳，多退少補。

第十六條　納稅人應當在月份或者季度終了后 15 日內，向其所在地主管稅務機關報送會計報表和預繳所得稅申報表。年度終了后四十五日內，向其所在地主管稅務機關報送會計決算報表和所得稅申報表。

第十七條 企業所得稅的徵收管理，依照《中華人民共和國稅收徵收管理法》及本條例有關規定執行。

第十八條　金融、保險企業繳納企業所得稅，依照有關規定執行。

第十九條　本條例由財政部負責解釋，實施細則由財政部制定。

第二十條　本條例自 1994 年 1 月 1 日起施行，國務院 1984 年 9 月 18 日發布的《中華人民共和國國營企業所得稅條例(草案)》和《國營企業調節稅徵收辦法》，1985 年 4 月 11 日發布的《中華人民共和國集體企業所得稅暫行條例》、1988 年 6 月 25 日發布的《中華人民共和國私營企業所得稅暫行條例》同時廢止，國務院有關國有企業承包企業所得稅的辦法同時停止執行。

要論選摘

關於在公有制爲主體的前提下發展多種所有制經濟問題

——摘自中共十三大報告《沿着有中國特色的社會主義道路前進》

（1987 年 10 月 25 日）

二、社會主義初級階段和黨的基本路綫

第四，必須以公有制爲主體，大力發展有計劃的商品經濟。商品經濟的充分發展，是社會經濟發展不可逾越的階段，是實現生產社會化、現代化的必不可少的基本條件。在所有制和分配上，社會主義社會並不要求純而又純，絶對平均。在初級階段，尤其要在以公有制爲主體的前提下發展多種經濟成份，在以按勞分配爲主體的前提下實行多種分配方式，在共同富裕的目標下鼓勵一部分人通過誠實勞動和合法經營先富起來。

四、關於經濟體制改革

（五）在公有制爲主體的前提下繼續發展多種所有制經濟。

社會主義初級階段的所有制結構應以公有制爲主體。目前全民所有制以外的其他經濟成份，不是發展得太多了，而是還很不够。對於城鄉合作經濟、個體經濟和私營經濟，都要繼續鼓勵它們發展。公有制經濟本身也有多種形式。除了全民所有制、集體所有制以外，還應發展全民所有制和集體所有制聯合建立的公有制企業，以及各地區、部門、企業互相參股等形式的公有制企業。在不同的經濟領域，不同的地區，各種所有制經濟所佔的比重應當允許有所不同。

私營經濟是存在僱傭勞動關係的經濟成份。但中國社會主義條件下，它必然同佔優勢的公有制經濟相聯繫，並受公有制經濟的巨大影響。實踐證明，私營經濟一定程度的發展，有利於促進生產，活躍市場，擴大就業，更好地滿足人民多方面的生活需求，是公有制經濟必要的和有益的補充。必須儘快制訂有關私營經濟的政策和法律，保護它們的合法利益，加强對它們的引導、監督和管理。

中外合資企業、合作經營企業和外商獨資企業，也是我國社會主義經濟必要的和有益的補充。應當切實保護國外投資者的合法利益，進一步改善投資環境。

（六）實行以按勞分配爲主體的多種分配方式和正確的分配政策。

社會主義初級階段的分配方式不可能是單一的。我們必須堅持的原則是，以按勞分配爲主體，其他分配方式爲補充。除了按勞分配這種主要方式和個體勞動所得以外，企業發行債券籌集資金，就會出現憑債權取得利息；隨着股份經濟的産生，就會出現股份分紅；企業經營者的收入中，包含部分風險補償；私營企業僱用一定數量勞動力，會給企業主帶來部分非勞動收入。以上這些收入，只要是合法的，就應當允許。我們的分配政策，既要有利於善於經營的企業和誠實勞動的個人先富起來，合理拉開收入差距，又要防止貧富懸殊，堅持共同富裕的方向，在促進效率提高的前提下體現社會公平。對過高的個人收入，要采取有效措施進行調節；對以非法手段牟取暴利的，要依法嚴厲制裁。……

中國共産黨第十四次全國代表大會報告（節選）

一、十四年偉大實踐的基本總結

經濟體制改革的目標，是在堅持公有制和按勞分配爲主體、其他經濟成分和分配方式爲補充的基礎上，建立和完善社會主義市場經濟體制。

貧窮不是社會主義，同步富裕又是不可能的，必須允

許和鼓勵一部分地區一部分人先富起來,以帶動越來越多的地區和人們逐步達到共同富裕。

二、九十年代改革和建設的主要任務

加快我國經濟發展,必須進一步解放思想,加快改革開放的步伐,不要被一些姓“社”姓“資”的抽象争論束縛自己的思想和手脚。社會主義要贏得同資本主義相比較的優勢,必須大膽吸收和借鑒世界各國包括資本義發達國家的一切反映現代社會化生産和商品經濟一般規律的先進經營方式和管理方法。國外的資金、資源、技術、人才以及作爲有益補充的私營經濟,都應當而且能够爲社會主義所利用。政權在人民手中,又有强大的公有制經濟,這樣做不會損害社會主義,只會有利於社會主義的發展。

我國經濟體制改革確定什么樣的目標模式,是關繫整個社會主義現代化建設全局的一個重大問題。這個問題的核心,是正確認識和處理計劃與市場的關繫,社會主義市場經濟體制是同社會主義基本制度結合在一起的。在所有制結構上,以公有制包括全民所有制和集體所有制經濟爲主體,個體經濟、私營經濟、外資經濟爲補充,多種經濟成分長期共同發展,不同經濟成分還可以自願實行多種形式的聯合經營。國有企業、集體企業和其他企業都進入市場,通過平等競爭發揮國有企業的主導作用。在分配制度上,以按勞分配爲主體,其他分配方式爲補充,兼顧效率與公平。運用包括市場在内的各種調節手段,既鼓勵先進,促進效率,合理拉開收入差距,又防止兩極分化,逐步實現共同富裕。

中共中央關於建立社會主義市場經濟體制若干問題的决定(節　選)

(中國共産黨第十四届中央委員會第三次全體會議 1993 年 11 月 14 日通過)

一、我國經濟體制改革面臨的新形勢和新任務

(1)社會主義市場經濟體制是同社會主義基本制度結合在一起的。建立社會主義市場經濟體制,就是要使市場在國家宏觀調控下對資源配置起基礎性作用。爲實現這個目標,必須堅持以公有制爲主體、多種經濟成份共同發展的方針。進一步轉换國有企業經營機制,建立適應市場經濟要求,産權清晰、權責明確,政企分開、管理科學的現代企業制度。建立全國統一開放的市場體繫,實現城鄉市場緊密結合,國内市場與國際市場相互衔接,促進資源的優化配置,轉變政府管理經濟的職能,建立以間接手段爲主的完善的宏觀調控體繫,保證國民經濟的健康運行。建立以按勞分配爲主體、效率優先、兼顧公平的收入分配制度,鼓勵一部分地區一部分人先富起來,走共同富裕的道路。建立多層次的社會保障制度,爲城鄉居民提供同我國國情相適應的社會保障,促進經濟發展和社會穩定。這些主要環節是相互聯繫和相互制約的有機整體,構成社會主義市場經濟體制的基本框架。必須圍繞這些主要環節,建立相應的法律體系,采取切實措施,積極而有步驟地全面推進改革,促進社會生産力的發展。

在建立社會主義市場經濟體制的進程中,我們應當在黨的基本理論和基本路綫指引下,始終堅持以是否有利於發展社會主義社會的生産力,是否有利於增强社會主義國家的綜合國力,是否有利於提高人民的生活水平,作爲决定各項改革措施取舍和檢驗其得失的根本標準,注意把握好以下幾點:

——解放思想,實事求是。要轉變計劃經濟的傳統觀念,提倡積極探索,敢於試驗。既繼承優良傳統,又勇於突破陳規,從中國國情出發,借鑒世界各國包括資本主義發達國家一切反映社會化生産和市場經濟一般規律的經驗。要警惕右,主要是防止“左”。

——以經濟建設爲中心,改革開放、經濟發展和社會穩定相互促進,相互統一。發展是硬道理。只有抓住有利時機,深化改革,擴大開放,加快發展,才能鞏固安定團結的政治局面。只有堅持四項基本原則,堅持兩手抓,保持社會政治穩定,才能有力地保證改革開放和經濟發展的順利推進。在積極發展經濟改革開放的過程中,注意穩妥，避免大的損失和社會震動。

二、轉換國有企業經營機制建立現代企業制度

(5)建立現代企業制度是一項艱巨複雜的任務，必須積累經驗，創造條件，逐步推進。當前，要繼續貫徹《全民所有制工業企業法》和《全民所有制工業企業轉換經營機制條例》，把企業的各項權利和責任不折不扣地落到實處。加强國有企業財產的監督管理，實現企業國有資產保值增值。加快轉換國有企業經營機制和企業組織結構調整的步伐。堅決制止企業亂集資、亂攤派、亂收費。减輕企業辦社會的負擔。有步驟地清產核資。界定產權，清理債權債務，評估資 產，核實企業法人財產佔用量。從各方面爲國有企業穩步地向現代企業制度轉變創造條件。

(6)國有大中型企業是國民經濟的支柱，推行現代企業制度，對於提高經營管理水平和競爭能力，更好地發揮主導作用，具有重要意義。現代企業按照財產構成可以有多種組織形式。國有企業實行公司制，是建立現代企業制度的有益探索，規範的公司，能夠有效地實現出資者所有權與企業法人財產權的分離，有利於政企分開、轉換經營機制，企業擺脱對行政機關的依賴，國家解除對企業承擔的無限責任，也有利於籌集資金，分散風險。公司可以有不同類型。具備條件的國有大中型企業，單一投資主體的可依法改組爲獨資公司，多個投資主體的可依法改組爲有限責任公司或股份有限公司。上市的股份有限公司，只能是少數，必須經過嚴格審定。國有股權在公司中佔有多少份額比較合適，可按不同產業和股權分散程度區別處理。生產某些特殊產品的公司和軍工企業應由國家獨資經營，支柱產業和基礎產業中的骨干企業，國家要控股並吸收非國有資金入股，以擴大國有經濟的主導作用和影響範圍。實行公司制不是簡單更換名稱，也不是單純爲了籌集資金，而要着重於轉換機制。要通過試點，逐步推行，絶不搞形式主義，一閧而起。要防止把不具備條件的企業硬行改爲公司。現有公司要按規範的要求加以整頓。

按照現代企業制度的要求，現有全國性行業總公司要逐步改組爲控股公司。發展一批以公有制爲主體，以產權聯結爲主要紐帶的跨地區、跨行業的大型企業集團，發揮其在促進結構調整，提高規模效益，加快新技術、新產品開發，增强國際競爭能力等方面的重要作用。

一般小型國有企業，有的可以實行承包經營、租賃經營，有的可以改組爲股份合作制，也可以出售給集體或個人，出售企業和股權的收入，由國家轉投於急需發展的產業。

(7)改革和完善企業領導體制和組織管理制度。堅持和完善廠長(經理)負責制，保證廠長(經理)依法行使職權。實行公司制的企業，要按照有關法規建立內部組織機構。企業中的黨組織要發揮政治核心作用，保證監督黨和國家方針政策的貫徹執行。全心全意依靠工人階級。工會與職工代表大會要組織職工參加企業的民主管理，維護職工的合法權益。要加强職工隊伍建設，造就企業家隊伍。形成企業內部權責分明、團結合作、相互制約的機制，調動各方面的積極性。企業要按照市場經濟的要求，完善和嚴格內部經營管理，嚴肅勞動紀律，加强技術開發，質量管理以及營銷、財務和信息工作、提高决策水平、企業素質和經濟效益。加强企業文化建設，培育優良的職業道德，樹立敬業愛廠、遵法守信、開拓創新的精神。

(8)加强企業中的國有資產管理，對國有資產實行國家統一所有、政府分級監管、企業自主經營的體制，按照政府的社會經濟管理職能和國有資產所有者職能分開的原則，積極探索國有資產管理和經營的合理形式和途徑。加强中央和省、自治區、直轄市兩級政府專司國有資產管理的機構。當前國有資產管理不善和嚴重流失的情况，必須引起高度重視。有關部門對其分工監管的企業國有資產要負起監督職責，根據需要可派出監事會，對企業的國有資產保值增值實行監督。嚴禁將國有資產低價折股，低價出售，甚至無償分給個人，要健全制度從各方面堵塞漏洞，確保國有資產及其權益不受侵犯。

(9)堅持以公有制爲主體、多種經濟成份共同發展的方針。在積極促進國有經濟和集體經濟發展的同時，鼓勵個體、私營、外資經濟的發展，並依法加强管理。隨着產權的流動和重組，財產混合所有的經濟單位越來越多，將會形成新的財產所有結構。就全國來説，公有制在國民經濟中應佔主體地位，有的地方、有的產業可以有所差別。公有制的主體地位主要體現在國家和集體所有資產在社會總資產中佔優勢。國有經濟控制國民經濟命脉及其對經濟發展的主導作用等方面。公有制經濟特别是國有經濟，要積極參與市場競爭，在市場競爭中壯大和發展。國家要爲各種所有制經濟平等參與市場競爭創造條件，對各類企業一視同仁。現有城鎮集體企業也要理順產權關繫，區别不同情况可改組爲股份合作制企業或合夥企業。有條件的也可以組建爲有限責任公司。少數規模大、效益好的，也可以組建爲股份有限公司或企業集團。

鼓勵引導私營企業健康發展

(原載 1988 年 6 月 29 日《人民日報》)

《中華人民共和國私營企業暫行條例》、《中華人民共和國私營企業所得税暫行規定》、《國務院關於徵收私營企業投資者個人收入調節税的規定》,是繼七屆人大一次會議在憲法中確立私營企業的法律地位后,國務院制定的鼓勵私營企業發展,加强對私營企業監督管理的幾項基本法規。貫徹這些條例和規定,體現了社會主義初級階段以公有制爲主體發展多種所有制經濟的原則,對發展我國社會生產力和建設具有中國特色的社會主義,意義重要。

私營企業在我國的重新出現絶非偶然現象。黨的十一屆三中全會以后,我國城鄉個體工商業和承包農户得到了蓬勃發展。隨着個體經濟量的增加,其中一批積累了較多貨幣資金的個體工商户,追求擴大生產和經營規模,僱工人數超過了國家關於個體經濟請幫手、帶徒弟的數量規定,發展演變成爲生產資料私人所有和存在僱傭勞動關繫的私營企業。據統計,到 1987 年底,僱工 8 人以上的私營企業,全國已有 22.5 萬户,僱工總數約 360 萬人,在促進生產、活躍市場、搞活經濟、擴大就業、滿足人民生活需要等方面,已顯示出積極的作用。有關部門的調查表明,目前,我國農村有 1.5 億剩餘勞動力需要尋找出路。如果私營企業發展到 200 萬户,産值佔到全國工業總産值的 10%,就可解決 3600 萬人的就業問題。僅此一點,就可以看出私營企業在我國經濟發展中的作用。現在,我國的私營經濟不是發展太快,太多了,而是在整個國民經濟中所佔的比重仍然很小,還很不够,亟需通過制定一系列政策、法規加速其發展。

應當指出的是,由於受舊觀念(特别是"左"的觀念)的影響,以及由於前一階段國家對私營企業没有制定相應的法規,給其健康發展和管理帶來了不利影響。一是私營企業法律地位不明確,致使私營業主心存疑慮,擔心國家政策會變,而不敢放手發展生産。二是私營企業的合法權益没有明確的法律保障,有些單位和個人對私營企業亂收費、亂攤派,甚至敲詐勒索。三是有些私營企業利用立法上的空白,違法經營,偷税漏税。四是有關部門對私營企業的監督管理缺乏明確的法律依據,給工作帶來困難。上述問題的存在,不利於國家有關私營企業的方針政策的貫徹實施,有礙私營企業的進一步發展。因此,儘快制定有關私營企業的法規,已成爲一項迫切的任務。

我國正處在社會主義初級階段。社會主義初級階段的所有制結構特徵,就是以公有制爲主體,多種經濟成份並存。社會主義初級階段是一個相當長的歷史時期,所以,鼓勵和發展私營企業,絶非權宜之計,而是一項長期政策。前不久七届人大一次會議通過的憲法修正案,已明確規定私營經濟是社會主義公有制經濟有益的、必要的補充。今天國務院公布的幾項法規,又具體規定了私營企業的權利和義務。私營企業的投資者對其財産,條例明確規定依法享有所有權,其財産依法繼承。任何單位和個人不得白佔。私營企業有了法律保障,完全可以放心大膽地生産經營了。至於目前存在的一些單位和個人對私營企業亂收費、亂攤派等侵權現象,私營業主完全可以運用法律武器奮然自衛,保護自己的合法權益。至於私營企業中少數人違法經營,偷税漏税行爲,這些法規爲執行機關加强對私營企業的管理和監督,提供了明確的法律依據。只要工商行政、税務等部門嚴格管理,這些弊端並非不能抑制。

當然,條例的公布,只能説私營企業有法可依了。要做到有法必依,執法必嚴,還需要當事人和執法機關的共同努力。我們相信,隨着私營企業條例的施行,隨着全體公民法律意識的增强,私營企業必將對我國生產力發展起到更大的積極作用。

專　論

在中國民(私)營經濟研究會成立大會上的講話

全國政協副主席、中國社會科學院院長
中國民(私)營經濟研究會名譽會長　胡　繩

・胡繩名譽會長(左)和李定會長(右)在中國民(私)營經濟研究會成立大會上。

我祝賀中國私營經濟研究會的成立。

私營經濟研究會成立很有意義,私營經濟問題,確實很值得研究。這種研究工作,我想對于社會主義理論會有貢獻,對于當前社會主義建設的實踐會有很大意義。我現在想講的,可能不是直接講私營經濟的問題。

去年鄧小平同志在視察南方講話中提出了三個"有利于",即"有利于發展社會主義的生產力,有利于增强社會主義國家的綜合國力,有利于提高人民的生活水平"。這三個有利于,鄧小平同志一講,大家很重視,但是一開始理論界對這"三個有利于"解釋有點不一樣。有一種解釋說這"三個有利于"就是區别社會主義與資本主義的標準,我們社會科學院有的同志曾經寫了這樣的文章。但這個解釋,我看是錯誤的。后來理論界大概一致了,說不是這樣解釋的。特别是到了十四大,這個事情就明確了,十四大說,判斷各方面工作是非得失,歸根結底要看"三個有利于"的標準,所以說,這"三個有利于"是判斷各方面工作是非得失的標準。

那么爲什么開始有的同志講,"三個有利于"是資本主義與社會主義的區别呢?這里邊有個誤解,認爲小平同志提出"三個有利于"是針對一個說法,說凡事要做,要問一問是姓"社",還是姓"資",是社會主義的,我就干,不是社會主義的,我就不做。這種誤解,在現實生活中的影響,就是產生了判斷是非得失的兩個標準:第一是不是社會主義的,二是鄧小平同志講的究竟能不能做。這兩個說法有區别,區别在域?我說這個很簡單,不必講多少理論,從實際生活中可以看出來,什么事情是社會主義我就干,是資本主義就不要,這不行。

有人說斯大林時代一切都是由國家統一管起來,實行公有制,統一計劃,行政管理,那個是不是社會主義?如果說是資本主義,恐怕不行吧! 我說它是社會主義,而且這個社會主義生產力一定時期還是發展了,但是慢慢地弊病都出來了,實踐證明這樣一個社會主義,這樣一個一切死死的、都要管起來的公有制度,再搞下去是不行的,不但經濟發展不起來,而且最後就垮臺了。但是你不能因此說它不是社會主義,總不能說斯大林搞的是資本主義,甚至于赫魯曉夫時候也還不能說搞的是資本主義,它還是社會主義。但只能粗糙地說是搞了一種不好的社會主義。我們不能要,我們不要這種社會主義。所以,可見不是社會主義就要。

再說我們自己的經驗。人民公社是什么性質,姓"社"還是姓"資"?我說人民公社姓"社",不是姓"資"。也許我的話不對,人民公社你總不能說是資本主義的吧!但是這是一種吃大鍋飯的社會主義,是貧窮的社會主義,是平均主義的社會主義,是把生產積極性都搞掉,大家一起窮的社會主義。你不還是說是社會主義嗎? 不過是說一種壞的社會主義,這個社會主義不行。可見不是說社會主義就要。

那么,另外說資本主義是不是就不要,這個事情也沒有那么簡單。好多文章說過這個問題。社會主義必須向資本主義學習好的東西。不能說它是資本主義的,我就不要，得好好學習吸收人類社會的一切文化遺産，這包括實際上最重要的是資本主義的東西。

所以，不能簡單地説是資本主義的就不要，問題是怎么利用，怎么用法。如保險公司，是資本主義發展起來的，但是很好的東西，它和資本主義社會壟斷資本家的所有制結合在一起就是資本主義的，把它拿到我們國家，爲什么不可以用？至少我們過去就不知道很好的利用保險制度。比如説，汽車現在大部分都保險，汽車撞壞了，保險公司來賠。可是在過去，汽車都是國家的，撞壞了以后國家要拿錢修理或者補償。保險公司能有錢賠償你汽車的損失，是從所有的汽車保險費中來的，這個辦法很符合社會主義的本質。保險公司大老板雖是壟斷資本家，把它拿過來，就可改造成爲社會主義的。這些東西，你就能簡單地判斷是社會主義還是資本主義？再舉一個例子，香港在1997年就收回了，香港由港督統治多少年，當然是資本主義的。1997年我們收回后怎么辦呢？我們説是“一國兩制”，讓他們實行資本主義。前年我主編《中國共産黨七十年》時，就寫了香港收回來後實行資本主義，保持其繁榮穩定，這樣對社會主義建設有利。我的稿子讓一個同志看到了。他説，你這個説法，在理論上立不住。他倒不是反對實行“一國兩制”。他認爲實行資本主義，一般報紙講講可以，但作爲黨史寫進去，不太恰當，因爲黨史具有理論性，現在理論上説，社會主義優越于資本主義。如果説香港實行資本主義有利于其繁榮穩定，那么實行社會主義，應當更加繁榮穩定。我説理論上站得住，在香港這個地區，社會主義與資本主義相比，社會主義不具有優越性。如果你宣布實行社會主義，立刻所有的資本，除了不動産以外，都跑掉了。你拿回來是一個死港，這個死香港有什么作用？我們要的是一個世界貿易、金融中心、經濟中心的香港，香港只有實行資本主義，才能維護下去，這不是假設，不是騙人的話。所以，在那種具體情况下，社會主義没有優越性、實行社會主義就把香港變成一個死港。多少年才能恢復原狀？爲什么要實行資本主義？實行“一國兩制”？有香港朋友問：共産黨怎么這么好心？我對香港朋友講，這是對整個社會主義有利，不是只對香港有利，而是對全局也有利。實際上是用鄧小平同志“三個有利于”説服香港朋友。這個香港朋友聽后認爲有道理。所以簡單地問姓“資”、姓“社”是不行的。

當然，不問姓“資”姓“社”，並不是我們怎么搞都行了？我們還要堅持社會主義，這也不是主觀的。從中國具體情况出發，中國走資本主義道路是不行的，只有走社會主義道路。“白猫黑猫抓住老鼠就是好猫”，這不是没有原則的話，要抓住老鼠，要抓住耗子就是要“三個有利于”。

現在，我們對于社會主義的認識，確實有很大提高。馬克思主義之前就是講公道，但馬克思主義不只是講公道，没有生産力的發展是不行的。資本主義生産最發展，所以，社會主義必然要經過資本主義。只有在資本主義大生産基礎上發展了，才能建立一個公平的社會，社會主義加了一條：一叫公平，二叫發展。經濟發展必須超過資本主義，這是馬克思主義的社會主義。但是我們長時間就是忘了這一條。所以就搞了貧窮的平均主義的色彩。人民公社還是社會主義，但只講公道，忘記了發展生産，這的確是畸形的，不完整的，不好的社會主義。馬克思原來設想在資本主義高度發展基礎上發展，很短時間超過原來水平。我們是在比較低的基礎上建設社會主義，就更要注意這兩個問題，不是要簡單地追求公平，而且必須要有發展。不然談不上社會主義。所以“十四大”報告中在説到社會主義的根本任務時指出，社會主義本質是解放生産力、發展生産力、消滅剥削、消滅兩極分化，最終達到共同富裕，把發展放在第一位。

過去有一種錯誤觀點：公平超過一切，不反對少而反對不均，少不要緊，大家都平均，都一樣，不講發展。現在講必須把發展放在第一位，可以犧牲一點公平。當然，本來有的東西才可以犧牲，本來没有的東西，説不上犧牲。我們本來没有公平。只不過我們搞個平均社會主義，市場就必須犧牲。爲了發展，我們用一切可以用的手段，改革開放、利用國外各種有用的東西，包括國内的。單講公平，結果會越來越落后。

爲什么要發展私營經濟，爲什么可以發展私營經濟，爲什么必須發展私營經濟，就是三個有利于。中國社會主義至少社會主義初級階段，要發展私營經濟。

歷史上和當前中國的私有和公有

中國社會科學院研究員　于光遠

這的確是一個“很大的題目”，可要講清楚關于這個基本理論，需要寫一部書，至少是一篇很長的文章。但是在“中國私營經濟研究會”召開前夕，想起可以用這個題目作書面發言時，我只有兩個多小時可以用來寫作，所以，匆忙之中寫成一篇“語焉不詳，語焉不透”的“很短文章”。之后，我想再寫一篇長文，一直未能動筆。而以討論私營經濟爲主題的“中國市場經濟論壇”第四次研討會又需在五天后舉行了。看來又沒有去寫那篇長文的時間了，于是采取這樣的變通方法，先用提綱的形式寫一篇《幾點補充》。

第一部分　《很大的題目，很短的文章》

私有財產發源于原始社會后期。有了私有財產，原先公社共同使用的物質資料獲得財產的意義。事實上的私有財產的起源，成爲觀念上的公有財產的起源，將來事實上的私有財產徹底不存在了，觀念上的公有財產也便失去其意義。整個人類社會是從没有財產和財產觀念的社會，最后又復歸到没有財產和財產觀念的社會，整個人類社會將在這樣的社會形態下無限地發展。

自從財產發端之后，迄今爲止所有的社會都是私有、公有并存的社會。在奴隸制社會中有一個一個的奴隸主的私有財產，也有奴隸主國家的公共財產。在封建社會中，有一個一個的封建主的私有財產，也有封建主國家的公有財產，兩個社會所不同的，只是在封建社會除封建主外，農民和其他居民也能擁有某些私有財產，而在奴隸社會中，奴隸是不擁有任何財產的。在資本主義社會中的情况也類似既有一個一個的資本家的私有財產，也有資本主義國家的公有財產。只是在資本主義社會中除被否定了私有財產的無產階級之外，有小資產者和在居民中有較多的社會集團擁有私有財產。社會主義社會也是私有公有并存的社會，有社會主義國家和各社會主義組織的公有財產，也有社會主義社會居民的私有財產。現狀如此，而且應該看到，這樣的局面的延續不是幾個世紀的事情。社會主義國家歷史上只有想早日消滅私有財產的空想，却没有把私有財富消滅了的事實，只有不論公、私有都視作神聖財產，社會主義社會才能存在、才能進步。

一般的公有財產不是社會主義社會的特征，歷史上所有的社會都有公共財產，馬克思、恩格斯從來不説公有財產是社會主義的本質。他們在自己的著作中用的是“社會財產”。馬、恩著作譯本中的“公有制”是原著“社會所有制”的誤譯。何謂“社會所有制”既因誤譯未能得到馬克思主義理論界的重視，其含義也就没有得到討論，社會主義社會中居統治地位的財富的性質至今未被闡明。

在社會主義社會中的公共財富一個特點是，除國家財產這種形式外，其他社會組織的公有財產比較發達，社會組織的財產在資本主義社會前也有，社會組織的公有財產在資本主義社會已有了很大的發展，而在社會主義社會中它的地位更加重要。

在公有、私有問題上還可能存在某種中間狀况，對“大公”來説帶有私的性質，對“小私”來説又帶有公的性質。賈府的公有對于封建國家公有來説是帶有私的性質，但王熙鳳還有她的私房錢，公私財產也不是在任何情况下都能够分清的。關于私有是否爲資本主義社會的本質，同公有是否爲社會主義社會的本質一樣，也是一個應該研究的問題,請讀一個恩格斯的《1891 年社會民主黨綱領草案批判》裏一段話:"據我所知,資本主義生產是一種形式,是一個經濟階段。而資本主義的私人生產則是這個階段內這樣或那樣表現出來的現象。但是究竟什么是資本主義私人生產呢?那是由單個企業家所經營的生產,可是這種生產已經愈來愈成爲一種例外了。由股份公司經營的資本主義生產,已不于是私人生產,而是許多結合在一起的人謀利的生產。如果我們從股份公司進而來看那支配着和壟斷着整個工業部門的托拉斯,那么,那里不僅私人生產停止了,而且……"(所有着重點都是恩格斯自己加上的)。

以上所寫,不知道參加中國私營經濟研究會的人們,有沒有 點興趣。

在寫篇東西時我是下了决心不聯係中國的市場經濟和中國的私營經濟的,我是在考慮它們的理論基礎問題。

第二部分 對《很大的題目,很短的文章》的幾點補充説明(提綱)

(一)人類社會發展史的"一個否定之否定"

1. 我們一直説人類社會的發展經歷了這樣一個"否定之否定的"的過程:原始共産主義社會——私有制社會——共産主義社會,從 30 年代初起,我就接受這樣一個概念,直到 50 年代才察覺到這個公式中前面那"共産主義社會"前面有"原始"兩個字作限制詞;后面,經過"否定之否定"的那個"共産主義社會"没有任何限制詞。因此,這個提法有不完備之處。這個疑問在 1952 年一次報告中提了一下,没有再想下去,也没有發表任何文章。

2. 1980 年開始研究這個問題,得出這樣一個結論:應該給作爲私有制社會否定的新的"共産主義社會"作出歷史的規定性,加上"社會的"或"社會主義的"這樣的限制詞,從而原有公式就要寫成:"原始共産主義社會——私有制社會——社會共産主義社會"。社會共産主義的含義是:這個新的共産主義社會是建立在社會大生産基礎上的,是建立在"社會所有制"或"社會主義所有制"基礎上"共産主義社會"。這個看法在 1982 年 10 月 26 日,我在厦門大學所作的一次講演中發表過。(講演記録在《中國經濟問題》上發表了,并且收入拙著《政治經濟學社會主義部分探索》第三卷中,見書第 189 頁以下)。

3. 1980 年年初,我考慮的只是這個"否定之否定"中最后這個"共産主義社會"的歷史規定性的問題,没有涉及其中第一個"肯定"和第一個"否定",也没有涉及這個公式本身,在《很大的題目,很短的文章》中,我提出了另一個公式:"没有財産和没有財産觀念的社會——私有財産和公有財産并存的社會——没有財産和財産觀念的社會",并在文中作了簡地闡述,我無意用這個公式去否定或去代替"共産主義社會——私有制社會——共産主義社會"這樣的公式。我認爲,這兩個公式互相補充,并不矛盾,"共産主義社會——私有制社會——共産主義社會"這個公式突出了"共産主義"和"私有"這個社會發展史中的主要矛盾,《很大的題目,很短的文章》中那個公式的優點即是對人類社會發展史中的基本輪廓表述得比較細致全面,并有比較强的邏輯性。兩個公式合起來,我想對于認清歷史會更加有益。

(二)私有和個人所有

4. 在《很大的題目,很短的文章》中没有講到"個人所有"。"個人所有"和"私有"是兩個不同的概念。在那篇文章中,我引證了一下恩格斯的《愛爾福特綱領批判》,其中只把"單個企業家的經營和生産"認作是"資本主義的私人生産"。實行股份制后,"私人生産停止 了",馬克思在《資本論》中還有這樣一句話:在股份制中,"那種本身建立在社會生産方式的基礎上,并以生産資料和勞動力的社會集中爲前提的資本,在這里直接取回了社會資本(即那些直接聯合起來的個人資本)的形式,而與私人資本相對應"。這是作爲私人財産的資本在資本主義生産方式本身範圍内的"揚弃"。在全段中,馬克思區分"私人財産"和"個人財産"的意思表述得非常清楚:即私人財産是分散的個人財産,私人財産是不能聯合的,因爲聯合起來之后,就不是私人財産了;而個人財産是可以聯合起來的,并在聯合之后還保有作爲個人財産的性質。

(5)恩格斯在《反杜林論》中引用馬克思在《資本論》中的一段話:"這是否定的否定。這種否定重新建立個人所有制,但這是以資本主義時代的成就,即自由勞動者協作以及其土地和靠勞動本身生産的生産資料的共同占有爲基礎的。"(《馬恩全集》第 20 卷第 143 頁)恩格斯在這里引證的是 1872 年出版的《資本論》第一卷德文第二版。這里引用的部分在德文第四版中有一些修改。修改后的句子是:"這是否定的否定。這種否定不是重新建立私有制,而是在資本主義時代成就的基礎上,也就是説,在協作和對土地及勞動本身生産資料的共同占有的基礎上,重新建立個人所有制。"(《馬恩全集》第 23 卷第 832 頁)修改后的句子也更加明確了"私人所有"和"個人所有制"之間的區别。

(三)公有和社會所有

(6)公有和社會所有在德文、英文和中文中是明顯不同的兩個詞,我對馬恩著作作過一番考證,可以看出,他們把"公有"作爲一個一般的概念來使用;而在講到作爲社會主義或共産主義固有的所有制時,就只用"社會所有"。馬克思、恩格斯的原著絶大多數是用德文寫的。德文是"公有",英文就譯成"公有",德文是"社會所有",英文就譯成"社會所有"。俄譯本也有不同的俄文詞來翻譯。盡管在俄文中"公共的"和"社會的"這兩個詞的字頭相同,容易引起混淆。但是,我查閲的蘇聯馬克思列寧學院在 1950 年出版的《反杜林論》的俄譯本,看到其中也還是小心地把它們 區分開來,只有中譯本把這兩個不同的德文詞都一律譯成"公有",包括在一個段落中或在一句話中,馬克思、恩格斯同時用了兩個不同的詞的情况下也是如此,對于這一點,我在 1987 年寫一篇題爲《馬恩嚴格區分"公有"與"社會所有",不應該譯成"公有"》一文,作了一番介紹,翻譯的要求是忠實于原作。不論人們對"公有"和"社會所有"的認識如何,譯得不準確的地方總是應該糾正過來的。我的那篇文章收入了拙著《政治經濟學社會主義部分探索》第五卷第 160 頁——168 頁。

(7)對"公有"和"社會所有"兩個詞含義的不同,有一點我認爲是没有疑問的,那就是在許多社會都存在公有財産,但是只有到生産社會化以后,在揚弃私有財産的過程中,才會有社會財産的出現。這種社會財産就成爲社會主義社會的基本特征。公有制有多種性質,"社會所有"只是公有的一種。

(8)糾正了這個誤譯以后,對社會所有制的研究就會更深一層。

(9)"社會所有"這個概念之所以能够成立,就是人類社會歷史上有多種社會性質的公有,即在奴隷社會、封建社會、資本主義社會中各有他們自己的公有。不同性質的"公有"有它們的同性,即它們都不是一個一個人(或一個一個分散的家庭)的私有;但是它們又有自己的個性,即公有的主體是不一樣的。深一層的考察還可以發現某些複雜的情况。不同性質的私有也有它們的同性。而根據它們的個性來區分奴隷制的私有、封建制的私有、資本主義的私有是大家所熟知的。我那篇文章想引起人們注意的不只是不同社會性質的私有,也包括不同社會性質的公有。除了不同性質的公有以外,公有制還有諸多不同的形式。社會所有制即社會主義的公有制有衆多的基本形式和由基本形式結合而成的衆多非基本形式。

(四)私有和公有并存

(10)鮮明地指出私有財産起源后,人類社會都是私有和公有并存的社會,這是《很大的題目,很短的文章》那篇文章的一個特色。我認爲這是極明顯的事實。按照這個觀點,我們就需要具體地分析在不同社會中,不同社會性質的社會或性質相同但有不同具體情况的不同社會中,公有與私有并存的具體情况。這種具體情况是經常發生變化的。

(11)鮮明地指出社會主義也是一種公有、私有并存的社會,這也是《很大題目,很短的文章》那篇文章的特色。這也是人所共知的事實,但是表述方法却還有點新意。特别是文章强調了社會主義社會的長期性,説到社會主義社會仍是公有和私有并存的社會,這個論斷就更有一點份量。

(12)文章中還有這么一句"只有不論公有和私有都視作神聖財産,社會主義社會才能存在,才能進步。"在文章中,我没有説在社會主義社會建立過程中不應對私有財産進行剥奪。直到現在爲止,所有社會主義社會的建立都伴有對某一些人的私有財産的剥奪,在這個過程中根本談不到把私有財産視作神聖財産。在這里我不想討論這是否爲絶對的規律。我這句話講的只是社會主義社會建立以后的情况。在社會主義社會建立起來以后,如果對私有財産不予保護,再去進行剥奪,社會主義社會是存在不下去的(但是由于犯罪而没收某個人的財産是另外性質的問題),當然也就談不到進步。

(五)當前中國的私有和公有

(13)那篇文章的副標題(現在我把它作爲這篇的總標題)中有"當前中國的"字樣,可在那篇文章的文字中,對當前中國的問題没有作任何論述,而且在文章末尾特别寫了那樣一句:"在寫這篇東西時,我是下了决心不聯係中國的市場經濟和中國私營經濟的,"我説我是在考慮它們的理論基礎問題。不過,雖然在文中未論述當前中國的私有和公有,但文章中所討論的那些基本理論與當前中國的公有和私有是有很密切關係的。因此,我覺得在題目上寫上"當前中國的"這幾個字還是可以的。應該指出同文章中表述的基本理論有關的,不僅是中國的私營經濟,也還包括中國的公有經濟,只是因爲那篇文章是作爲"中國私營經濟研究會"成立大會上我的書面發言而選出的,所以文末尾只提到私營經濟。中國公有經濟的問題當然比私營經濟重要得多,也複雜得多,需要給以更大的注意。不過,我現在仍不打算對公有經濟再多説什么,因爲,這篇《幾點補充説明》還是爲"中國市場經濟論壇、私營經濟討會"趕寫的。

(六)最后幾句話

(14)這《幾點補充説明》是爲對理論問題有較大興趣的同志寫的,如果没有這種興趣不看也可以。第一篇文章雖然短,但基本的意思也都已經寫進去了。

從社會主義市場經濟的角度來研究私營經濟

中國社會科學院研究員　吴承明

周恩來故總理生前曾面請本文作者主撰《中國資本主義經濟史》，受命後十餘年作者潛心筆耕不輟，直至周總理謝世十多年，吴老終於完成該三卷巨著。

——編者注

我們這個全國促進個體私營經濟政策研討會，是討論政策的會，也涉及理論問題。我過去搞過一點私營經濟的工作，我第一個工作單位就叫做"中央私營企業局"，第一件工作就是制定私營企業條例，不過那是30多年前的事了，和現在完全是兩樣。

我們這個會是從政策、理論的角度出發的，政策和理論都是從實踐中來的。幾十年來，我們在經濟實踐中有一條經驗，就是需要多種經濟成分并存。50年代，曾打算實行單一經濟，后來看不行，搞來搞去還需要多種經濟。這一點，至少在社會主義初級階段是這樣，在高級階段會怎么樣，現在還不知道。人類文明史上各種社會經濟形態都是多種經濟成分并存的。我研究過中國封建社會。在封建社會，真正的封建經濟約占國民生產總值的一半還不到，但是它還占主導地位的。資本主義社會也是這樣。馬克思的《資本論》采用抽象法，把非資本主義的部分都抽象掉了，專門研究資本主義。古典經濟學里邊，如德國歷史學派以及西斯蒙第等人的理論中，就不是單一資本主義經濟，因爲它本來的社會經濟構成就不是這樣的。所以，現在私營經濟的存在，是一個客觀現實，不是誰説一句話的問題，也不是黨的什么政策所促成得了或消失掉的，它是國民經濟的發展所决定的，是實踐所决定的。現在説政策一百年不變，一百年以后，是個什么樣子，仍需要看將來的實踐情況。私營經濟是一個社會現象，它是客觀存在的，這就需要研究，現在經濟理論界不重視私營經濟的研究，這是一個很大的缺陷。

現在理論界好象很喜歡研究宏觀經濟，不喜歡研究微觀，尤其是一些青年學者和在校的學生。其實，微觀經濟理論是宏觀理論的基礎。尤其私營經濟的研究是要從微觀入手的。再説許多政策問題，也是屬于微觀經濟範疇，市場經濟的本身也屬于微觀經濟範疇。今天我們終于承認市場經濟了，其實社會主義市場經濟在六十年代末就提出來了，但一直是被批判的，更没有人去真正地研究過它，真正研究它應該説是從現在開始。

私營經濟不是新的東西，它自古就有，從戰國時期就存在。而社會主義的市場經濟却是一個新的東西，其歷史也不過十幾年，因而從社會主義市場經濟的角度去研究私營經濟也將是一個新的課題。我認爲研究的角度和出發點很重要。私營經濟現在是客觀存在，從純理論的角度來看是一回事，從市場經濟的角度去看却是另一回事。純經濟理論，也就是馬克思主義經濟理論，是抽象化的，是從範疇入手的，如從所有制、價值化、剩余價值的生產等方面入手的，如果我們依然這樣去研究的話，結果都會是空洞的。而市場經濟是一個實踐過程，特別是社會主義市場經濟，還没有人把它抽象到哪一個範疇之中去，所以我們從實踐入手去研究，這才是真正有效的研究，才真正能解决問題。我們對于私營經濟要認真地來研究一番，尤其在我們理論界。而這種研究一定要從實踐中來，要從社會主義市場經濟的角度來研究。

市場經濟包括競争，競争的結果就是分工。今天聽到的一些政策性問題，如：起跑綫問題、公平競争問題、私營企業的經營範圍問題都屬于市場經濟的産物。市場經濟的機制也是我們研究的一個問題，如：税收、税率、信貸、信息等問題，都是我們今天私營經濟健康發展所必需研究的問題。總之，我們要把社會主義市場經濟作爲一個出發點，作爲我們看問題、研究問題的一個重要方面，這樣研究的結果才能有用。

非公有制經濟與社會主義市場經濟

第八屆全國人民代表大會財經委員會副主任委員　董輔礽

一、非公有制經濟與社會主義經濟

1985 年 5 月，我作爲牛津大學沃夫森學院和聖安東尼學院訪問教授，到那里作研究工作，我利用了一個下午時間與布魯斯教授討論什么是社會主義經濟的問題。我們的看法一致，即認爲社會主義經濟是以公有制爲主導的多種所有制經濟，或者説以公有制爲主導的混合經濟。社會主義經濟是以各種公有制經濟爲主導部分的，但是，單獨地説，公有制經濟并不就是社會主義經濟，同樣，其它各種各樣的非公有制經濟以及各種各樣的混合所有制經濟，單獨地説也不是社會主義經濟，只有多種公有制經濟、各種非公有制經濟以及各種混合所有制經濟組合在一起，并以多種公有制爲主導，這樣的經濟才是社會主義經濟，我在《世界經濟導報》(1987 年 7 月 13 日)的二篇文章《談以多種公有制爲主導的多種所有制結構問題》中也寫道："社會主義經濟是一種以多種公有制爲主導的多種所有制結構經濟；不僅在初級階段如此，在初級階段以后也是如此，"爲什么社會主義經濟是這樣一種以多種公有制爲主導的多種所有制的經濟？我不贊成用我國生產力的落后性和差別極大的多層次性來論證社會主義經濟的這種所有制結構。社會主義經濟之所以是這樣的所有制結構的經濟，是因爲"構成多種所有制結構的各種所有制以及構成多種公有制結構的各種公有制各有其强點和弱點，建立和發展以多種公有制爲主導的多種所有制結構，有助于使得它們的强點和弱點互補。并使各自的强點强化，弱點弱化，從而使社會主義經濟得以更順利地發展。(同上)而且正如本文后面將談到的，這是發展社會主義市場經濟的要求。根據上述看法，非公有制經濟是社會主義經濟的不可分割的組成部分。如果一種經濟没有公有制經濟以及公有制經濟不占主導地位，起主導作用，固然不成其爲社會主義經濟，如果没有非公有制經濟也不成其爲社會主義經濟。這有點象一盆甜食，没有糯米飯并以其爲主要成份自然不成其爲八寶飯，同樣，没有豆沙、紅棗、蓮子等等也不成其爲八寶飯。最近讀到于光遠同志的《社會主義經濟主體論》，他在這篇 1992 年 4 月 20 日寫的文章中，有與我類似(但仍有不同)的看法，他認爲，"一種經濟只要它的發展意味着中國社會主義經濟的發展，它就屬于'中國社會主義經濟'。"(第 143 頁)他認爲："中國社會主義經濟與其中的社會所有制(即公有制一引者注)經濟成份是密切相關的，因爲社會所有制經濟成份在'中國社會主義經濟'中一定要占主導地位"，同時，"中國社會主義經濟"中的非社會所有制(即非公有制一引者注)經濟成份因爲是'社會所有制經濟成份'的補充和助手，所以又是'中國社會主義經濟'的組成部分"。(第 144 頁)，我之所以要再次談一下幾年前的見解，就是爲了糾正一種在我看來不正確的看法，即把公有制經濟與社會主義經濟劃等號，從而把非公有制經濟看作是外在于社會主義經濟的成份，我們之所以允許其存在和發展，是不得已的，是在生產力還相當落后的社會主義初級階段采取的一種權宜之計，如果按照這種看法，當社會主義經濟的發展越過了初級階段以后，非公有制經濟就不存在在了。那也就不再有社會主義市場經濟了，而社會主義經濟没有市場也是不可思議的，那豈不又要回到被歷史證明不能實現資源配置優化的指令性計劃經濟嗎？

二、非公有制經濟與市場經濟

從歷史的發展看，市場經濟是在私有制的基礎上，隨着社會分工和生產社會化的發展而逐步形成和發展起步的，嚴格地説，在資本主義經濟制度確立以后才有真正意義的市場經濟，而在現代資本主義經濟中，市場經濟達到很高的水平，具有了現代的形態，因此，人們往往把市場經濟與資本主義私有制聯係在一起，把它看作具有資本主義經濟的制度性。在歷史發展上，市場經濟形成于私有制的基礎上，這是不奇怪的。因爲，在生産社會化以后，以私有制爲基礎的各個經濟主體之間，由于有着各自的獨立的經濟利益，它們只能通過市場交換來建立彼此之間的經濟聯係，交换各自的商品和勞務，取得各自需要的商品和勞務，同時，由于它們在利益上是彼此獨立的，它們有較强的利益的激勵和約束，在利益驅動下，它們之間在通過市場建立彼此之間的經濟聯係中，必定會展開激烈的競争，在競争中優勝劣汰，從而由市場配置資源，促使資源利用的節約，并使資源由效益低的部門流向效益高的部門，也即促使資源配置的優化，因此在以私有制爲基礎的資本主義經濟中，市場成爲稀缺資源的配置者，而資本主義經濟也就是一種由市場配置資源的經濟，即市場經濟，由此可見，在生産社會化的條件下，各種非公有制經濟是天然地同市場兼容的，它們的存在和發展要以市場的存在和發展爲前和條件的，同時，它的存在和發展又推動着市場經濟的發展。

在市場經濟中，非公有制經濟在微觀經濟的範圍内往往有較高的效率和經濟效益，但是它們之間的利益以及它們與社會的共同利益往往難于協調，由此又會引起一係列市場失效（或失敗），例如，在它們的彼此競争中會發生壟斷，而壟斷則削弱并障礙競争，從而削弱并障礙市場發揮優化資源配置的功能，又如：它們從盈利的目標出發，不能有效提供社會共同需要的公共産品，不能有效利用公共資源，再如，在其内部，特别是在外部引起收入不公造成收入差别極度擴大，財産佔有嚴重不均，等等，這種種問題都會直接地或間接地造成資源的損失，引起社會不安定，同時，在市場經濟中，非公有制經濟也容易産生損害消費者利益的行爲，違反市場規則的行爲，例如爲了獲得更多的利潤而行賄、造假帳、做虚假廣告、甚至制造假冒商標的商品，等等，這種種情况，在市場不完善的狀况下更易發生。因此，在市場經濟中，對非公有制經濟的行爲必須有約束，建立公平和盡可能充分競争的市場秩序和規則，同時，政府要對市場，對非公有制經濟的活動和行爲進行必要的干預，解决市場的各種失效問題，例如，制定環境保護法，規定環境標準，防止一些非公有制經濟從其本身的節約成本出發造成破壞環境這種外部不經濟問題，但是，也應該看到，市場經濟中，政府對非公有制經濟的干預大多是間接的，即借助于市場的中介，順應非公有制經濟對自身利益的深深關切，使用各種經濟手段，使非公有制經濟在利害的權衡中，趨利避害，或兩害相較取其輕，或兩利相較取其重，以約束引導非公有制經濟活動和行爲，例如，在增進社會公益，調節收入分配方面，有些國家規定公司或私人將財産、利潤用于增進社會公益方面（如捐款辦學等）可以减免所得税。又如，爲了調整産業結構，給予投資于國家所需産業者以各種優惠。同時，政府也要采取一些直接的干預手段，甚至具有强制約束力的手段，例如，規定環境保護的標準，對破壞環境者處以重罰，又如，制定各種法律，法規（如反壟斷法，反托拉斯法，公平交易法等）。

應該看到，在市場經濟的發展中，市場逐漸完善，政府干預，調節經濟的能力逐漸增强，非公有制經濟的活動和行爲也逐漸納入有秩序的市場運作的軌道，所以，在高度發達的市場經濟中，制造假冒商標的商品等損害消費者利益的行爲就比市場不完善情况下少得多。同時，非公有制經濟也逐漸認識到，處理好自身利益與社會共同利益之間的關係，對其自身的存在和發展具有重要的意義。例如，如果一家公司排放大量的廢弃物破壞了環境，不僅會遭到公衆的嚴厲的反對，而且如果各家公司都只顧自身利益而破壞環境，它自身也要受到環境破壞帶來的損害，同時，政府制定的具有强制約束的法律、法規，是爲了保證公平競争的有秩序的市場環境，對大多數公司來説，這正是他們所要求的，因此，也一般能得到遵守，這當然不是説，非公有制經濟的自身利益就同社會共同利益和諧一致了，不存在市場的失效了。不是這樣。所以，政府的干預僅在以私有制爲基礎的現代市場經濟中未取消，而且做得更爲有效。

三、非公有制經濟與社會義市場經濟

社會主義市場經濟是一種社會主義經濟，是一種社會主義經濟關係條件下的市場經濟。這種社會主義經濟，在經濟結構中，如同前面所説的，應是以各種公有制爲主導的多種所有制經濟，非公有制經濟是其不可分割的組成部分。以往人們否定社會主義市場經濟中存在市場和由市場起資源配置者功能的必然性，是與人們否定在社會主義經濟中存在非公有制經濟分不開的。因爲，原則上説，單一的國有制經濟内部是不存在市場關係的，因爲這里只有一個利益主體，其代表是政府。正因爲如此，才能够實行由政府配置資源的指令性計劃經濟體制。斯大林在這一點上没有錯，即認爲國有制經濟内部是不存在商品貨幣關係的，只有在國有制經濟和集體所有制經濟之間才會有商品交换。但是，我們看到，爲了由政府實施統一的指令性計劃，無論在我國還是前蘇聯，集體經濟都多少具有國有制經濟的特徵，并正在向國有制經濟靠攏，因此，在這樣的兩種所有制的經濟結構下也不能形成真正意義上的市場，更不能使社會主義經濟成爲市場經濟，由此産生的種種問題，這里不贅述。

經過幾十年的實踐，人們認識到，社會主義經濟不僅不能排除市場，而且它應該是一種市場經濟，同時也認識

到，在社會主義經濟中不僅不能排除非公有制經濟，而且非公有制經濟是社會主義經濟的不可缺少的組成部分。而這兩點認識又是分不開的，在社會主義經濟中非公有制經濟的存在和發展，是發展市場經濟的必要條件之一，而市場經濟的發展又是非公有制經濟的存在和發展的必要條件之一。這是因爲，非公有制經濟同市場是完全兼容的，但是，正如我在另一篇專訪記中談到的"如何使公有制企業，特别是國有制企業與市場機制兼容還是個未被解決的重大理論問題和實際問題，這也是一個歷史性課題，經濟體制改革正是要解決這課題。"(見《讓公有制與市場機制兼容》，《經濟學周報》第 35 期，1988 年 8 月 28 日)我在這篇專訪記中談到，爲此，要改革所有制，即一方面改革國有制，另一方面改革所有制結構，建立以多種公有制爲主導的多種所有制結構。我在這篇專訪記中也指出了公有制經濟與非公有制經濟有着各自的强點和弱點，建立這樣的所有制結構可以使各自的强點强化，弱點弱化，使各種所有制的强點和弱點相互補充，"可以較好地解决公平與效率，共同富裕與允許收入有必要的差别，經濟運行的計劃性與靈活性，社會共同利益與各種個别利益，宏觀經濟效益與微觀經濟效益等等方面的關係，使他們較好地結合，同時，由于打破了國家所有制的壟斷地位，將形成不同所有制企業之間的平等競爭，各種公有制的企業在市場環境中也將按照市場規則行動，即那時就可以使公有制與市場機制兼容"(見上述專訪記)因此，社會主義市場經濟在所有制結構上必定是以多種公有制爲主導的多種所有制結構。

關于社會主義市場經濟中公有制經濟的地位和作用，限于篇幅只想極其簡單地談一下社會主義市場經濟中的非公有制經濟。非公有制經濟無論在資本主義市場經濟還是在社會主義市場經濟中都有其共同性，其行爲特征是基本相同的。上面談到的市場經濟中的非公有制經濟的特點和問題，對于社會主義市場經濟中的非公有制經濟也是實用的。但是，在社會主義市場經濟中，非公有制經濟存在和發展的政治、社會、經濟條件又不同于它在資本主義市場中存在的政治、社會、經濟條件。爲了使社會主義市場經濟得以健康地發展，從非公有制經濟的發展來説，有幾點值得提一下。

第一，要使非公有制經濟與公有制經濟處于公平競争的地位和條件。目前，從雙方來説，都存在有利的和不利的不公平競争的地位和條件。而公平競争是市場優化資源配置的必要條件。同時，要加强非公有制經濟與公有制經濟的各種形式的合作。

第二，非公有制經濟在追求盈利最大化的目標的同時，要考慮社會的共同利益以及公衆利益。我們看到，在現代資本主義國家，尚且有越來越多的企業家懂得如何把企業的發展與爲社會作貢獻結合起來，懂得企業的發展與國家繁榮昌盛，人民生活水平的提高是不可分的。在社會主義市場經濟中，非公有制經濟的企業家更應有這樣的抱負和眼光，這也是現代企業家的基本素質之一，有些非公有制經濟的業主靠損害社會共同利益、公衆利益發財致富以及發財致富后就吃喝嫖賭，敗壞社會風氣的行爲，對社會主義市場經濟的發展有害無益，這種種行爲即使在現代資本主義市場經濟國家，也爲現代企業家所不取。

第三，非公有制經濟必須嚴格遵守市場規則，自覺遵守國家的法律和法規，把這些規則、法律、法規看作是自己的行爲的準則，同時也是自己存在和發展的保障和條件。

第四，要在非公有制企業内部處理好所有者、經營者和職工的關係，尊重職工的權利和人格，保障職工應該享有的利益，協調好各種利益關係。

第五，接受政府的正確的宏觀指導和監督，減少行動中的盲目性和過度競争。

在發展社會主義市場經濟中，非公有制經濟必定會有一些不符合上面要求的行爲，這需要由政府加强管理和引導，同時也要由非公有制經濟自身的組織來加以管理和引導。

關于當前發展私營經濟的幾個問題

《中國社會科學》雜志社編審　曉　亮

私營經濟在中國的重新出現和發展，已經引起了國內外的普遍關注，從中共十三大到十四大對此都是持肯定態度和發展的方針。盡管當前人們對它還有這樣或那樣一些不同的看法，但是私營經濟在中國所有制結構中是必要的和有益的組成部分，它要同公有制經濟長期共同發展，這個格局已是不能動搖和改變的現實了。正如改革開放只能前進，不能后退一樣，作爲改革開放成果之一的私營經濟也是只能發展而不能壓制。在這種形勢下，我以爲，如果我們是真的而不是假的不把它當作異己的力量，真的而不是假的不把它的發展當作權宜之計，那就應當在以下三個問題采取切實的措施，明確的態度。

一、認真地爲私營經濟的發展努力創造一個平等競争的環境

努力創造一個平等競争的經濟、政治環境，這是社會主義市場經濟的需要，也是各種經濟類型的企業和經營者共同要求。因爲只有在平等、自由的競争條件下，大家才能在同一的起跑綫上比賽，才能真正地顯示出參賽者的優劣，才能激發競争的勇氣，才能提高整個社會經濟落後水平，要開展競争而不創造一個平等、公正的市場環境，無異于保護落後。

在中國，由于歷史的、意識形態的或其他原因，目前私營經濟在政策環境上與其他經濟成份還是不能相比的。它首先比不上外資企業。例如外資企業有種種優惠，私營企業多半没有；外資企業鼓勵出口，私營企業出口則要經過外貿部門。前不久《中華工商時報》曾報廣東省汕頭市一家生産塑料制品的私營企業，爲了能够直接出口，不得不投資境外，然后轉回來變爲合資企業，才獲得出口權就是一個明證。

私營經濟的政策環境也比不上公有制企業。例如私營企業要在銀行貸款就十分困難，而不得不搞所謂的“體外循環”。山西省曾規定貸款利率，國營爲 7.2‰，個體、私營企業爲 11.52‰，而且必須是風險抵押貸款。①私營經濟在解决場地、能源方面，有些地方容易，有些地方就困難重重。以前，税務部門印制的發票，私營同國營就不一樣。有的地方甚至規定，私營經濟開的發票不能報銷。還有地方規定，私營工人的工資，只能以 200 元爲限，超過的數額不能進入成本 。

1989 年我到山西省平遥縣參觀一個叫保成機械廠的私營企業。這個企業生産的無塔供水器質量是很不錯的，但是有關部門就是不允許它生産和銷售，就因爲它不是公有制企業。至于個體經濟、私營企業在“登記條件”等方面的限制，有些地方的土政策就更多了。

在税費負擔方面，私營企業的所得税、調節税比鄉鎮企業高。有些地方的私營企業和個體户除按規定向工商行政管理機關繳管理費之外，還要向鄉鎮企業管理機構繳費，而鄉鎮企業只繳一次費。

私營經濟方面的不平等待遇，有的并不是來自于上面，而是來自于地方上的土政策，來自于多年來形成的對私營經濟歧視和偏見。中央有關文件曾提出要“平等競争”，説明中央的指導思想是明確的。在我國具體情況下，由于“左”的東西根深蒂固，上面説了的下面可以頂着不辦，因而僅在文件上説的是不解决所有問題的。當然説比不説要好。但要真正創造一個平等競争的環境，實踐上不再對私營經濟有任何的歧視，不進行幾次徹底的清理，不認真地抓一抓，是不會有什么效果的。對一些同志來説，要對各種經濟成份一視同仁，可能還有一個“换腦筋”的過程。

我認爲，平等競争，一視同仁，不僅對私營經濟的發展是必要的，對公有制和其他經濟成份的健康發展也同樣是不可缺少的。正如嬌生慣養的孩子往往缺乏獨立生活的能力一樣，在所有制問題搞政策傾斜并不一定有利于該所有制的發展。從市場經濟的觀點來説，政策傾斜只應施之于不同的産業或産品，而不應施之于不同的所有

① 《中華工商時報》1992 年 10 月 7 日

制。

二、多引導、少干預，讓私營經濟按其自身的規律發展

從多年來中國私營經濟發展的歷程來看，不必要的干預是妨礙私營經濟健康發展的一個重要原因。這些干預不僅表現在各種名目繁多的贊助、攤派、捐贈，這些還純粹是經濟上的。私營經濟的當事人只要拿點錢也就過去了，影響并不很大。干預主要是表現在政治上的某些偏見，行政上的擠卡，輿論上的壓力，只要國內政治氣候稍有變化，私營經濟往往成爲一個倍受關注的社會熱點。行政上干預就會接踵而至，這種干預甚至能使私營經濟發展轉軌、變型，受到挫折。爲什么"假集體"在中國當前成爲一個相當普遍現象呢?"假集體"就是名爲集體企業，實爲私營企業。包括雇工人數早已超過8人，仍然領取個體工商户營業執照的私營企業。據估計，這種企業在一些地方至少占到鄉鎮企業的一半以上，在民辦科技企業中，名爲"集體"實爲"私營"的比重也不小，這也包括挂靠在公有企業名下的私營企業。由于這種現象模糊了企業的產權關係，不僅在運行中常發生争議，重要的是影響其健康發展，後勁不足。所以，前幾年工商管理部門曾經花力氣進行過清理。但清理起來十分難，甚至愈清愈多。這是什么原因呢?當然這里有經濟上的原因。如前所說，以"集體"的名義出現可以享受到某種優惠，被挂靠者也可以收取所謂的管理費等。但更主要的是政治上的原因。即私營企業頭上戴上一頂"紅帽子"，辦起事來比較容易，地方上也可以顯示自己在發展公有制經濟的業績。而私營經濟發展多了，則難免受到指責。所以，清理"假集體"的阻力，不僅來自于私營企業，也來自政府部門。甚至有些地方更樂意把私營企業稱爲集體企業、鄉鎮企業、合作企業。

下面談一下近些年在私營經濟中出現的所謂的股份合作制和所謂的混合經濟的情況。我認爲股份合作制是集體經濟深化改革的突破口，作爲私營企業的發展方向則未必適宜。我國集體經濟從五十年代后期起，因受"左"的思想的干擾，曾走過一條彎路，形成了"二全民"模式，"民辦"變成"官辦"。現在，集體企業推行股份合作制的目的，是爲了恢復合作制原則，明確產權關係，調動集體企業和職工的積極性，經驗證明是有效的。但股份合作制的概念并不科學，可以做各種各樣的理解。按照大多數人的理解，是把它當作落脚到合作制的一種措施來理解的。如果這樣理解是正確的話，那末把以往那種否定個人入股集資的集體企業改造成爲股份合作制企業是正確的；把個體經濟往股份合作制道路引導也是可以的，但一定要堅持自願互利的原則。如果個體工商户不願意組織起來走合作制的制道路，而願意走擴大僱工的道路，也是應當允許的。我國現在許多私營企業就是由個體經濟擴大僱工、擴大經營規模而發展起來的。

至于有僱傭勞動關係的私營企業，正因爲它已經存在着明顯的勞資關係，并且私營企業主的資産已具有一定的規模了，再讓它回過頭來走股份合作制道路，那就存在一個勞方 資方如何合作的問題。要私營企業職工都入股成爲企業的所有者，如果職工没有錢，不願意入股怎么辦?既使職工可以入點股，也不可能與原來業主的資産相當。要是不采取這種辦法，而要私營企業主把他的資産分一部分給企業職工，或者讓他積累的一定比例記入職工名下，作爲職工個人股，這是現實中把私營企業轉變爲股份合作制企業所采取的辦法。這樣做無異于剥奪，在理論上是没有根據的，在政策上也是行不通的。

在現實中，確有一些地方是千方百計地要把私營企業改稱爲股份合作制企業的。其所以要這樣做，一是爲了應付上面的責難，二是爲了换一個好聽的名稱，所以，有些人把這種做法稱之爲"保護性措施"。這實際上不過是"换湯不换藥"。温州市近些年中搞股份合作制的典型，這類企業一律登記爲集體企業，據説已有2.4萬户。然而，據温州市工商聯對兩個鎮的調查，在153户股份合作制企業中，屬于家庭型的爲83户，占54%；屬于合伙(或控股)型的55户，占36%，屬于全員入股(或半數以上工人入股)的只3户，占2%；屬于集體參股的12户，占8%。這就是說，可以稱之爲股份合作制的企業是極少數，多數不過是戴了一頂"紅帽子"罷了。連"紅帽子"企業主自己也說："骨子是私營的，殼子是集體的，外形是股份合作的，企業終歸是自己的"。[1]所以，如果我們一定要對私營經濟中推行的股份合作制加以肯定的話，那就只能在這樣一種意義肯定；在"左"的傾向抬頭的時候，它保護了一批私營企業。河北清河縣原來注册登記的私營企業有一千多户，1989年一下子跌到了十户。其余的都變成了所謂的混合經濟，我認爲真正的混合經濟是不同所有制的聯合，是應當肯定的。然而清河縣的混合經濟，是在私營經濟的發展受到冲擊時，通過種種手段，使之變爲公私合營的，這中間有相當大的强制成份。實際是要公有制成份參加進來，刮一陣風就改變所有制了。

綜觀世界各國的情況，私營企業的發展方向是股份制而不是合作制。但私營企業發展爲股份制企業是一個較長的自然發展過程。即使在現今資本主義制度下，私營企業也并没有都發展成爲股份企業，而有很多仍然是獨資企業。目前我國私營企業的發展剛剛起步，規模較小，

① 金可人:《評論"紅帽子"企業的功過是非》

要它們都馬上向股份制轉變也是不現實的。至于私營經濟同公有制經濟的聯係、聯營或聯合,在公有制占主體地位的情況下,是一種趨勢。中共十四大報告中提出對此要加以引導,但這同樣是一個自然發展的過程,要以自願爲前提,以有利于生產力的提高爲標準,不能有任何的强制和干預。

在私營經濟指導思想上,一定要明確一條原則:多引導,少干預,讓私營經濟按其自身規律發展。憲法修改條文中所説的引導,主要是産業政策上"引導"。要私營企業改變經濟成份,這就不是引導,而是政治和行政干預了。

三、在保護公有財産的同時,也在法律上明確規定保護私有財産

馬克思、恩格斯在《共産黨宣言》中指出,共産黨人的宗旨是要消滅私有制,消滅私人經營,消滅僱傭勞動。但共産黨人從來都反對和批判各種各樣的空想社會主義,包括反對和批判自己頭腦中的空想成份,提倡一切從實際出發。因此,我們在考慮當前政策時,要與遠大的目標嚴格區別開來。决不能以理想代替當前的政策,既然我們已經明確了中國處于社會主義的初級階段,并且這個階段的時間還很長,那么我們就應當從這個歷史階段的實際出發,來確定對公有財産和私有財産的基本態度和基本政策。

由于財産關係是社會最基本的生産關係,穩定社會生産關係首先是穩定財産關係,因而至少在社會主義初級階段,應當明確宣布,在保護公有財産神聖不可侵犯的同時,也要在法律上明確規定,保護私有財産神聖不可侵犯。

歷史上,資産階級在其革命勝利之后,曾經莊嚴地宣布:私有財産神聖不可侵犯,這對于穩定資産階級社會,穩定資本主義生産關係,對于發展生産力,曾經起到了積極重大的作用,直到現在,它仍然是資本主義社會的立足點和基礎。社會主義制度不同于資本主義制度。社會主義首先要保護一切公有財産,實行公有財産,實行公有財産神聖,否則社會主義就不成其爲社會義社會。但是,在公有經濟爲主體、多種經濟和多種經營形式并存的條件下,國家也要明確宣布,保護一切私有財産,實行私有財産神聖。這都應當是莊嚴的、鄭重的、確定無疑的。

社會主義現階段的私有財産,既包括私營企業主的財産,個體勞動者財産,也包括工資勞動者個人財産。只要他們的財産是通過合法手段獲得,就都應當給以保護。

現在,對于勞動者的個人財産受到法律的保護,這似乎是没有問題的。因他們的財産主要來之于按勞分配的收入,而對于個體工商户,私營企業的資産,雖然憲法已經確認了它們的存在,并宣布國家保護它們的合法權利和利益,但這種觀念并未真正確立起來。現在,不只是社會上或一些部門可隨意地向他們伸手、攤派、甚至改變生産關係,連私營經濟的當事人對于其資産是否真的歸自己所有,都存在有疑慮。他們更不敢理直氣壯地抵制各種侵犯。如一位私營企業主曾説:"我現在口袋里的錢確實是我的,但我添置的幾十萬元設備,究竟屬于誰的,我也不知道。"一位較有影響的私營企業家説,現在我是私有制,過些年就變成共有制了。財産多了總是有人眼紅,不如交給村上變成大家的省心、省事。有些人擔心政策總要變,認爲共産黨不會長期讓私營經濟存在,等等。由于有各種各樣的顧慮,所以私營企業主中有相當一部分人缺乏長遠打算。他們也擴大投資,但心里并不踏實。還有些人賺到一定數量就不干了,還有的賺了錢就趕快揮霍。要給他們吃"定心丸",只有明確宣布:公有、私有財産神聖不可侵犯。

社會主義社會同其他社會一樣,其穩定發展必須建立在財産關係穩定發展的基礎之上,所不同的是,資本主義社會只宣布私有財産神聖不可侵犯,社會主義社會除宣布公有財産神聖不可侵犯之外,還宣布私有財産神聖不可侵犯。中國只是在急風暴雨的革命時期,剥奪過帝國主義、封建主義、官僚資本主義的財産。而對于民族資産階級從來没有採取過剥奪,只是采取贖買。社會主義改造早已成爲歷史。現在我們正處于社會主義現代化建設時期,發展社會生産力是社會主義的根本任務。因而我們也就决不能再象過去那樣,依靠剥奪來建立社會主義的經濟基礎了,而是要通過改革,通過解放和發展社會生産力,壯大社會主義經濟。政治的穩定要以經濟穩定爲基礎,經濟的穩定要以政治的穩定作保證。這就是我們爲什么要大講公有、私有財産神聖不可侵犯的理由所在。

中國私營經濟的興起

中國社會科學院社會學所所長　陸學藝

中共十一屆三中全會以來，隨着我國城鄉改革的不斷推進，私營經濟有了新的發展。對于這樣重大的經濟現實，有必要從馬克思主義的基本原理與中國國情的結合上進行再認識，以引導它健康發展，在建設有中國特色的社會主義事業中，發揮其更大的積極作用。

一

50年代初期，中國私營經濟在城鄉生產、流通領域中，占有相當重要的地位。1954年，城鄉個體手工業產值約爲當年全國工業產值的20%。此外還有280萬户、330萬人從事個體商業，他們的商品零售額約占全國商品零售總額的40%，可是，經過社會主義改造，特别是“文化大革命”中的“割尾巴”，剩下的就不多了。到1978年，全國城鎮個體工商者只有15萬人。改革開放以後，不僅發展速度快，而且在經濟社會結構中的地位與作用日益顯著。

從就業人數看，1991年私營企業的從業人數達2441.9萬人，相當于全國民所有制和城鎮集體所有制職工人數的17.1%，占全國社會勞動者總數的4.2%。從產值看，1991年全國登記注册的個體户工業產值爲1610億元，占全國工業總產值的5.7%；從社會商品零售總額構成看，1991年個體户、私營企業共計納税179億元，比上年增長22.9%，占全各項税收總額的6.0%，有的縣、市已達到50%以上。私營經濟的恢復和發展，對于促進生產，搞活流通，擴大 市場，繁榮經濟，增加就業，滿足人民群衆物質文化生活的多方面需要，起到了積極的作用。應該説，這是改革開放的一項重大成果。

二

在現代化進程中，我們要儘快地把經濟建設搞上去，亟需解決一些難題，如剩余勞動力到哪里去，建設資金從哪里來，第三產業如何發展等。解决這些難題，無疑是要大力發展公有制經濟形式，但同時必須充分調動一切積極因素，發展以公有制爲主體的多種經濟成份。正在崛起的私營經濟，以頑强的生命力，在公有制經濟不能占領，不便占領或不必占領的空隙處生長、發育，發揮着有益的與必要的補充作用和在某些方面不可替代的作用。正是在這個意義上，我們説中國的私營經濟還將會得到大的發展。

——私營經濟是吸納、安排剩余勞動力的一條渠道。

40多年來，中國農村人口成倍增長，人均占有耕地逐年减少。50年代每個勞動力平均耕種8畝土地，現在已不足4畝了。“兩個人的活四個人干”，導致“兩個人的飯四個人吃”。耕地面積减少，農業勞動生產率在逐步提高，人口數量却在不斷增長。據測算，農村已有兩億多剩余勞動力，其中近1億被鄉鎮企業吸納，還有1億多人在尋找出路。到本世紀末，農村勞動力將達到5億多，即使按現有的生產水平計算，農業上只需要2億，其余2億多必須轉移到非農產業。就是説，從現在説，在不到8年的時間内，中國農村要安排2億多剩余勞動力就業。這是何等艱巨的一項社會工程！

農村剩余勞動力最多的是中國中部地區。一方面，在這些地區初步的工業化、商品化，正在撕裂着農業與手工業天然結合的家庭紐帶，另一方面，一家一户的小塊土地既能提供必需的農產品，又不需要投入更多的勞動力。從土地離析出來的剩余勞動力是不受土地束縛的自由人。每年春天，百萬農民大流動，其深層原因正在于此。我們應采取疏導措施，廣開就業門路，發展多種經濟形式，將這億萬勞動大軍轉移到非農產業部門。

城鎮的就業形勢也很嚴峻。每年新增城鎮勞動力約300多萬人，工廠、企業與黨政機關改革后，又將“優化”和精减部分職工，還有身體較好或一技之長的離、退休人員等。這些人叠加之和已有數千萬之衆，他們也要尋找新的就業崗位。據統計，國家每提供一個就業崗位平均需要增加的國定資産重工業部門爲1萬元，輕工業部門爲0.6萬元。國家要把城鎮各類就業人員的就業問題都包下來，根據現有國力顯然不可能，而私營經濟只需要一個政策，在過去的10多年中就安排了710萬城鎮勞動者的就業。

——私營經濟是聚集民間資金發展經濟的一種形式。

目前，國内的建設資金嚴重不足。但是，現有居民儲蓄加上手持貨幣却達到了13000億元。它相當于我國固定資産現有投資水平15年的投資額；近40年來我國工業資産價值的總和；全國近4年的財政收入和現有外商在華實際投資額(近300億美元)的6倍。

如此規模的民間資金，并非全國人平均占有，而是集中在人數不多的高收入者手中。這些高收入者，有的就是私營企業主。由于没有形成良性的投資機制和良好的經濟社會環境，他們擁有的這些資金，不敢或不願更多地投入生産領域。

我們認爲在花大力氣引進外資，創辦"三資"企業的同時，更應花些力氣制定恰當的政策，開發内資，創辦更多的私營企業。

——私營經濟是發展第三産業的一支重要力量。

中國第三産業發展緩慢，水平較低，這是一個亟待開發的廣闊天地，私營經濟在這個天地里可以大有作爲，私營企業從事的多是公有制經濟鞭長莫及或利微不干的行業，具有點多、面廣、小型、分散、服務周到等特點，在一定程度上緩解了"許多事没人干，許多人没事干"、"買難"、"賣難"的矛盾。在國家投資少的情況下，擴大了就業門路，豐富了群衆生活，活躍了市場流通。

——私營經濟是建設集鎮、培育市場的一個重要支柱。

集鎮是以從事非農産業勞動者爲主的、小于城市的社區。市場則是集中買賣貨物的固定場所。據統計資料，全國有7萬多個集市，其中最忙碌、最活躍、也最惹人注目的買者與賣者，大多數是私營企業經營者。如福建省僑鄉石獅市有18條商品街，4個專業市場，4座商業大厦，大小攤店6400多家。1991年的社會總産值、財政收入、上繳稅金、社會商品零售額，都比3年前增長了3倍以上。如此繁華、興隆的一個重要原因，是附近有個體工商户8483家，私營工交企業3266家，"三資"企業296家。

實踐證明，"建一處市場，興一批産業，活一片經濟，富一方群衆"。私營經濟是建設集鎮、活躍市場的重要力量。哪里的私營經濟政策執行得好，哪里的集鎮、市場就繁榮；同樣，集鎮、市場建設得好，也會促進私營經濟的發展。

——私營經濟也是解决貧困地區發展經濟的一基重要措施。

中國至今還有5%左右的人口生活在貧困綫以下，温飽問題仍未解决。自然環境惡劣，生産條件差，灾害頻繁，經濟社會基礎設施差，文化教育落後等，都是這些地區長期不能擺脱貧困的原因。但是，這些地區的幹部、群衆商品經濟觀念淡薄，加之集體經濟薄弱，無力開發、利用當地的經濟社會資源，也是不能脱貧的重要原因。所以在這類貧困地區，更應該放寬政策，放開手脚，大力發展私營經濟，把當地稀缺的人才、資金與自然資源結合起來，形成一個個新的經濟生長點，擴大生産、流通的門路，推動經濟發展。山東省沂蒙山區這幾年扶貧、脱貧取得了相當好的成績，其中一條重要經驗就是："發展一個個體户，增加一個富裕户，减少一個貧困户，帶動一片富裕户。"

三

目前，國内私營經濟在數量、規模上還没有發展到應有的水平。若要使個體私營經濟有個較大的、健康的發展，應澄清認識，在理論、政策上有所突破；同時，逐步建立適應市場經濟的、非公有制經濟管理體制，爲私營經濟健康地發展創造良好的經濟社會環境。

1，私營經濟是社會主義社會經濟的組成部分而不僅僅是"補充"。

社會主義社會經濟是由公有制經濟與非公有制經濟兩大部分組成的。作爲非公有制經濟的私營經濟與作爲公有制經濟的國營集體經濟一樣，都是社會主義經濟組成部分。我們要從地位上，明確個體私營經濟是社會主義社會經濟的重要組成部分，而不能把它們僅看作是公有制經濟的可有可無、可多可少的"補充"。

當然，社會主義社會經濟中的各個組成部分的地位與作用是不完全等同的，社會主義的本質特性之一是以公有制爲主體，多種經濟成份併存。

就一般而言，在社會主義社會經濟中，公有制經濟居于主體地位，私營經濟等非公有制經濟居于從屬地位。但在特殊情況下，在不同地區、不同部門、不同産業，則有很大的不同。如在某些地區、部門、産業，私營經濟有可能"喧賓奪主"，占居主體地位。那么，那里是不是實行私有化呢？答案是否定的。從全局、整體上看，仍然是全民所有制經濟在整個國民經濟中占居于主導地位，領導其它經濟成份沿着社會主義軌道前進。

有些人認爲，"補充"是就私營經濟的作用而言的。誠然，相對于公有制經濟的私營經濟，確實發揮了必要的和有益的補充作用。對于這一點，人們已經形成共識與認同。但是僅僅這樣認識還不够，應該看到私營經濟在某些地區、産業、行業，在特定的情况下，發揮着公有制不可替代的作用。我們認爲，正確的表述應是：私營經濟是社會主義社會經濟的組成部分，爲公有制經濟發揮着必要的和有益的補充作用與不可替代的作用。

2．私營經濟的存在與發展，是社會主義的長期方針，而不是權宜之計。

有些人認爲，現階段的私營經濟與舊社會的私營經濟没有什么差别，只是在社會生産力發展水平不高，國家財政資金緊缺的條件下，僅僅是不得已而爲之，不得不暫時“利用”其積極性。因此，私營經濟只能同社會主義公有制經濟“并存”一陣子，而且是有條件的(如“限制發展”、“適當發展”之類)，今天的“并存”是爲了明天的“改造”。如果在這種思想指導下制定、執行有關私營經濟的政策，往往從眼前利益，從戰術需要上考慮較多，一有風吹草動，便唯私營經濟是問。實質上，他們没有認識到私營經濟在整個社會主義階段的歷史進步性。私營經濟是整個社會主義社會經濟的重要組成部分，不能片面認爲在社會主義條件下發展私營經濟只是權宜之計，不是戰略措施。社會主義社會要調動一切積極因素，利用一切經濟形式，吸納，安排一切剩餘勞動力，組合生産力的多種因素，大力發展市場經濟，提高綜合國力。私營經濟是發展市場經濟的有效形式，在整個社會主義社會私營經濟不僅要長期存在，而且還要大力發展。

“對私營經濟要不要進行一次社會主義改造?”回答是不需要！因爲：社會主義制度在中國早已建立，并且得到一定程度的發展。社會主義國家可以通過法律、法規，對私營經濟進行監督、管理，引導它們健康發展，與公有制等其它經濟成份一道，共同繁榮社會主義市場經濟，發展社會生産力，在最終建成有中國特色的社會主義過程中逐步完成自身的使命。

第一，根據私營企業的有關法規規定，私營企業的税后利潤用于生産發展基金的部分不得低于 50%，而且免徵個人收入調節税。其目的是鼓勵私營企業擴大生産經營規模。企業規模越大，吸納、安排勞動力越多，給國家繳納的税多越多(除依法徵收流轉税和能源、交通重點建設基金外，還要按 35%的比例税率征徵收企業所得税)，創造的社會財富也越多。至于私有資産，只要它在社會再生産過程中不斷運行，法律意義上的所有權就顯得無關緊要，私有的生産資料與公有生産資料一樣，都在爲社會主義國家創造財富，它們共同構成社會主義的物質基礎。

第二，爲了限制過高的消費，避免揮霍浪費，對私營企業的税后利潤用于個人生活消費的部分，實行累進税率，征收 40%的個人收入調節税，個人消費部分越多，調節税越重。同時，在中國現有的消費水平下，個人及其家庭的消費問題是有一定限度的。進一步説，即使出現了億萬富翁，我們也可通過税收杠杆調節，如制定財産轉移(繼承、轉讓)税等，對私營企業經營者的私有財産進行多次的再分配。鼓勵發展生産，限制過高消費，不斷擴大經營規模，是興利抑弊的有效措施。

第三，私營經濟與公有制等其它經濟形式有機結合，共溶共榮。這不是理論假設，而是實踐給我們提供的啓示。目前，私營經濟與其它經濟形式在多方面的聯合、滲透、溶合現象相當普遍，形式如共同出資，共同經營；或共同出資，一方管生産，一方管銷售；或一方出資金，一方出技術；或一方出設備，一方出勞力；或一方生産，一方供應原料、銷售産品等。盡管各種形式的聯合還不大穩定，但由此可見私營經濟發展趨勢之端倪。

私營企業隨着規模的擴大，生産、經營上遇到的困難會隨之增加，促使其同其經濟形式，首先是同居于主導地位的經濟形式聯合。私營企業規模越大，面臨的困難越多，這種聯合的願望越强烈。因此同公有制經濟的聯合是私營經濟解决内在矛盾的必然結果，帶有規律性。因爲聯合、滲透或溶合，都將成爲私營經濟發展的有利條件。

私營經濟與其它經濟形式溶爲一體后，資産普遍股分化。隨着生産社會化，必然出現資本社會化，私營企業和公有制企業的資本都將成爲馬克思所説的“社會資本”。那么，在這種經濟格局中，誰能居于主導地位，發揮領導作用呢？如前所述，不一定是誰佔絶對優勢，誰就“主沉浮”。而是誰能操縱社會資本，誰就居于主導地位。從微觀上説，全民所有制經濟的資本最集中，最容易在企業中佔據可控制企業的股票份額；從宏觀上説，全民所有制經濟主要佔據基礎工業部門，而其他經濟形式佔據加工工業部門和第三産業的有關部門。因此全民所有制經濟將始終操縱國民經濟命脉和整個社會資本。

在國民經濟結構中，近幾年來，國營經濟與私營經濟是所占比重變化較大，確實令人關注。1990 年，全國工業總值 28924 億元，比上年增長 7.76%。但從構成來看，國營工業增長 2.96%，(其中預算内國營工業僅增長 1.5%)，集體工業增長了 9.02%(其中鄉鎮辦工業增長 12.5%)，個體私營工業增長 21.11%，三資企業增長 39.33%。全民所有制工業在全部工業總産值的比重，1980 年爲 76.0%，1985 年爲 64.9%，1990 年只占 54.6%，10 年間下降了 21.4 個百分點。造成這種狀况的主要原因，不是“以小擠大”，私營經濟冲擊了國營經濟，而是國營經濟缺乏活力。扭轉這種狀况的關鍵在于放開手脚，轉换國營企業的經營機制，提高效益，發揮大經濟的優勢，而不是用限制個體私營經濟的發展，來保護國營經濟的優勢。因此，從長期着眼，多種經濟形式溶爲一體后，功能互補，從絶對量上看，各種經濟形式都可以在市場競争中無限地增長，從而在總體上促進社會産品的極大豐富，促進人民生活水平的極大提高。

3. 私營企業主階層是發展社會生産力的助手。

現有幾十萬人的私營企業主，已經成爲中國社會結構中的一個重要階層。這個階層的態度與狀况如何，將直接關係到私營經濟能否健康地發展。由于他們擁有較多的私人財産，其中又有一部分是占有僱工的剩餘勞動，所以，他們總是習慣地把自己的前途與命運同50年代的民族資本家進行類比。他們對國家政策、政治氣候的變化，反映極其敏感，好象"蝸牛頭上的觸角"伸伸縮縮，緩慢行進。他們用于研究政策變化的精力，甚至超過用于企業經營管理的精力。這是導致部分私營企業畸形發展的直接原因。因此，在制定、執行私營經濟的政策與輿論宣傳上，一定要保持連續性、穩定性和一貫性，。

首先，不要把私營企業主與50年代的民族資本家進行簡單的類比與等同，因爲：①他們所處的社會制度和經濟結構不同。前者依附並受制于社會主義公有制經濟，是社會主義經濟結構的組成部分；后者處在新民主主義向社會義過渡時期，社會主義公有制的地位尚未確立，"誰戰勝誰"的問題還未最終解决。②他們的人員構成與資金積累途徑不同。前者是社會主義勞動者(主要是農村集體經濟組織的經營管理人員、退伍軍人和城鎮待業知識青年、國家職工、離退休人員等)運用自己勞動積累的資金，通過"滚雪球"的形式，逐步擴大經營規模形成的；后者則是從舊社會過來的。③主僱關係不同。現階段私營企業内部的僱工也有一份生産資料，只是數量不多。所以，他們是"有也不多"的剩餘勞動者，而不是一無所有的僱傭勞動者。他們受僱的主要目的，不是爲了養家糊口，而是爲了多掙一點收入，學點技術，見見世面，看看外面的世界。所以，主僱之間被迫的因素很少，自願的成份較多，若不滿意，可以一走了之。而后者則與之相反。④他們的前途與命運不同。現階段的私營企業主是發展社會生産力的幫手，是社會主義的建設力量，而不是異已力量，因此，要鼓勵他們合法經營，依法納税，擴大經營規模，提高素質，由私營企業主轉變爲私營企業家，再轉爲現代企業家，后者則是通過利用、限制，逐步把他們改造爲自食其力的勞動者。所以，我們説，私營企業主與民族資本家形似而神異，具有質的差别，不能等同。

其次，應認真理解、執行"團結、幫助、教育、引導"的方針，終止、廢除"利用、限制、改造"的政策。在社會主義市場上，私營企業主同國營、集體企業的廠長、經理們一樣，都是商品生産者與經營者。因此，對他們在政治上應該一視同仁，不受歧視。

再次，要加强管理。管理機構要轉變職能，建立一套適應市場經濟的非公有制經濟管理體制，變"多頭"管理爲協調管理，有關部門各司其職，各盡其責。要减輕私營企業的不合理負擔，統一制定各種費用的項目、金額。要採用經濟的、行政的和法律的手段，通過提供服務來加强管理。

論當代中國私營企業資産的形成

中國社會科學院研究員　劉文璞

一、關于私營企業資産增殖速度

私營企業資産形成過程的突出特點是其增殖的驚人速度。改革之初，人們曾預料中國大陸不會出現百萬資産的私營企業主。數年后，不僅百萬元資産、幾百萬元資産以至超千萬元資産的私營企業主已不鮮見，其中也不乏靠幾萬元，甚至幾千元起家，在短短幾年里，資産達到或超過百萬元的實例。表1表示了幾個地區私營企業資産增殖情況。

表1　幾個地區私營企業資産增殖情況

地　區	調查範圍和形式	初始資産(萬元)	調查期資産(萬元)	資産增長率(%)	平均創辦時間(年)	年均增長速度(%)	備注
陝西省乾縣長安、臨潼3縣	3個縣的6個鄉的普查	136.25(1982年)	711.1(1986年)	421.83	4	51.14	包括僱工7人以下企業
全國11省	原國務院農研中心固定觀察點的26個村的97家企業	3.2	(1987年)	350.0	3.4	55.6	
浙江蒼南縣	全縣18家企業抽樣	154.9	704.13(1987年底)	354.6	3.1	62.98	
天津市南郊區	63家企業抽樣	182.49	503.91(1987年底)	176.13	2.7	45.65	
河北永年縣	全縣普查	1729.7(1985年)	6858.9(1987年)	296.54	2	99.12	
河北省邯鄲市	全市普查	348(1980年)	21211(1987)	5995.11	7	79.88	包括僱工7人以下企業
湖南省邵東縣	全縣65家企業抽樣	468.97	667.78(1987年底)	42.39	2.6	14.56	

資料來源：中共陝西省委政研室等：《農村僱工經營調查資料》；陝西省委研究室：《三縣六鄉(鎮)僱工經營連續調查的分析報告》；國務院農研中心：《對百家農村私營企業調查的初步分析》；民建中央研究室：《溫州私營經濟調查報告》；孫鴻武、陳月生：《私營企業經營情況及經營者的心態分析》；永年縣委：《對永年縣私營企業的調查與分析》；郭文昌等《邯鄲市私營經濟概況》；中共湖南省委研究室：《邵東縣私營經濟調查報告》；《對5個私營企業初始資本的調查》。

另據全國頗具名聲、規模較大、發展較快的 49 家資產在 100 萬元以上的企業調查，初始資產總額爲 544.77 萬元，調查期資產總額爲 1136.7 萬元，增長 19.4 倍，平均創辦期 5.41 年，年平均遞增率爲 74.6%。根據河北省廊坊市 14 家較大企業資料計算，初始資産 114.85 萬元，調查期資産 950.3 萬元，增 7.27 倍，平均創辦期 5.47 年，年平均遞增速度爲 47.16%。其中，年均遞增率超過 100%的 5 家，年均遞增率最低爲 1 5.7%，最高的爲 200%。

上引調查資料表明，私營企業資産年均遞增率在 30%以下的是極少數。其資産年均增長速度遠遠超過增長速度令人矚目的鄉鎮集體企業。私營企業資産增殖速度也遠遠高于我國民族資本在其發展初期的資産增殖速度。據統計，從 1894——1936 的，民族資本中的産業資本增加了 184 倍，年平均遞增 13.2%。191 2——1920 年期間發展最快的捲烟業資本額年均增長 36.7%。上海兩家最大的民族橡膠廠正泰橡膠廠 1930——1936 年資本額年均遞增 28.9%，大中華橡膠廠 1928——193 5 年資本額年平均遞增 22%。上海榮氏企業集團從 1900 年建立第一個面粉廠開始到 1922 年止，資本增長了 200 倍，年平均遞增 27.2%。其間包括第一次世界大戰時期及其影響期，因資本主義國家商品輸入的減少而爲民族資本擴展提供了有利的條件。一般説，這一時期是我國民族資本發展最快的時期之一。

二、關于私營企業創辦資金構成

私營企業創辦資金的籌措方式多種多樣。一般有個人積累、私人借款、銀行和信用社貸款、工人帶資、出售産品預購定金、社會集資（包括國營企業和集體企業投資）等形式。

表 2　幾個地區私營企業創辦時初始資産來源

地區	調查範圍	初始資金來源及比重						
		金額總計（萬元）	自有資金占 90%	私人借款占%	銀行信用社貸款占%	僱工帶資占%	預購定金占%	社會集資占%
遼寧省	全省僱工 21 人以上的 393 家私營企業	3506	44.6	23.5	32.0			
河北省	全省 50 家私營企業抽樣	1596.5	61.0		39.0			
湖南邵東縣	全縣 56 家私營企業抽樣	486.97	56.0	3.6	28.5	5.3	6.6	
廣東吴川縣	全縣 10 家大型私營企業抽樣	689.0	51.0	10.0	34.0		5.0	
山東、湖北、江蘇	三省 11 家私營企業抽樣	18.69	40.1		53.2			6.7
全國 11 個省	原農研中心農村固定觀察點 97 家私營企業	310.4	37.0	22.0	41.0			
平　均	617 家私營企業	6589.53	42.24	22.23	34.14	0.38	0.99	0.02

注：資料來源：中共湖南省委研究室：《邵東縣私營經濟調查報告》；中共河北省研究室：《對 50 個私營企業 1987 年經營狀況的調查綜述》；中共吴川縣委《吴川縣 10 間大型私營企業的調查》；《關于遼寧省私營企業有關問題的調查》；國務院農研中心；《對百家農村私營企業調查的初步分析》。

最大由 1984 年的 8:2 變爲 1987 年 4.2:5.8。湖北省對 4 個縣（市統計，僱工企業（包括雇工在 7 人以下的企業）借入資金占全部運營資金的比重，198 3 年爲 46.04%，1985 年 45.5%，1987 年 37.13%。天津南郊區 63 家私營企業 1988 年投入資金來源爲：自有資金占 62.9%，銀行貸款占 19.35%，集資占 17.74。原國務院農研中心 1987 年調查的 97 家私營企業擴大投資的來源爲借入資金占 32%，自有資金占 68%。可以看出，與前面表 2 介紹的該 97 家創辦時初始資金結構已有明顯變化。

三、私營企業初始資金來源與新增資産來源差異之原因分析

私營企業創辦時初始資金來源與企業創辦后新增資産來資産間形成的差異主要原由下列因素決定的：

1. 私營企業利潤追加投資的傾向强烈，積累率高。

表 3　幾個地區私營企業積累率　　單位:%

地　區	調　查　範　圍	1983	1984	1985	1986	1987
河北保定地區	全區農村 96 家私營企業普查		57	61	64	67
湖北 4 縣(市)	僱工企業(包括僱工 7 人以下企業)普查	14		23		29.45
河北永年縣	全縣 1985 年 281 個企業,1987 年 701 個企業普查			65		67.6
河北省	全省 50 家企業抽樣					58.0
廣東省吴川縣	全縣 10 家大型企業抽樣					70.0
天津市南郊區	全區 63 家企業抽樣					50.0
全國 11 個省農村固定觀察點	97 家企業					55.1

資料來源:中共河北省委研究室等:《對保定地區農村私營企業發展的研究》;中共湖北省委僱工經營研究課題組:《農村僱工經營問題研究》;中共河北省研究室:《對永年縣私營企業的調查與研究》、《對 50 個私營企業 1987 年經營狀況的調查綜述》;中共吴川縣委:《對吴川縣 10 間大型私營企業的調查》;孫鴻武、陳月生:《私營企業經營情況及經營者的心態分析》;原國務院農研中心:《對百家農村私營企業調查的初步分析。》

私營企業主的生活消費水平要比社會一般成員高得多,這一點是私營企業形成有獨立利益集團的重要標志之一。

2. 根據對企業主生活消費結構的分析,人們完全有理由對他們的某些消費傾向感到擔心。在現實生活中,把盈利的大部分用于生活消費的業主也不難找到,但這只是個别的例子。從總體上考察,私營經濟是一種積累率很高的經濟形式,只要有正常條件,企業主投資的意識很高,他們會不斷追加投資,擴大企業規模。

3. 私營企業從創辦初期高負債到創辦後自身高積累,這種變化還受到下列因素影響:同農村集體企業相比,私營企業對借貸款辦廠持謹慎態度。一方面他們没有集體企業那樣多的借款機會和借貸的優惠條件,另一方面(主要的)較大的經營風險也會約束其借貸行爲,因爲它要企業主或企業自身利益做擔保,而不是象集體企業那樣依靠社區組織做擔保。這迫使他們對借貸效果要深思熟慮。集體企業不僅創辦時有較高的借貸率,即使轉入正常經營狀態下,借貸率仍然較高,這一點與私營企業不同。

對私營企業資産形成和增殖有重大影響的因素中,還有農村集體企業的個人承包制或租賃制問題。在正常情况下,租賃制(更不要説承包制)并不會帶給私營企業資産增殖以特别的推動力,但 80 年代初期,農村集體企業的個人承包制却帶來了這樣的結果,早期發展起來的私營企業(當時籠統地稱僱工企業)中相當大的部分是在個人承包集體企業的基礎上形成的。在集體企業承包中,企業的所有者——集體經濟組織(即以后的社區合作社)對承包出的企業一般不再過問其經營方向、分配原則和企業人員的使用以及其他管理問題,而只收取按雙方協定的承包金。這種被稱爲“一脚踢”的承包責任制在實際上變得同租賃制毫無區别。而在此基礎上,事實上也就形成了私營企業的一種特殊形式,即以公生産資料爲基礎的私營企業(按中國現行法律,這種形式不算私營企業)。在這里,有一點要特别指出,改革之前,農村中有相當一部分集體企業辦得不好,效益低,甚至長期虧損。在實行個人承包時,承包金(實際爲租金)普遍定得偏低。因爲承包金不是以企業實際形成的生産能力依據確定,而是以承包前企業的經營實况爲依據確定。對出包者來説,長期虧損狀况,加强了他們極力壓低承包金的傾向。當時,把承包金壓低到稍高于、等于、甚至 低于企業設備折舊費水平的情况十分普遍。這無異于集體經濟組織無償提供生産設備給業主使用。從私營企業主生長的過程考察,這類業主在開始階段賃借資金供給的條件較好,本身不需要或只需要很少資金投入就可使企業正常運轉起來。在私人承包之后,通過改善經營管理使企業很快扭虧爲盈。然后,業主再把盈利的大部分投入承包的企業,即使消耗完畢,企業也逐步演變成典型的私營企業了。由于承包金太低,使業主的盈利很高,一個集體企業向私營企業轉化可能迅速完成。這種幾乎無需業主任何墊支資金的企業創辦方式,對私營企業資産的迅速增殖無疑是一個有力的推動。

從理論上説(歷史的發展過程也如此),包含着僱傭勞動的經濟形式一般是在小商品生産的基礎上發展起來的。但 80 年代初,中國私營經濟的形成還有另一條途徑,即從社會主義集體經濟的母體中分化出來。而這種分化過程正是通過特殊的承包制形式實現的。

四、初始資金中自有資金的來源。關于私營企業創辦初始資金中業主自有資金的來源問題,從表 2 中可以看出這部分資金對私營企業資産形成的重要意義。

從私營企業在全國的分布情況可以看出,歷史上手工業和商業較有基礎的地區,私營企業發展比較迅速,如北方的冀中地區,南方的溫州和泉州等地區。在 70 年未和 80 年代初,農村改革開始后,借助于長期的經商傳統和手工業技術及一大批能工善賈之人,家庭手工業(家庭工業)和個體商業在此類地區首先發展起來。在發展的初期階段,這類地區形成了大大小小的各類專業市場,家庭工業很大程度是在專業市場的帶動下發展起來的,所以有個稱這類地區爲市場帶動型經濟。而專業市場的出現,又與農村購銷員大量存在爲前提。據統計,1987 年溫州的購銷員有 14 萬。他們跑遍全國各地,建立起廣泛的商業聯系,他們信息靈通,不怕冒險,有經商本領。他們不僅僅爲家庭工業傳遞市場信息,採購原料和銷售産品,還往往成爲家庭工業生産的組織者,他們把在外地簽訂的合同訂購單帶回來,分配給分散的家庭工業去加工和生産,然后再把産品集中起來運銷出去。有些購銷員還直接參與生産,在簽訂某種産品定購合同之后,自行購入原料,再按相應的規格分包給各家庭去加工。有時購銷員在自己的家庭也完成某道工序,經常是在各家庭初加工基礎上形成産品的"總裝"。由于家庭工業規模很小,既無力獨立購買原料、銷售産品,更無力與大的生産和商業企業簽定批量加工合同,因而常處于依賴購銷員的地位。購銷員的商業聯系越廣,簽訂的加工訂貨合同也會越多,在其周圍形成的依附于他的家庭工業也越多。這一點同資本主義初期存在過的商業控制生産的特點極爲相似。在這個階段,商業利潤極高,使得資金首先在這部分購銷員手中聚集起來,到一定程度,他們再把它投向生産領域。

農村改革以來,迅速發展起來的家庭工業也是私營企業資金積累的重要源泉之一。80 年代的家庭工業與我國農村傳統手工業有許多相似之處,在許多方面都存在密切的淵源關系。但需要指出的是,我國農村家庭手工業有幾百年的歷史,就大多數地區業説,家庭手工業没完成向資本主義工場手工業的過渡。而在 80 年代短短幾年里,從一部分家庭工業和與之相適應的專業市場的母體中,孕育出具有一定規模和技術水平的私營經濟,這就要比較一下現在的家庭工業和傳統農村手工業的區别。傳統的農村家庭手工業開始是做爲農業的副業産生的,以后一直未擺脱做爲農副業的地位。家庭手工業是自給自足自然經濟的組成部分,它的少許積累常常要用來補充做爲主業的農業。當農業遇灾時,這種關係特别明顯,但現在的家庭工業支完全不同,從出現的第一天起就帶獨立于農業的特征和明顯的商品經濟特點。中國目前的體制也加劇了農民家庭工業和農業的分離。例如在工農産品剪刀差很大的情況下,家庭工業的積累很難象家庭手工業時期那樣流向農業;甚至還可能會促使農業的積累流向工業。因此,家庭工業的發展不是鞏固其做爲農業副業的地位,而是使農業成爲家庭工業副業。這種情況一方面加强了家庭工業的獨立地位和與農業的分離,另一方面也提高了家庭工業的積累速度,即加速家庭工業向私營經濟的過渡。

這樣,近幾年家庭工業和專業市場比較發達的地區,私營經濟的原始積累過程,通過家庭工業積累和商業利潤兩條渠道,比别的地區更快地完成了。

無論是家庭副業,還是私營企業都有較高的盈利率,特别是改革的初期階段,幾乎很少看到私營企業破産的實例。這一點與新舊體制轉換時期所形成的特殊環境有關。

在舊的經濟體制下,城鄉都存在着商品短缺帶來的市場空隙。由于政府長期實行的照顧城市的政策,這種情況在農村又比城市突出。農村改革促進了農村經濟的迅速發展,從而導致農民消費水平迅速提高,而城市改革滯后,工業生産一時難于適應這種情況,使得農村市場的空隙進一步擴大,供求矛盾進一步加劇。這給農村企業,包括個體和私營企業以極大刺激力,形成了高速增長的局面,同時也給它們帶來超額利潤。最初發展起來的個體和私營企業主要是以農村爲市場證明了這一點。甚至直到 80 年代後期,儘管有些個體和私營企業産品已打入城市或國外市場,但爲數并不多,他們中的大多數仍然是以農村爲其主要市場。

私營企業主自有資金來源還有其他途徑,但大都只具有局部意義。

概括地説,家庭工業和中間商的高盈利、個人廉價租賃集體企業,私營企業創辦初期的高借貸率和創辦後自身高積累率是私營企業資産形成和迅速增殖的基本支撑點。换句話説,在農村整體上資金短缺的情況下,私營企業在自己創辦的初期却獲得了廉價資金的供給條件。

私營經濟——當代中國經濟結構的組成部分

中國社會科學院研究員　張厚義

私營經濟在中國大陸上重新産生以來，經過十多年的發展，現已形成一支重要的經濟社會力量，它作爲當代中國經濟結構的組成部分，在社會主義現代化建設中，正在發揮着應有的作用，同時也在自我完善、漸趨成熟。

截至 1992 年底，全國登記、注册的私營企業有 13.9 萬家，投資者 30.3 萬人，僱傭工人 200 多人，擁有注册資金 220 多億元。當年創造工業産值 205 億元，實現營業額 113.6 億元，出口創匯近 10 億元。其中出現了一批經營規模較大、技術密集度較高的私營企業。據統計，僱工 100～499 人的企業達 712 家，僱工 500 人以上的企業達 54 家，注册資金在 100 萬元以上的企業有 1901 家。

作爲私營經濟人格化的私營企業主，他們的代表人士，被邀請爲全國政協委員的就有 20 人。這説明：①對私營企業爲社會作出貢獻的肯定；②私營企業主這個新的社會角色已經爲社會所承認；③私營經濟是我國社會主義社會經濟的組成部分。

然而，這個事實本身，并没有得到人們（特别是私營經濟理論研究者與政策制定者）普遍的共識與認同。以致于在社會輿論上，一會兒説私營經濟多了，要“限制發展”，一會又説它少了，應“鼓勵發展”。使得私營企業主莫衷一是，疑慮重重，以至擔心國家現行政策有變。同時導致了兩個不良的的社會后果：

一是：“假集體”現象。即私營企業以種種集體企業名義登記、注册、開展經營活動，繳納税金與管理費，而得到的全部利潤歸企業主個人所有。這種現象究竟有多少，很難搞清楚，不過直到現在登記、注册的數字，還遠遠小于國家工商行政管理局 1987 年底設想估算的數字（即私營企業 22.5 萬家，僱傭工人 360.7 萬人）。從這里可以看出，全國的“假集體”爲數不少。

二是：畸形消費。人數雖然不多，但造成的社會影響極其惡劣。

上述兩個社會後果，直接加重了兩個方面的惡性循環；一方面，有些企業感到他們賺錢太容易，又太多，且也清楚其中包含有非勞動收入與不合法收入，所以，他們短期行爲嚴重，不顧過多地投入到再生産過程而是不擇手段地撈錢，不顧一切地消費，如此反復循環。另一方面，有些企業主在致富後的種種扭曲行爲，更使工薪人員與農村勞動者感到收入反差强烈，猶如在傾斜的心理天平上又添了一塊砝碼，加重了人們的被剥奪感、不公平感，引起社會不滿，以致在“吃肉駡娘”聲中，在不良的“示範效應”中反復循環。這樣，私營經濟在發展過程中，難以有效地興利抑弊，使得在發展社會生産力，增强綜合國力的同時，我們爲之付出的社會代價過大。

若使私營經濟穩定、健康地發展，應在調查研究的基礎上，澄清思想認識，在原有理論上有所突破，明確提出：私營經濟是我國社會主義經濟結構的組成部分，對這個“組成部分”不再進行一次社會主義改造，而應鼓勵它進一步發展。

一、私營經濟是社會主義社會經濟的組成部分，而不僅僅是“補充”

社會主義社會經濟是由公有制經濟與非公有制經濟兩大部分組成的。作爲非公有制經濟的私營經濟與作爲公有制經濟的國有經濟一樣，都是社會主義社會經濟的組成部分。因此，首先要從社會地位上，明確私營經濟是社會主義社會經濟的組成部分，而不能把它僅僅看作是公有制經濟的可有可無的、可多可少的“補充”。

社會主義社會經濟中的各個組成部分的地位與作用是不完全等同的。社會主義的本質特徵之一是公有制爲主體，多種經濟成份並存。但是，作爲主體的公有制，包含着多種形式。它除了全民所有制外，還有集體所有制、合作所有制、社會所有制等。因此，作爲主體的公有制，應是多種形式的公有制之和，而不僅是單一的全民所有制。在社會主義社會經濟中，全民所有制應居于主導地位，發揮領導作用或導向作用。要發揮這種作用,全民所有制經濟不一定要在國民經濟的各個部門都佔絶對優勢。所謂公有制爲主體,即是基礎工業部門以國有經濟爲主,國有經濟中以大中型企業爲主,大中型企業又集中在關係國計民生的主要行業,這就是説,國有經濟的資産存量及其所提供的國民生產總值和國民收入,在關係國計民生的主要行業的社會總量中,占有明顯的優勢,并且保持較高的增長勢頭。歷史是一面鏡子,1952年,在我國國民收入結構中,國有經濟占19.1%,集體經濟中1.5%。儘管在經濟結構中,公有制經濟成份所占比重不高,但也不有影響我國的社會主義方向。

就一般而言,在我國現階段的經濟結構中,公有制經濟居于主導地位,非公有制經濟居于從屬地位,這是不言而喻的。但在特殊情况下,在不同地區,則有很大差别。如在某些地區,非公有制經濟在數量上已占有優勢,居于主體地位,這是不是實行了私有化呢?答案是否定的,因爲,在現實中,這類地區早已存在,不但没有實行私有化,而且顯示出社會主義市場經濟的活力與生機,如温州目前私營經濟已占全部經濟比重的三分之一,但原有股份合作經濟占到了三分之二,關係國計民生的經濟部門,如銀行、電力、通訊、供水等部門仍控制在國家手中。只要國有企業加快換經營機制參與競爭,公有制經濟的實力只會加强,這是其一。

其二,港、澳等地區陸續回歸祖國後,我們將在很長的歷史時期内實行"一國兩制"。而且,港、澳等地區非公有制經濟占主導地位的局面仍將存在一個很長時期。既然一個國家能够實行兩種不同的社會制度,爲什么某些地區不可以實行兩種不同的占有制度呢? 應該説是可以的。因爲,那是局部、部分。從全局上、整體上看,全民所有制經濟在整個國民經濟中居于主導地位,領導和引導其他經濟成份沿着社會主義軌道前進。因此,就某一個地區而言,只要有利于社會生産力的發展和人民生活的改善,宜"公"則"公",宜"私"則"私",不必拘泥于"公有制占主體",更不必指"私"爲"公",或對私營企業進行變相的"改造",有意無意地模糊産權界限,爲日后的財産糾紛留下隱患。

有人指出,"補充"是就私營經濟的作用而言的。是的,相對于公有制經濟的私營經濟,確實發揮了必要的與有益的補充作用。對此,人們已經形成共識與認同,似無多少歧義,在某些地方的第三産業中,在特定的條件下,私營經濟發揮着公有制經濟不可替代的作用。如在人口衆多,資源匱乏或自然環境惡劣的貧困地區,待開發的第三産業等,私營經濟將發揮着獨特的作用。完善的表述應是,私營經濟是社會主義社會經濟的組成部分,爲公有制經濟發揮着必要的和有益的補充作用與不可替代的積極作用。

二、對私營經濟不應再進行一次社會主義改造

有人認爲,現階段國内的私營經濟與舊社會的私營經濟没有什么差别,只是在社會生産力發展水平不高的條件下,僅僅是不得已而爲,不得不暫時"利用"其積極性。因此,它只能同社會主義公有制經濟"並存"一陣子,而且是有條件的,今天的"並存"是爲明天的"改造"。在這種思想指導下,他們在制定、執行有關私營經濟政策時,往往從眼前利益,從戰術需要上考慮較多,一有風吹草動時,總要先拿私營經濟是問。實質上,他們没有認識到私營經濟作爲社會主義經濟結構的組成部分,在相當長的歷史時期内所具有的歷史進步性。因爲,在整個社會主義時期,都要調動一切積極因素,利用一切經濟形式,吸納、安排剩餘勞動力,組合各種生産要素,發展市場經濟與社會生産力,增强綜合國力。實踐證明,私營經濟是發展市場經濟的有效形式。所以,在整個社會主義時期,私營經濟將會長期存在。

"對私營經濟不再進行社會主義改造嗎?"是的,不需要再進行改造。因爲,社會主義制度在中國早已建立,并且得到相當程度的發展,社會主義國家可以通過法律、法規,對私營經濟進行監督、管理、引導它們穩定、健康地發展。與公有制等其它經濟成份一道,共同繁榮社會主義市場經濟發展社會生産力,在最終建成有中國特色的社會主義過程中,逐步完成自身的使命,自然地消亡。具體説來,有如下幾條理由:1.根據國家有關規定,私營企業的税後利潤用于生産發展基金的部分不得低于50%,而且免徵個人收入調節税,其目的是鼓勵私營企業擴大生産經營規模。因爲,企業規模越大,吸納、安排勞動力越多,創造的社會財富越多,給國家繳納的税金也越多(除依法征收流轉税和能源、交通重點建設基金外,還要按35%的比率税率征收企業所得税)。至于私有資産,只要它在社會再生産過程中不斷地運行,法律意義上所有權就顯得無關緊要。私有生産資料與公有生産資料一樣,都在爲社會主義國家創造財富。發展社會生産力,增强綜合國力,共同構成社會主義社會的物質基礎。

現行的國家税法規定,對私營企業的税後利潤用于個人生活消費的部分,實行累進税率,徵收40%的個人收入調節税。個人消費的部分越多,課税越重。以此限制畸形消費,避免揮霍浪費。同時,在我國現有生活水平下,個人及其家庭的消費總量是有一定限度的。退一步説,即使出現了億萬富翁(私營企業資産規模在億元以上的,全國已有若干家),我們也可以通過税收杠收加以調節,如

財産轉移(繼承、轉讓)税等,對他們私有財産進行多次的再分配。有關部門已擬定并將在適應時機實行的《遺産税暫行條例》規定:中國公民在繼承遺産時,凡遺産總額超過10萬元的,均應按章納税。對私營企業的税後利潤,鼓勵投入再生産,限制畸形消費,不斷擴大經營規模,是興利抑弊的有效措施。

私營經濟轉向混合經濟,共融共榮的趨勢已見端倪。私營企業規模擴大后,生産上、經營上遇到的困難會隨之增加,促使其同其它經濟形式,首先是同居于主導地位的經濟形式聯合,而且規模越大,困難越多,這種聯合的願望越强烈。因此,同公有制經濟聯合是私營經濟發展内在矛盾的必然結果。在激烈的市場競爭中,單一私營企業要取得規模效益,必然變"船小好掉頭"爲"船大好破浪",其途徑就是搞股份聯合。不僅吸納私人股份,更要與國有、集體企業聯營。國有、集體企業可以把閑置的廠房、設備,作爲股份投入,這樣,私營企業的經營規模擴大了,同時,國有、集體企業也可以在不影響産權的情况下,保證原有資産增值。

私營經濟與其它經濟形式溶爲一體后,資産普遍股份化。隨着生産社會化,必將出現資本社會化,私營企業和公有制企業的資本都將成爲馬克思所説的"社會資本"。那么,在這種經濟格局中,誰能居于主導地位,發揮領導作用呢?如前所述,不一定是誰占絶對優勢,誰就能"主沉浮"。而誰能操縱社會資本,誰就居于主導地位。從微觀上説,國有經濟的資本最集中,最容易在企業中占據可控制企業的股票份額;從宏觀上説,國有經濟將主要占據基礎工業部門,而其它經濟形式將主要占據加工工業部門和第三産業的有關部門,因此,國有經濟將始終操縱國民經濟命脉和整個社會資本。

然而,在國民經濟結構中,近幾年來國有經濟增長速放慢,所占比重下降,引起人們的關注。1990年同上年比較,全國工業總産值增長7.76%。但從構成來看,國營工業增長2.96%(其中預算内國營工業僅增長1.5%),集體工業增長9.02%(其中鄉鎮工業增長12.5%),個體私營工業增長21.11%,"三資"企業增長39.33%。國營工業在全部工業總産值中的比重,1980年爲76.0%,1985年爲64.9%,1990年只占54.6%,10年間下降了21.4個百分點。造成這種狀況的主要原因,不是"以小擠大",不是個體私營經濟冲擊了國有經濟,而是國有經濟自身缺乏活力。只有轉換國有企業的經營機制,發揮大經濟的優勢,提高效益,才能扭轉這種局面。因此,從戰略上着眼,多種經濟溶爲一體后,功能互補,從絶對量上看,各種經濟都可以在市場競爭中無限地增長,從而在總體上促進社會産品的極大豐富,促進人民生活水平極大的提高。

三、私營經濟應有更大規模的發展

中國的國情,決定了我們在現代化過程中必須而又亟需解决的一個難題,就是剩餘勞動力到哪里去,建設資金從哪里來。解决這個難題,無疑是要大力發展公有制經濟形式。但是,公有制經濟形式,不僅不能"包打天下",全面解决這個問題,而且它本身也有個發展與完善的過程。因此,必須充分調整動一切積極因素,發展公有制爲主體的多種經濟成份,當前尤其要大力發展私營經濟。因爲:私營經濟是吸納、安排剩餘勞動力的一條渠道。目前,我國農村約有剩餘勞動力1億多人.城市每年新增勞動力約300多萬人,機構改革后又將精減、優化一部分人。這些人都需要就業崗位,特别是我國中部地區,人口密集度高、耕地等自然資源相對量少,鄉村集體企業不發達,人均收入水平低,加之經營農業比較利益過低,在基本解决温飽問題之後,從總體上看,農村面貌變化不太顯著,從而引發了許多社會問題,如幹群矛盾激化,刑事犯罪率高,過多的勞動者離開土地等等,解决這個問題的辦法之一,就是鼓勵"能人"帶頭舉辦各類非農企業,而興辦私營企業成功的可能性較大。

私營經濟是聚集民間資金、興辦經濟實體的一種有效形式。資金是生産力諸要素中的"血液"和粘結劑。資金只有在運動(流通)中才能産生效益,同城鄉勞動力大量剩餘的情况相反,中國的建設資金却嚴重不足。爲了籌措建設資金,我們不惜舉内債、借外債、發股票、用外資,而所得資金仍然不足。但是,另一方面没被利用的民間資金却有1萬多億元,它相當于我國固定資産現有投資水平15年的投資額。然而,這一筆規模可觀的民間資金,不是爲全國人均佔有,而是主要集中在一些人 數不多的高收入者手中。由于没有形成良性的投資機制和良好的經濟社會環境,他們不敢或不願更多地投入生産領域,有的却用來進行畸形消費,帶來不良影響。若能制定出恰當的政策,改善投資機制與環境,開發一部分民間資金,興辦私營企業,豈不是一舉兩得?

私營經濟是發展第三産業的一支重要力量。第三産業是衡量現代經濟社會發育程度的重要標志。我國第三産業發展很慢,水平較低,遠不適應社會發展的需要。國家已經作出加快發展第三産業的决定,依靠社會力量,堅持"誰投資、誰所有、誰受益"的原則,充分調動各方面的積極因素,放開手脚,讓城鄉集體經濟組織和私營企業,興辦那些投資少,見效快、勞動密集、直接爲生産和生活服務的行業。私營經濟是建設集鎮、培育市場的一根重要支柱。加快集鎮建設,是突破二元結構、縮小城鄉差别、實現城鎮化的必由之路。個體私營經濟在競争中求得生存與發展。一般都會按價值規律，在專業化分工的基礎上，促進規模經營、搞好產、供、銷協作與聯合，由專業户、專業村、推動專業市場、集鎮的形成與發展，最后，通過專業市場的輻射、共振作用，形成專業經濟區“建一處市場，興一批產業，活一片經濟，富一方群衆”。個體私營經濟是建設集鎮，活躍市場的重要力量。各地的實踐證明，哪里的個體私營經濟政策執行得好，哪里的集鎮，市場就繁榮。同樣，集鎮、市場建設得好，也會帶動個體私營經濟的發展。私營經濟也是貧困地區發展的一項重要措施，實踐證明，貧困地區只要放寬政策，放開手脚，堅持“四個輪子一齊轉”，鼓勵、扶植“轉”得快的“輪子”，發展個體私營經濟，使當地的稀缺人才、資金與自然資源結合起來，形成一個個新的生長點，一些地方脱貧致富的經驗之一，就是放手發展個體私營經濟“發展一個個體户，增加一個富裕户，減少一個貧困户，帶動一片富裕户”。

改革開放后的中國私營經濟

中國民(私)營經濟研究會副秘書長　李欣欣

由中國(民)私營經濟研究會及中國社會科學院有關研究人員組成的“私營經濟問題研究”課題組，于1993年9、10月分赴廣東、福建、浙江、湖南、湖北、四川、河南、河北、吉林、北京等11個省市，進行了較細緻的典型調查，同時在全國大部分省市針對主要問題進行了問卷抽樣調查，并于1993年底和1994年上半年與有關部門聯合召開了幾次全國性及區域性的研討會，獲得了很多情況及數據，對私營經濟的發展狀況、發展環境、發展特點以及在發展中存在的問題等方面有了進一步的了解。現將我國私營經濟在發展中的主要狀況報告如下：

一、私營經濟高速發展的情況及原因

改革開放以後，隨着所有制結構的大幅度調整，在中國歷史上消失了30多年的私營經濟有了重新生存和發展的契機。如今，我國私營經濟從鄉村到城市、從沿海到內地、從單一到多元、從家族經營到企業集團，由小到大，全面、持續發展。特別是1992年鄧小平南巡重要談話的發表及黨的十四大召開以後，我國私營經濟進入了高速發展的新階段。據國家工商局提供的截止到1993年底的數字表明：全國登記注册的私營企業已達23.8萬户，比上年增長70.4%，一年净增的户數相當于十一届三中全會後至1991年的發展總和；從業人員372.6萬人，比上年增長60.7%，是1991年數字總和的2倍；注册資金680.3億元，比上年增長207.7%，是1991年的6倍；工業產值421.7億元，比上年增長105.6%，是1991年的3倍；營業收入309.2億元，比上年增長172.2%，是1991年的近5倍；商品零售額196.5億元，比上年增長109.9%，是1991年的3.5倍。六項主要經濟指標不僅均創歷史最高水平，而且這么高的增長幅度，也是其它所有制形式所没有的。

1992年以後，私營經濟的發展如此迅速，是與我國政治、經濟等方面的大氣候、大環境、大背景的變化分不開的。同時，社會主義初級階段生產力發展的客觀要求，也爲其發展提供了條件。

首先是政治環境的變化。1992年春，鄧小平南巡重要講話的發表，結束了我國長期以來在計劃與市場問題上姓“資”與姓“社”的論争。確立了“三個有利于”爲研究、分析、判斷問題的標準。從而解決了人們認識上的許多難點和困惑。1992年10月，中共十四大報告又提出“建立社會主義市場經濟體制”、“多種經濟成份長期共同發展”的方針。1993年11月，中共十四届三中全會又進一步明確：“就全國來説，公有制在國民經濟中應占主體地位，有的地方、有的產業可以有所差别”，并提出“國家要爲各種所有制經濟平等參與市場競争創造條件，對各類企業一視同仁”。這些新的方針回答了人們長期討論和普遍關心的重大問題。對私營經濟的發展起到了進一步的促進作用。

第二是政策環境的改善。十四届三中全會以後,中央、部門、地區相繼出臺了一系列有關鼓勵發展私營經濟方面的政策、條例、措施。十四届三中全會明確提出:“國家依法保護法人和居民的一切合法收入和財產,鼓勵城鄉居民儲蓄和投資,允許屬于個人的資本等生產要素參與收益分配”;1993 年 4 月,國家工商局推出了《關于促進個體私營經濟發展的若干意見》20 條;1994 年初,國家人事部、中央統戰部專門爲非公有制企業的專業技術人員職稱評定問題發出通知,規定這部分人員的專業技術資格(職稱)評定工作由工商聯牽頭統一管理,并納入當地人事(職改)部門統一組織;1994 年初,國家科委與北京市政府聯合召開的民營科技企業新聞報告會提出:今後要大力發揮民營科技企業在化工、電子通訊、機械、儀表、電子計算機、建材、醫藥、生物制品、環保等技術密集領域中的作用,并充分肯定了我國民營科技企業已在全國創建的 52 個高新技術產業開發區;國家有關部門在 1993 年將私營企業不准經營的 50 多個品種降爲 35 個品種。這些政策的出臺,有力地推動了各地私營經濟的發展,并促進了各地政府對發展私營經濟措施的放寬。

據調查,從 1992 年下半年至今,全國 30 個省、自治區、直轄市都作出了進一步發展私營經濟的决定。他們以“三個有利于”的標準,大膽推出了發展私營經濟的寬松政策。絕大部分省市都將私營經濟作爲發展地方經濟的重要部分和新的經濟增長點來抓。因此在從業條件、經營範圍、辦理執照、上繳税費、金融信貸、經營場地等方面都加大了開放力度。四川省在全國第一個頒布了關于發展個體私營經濟的地方性法規;湖北省委、省政府在確立 1994 年全省經濟發展目標時,把發展個體私營經濟作爲一個重要突破口,并提出在國家法律、政策的允許範圍內,對個體私營經濟實行“四個不限制”,即不限制發展比例,能發展多少就發展多少。不限制發展速度,能發展多快就發展多快。不限制發展規模,能發展多大就發展多大,不限制經營範圍,能生産(經營)什么就生産(經營)什么;河北省委提出,發展私營經濟要“五個不限”,即發展比例、速度、從業人員和經營規模、經營範圍、經營方式不限;并提出要爲個體私營經濟發展清“路障”設“特區”;湖南省提出:個體私營經濟是天然的市場經濟,現在絶不是多了、大了、快了,而是少了、小了、慢了。在今後的發展上,應讓他們能跑就跑,能跳就跳,能發展多快就搞多快。省里只要管住“依法經營、照章納税”八個字就行了。并提出,今後要幫助一大批私營企業大户上規模、上水平、上檔次,向外向型、科技型、公司化、集團化方向發展;雲南省委提出,拼命調整所有制結構,放心、放膽、放手發展私營經濟;陝西省委提出,對個體私營經濟要實行“四放一保”,即放開經營實體、放開經營範圍、放開經營方式、放開管理方法,保護經營者合法權益。廣東、上海、江西、北京、河南、廣西、江蘇、山東、浙江、安徽、黑龍江、海南等許多省都有類似以上幾省的提法和作法。這些指導思想和政策的出臺,使全國各省、市的私營經濟出現了全面增長的局面。

第三是經濟環境的具備。十四届三中全會作出了國家在財税、金融、投資、計劃等宏觀經濟環境方面加快改革的新舉措。三中全會以后,這些改革的具體措施也相繼出臺,這將爲各類經濟的發展創造和提供了良好的經濟環境。此外,近兩年來,我國私營經濟快速發展的客觀經濟條件也已具備。從生産要素角度講,一是社會剩餘勞動力的增加。隨着政府機關和科研部門的職能轉變和人們價值取向追求的變化,越來越多的人員從機關、企事業、科研單位中分流出來,加入了個體、私營、民營等行列。據國家人事部門估計,1992—1993 兩年,全國僅行政人員轉入“經商”的即達近 30 萬人。這兩年新增的城市待業青年及國有企業中分離出來的多餘人員已達 6000 萬人。加之目前農村的 1.5 億剩餘勞動力以及越來越多的城市離退休人員,這樣龐大的待業大軍爲個體私營經濟的發展提供了豐富的勞動力資源。并且他們的就業方向基本是非國有經濟,主要是個體私營經濟,因爲目前國家還没有能力吸納這樣大量的待業隊伍。二是民間資金的增加。據調查,個體私營經濟的啓動資金基本來源于自有資金和民間借貸,很少能從國家銀行貸款。近幾年,隨着人們收入的大幅度增長,個人資金的擁有量越來越多。據國家統計局統計,到 1993 年末,我國個人金融資産已達 2.5 萬億元以上。其中,僅居民儲蓄存款就達 1.5 萬億元,比上年增長 28%。到 1994 年第一季度,居民儲蓄存款已達 1.66 萬億元,比上年同期又增長 35.8%。民間資金的充足,爲私營經濟的啓動和發展提供了重要的資金準備。市場經濟初始階段的實踐表明,大量的普通、廉價的勞動者若與少量的資金及其它生産資料結合,就可以找到謀生的出路。

總之,政治、經濟等政策環境的改善,是近兩年我國私營經濟快速發展的重要原因,也是改革開放以來,私營經濟難得的發展機遇。

二、私營經濟發展的新特點

從全國來看,私營經濟除具有高速發展、全面增長的主要特點外,如今又出現了一些新的特點。

1、資産增值率高、存量增加,大户成倍增長。據國家工商局統計,1993 年,私營企業的户數、人員、資金、產值、營業收入、商品零售額等指標的增長幅度雖然都很快,但增長幅度最大的是資金這一塊,比上年增長 2.1 倍。全國私營企業户均注册資金已達 28.6 萬元,比上年增長 81%。據中國社會科學院和全國工商聯對全國 30

個省、市、自治區回收的1432份調查問卷得知：到1992年底，私營企業的户有注册資金已達31萬元，比私營企業開辦時，平均增加5倍，每年平均資金增長率爲31%。據浙江省調查，温州地區的資本積累率高達56%。國家工商局提供的資料報出，到1993年末，注册資金100萬元以上的私營企業已達8784個，比1991年增長近5倍(實際數字要遠遠大于這個數)。據廣東省最新統計，僅廣東省私營企業注册資金逾百萬元的就已超過3300個，超千萬元的有45户。還有一些億元大户。而問卷調查表明，1992年底注册資金在百萬元以上的佔23.8%，實際使用的資金在百萬元以上的則占33.7%。産值、營業額超過千萬元的户數占5.9%。據全國工商聯對全國制造業私營企業調查，每年銷售額在千萬元以上的有97家，純利潤在百萬元以上的有70多家。

2、有限責任公司急劇增長，企業組織形式趨于規範化。到1993年底，私營企業中的有限責任公司、獨資企業、合夥企業分别比上年增長274%、48.8%和26.9%。有限責任公司發展最爲迅速，且大部分集中于東部發達地區的城鎮。東部地區城鎮有限責任公司佔有限責任公司總數的59.3%。而且私營企業的注册資金大部分集中在有限責任公司，有限責任公司的注册資金占私營企業總數的64.1%。私營企業有限責任公司的快速增長，預示着私營經濟正在按國家的《公司法》加速運營，企業正在向着規範化、正規化發展。

3、"混合經濟"開始出現。據調查，全國資産在百萬元以上的大户中，與國有企業有聯營關系的占30%，準備與國有企業發生聯營關系的占23.1%。另據最近國家經貿委、《管理世界》雜志對全國工業企業所進行的隨機抽樣調查，從回收的2620份有效問卷中得知，私營企業準備與其它所有制企業進行股份聯營或股份制改造的占70%。河北省清河縣，各種經濟成份聯合經營的企業已達700多家，占全縣所有企業的70%以上。大連韓偉企業集團和山西安泰國際企業集團分别擁有10家和17家企業，兩家私營企業主的股份都占70%，其餘均是國有、集體和外商的股份。私營企業通過參資、入股、租賃、兼并等形式，與國有、集體、外資等企業實行跨地區、跨行業、跨所有制的聯合在全國各地已日趨增多，目的是通過相互滲透，揚長避短，以發揮"雜交"優勢。

4、在行業結構中，高新科技業發展迅速。據國家工商局統計，在私營企業所從事的九大行業中，科技行業發展最快。僅就業人員和户數1993年就比1991年增長了4倍多。據不完全統計，到1993年，民營科技企業已突破4萬家，技工貿總收入已超過250億元人民幣。據國家科委對部分省市的最新抽樣調查表明，截止到1993年上半年，民營科技企業在數量、科技人員所占比例、科工貿總收入等多項主要指標上，均超過當地國有科研單位和科技型企業，其中技術性收入超出15—30個百分點。據統計，僅在1993年，民營科技企業就完成9600多項研究開發項目，實施專利産品1800多種，且其中75%的研究開發項目，從立項到以商品形式進入市場，所用時間不超過一年。遼寧省民營科技企業1993年完成科技項目4757項，其中有39項科技成果獲國家級獎勵，全年實現産值16.3億元，比上年增長47%，實現利税4.7億元。現全國私立學校(大專、中學、小學)共有726所，私立醫院多所。私營飛機場也正在海南省通什市興建之中。

此外，私營企業的産品打入國際市場也越來越多。1993年，私營企業的出口創匯額已達15.8億元，比上年增長了65.1%。

私營科技企業的迅猛發展，與大批高素質的投資者及從業者加入私營經濟的行列有重要的聯系。據杭州市1993年對私營企業新的投資者抽樣調查，具有大專以上文化程度的占70%以上。據北京市抽樣調查，在私營企業的所有投資者中，大專畢業生占35%。中國社科院所進行的問卷調查表明，私營企業主的自身文化水準與其財産積累量成正比例關系。

5、私營企業主對地域性的影響正逐步擴大。據各省調查情况反映，各地區的私營企業主，尤其是比較大的業主，與當地政府都有着不可分割的聯系，他們或是當地財政收入的主要來源，或是當地社會福利的主要捐款者。這一點在縣、鄉一級表現尤爲突出。因此，稍有一定規模的私營業主，他們在政治上都有一定的職位，如政協委員、人大代表、工商聯執委、私協會長、個協主席、各黨派成員等，有些甚至在政府機關還兼任職務。據統計，近年來，私營業主當選或被推薦爲縣以上人大代表的有5400多名，政協委員近8600名，共青團委員近1400名。其中全國八届人大代表8名，八届政協委員23名，共青團十三大代表8名。另據社科院調查，業主參加各種經濟、政治組織的占88%以上。而且有62%的業主對當地社會福利作過捐助。業主與政府間這些聯系，使業主的社會影響正在逐步擴大。

三、私營經濟的主要貢獻及作用

私營經濟作爲一種經濟形式在我國經濟改革新格局中的出現到迅猛發展，不僅對當前我國國民經濟的發展做出一定的貢獻，而且在整個社會主義初級階段都將具有積極的作用。它的存在符合鄧小平提出的"三個有利于"的客觀標準。主要體現在：

1、增强了我國的經濟實力。私營經濟自從誕生那天起，國家就没給過任何投資。他們依靠自身的努力，不僅爲社會創造了大量的財富，同時也爲國家增加了可觀的財政收入。據國家税務局提供的資料，從1989年至1993年，個體私營經濟共上繳税收956.4億元，占同期國有企業税收的17%。但這5年,國家對國有企業的投入和貸款是相當多的,而私營企業的税收却是國家没有任何投資的净收入。除此之外,私營企業還上繳其它各種費用(包括攤派)。據統計,這些費用是上繳税金的3倍多。另據有關部門調查,凡是財政日子好過的地方,都是個體私營經濟以及鄉鎮經濟快速發展的地方。據農業部透露,全國的"百强縣",私營企業的納税額已占地方財政收入的30—60%。有些地區私營企業上繳的税收已成爲該地區財政收入的主要來源。廣東省個體私營企業僅在1993年就向國家上繳税金35億元。

2、促進了生產力的發展,提高了資源利用效率。首先是勞動力資源的利用。私營經濟的發展,緩解了我國失業大軍就業難的問題。據國家工商局統計,到1993年底,個體私營經濟共吸納了3311.3萬人就業,超過了近10年來國有企業新增職工的人數。而國有企業增加職工,國家財政不僅要撥人員安置費,而且要新增固定資産的投資。私營企業所開辟的自謀職業的路子,不僅大大節省了國家安置就業的資金、减少社會不安定因素,更重要的是充分利用了我國城鄉勞動力資源。其次是資本資源的利用。從我國的現狀看,資本既是極度短缺的,同時又有巨額貨幣大量閑置、沉澱和浪費。而私營經濟的發展,恰恰是充分利用社會上大量閑置的資本。據中國社科院問卷抽樣調查表明,私營企業的啓動和發展資金,87%不是來源于國家的貸款和政府的資金。他們利用閑散資本,從而提高了我國資本資源的總體利用效率。第三是勞動資料的利用。私營企業,尤其是制造業和運輸業,他們所用的廠房、設備以及運輸工具等等,基本是國有企業淘汰或閑置不用的。私營經濟將這些潛在的生産要素充分利用和調動起來,形成了現實的生産力,進一步促進了生産力的發展。

3、加速了第三産業的發展進程,方便、改善和提高了人民群衆的生活。中共十四大報告指出:"第三産業的興旺發達,是現代化經濟的一個重要特征"。國家制定的《國民經濟和社會發展十年規劃和第八個五年計劃綱要》决定把加快發展第三産業作爲我國九十年代的一項重要任務。目前發達國家第三産業的産值和從業人員的比重已平均達到65%左右,我國目前這兩項比重還不到30%和20%,發展嚴重滯后。所以大力發展第三産業是我國國民經濟發展的迫切需要。而目前我國的個體私營經濟主要集中在第三産業。據國家工商局統計,從事第三産業的私營企業户數佔城鎮私營企業總數的62.5%,佔全部私營企業的44.4%。私營企業在各産業結構中,增長最快的是第三産業,1993年,第三産業的户數、從業人員、産值、營業額分别比上年增長118.3%、110%、125%和172%,而同期全國第三産業的國内生産總值僅增長9.3%,若計算國有第三産業的增長速度則更低。個體經濟的第三産業比重則更佔絶對主體地位,1993年的户數和從業人員分别占總數的88%和82.4%。所以個體私營經濟的發展,對産業結構的調整、尤其是對第三産業的發展起到了重要的推動作用。

第三産業多是商、飲、服、修,科技咨詢、信息服務等與人們的日常生活息息相關的行業。其特點又是點多、面廣、小型、分散、服務周到。據統計,個體私營經濟的這些網點,已佔全國經營網點的90%。其中服務網點和科技咨詢網點發展最快,1993年分别比上年增長196.7%和139%。目前,全國有十大消費品市場,其主體都是個體私營經濟。1993年私營經濟的商品零售額比上年同期增長110%,而同期全國此項指標僅增長26.1%。私營經濟對第三産業發展的促進,不僅繁榮了市場,活躍了流通,更重要的是方便了人民的生活,提高了人們的生活質量。如私營企業大連韓偉企業集團,每年向大連市場供應鮮蛋近2000萬公斤,佔全市市場的近三分之一,而且價格低于市場的5%左右。由于蛋多價廉,促使大連市政府下决心取消了每年對市民800萬元的副食財政補貼。

私營經濟的發展,不僅在"三個有利于"方面起到一定的硬件作用,而且其靈活的用人機制、高效的勞動生産率、高度的投入産出責任感以及適應市場經濟的能力等方面都爲國有企業的深化改革提供了一定的借鑒和參照系,增强了國有企業改革的緊迫感和競争意識。同時對人們商品觀念的增强和行爲方式的轉變、對老少邊窮地區的脱貧、對社會的穩定以及對市場體系的發育和完善等方面,在客觀上都有一定的影響和促進作用。

四、私營經濟在發展中存在的主要問題

私營經濟的迅猛發展,不僅給我國的經濟生活帶來一些新的變化,同時也在發展中遇到了一些新的問題。從各省市各部門在調查中所反映出的情況看,主要問題是:

1、東西部差距更加突出,總體指標佔全國的比例仍然很小。據國家工商局統計,1993年,東部地區私營企業户數佔全國總數的69.3%,而西部地區僅佔11.3%。西部九省(除西藏)總計僅2.1萬户,只佔廣東省的52.3%,廣東省1993年新增的私營企業就達1.2萬户,全省總數已達3.9萬户,是全國私營企業最多的一個省。從從業人員和注册資金方面來看,東部地區佔全國的比重分别是65%和77%,而西部僅佔13%和8.4%。私營經濟不僅發展不平衡,它的各項總體指標佔全國的比例也依然很小。據國家工商局統計,1993年以來,私營企業的户數僅佔全國登記注册企業的3.26%;從業人員佔全國職工從業人員的2.5%;注册資金佔全社會注册資金總額的1.6%;工業總産值佔全國工業總産值的1.2%;商品零售額佔社會商品零售總額的1.5%;出口創匯佔全國出口創匯額的0.2%;上繳納税金佔全國工商税收

的 8.2%。由此可見,除税金所佔比例高一點之外,其它主要指標在整個國民經濟中所佔的比例都非常小。只能説,私營經濟在我國不僅發展很不平衡,而且發展很不夠。

2、統計數字不實,"六假"企業有增無減。據調查,目前全國没有一個部門能準確地統計出私營經濟的各項基礎數字。統計、工商、税務等一個部門一個數。主要原因是"六假"(假國營、假集體、假外資、假校辦、假殘疾、假知青)企業太多,據各省一致反映和有關部門的抽樣調查,"六假"企業比實際注册的私營企業要多 3—10 倍。另據國家工商局抽樣調查,我國鄉鎮企業中有 83%是私營企業。數字不實的另一個原因是,混合經濟逐漸增多,參資、入股、合營、兼并等各種所有制企業混雜爲一體,在所有制性質上很難規範是哪一類企業。統計局爲此也很傷腦筋,所以,現在的私營企業數字越來越不準確,給國家準確地把握這一經濟形式帶來了很大的困難。不利于國家對整體經濟運行進行宏觀調控和資源的優化配置。同時,給國家對企業的分類管理也帶來了不便。

3、國家政策落實不到位,同時也不完善。國家在發展私營經濟方面的大政方針雖然越來越明確,但有些部門和地區在對政策的執行和落實上還存在滯後或扭曲的現象。從各省調查中所反映的情况看,比較一致地反映出的突出問題是,私營企業在貸款、用地、産品出口、人員出國、録用大學畢業生、引進人才和技術、企業人員評職稱、産品評質定級、兼并國有企業等方面存在相當大的難度。尤其是在貸款方面的難度更爲突出。據銀行部門統計,國家銀行對個體私營經濟的貸款僅佔貸款總額的 2.3%。城市信用社對個體私營經濟的貸款也只佔貸款總額的 4.5%。同時亂攤派、亂罰款、亂收費的現象十分嚴重。大部分私營企業都要應付近 30 個部門、上交近 50 種税費。最多的達 80 種税費。除了老"三亂"之外,又增加了新"三亂",即亂吃、亂拿、亂搶。每年私營企業主上交的苛捐雜費要比税金高出 2—3 倍,對此他們叫苦不迭。這些方面的例子比比皆是。這與黨的十四届三中全會所提出的平等競争、一視同仁的指導思想是相悖的。不僅政策落實不到位,有些政策規定也有待于完善。比如國務院在 1993 年下半年發出的一個通知指出:35 種商品一律不准私營和個體户批發,其中包括滌棉布、中長纖維布、短絨、膠鞋、洗衣粉、燈泡、鐵鍋、元釘、潤滑油等等,實際上這里很多商品,市場上早已放開了;另據上海資料透露,開發浦東新區的建設,私營企業被排除在外,外國老闆可以在那里造一幢幢新樓,中國老闆却没有資格;甘肅、遼寧等地區反映,在發票、汽車牌照等方面都打上了"私"的烙印。某些部門和地區對私營企業這些不公平的待遇以及國家一些不完善的政策,是私營企業趨向"六假"的主要原因。

4、産權關係、勞資關係的矛盾日趨突出。隨着"六假"企業的增多和發展,私營業主原本爲了政治上保險、少受各種干擾、獲得地方政策的保護、少繳税款等良好的初衷,帶來了另外一個意想不到的麻煩,即産權不清。首先是外部産權不清。比如當初以集體名義注册的私營企業發展起來以後,在財産的終極所有權的歸屬問題上就出現了糾紛。1992 年,類似這樣的問題到法院打官司的人越來越多。其次是内部産權不清,主要是指以個人名義注册的合作企業,后來又加進了他人的股份,由于當初没有進行資産評估和簽訂具有法律效應的協議及合同,一旦企業發展了,資本大了,産權糾紛就多了,有的造成分配不公,有的導致散伙。

另外,隨着私營企業規模的發展和擴大,僱工在從業人員中的比重越來越高。據國家工商局統計,1993 年,僱工人數已達 321.3 萬人,占私營企業總人數的 86.2%,比上年增長 59.3%。僱工的大量增加,勞資矛盾也俞加顯現。由于私營企業的老闆與員工是一種僱傭關係,所以資本所有者是矛盾的主要方面,起支配作用,而僱傭勞動者則處于從屬的被支配的地位,他們只能在資本所有者的支配下從事生産經營活動。這種業主在企業中具有至高無尚的權威,而員工却感到没有一點主人意識的狀况,完全是由生産資料所有制的性質所决定的。據有關部門對私營企業的僱工調查,僱工普遍反映在私企工作勞動强度大、勞動時間長、勞動條件差、福利待遇低。具體感到有"幾難",即學習深造難、受人尊重難、勞動保護難、福利提高難、工作保障難、入黨入團難、衛生保健難、評定職稱難等等。尤其是僱工與業主的收入差距比較懸殊,據中國社科院抽樣調查,有 40%的業主工資標準超過本企業職工平均工資的 10 倍以上,再加之其它種種原因,所以私營企業的僱工一般是工作穩定性差,不是老闆炒僱工的魷魚,就是僱工辭職不干,很少有幾年不變動工作的情况。很多人把到私營企業就業作爲一種臨時性的選擇,根本没有長期打算。私營企業這種勞資關系的不和諧,除了由其僱傭性質决定外,也與僱主和僱工之間未有通過法律部門或政府有關部門簽訂相應的勞動合同有關。致使雙方的利益,無論是義務還是責任,不僅不明確,同時也不受任何保護。所以出現糾紛,没有任何依據能解决,只能使矛盾陷入惡化。

5、私營企業本身行爲不規範。由于私營企業多是小型、分散,以勞動密集型爲主、家族經營型爲主、拾遺補缺型爲主,所以缺乏規範和現代化的管理。主要表現四個方面。一是基礎工作差。很多企業無規章制度,財務不建帳或建假帳;廠房、設備、工藝流程簡陋,不符合環保和保健要求;産品質量低,假冒商品多;僱工傷亡事故較多;女工受性騷擾突出。二是偷漏税現象較嚴重。據有關部門調查,私營企業的偷漏税面達 90%以上。三是拉攏腐蝕政府官員。一些私企業主爲了解决原材料、銷路、貸款和減免稅等問題，用人民幣開路，以回扣、送禮等行賄行騙的手段，鑽國家政策的空子，腐蝕國家干部，以謀取不正當的利潤。有的甚至狐假虎威、欺行霸市，損害國家和消費者的利益。四是短期行爲。有些業主賺了大錢，不想再擴大企業規模，而是將資本投入到消費領域。或大興土木、建豪華住宅；或修墳造墓，搞高級地宮；或大講排場，揮霍無度；或狂嫖濫賭，休妻養妾。

造成上述問題的主要原因：一是社會上各個階層的相當一部分人對私營經濟的存在和發展持有偏見。“左”的思想干擾依然存在，姓“資”姓“社”的問題還沒有解決，因此對發展私營經濟總是縮手縮脚。二是法制不健全，執法不嚴，有法不依；政策不完善、不平等、不到位、有漏洞；管理體制不順，管理手段不適應。三是業主心有余悸，怕公私合營、怕成爲資本家、怕政策多變、怕政出多門、怕落實中央政策打折扣。這些問題都制約和影響私營經濟的發展。

五、促進私營經濟健康發展的政策建議

私營經濟的存在和發展，是社會主義初級階段的必然要求，也是發展社會主義市場經濟的內在需要。隨着私營經濟發展進度的加快，這部份經濟成份在整個國民經濟中的比例將會進一步上升。因此如何在政策、法律、管理等方面進一步引導、監督和完善，使其更健康地發展至關重要。對此，應深入貫徹中共十四屆三中全會精神，按着“三個有利于”的標準，本着各種所有制經濟平等競爭，一視同仁的原則，逐步建立一個政策完善、法制健全、管理規範的社會主義市場經濟體係的新環境。具體內容是：

1、政策環境

一是全面落實中央已出臺的各項改革的政策措施。使中央精神在各地區、各部門不打折扣地一步到位。并進一步完善現行的各項政策。按照平等競爭的原則，使私營經濟與國有、集體、三資等經濟形式在稅收、信貸、出口貿易、經營場地等方面一視同仁。起碼在經營範圍、經營形式、經營品種、稅負等方面應與外資企業享受同等待遇。即允許外商去辦、去享受的，也應讓國內私營企業去得到。努力創造公平競爭的政策環境，按照市場運行機制，實行優勝劣汰，使生產要素真正實現合理流動和優化配置。從而從根本上解決“六假”問題。

二是按照國家區域結構、產業結構、產品結構發展的總體調整要求，加强對私營經濟發展的政策導向。即利用信貸、稅收、利率等經濟杠杆向產業、產品結構傾斜，而不是向所有制傾斜。首先是制定區域經濟發展政策。以改變目前私營經濟的發展在東、中、西部地區極不平衡的狀況。對西部地區，應采取政策傾斜措施，幫助其啓動“造血”機制，使個體私營經濟快速起步，以解决温飽，縮小貧困面。對東部地區，應按照現代企業制度的模式，根據其自願互利的原則，鼓勵私營企業上規模、上檔次、上水平。使大批已經發展起來的私營企業的經營活動，由家庭行爲變爲社會行爲，實現其由夫妻店、父子公司、親屬集團等血緣關係維繫到經濟關係維繫的轉變。其次是引導私人資本的流向。即通過政策導向節制私營企業的資本過多地轉移到消費領域。對私營企業的稅后利潤用于個人生活消費的部分，可通過稅收等經濟杠杆進一步調節。如制定財產轉移（繼承、轉讓）稅等，對私營企業經營者的私有財產進行多次的再分配，以鼓勵其發展生產、擴大經營規模，限制過高的消費。這樣，即使越來越多的億萬富翁出現，也不可怕。按照馬克思的資本原理推論，只要資本在社會再生產過程中不斷地運行，其法律意義上的所有權就顯得無關緊要。因爲這時的私有的生產資料與公有的生產資料在生產發展的意義上都意味着社會物質財富的增大、社會就業人數的增加、國家稅收的增多，這時，這種財產就是一種社會化財產。這種社會化了的私有財產只有退出生產領域轉入個人消費，它才失去社會化財產的意義。所以，國家如果能通過政策導向更好地調節私人資本的流向，私營經濟的全面、快速增長將對國民經濟的發展具有更重大的意義。

三是按照“三個有利于”的標準，進一步調整某些滯后于市場經濟運行規則的政策。首先允許私營經濟的形式多樣化。私營經濟與國有、集體經濟一樣，隨着市場經濟體系的不斷建立和完善，它也需要在改革中不斷轉換和調整經營機制、產權結構以及組織形式。國家應允許私營企業以租賃、承包、參資、引股、兼并等形式與國有、集體、外資等企業進行跨行業、跨地區的經濟聯營和合資。使私營企業向集團化過渡，走規模經營之路。另外應允許私營經濟搞非國有金融機構的試點。即允許私營企業以參股的方式，組建城鄉信用社或創辦民營銀行。這樣不僅可以杜絶高利貸、非法錢莊等現象的發生，同時可以尋求一條融通私營經濟資金的自救之路，創造私營企業擴大再生產的資金來源，從而更好地用活資本，搞活金融。

2、法律環境

一是貫徹落實好現行的各項法律法規，尤其是落實好《憲法》有關條款以及國家頒布的《中華人民共和國私營企業暫行條例》，運用法律手段，爲有效地保證私營企業合法經營和正常生產創造良好的社會秩序和經濟秩序。

二是制定、修改、補充、完善某些法律、法規。應增補勞資關係、社會保障、私有財產的保護、私有產權的歸屬等方面的法律條文。如由于目前法律上沒有明確私有財產，尤其是生產資 料部分神聖不可侵犯，所以數千億元的資本只好紛紛涌向賭場、奢華墳墓、隱形股市、非法錢莊以及昂貴消費品的搶購行列，甚至流往國外。這對一個資本奇缺的發展中大國來說，大量資本浪費和外流是非

常可怕的。如果法律上能明確:"社會主義現階段的私有財産,只要是合法所得,就應該受法律的保護,像公有財産一樣不可侵犯"。私營業主就不耽心自己的財産被剥奪,他們的行爲就不再會是短期,而會把精力重點用于實現自有資本的效益最大化方面。所以有關法律的增補和完善,私營企業便不會再出現無法可依,憂心忡忡。而會依據更完善的法律條文在某些方面進行協調、保護及規範。這不僅能解除私營企業中勞資雙方的后顧之憂及短期行爲,同時也爲各種所有制之間的資本和勞動力的相互轉移和流動掃除了障礙。

三是保護法律規章的嚴肅性、規範性、穩定性和連續性。一方面在具體執行上要强化審計、統計、會計、勞動、税收、商標、消費者權益保護等法律法規實施的有效性。以阻塞某些私營企業的偷税漏税、走私販私、假冒僞劣、坑蒙拐騙、侵犯人權等醜陋現象,另一方面要加强對政府部門和執法人員的法律監督,以制止某些部門對私營企業的新舊"三亂"現象。這樣既净化了社會環境,又增强了私營企業投資者和勞動者的安全感和自信心。

3、管理環境

一是按市場經濟的運行規律,重新理順管理體制和轉變管理職能。盡快扭轉目前因管理力量薄弱、政出多門、配合不力而出現的"都管都不管"即交叉、重復、空檔的狀態。應把私營經濟納入整個國民經濟宏觀管理的統一規劃。對其有計劃、有指導地管理。該管即管,能放則放,既不能管死,又能讓其自然增長,放任不管。管理主要是指監督、指導、服務。重點是加强税務、工商、審計、財政、勞動等部門用經濟和行政手段所進行的監督和服務。如工商部門不僅爲私營經濟在經營範圍和經營場地方面創造條件,同時還應把好"六假"企業的登記注册關。質量檢查部門不僅要嚴格私營企業的産品質量檢查,同時要爲其産品的評級創優提供服務。其它綜合部門也應在監督管理的同時,對私營企業進行指導和服務。切實轉變工作作風,改進工作方法,簡化辦事程序,提高工作效率。使私營經濟的發展,行爲規範化,環境有序化。

二是建立政府部門間的制約機制,嚴肅有關法紀。以杜絶政府管理人員的以權謀私的腐敗行爲和對私營企業"亂收費、亂攤派、亂罰款"及吃拿卡要搶等不良現象。一些私營企業主反映,"打着人民幣的大旗,没有走不通的路"。這説明部分政府官員受賄,才有業主行賄。所以懲治腐敗,首先要從上邊抓起,從政府體制上去調整。在要求私營企業做到"愛國、敬業、守法"的同時,政府官員首先更要做到廉潔、自律。

三是充分發揮中介組織的作用。即發揮工商聯、私營企業協會、行業協會、商會、同業公會等組織的紐帶、橋梁作用和團結、服務、協調、監督及自律職能。私營經濟幾年來的發展實踐證明,用民主協商的形式協調社會矛盾,是激勵各方面積極性的有效方式。而中介組織恰恰爲私營企業在對國家法律的遵循、産品質量的監督、社會交易(交往)中糾紛的處理、企業管理水平和技術水平的改進和提高等方方面面起到了其它管理部門所不能起到的溝通、協調、自律、自我服務的作用。據北京市總工會調查,私營企業中幾乎所有的問題和困難,如勞資糾紛、内部管理混亂、産品無銷路等等都發生在没有中介組織或中介組織不健全的地方。又據中國社科院抽樣調查,57%的私企業主感到很有必要成立中介組織這樣的自我服務、自我管理的機構。隨着市場經濟體系的逐步完善,中介組織將成爲爲私營經濟提供社會服務的重要的群衆性組織機構。但政府對中介組織不應放任自流,應按黨的路綫、方針、政策不斷加强引導,使其更有利于私營經濟的健康發展。

"私營經濟問題研究"課題組組成人員:
課題學術指導:王超平、李定、陸學藝
課題負責人:李欣欣、張厚義、羿遠錚
課題組成員:戴建中、陳斗仁、黄平、李路路、胡甫昌、石秀印、許宏業 朱又紅、黎宗劍、楊海波、王春光、張其仔、劉應杰、陳濤、陳昕、劉精明、周平君、杜慶鑫、李燕平、江述高以及9省、區委(粤、閩、浙、桂、川、遼、吉、寧、青)政研室人員

對中國私營經濟的思考及其焦點問題的認識

國家工商行政管理局個體私營經濟司處長　藍士勇

關于社會主義社會爲什么要發展私營經濟的問題

私營經濟是一種以生產資料私人占有，以僱傭勞動爲基礎的經濟形式，從其內在的、本質的聯系看，它無疑是一種資本主義經濟。我們在理論上確認私營經濟的資本主義性質，絶不是要抽象地談論姓"資"姓"社"的問題，而是作爲我們討論問題的前提，旨在説明社會主義條件下爲什么還要發展資本主義經濟。

首先，私營經濟的存在和發展，是由生產力發展的客觀需要決定的。在論述私營經濟存在的必然性時，有這樣一種觀點，認爲社會主義社會私營經濟的存在是由生產力水平的參差不齊和發展的不平衡决定的。從私營經濟發展的實踐看，它不僅在東部沿海經濟發達地區迅速發展，而且在西部內地經濟落后地區也同樣獲得發展。私營企業中有的生產力水平較高，有的生產力水平很低，因此，實踐的結論難以回答私營經濟到底是由什么樣的生產力水平决定的，也不能説明生產力發展不平衡對私營經濟發展的影響。如果説私營經濟適應任何層次生產力水平的發展，這又不符合馬克思的從生產力决定生產關係這一歷史唯物主義觀點所論證的資本主義必然滅亡的基本原理。所以，我認爲，社會主義社會之所以要發展私營經濟，主要是由生產力發展的客觀需要决定的。這是因爲，社會主義社會的生產力是以多種多樣的形式存在的，這種多形式的生產力僅靠單一的生產關係是難以容納的，需要各種生產關係的互補來適應整個社會生產力發展的需要，占主體地位的生產關係可以促進這個社會主體生產力的發展，其他形式的生產關係可以滿足其他形式的生產力發展的需要。就我國目前而言，公有制經濟比較適應生產集中化、專業化和大型化的生產力發展的需要，但它并不能融納一切生產力，并不能充分提供產品和服務以滿足社會需要，也不能保證全體勞動者充分就業，它難以把諸多分散的、潛在的生產要素集中起來，因此，只有通過發展私營經濟才能有效地適應社會中那部分分散化、小型化、多樣化生產的需要，才能把潛在的、分散的生產力轉化爲現實的生產力，促進整個社會生產力的發展。

其次，從社會形態的發展軌迹考察，除原始社會外，任何社會制度下的生產關係都不是單一的，都是由多種經濟成份組成的，奴隸社會、封建社會、資本主義社會都是如此，這説明，任何社會生產力的發展都是通過各種形式的生產關系的互補來實現的，社會主義社會也不應例外。

再次，從生產的組織形式考察，人類社會由自然經濟——商品經濟——產品經濟的依次發展是一種普遍規律。商品經濟是社會主義經濟不可逾越的階段，就目前我國的經濟而言，還正處于自然經濟、半自然經濟向商品經濟過渡的階段，在某些地區、某些領域、某些行業，用私營經濟可能更有利于促進自然經濟、半自然經濟向商品經濟的轉化。私營經濟發展的實踐已充分證明了這一點。

第四，私營經濟是一種可以被社會主義經濟利用的經濟形式，它在一定範圍內的發展是對社會主義有利的。列寧在論述資本主義和社會主義的關係時指出：資本主義與社會主義是對立的，但把資本主義的存在看作任何條件下都不利于社會主義的，這是不符合革命的辨證法的。列寧的這一思想，對于我們認識在社會主義經濟條件下發展私營經濟，是一個具有方法論意義的理論指導思想。從我國私營經濟發展的實踐看，公有制經濟與私營經濟并不是完全對立的，它們都是社會主義社會經濟的組成部分，私有制經濟依附于公有制經濟發展，它是一種可以被公有制經濟利用的經濟形式。十幾年來，我國私營經濟的發展促進了社會主義社會生產力的發展，活躍市場，方便了人民生活，解决了幾百萬人的勞動力的就業，每年爲國家創造了幾百億元的税收，增强了社會主義國家的綜合國力，促進了經濟落后地區脱貧致富，促進了計劃經濟向市場經濟的轉化，的確起到了對社會主義公有制經濟有益和必要的補充作用。

第五，社會主義社會私營經濟發展是有限制的，私營經濟是一個以傭傭勞動爲基礎的資本主義經濟形式，這就决定了在社會主義條件下，不可能任其自由發展。首先，它必須在國家法律、法規和政策允許的範圍内從事生產經營活動。在行業看，私營企業的經營活動不能涉足制約國民經濟發展的命脉行業，如銀行、鐵路、航空、資源性産品的開采等。在經營方式上，國家把一些重要商品的批發權掌握在公有制企業手中，不允許私營企業從事某些産品的批發業務，以保證公有制商業在流通領域的主導地位，它的發展不能動摇公有制經濟的主體地位，社會主義國家可以通過政權、法律的强制性來保證公有制經濟主體地位的神聖不可侵犯。它的發展不能超越國家的宏觀調控的引導，必須按受社會主義國家的監督管理。有限制地發展私營經濟，可以消除發展中的許多消極因素，既不會導致整個社會經濟發展的私有化，更不會改變社會主義國家的性質。

第六，也是最關鍵的一點，社會主義條件下之所以允許私營經濟存在和發展，允許私營經濟同社會主義國有經濟平等競争，最根本的原因還在于社會主義制度比資本主義制度優越，它會創造出比資本主義更高的勞動生産率和經濟效益，社會主義會在競争中最終戰勝資本主義。

可以説，中國共産黨人對剥削是深惡痛絶的，有些人對社會主義條件下發展私營經濟，允許剥削的存在從感情上難以接受，這是可以理解的。馬克思指出："道義上的憤怒，無論多么入情入理，經濟科學總不能把它看作證據，而只能看作象徵。"(《馬克思、恩格斯選集》第 3 卷第 189 頁)"什么東西你認爲是公道和公平的，這與問題毫無關系，問題在于一定的社會制度下什么東西是必要的和不可避免的。"(《馬克思、恩格斯全集》第 16 卷第 146 頁)從歷史的發展進程看，奴隸社會的剥削是最殘酷的，但它却促進了社會生産力的發展。封建社會、資本主義社會的剥削方式是越來越巧妙，剥削强度越來越大，但其對社會生産力發展的促進作用也越來越明顯。社會主義條件下允許私營經濟的存在和發展，允許剥削的存在，正是中國共産黨人從中國的生産力發展的實際情况出發，從促進生産力發展出發，而没有從自己的感情出發，這充分體現了中國共産黨人是真正的馬克思列寧主義者。

關于私營企業主的收入問題

目前，全國私營企業的户均資産已達 16 萬元(詳見附表)，私營企業主憑借對企業資産的所有權，就可獲得較高的收入。私營企業主收入從理論上可分爲勞動收入和非勞動收入兩部分，勞動收入是私營企業從事生産經營活動的報酬，以工資和資金的形式體現。由于經營管理是一種復雜勞動，所以國家規定私營企業主的工資可以在工人工資的十倍内確定，非勞動收入又分爲合法的非勞動收入和非法的非勞動收入兩種，非法的非勞動收入主要指通過偷税漏税、搞假冒僞劣商品等獲得的收入，對這部分收入國家是堅决打擊和取締的，所以在文中不予分析。合法的非勞動收入主要是指私營企業主資産收入(許多文章將風險收入列入私營企業主的合法的非勞動收入之例，作者不同意這種觀點，因爲在資本主義社會中，剩餘價值是依據資本分割的，而不是依據風險分割，所以風險不會創造剩餘價值，也不形成收入)，即剥削收入，國家提出保護合法的非勞動收入，就包括這部分剥削收入在内。

私營企業主作爲社會高收入階層成員之一，勢必成爲社會和理論界關注的焦點。中國貧困了幾千年，人們的平均主義思想根深蒂固。他們對于改革開放過程中先富起來的一部分人，特别是依靠剥削富裕起來的私營企業主，在心理上難以承受，有一種重新淪爲舊社會勞苦大衆階層的感覺。因此，需要在理論上引導人們對私營企業主的收入有一個正確的認識。

首先，私營企業主的收入是受到限制的，他們的收入只是其企業創造經營利潤的一小部分，利潤的大部分歸國家所有，按照税法和國家有關政策的規定，假如私營企業創造 100 元的經營利潤，首先必須交 35 元私營企業所得税，其余的 65 元要交 7%的能源交通發展基金，這樣 100 元利潤還剩 60.45 元，在這部分剩余中，必須有 50%用于擴大再生産，其余的 30.225 元如果用于個人消費，還必須交 40%的個人收入調節税，最后，私營企業主得到的個人現實收入只有 18 元左右。如果把其他税費，如産品税、增值税、營業税、教育發展基金、教育附加費及各種税后征收的費用都計算進去的話，其現實收入只能占到其所創造的利潤的 10%左右，即 100 元的經營利潤私營企業主個人只能得到 10 元錢。

其次，并非所有制的私營企業主都是高收入者，前一時期，社會輿論對私營企業主的收入過分渲染，似乎所有私營企業主都是百萬富翁。人們在討論分配不公時，只看到那些高收入的私營企業主，而對那些因經營不善倒閉和經營不景氣的私營企業主的收入却充耳不聞。據國家工商行政管理局統計，每年私營企業因經營不善倒閉的占私營企業總户數的 10%左右，另有 30%左右的私營企業經營也不景氣，還有一部分私營企業因固定資産投資過大，想歇業又騎虎難下，在艱難中維持生存，因此，我們在看到一部分私營企業主成爲高收入者的同時，也要看到有一部分私營企業主因經營不善而淪爲真正的無產者。

再次，高收入不等于需求的高層次。按照馬斯洛的需求五層次學説，人的需求從低到高分爲生理、安全、發展、尊重和自我實現需求五個層次。對于私營企業主來説，高收入只能通過高消費來實現最低層次的生理需求，對于安全需求來説，國家對私營企業財產的法律保護還不完善，私營企業主的財產不僅時刻受到暴力的威脅，而且私營企業主也時時刻刻擔心國家政策的變化，擔心自己的財產成爲剥奪的對象．就發展需求而言，大部分私營企業主由于文化素質低，雖然物質需求得到了滿足，但却忽略了對自己的精神文明建設，自身修養及文化素質滯后，出現了精神需求不足與物質需求過剩的强烈反差，在尊重需求方面，私營企業主自身的素質就决定了他在人們心目中無非是一個財主。

第四，私營企業主的高收入是來之不易的。首先，私營企業主要想是在激烈的市場競爭中生存發展，獲得高收入，就必須付出比一般人多得多的體力和精力．其次，他們在經濟中承受着極大的風險。由于他們不享受國家各種福利待遇，如住房、公費醫療等，一旦在競争中失利，就會一夜之間成爲無産者，再次，他們要想在競争中獲得高收入，必須使自己的資金利税率高于社會平均資金利率。例如，私營企業主投資 100 萬元人民幣，假定社會的資金利税率 15%計算，那么私營企業的年利潤爲 15 萬元，按照前面計算的私營企業主的現時收入只能占到所創利潤的 10%計算，私營企業主只能得到 1.5 萬元的現實收入，這還不如將這 100 萬元資金存入銀行獲取利息。第四，一部分私營企業的高收入是通過另一部分私營企業的倒閉得來的，競爭的無情對私營企業主來説，財富越多，憂慮越多，風險越大。

第五，私營企業主的收入消費日趨生產性。隨着私營企業的發展，企業的經營的經營規模越來越大，私營企業創造利潤可用于消費部分的絶對額也越來越多。但從對私營企業的實際考察看，私營企業把這部分可用于消費部分的基金絶大部分投入了擴大再生産，真正用于個人生活消費的部分很小。此外，對于私營企業通過生產積累起來的那部分財富，國家在適當的時侯，可以通過遺產税、收入調節税等各種税收手段進行調節，使其財產的絶大部分歸國家所有。國家還可以通過各種經濟手段、法律手段、行政手段來控制這部分資産的投向和使用，使其積累的社會財富具有一定的社會性。

第六，私營企業主的收入日趨社會性。如果説私營企業主在資産收入二、三十萬時，挣錢是爲了個人消費的話，那么當資産增值上百萬時，他的生產經營方式便日趨社會性。他的生産活動可以創造税收，可以解决勞動就業，可以爲社會創造物質財富，其最終的企業財産可以通過遺産大部分歸國家所有，成爲國家社會財富的組成部分。

對私營企業主的高收入要有正確的認識，但同時我們也要加强對私營企業的監督管理，對其高收入進行必要的調節，合理引導其收入投向。

關于非公有制經濟補充地位的界定問題

江澤民在中共的十四大報告中指出：“社會主義市場經濟體制是和社會主義基本制度結合在一起的。在所有制經結構上包括全民所有制和集體所有制爲主體，個體經濟、私營經濟、外資經濟爲補充、多種經濟成分長期共同發展……。”作爲一個社會主義國家，强調以公有制經濟爲主體，這是勿庸置疑的。理論研究的任務，是如何正確界定主體地位與補充地位，以前理論界有人曾經從定量分析的角度提出過非有公制經濟的發展不能超過 30%，有人提出不能超過 50%，從定量的角度來界定非公有制經濟的補充地位，只是分析方法的一種，但僅從定量的角度來分析這個問題還不够，還須從質的方面來把握、來論證。

第一，上層建築的性質。歷史唯物主義告訴我們，上層建築對經濟基礎具有反作用。中國是一個社會主義國家，上層建築掌握在代表人民利益的共産黨手中，專政力量在社會主義國家的控制之下，上層建築的决策體現的是人民的意志，代表的是公有制經濟的利益。當國家認爲私營經濟的發展過多時，可以通過各種手段進行調節，借助于上層建築的力量來保證公有制經濟的主體地位。

第二，國家對國民經濟的宏觀調控能力。看一種經濟力量是否占主體地位，不應僅僅看其産值、營業額是否超過 50%，還應看這種經濟力量對整個國民經濟的調控能力，這是判定某種經濟成分是否占主導地位的關鍵。從我國具體情況看，代表公有制經濟利益的國家不僅可以利用經濟槓桿來實現對經濟的宏觀調控，而且還可以通過法律的、行政的手段對經濟的運行進行干預。由于國家有充分的手段對國民經濟實行宏觀調控，這樣，即使非公有制經濟在產值、營業額方面超過 50%，也不能説其佔了主體地位。

第三，非公有制經濟所從事的行業。不同的行業，在國民經濟中的作用是不同的，有些行業是國民經濟的命脉，如礦山資源、土地資源、能源生産、郵電、航空鐵路運輸、銀行、軍工生産、運洋運輸、對外貿易、重要生産資料等。有些行業在國民經濟中不能一家獨辦，如商業、飲食業、服務修理業、産品加工業等。從目前情況看，國民經濟中的命脉行業都掌握在社會主義國家手中，非公有制經濟基本上是在商業、飲食服務業、修理業和加工業等領域從事生產經營活動，這些行業的産值、營業額無論占多大比重，都不足以動摇公有制經濟的主體地位。

從目前私營經濟的現狀看，整體的生產力水平很低，無論是從業人員的素質、生産設備狀况、産品的技術含量看，還是從企業内部的管理水平看，都難以同公有制經濟相抗衡。從組織狀况上看，私營企業主之間的相互聯系還不多，還没有爲了群體利益而形成集團，這樣的生産力水平和組織狀况，即便有更大規模的發展，也難以動摇公有制經濟的主體地位。

總之，從質的方面來把握私營經濟的補充地位，絶不能説私營經濟在國民經濟中的比重超過50%，就占了主體地位，更不必爲私營企業在某些地區、某些行業占了主體地位而大驚小怪。從目前看，我國的私營經濟在國民經濟中的比重還很小，資金、産值、營業額都不到公有制經濟的1%，根本談不上是否占了主體地位的問題，它只能“苦于資本主義生産的不發展”還起不到對公有制經濟有益和必要的補充作用。

關于私營經濟的消極作用問題

中國私營經濟經過十幾年的恢復和發展，其積極作用已充分顯示出來。但任何事物都是一分爲二的，私營經濟作爲一種私有制經濟形式，其消極作用也在所難免，對這些消極因素，必須有一個正確的認識。

首先，從私營企業主這個群體的素質看，絶大部分文化素質不高，初中文化程度的占大部分。農村中私營企業主和從業人員基本上是從農民脱胎出來的，城市中部分是由待業人員、無業人員和社會閑散人員組成，其中還有一小部分是二勞釋放人員。這樣一個群體，假如他們不從事私營企業經營，必將無事安排，成爲整個社會的極不安定的因素，這些不安定因素對社會的危害，要比他們從事經營活動中的摻雜使假、短斤少兩、偷工減料、銷售假冒僞劣商品、强買强賣、欺行霸市等違法違章經營行爲所造成的危害要大得多。

其次，從過去的體制看，由于我們過多地實行計劃經濟，私營企業生産經營所需的生産資料許多是國家計劃範圍内的，國家只供應全民、集體所有制企業，私營企業爲了維持企業生存和取得公平競争的環境，不得已而采取一些不正當的手段，包括請客送禮，行賄，同國營、集體集體企業争原料、争技術、争勞動力。再次，我們一部分幹部手中的權力過大，素質低，爲一些私營企業主行賄創造了可乘之機。目前，國家對私營企業的管理在許多方面還不到位，在管理中還難以做到依法管理。如定額征税，定額交費等，一些私營企業主利用現行管理體制的缺陷，他們中間出不同程度存在着偷税漏税、少交各種應交的費用，甚至從事違法經營活動等問題。這是要在深化改革中加以解决的。

第四，在分析私營經濟的消極因素時，也要分析哪些消極因素是社會共有的，哪些消極因素是個體私營經濟特有的。如偷税漏税。這是社會普遍存在的共有現象，絶不是私營企業所獨有.生産條件差、勞動强度大、工人超負荷勞動、企業管理水平低、財務混亂等，這是私營企業在其發展初期所不可避免的，但這也絶不單單發生在私營企業里的，衆多的鄉鎮企業也同樣如此，制造假冒僞劣商品、走私販私等，在公有制企業中也常有發生。對于私營企業主生産經營中的投機性、盲目性和唯利是圖等消極因素，要用法律、税收、行政等手段予以限制和調控，興利抑弊。

總之，私營經濟發展的積極作用是主要的，消極作用是次要的，局部的，有些是可控的。隨着社會主義市場經濟體制的建立和私營經濟的發展，隨着國家對私營經濟管理體制的完善和私營企業主素質及管理干部素質的提高，私營經濟中的許多消極因素會自然消失或得到限制、調控。辨證地認識和分析私營經濟的消極因素，决不是爲私營經濟的消極作用開脱，而是爲了更好地加强對私營經濟的監督管理，促進私營經濟的健康發展。

附表　1989年——1993年6月國内私營企業發展情况

時間	户數	投資者(萬人)	雇工人數(萬人)	注册資金(億)
1989年	90581	21	164	84.5
1990年	98141	22	170	95.2
1991年	107843	24	160	123.5
1992年	139633	30	202	221.2
1993年6月	184086	40	254	453

私營經濟政策調整中的經濟哲學問題

中國民(私)營經濟研究會秘書長　羿遠錚

在本期《年鑒》中收録的兩份政策建議,是全國工商聯在 1990 年和 1992 年向中共中央、國務院報送的兩份政策建議。這兩份關于促進個體私營經濟健康發展的建議,曾經對全局性的決策和一些地方性法規産生過一定的積極作用。這兩次工作量很大的調研和擬稿工作,全過程的具體事務,都是由我經手承辦的。《年鑒》需要我寫一篇説明背景情况和政策思路的文字,這篇前記和兩個建議原先是聯在一起的,后來按年鑒的編例,分别編到兩個欄目之中,使這篇文字在各專家論文之后,得以附驥尾。

這兩次建議大致經過情形是這樣的:1990 年在組織對全國私營經濟變化情況的調查之后,匯集了各有關方面的意見,經過多次研討,于當年 8 月 8 日向中央報送《關于促進個體、私營經濟健康發展的建議》。針對 1989 年下半年個體、私營企業户數鋭減、人員思想和經營秩序混亂的實際狀況,在這個建議中明確提出"爲了防止個體和私營經濟進一步萎縮,改變目前管理混亂狀態,適應個體、私營經濟發展變化新情況,對個體、私營工商業者應在政治上不歧視,政策上要穩定,經濟上要發展,管理上要加强。"爲了有利于個體和私營經濟穩定健康發展,提出十一項具體政策建議。現在回過頭來看看,這些建議,還是有利于個體、私營經濟健康發展的。

1992 年 8 月,在中共的"十四大"召開前夕,工商聯根據中共中央賦予的新使命,對我國非公有制經濟的情況再度進行了調查研究。根據鄧小平南方重要談話的精神,征求了有關部門和專家意見,在北京香山飯店邀集了全國百余名專家、學者舉行了五天討論會,向中共中央報送了《關于進一步促進個體、私營經濟健康發展的建議》,提出:

——建議在發展非公有制經濟方面進一步解放思想,正確認識個體、私營經濟是中國特色的社會主義經濟的一個組成部分。

——建議在加强政革開放步伐、整個國民經濟發展上新臺階的新形勢下,在建立社會主義市場經濟體制的過程中,對個體、私營經濟要進一步采取積極發展的方針。

——建議爲個體、私營經濟長期存在和健康發展,在輿論、政策、法律、體制等方面,采取可行的有效措施,改善其生存發展的條件。個體、私營經濟健康發展,需要有一個良好的社會輿論環境;需要有一個確實能調動其積極因素的政策環境;需要有一個確實能保護其正當權益和規範經營的法制環境;需要一個符合改革方向,具有實際效能的體制環境。

這次研討會,獲得了兩個具體成果:一方面是形成了一個政策建議,并且直接向"十四大"文件起草機構作了反映;另一方面是這次較大規模的專家聚會,大家在共同形成政策建議的過程中,進一步激發了加强聯繫合作的熱望,幾十位與會專家自動聯名,再次倡議建立全國私營經濟研究會,并一致建議由全國工商聯牽頭籌辦。經過各方面協調努力,各項籌備工作逐一完成,建立全國性學術團體——中國私營經濟研究會的條件趨于成熟,1993 年 5 月底,中國民(私)營經濟研究會正式成立。

中國的私營經濟是中國市場經濟的一支先導力量,對它的研究,應該説是一個先導性的課題,需要我們有改革精神和理論勇氣,努力去探索。筆者在全國工商聯研究室工作,因此經常接觸非公有制經濟方面的課題,可以説這就是我的本職工作吧。回顧幾年來對私營經濟調查研究和提出政策調整建議的工作過程,私營經濟的每一點進展,每一次曲折徘徊,都牽動着我們的思緒,促使我們不停地探究和審視有關的政策法規,就私營經濟健康發展來講,我們應該經常關注的問題是:束縛生産力發展的"左"的積習、舊的觀念是不是破除了?長期困擾發展的難題是不是解决了? 改革開放的膽子是不是更大了? 可操作的改進措施是不是制定出來了? 争取這部分經濟上一個新臺階的意識是不是增强了? 廣大從業者的積極性是不是調動起來、信心是不是更足了?爲了私營經濟健康發展,我們應該有這樣富國利民的配套政策和法規,應該向人民交出這樣一份滿意的答卷。

私營經濟呼喚改革的政策和政策的改革,而政策和理論的滯后是我們必須面對的現實。在加强對現實的私營經濟各種具體問題研究的同時,我們常常痛感這方面基礎理論研究的薄弱,也常常遇到一些原理在運用中的困惑,總是在渴求把握一些管用的道理。也就是説,社會經濟發展的現實,迫切要求我們加强對這方面經濟運行內在規律和矛盾的研究,還一個經濟學本來就應該具有的"哲學"光采的面目,讓社會主義的普照之光,驅走在任何角落肆虐的唯心論和形而上學。我們知道,人類對事物的認識都是先由"感性認識"上升爲"理性認識",作爲我們認識對象的私營經濟,是中國改革開放出現的新事物,對私營經濟政策的調整與操作,靠什么鑒別正誤得失呢?在這里,重要的不在于是否經典、是否正統、是否權威,唯一重要的是正確,就是看它是否符合今天中國的現實,有利于大局,就是看它是否符合"三個有利于"的原則,有利于實現中國革命建設的大目標。在這個不斷求索的過程中,需要我們經常思考和正確處理以下十個基本關係。這些關係的調整,也是從一個社會層面、從本質上反映了"改革就是中國的第二次革命",這場革命的深度和廣度體現在:不僅要以革命精神去開拓創新,還要深入到改革我們一些同志迄今堅持無疑的習慣方法、傳統程式 。早在 1981 年,針對許多幹部仍然沿用傳統方法對待改革的狀況,鄧小平明確指出:"現在我們幹部中許多人不懂哲學,很需要從思想方法、工作方法上提高一步,",(《鄧小平文選 1975——1982》第 267——268 頁))以下這些問題,這些關係,提法可能不盡確切,行文亦復粗率淺陋,但這些關係都是我們在實際工作中無法回避的,并且經常引發我們對私營經濟政策運作上的許多辯證思考.這幾對矛盾是客觀存在的,絶非追求思維邏輯形式完美的文字拚砌之作。經常把握好這些辯證關係,有助于我們在認識上和工作中恰如其分地解決現實問題。

1、縱横關係。首先要清楚我們的認識對象、工作對象是誰,也就是對這個社會群體的界定問題。

任何社會群體,任何政策法律的總體框架,都可以用一個座標系來表示:從横向看,涵蓋範圍應該是有清楚界限的;從縱向看,它的上限和下限也應該是清楚的。但是,從我國現行對私營經濟法規的總體框架看,横向的界定存在的問題是:把個體和私營聯在一起,個體經濟涵蓋了個體勞動者和個體商販這兩大塊,又以僱工八人區分個體和私企,致使這個龐雜的社會群體在横向上混雜難以界定。私營企業以僱工八人爲下限,既不科學,又無可操作性,上限從來不明確。經過一番調查研究我們才知道,這個僱工八人下限標準的提出,是引用了《資本論》中一個例子所隨意列舉的數字(見《資本論》卷一 341~342頁)。這個下限的界定,影響個體大户和私企小户采取"八下七不上"的對策;上限不明則使私企業大户"一步三回頭"。這樣,健康發展從何談起? 要重視如此困擾健康發展的問題,使這方面的政策有一個縱横暢達的"座標係",這是我們應當不斷探索和完善的一個大前提性質的工作。對象不清楚不準確,就難免失誤,範圍不清楚,就難免張冠李戴,君不見有的人痛心疾首慷慨陳辭指責的"個體户"、"大款",其實也是個體私營經濟從業人員同樣厭恨的經濟蛀蟲和社會敗類。爲了避免失誤,我們在問題的範圍和對象上,首先要規避失誤。

2、上下關係。政府和這個社會群體的基本關係,矛盾的性質,實質上是這社會群體的屬性問題。

我國在改革開放以來,出現個體私營經濟迅速發展的新局面,對這個社會群體應當怎樣看待?曾一度流行這樣的説法,似乎私營企業是"洪洞縣里無好人",對他們是不是"自己人"總是畫着很大的問號。針對這個問題,我們組織了全國範圍的隨機抽樣調查,專門調查了這個社會群體的社會流動和社會網絡。爲着要弄清這些人是哪里來的? 是不是"不三不四"? 是不是"兩勞釋放人員占多數"? 結果是這樣:

被調查城鎮私有企業主開業前的原職業:專業技術人員 12.1%,干部 22.1%,商業服務人員 7.6%,軍人 1.2%,個體户 9.2%,其它 5.5%;農村企業主原職業爲:專業技術人員 4.1%,農村各級干部 17.0%,工人 11.6%,商業服務人員 2.7%,軍人 0.7%,農民 53.3%,個體户 6.1%,其它 4.1%。

這些人放弃原來工作,開辦私有企業的目的是:在原單位無法發揮自己的能力——56.8%,爲了多挣錢——19.9%,尋找一個穩定的工作——18%,與原單位領導關系難處——5.3%。

私有企業主關係最密切的親戚中,任科級以上幹部者占 21.9%,鄉鎮負責人占 0.7%,村負責人占 3.4%,企業領導人占 14.2%,國有集體企業承包承租人占 2.4%,企業中層管理幹部占 6.2%,一般管理人員占 4.8%,而往來最頻繁的朋友中,任科級以上幹部占 25.9%,鄉鎮負責人占 0.8%,村負責人占 1.3%,企業領導人占 19.1%,國有、集體企業承包承租人占 2.9%,企業中層管理人員占 5.9%,一般管理人員 5.7%。以上親友中,幹部和經濟管理人員要占 2/3,專業技術人員是他們來往最密切的第二大職業群體。但私有企業主相互往來相當有限。這個調查是涵蓋全國的,就連西藏的調查卷,也是如數録入，統一上機計算的，以上這個計算結果，總不説是“以偏概全”吧。這就至少説明了兩個問題：第一，這個社會群體，是我國受法律保護的人民群衆構成的，是“自己人”，不是什么“異已力量”；第二，這個群體從血緣上，經濟上，政治上與中國舊有資本家没有任何關係，由此也證明，中共中央明確指出對現有私營經濟不要和原工商業者簡單地類比和等同，更不是要對它們進行“社會主義改造”，這樣的政策方針是完全正確的。對這個群體社會屬性的認識問題，直接影響政府行爲和群衆心態，也不可避免地體現在政策法規的制定和操作上。從開始的“看幾年再説”的對策起，總難脱出“利用、限制、改造”的對資産階級的政策思路，致使我們相當長一段時間出臺的政策，對私營經濟既缺乏大膽的有效的激勵機制，又缺乏嚴明規範的約束機制，對假冒僞劣和“三亂”屢禁不止，税收徵養目的長期難以兑現，這不能不引起我們和重視與思慮。

孫子兵法有句名言：“上下同欲者勝”。政府這方面把這個群體視爲子民，從業者信賴擁護人民自己的政府，爲振興中華同心同德，我們就會把這方面的事情辦得更好。從社會實踐來看，上下之間，還有許多問題有待疏通和理順。我們在調查研究中，經常了解到一些從業人員對政策多變的顧慮難于消除，對“大蓋帽”的疑懼和對立情緒難以緩解。面對個體私營經濟增長的局面，政策選擇往往偏重于增加政府官員編制，等比例地配備官員去“管住”這幫人，對“發動群衆”“組織民衆”的老傳統似乎已經淡漠，于是日漸形成爲人詬病的“猫鼠關係”和“二十六頂大蓋帽追趕一頂破草帽”的尷尬局面。假定我們側切一個社會剖面，便不難看到，就對私營經濟管理而言，上層機構交叉混亂，冗員與不正之風日增，留下許多空子。下面難以規範經營，發展無序，畸形現象不斷出現。上下之間缺乏中間體，缺少有效能的橋梁組織，缺少作爲市場紐帶的各種中介組織，這是迫切需要改進的。

3、主從關係。實質上是這個社會群體的定位問題。從私營經濟産生起，便給出一個有限制的定位——“補充”，雖然后來在“補充”前面加上“必要的”、“有益的”等等，但補充畢竟是補充。記得中央政策研究室在涿州開研討會的時候，我在會上把“補充”譬喻爲一個人的假牙，用之弃之，事出權宜，長遠發展從何談起？后來在“十四”大以前起草政策建議時，爲了强調指出個體、私營經濟在建設中國特色社會主義中的積極作用日益顯現，作爲我國社會主義經濟結構的一個組成部份的地位日漸確立。論列了：一、引導個體、私營經濟健康發展，已經成爲建設中國特色社會主義基本理論和基本實踐的一個組成部份；二、個體、私營經濟從業人員是我國革命人民的一個組成部份；三、個體、私營經濟的人、財、物是我國綜合國力的一個組成部份；四、個體、私營經濟外向型的發展，成爲我國對外開放經濟工作的一個組成部份；五、在改善人民物資和文化生活、提高人民生活水平方面，個體、私營經濟提供的産品和服務，已成爲我國社會生活不可缺少的一個組成部份；六、在社會主義市場經濟的發育中，個體、私營經濟是具有活力的一個組成部份；七、個體、私營經濟已經成爲中國特色社會主義所有制結構的一個組成部份，等等。這樣七論八論，又經過三番五次的修改，建議定稿上報後，在“十四”大主報告中吸納了各方面的有關意見，增加了個體、私營經濟的一段文字，并用“長期共同發展”的表述，確認了這種組成部份的地位。與此密切關聯的，還有公有制經濟成份的“主體”、“主導”地位的問題。這個主從關係如何把握？是不是應該用統一的數量比例關係去套算？是否有一個固定的模式等等，隨着個體、私營經濟的進一步發展，這個問題還會進一步突出起來，然而眼下先要解決的，是允許其生存發展的問題。

如果把這部分經濟僅僅作爲一種補充，就會采取一些權宜的對策；如果確認其作爲組成部分的地位，就要給它提供健康發展的客觀條件，不能長期“只准出生，不給糧本”，要解決其正常經營的人、財、物、産、供、銷問題；另一方面，講健康發展，其主體必須健康，個體私營企業，都要不斷加强健康發展的主觀條件，如完善設施、建章建制，規範經營，合理分配，適度消費，追加積累等等，要有嚴格要求，也要有一套扶優汰劣的辦法。我國私企起點低素質弱，在夾縫中生長，據全國抽樣調查，私營企業的經營狀況倘若按盈利、勉强維持、停業這樣三檔來劃分數字，經營不善難以爲繼的占三成以上，顧及這方面的工作，也很重要。

4、内外關係。在一定意義上，也可以説，這是一個從國際經濟社會的角度如何看待我國這個社會群體的問題。改革開放以來，我們對私營經濟政策，很少顧及私營經濟涉外經濟活動，以及這方面的工作如何體現對外開放。據初步統計，目前，出國經營的中國人和入境的“洋倒”，各在二、三萬人（不含邊貿、旅游），交易水平很低，也没有相應的法規來調整他們的行爲。我們在調查中，聽到許多人呼吁，要有鼓勵引導我國人員到國外經營開發的政策，重點地區應在周邊國家，這是過去的政策法規未涉及的新課題，要積極做好，保持我國的主動和有利地位。要解決私營企業“出國難”的問題。今后出臺的政策應明文規定，鼓勵到境外經營的優惠政策，同樣適用于私營企業和個人。另一方面，許多人士也提出，希望政府對外資和“内資”一視同仁，指出：只有善待“内資”，才能用好外資。個别省市平整地段引進外資，對拆遷的私企不予補償，對外資的减免税過多過濫，造成社會心理失衡。當今之世，對外競争已成爲世界經濟的新潮流，生逢其時的私營經濟，從一開始就應該注重外向型的發展，而不應打入“另册”，這涉及已作爲國際慣例的“國民待遇”原則是否適用于我國，對待國内外私營企業一視同仁是理所應當的。社會主義制度從本質説是一個開放的制度，我們務必不要搞封閉的一套。

5、虚實關係。實質是如何認識和把握這個社會群體的發展問題。從“務虚”的角度看，我國個體、私營經濟發展理論上的難點和敏感問題，一般采取避諱的態度。例如，一提到發展私營經濟，必然涉及個人資本參與收入分配是不是“剥削”的問題。這個問題不换腦筋不行，它直接影響擇業意向和社會游資的流向，一些業主認爲開業所得不及存款利息大，居民手持貨幣也不願往“禁區”投放。試想假如把兩萬億銀行存款，吸引一部分來投資自辦企業，那對社會的穩定發展將是無量功德。然而善門難開，“籠中虎”日益龐大的陰影對我們的經濟社會産生着濃重的影響。有的社會學家指出：“理論不徹底，政策必動摇”，信哉斯言。不能總是“繞着走”，理論和政策的滞后，對私營經濟的發展、對國家的長治久安尤爲不利。我們不能迴避或陷于理論紛争而裹足不前，要組織起理論隊伍，回答建設中國特色社會主義中的這些重大課題。

從“務實”的角度看，的確有大量的工作要做。大家都知道，要辦好任何事，都必須心中有數，僅就統計數字來看，幾個有關部門數字出入明顯，有的政策文件規定“僱工八人以上”，有的則規定爲“從業人員八人以上”，僅就這一點便可看出難免數字互有出入。除正式注册的私營企業之外，還有大量“戴紅帽子”的私營企業，據一些點調材料，在有些地方的鄉鎮企業中，私營經濟占很大比重，最高達 70%——80%，凡此種種就形成了中國私營經濟没有準確統計的局面。“數據不準確，决策出偏差”。歷年分析情况調整政策，没有比較準確的統計數字作爲依據，這確實有很大的危險性。盲人摸象，各執一套數字立論發揮，也導致一些無謂紛争和思想的混亂。根本出路和是首先要在國家統計報表上有個體、私營經濟一席之地，有統計的户頭和口徑，并且要强化統計部門的工作和權威性。

6、統分關係。實質是對這個社會群體如何管理的問題。

私營經濟就其本色來講，是一種地區性經濟，地方色彩很濃重，根據我們全國問題卷調查了解的情况，私營企業主往來最頻繁的朋友中，本地幹部和經濟管理人員要占到三分之二，聯繫可謂千絲萬縷，我們把握住這個根本性的特點很重要，這直接影響到兩個重要方面。

第一，從統籌方面來看，現行法規和管理辦法，不能有效地從宏觀上管理私營經濟的發展，新上多少，歇業多少，走向如何，均處于自流狀態，如何加强對私營企業這類“無上級單位經濟實體”的擇業意向、産業結構、企業現代化、地區的分布等方面，有效地實施引導，是一個大課題。我國私營經濟分布極不平衡，東、中、西部大體是 7∶2∶1。總體上如何趨于比較合理，没有統籌規劃不行。

第二，在分别治理的工作力度能否到位的問題上，更需要注意作爲本地經濟的私營企業與當地基層政權的關係。例如國家有關部門也致力于影響私營企業健康發展和活動，如《私企財務會計制度》，1988 年已出臺，但貫徹不理想，“花一千（賄賂）省一萬（税賦）”仍大行其道；再如爲了鼓勵私企向科技型發展，制定的優惠政策，北京海澱區電子一條街的私營企業連年呼吁，工商聯也幫助活動，至今仍未落實。從出臺好的政策到落實這些政策，條條塊塊環節屏蔽太多，有很曲折的路要走，有很艱巨的工作要去做。在私營企業發展成爲經濟支柱的基層社區，“老闆”們在經濟生活乃至政治生活中影響力度絶不可低估，這影響政策法規的變形與否，反過來，對其自身能否長遠健康發展，也有着重要的影響。

7、遠近關係。實質是這個社會群體發展的總體規劃問題。我們對私營經濟現狀及發展的研究，是探索中國特色社會主義道路的一部分工作，盡管不能做到“盡精微”和“致廣大”，但至少也要有點莊子的“大知觀于遠近”的精神，要照應整體和局部，瞻顧目前和長遠，調整政策，掌握主動，因勢利導，以求有一個健康發展的長遠的藍圖。我國許多的行業、事業有規劃或綱要，唯獨私營經濟没有這個總藍圖，這樣就難以解决發展中盲目無序的問題。過去的政策法規，基本上着眼于近期，政策操作也帶有短期行爲，體現不出有任何中長期部署。我曾于 1990 年 8 月建議制定《個體、私營經濟健康發展綱要》，未見采納實施，近來又有許多經濟界社會科學界的人士提出類似的意見，看來有重申這個建議的必要。

8、政經關係。就是要毫不含糊地解决對這個社會群體的政治歧視問題，一直困擾其健康發展的主要問題之一，就是在這個問題上。政治與經濟的關係處理不好，這并不單純是個方法問題。

中共十一届三中全會以來，特别是“十四大”以來，對社會主義政治的觀念，已經發生了很大變化，但在私營經濟這個特殊的領域里，事實上仍有相當多的官員和從業者仍然認爲搞私營企業政治上不香，輿論上常被人搞臭，有形形色色的“吃着香、聞着臭”的説法。實質上，持有這種看法，一方面是由于對這個社會群體的無知和偏見，一方面也是由于對社會主義政治的無知或曲解。我們知道，集中全力進行社會主義的經濟建設，爲把中國早日建成現代化高度富裕、高度民主、高度文明的强大的社會主義國家而奮斗，才是最大的社會主義政治。這個政治與經濟是高度統一的，人們常講的"政治是經濟的集中表現"，我們總不能承認私營經濟的經濟作用好，而在政治方面視爲異已，不能長期陷于這種悖論不能自圓又不去自拔。在這個問題上，一切的"小道理"，都要服從和服務于這個"大道理"：全國人民以經濟工作爲中心，組織路綫要爲政治路綫服務。要允許非公有制經濟的優秀代表人士符合黨員標準的加入中共，不能政治上對人家關門，過去我們在民主革命時期，對剥削階級的人員尚且没有用過這種關門政策。過去文件"左"的規定如"不能不問姓'社'姓'資'"的明文提法，應明文廢止，消除疑懼。堅持按"三個有利于"原則調整政策，把政治上經濟上的"幫手"積極性調動起來，把限制改造變爲共同發展，在轉變觀念、改革體制和調整政策方面，作出不懈努力。今后出臺有關法規，要講兩個文明，講民主協商，要充分聽取從業人員的意見和呼聲，把我們的工作進一步做好。

9、貧富關係。這個問題引起最普遍的關注和議論，財産權是問題的核心。在中國實現共同富裕，是一個歷史過程，它不是同步富裕，也不是同等富裕。除了狹義的貧富觀念道德評價之外，我們還要看到，不僅我們的人民要擺脱貧困，我們的國家也要擺脱貧困。鄧小平在 1987 年曾説："一個國家要取得真正的政治獨立，必須努力擺脱貧困。而要擺脱貧困，在經濟政策和對外政策上都要立足于自己的實際，不要給自己設置障礙，不要孤立于世界之外"（三卷 202 頁）我認爲這后三句話，應該成爲我們處理貧富關系的準則。

"我們要立足于自己的實際"，正確處理貧富關係問題。我們的政策選擇，只能是允許一部人先富起來，先富帶后富，最后實現共同富裕。這個順理成章的説法本來不不致于引發尖鋭的抵觸，問題是私營企業主歷史地成爲先富起來的一個社會群體，貧富差距每天成爲觸發許多新問題的敏感點，透過社會上沸沸揚揚的議論，我們也不難越來越清楚地看到，人們心理上難以忍受的，其實是機會的不平等而引起的收入不平等，而不是不容許機會平等條件下的收入不均等。當然，中國人對這個問題有其獨特的意向和心態，傳統文化"不患寡而患不均"影響十分明顯，魯迅説過我們的國人是極其愛好平等的，人群中倘若有人突出，就會有人用長竿綁了刀子砍將過去。的確，在中國，市場經濟條件下社會心理調節是一個不可忽略的新課題。

在解決擺脱貧困問題上，"不要給自己設置障礙"，這是很重要的一原則。市場經濟有序運行，充分發揮資源配置作用，讓我們的人民和國家擁有更充分的自己支配的時間和財富。政府讓人們在市場競爭中有平等的機會，給人民平等的生存發展的環境，在對人們收入差距進行調節時，不再把結果均等作爲工作的目標，而是把機會均等放在公平問題的首位，把重點放在構建一個中國特色社會主義市場經濟的社會環境上。這主要包括：摒弃傳統體制遺留下來的偏見歧視政策，防止壟斷，嚴禁行政權力對經濟的滲透，取消政府各種不必要的限制，在市場發育中出臺的政策法規，對企業和個人都是平等的，減少各種政策傾斜，等等。

我們的國家，我們的人民要擺脱貧困，就要注意"不要孤立于世界之外"。我們實行對外開放，積極吸收國外的技術資金和管理經驗，這是開明的國策，但吸引外資的辦法不要"孤立于世界之外"搞特殊傾斜政策，而要和國際慣例接軌，我們呼吁實行"國民待遇"原則便是一例，我們多次呼吁對內外資不要形成過大的政策差價就是爲此。再如，在市場經濟發達的國家，對于財産權問題，都有周密的立法，我國雖然爲私營經濟的法律地位修改過《憲法》條文。但法律上没有明確保護私有財産的立法，僱員侵吞私營企業財産目前還没有適用的罪種與罪名，我們建議顧及這方面的情况，完善法制。

今天中國私營企業的發展規模與水平，在世界範圍來比，只能算"小兒科"，對他們在經營和消費上的某些不規範行爲，既不能忽視，又要從有利于促進健康發展着眼，爲此我們在建議中希望能够做到寓征于養，寓管于教，引導有方，治理有法。對于暴富暴利，畸形消費，巨額私人財産等等，不必大驚小怪，更毋須慌了手脚，道理很簡單，國外比我們先遇到這些問題，他們交了無數學費，有了一套辦法，并已形成了較完備的法制，如公平競爭法、反暴利法、遺産法等等。再如社會分配"一次分配"不公之后，如何進行"二次分配"問題，許多國家是有一套比較嚴密辦法的。吸收其中適合我國國情行之有效的辦法，規範人們的行爲，做到"君子愛財，取之有道，用之有度"，必將有利于社會安定富裕和長期發展。

10、高低關係。怎樣看待這個社會群體素質高低的問題，也是一個熱門話題，實質是要求我們回答這個社會群體的發展導向問題。

關于我國私營企業主素質低的説法，曾一度流行。但是經過我們在全國抽樣調查以后，應該得出的結論是，就我國社會現狀來説，私營企業主這個社會群體的素質不算低。

從私營企業主的群體特征來看。男性占 90%。平均年齡 42.9 歲。文化程度初中以上占 90%，其中高中占 35.9%，大學占 16.6%，研究生占 0.6%。私營企業一半以上的管理技術人員來自國有、集體企業，有 65.4%的私有企業，把國有企業作爲産品銷售或服務對象。從他們的組織狀况來看，更超出我們預計的情况，被調查的私人企業主中有13.1%是中共黨員，7.3%是共青團員，6.5%是各民主黨派成員，有六成以上的人參加了社團組織。更爲有趣的是企業主自身文化水準幾乎與財産積累量成正比例關係：文盲——35萬元，小學——51.2萬元，初中——46.1萬元，高中——49.5萬元，中專68.7萬元，大專——74.7萬元，大學——80萬元。

更爲重要的還有一句話，就是這個社會群體的素質亟待提高。讓我們精神的視綫超越市井喧囂，正確看待這個社會群體的崛起與前景，恰如其份地估量它的發展與現狀，既不要把大象看成耗子，也不要把耗子説成大象。誤導訛傳影響决策造成的種種損失，我們在這方面交的"學費"已經够多的了。從整體來看，中國的私有企業主階層，是置身于全國全面改革開放的社會實踐中，本身在社會轉型期的特定經濟文化環境中出生，其發育過程是伴隨着商品經濟的迅猛擴張，正處在本國市場尚未充分發育、帶有"原始積累"色彩的不規範行爲盛行，加之本國與市場發達國家經濟文化多層面冲突與交融，形成許多變革，這種種社會現實條件，不可避免地對這個群體的素質産生了深刻而複雜的影響。除了"假集體"等明顯的后遺問題之外，私營企業總體上還處在發展初期，無論是人均生産率還是資金利税率都顯示出這一點，無論是從業人員，還是資金規模的增大，都未使效率同步增高，這就是説私營企業普遍不具備規模效益。在私營企業中普遍存在着家族式管理方法，在所有被調查户中，血緣、地緣關係仍是私營企業内部凝聚力的重要内容。這種現狀與現代企業之間的巨大差距，就是提高這個社會群體素質的無限豐富的工作内容。

當代經濟與文化"一體化"發展，是一個重要的歷史趨勢，中國的私營企業主趕上的，是這一趟歷史的列車，變化之急劇是這個發展階段的突出特色。到市場經濟比較發達的地區——如温州等地去看看，突出的感受就是十年時間成長起來一批善于經營的人才，正如恩格斯所説的，社會變革造就出的人才，比十所大學還多。在這里，人們觀念變化很快，例如，曾經制作過粗劣産品的老板，在市場競争中掂量出了"信譽"二字的份量，會很快地轉而對自己的産品和服務刻意求精。象這樣無數活生生的實例，都在驗證着毛澤東闕于"價值法則是一所偉大的學校"的名言。這也啓迪我們揚棄過時的呆板説教，事實上也不可能讓"老闆"們進那種老式的"脱産學習班"，更不能光是收人家一筆"學習材料費"便完事大吉。現在我們的某些"教育者"比受教育者更不了解市場經濟，重要的是教育者先要受到教育，重要的是善于把握思想教育工作的新的切合點，把市場發育中兩個文明建設有機地結合起來，把眼光不僅集注在如何"管住"這幫人，更要把這個群體的積極性調度起來，塑造新一代的民營企業家隊伍，讓物資上先富起來的人成爲精神上的富有者。在我國社會轉型期，要引導人們告别愚昧，這比告别貧窮要困難得多。要加强社會主義愛國教育，加强道德和主體文化建設，要注重引導好先富起來的這一部分人，因爲他們對社會風氣、生活方式、消費行爲、價值觀念的影響是顯而易見的。没有文化的振興，便没有經濟的振興。不能不看到，當畸形的消費文化在我們這里招摇過市時候，我們的東鄰日本，他們的企業家在研究大慶經驗，在運用孫武兵法，東南亞"四小龍"把儒家學説和現化企業管理成功地結合起來，還有的專家學者預言中國傳統及文化未來的擴展，總之，置身于今日之世的中國人，要弘揚優越的主體文化，重塑民魂，加强大文化建設，加强文化戰略研究，以求展彩于來日。放眼二十一世紀，中國經濟振興的重要條件之一，就是要經過艱苦磨煉，造就出一代優秀的成熟的中國企業家群體。如何通過經濟與文化一體化的建設，提高經營者的素質，如何團結、幫助、引導、教育私營企業主，提高他們愛國、敬業、守法的職業道德素養，造就一大批現代企業家，是我們提高的目的，是希望之所在。展望二十一世紀國際經濟賽局，將在很大程度上歸結爲各國企業家的較量。作爲執政黨，作爲國家管理部門，作爲有關社團，都要把現在的努力，引向將來這個大目標，要抓兩個文明建設，讓我們未來的企業家，有理想，有道德，有文化，有本領，更好地致力振興中華的千秋大業。

發展與管理

非公有制經濟健康發展是建設有中國特色社會主義的需要

第八屆全國人民代表大會財經委員會副主任委員
中華全國工商業聯合會　常務副主席
張緒武

鄧小平建設有中國特色的社會主義理論和在這一理論指導下形成的中國共産黨的基本路綫，是中國進行改革開放和現代化建設大業的根本指導思想，也是保證非公有制經濟健康發展和做好工商聯工作的指導方針。

工商聯是中共領導的具有統戰性的人民團體和民間商會，多年來與中共風雨同舟，榮辱與共，積極參加社會主義革命和建設事業，在不同的歷史時期都作出了有益的貢獻。現在，中共中央把做非公有制經濟工作的重任交給工商聯，希望工商聯能够成爲中共和政府聯系非公有制經濟的橋梁，在中國經濟發展和社會主義市場經濟建立進程中有所作爲，這是中共中央對工商聯的重托，也是工商聯難得的機遇。中國各級工商聯組織和67萬會員都在以極大的熱忱認真學習和領會鄧小平先生的思想理論，解放思想，實事求是，以改革開拓的精神做好中共中央賦予的工作。結合學習《鄧小平文選》第三卷和中共十四屆三中全會通過的《中共中央關于建立社會主義市場經濟體制若干問題的决定》，我以爲做好非公有制經濟工作，特别需要正確把握如下幾個方面。

在堅持以公有制經濟爲主體的前提下，大力發展非公有制經濟是發展社會主義生産力的需要。

改革開放以前，中國受長期以來“左”的思想和一些僵化的社會主義觀點的影響，實行高度集中的計劃經濟，盲目追求所有制結構上的“一大二公”，完全排斥非公有制經濟的存在和發展，其結果影響了生産力的發展和人民生活水平的提高。鄧小平先生以非凡的理論勇氣，從時代特徵和中國社會主義發展的宗旨出發，深刻分析了中國社會主義初級階段的根本任務，提出“社會主義的本質，是解放生産力，發展生産力，消滅剥削，消除兩極分化，最終達到共同富裕。”他多次指出，貧窮不是社會主義，平均主義不是社會主義，判斷各方面工作得失的標準，“應該主要看是否有利于發展社會主義社會的生産力，是否有利于增强社會主義國家的綜合國力，是否有利于提高人民的生活水平。”這些科學的論斷，堅持了馬克思主義生産力决定生産關係的歷史唯物主義觀點和中共實事求是的思想路綫，爲非公有制健康發展掃除了理論上和思想上的障礙。

經過15年的改革和發展，中國的生産力水平已經有了很大的提高，取得了舉世公認的輝煌成就。在經濟體制發生的深刻變化中，一個重要的方面是單一的所有制格局已被打破，以公有制爲主體的多種經濟成份共同發展的格局已初步形成。包括個體、私營、“三資”企業等在内的非公有制經濟對促進生産力發展和人民生活水平的提高起了不可忽視的作用。從1980年至1991年，在幾乎没有國家投資的前提下，非公有制經濟所提供的工業總産值占全社會工業總産值的比例由0.5%增長爲1.4%，財政收入比例由0.6%增長爲15.5%，所吸納的勞動力比例由0.2%增長爲1.7%(以上數據來自(《中國統計年鑒》1993)。上述比例的增長幅度都遠遠大于同期公有制經濟的增幅，社會效益也是比較明顯的。非公有制經濟的發展活躍了市場，方便了群衆，促進了人民富裕，促進了民間科技發展，促進了鄉鎮建設和文化建設等。1992年鄧小平先生視察南方發表重要談話之后，非公有制經濟有了更迅猛的發展。在這多種經濟成份共同發展的過程中，公有制經濟的主體地位并没有受到影響，非公有制經濟的復甦和成長得益于鄧小平先生建設有中國特色社會主義的理論，實踐的發展也證明了鄧小平先生思想理論的正確性。

發展非公有制經濟是建立社會主義市場經濟體制的需要

早在 1985 年，鄧小平先生就指出，社會主義和市場經濟不存在根本矛盾。中共十四大提出的建立社會主義市場經濟體制的目標，已被寫入憲法，已變爲國家和人民的意志，非公有制經濟的發展是建立社會主義市場經濟的必要條件。實行以公有制爲主體，多種經濟成份共同發展的方針，是建立社會主義市場經濟體制框架的前提，中共十四屆三中全會通過的《中共中央關于建立社會主義市場經濟體制若干問題的決定》中指出："在積極促進國有經濟和集體經濟發展的同時，鼓勵個體、私營、外貿經濟發展。"非公有制經濟天生就具有政企分開，産權明晰、權責明確、自負盈虧的特點，在其發展的過程中，資金、資源和人才的取得和産品的銷售主要依賴于市場，它們不僅促進了資源的優化配置，而且有利于市場交易和市場競爭的形成，其靈活的機制還爲公有經濟的改革提供了有益的參考。可以説，非公有制經濟在從計劃體制向市場體制過渡的過程中，是最先實踐的一個方面。在進一步深化改革中，一些國有企業可以通過公司制改造，吸收非公有制經濟的資金共同組成有限責任公司或股份有限公司，實現經營機制的轉換，提高規模效益，增强競爭能力，得到共同的發展。非公有制經濟通過承包、租賃和購買一些小型國有企業，既能充分利用自己積累的資金、管理經驗和靈活機制，以幫助國家財政卸掉負擔，保證國有資産的回收，取得一舉多得的益處。根據中共十四屆三中全會的決定和《中華人民共和國公司法》關于以資産組織形式而不是以所有制形式劃分企業類型的規定，通過建立現代企業制度，公有制經濟與非公有制經濟必然會在共同參股、共同合作中取得更大的發展。

要以鄧小平先生提出的"三個有利于"爲標準，正確理解"公有制爲主體，"促進非公有制經濟的繼續發展。

首先，作爲一個社會主義國家，中國堅持以公有制爲主體，歸根結底是爲了充分發揮公有制的優越性，更快地發展生産力。公有制的主體地位的體現只能以是否有利于發展社會主義生産力爲標準，而不能人爲地制定一個比例，采取限制其他經濟成份發展的辦法。要按照實事求是的原則，從中國社會主義初級階段的現實而不是從本本出發看待這個問題，應鼓勵多種經濟成份通過公平競争，相互合作，共同發展。

其次，按照中共十四屆三中全會的決定，"公有制的主體地位主要體現在國家和集體所有的資産在社會總資産中占優勢，國有經濟控制國民經濟命脉及其對經濟發展的主導作用等方面，"而"有的地方、有的産業可以有所不同"，也就是説，并不需要在各行各業中在數量上都居絶對的主體地位。

再次，根據中國經濟不平衡發展的狀況和各地的實際情況，不同地區的所有制結構與比重應當有所區别。某些沿海地區應充分發揮其地緣和人文優勢，更多地吸引港、澳、臺和外國資金、人才等；一些經濟比較落后的地區，特别是西部貧困地區應把大力發展個體和私營經濟作爲早日脱貧致富和振興地方經濟的主要途徑之一。有人説，出現一個個體户，减少一個貧困户，帶動一片富裕户。在有些地區，即使非公有制經濟占有較大的比重，也不會動摇中國的公有制主體地位，反而有利于對外開放和社會穩定，有利于民族地區經濟的發展。

要繼續更新觀念，解放思想，正確認識非公有制經濟的地位和作用，爲它們的發展創造公平有利的條件。

首先，中國的非公有制經濟是在社會主義國家政策允許、指導和鼓勵下發展起來的，他們的一切生産經營活動必須符合國家的政策、法律。因此，他們既與解放前的民族工商業有所不同，也與資本主義國家的私營經濟有所不同。

其次，從事非公有制經濟的人士，絶大多數都生長在社會主義制度下，成長在社會主義制度下，長期受社會主義的教育，他們有的直系親屬和較多的親友或是勞動者、或是政府官員、或是公有制經濟企業職工等。他們的子女都在學校中接受社會主義的教育，社會主義的環境對他們有着重要的影響，他們的生産經營活動也不可避免地受到社會主義意識形態的制約，他們中的絶大多數是熱愛祖國、熱愛人民和熱愛社會主義的。他們得益于改革開放政策，是衷心擁護這一政策的。有的私營企業家認爲："我們私營經濟還只是一個摇藍中的嬰兒，要成長壯大，一靠中共的好政策，二靠我們大家自珍自愛、團結奮斗。現在，適逢建設社會主義市場經濟的大好時機，我們没有理由不奔跑在前。我們的企業壯大了，就是爲國家分憂，就是爲社會主義市場經濟和建設做貢獻。"

當然，由于處在發展的初期，非公有制經濟本身也存在一些應當引起重視的問題，如整體素質不高，經營管理手段有待改進，精神文明建設没有得到應有的重視等，極少數的也存在各種違法現象。但就總體而言，非公有制經濟是中國當今社會主義市場經濟中有機的組成部分，應當給予積極的評價和應有的社會地位。有的人受"左"的思想影響，在政治上歧視非公有經濟，在經濟政策和經濟管理上不能一視同仁，致使非公有經濟在産權保護、資金、人才的取得和具體的生産經營中遇到種種困難和刁難。這些問題不解决，非公有制經濟的權益得不到尊重和保護，無法進行公平的市場競爭，就難以建立長遠發展的眼光，無法得到健康的發展。《中共中央關于建立社會主義市場經濟體制若干問題的决定》提出"國家要爲各種所有制經濟平等參與市場競爭創造條件，對各類企業一視同仁"，前景是十分好的。

全國工商聯當前的工作重點和迫切任務。

第一、組織全國工商聯和地方各級工商聯，認真學習《鄧小平文選》(第三卷)和中共十四屆三中全會的决定，按照中央對工商聯工作的指示要求，進一步解放思想、轉變觀念，加强自身的思想建設和組織建設，抓住加快改革開放和發展的有利時機，爲促進非公有制經濟的健康發展進行扎扎實實的工作，當前，工商聯組織和推進非公有經濟會員政治學習正規化、系統化、長期化應作爲首要的工作抓緊抓實。

第二、團結、幫助、引導和教育非公有制經濟人士和從業人員，學習鄧小平先生建設有中國特色的社會主義理論和中共十一屆三中全會以來的路綫、方針、政策，認識和理解社會主義的本質、社會主義根本任務以及中國經濟改革的實質和內容。如《中共中央關于建立社會主義市場經濟體制若干問題的决定》的第 9 條"國家要爲各種所有制經濟平等參與市場競爭創造條件，對各類企業一視仁"；第 25 條"國家依法保護法人和居民一切合法收入和財産，鼓勵城鄉居民儲蓄和投資，允許屬于個人的資本等生産要素參與收益分配"等，提高思想認識水平，解放思想，消除顧慮，根據"三個有利于"的標準和社會主義市場經濟的要求，大膽開拓，勤奮創業，努力經營，使非公有制經濟的發展再上新臺階，同時，要教育和引導他們繼承新中國成立以來的老一輩工商業者愛國、敬業、守法的優良傳統，成爲有理想、有道德、有文化、有紀律的新人，在不斷提高積累水平和投資效益的同時，關心職工生活和素質的提高，注意社會公益事業的投入，提高經濟效益和社會效益。工商聯要找準中國民間商會在社會主義市場經濟中中介作用的位置。要通過政策、信息，對內外商務活動、培訓工作等方面的引導和服務，幫助非公有制經濟提高自身素質和經營管理的水平，積極採取股份公司等現代企業的組織形式和現代化管理手段，提高規模效益，爲中國經濟發展和現代化建設多做貢獻。

第三、加强調查研究工作。工商聯已有 40 年的歷史，中共十一屆三中全會后，在新時期新形勢下，工商聯對所承擔的新任務，尚缺乏實踐，而在今后一個歷史時期，非公有制經濟將有較快較大的發展，必然會出現許多新的情況新的問題。工商聯必須深入實際，認真進行調查研究，及時發現問題，從實際出發，創造性的開展工作。尊重實踐、尊重群衆、總結經驗、提高認識，加强與提高工商聯工作的預見性和策略性，有效的爲廣大會員服務，準確的發揮黨、政府與非公有制經濟界的橋梁和紐帶作用，認真履行參政議政的責任。

當前中國私營經濟發展的條件與對策

中國民(私)營經濟研究會會長　李　定

八十年代以來，我國私營經濟，經過發展，短暫徘徊，1992 年鄧小平南巡講話和中共十四大之后，出現了高速發展的勢頭。據國家工商行政管理局統計，1992 年底，注册登記的私營企業 13.9 萬户，比上年增長 30%；1993 年 6 月底達 18.4 萬户，户數、從業人員、注册資金、實現産值和營業額比上年同期分别增長 66%、57%、225%、84%、116%。7 月以來，仍然保持繼續增長。我國私營經濟面臨的新形勢，出現的新特點，發展中的問題和對策是各方面所普遍關心的問題。

我國私營經濟是在鄧小平建設有中國特色的社會主義理論指導下，在改革開放這一大環境中産生和發展起來的。建設有中國特色的社會主義理論中，關于社會主義的本質、社會主義初級階段、改革是社會主義發展的動力、建立社會主義市場經濟的改革目標等重大理論觀點，指引着我國改革和經濟建設的發展，私營經濟的發展是其中的一個不可缺少的方面。這一理論和它的重要組成部分，解決了人們認識上的許多難點和困惑，它的實踐又有力的促進了人們觀念的轉變。1992 年春鄧小平南巡講話和中共十四大的召開，使我國改革開放和社會主義現代化建設進入了一個新的發展階段。在這一新的形勢下，我國私營經濟的發展出現了更爲有利的環境。

首先，有一個比較寬松的政治環境。十四屆三中全會進一步重申必須堅持以公有制爲主體，多種經濟成份共同發展的方針；明確指出，就全國來說，公有制占主體地位，有的地方，有的産業可以有所差別；國家要爲各種所有制經濟平等參與市場競争創造條件，對各類企業一視同仁，三中全會決定的這些重要内容是建立社會主義市場經濟的需要，回答了理論界熱烈討論和人們關心的一些重大問題，對我國經濟包括私營經濟的發展具有重大和深遠的指導意義。

第二、政策環境有很大改善。三中全會决定的貫徹執行，必將創造更好的政策環境。根據全會决定，國家將在財税、金融、投資和計劃體制的改革等方面邁出重大步伐，政府各有關部門將進一步改革管理體制，轉變職能。我國公有制經濟和其它經濟成分，都盼望建立平等競争，一視同仁的經濟發展環境，建立宏觀調控體系，减少行政干預。上述改革措施的落實，有關政策的完善，將爲私營經濟創造良好的發展環境。

第三、輿論環境逐步變化。1992 年下半年至今，全國 30 個省、自治區、直轄市都作出了進一步發展個體私營經濟的决定，各地區内許多地市縣也作出了相應的决定。各省、自治區、直轄市和越來越多的地市縣領導人都認識到個體私營經濟發展的必然性和重要性。它有利于生産力的解放和發展，有利于調動人們的積極性，是社會主義市場經濟的一個重要前提。經濟發達地區，私營經濟是一個新的經濟增長點，是不可忽視的現實的社會生産力；經濟欠發達地區，特别是老少邊貧地區，私營經濟是脱貧致富、繁榮市場、振興地方經濟的重要途徑。領導重視，增强了推動力，將擴大輿論影響。在人們思想認識中，對個體私營經濟存在傳統的影響，"懼私"、"排私"的現象仍然到處可見；但實踐的發展在轉變人們的認識。商品觀念的增强，要求在市場中發揮個人的潛在能力，對個體私營經濟全面評價等，都是人們認識逐步變化的重要表現。

我國私營經濟是在社會主義制度確立之后，在改革開放的條件下産生和發展起來的。它的基礎是農村和城市改革中出現的專業户、重點户和個體工商户。我國私營經濟保持持續發展是社會生産力解放和發展的要求，是離不開改革的深化，社會主義市場經濟體制的建立，法制建設的加强這一大環境，這是研究、認識我國私營經濟發展的基礎着眼點。

二

我國私營經濟的發展開始于八十年代初，至今不過十年左右的時間。東南沿海地區起步較早，出現了私營企業群體和全面發展的勢頭；中部和北部地區，除了少數地區發展較快，一般地説，還處于起飛前的準備階段；西部地區，私營經濟在一些中心城市開始發展，廣大地區個體經濟開始起步，私營經濟則是星星點點，處于萌生狀態。因此，從整體來説，目前我國私營經濟還處于初始發展階段，同時由于外部條件的改善，市場的引力，農村和城市生産力發展的要求，私營經濟又面臨加快發展的形勢。

目前我國私營經濟的發展出現了以下新的特點：

（一）高速度、高增值。我國私營經濟在三年治理整期間雖然出現了徘徊，但也增長了 10%，1992 年以后，出現了高速增長。增長的主原因是：客觀環境有了改善，在城鄉個體户中積蓄的力量要求升檔，隱蔽的私營經濟申請公開，各種生産要素出現新的組合等。以杭州市富陽縣爲例，該縣 1992 年底注册登記的私營企業 430 户，1993 年 11 月底達到 619 户，增加了 189 户，其中由個體大户和私營企業組成的有限責任公司由去年 8 月的 10 户增長到 128 户，增加 118 户，鄉鎮集體企業因嚴重虧損拍賣給個人后登記爲私人企業的 27 户，其余 44 户原爲個體工商户升檔或申請興辦私營企業。富陽縣個體私營經濟的發展，營造了一個較好的小氣候，他們重視輿論的引導，同時不論公私，只要有利于生産力發展和産業結構的調整，在銀行貸款，土地租用，科技人員的聘用等方面都給予支持。富陽的情况既有自己的特點，又反映了一般現象。

我國私營企業不是户户都一帆風順，在激烈的競争中優勝劣汰，沉浮交錯。據統計，幾年來私營企業歇業率約占 10%，約有 30%的騎虎難下，約有 20%不盈不虧，40%是不同程度的盈利較大的企業。這些企業資本增值很快，幅度很大。最近浙江省研究部門對温州 50 户私營企業作了抽樣調查，平均每户初始自有資金額 5.9 萬元，經過 5 年發展，平均每户新增資産 22.45 萬元，平均年增值達 56%。盈利的私營企業，與業主的素質，與業主在市場中的經營和開發能力有很大關系。從客觀來説，我國市場空間廣闊，空白點很多，現實的和潛在的需求旺盛，集中到一點，表現爲絶大多數行業年均利潤率很高，例如，飲食業、服裝業看似飽和，但年年增長，一般平均毛利率達80－100％左右。一此短缺產品，特别是科技產品還具有壟斷價格，出售價格高于成本的幾倍。此外，由于我國經濟體制處于新舊交替階段，空隙很大，也滋生了一些隱形行爲，不同程度地存在着雙方當事人獲得巨額非法所得的現象，亟需加强管理和引導。

我國私營經濟出現高速度、高增值的狀況，與我國經濟高速發展、勞動力資源豐富、市場需求旺盛，有直接關系，也與社會主義市場經濟體制尚未建立、法制不完善有關系。我國經濟有待進一步發展，私營經濟也處于初期發展階段，排除非經濟因素引起的波動，私營經濟高速度、增值較快的局面將會持續一個時期。這是中國私營經濟的機遇，而自身素質的提高，企業行爲的規範則是它所面臨的主要問題。

（二）小型企業爲主，開始出現規模經營的大中户。目前我國私營企業平均注册資金24萬元，户均僱工18人，户均經營場地400平方米。中部和局部地區還低于這個平均數，湖南省户均資産18萬元，户均僱工15.6人。因此，從總體來説，目前，我國私營企業屬于小型企業。

最近幾年，逐漸出現了一批資産達百萬元、千萬元的大户。河南省有關部門反映，該省私營企業固定資産達百萬元的42户，實際上不止這個數字；千萬元的5户，估計實際有15－20户。

絶大多數私營企業，管理落后，設備陳舊。據抽樣調查，約有77％的私營企業屬于業主直接經營、直接決策。職工中約有1/3屬于親屬關系，家族經營的特點十分明顯。農村實行聯産承包之后，家庭分工協作爲主，兼有社會分工協作的勞動技術組織形式，在農村仍然占主要地位；在城市，親屬關系和原來封閉的職業分工形成的特殊社會關系，都對私營經濟有深刻的影響。許多企業没有建立財會制度、産品質量檢驗制度和勞動用工制度。這種狀况是我國私營經濟處于初始階段的明顯特點，要步入現代化管理還有一個發展過程。在技術裝備上，不少企業建廠開始是用國營企業淘汰的設備，形成規模后，也是使用六十年代的設備。技術裝備的更新是一個資本積累，經營規模擴大的過程。一部分企業經營管理和技術裝備的落后狀況開始發生變化，特别一些大户引進先進設備，出現科技企業、信息企業的，是積極的變化。

（三）人員構成出現新變化。私營企業主主要是農民和城鄉鎮待業人員。但近年來業主構成發生了新的變化，有大批機關工作人員，工廠商店職工、學校、科研和文化事業單位的專業人員，從原單位分離出來，加入了私營企業主的行列。據國家人事部門估計，1992年全國僅行政人員轉入"經商"的即達12萬人，其它方面包括工廠、商店、文化教育事業和科研單位還有大批人員介入。這批專業人員和有一定文化技能的人員在城鄉的分布，由大城市、中小城市和農村呈現遞減。據抽樣調查，北京市經營投資者大專畢業生占36％，高科技企業占全市私營企業的2.3％。遼寧省科技型私營企業2982户，占全省私營企業15960户的18.8％。農民企業家也深深懂得市場的競争的核心是人才的競争，自己没有專業知識，都在想方設法招攬人才，"老鄉"請"老九"，在農村具備規模的私營企業到處可見。浙江衢州新登記的121家私營企業的1718個成員中，具有大專文化的102人，中專41人，高級工程師23人，工程師47人，助工56人。河北蠡縣3113户以個體私營企業組建的股份合作制企業中，招聘技術人員少者2人。知識分子轉向私營經濟，帶去新型的人才、信譽、技術和人際關系，這是新的生產要素，對私營經濟的發展和層次的提高具有重要意義。

（四）科技型、服務型行業發展加快。國家放寬個體私營企業經營的範圍后，私營經濟在第二、三產業的發展加快，其中又以科技型、服務型行業的發展尤爲引人矚目，據國家工商行政管理局統計，科技咨詢企業由1991年底的1209户，目前增至3876户，增長22％，服務業由2465增至7126户，增長189％，另據報載，全國個體經紀人近70000人，廣州一地即達1200人；全國私立學校已有大專學校17所、中學54所、小學655所、上海市廣告業近1000家。新興的第三產業已由大城市向中小城市發展，其中不少是個體私營企業。

（五）、企業組織形式有新的發展。據統計，全國股份有限責任公司已發展到4.2萬户。截至1993年6月底，福建省私營企業中獨資企業3036户，合伙企業3966户，有限責任公司2139户。四川省1991年私營企業組建的有限責任公司236户，1992年低上升至600户，到今年6月底，達1670户，净增1000户，占新發展私營企業總數的47.95％。值得重視的是混合經濟有了發展。浙江東陽市私營廣興公司與蘭州萬里電機廠、天津縫紉機公司等20多家國營集體企業聯合組建集團公司。湖州、紹興、萬山、諸暨等地組建了一批有國營和集體、私營企業的股份公司。有限責任公司的發展，主要原因是，越來越多的投資者認識到有限責任公司多人出資，分散了風險和責任，利益分配合理；公司具有法人資格便于開展業務，公司利于集聚資金。有限責任公司的發展，反映企業管理水平提高。混合經濟中各種經濟成分互相滲透，優損互補，提高了經濟效益。這些變化反映了社會主義市場經濟發展的需要。

（六）、政治、經濟、社會影響主要在社區，也有新的變化。我國私營企業在東南沿海城鄉形成了群體，北部、中部少數市縣開始一批私營企業，而在廣大地區只有少量私營企業或處于萌生狀態，它的影響具有明顯的社區性。在私營經濟比較發達的地區，它是市縣經濟的重要支柱，是當地財政收入的重要來源；容納了大量城鄉剩余勞動力，有些地方還雇用外地人打工；一些地方鄉村幹部和能人帶頭致富，出現了一村一品；一個集市安排大批勞動力就業。它和市場經濟的發展，改變着人們的價值觀念和人際關係。這些地方的私營企業成了當地政治社會和經濟生活的重要力量。這些地區的私營企業還主動向外開拓市場。溫州商人走遍全國，泉州商人到各地展銷，“廣貨北伐”，其中有私營企業產品，各地的私營企業大户去全國重點地區開展聯營等等；這都是私營經濟社會活動的新發展。在政治上，私營企業主要要求自保；保護財産不受侵犯，保證正常經營和人身安全。同時，也出現了更高的參政議政的要求，目的是擴大自己的聲譽，使高層聽到自己的聲音，反映這一社會群體的利益和要求。政治是經濟的集中表現，這是我國政治生活開始出現新情况。

三

中共十四屆三中全會進一步明確必須堅持以公有制爲主體、多種經濟成份共同發展的方針，在積極促進國有經濟和集體經濟發展的同時，鼓勵個體、私營、外資經濟的發展，要依法加强管理。

針對目前私營經濟發展中的問題，應該採取以下政策。

(一)積極利用内資，發展我國個體私營經濟，以利于發展社會生産力。我國城鄉存款總額已達 1.2 萬億元，居民手持貨幣超過 4 千億元。這是發展中國家少見的難得的現象。一方面我國建設資金缺乏，一方面又有巨額儲蓄和貨幣沉澱。這是一個值得重視的現象。

積極引進外資，給予各種優惠。引進資金，引來技術，走向國外市場，這是對外開放政策的成功。但是，在吸引外資的同時，要足够重視利用國内資金，支持國有經濟的改革和發展，以及個體私營經濟的發展。此外，金融和投資體制的改革也要貫徹一視同仁的方針，制定相應的政策措施，從各方面啓動個人參與投資和經濟發展的潛力。

金融是現代市場經濟的核心，是改革的重要方面，金融體制的改革將爲平等競争、一視同仁創造條件。但在鄉鎮集體企業和個體私營企業發達的地區，大量資金的“體外循環”已是事實。資金“體外循環”的重要原因之一是銀行貸款額度滿足不了經濟發展的要求。1992 年溫州全年存款 106 億元，貸款額度 40 億元，股份合作制、個體私營企業約需 50 億資金，靠民間信貸解决。河北蠡縣鄉鎮企業 14518 户，鄉村兩級集體僅占 274 户，股份合作企業 3113 户，個體私營企業 1113 户。1992 年投入擴建、改建和技術改造資金 1.02 億元，其中農民集資占 61%，引進外地資金占 29%，銀行貸款僅占 10%。這些情况説明，銀行的貸款額度不能滿足集體和個體私營經濟發展的要求。改革后商業銀貸雖然取消歧視性政策，但由于國家要保持信貸總量平衡，貸款額度依然有限。因此，允許組建民間金融機構，將“體外循環”資金吸收進來，置于中央銀行的監督之下，按統一法規進行活動，通過這種形式，把民間金融機構納入國家金融體系。要允許外資銀行適當入境，允許多種經濟成分長期互存。允許民間金融的發展。

(二)、落實各項改革措施，加强對私營經濟的管理和引導。中共十四屆三中全會决定，在近期内金融、財税、投資和計劃體制方面的改革將邁出較大的步伐，其它方面的改革方案也將陸續出臺，國家正爲各類企業創造平等競争的條件，這是私營經濟盼望已久的事，是私營經濟發展的重要機遇，同時也是適應和完善國家宏觀調控的重大舉措。現在的任務是組織實施，加快改革步伐。但是上述改革，涉及觀念的轉變，運行機制和利益的調整，將會遇到各種阻力，難度很大。

目前，在一部分干部中歧視個體私營經濟的思想仍然存在，對改革引起的權力弱化和利益調整不適應懷有抵觸情緒；相當部分企業主還怕政策多變等等，這些都是在深化改革中遇到的突出問題，因此要全面系統地宣傳中共十四大和三中全會决定精神，消除思想障礙，同時要下定决心，排除困難，落實措施，堅持推進改革。各項改革措施相繼出臺，必須制定相關的法律，用法律保證社會主義市場經濟體制的建立。

國家對私營經濟采取鼓勵發展的方針，同時要加强管理和積極引導。加强管理主要是法制化管理，要求企業依法生産經營，照章納税，合理分配，正確處理勞資關係和積累與消費的關係，以規範企業行爲，促進私營經濟發展。積極引導主要是運用輿論、宏觀手段、産業和技術政策，引導企業愛國、敬業、守法；引導發展方向；引導改革企業管理、技術改造。一些發達國家積極支持企業的發展，同時實行嚴格的法制管理，促進企業進步，提高國際競争能力等成功經驗，應爲我所鑒。我國是社會主義國家，企業行爲的規範、市場秩序的建立，不能靠“自然生長”，因此，要借鑒國外經驗，結合我國國情，加快法制建設，避免出現法制建設滯后和經濟生活混亂的局面。

(三)促進東西部協調發展，縮小地區差距。十年來我國個體私營經濟的發展同樣出現不平衡的狀况，而且差距拉大。1992 年我國東中西部地區私營經濟發展户數在全國私營經濟中的總户數的比例分别爲 69.85%、18.99%、1.18%，注册資金、産值和營業額大體是相近的比例。東部地區私營經濟仍然要繼續發展，爲了適應國際市場的競爭，要積極調整産業結構和産品結構，引進新技術，加快實行科學管理，使企業進入新的檔次。中西部地區，國有企業加快改革，新建國有企業要打破"大而全"的局面，積極吸引地方和當地居民參與發展配套工業和第三産業，調動各方面的積極性，照顧各方面的利益，避免引起新的社會矛盾。同時，要大力發展個體私營經濟，扶植新的經濟生長點。各地都有許多經驗，關鍵是轉變觀念，政府各有關部門要樹立爲經濟發展服務的思想和制度，創造一個發展經濟的良好氣候，要繼續開展東西部之間經濟合作，充分利用西部的自然資源和向東出海向西出邊的雙向開放的條件，做好改革、開放、開發的大文章。

（四）發揮人大、政協和社會中間團體的作用。我國人大民代表大會和政治協商會議的基本制度和職能具有豐富的內涵。根據形勢的發展，要不斷豐富完善，使新的社會群體的代表逐步增加，使各利益群體的合法要求得到反映，用民主和協商的形式協調社會矛盾，激勵各方面的積極性。同時要重視發揮社會中間組織團結、服務、協調、自律、自我教育的作用，使人們的經濟、政治要求和社會矛盾通過社會中間組織溝通、協調、自我服務得到一定程度的解決。通過自律和自我教育促進市場秩序和職業道德的建立。隨着改革的深入，各個利益群體的要求、矛盾也更加顯示出來，通過多種途徑處理這些問題，是十分重要的任務。

（五）全面貫徹團結、幫助、引導教育的工作方針。非公有制經濟發展，人們的思想和價值觀念出現了新變化，貫徹上述工作方針顯得更爲重要。工作要從最現實的事情做起。一般説來，目前私營企業經營者素質不高，經營管理比較落后，社會服務嚴重不足，經營中困難很多。許多地方的經驗，首先是從幫助人們正確了解形勢和政策，提供信息、咨詢服務着手，采取新的形式，逐步做好工作，一切發達國家和新興國家都有自己的主體精神，都有大批杰出人才。我國也要培養一大批包括私營業家在內的弘揚民族自强和創造精神，維護民族尊嚴，相信自己國家的前景的愛國志士和各方面專業人才。只有重視培養自己的社會活動家、企業家和實業家，社會主義現代化建設才有最活躍的骨干力量。

私營經濟在發展社會主義市場經濟中的積極作用

中國國務院研究室　武樹幟

一、私營經濟是社會主義市場經濟必要的組成部分

中國還處于社會主義初級階段，存在着以公有制爲主體的不同層次、多種經濟成分的所有制形式。在發展社會主義市場經濟面前，多種經濟成分并存，既開展競爭，又相互依存，共同形成、發展和繁榮社會主義的統一市場。

黨的十四大提出，我國經濟體制改革的目標，是在堅持公有制和按勞分配爲主體，其他經濟成分和分配形式爲補充的基礎上，逐步建立和完善社會主義市場經濟體制。私營經濟在推進經濟體制改革的過程中將發揮具積極作用。在大力展社會主義市場經濟的條件下，無論是國有企業，還是非國有企業都要面對市場，進入市場，平等競爭，共同發展。目前，中國的個體經濟，私營經濟，外資經濟和其它經濟以及鄉鎮企業等，基本上不受國家計劃的干預和約束，根據國内外市場需求和變化發展生産，已是市場經濟。也可以說，私營經濟誕生于市場經濟，扎根于市場經濟。它的生存和發展當然與整個國家的經濟形勢，經濟政策有關，但主要是自謀生路，自我發展，自我約束的私營經濟，其全部生產經營活動不必要也不可能“圍着市長轉”，而是緊緊圍繞着市場轉，根據國內外市場需求和變化，决定其生存發展。

市場經濟按照傳統觀念被認爲是資本主義經濟。在我國社會主義條件下，私營經濟的性質究竟姓“資”姓“社，曾是一個頗有争議的問題。鄧小平視察南方的談話和黨的十四大精神的貫徹，在很多經濟問題上解决了姓“資”姓“社”的問題，明確了計劃和市場都是經濟手段，而不是一種社會制度的標志。即計劃經濟不等于是社會主義，資本主義也有計劃，市場經濟不等于是資本主義，社會主義也有市場。這一思想解放和觀念轉變，是理論上的一大突破，認識上一大飛躍，對重新認識和評價私營經濟的性質、地位和作用，發生了積極影響。私營經濟究竟有没有“資“味，是不是資本主義經濟，可以根據鄧小平的指示，先不争論，求同存異干起來再説。在社會主義初級階段，多種經濟成分并存，應當承認，比較起來私營經濟更具有内在的活力，更容易調動人的積極性，更能發揮艱苦奮斗的精神。當然私營經濟的管理水平、技術水平還有待于進一步提高。但是，私營經濟在分流勞動力就業，生產物質財富，開拓國家税源，促進企業經營機制轉换，繁榮市場等方面起着不可忽視的作用，是建立和發展社會主義市場經濟體制必要的、有益的組成部分，是大力發展社會主義市場經濟的相當活躍的一支生力軍。私營企業主也可以在社會主義市場經濟的大海中學會游泳，學會科學管理，成長爲促進社會主義現代化建設的私營經濟的企業家。

二、鼓勵和支持私營經濟積極發展

發展社會主義市場經濟應以公有制爲主體，這是不能動摇的。因爲以公有制爲主體更有利于維護社會公正、實現共同富裕，不然，就不成爲社會主義國家，不利于發展社會主義經濟。但是，在社會主義初級階段，以公有制爲主體，并不排斥私有制的存在，允許和支持私營經濟繼續發展，同公有制經濟平等競争，應當是我國整個社會主義現代化建設過程中長期堅持不變的方針。十四屆三中全會通過的《中共中央關于建立社會主義市場經濟體制若干問題的决定》明確指出，“國家要爲各種所有制經濟平等參與市場競争創造條件，對各類企業一視同仁”。

關于允許私營經濟繼續、長期發展的問題，在認識上、政策上解决之后，還有一個私營經濟如何發展的問題。允許發展是小發展，還是中發展，大發展。現在我們只是説支持私營經濟適度發展、健康發展，總而言之，還未提出過可以大力發展。

私營經濟怎么發展，發展到什么程度，應以生產力爲標準。即凡是有利于發展生產力，有利于增强綜合國力，有利于提高人民生活水平的，就應鼓勵和支持發展，或曰可以積極發展。反之，阻礙了“三個有利于”就不應發展，或限制發展，甚至停止發展。

允許和支持私營經濟發展，會不會對公有制企業構成威脅，這也是人們擔心的一個問題，在社會主義市場經濟條件下，發展多種經濟成分，各種經濟成分之間，既相互依存，又相互競争，競争對雙方都有威脅，即使是公平競争也是如此。但是，耽心私營經濟發展會有損甚至取代公有制經濟，則是需要轉變觀念的問題。目前，我國個體私營經濟的從業人員佔全國總人口的 2.5%（據統計 1992 年底，我國個體工商户從業人員達 2467.7 萬人，私營企業從業人員共有 231.8 萬人），注册資金總額約佔全國國有、集體企業注册資金的 3%（1992 年底個體工商户注册資金總額 601 億元，私營企業注册資金總額爲 221.2 億元），年産值約佔國營集體企業工業産值的 4%，商品零售額占全國社會商品零售總額的 16.2%。上述發展比重，説明私營經濟既起了拾遺補缺的作用，也没有構成對公有制經濟發展的威脅，私營經濟本身的發展不是多了快了，而是正如黨的十三大所指出的：發展得還不够。目前對公有制和國有財産造成威脅的，還不是私營經濟的發展，而是那種以權經商，權錢交易，官商勾結，化公爲私的高收入者或稱爲“新貴”的人。他們拿公家的錢，賺公家的錢，辦私人的事，發個人的財，迅速暴富起來，是搞私有化的一種現象。所以，在現行政策下，積極發展私營經濟，不會導致私有化。

在社會主義市場經濟體制下，私營經濟的發展還不應滿足于僅僅是拾遺補缺的地位。這里固然需要創造外部條件，但關鍵取决于要能生産優質商品和提供優質服務，單靠“鈔票開路”、“高額回扣”，甚至“利用腐敗術發展”，在激烈的競争中并不能長期立于不敗之地，只生産和經銷假冒僞劣産品，只圖一時利益，最終還是有害于私營企業的發展。

三、私營企業要依法經營、合法致富

在私營經濟發展過程中出現了一些百萬富翁、千萬富翁甚至上億元的富翁，引起了社會上的關注和議論。

國家在分配領域的政策，是實行以社會主義按勞分配爲主體，同時允許其他分配形式存在的分配制度，既反對平均主義，允許和鼓勵一部分人先富起來；又要緩解社會分配不公，防止兩極分化，逐步實現共同富裕，以利于充分發揮全社會廣大勞動者的積極性和維護全社會的安定團結。

現在社會上有一種看法，一説分配不公，就是指個體工商户、私營企業收入高，發了財，這種認識其實是一種誤解，至少不够全面。目前，社會上確實存在着暴發暴富，分配不公的現象，但這種分配不公不只是存在于個體、私營經濟從業人員中，而是幾乎存在于各行各業和其他領域之中。當前，社會分配不公現象突出表現在廣大職工群衆與社會各階層、各行業當中涌現出的高收入者之間。這些高收入者服務于不同所有制單位，從事社會各類職業活動，使目前高收入的獲取，完全打破了原來所有制界限的約束。據人民銀行抽樣調查，1.74％的大額户存款占總存款的 23.69％。收入分配愈益向少數人集中，其中一些人是通過違法經營，尤其是搞權錢交易、官商勾結的。他們在短時間内"暴富"，是引起社會分配不公最主要的因素。而個體、私營經濟的從業人員主體是屬于自謀生路，養家糊口，安置就業的，其中先富起來的，多數也是勤勞致富、合法先富的。大家都向往致富，但致富并不是輕而易舉的事，而是一項艱辛的事業。浙江温州人民總結他們的致富經驗是：必須有幾個"千萬"的勁頭：即千家萬户搞生産，千軍萬馬搞推銷，推銷産品，聯系業務走遍千山萬水；宣傳産品費了千言萬語，歷經如此千辛萬苦，最后才換來了"千金萬兩"。致富靠勤勞，當然也還要靠政策和科學。

致富還要守法，合法經營，依法納税，不做違法的事情，更不能富了以后揮霍浪費，無法無天。只要是合法經營、合法收入、勤勞致富，即使出現百萬富翁、千萬富翁、億元富翁，也不能簡單地説成是分配不公。當然，在中國社會主義條件下，真正加强税收徵管，抑制過高的收入，就不一定會出現資本主義社會那樣的貧富過于懸殊，社會兩極分化。至于那種靠偷税漏税、貪污受賄、走私販私、以至利用職權敲詐勒索，出賣經濟情報、鑽國家政策空子迅速暴富起來的暴發户，則不屬社會分配不公的問題，而是損害國家和人民利益的違法行爲。他們的非法收入應當依法没收，他們的非法經營，違法行爲，不論是誰，都不"唯成分論"，一律應受法律懲處。

加大改革力度，促進中國私營經濟的發展

中國國家工商行政管理局副局長　甘國屏

一、1992 年是中國改革開放歷史上極不平凡的一年，年初，鄧小平視察南方并發表了重要談話，澄清了人們頭腦中的許多模糊思想認識；黨的"十四大"爲今后的改革開放和社會主義建設事業指明了前進的方向，改革開放的勢頭更加强勁，國民經濟發展速度明顯加快。各地進一步解放思想，轉變觀念，從姓"社"姓"資"的抽象争論中解脱出來，敢于突破，大膽實踐，使得個體、私營經濟的發展呈現出前所未有的好形勢。各級黨政領導比以往任何時候都更加重視個體、私營經濟在發展地方經濟中的重要作用，加强了對個體、私營經濟發展與管理工作的領導和協調，有 16 個省、自治區、直轄市及計劃單列市以黨委、政府名義制定出臺了一些促進個體、私營經濟發展的政策和措施，有 19 個省、自治區、直轄市及計劃單列市取消了對個體、私營經濟發展的一些不適當限制，有些地方還設立了個體、私營經濟開發區。各地的這些新舉措，加快了個體、私營經濟的發展，到 1992 年底，中國個體工商户發展到 1533.9 萬户，從業人員達 2467.7 萬人，注册資金 601 億元，分别比上年增長 8.3％、9.3％和 23.1％，超過改革開放以來發展總量最高的 1988 年；中國私營企業發展到 13.9 萬户，231.8 萬人，注册資金 221.2 億元，分别比上年增長 28.8％、26％和 79.8％。1992 年，個體工商户、私營企業創産值 1174.3 億元，佔全國工業總産值的 4.1％；年營業額 2386.5 億元，其中商品零售額 1969 億元，佔社會商品零售總額的 18.1％；上繳税金 203 億元，佔全國工商税收的 7.8％。1992 年，中國個體、私營經濟的發展呈現如下特點：一是發展速度明顯加快。新開業的個體工商户有 316.2 萬户，增長 20.6％，新開業的私營企業有 43402 户，增長 31.1％。二是投資信心增强，經

營規模擴大。個體工商户户均從業人員和户均自有資金比上年分別增長 1.26%和 13.72%,私營企業户均注册資金比上年增長 38.7%。三是外向型企業進一步發展,中外合資合作企業、邊境貿易發展較快。四是發展的不平衡性明顯。主要表現爲城鄉發展不平衡和東部與中、西部發展不平衡。農村個體工商户和私營企業户數仍大于城鎮,但城鎮發展速度高于農村,城鎮個體工商户和私營企業的增長速度分別比農村高 8 個和 28 個百分點。中國 49.4%的個體工商户集中在東部地區,而户數下降的五個地區中有四個在西部。東部地區私營企業的户數、從業人員數、注册資金數分別占全國總數的 69.8%、66%和 72.8%,中部地區分別占 19%、21%和 17.5%,西部地區分別僅占 11.2%、13%和 9.8%。

二、今后幾年,中國發展個體、私營經濟的指導思想是:認真貫徹落實黨的“十四大”精神,以建設有中國特色的社會主義理論爲指導,按照社會主義市場經濟的要求,進一步解放思想,轉變觀念,放寬政策,創造一個公平競争的環境,大力發展,加强管理,力争個體、私營經濟發展和管理再上新臺階。

爲此,要加大改革力度,在以下幾個方面做出努力:

——創造一個與社會主義市場經濟體制相適應的多種經濟成分長期共存、共同發展、平等競争的政策環境。要實現一個轉變,即把以所有制爲依據制定政策轉變到以産業爲依據制定政策;達到一個目標,即在同一産業政策下,在同一地區,同一領域,對各種所有制經濟組織的政策平等,做到一視同仁。逐步變設置審查關卡林立的審批制度爲登記機關依法直接登記注册的制度。除國家法律、法規明令禁止個體工商户、私營企業經營的行業和商品外。其他行業和商品都允許經營;允許個體工商户、私營企業跨行業經營或綜合經營。

——結合培育市場體系發展個體、私營經濟。在發展消費品市場的同時,向其他生産要素市場開拓;在發展國内市場的同時,向國際市場開拓,發展外向型企業。總之,要利用國際、國内兩個市場、兩種資源,爲個體、私營經濟不斷開辟新的發展領域。支持私營企業舉辦中外合資、合作企業;鼓勵個體工商户、私營企業從事“三來一補”業務。

——結合發展第三産業發展個體、私營經濟。除繼續發展居民生活服務業外,還應積極參與農村社會化服務體系建設,發展爲農業産前、産中、産后服務的行業;在爲提高城鄉居民素質和生活質量服務的行業上也要有新的開拓;要大力發展科技開發、咨詢業、信息業和各類技術服務業。對從事第三産業經營的,要適當放寬登記條件,及時予以登記。科技人員舉辦從事科技開發、咨詢服務業的私營有限責任公司,其注册資金數額可適當降低。

——配合國家發展中、西部地區經濟的戰略,加快發展中、西部地區的個體、私營經濟。中央提出加快中、西部地區經濟發展,是一項重大戰略決策。我們要制定切實有效的措施,争取中西部地區個體、私營經濟的發展速度高于全國平均水平,工作重點要放在扶持和鼓勵發展上,政策要放得更寬些,放手發展,不要怕發展多了。在貧困地區,可按照實際情况,根據“先放開、后規範”的原則,不發照,不收費,待條件成熟后再注册登記;舉辦私營有限責任公司,其注册資金數額可適當降低。

——配合國有企業轉换經營機制,發展個體、私營經濟。經本單位同意,黨政機關、企事業單位在轉變職能、轉换經營機制過程中分離出來的富余人員與原單位脱鈎后允許從事個體經營或開辦私營企業。支持個體工商户、私營企業跨地區、跨行業、跨所有制開展横向經濟聯合,互相參股經營。

整體推進的經濟體制改革爲私營經濟發展帶來的新機遇

中國國家税務總局司長　易運和

（一）

黨的十四届三中全會通過的《中共中央關于建立社會主義市場經濟體制若干問題的决定》，是中國從舊的經濟體制向新經濟體制過渡的綱領性文件。《决定》明確提出"近期要在財税、金融、投資和計劃體制的改革方面邁出重大步伐，建立計劃、金融、財政之間相互配合和相互制約的機制，加强對經濟運行的綜合協調"。根據三中全會的决定，中國共産黨和中國人民正努力實施各項重大的改革措施，這對中國國民經濟在新體制下逐漸步入正常運行，以實現經濟在快速發展的同時，取得更好的社會經濟效益的目標，是重要保證。特别值得指出的是，三中全會的决定不但再次明確鼓勵個體、私營、外資經濟同國有、集體經濟共同發展，而且進一步明確要爲各種所有制經濟平等參與市場競争創造條件，對各類企業一視同仁。由于《决定》進一步肯定了中國現階段多種經濟成份的地位與作用，整體推進經濟體制改革又爲各種經濟成份平等參與競争創造條件，因此，可以預見，中國私營經濟正面臨着前所未有的新的發展機遇。

（二）

中國私營經濟發展所經歷的曲折道路，同我們對社會主義市場經濟的認識，實踐，再認識，再實踐，所經歷的反復和不斷深化是相一致的。

改革開放初期，對傳統的計劃經濟體制和長期堅持的單一的公有制的所有制結構進行了初步改革，當時只是提出允許合作經濟、個體經濟適當發展，還不可能提出允許私營經濟發展的問題。由于認識到允許勞動者的個體經濟長期合法存在和鼓勵其發展是有利的，又制定了保護其合法權益的相應政策。這樣，個體工商業户在中國城鄉便迅速發展起來，到了 1981 年前后，一些已經有相當資金積累的個體經營者不斷擴大生産經營規模，其雇工人數超過了國家關于個體户雇請的幫工和帶學徒不超過 7 人的規定。這些超出規定的個體大户，實際上已發展成爲了私營企業。

鄧小平早在 1979 年同外賓談話就曾指出，説市場經濟只限于資本主義社會，資本主義的市場經濟，這肯定是不正確的，社會主義爲什么不可搞市場經濟，因此，對已經出現的私營經濟并没有在黨内引起驚慌失措，他主張"看一看"，社會各方面也表現出不急于下結論的務實態度，這就使私營經濟的發展有了必要的社會環境。

隨着改革開放的推進，人們對私營經濟在現階段的性質、地位與作用有了越來越較明確的認識，到 1987 年，中共中央在文件中做出了明確的政策規定："允許存在，加强管理，興利抑弊，逐步引導"。這樣，私營經濟的存在在中國第一次有了政策上的根據。

政策上的根據并不等于法律地位的確立，私營經濟發展過程中的一個重要問題——合法權益的法律保障問題仍未獲得解决。由于這一重大問題未獲解决，私營經濟發展的過程中的很多問題如權益受到侵犯的問題。私營企業主由于害怕政策有變，不敢放手經營、擴大再生産問題，經營所獲得利潤過度的個人消費問題等，都擺到了人們的面前。

1985 年以后，中國城鄉個體工商户和私營企業出現了發展速度有所放慢的趨勢。所以，在黨的十三大報告中明確提出："私營經濟"是公有制經濟必要的和有益的補充。必須盡快制訂有關私營經濟的政策和法律，保護它們的合法利益，加强對它們的引導、監督和管理。根據中共中央的建議，中國人大七届一次會議通過《憲法修正案》

在《憲法》第十一條增加規定:"國家允許私營經濟在法律規定的範圍內存在和發展"。私營經濟是社會主義公有制經濟的補充。國家保護私營經濟的合法權利和利益,對私營經濟實行引導、監督和管理。中國私營經濟存在和發展至此已有了明確的法律保障。

私營經濟同市場有着天然的聯系,天生地要求參與市場的競爭。因此,如果没有市場經濟的大環境,仍然談不上私營經濟的更好發展。鄧小平在南巡講話中明確地指出:計劃經濟不等于社會主義,資本主義也有計劃,市場經濟不等于資本主義,社會主義也有市場。計劃和市場都是經濟手段。計劃多一點還是市場多一點,不是社會主義與資本主義的本質區别。這個精辟論斷從根本上解除了把計劃經濟和市場經濟看作屬于社會基本制度範疇的思想束縛,使人們在計劃與市場關系問題上的認識有了新的重大突破,在 1992 年 10 月召開的中共十四大的政治報告中,明確地提出了"我國經濟體制改革的目標是建立社會主義市場經濟",并肯定"社會主義市場經濟是同社會主義基本制度結合在一起的"。在 1993 年 3 月召開的中國八届人大一次會議上通過的《憲法修正案》,在《憲法》第十五條也明確寫道:"國家實行社會主義市場經濟"。至此,中國實行社會主義市場經濟已寫進了國家的根本大法,私營經濟要求通過參與市場競爭求得發展終于完全有了法律的保障。

現代市場經濟的一個根本特點是競争,競争是現代市場經濟的靈魂,没有競争就没有現代市場經濟。但現代市場經濟的競争必須是有規則和有秩序的,而競争的平等環境正是這種規則與秩序的一個重要方面,實行社會主義市場經濟雖已寫進了中國國家根本大法,但是,要根據現代市場經濟發展的一般規律,按照國際市場運行通行原則和規範構築中國社會主義市場經濟的框架,保證各種經濟成份通過平等競争共同發展,還必須從各個方面進行一系列重大改革,前面已經提到的黨的十四届三中全會所通過的决定,明確了近期要在財税、金融、投資和計劃體制方面邁出重大的改革步伐,就是構築中國社會主義市場經濟框架,爲各種經濟平等競争創造條件的重大舉措。改革開放以來,私營企業通過不斷深化經濟體制改革,私營經濟從政策上允許存在,到法律上保護其合法權益,到提供參與市場競争的環境,直到逐步獲得競争中的平等地位,爲其發展提供了前所未有的新機遇。

(三)

爲構築社會主義市場經濟基本框架而正在推進的整體的經濟體制改革,爲私營經濟的發展所提供前所未有的新機遇,主要以下方面:

1、金融體制改革。金融體制改革主要是建立政策性銀行和發展商業銀行,并對銀行業和證券業實行分業管理。國家已决定組建國家重點建設投資融資銀行、進出口信貸銀行和農業政策性銀行,來承擔政策性金融使命,特别是國家重點建設投融資銀行建立后,一方面能轉换國家行政機關的職能,使其從批項目、分投資中解脱出來,另一方面把投資、信貸的决策權交給企業和銀行,形成投資行爲的制約機制和風險責任機制。因爲,政策性金融有别于財政撥款,通過發債與負債形式籌得的資金,只能以放貸形式運用,貸款是必須償還的,且必須保本微利,在政策性金融業務由政策性銀行承擔之后,現在的專業銀行要盡快轉爲全國性的國有商業銀行。除爲數不多的全國性國有商業銀行外,還要發展較大數量的其他商業銀行,使之形成一個符合社會主義市場經濟的商業銀行體系。作爲商業銀行,必須堅持資産的安全性、收益性和社會性相統一的經營原則。商業銀行根據經營的需要,存貸款利率可以在規定幅度内自由浮動,但同時必須獨自承擔放貸的風險。所以,銀行放貸將不再對不同經濟性質的企業實行不同的放貸利率和不同的放貸條件,而主要是看企業的項目或産品是否符合國家的産業政策,是否是市場適銷對路,是否有好的經濟效益,是否有可靠的借貸擔保和良好的資信。在對這些方面進行審查和評估時,不管企業是姓"國"、姓"集"、或姓"私",都應該是一視同仁的。這樣,私營企業長期以來在信貸方面所受到的不同利率、不同的擔保條件等不平等對待方面,就不復存在了。

2、投資體制改革。深化投資體制改革關鍵是逐步建立法人投資和銀行信貸的風險責任制。凡屬國家重點建設項目,按照統一規劃,由國家重點建設投資融資銀行等政策性銀行,通過財政投資和金融債券等渠道籌資,採取控股,參股和政策性優惠貸款等多種方式進行。屬于競争性項目的投資由企業自主决策,自擔風險,所需貸款由商業銀行自主决定,自負盈虧,用項目登記備案制代替現行的行政審批制,把這方面的投資融資活動擴向市場,國家用産業政策予以引導。這樣,企業法人對項目的策劃、籌資、建設直至生産經營、歸還貸款以及資産的保值增值全過程負責。所以,對重點建設項目,國有、集體和私營企業以至外資企業,都能通過購買金融債券或參股的形式積極參與;對于競争性項目。私營企業更是同國有和集體企業一樣,在立項、借貸、還貸方面都是完全平等的。這是市場經濟給予私營企業的又一平等待遇。

3、外匯管理體制的改革。外匯管理體制的改革主要是建立以市場爲基礎的有管理的浮動匯率制度和統一規範的外匯市場。中國原來的官方匯率和市場匯率并存的匯率制度,是在特定歷史條件下形成的。要建立統一規範的外匯市場,就要建立全國外匯市場聯合報價和成交系統,讓外匯資金在全國範圍内流動,形成全國統一的外匯市場,要把外匯額度交易改爲現匯交易,讓更多的外匯進入市場,要推行公開的外匯市場制度,讓買賣雙方根據外匯供求議價成交,在必要時中央銀行進入市場,調節供求,保持匯率的相對穩定,要繼續完善外匯市場法規,改進交易方式,開辦外匯期貨市場,要把以企業爲主體的外匯市場逐步過渡到以外匯指定銀行爲主體外匯市場。在强化宏觀調控,穩定市場匯率的基礎上,建立以市場匯率爲基礎的單一匯率制度,實現人民幣的自由兑换。外匯管理體制的這一改革,使國有、集體和私營企業必須進口的原材料、技術和設備,以及到海外投資和將自己的產品打入國際市場所需的外匯,都能通過到外匯市場交易取得,無疑大大方便了外匯的换取和使用。

4、財税體制改革。改革的重點是把現行的地方財政包干制改爲在合理劃分中央與地方事權基礎上的分税制,建立中央税收和地方税收體系。各級政府出于對財政收入的關心,對企業不會再按所有制的不同分親疏,而主要是看企業能否提供更多的財政收入。當然,對企業而言,關注更多的還是能否真正公平税負。但這次税制改革是全面的結構性的改革,而不是對個别税種的修修補補。改革的基本原則是統一税法,公平税負、簡化税種和合理分權,這次税制改革還涉及到税收管理體制的重大變動,要建立起中央税務系統和地方税務系統兩套管理機構。從税制本身來看,流轉税要由現行的產品税、增值税、營業税的平行結構改爲以增值税爲主體的流轉税制度。將增值税這一良性税種,由現在只在部分工業環節征收,擴大到整個工業環節和商品批發、零售環節。對大部分非商品經營如金融、保險、郵電、飲食、服務等征收營業税。對少數商品如烟、酒、汽油、柴油、貴重金屬制品如金銀首飾以及化妝品等征收消費税。所得税要把現行的國有企業、集體企業、私營企業分别征收不同的所得税,因税率不一,優惠各异,税負有很大的差别,通過改革加以歸并爲内資企業統一的所得税,不但税率統一,優惠政策也大體相同,使税負能基本一致。通過對現行個人所得税法的修改,將現行的城鄉個體工商業户所得税和個人收入調節税取消,建立統一的個人所得税制度。對現行的地方税税種進行適當的調整,并在適當時候出臺遺產税與贈與税。這樣,不管是流轉税、所得税和地方税,國有、集體、私營企業都是大體相同的税負。對于希望參加市場競爭,以發展壯大的私營企業來説,是十分有利的。

總之,隨着在改革開放中人們對市場經濟的認識越來越明確,國家建立社會主義市場經濟的政策法規逐步建立完善,中國私營經濟已經歷了初級發展階段。現在,隨着多種經濟成份所有制結構格局的進一步確立,隨着整體推進改革的深入,各種所有制經濟平等參與市場競争條件的形成,中國私營經濟同其他所制經濟一樣,正面臨着前所未有的發展的新機遇。

(四)

改革開放的歷史進程雖然已給中國私營經濟的發展帶來了前所未有的新機遇,但如何才能把握這難得的新機遇,是私營經濟的理論工作者和私營企業者要努力探討的問題。根據改革開放以來中國各種所有制經濟發展中的成功經驗與遇到的各種問題,筆者認爲,至少在以下幾方面應引起重視:

首先,必須認真挖掘市場潛力。社會主義市場經濟要求不但要形成全國統一的大市場,而且中國的市場還要同國際大市場接軌。市場越大,需求和變化也越大,與此同時,競争也更爲激烈。在激烈的競争中,誰能獨具惠眼,善于發現和挖掘市場潛力,誰就能站住主動。比如,由于中國區域經濟發展的不平衡性,廣大的西北地區有很多豐富的資源有待開發,這方面的潛力很大。中國的具體國情使得我國絶大多數人口分布在農村,雖然農村經濟在總體上不如城市發達,但八億農民畢竟是很大的市場。這正如中國雖然人均國民收入比發達國家低得多,但由于人口基數大仍是國際上矚目的大市場一樣,農村是潛力很大的市場。同發達國家甚至某些發展中國家相比,中國的第三產業在整個國民經濟中所佔比重仍是很小的,發展第三產業是今后國民經濟發展的一個重要方面,第三產業方面的市場尤其值得引起私營企業者的注意。即便是在經濟比較發達的東部地區、在城市,盡管有些產業和行業似乎市場需求已趨飽和,但供需狀况也在不斷變化,要善于從一些剛開始的變化中預測變化趨勢,把握機遇。

其次,市場中的競争從根本上講是人才的競争。現代企業的生產經營要求有多方面的專業人才,經營管理的、產品開發的、生產工藝的、產品推銷的、售后服務的等等。企業只有吸收各方面優秀的專業人才,才能形成人才方面的整體優勢,增强企業在競争中的實力和主動地位。要吸引各方面的專業人才,就必須形成重人才的風氣,形成發揮各方面人才特長的機制,才能增强凝聚力,把人才的優勢變成企業生產經營的優勢。

第三、要充分重視科學技術在生產經營中的作用。"科學技術是第一生產力",在科學技術進步非常迅速的今天,這是很現實的事情。科技可以提高决策的可靠性,科技可以加速產品的更新换代,科技可以革新生產工藝,科技促使人們不斷提高改造客觀世界的能力。因此,私營企業不論是進行生產經營决策,還是開發新產品,提高工藝技術水平，都要盡量采用最新科技成果。在這方面越是有瞻前的眼光，越能把握主動。

第四、要重視廣告的作用，更要重視廣告的真實性，給用户以良好的信譽，當今時代是信息時代，人們對客觀事物的了解，主要借助于各種媒體傳播的信息，廣告是企業向用户宣傳自己產品和服務的主要手段之一，因此要重視廣告的作用。但是，更重要的是私營企業也要借助廣告推銷自己，更要用優質產品和令人滿意的售后服務取信于用户，才能鞏固和不斷擴大自己市場份額。

第五、要不斷地增加企業在生產經營方面的投入。正在推進的配套改革，不但降低了企業的負擔，而且在各方面給企業注入了新的活力，企業盈利水平將會有所提高。在這種情况下，私營企業尤應重視增加對生產經營的投入，以增强自身在競爭中的經濟實力。

可以相信，整體推進的經濟體制改革爲我國各種所有制經濟共同發展帶來的新機遇，私營企業者一定能够不失時機地把握時機，開創中國私營經濟健康發展、興旺發達的新局面。

中國私營經濟的發展與管理

中國國家工商行政管理局個體私營經濟司司長　惠魯生

在中國，私營企業是指企業資產私人所有，僱工 8 人以上的營利性經濟組織，現在存在的私營經濟萌生于八十代初期，并隨着個體經濟的發展而不斷壯大規模。1983 年 4 月，第七届全國人民代表大會第一次會議通過憲法修正案，確立了私營經濟的法律地位。隨后，國務院發布了《中華人民共和國私營企業暫行條例》、《中華人民共和國私營企業所得税暫行條例》等有關法規，各部門也相應地制定了一系列的登記及管理規章，使私營經濟在國家法律規定的範圍內，在國家政策的引導下迅速發展，發展情况如下表：

1989 年——1993 年私營企業發展情况表

單位：人　萬元

時間	户數	投資者（萬人）	僱工（人）	注册資金（萬元）	總產值（萬元）	商品零售（萬元）
1989 年	90581	21	1640050	844776	974005	337434
1990 年	98141	22	1702193	951552	1217676	430477
1991 年	107843	24	1597556	1234689	1466258	575815
1992 年	139633	30	2015347	2211615	2051225	907335
93 年 6 月	184086	40	2540808	4528838	1614869	715976

從上表可以看出，私營經濟自登記以來，一直處于不斷發展中，但從發展速度看，可分爲 1989 年到 1991 年的緩慢增長階段和 1992 年到 1993 年的快速發展階段。1989 年到 1991 年，每年私營企業的户數增長均未超過 10%，主要是由于當時政策環境，經濟環境并不寬松，社會上一些人對私營經濟存有“左”的認識，把發展私營經濟同私有化聯系在一起，使許多人不敢干私營企業。從 1992 年二季度開始，私營企業的發展速度明顯加快，1992 年私營企業户數比 1991 年增長了近 30%，而 1993 年 6 月底私營企業的户數比上年同期增長 66%，比 1992

年底增長32%。之所以出現這樣快的發展速度,主要是由于1992年春鄧小平南巡講話發表后,人們的思想解放,發展私營經濟的政治環境,經濟環境和輿論環境開始寬松,許多地方的黨委和政府從本地的實際情況出發,把發展個體私營經濟作爲促進經濟發展的增長點,制定了一系列的方針、政策,來促進個體私營經濟的發展,同時,國家鼓勵大力發展第三産業,爲私營經濟的發展提供了一個廣闊的經營領域,勞動制度和科技體制的改革,也使一批停薪留職人員、辭退職人員、企業編余人員和科技人員加入到私營企業隊伍中來。此外,國家對“三亂”的治理,也爲私營經濟的發展減輕了負擔。

總之,私營經濟自出現以來,總的發展趨勢是健康的,穩定的,它對促進社會生産力的發展,活躍市場、擴大就業,增加國家財政收入,帶動落后地區脱貧致富,增强人們的商品經濟意識起到了積極的作用。幾年來,雖然私營經濟的發展速度大大超過公有制經濟的發展速度,但其在國民經濟總量中的比重還很小,其從業人員、注册資金、産值和營業額都不足公有制經濟的百分之一,可見,要真正發揮私營經濟在國民經濟中的有益的、必要的補充作用,發展的任務還很繁重。

二

私營經濟作爲一種私有制的經濟形式,在其發展過程中也不可避免地存在着一些消極因素,需要在發展的基礎上加强管理,這是黨和國家對私營經濟的一貫政策。七屆人大一次會議通過的《中華人民共和國憲法修正案》對憲法第十一條曾加以規定:“國家允許私營經濟在法律規定的範圍内存在和發展。私營經濟是社會主義公有制經濟的補充,國家保護私營經濟的合法權益,對私營經濟實行引導、監督和管理”。

根據憲法的規定,國務院和各有關部門制定了一系列的法規和規章來加强對私營經濟的管理,規範其經營行爲,使其向着健康的方向發展。

目前中國的私營經濟管理體制是:國家不設私營企業主管機關,各有關行政管理和執法機關按照國家規定在各自的職責内對私營企業進行監督管理。各有關行業主管部門按照國家規定對私營企業的生産經營活動進行業務指導、幫助和管理。這些管理都是私營企業外部管理,私營企業内部生産經營活動中的人、財、物、産、供、銷都是由其私營企業自己管理的。當前參與私營企業管理的主要有以下一些部門:

工商行政管理機關根據《中華人民共和國私營企業暫行條例》及其《施行辦法》的規定,在對私營企業的管理上主要履行下列職責,辦理私營企業的開業登記、變更登記、重新登記和注銷登記,監督私營企業按照登記事項和核準 的經營範圍從事生産經營活動。制止和查處私營企業的違法經營活動,保護私營的合法經營,制止對私營企業的攤派,指導私營企業協會工作,國家授予的管理私營企業的其他職責。

税務機關根據《中華人民共和國私營企業暫行條例》、《中華人民共和國私營企業所得税暫行條例》等有關規定,依法對私營企業的財務和税收進行管理,查處私營企業的各種偷税漏税行爲。根據《中華人民共和國私營企業所得税暫行條例》的規定,私營企業所得税依照35%的比例税率計算征收。剩余的利潤再征收7%的能源交通建設基金,二者合計39.55%。《中華人民共和國私營企業暫行條例》規定:私營企業税后利潤用于生産發展基金的部分,免征個人收入調節税;用于個人消費部分,依照40%的比例税率,計征個人收入調節税,不論以何種方式撤回生産發展基金或者轉讓企業資産用于個人消費的,依照10%的比例税率征收個人收入調節税。而對于私營企業投資者參加企業經營取得的工資收入,按照《中華人民共和國個人收入調節税暫行條例》的規定征收調節税。勞動部門根據《中華人民共和國私營企業暫行條例》和勞動部發布的《私營企業勞動管理暫行規定》等有關規定,依法監督管理私營企業對國家有關勞動管理法規的執行,對違反規定的給予批評、處罰。對私營企業勞動進行監督管理的具體内容包括:私營企業的勞動用工情況、對私營企業與工人簽訂的勞動合同進行鑒證、私營企業工人的工資待遇、勞動争議、福利保險、勞動安全與衛生條件等。

對私營企業進行監督管理的行政管理機關和執法機關還包括物價、銀行、衛生、交通、城建、環保、公安等,行業主管部門包括工業、建築業、商業、交通運輸、能源、礦産資源等。

作爲私營企業自律組織的各級私營企業協會,是政府對私營企業進行宏觀間接調控和監督管理的中間環節,是國家各職能部門對私營企業監督管理的協助、補充和完善。私營企業協會通過自我服務、自我管理、自我教育,提高了私營企業内部的經營管理水平和企業從業人員素質,提高了私營企業的市場競争能力。此外,有關社會團體也參與了對私營企業的管理,如工商聯利用其統戰性、經濟性和民間性的特點,負責使私營企業經營者愛國、敬業、守法;隨着私營企業的發展和規模的擴大,私營企業内部的工會、黨團組織和婦聯也逐步建立和完善起來,真正從私營企業内部起到監督管理作用;行業協會作爲行業自律組織,可利用服務優勢,爲私營企業提供廣泛服務，提高競爭能力，同時通過制訂“行規、行約”，引導和制約私營企業的生產及經營活動，消費者協會也可從保護消費者權益出發，協助有關部門對私營企業生產經營活動進行日常監督管理。

三

發展與管理是私營經濟面臨的兩個重要問題。

在私營經濟管理方面，主要存在以下問題：一是對私營企業管理的行政手段、經濟手段、法律手段尚未充分運用。表現爲行政手段只限于一般的登記管理，監督管理尚未經常化、制度化，經濟手段尚未控索出一條利用各種經濟杠杆對私營企業進行宏觀調控的路子，法律手段還不健全和完善，法律對私營企業經營者的約束軟化。二是各職能部門在監督管理過程中缺少協調配合，導致在政策上，管理上相互制約、相互牽扯，相互抵銷管理力量，有時對私營企業處于都管都不管狀態。三是對私營經濟的管理只限于企業外部，尚未滲透到企業內部，對私營企業內部的經營行爲，資金走向，利潤分配，使用雇工情況并不十分清楚。四是對私營經濟的管理手段落后，管理力量不足，管理人員素質較低，管理工作缺少力度。五是管理的視角狹窄，只限于一般性的管理，而忽略了如何引導，鼓勵私營經濟向國家需要的產業方向發展。六私營企業內部管理水平低，從業人員素質差，缺乏市場競爭能力。

在私營經濟發展方面，也存在着許多制約因素。一是一些地方的黨政領導的思想不够解放，頭腦中還存在“左”的觀念，社會上的一些人也對私營經濟存有偏見，二是私營企業在生產經營中貸款難、用地難、辦許可證難，三是“三亂”問題尚未徹底解決，私營企業的負擔有增無减；四是由于政策不平等等原因，導致“假集體”企業有增無減，冲擊着私營經濟的發展，五是私營企業的素質和其自身存在的消極因素，也制約其發展。

四

私營經濟的存在和發展，是社會主義生產力發展的客觀需要，是建設有中國特色的社會主義的需要，其必然性和必要性已被私營經濟發展的實踐所證明，《中華人民共和國憲法》在 1988 年就承認了私營經濟存在的合法性，江澤民在十四大報告中進一步强調了私營經濟存在長期性，而且也强調了公有制經濟和非公有制經濟在社會主義市場經濟體制下平等競爭，政策上一視同仁，這將有力地促進私營經濟的健康的發展。

目前，雖然私營經濟在發展和管理中還存在着許多問題和困難，但隨着社會主義市場經濟體制的確立，隨着私營經濟發展的政治環境、經濟環境和輿論環境的不斷寬松，這些困難和問題也會逐漸得到解決。私營經濟發展的前景是光明的、樂觀的。

當前中國私營經濟發展的特點及存在的問題

全國私營經濟發展現狀及問題課題組

私營經濟的新特點

1. 私營經濟發展速度迅猛，越來越成爲一支不可忽視的力量。根據國家工商局提供的 1993 年末數字，國內登記注册的私營企業已達 23.8 萬户，佔全國登記注册企業的 3.26%；從業人員 372.6 萬人，比上年同期增長 60.7%，佔全國職工從業人員的 2.47%，其中雇工人數 321.3 萬人，佔私營企業總人數的 86.23%；注册資金 680.32 億元，比上年同期增長 207.7%，佔全社會注册資金總額的 1.6%；工業總產值 421.74 億元，比上年同期增長 110%，佔全國工業總產值的 1.2%；商品零 196.47 億元，佔社會商品零售總額的 1.43%；上繳稅金 293.4 億元（包括個體），比上年同期增長 44.5%；出口創匯折合人民幣 15.8 億元，比上年同期增長 65.1%，佔全國出口創匯額 0.2%。

2. 從發展速度看有四個特點：城鎮快于農村；飲食業、商業快于工業、建築業和交通運輸業，占全國工商收入的 8.2%；中南地區快于東西部地區；有限責任公司快于獨資企業和合伙企業。1993 年中國私營企業户數、從業人員、注册資金、工業産值、營業額、商品零售額六項，分別比上年增長 101%、317%、82%、95%、123%和 103%。而農村僅分別增長 39%、110%、35%、77%、

101%和8%;按行業比較,增長快的是第三產業,户數已達10.57萬户,比上年增長118.4%,其中服務業、科技咨詢業發展最快,户數分别比上年增長196.7%和139%。商業、飲食業、服務業、修理業等行業的營業額,比上年平均增長170%,工業、建築業等第三產業的總產值,比上年僅增長44.9%。從地區看,中部地區快于東西部地區。按户數統計,中部地區比上年增長80.9%,東、西部地區則分别增長67.1%和73.3%。從私營企業的形式分析,發展最快的是有限責任公司包括户數統計比上年增長274.88%,個人獨資企業、合伙企業的户數比上年增長48.76%和26.92%。

3.從分布看也有四個特點:生產型行業多于商業、飲食業、服務業、修理行業,經濟發達地區、沿海地區多于其它地區,獨資企業多于合伙企業和有限責任公司。到1993年,中國的私營企業的户數、從數人員注册資金分别爲13.2萬户、186.1萬人和487.7億元所占的比重分别是55.54%和50%和71.96%。農村分别爲10.58萬户和190.6億元,所占比重分别是44.46%和50%和28.04%。從事工業、建築業等第二産業的私營企業13.22萬户,企業總數的55.56%,産值爲421.74億元。從事商業飲食業、服務業、修理業等第三産業是10.57萬户,占私營企業總數的44.44%,營業收入爲309.23億元。私營企業户數超過1萬户和省份有7個,排位是江蘇、福建、廣東、浙江、山東、遼寧和四川,這七省的總户數佔人國總户數的57.1%,其中廣東省有4.57萬户,佔全國總户數的19.3%。從私營企業的形式分析,數量最多的是獨資企業,户數在企業總數中所佔的比重爲48.31%。合伙企業所佔的比重爲23.84%。有限責任公司所占的比重27.85%。農村獨資企業還要多于城鎮獨資企業,達59560户,占獨資企業總數的51.82%。

4.户均僱工人數下降,户均注册資金户均産值、户均營業額上升。1993年,私營企業的從業人員和僱工人數都以60.7%和59.4%的速度增長,但由于企業户數是以10.4%的速度增長,使户均雇工人數相對下降。1993年,私營企業户均雇工由上年的14.4人下降爲13.4人。雇工100人以上的企業也逐年減少。這些數字表明,一些私營企業尤其是較大的私營企業,正在逐步以壓約縮雇工人數、降低勞動力成本的辦法來實現利潤的相對增值。與此同時,爲了增强競争能力,私營企業紛紛增加資金投入,全國私營企業的户均資金由上年的15.84萬元增加到18.6萬元,增長了80.06%。私營企業的户數、人員、資金等都有增長,但資金的增長速度最快,增長2.1倍。

中國私營經濟的發展,呈現出令人矚目的良好勢頭,并在社會主義經濟生活中發揮了不可忽略重要作用。但是,隨着商品經濟的迅速發展和改革的不斷深入,私營經濟在發展中也出現了一些新情况和新問題。其中有外部環境不寬松的問題,也有自身不完善的問題。主要有:

第一、思想觀念的束縛和社會輿論的影響。中共十一屆三中全會以來,國家對發展私營經濟的方針雖然一直是明確的,但是由于私濟經帶“私”字,使長期受傳統觀念和固定模式影響的人們,仍有一部分接受不了公有制經濟之外的其它成分。他們不僅僅是對私營經濟的作用和意義認識不足,而且認爲社會主義社會本來就不應該存在私營經濟。認爲發展非公有制經濟就是發展資主義,片面地强調私營經濟與公有制經濟對立的一面,甚至把目前全民所有制企業的不景氣也認爲是私營經濟冲擊的結果。甚至以發展和鞏固公有制經濟爲理由,限制和排斥私營經濟的發展。在社會輿論方面,正面宣傳也不够,往往是强調其不足、消極的方面多,對其的指責批評也多。一提私營經濟,就自覺不自覺地與“假冒僞劣”、“坑矇拐騙”、“投機倒把”“偷税漏税”“分配不公”、“臟亂差”等聯系起來。一九八九年以后,有些報紙刊物的宣傳上也有些偏頗,把私營經濟視爲“新型的剥削階級”、“私有化的經濟基礎”、“不穩定的社會因素”等等。這些認識和輿論對私營經濟的發展造成極不利的影響,致使私營經濟1989年一度出現下降的趨勢。不少人反映,私營經濟是在夾縫中生存的,還没有形成一個真正對私營經濟健康發展的有利社會環境。

第二、管理體制的不順和管理手段的不適應。目前對私營經濟的管理還没有納入國民經濟發展的宏觀規劃體系,管理機制尚不健全,缺乏統一指導、統一協調。因此,在管理過程中,既有管得不力的一面,又有管得過死的一面。表現在各爲政、政出多門,見利益都插手,見問題互相推諉。對私營經濟發展中出現的新情况、新問題,没有專門的管理機構去協調、去研究。比如私營企業的黨員管理、組織設置、雇傭職工的工齡計算、職稱評定、權益保障問題,企業産品評審、質量定級、對外加工業務的洽談、出口合同的簽定、企業之間的聯合兼并問題,以及生産經營中的貸款、原材料、三角債等問題。凡此種種,均没有人過問、研究和管理,使企業感到在發展中遇到的新困難求助無門。目前對私營經濟最起碼的基礎資料統計,各部門口徑也不一致,這給國家對私營經濟的總體把握帶來了困難。

管得過死的一面表現在具體管理部門過多,執法混亂。都不管却又都在管,而且沿用管理國營經濟的辦法去管理私營經濟。比如,私營企業的雇工人數,也需勞動局批準,否則其工資不能進成本;私營企業的産品打入國際市場,若出國洽談經濟業務,黨的組織部門還要審查。一些綜合、執法和監督部門經常程度不同地存在着該管的沒有管好,而不該管的又干預過多。據有些業主反映,一年中有一半的時間需要應付"大蓋帽",并且對哪一項"大蓋帽"都要笑臉相迎、"實惠款待"、不敢得罪。業主們詼諧地說:"街面上除了戴黑箍的不管我們,其余凡是戴箍的都管我們,這種管,不是管理,而是管制。長年中,我們有拜不完的佛,燒不完的香,送不完的禮。"工商聯的同志形容這種關系爲猫鼠關系,并說,經常看到二十幾頂"大蓋帽"在圍追堵截一頂"破草帽"的現象。據沈陽運輸大户劉希貴反映,私營企業的司機,出門需帶九個證件,缺一證都有人卡。就連環衛、聯防辦、街道辦事處都可隨意扣駕駛證。一車次司機因忘帶身份證,則被扣了五臺車,長達五個多小時,嚴重影響生産運輸。

第三、政策不平等,待遇不公平。國家盡管大力提倡發展個體、私營經濟,但在具體政策措施的規定上却受到很多方面的限制。如國内某税務局曾規定:私營企業雇工的計税工資每人每月不得超過 200 元,若超過均從業主腰包中拿。這樣就限制了雇傭職工的獨生子女費、副食補貼、洗理費、通勤費等開支。而全民職工的這些費用均在 200 元之外、計税工資之内;外貿部門也曾規定:與外商聯辦的中方,必須是國營和集體企業,私營企業没有資格申請立項;銀行對私營企業的貸款利率也遠遠高于全民和集體企業,并且要求出據各方面的擔保證明和大量附加的手續費,這些往往高于和繁雜于全民和集體企業一倍的費用和手續,使私營企業很難從銀行劃貸到資金;有些部門還規定私營企業的貸款利息、固定資産折舊、公益事業的捐款、取暖費、降温費、有礙健康工種的勞保費等不準進成本,而全民和集體企業却可以税前列支。造成業主這邊捐款,那邊還要交個人調節税;對于爲安置待業青年而新辦的企業,根據安置待業青年的比例,國營、集體企業均可享受 1—3 年的免征得税待遇,而私營企業却不享受;此外,對内資和外資的政策也不一樣,允許外國資本家做的事,不允許國内"資本家"做,致使國内大筆錢被外資挣走。這些不平等的條文規定,嚴重束縛了私營經濟的發展。

除了不公平的政策,還有一些早已適應私營經濟的發展,至今仍然在執行的清規戒律。如 1989 年國務院曾明文規定:36 種批發商品、41 種零售商品不準個體、私營企業經營。實際上這里已有很多商品是國有企業早已放開的,并規定私營企業不能征用土地,使生産型私營企業的發展受到了限制;商業部還規定國有商業的櫃臺不準租賃給個體、私營企業經營。説是寧願賠錢,也不能"混淆經濟性質"。此外個體、私營企業的發票、汽車等都要打上不同所有制的特殊印迹。這些太多的限制措施,逼迫越來越多的私營企業轉爲"假集體","假合資"或者歇業。

第四、"三亂"嚴重,屢禁不止。亂收費、亂罰款、亂攤派是私營企業共同而强烈反映的問題,也是影響私營經濟健康發展的重要因素之一。據有關省、市的私營企業反映,管理他們的部門多達二、三十個,其管理的方式主要是收費,收費項目多達 60 多種,除政府規定的應收費用外,各地區及有關部門自定的收費項目約占 50%。據對内蒙古、湖南等地調查反映,對私營企業征收的"三亂"費用達十幾種,相當于其税收的 1.5 倍。據吉林省統計,城鎮每個業主平均每年支付的非正常費用達 1000—1200 元,農村爲 700—800 元。此外還有無法計算的"人情費"及被敲詐的財物等。據江西省萍鄉市反映,僅"三亂"費用約占業主私營企業營業額的 20%以左右。據國家統計局統計資料反映,成都市如果每個業主除照章納税外,再如期如數交齊"三亂"費的話,將有 20%的業主無法維持生産經營,30%的業主只能維持簡單再生産。據山東省調查,每年一到大規模查補税款和收取各種費用時,都有許多業主倒閉破産,個别地區的破産户甚至能達到全部户數的 50%以上。嚴重的"三亂",迫使大量的個體、私營企業由公開轉入地下,或"無照經營"或"私下交易"或"轉爲集體"或"歇業不干"。私營企業不僅對"三亂"的作法不滿意,對"三亂"后的處理結果也感到不公平。比如,他們認爲自已所從事的多是社會服務業,所隨的各種社會攤派、捐助也比國家職工多得多,但他們所接受的服務却很少,而且多是"議價"。無論是自來水、電力安裝,還是子女入托、上學以及看病、住房等均比社會其它階層要難。另外,以税務部門每年都搞的治查補報也感到處理得不公。爲完成税務部門的税收任務,個體、私營企業在交完原核定的税收定額后,還要多交一部分給税務部門,可是每年交完后,上級統計部門都將此視爲偷税漏税額。業主們還反映,在税收懲罰上,對個體、私營企業罰得重,而對國營、集體企業罰得輕。報紙上公布:1990 年全國税收財務大檢查,查出一些國營、集體企業偷税漏税款上百億元,與同年查補的個體、私營偷税漏税款相比,國營、集體企所占比重達 80%以上。可是"偷税漏税"的帽子却往往戴在個體、私營企業頭上。業主們説,國家規定對個體、私營企業罰款 1—10 倍,爲某些政府官員的以權謀私選成了可乘之機,也是一些"大蓋帽"們富起來的主要根源。國家三令五申制止"三亂",但却有令不禁,原因是强調以法納税(費)多、强調以法征税(費)少。

第五、場地不足。不僅限制個體、私營經濟的發展,也給管理帶來了困難。市場是個體、私營經濟謀生的最基本的條件,但由于有些地區對政府對爲個體、私營經濟提供必要的經營場地没有足够的認識,因而缺乏總體安排。使無固定場地和場地狹小成爲個體、私營企業經營中的突出困難。北京市規定，全市的40多個一類街道，不准擺一個攤位。由于場地不足和攤位少，限制了北京市的個體、私營經濟發展，造成其位置在全國的滯后。有些省、市也囿于場地問題，只能在很有限有地段擺攤設點，或在路邊、道口、河灘等處設集，或流動經營。這樣給市場管理和交通、治安等均帶來諸多不便，也給無照經營和坑矇拐騙造成了可乘之機。俗話講得好："跑得了行商的，跑不了坐商的"。行商無照的多了，給安份守法經營的工商户帶來了心理不平衡。温州就曾流行這樣一句話："有照查到死、無照死不查"。實踐證明，凡進入集市的都好管理。

私營經濟發展中直接表現出來的問題

中國的私營經濟在整個國民經濟發展中呈現出越來越明顯的作用，其主流是健康的，但是由于方方面面的原因，表現出的問題也是比較突出的。主要表現：

1、歇業率高，受政治環境影響，發展不穩定，個體、私營經濟在總體上中是發展的，但個體經濟的户數和從業人員始終没有完全恢復；私營經濟的增長速度是有所起伏，尤其是1989年以后，有些省市的私營企業曾有所下降。據國有工商統計，1991年，全國私營企業因歇業而注銷登記的有12801户，占私營企業登記注册的11.9%。全國個體工商户歇業的210户、267.4萬人，分別占個體工商户總數的14.8%和11.8%。個體工商户盡管這兩年的各項指標增長很快，但由于1989年的户數的從業人員下降幅度較大，分别下降了14.2%和15.8%，没有恢復到1988年的水平。1991年，個體工商户的户數和從業人員分别比1988年減少39萬户和48萬人，下降率爲2.8%和2.1%。尤其受貸款、場地、技術等政策和因素的限制，有些省、市個體、私營企業的工業、建築業和修理業下降比較突出。如私營企業在全國排第三位的遼寧省，1991年從事建築業的户數和人數分別比上年減少12.1%和16.5%，從事修理業的户數和人數分别比上年減少16.9%和20.3%。遼寧省的個體工業户數，1991年比1990年減少4.4%。沈陽市私營企業，1991年的工業産值比上年下降了20.4%。私營企業在全國排第四位的山東省，一些地區私營企業的歇業率也很高，如濟南市僅由于資金和場地問題，就有近20%的私營企業被迫歇業。平度市1991年就歇業了725户。最典型的是河北省清河縣，1989年以前，這個縣的個體、私營經濟的發展曾引起全國的注目，被譽爲"北方的温州"。全縣9個專業鄉，140個專業村的四大支柱行業的産品暢銷全國。其中，摩托車拉綫業，占全國總數的60%以上，合金刀具業，占全國總數的1/3以上；精梳山羊絨業，年産值2.3億元，創匯2000萬美元，占全國同行業産值的80%。全縣私營企業1000多户，其産值達4.1億元，占全縣工農業總産值的71.9%。全縣人均生活水平提高3倍，安置全國10多個省區的勞動力2萬多人，出現百萬元以上的大户10多個。這樣好的經濟發展勢頭，却在1989年一年間，私營企業降至10户，到1991年僅剩6户。這些説明整個政治形勢的發展情況與個體、私營經濟的發展是緊密相關的。

2、無照經營多、假集體多。據國家工商局調查統計，全國無照經營與有照經營的比例是，一般地區爲0.3:1，中等城市爲0.5:1，大城市約爲1:1。在些地區無照經營户甚至要多于有照經營户。如遼寧省經營木材的有7000多家，但登記注册的個體工商只有377家。不僅無照經營多如牛毛，假集體也是數字驚人。重慶市1989年抽樣調查的2000多企業，是私營企業而不以私營企業名義登記的占92%，目前仍有80%的私營企業采取假承包、假轉讓、假合營的方式，以鄉鎮集體、街道集體、民政集體和校辦工廠等名義出現。據有關部門對福建省泉州的1500多家企業調查，真集體寥寥無幾，大部分是假集體。廣東省汕頭市私營企業主們反映，錢怕國內"資本家"拿去，但總不怕國外資本家拿走吧。政治上不保護國内私營企業主，但總要保護來投資的外國人吧。因此，感到合資保險。由于越來越多的假集體、假合資企業，造成經濟性質不清、産權關系不順、法律責任不明、民事糾紛難斷，不僅給管理帶來困難，也給國家税收造成了損失。

3、擇業意向趨同，資金投向不合理，經營規模較小，短期行爲普遍。由于受場地、資金、技術等條件的制約，個體工商户和業主們一開始擇業只能從事那些條件簡單、容易操作的行業。從全國來看，無論是個體經濟還是私營經濟，增長最快的都是商業和飲食業。由于經商成本低、來錢快，越來越多的人追求急功近利，盲目跳入已經十分擁擠的商業圈子。結果不僅由于擇業意向趨同而造成行業結構傾斜，而且由于"物多不值錢"使營銷活動陷入困境，只好交照歇業。如山東省平度市，因經營服裝、鞋、帽、烟、酒、食品等行業倒閉的個體工商户占全部總數的72%，其中開業不足3個月就停業的占80%以上。這種現象，既説明了擇業盲目，又反映出行爲短期。據有關部門對某一地區的個體工商户和私營業主進行抽樣調查表明，把從事個體、私營經濟作爲謀生手段和撈一筆大錢就收的占85%，將其作爲實現個人價值的占10%，真正將其作爲一種事業來干的不到5%。這樣一種心態，加之社會環境的限制，使其資金投向不可能合理，經營規模也很難擴大。他們或者是輕視投入，進行掠奪式經營，或者是"七不上八下"(注：國家規定：僱工七人以下爲個體户，雇工八人以上的爲私營企業)，退回個體。相當一部分個體工商户和業主們對他們的企業都不想再發展。因此，資金收放也不想更多投入于擴大再生產，寧可捐款資助社會公益事業，也不去更新改造陳舊破爛的廠房設備，因而形成不了規範化的規模經營，致使全國真正具有現代化的規模的私營企業如鳳毛麟角。

4、地區發展不平衡。私營企業的發展往往集中在沿海地區、工業發達地區、信息和交通便利地區。這些地區在資金籌措、技術層次、信息獲得、產品銷售等方面都有優勢，而一些貧困落后、交通不便、整體技術層次低的地方，個體、私營經濟的發展較困難。尤其是老根據地、少數民族、邊遠偏僻和資源貧乏地區的個體、私營經濟普遍没有發展起來。地區之間發展不平衡，差距極大。到1993年來，僅廣東、浙江、遼寧、江蘇、福建、四川、山東的私營企業總數就占全國私營企業總數的57.1%，而貴州、陝西、甘肅、青海、寧夏五省的私營企業總數僅占全國私營企業總數的5.7%(1991年末)。尤其是青海、寧夏、雲南、新疆等省的私營企業數量不及廣東的1/8(1991年末)

私營經濟自身存在的問題

1、對生產經營缺乏長期規劃和打算。這與私營企業主怕政策變，心有余悸有極大的關系。個體工商户和私營業主中的絶大部分人都認爲，非公有制經濟這條路不可能長期走下去。中國目前雖然允許其存在和發展，是由于公有制經濟還不完善，需要個體、私營經濟去補充，但這種補充不是無限期的，遲早要被取消。因爲私有制是社會主義革命的對象，消滅私有制是共産黨革命的目的。他們還從幾年來國家在宣傳方面的放與收的幾上幾下中，敏感地體會到了私營經濟政治氣候之間微妙而密切的關系。有業主總結説：總説政策不變，可今天又來文件。他們這種心有余悸是帶有某種游離于社會主義整體之外的惶惑和耽憂。表現在生產經營活動中是猶疑觀望、留有余地、短期行爲。他們擔心政策變，怕露富、怕冒尖，實質是怕當資本家、怕割尾巴、怕殃及子孫。但爲了生存，爲了政治上保險，看準機會就發展一下，撈上一把，見好就收。稍有風吹草動，不僅縮小規模，退回個體，變成集體，甚至把廠子慷慨交公。

2、内部管理混亂，生產經營水平低。國内個體工商户和私營企業大都基礎工作較差，缺乏規範化的經營管理。很多企業無規章制度，財務上不建帳或者建假帳。業主一人説了算，廠容廠貌大多是低矮破舊，設備簡陋，很多已屬淘汰設備，勞動條件差，生產基本以手工勞動和簡單技術爲主。許多產品生產流程不符合環保和保健要求。傭傭工人無論在生活上、工作上、還是在安全上均無制度保障，他們的勞動强度大、勞動時間長、勞動條件差，安全系數低。據有關部門調查，私營企業僱工每天平均的勞動時間10－12小時，而且没有節假日。有些企業由于違章生產經營，不僅產品質量質量假冒商品多，僱工的傷亡也較嚴重。據對沈陽市的一個搞木器加工的私營企業調查，該廠產品因供不應求，老闆爲了多掙錢，趕進度，迫使160名僱工經常加班加點。由于勞動時間長、勞動强度大，造成僱工的斷指受傷情況十分嚴重，治好后再辭退，現在僱工已换了好幾茬了。

3、鑽國家法律和政策的空子，偷税漏税嚴重。大批的私營企業變成假集體，除了爲在政治上求得一個保護傘外，更主要是想享受低税或免税待遇，在税收利益上多得一塊。據山東省税務部門統計，全省個體、私營企業的偷税面約占82%。據有關部門對成都市調查，權1991年上半年，個體、私營企業實際所交税金只占應交税金的50.3%，漏税面達86.9%。也有些企業爲享受優惠的税收待遇，假借殘疾人的名義登記，或者爲享受免税期，一年一换營業執照。也有些私營企業主賺了大筆錢后，買一本護照出國，取得定居權，加入外國國籍后，摇身一變在了“洋鬼子”，辦起了獨資企業，享受起“三資”企業待遇。還有一些私營企業花錢買國營企業的廠名商標，使產品以次充好，以假充真。温州個體、私營企業生產的皮鞋80－90%都打着上海的牌子。每雙鞋再分給上海廠家幾塊錢的廠名商標費，而一些上海廠家對產品質量缺乏嚴格把關，致使產品以次充好。用類似手法鑽國家政策空子的例子比比皆是。

4、畸形消費、揮霍無度。據一些省市抽樣調查分析，相當一部分個體、私營企業主净收入很不合理。由于主、客觀原因造成的短期行行使其净收入60－80%用于生活支出和儲蓄，很少一部分用于生產，包括補充流動資金、購置設備等。有些私營企業主，賺了錢就大興土木，建豪華住宅，搞高級裝修，南方也有一些人大量投資去修墳造墓，誰家錢多，誰家的墓修得豪華。甚至將還未出世的孫子輩的墓都提前造好了。還有出少數業主講排場，比闊氣，揮金如土。遼寧省一業主結婚，出動了47輛出租車。南方有一業主，在卡拉OK點歌，一擲千金，每點一首歌都出800元。還有個别業主賺大錢后，狂嫖濫賭，甚至養幾個小妾。也有出高額代價以换取離婚的自由。還有個别業主將大量的人民幣分送給各級領導和各層要人，想驗證一下錢是否可以買通一切。在汕頭1991年查處的經濟大案中，個體工商户和私營企業主作案占18.37%。1991年全國個體商販作案人數占全國已處理的投機違法違章經濟大案的18.6%。從他們各種畸形消費中，不僅可透視出其法制觀念淡薄，也反映了一些個體、私營業主各種不同的社會心態。

5、文化素質低，知識結構不盡合理。由于個體、私營經濟的隊伍主要由農民、待業青年、社會閑散人員、離退休人員以及兩勞和釋放人員組成，因此，文化素質普遍偏低。據1991年中國農業部全國農村觀察點對私營企業主進行抽樣調查，業主中不識字或識字很少的佔9.3%，小學及初中文化的佔76.3%，高中以上文化的佔14.4%。據四川省社科院對本省個體工商户和私營企業主調查，高中以上文化的不到15%。據甘肅省對武威市的調查，在個體、私營企業的從業人員，小學文化的佔28%，初中文化的佔62%，高中以上文化佔10%。不僅文化素質低，知識構成也很不合理。如業主中，高層次的管理人員很少。從業人員中，掌握高、精、尖技術的人則要少。這就使私營企業很難從目前的發展水平上再有一個質的飛躍和突破。現有文化素質和知識結構在某種程度上限制和制約了個體、私營經濟的發展。對此，不少個體工商户和私營企業主已經意識到并爲之而感到苦惱。但要改變這一現狀，還需要一個過程。

（執筆　李欣欣）

中華全國工商業聯合會對中國私營經濟發展的兩次政策建議

〈附件之一〉

關于促進個體、私營經濟健康發展的建議

中華全國工商業聯合會

（一九九〇年八月八日）

去年以來，我會就個體和私營經濟問題，在全國一些省、市（縣），開展了調查研究工作。現將有關情況和我們的建議報告如下：

一、個體、私營經濟面臨的幾個突出問題

黨的十一届三中全以來，在改革開放方針的指引下，我國的個體、私營經濟得到較快的發展，據社科院《要報》數字，到1988年底，在國民經濟中的比重爲：固定資産原值佔2%，生產經營資金佔3%，從業人員佔4.2%，已經成爲我國社會生產力的一個組成部分。

實踐證明，黨的十三大關于發展個體、私營經濟的方針政策是正確的，實行這一方針政策，有利于發展社會生產力，引導閑散資金注入生產領域，增加社會有效供給；在方便人民生活方面，在擴大勞動就業和增加財政收入方面，發揮了積極作用，9年繳稅達422億元。據統計，近6年國家安排了1800萬人就業，個體和私營經濟同期也解決了1800萬人就業，對公有制經濟做了必要的和有益的補充。以公有制爲主體、多種經濟成分并存，是具有中國特色的社會主義經濟結構。

另一方面，個體和私營經濟在發展中存在一些問題，例如從業人員素質參差不齊，爲社會提供的產品和服務質量亟需提高，經營活動極不規範，偷漏稅問題突出，短期行爲相當普遍，更爲嚴重的是，其中還有不少人搞違法經營，牟取暴利，營私行賄，抗拒稅收，揮霍浪費，敗壞社會風氣，引起群衆不滿，必須加强引導管理。

去年以來，個體、私營經濟又出現了一些新情况，突出的問題是：

第一，個體、私營企業户數急劇減少。

據國家工商部門統計，個體工商户從1988年的2400萬，減少到1989年的1941萬；私營企業1989年上半年換照登記90581户，到年底減少到76581户，在減少的14000户中停業8000多户，轉爲個體4000多户，合夥經管1000多户，轉成集體600多户。在我們調查的縣、市中，有的縣前年發私營企業執照3000户，今年換照僅餘10户。許多省市减幅在15—50%。出現10年來第一次户數鋭減的原因是：

1、經濟上，與治理整頓和許多緊縮性調整的政策措施相繼出臺有關。去年下半年，對個體、私營經濟追補增加稅負約20億元，加上亂收費、亂罰款、亂攤派，少則十幾種，多則上百種，使其不堪重負，難以維持；

2、政治思想上，去年下半年有的文件和報刊文章，使從業人員産生恐慌心理，擔心重劃階級成分，被戴上“剥削分子”帽子，普遍的心態是認爲幹這一行政策上多變化，政治上有風險，社會上没地位，輿論上被搞臭；

3、執行政策上，由于社會上和一些領導部門看法不一，對個體户和私營企業瞧不起看不慣，信不過，借治理整頓的機會，集中在去年下半年，採取了一些不利其生存

的措施。例如,有的專區領導發表一次講話,造成一個縣的私營企業全部瓦解,有的縣出動警車先捕人后取證搞"查大户",有的地方先定數額后派人進點追索"補罰偷漏税款"。有的地方對個體工商户指令停業一批,趕跑一批,罰垮一批。這些做法導致個體、私營經濟急劇萎縮。

第二、秩序混亂。

1、我國個體、私營經濟的產權和市場基本上處于一種無秩序狀態,許多私營企業戴着公有制經濟的"紅帽子"、戴着個體户的"小帽子"經營。據統計,在全國的個體户中,没有劃出來的私營企業約有 11.5 萬户。在全國的合作經濟組織中,屬于私營性質的企業有 6 萬户。此外,以集體企業名義登記,實際上是私營企業的約有 5 萬户。這種不正常的情况,近來還有加劇的趨向。這種經濟成分定性不明確的狀態,造成了極大的管理難度,出現許多混亂情况。

2、個體、私營經濟管理體制没有建立起來。"婆婆"多至 13 家以上,收費的部門有 26 家之多。"收費上來一大邦,出了問題没人幫"。他們在夾縫中生存,在能源、原材料供應、信貸税收方面困難重重,發展中出現不少畸形現象。

第三、變化急劇,有以下幾個值得注意的動向:

1、在治理整頓中,新産生和發展起來的一批私營企業具有新的活力,其中生產型企業較爲穩定,科技型企業開始興起,公司型企業正在增多,新型的中外合資私營企業已經出現,這就更需要積極引導他們健康發展。

2、近來一些地方黨政機關對本地的私營企業提出"贖買"、"引導走社會主義"、"把共産黨員從私營企業中解放出來"等措施;有的爲保護地方經濟一律改爲"合作經濟"、集體經濟;有的接收了私人上交的死企業,等等。引起了新的混亂,對已形成的生産力是一種破壞。

3、近二年停歇業的那一部分經營者,有的觀望政策,有的另謀對策,有些人轉入"地下"經營,從事投機倒把,用現金交易逃避監督,影響經濟穩定。

4、爲解決部分公有制企業停工待工問題,近來有的省主管部門制定措施,鼓勵這些企業職工從事個體、私營經營活動,以求解决吃飯和穩定的問題。

面對這些新情况,經濟界人士認爲,個體和私營經濟下滑,將給國民經濟的發展帶來不利的影響,不利于大局穩定和改革開放,也有負于"十三大"制定這項决策的初衷。黨和國家對個體、私營經濟的方針政策,是貫穿整個社會主義階段的長期政策。做好這項工作,對于發展我國社會主義經濟,對于促進我國社會、特别是廣大農村的安定,對于樹立港、澳、臺對大陸政治的信心和我國的國際形象,對于發展最廣泛的愛國統一戰綫,都是十分重要的。

對個體和私營經濟的方針政策應長期不變

爲了防止個體和私營經濟進一步萎縮,改變目前管理混亂狀態,適應個體、私營經濟發展變化新情况,對個體、私營工商業者應在政治上不歧視,政策上要穩定、經濟上要發展,管理上要加强。爲有利于個體和私營經濟穩定健康發展,具體建議如下。

第一、政治上不歧視,維護其法律地位。個體和私營經濟,是黨的社會主義初級階段理論和方針政策的產物,是從屬于公有制主體經濟的必要的和有益的補充,不能把它看成異己力量。如何堅持生產力標準,對"剥削"給以科學的解釋,有待理論工作者進一步解决;現實迫切需要劃清的幾個界限是:要區别黨對私營經濟的政策同資產階級自由化主張"私有化"的界限,要區别對私營經濟性質的認識與具體政策提法的界限;要區别正當經營和違法暴富的界限。改革開放以來出現的私營經濟,有别于國外的和新中國成立初期的資本主義經濟,不應當把它存在的一定程度的剥削同階級剥削劃等號。應當闡明黨和國家在政治上不歧視他們。明確指出:個體工商户既是私有者,又是勞動者;投資經營私營企業的人,既是部分剩余勞動的占有者,又是從事經營、管理的勞動者。他們是社會主義國家中享有平等權利的公民,他們的誠實勞動應當受到社會的尊重,他們的合法收入應該受到法律的保護。不用"剥削"、"業主"的提法,對私營企業這種經濟成分的穩定和健康發展較爲有利。不要把改革開放以來鼓勵引導個體、私營經濟發展看作是"政策性失誤",不要對允許和鼓勵一部分人靠誠實勞動和合法經營先富起來的重要經濟政策產生懷疑和予以否定。要繼續堅持對個體、私營經濟"鼓勵引導發展,保障合法權益,加强監督管理"的方針。

黨和政府是很重視個體和私營經濟的法律地位的,憲法也增加了"國家保護私營經濟的合法的權利和利益"的條文。這其中也包括對他們的政治待遇。私營經濟現有的規模作用與其社會政治地位是不相稱的。大衆傳播媒介應對他們作客觀公正的報道。要引導他們進一步發揮國家主人翁的積極性,吸引他們中的代表人物參政議政,更好地爲國家出力。

第二、經濟上要照顧到個體、私營經濟的"合法利益"。無利可圖是不可能使其發展的,爲此,在正當經營的收益方面,要注意落實鼓勵發展的政策。國家工商管理和税務等部門,爲鼓勵個體、私營經濟發展,都積極地提出不少具體政策措施，有的做爲法規公布實施，但在貫徹落實中問題很多。值得注意的是，個體、私營工商户認爲抽出資金存入銀行更划得來，不願意把資金投入生產經營。政策法規應注意使個體和私營經濟有合法利益可圖。

第三、國家要加强個體、私營經濟管理體制的建設。當前，確有必要采取適當的組織形式，把有關部門的力量組合起來，理順調控思路，統一政策步調，加强協調配合，劃清職責界限，力戒互相扯皮。用好經濟的、法律的、行政的手段，加强管理，興利抑弊。

第四、要積極發揮民間組織的作用。現在的個體勞動者協會和私營企業協會，需要真正發揮民間經濟社團的積極作用。個體工商户和私營企業迫切需要維護其合法權益，反映它們的意見要求、幫助它們克服困難、發展生產經營。國家工商管理局爲了有利于發揮這兩個協會的民間組織作用，贊同私營企業協會和個體勞動者協會作爲團體會員參加工商聯，同時，個體和私營工商業者可以自願參加工商聯爲個人會員。工商聯是具有統戰性、經濟性的人民團體，是對內對外的民間商會，應發揮其積極作用，配合政府部門，協助進行對個體和私營工商業者的愛國守法和職業道德教育，開展咨詢服務，組織業務培訓，引導他們愛國、敬業、守法，從而發揮協助政府部門加强管理的作用。

第五、要有發展規劃。爲了有利于個體、私營經濟穩定發展，加强宏觀控制，克服盲目性，使其適度發展，建議擬定全國的《個體、私營經濟發展綱要》，對個體、私營企業的生產經營範圍、手段等提出鼓勵或限制的具體政策界限，使它的經營活動、產業結構和產品結構比較合理，并有發展前途。另一方面，綱要還應本着因地制宜、分類指導的原則，對個體私營經濟所占比重大小，應從各地實際出發，不搞一刀切。總之，方針要明確，前景要明晰，才能穩定健康發展。

三、采取有利于個體和私營經濟健康發展的措施

第一、應該堅持把私營企業從其它經濟成分中劃出來。經濟成份定性不明確，將會導致許多問題的失誤，這已有歷史的教訓。當前私營經濟成分的混亂狀態，使他們的經濟活動得不到有效的引導和必要的監督。有關地方和部門出于自身利益等方面的原因，也不熱心把私營經濟從其它經濟成分中劃出來。當前，首先要解决私營企業的劃定標準問題。鑒于這個問題標準難以掌握，又涉及若干部門和各種利益關係的恰當處理，建議責成有關單位弄清情況，草擬辦法，專門發文解决。

第二、在治理整頓中，要支持私營企業有利于經濟發展的生產經營活動。要保護它們的合法權益，對扶助少、征罰苛刻和帶有歧視性的措施要加以糾正。例如，許多地方完全停止向個體、私營企業貸款，有的地方則以高達18%的利率向私營企業放貸，有的地方發給私營企業用發票印上"私營企業專用"字樣，財務上不能作爲報銷憑據，影響正常經營等等。建議在可能的情况下，對個體和私營企業的生產條件給予一定的支持，按照國家的產業政策扶優汰劣。

第三、用好税收這個經濟杠杆。應當考慮在"廣税源、輕税率、嚴管理、重處罰"的税收管理原則下，對個體、私營企業輔以配套的加强税收徵管辦法，做到寓征于養。徵税和納税雙方都要明確樹立依法納税觀念，納税人要守法及時納税，徵税人不收"人情税"、"過頭税"，總之要嚴格依照税法辦事。各地都不能在國家制定的税法之外，自行設立税收名目課税。對生產、養殖、科技開發和外向型的私營企業，特别是其中產品能填補空白，根據國家需求，替代進口產品的企業，政策上適當給予優惠，扶持其發展。

第四、采取有效措施，制止亂收費、亂罰款、亂攤派。這"三亂"已經成爲個體和私營經濟的沉重負擔。雖三令五申，禁而不止，建議國務院規定，按省統一印制票據，收費全部上繳財政，罰款收入不得搞留成，不能按比例搞變相回撥和返還。採取有效措施，嚴禁各有關部門利用職權爲本部門謀取利益。管理費不得截留，一律上繳財政。建議嚴格檢查，對亂收費、亂罰款、亂攤派的單位部門進行懲處。

第五、要改變"政出多門"的狀况。對私營企業、各有關部門都應嚴格依照憲法、税法和國家制定的條例進行管理。要尊重國家工商行政管理局的職能。個體工商户和私營企業按工商局核發執照所定範圍進行正當經營，應得到保護和支持。各有關部門制定和下達與私營企業有關的政策規定，應當徵得國家工商行政管理局同意，協調實施。

第六、應加强對個體和私營工商業者的愛國守法教育，職業道德教育。提高個體私營工商業人員的政治思想水平、法律知識水平及守法觀念。對違法的個體、私營工商業者要公平執法，要經常加强對他們進行政策、法制教育，認真貫徹執行政府的政策、法令、法規，關心國家大事，提高愛國主義、社會主義覺悟，這對個體、私營經濟健康發展，也是一項有力的措施。

（執筆　羿遠錚）

〈附件之二〉

關于進一步促進個體、私營經濟健康發展的建議

中華全國工商業聯合會

（一九九二年八月二十五日）

在黨的十四大召開前夕，我會根據黨中央賦予的新使命，對我國非公有制經濟的情況進行了調查研究。兩年前我會曾向黨中央、國務院報送《關于促進個體、私營經濟健康發展的建議》。針對當時的情況，提出對個體、私營經濟應在“政治上不歧視，政策上要穩定，經濟上要發展，管理上要加强”的建議。現根據中央2號文件和鄧小平同志南巡談話的精神，征求了有關部門和專家意見，提出三項建議，送上供作參考。

（一）建議在發展非公有制經濟方面進一步解放思想，正確認識個體、私營經濟是中國特色的社會主義經濟的一個組成部分。

黨的十一屆三中全會突破了單一的公有制模式，提出了社會主義初級階段在公有制占主體地位的前提下，適當發展非公有制經濟的方針。十三年來的實踐證明，這一方針是正確的，它適應了我國現階段生產力的水平。個體、私營經濟同占優勢的公有制經濟相聯系，補充了公有制經濟的不足，個體、私營經濟受公有制經濟的巨大影響，共同促進了國民經濟的發展。就工業總產值構成來看，1978年的時候，公有制佔99.2%，經過十余年發展，到1991年底變爲國營佔52.8%，集體佔35.7%，個體佔5.7%，其它非公有制經濟佔5.8%。個體、私營經濟從業人員佔全國勞動就業總量的8%，資金佔3%，税金佔7%，商業網點佔全社會的84.8%，在新增網點中佔93%。

從個體、私營經濟現有的人員狀况來看，個體從業人員有2258萬人，私營企業從業人員183.9萬人，已經安置近2000萬人就業，這件大事國家要花3000億元以上才能辦到。個體工商户自有資金和私營企業注册資金共達611.4億元（實有數遠高于此），1991年向國家納税179億元，向社會捐贈3.3億元。還鍛煉造就出一批科技和管理人才，例如上海新發展的私營企業有180家初具規模的科技型、研制型的企業，一年中推出新技術成果370項，技術轉讓545項，技術咨詢597項。這表明個體、私營經濟的活力和“第一生產力”結合起來，爲增進綜合國力發揮着積極作用。這些人歡迎社會安定，經濟繁榮，他們感謝黨的政策，擁護改革開放是改革開放的積極參與者和直接的受益者。現有11058人當選各級人大代表或政協委員，從業人員中有中共黨員20萬人。他們對國家政治生活有參與的要求，對參政議政有明顯興趣，對法律地位敏感，對不公正待遇反應强烈。

個體、私營經濟外向型的發展，有利于我國對外開放經濟工作。近年來，全國已有150家私營企業同外商開辦中外合資、中外合作企業，吸引外資1.5億美元；有1251家私營企業的產品出口，創匯5.4億美元。目前到境外經營者約3萬人，引導這部分日益擴大的經濟力量在境外拓展，有利于我國對周邊國家開展經濟技術合作。

個體、私營經濟提供的產出和服務，改善了人民的物質和文化生活，促進了人民生活水平的提高。十年來全國城鄉集市規模增長5倍，對市場的發育和繁榮起了積極作用，協助解决了長期困擾人民生活的“吃飯難”、“縫衣難”、“購物難”等困難，這是有口皆碑的。在今后大力發展第三產業中，個體私營經濟大有可爲：商業、飲食業發展迅速，個體、私企在其中最爲活躍；文教、衛生發展不足，個體、私企開始涉足，在培訓各種專業人才方面初見功效。此外，居民服務結構失衡，生産服務剛剛起步，許多領域需要去發展。群衆説：“發展幾個工商户，帶動一片貧困户，多出幾個富裕户。”

個體、私營經濟本身就生存在社會主義市場經濟體系之中，要加快改革開放步伐，培育中國特色的社會主義市場經濟，必然要求所有制關係的合理化。發展社會主義市場經濟的首要條件，就是大力發展以多種形式的公有制爲主導，多種所有制成分共同存在，相互競争的新型所有制關係。引導個體、私營經濟健康發展，已經成爲建設中國特色社會主義基本理論和基本實踐的一個組成部分。經過十二大、十三大的概括與發展，特別是貫徹中央2號、4號等文件以後，對個體、私營經濟的地位和作用，我們建議在公有制經濟爲主導的前提下，既要講個體、私營經濟是中國特色社會主義經濟的組成部分，又要講它是公有制經濟有益的必要的補充，前者表述它的應有地位，後者表述它的主要作用。

（二）建議在加快改革開放步伐、整個國民經濟發展要上新臺階的新形勢下，在建立社會主義市場經濟體系

的過程中，對個體、私營經濟要進一步采取積極發展的方針。

從全國來看，非公有制經濟不是多了，而是需要有一個較大的發展。目前全國個體、私營經濟發展不平衡的情況很突出。發展最好的是廣東，有三個全國第一：集市貿易成交額連續 11 年居全國第一；私營企業户數居全國第一，佔全國總户數的 1/4；上交稅金連續 10 年居全國第一。現在沿海一些省市發展較順暢，許多私營企業的廠長、經理和個體工商業者，到那里去考察學習，很受鼓舞，但是回到本地，感到仍是舉步維艱。"左"的思想束縛，還在困擾他們，影響其生存發展的外部條件没有明顯改善，有的人棄業另謀出路，更多的人期待新的機遇來臨。經濟要發展，民心思改革，要把中國的事情辦好，要把經濟搞上去，就要調動一切積極因素，而不是壓抑排斥它們，社會主義就是千百萬人民群衆生氣勃勃的創造，各種經濟成分都要加快步伐發展，整個國民經濟才能上一個新臺階。應從方針上明確，個體、私營經濟也要有一個較大的發展。

個體、私營經濟在建設中國特色社會主義中的積極作用日益顯現，作爲社會主義經濟結構中的一個組成部分的地位日漸確立。但是，當前發展中的一些問題突出，個體、私營經濟的徘徊萎縮，不利于整個國民經濟的發展。當前一些特别值得注意的情況是：全國至今年初仍未恢復到 1988 年私營企業數的最高峰值；"假集體"有增無減，據一些省市測算，"假集體"比注册的私營企業多 2—10 倍；私營企業歇業率達 15—20%，今年頭 5 個月，上海個體户數下降 10228 户，同期河南省私營企業比最盛期下降 29.5%；全國私營企業今年上半年有 11 個省還在下降；個體無照經營越來越多，湖北省有照與無照之比是 1:1.5，更多的是高于這個比例。根據我國現行法律，我國私營企業絶大多數不具備法人資格，這樣就不能以平等身份進入國内乃至國際市場參與競争。"三亂"屢禁不止，一批個體工商户和私營企業爲此倒閉。對于税前列支、管理費、丙種發票、貸款、用地、科技型企業優惠政策不到位等具體政策問題，長期反映有的仍得不到解决。個體、私營企業自身素質問題多，社會輿論反映多，迫切要求教育管理到位，否則難以發展上新水平。

各地發展個體、私營經濟存在的差距，從主觀上講，主要是思想解放的差距。真正破除"左"的束縛，在這個領域顯得尤爲迫切，妨礙健康發展的主要問題是"左"。今年有許多省市出臺地方性法規，采取措施，在個體、私營經濟的經營資格、經營範圍和方式、登記管理等方面放寬政策，但由于許多制約因素的存在，政策難以到位。因此，爲使這部分經濟能够健康發展，各級黨政領導應把這項任務提上工作日程，加强領導，統籌協調、迅速改變政出多門、管理混亂的現狀。

還有些亟待解决的問題，不是地方所能决定的，爲此要有一些大的調整和大的動作。首先在中央應把這部分經濟列入總體發展規劃中，建議國務院經貿辦公室把個體、私營經濟的發展同樣列入規劃，讓個體、私營經濟有個户頭，有一席之地。在社會政治生活方面，應有體現"政治上不歧視"的大政策出臺，關于經營私營企業者加入中國共産黨的問題，應糾正關門規定，對公有制經濟成分中的黨員去私營企業從業、應予以鼓勵；對已經在經營私營企業的黨員，不清理、不勸退、不歧視，對私營經濟代表人士中符合黨章規定的，可以吸收入黨。對他們符合"三個有利于"的業績，同樣予以表彰奬勵。對他們的技術職稱、産品上市評優等，改變按所有制加以區别和排斥的做法。

個體、私營經濟從業人員在發展過程中，深切感受到黨和政府的方針政策的扶持，是對他們最大的扶持。爲使其長期健康發展，要有一個積極鼓勵、促進發展的方針，把鼓勵放在第一位，要有平等競争、合理調控、依法保護的措施。建議在長遠發展的方針上申明不是要對他們進行"社會主義改造"，而是在統一的社會主義市場經濟體系中，以公有制經濟爲主導，多種所有制成份長期並存，共同發展，有主有從，各得其所。目前已經出現了各種所有制的兼容形態，這有利于從業人員消除被剥奪的顧慮，從而放手、放膽、放心地去發展，爲把中國的事情辦好，爲把經濟搞上去發揮其積極作用。

（三）建議爲個體、私營經濟長期存在和健康發展，在輿論、政策、法律、體制等方面，采取可行的有效措施，改善其生存發展的條件。

個體、私營經濟健康發展，需要有一個良好的社會輿論環境。我們應該堅持實事求事的原則和實踐的標準，在輿論宣傳上着力興利抑弊，要講"一個中心、兩個基本點"，要講鄧小平同志提出的"三個有利于"的原則，澄清對待個體、私營經濟的糊涂觀念，克服把它與以前的資本主義工商業者簡單類比和等同的錯誤思想和習慣勢力。要促進個體、私營經濟健康發展，當前，一是要清除發展私營經濟就是發展資本主義的"左"的錯誤思想；二是要澄清簡單地以所有制不同區别優劣和不平等對待的問題，不搞這種"唯成份論"，要"一視同仁"。解除投資興業者"帶頭致富的不如貧窮落后的，辦廠的不如不辦廠的，廠辦的越大罪惡越大"的思想困惑。我們堅持經濟建設這個中心，思想觀念就不能停留在奪取政權的歷史階段，去尋找誰是革命對象，而要尋求、調動建設國家的力量，聚精會神地考慮怎樣把千軍萬馬組織起來，放心放手去發展社會生産力。我們的一些工作部門和同志，不要把"幫手"當敵手。這部分上億數的人民群衆既不是什么必然意義上的"異己階層",更不是"資産階級自由化的社會基礎"。

要正確看待他們的"高收入",他們没有任何非貨幣形式的收入和福利保障,符合法定數額以工資形式取得較高的貨幣收入,應視爲正當收益;對其過高的收入與消費,應由完善税法來調整;要讓他們安心地經營發展,爲擴大生産規模投入更多的資金。

我國社會正處于一個迅速發展的歷史時期,個體、私營經濟出現時間很短,他們存在許多不可忽視的問題,如争戴"紅帽子",經營不規範,無照經營,短期行爲多,非正當的競争和消費行爲等等,對這些問題,應從主客觀兩方面,實事求是地正確看待這些人身上的缺點和過錯,以"團結、幫助、引導、教育"的方針來對待,調動他們的積極性,使他們儘快克服缺點和不足,得到進步。

個體、私營經濟健康發展,需要有一個確實能調動其積極因素的政策環境。加强産業發展的政策導向,支持鼓勵個體、私營經濟向生産型、服務型、科技型、外向型發展,特别注意大力興辦第三産業。調整地區分布,向公有制分布少的少數民族地區、邊疆地區、貧困地區發展,充分發揮其迅速脱貧振興地方經濟的特長,并且不再用"一刀切"的模式比例去束縛他們的手脚,能發展就不要限制。根據社會主義市場經濟的内在要求,努力創造公平競争的政策環境。現行的一些政策法規,不是按價值規律的内在要求保護公平競争的,如傾斜政策、地區保護、行業優惠和部門壟斷等等,既不利于個體、私營經濟健康發展,也不利于生産要素合理流動和優化配置,對此應有一個新的調整。經營範圍問題,限禁太多是不利的,管住必須限禁的,其余都應由市場去調節。

個體、私營經濟健康發展,需要有一個確實能保護其正當權益和規範經營的法制環境。遵照憲法明文規定:"國家保護私營經濟的合法的權利和利益",運用法律手段有效地保護個體、私營企業的所有權和經營權。要下決心解决收費、罰款、集資、勞務、攤派中的問題,嚴厲打擊敲詐勒索,吃、拿、卡、要等行爲。對濫用權力,隨意限制個體、私營經濟發展,通過"贖買"、"交公"、"過渡"等方式改變所有權性質的做法,應作爲侵權違法行爲嚴加查處,應該用法律手段制止知法犯法行爲。

按社會主義市場原則完善對個體、私營經濟的法律調整,要清理過去法規中有礙發展和條文、規定和用語,不用歧視性的稱謂,個體、私營企業的從業條件、經營條件、資金條件、場地條件,均要得到法律保障;要對城鄉改革的各項政策"一百年不變",以法律形式予以確認,明確發展個體、私營經濟是國民經濟長期發展戰略的組成部分。應制定符合現代管理要求的劃定私營企業的法定標準,制定有利于個體大户向私營企業發展的法規;應明確規定我國私營企業規模不設上限,以利于放心放膽發展。對"外資"和"内資"出臺的法規,應一視同仁,以免"假外資"企業繼續增生;要有鼓勵引導我國個體、私營經濟到國外經營開發的政策和法規,取消限禁個體、私營企業出境的地方和部門法規,准許參與外貿經營,簡化手續,放寬私營企業商務出入境條件,方便從事"三來一補"等,要支持工商、税務等部門的工作,改進管理,加快我國内資企業所得税制改革的步伐,爲個體、私營企業健康發展創造一個平等競争的税收環境,使我們的經濟調整爲經濟戰略更好地服務。

個體、私營經濟健康發展,需要一個符合改革方向,具有實際效能的體制環境。從建立社會主義市場經濟體制的思路入手,理順管理體制。對私營企業的管理,應從國情和個體、私企的實際出發,在改革中建立新的有效能的政府間管理和民間性的自我管理相結合的管理模式。轉變政府職能,政府管理部門應以服務爲本,防止把服務變成權利,切實轉變作風,精兵簡政,提高效率。下决心解决"權錢交易"的問題,對公職工作人員、工作部門,嚴格制度紀律,不得以任何形式對國家的財政收入進行分成和提留。工商聯要做好爲政府、爲社會、爲會員的服務工作,經過政府批準,開展有關的試點性工作,如開展集資、法律咨詢,小量資金融通,財會專業管理培訓等工作,與各種人民團體一道,爲經濟工作這個中心任務進一步發揮黨和政府的助手作用。

應該允許在私營企業内建立黨組織、工會、青年團、婦聯等組織,引導他們"愛國、敬業、守法",把完善體制和提高主客體自身素質結合起來;建議加强對個體、私營經濟的調查研究工作,支持民間性研究團體的活動,加强專家和部門的聯系,從理論和實際的結合上,解决健康發展中的問題,把實際工作和發展目標結合起來;保持廉潔和效能,加强會計財務制度,支持政府管理部門的工作,把内部系統監督和社會輿論監督結合起來;密切個體、私營經濟與黨和政府的聯系,把做好代表性人士工作和組織廣大從業人員的工作結合起來,爲進一步健康發展共同努力。

爲了促進個體、私營經濟健康發展,以上着重從外部條件陳述了我們的一些建議,而對其自身素質諸多問題較少論列,唯其存在許多不容忽視的問題,更證明加强教育管理的迫切性,更激勵我們肩負起中央〔91〕15 號文件賦予的新的使命,做好我會今后工作。

(執筆　羿遠錚)

北京市私營經濟發展狀况淺析

北京市工商業聯合會　李燕平　江述高

·本文作者：李燕平(右)、江述高(左)

(一)

北京市是從 1988 年開始私營企業注册登記工作的。在其后的三年里，私營經濟的發展經歷了六·四風波的冲擊，在社會大環境的影響和制約下，步履蹣跚。到 1991 年底，全市注册私營企業僅 428 家。在鄧小平南巡重要談話和中共的十四大精神推動下，北京市的私營經濟有了長足的發展。據市工商局統計到 1993 年 9 底，全市私營企業已發展到 3540 家，其投資者 6692 人. 雇工 50081 人。從行業分布上看，商業 1214 家、工業 1142 家、服務業 520 家，科技咨詢業 269 家、建築、飲食、修理等其他行業 395 家。

當前，北京市私營經濟的發展有以下三個特點：

1、企業規模不斷擴大、檔次、水平明顯提高。目前，全市私營企業注册資金已達 11.8 億元，户均 33.3 萬元，遠遠高于全國户均 15 萬元平均水平，并涌現出一批注册資金上千萬元的私企大户。如北京華普科技有限公司注册資金爲 2450 萬元。

1992 年，全市私營企業實現産值 1.14 億元，營業額 2 億余元. 納税 0.14 億元，比 1991 年增長 94%，其中納税 70 萬元以上的有 3 户。如金吉列制衣有限公司以其産品檔次高，質量好，款式新，品種多赢得了市場，成爲年納税額 130 萬元的本市私營企業第一納税大户。

經過數年的資本積累和私營企業經營範圍限制的松動，少數私企大户開始向跨行業經營和集團化的方向發展。如原經營餐飲業的科源酒家在有關部門的支持下，已涉足輕型飛機制造業；北京通産物業投資(集團)有限公司已投入運營，經營範圍涉及輕紡、印染、房地産開發等多行業，其他幾家集團公司也在籌備中。

2、起點高、潛力大。據本市私營企業抽樣調查顯示，私營企業投資經營者中有大專以上學歷的占 35%. 高科技型企業占私營企業總的 7.6%，其投資經營者有的具有博士、博士后的學位。

一些私營企業以其産品檔次高，技術含量大而具有較强的發展后勁。如北京用友電子財務技術有限公司開發的財務軟件，得到國家財政部的認定，已在各企事業單位廣泛使用. 和洋民用品新技術研究所所長何陽，爲某筷子廠提的一條建議，使該廠獲利 50 萬元，被譽爲“口吐黄金”的人，光潔機械有限公司以其獨特的抛光工藝，使亞運會火炬和天安門廣場新旗竿熠熠生輝，企業數量和科技水平均居全市之首的海澱區的私營企業，僅在北京第二届國際博覽會，全國科技展覽會和全國醫療機械博覽會上，就榮獲三項金獎和四項銀獎。

3、面向全國，走向世界，隨着對内搞活，對外開放的不斷深化和市場競争的日趨益激烈，本市部分私營企業已開始向外省市發展，并積極謀求與外商合資、合作或向境外發展。如北京用友電財務技術有限公司在外省市設立了十余家分支機構、北京光翌遮陽篷有限公司等 11 家私營企業已實現了中外合資經營，本市私營企業年出口創匯額達 526 萬元，御龍閣民族首飾已在阿聯酋、肯尼亞等國開設了分廠(店)。

(二)

隨着改革開放的深入，私營經濟發展的政策環境正在逐步寬松，私營經濟正處于加快發展，上規模、上檔次的黄金時期。但目前仍有一些因素阻礙着私營經濟的健康發展。

從私營經濟發展的外部環境上看，最突出的是社會偏見和由此引發的某些政府工作人員在掌握和執行政策中出現的偏差。如當前理論界在私營經濟的性質、地位、私營企業投資經營者的社會屬性等重大理論問題上分歧很大。在其姓“社”姓“資”的問題上争論不休，莫衷一是，造成社會各界對私營經濟存在與發展的合理性、必要性認識不清，心存疑慮。某些政府工作人員特別是基層領導幹部，長期受"左"的思想影響，自覺不自覺地把私營經濟看作"異已"力量，擔心私營經濟的發展會冲擊公有制經濟的主體地位；認爲私營企業主靠剥削僱工的剩余價值致富，造成社會分配不公，發展下去會導致兩極分化，把私營經濟看成假冒僞劣、偷税漏税、坑騙行賄、吸毒嫖娼等社會不良風氣之源和整頓、打擊的主要對象。基于這些偏見，某些政府部門在執行政策時，對私營經濟往往采取寧"左"勿右，寧緊勿松的態度，重監督，輕扶植，重收費、輕服務，使私營企業貸款難、用地難、出國難、工資、場租等税前列支標準過低等問題長期得不到解決，嚴重阻礙了私營經濟的發展。如有的銀行信貸員公開講：貸款給公有制企業保險，幾十萬、上百萬元貸款長期收不回來也没事，貸款給私營企業有風險，萬一收不回來没法交代。某區的房管部門在商業區改造中，憑借公房管理權向願意在改造后仍回原地區經營的私營、個體承租者收取高額租金，險些激化矛盾，影響社會安定。有的區甚至明文規定，個體、私營企業的運輸車輛一律噴涂黄色車頭，印上×××街道個體運輸的標記。這種明顯帶有歧視性的規定，既嚴重傷害了私營企業投資經營者的感情，又留下了有關部門亂收費、亂罰款的隱患。至于某些政府部門對企業的亂攤派、亂"集資"，以及吃拿卡要、敲詐勒索等行業不正之風，對私營企業的危害較國有、集體企業則更甚一籌。私營企業投資經營者普遍反映：政府有關部門對私營企業管卡壓的多，支持幫助的少. 伸手要錢的多，關鍵時刻扶一把的少。據私營企業投資經營者反映，目前對私營企業的亂攤派、亂收費不下 30 種，企業對此無力抵制，敢怒不敢言，只好花錢買平安。特别是一些經營食品批發和餐飲業的私營企業，面對政府管理人員的頻頻光顧，并帶親友來輪番品嘗和"吃不了兜着走"，感到苦不堪言。

從制約私營經濟發展的内部因素看，一方面，社會的偏見和某些刁難，給從事私營經濟活動的人造成了很大的心理壓力，使私營企業投資經營者對黨的政策心存疑慮，不敢或不願放手擴大再生產，有的深感社會地位低下，對企業的産值、營業額、利潤率、個人收入、社會關系等諱莫如深，不願公開私營企業的身份。據本市私營企業抽樣調查顯示，自認爲社會聲譽處在社會中、下水平的佔 50%. 自報産值(營業額)、毛利潤、個人收入明顯偏低的幾近百分之百個别私營企業經營額逐年萎縮。他們對按不同經濟成分制定不同的經濟政策反映强烈，呼籲在市場上不同經濟成分應平等競争。對于政府領導對待外資與内資的不同態度和給"三資"企業特殊優惠政策極不理解，認爲"是寧與友邦，不與家奴的洋奴意識作祟"。私營企業投資經營者的這種心態反映在企業行爲上，就出現了"戴紅帽子"(挂靠全民、集體企事業單位)。"戴小帽子"(個體大户不注册私營企業，以保留個體勞動者身份)。"戴洋帽子"(尋求與外商合資，或是先入外籍再回國辦企業，或是把資金轉移到國外再向國内"投資")等現象，以求自我保護。多年來，雖然政府有關部門一再强調清理假集體、假合資、但收效甚微，其根本原因就在于私營企業由于在税收、貸款、經營範圍、産品銷售、高科技企業認定和職稱評定等方面，與其他所有制企業的不平等待遇，爲尋求發展被"逼良爲娼"。掛靠單位則由于坐收管理費等好處而"見利忘義"。北京市工商局在今年的年檢中發現，有些已從假集體中轉出來的私營企業又轉了回去。據有關部門估計，目前在北京市的鄉鎮企業的校辦、福利企業中，私營企業占有相當大的比重. 而在改革中大量涌現的民辦企業則大多數是私人出資、經營的。隨着這些企業的發展壯大，現已初露端倪的企業産權糾紛、民事責任不清、國家税收流失等問題將更加突出，這不能不説是某些政策導向的結果。

另一方面，私營企業囿于投資經營者的自身素質和對利潤最大化的追求，以及受社會上某些錯誤思潮的影響，在其發展過程中也出現了一些值得注意的苗頭。

1、部分私營企業的投資經營者文化素質較低，社會經歷複雜，缺乏企業管理經驗，導致不少企業處于家族式經營管理的低層次，經營效益欠佳，缺乏后勁。個别具有相當規模的企業，從投資者、經營者到財會等主要管理人員，都有宗、姻親關係。有的企業靠哥們兒義氣、給高級管理人員内部股份或高待遇維繫企業核心層的"團結"，但不少企業内部仍然經常鬧"地震"，餘波經久不息。某知名的高科技私營企業由于高級管理人員對企業産權的"共享意識"得不到滿足，發生了"裂變"，并仍有"連鎖裂變"的可能。這類問題既是令私營企業老闆最頭疼、最擔心的. 又嚴重制約了私營企業管理水平的提高，延緩了其上檔次的進程。

2、在私營經濟的迅猛發展中，出現了魚龍混雜、泥沙俱下的傾向，從海澱區工商局私營企業年檢結果看，部分已注册的私營企業存在着"四個不實"。一是場地不實。有的私營企業爲了注册，花錢買個注册地點，實爲"空頭廠(店)，這類找不到人員和地點的公司有 18 家，占 6.67%。二是資金不實。有的私營企業找有關單位出具存款證明，注册后資金不到位，或根本無資金。這樣的企業有 31 家，占 11.7%。三是法人不實。有的人是借親友之名注册私營企業，他們在經營私企業的同時，仍端着"鐵飯碗"或干着别的企業。這樣的私企占 10%左右。四是收入不實。除一般的少入帳、現金交易不入帳等原因外，在辦私營企業的同時，又注册掛靠的國營、集體企業、合資企業、或承包經營其他企業，將私企收入轉入有税收優惠的其他企業，也是其收入不實的原因之一。另據調查，個别私營企業在經營中確實存在着制售假冒僞劣產品、偷税漏税、坑騙客户和消費者的不法行爲，僅市工商局在今年的私營企業年檢中，就發現有違章違法行爲的私營企業 46 家。有的甚至不惜花重金，在軍界高層領導中聘請“顧問”，以謀求庇護，并獲取更大利益。這些問題的存在不僅破壞了社會經濟秩序，侵害了國家和消費者的利益，也嚴重敗壞了私營企業的聲譽，爲大量守法經營的私營企業家所不齒，并强烈要求政府依法予以嚴懲。

3、部分私營企業，特别是建築、加工工業企業在利潤最大化的驅使下，利用“民工潮”的冲擊，大量廉價僱傭民工。工人的勞動時間長，强度大、勞動條件差，如不改變將可能造成私營企業内部勞資矛盾的産生與激化。

4、部分私營企業投資經營者在經濟上站穩脚跟后，開始了在政治上的追求，他們有的認爲“搞活國有大、中型企業的根本出路在于私有化”，有的不甘于“補充”的地位，提出搞市場經濟“必然會使私營經濟成爲國民經濟的主體”。有的公開提出“剩餘價值是不變資本與可變資本共同創造的。私營企業家以投資取利，無剥削可言”。有的甚至揚言，將來産業大了，花上兩千萬，就可以“捐個政協委員”。值得注意的是，某些理論界人士在一些涉及馬克思主義基本常識的問題上也陷入了混亂。

（三）

爲了保證私營經濟沿着社會主義軌道健康發展，充分發揮其在建立和完善社會主義市場經濟體制，發展社會生產力中的積極作用，抑制其消極作用，迫切需 要加强對私營經濟的管理和疏導工作。從我們掌握的情况看，當前亟待解决的問題有如下四個方面。

1、加强對中國私營經濟的理論研究，盡快明確私營經濟在我國社會主義初級階段的性質、地位和私營企業投資經營者的社會屬性，從根本上更新社會觀念，根治“恐私症”，爲私營經濟的發展創造良好的社會政治環境。

中共中央 15 號文件曾明確指出：“對現在的私營企業主，不要和過去的民族工商業者簡單地類比和等同，更不是要像五十年代那樣對他們進行社會主義改造。”從私營經濟的性質上看，在社會主義初級階段，私營企業既有生産資料私人佔有，生産中投資者與工人是僱傭關係，實行按資分配等資本主義生産關係的一面；又有生産資料社會化，工人作爲社會成員享有社會財産的所有權，有的（如民工）還享有土地等生産資料，投資者收益受國家調控，并與公有制經濟密切聯繫等社會主義生産關係的一面，因而具有國家資本主義的性質。所以，在人民民主專政的條件下，我國私營經濟應定性爲社會主義經濟的有機組成部分。從私營經濟在國民經濟中的地位上看，私營企業無論在資本數量、企業規模、經營範圍，還是在産值（營業額）所占的比重上，都處于補充地位，而在社會主義初級階段，這種補充作用是必要的和有益的。從私營企業投資經營者的社會屬性看，據本市私營企業抽樣調查顯示，他們中的絶大多數人生長在新社會，受黨的教育多年，有一定的社會主義覺悟；在興辦私營企業前，85％的人曾在公有制企事業單位工作，其親友也大多有公職，因而與工人、農民和知識分子有着天然的聯繫。他們在私營企業中既是投資者、所有者、又是從事管理、技術和經營等複雜勞動的勞動者，理應屬于在社會主義市場經濟條件下將逐漸形成的管理者（企業家）階層，是社會主義勞動者的一部分。基于這一認識，現階段私營經濟政策的制定就應建立在團結、、幫助、引導、教育其愛國、敬業、守法、鼓勵其積極發展的基點上，而不是象五十年代那樣搞利用、限制、改造。

2、加强宏觀調控，及時、適當地加强疏導，將私營經濟的發展納入國民經濟發展的統一規劃之中。各級計委、經委等政府管理部門應從私營經濟將在社會主義市場經濟條件下迅猛發展的基點出發，及時將私營經濟納入宏觀調控的範圍，在其資金投向、産業結構。再生産投入等方面給予適當的指導，以減少其發展的盲目性，使之更好的發揮公有制經濟的補充的作用。

在私營企業的管理上，目前存在着工商、税務等諸多政府部門各管一段，誰都可以管，又都可以不管，以至對私營企業“家底”誰都説不清的弊端。爲此，有人（包括部分私營企業投資經營者）提出建立私營企業局，在諸多政府管理部門中發揮綜合協調作用的建議。我們認爲在建立社會主義市場經濟體制的新形勢下，再成立政府的私營經濟主管部門，既不符合政府轉變職能，變對企業的直接管理爲宏觀調控的要求，又極可能窒息私營經濟的生機與活力，是不可取的。應該從建立適應市場運作機制的社會中介組織入手，爲私營企業找“娘家”而不是找“婆家”。要充分發揮工商聯和各類行業協會等民間經濟社團橋梁、助手作用，走按地域建立私營企業同業公會、行業協會的新路子，在政企分開的基礎上，進一步實行政群分開，通過同業公會、行業協會和商會組織的建立，形成“内行管行内”的中觀管理層，并充分發揮這類社會中介組織在評議物價、税收、調解企業糾紛，維護市場秩序. 組織學習交流，提高企業經營管理水平，宣傳貫徹黨和政府的方針、政策、反映成員企業的意見，維護其合法權益的自律作用。

目前、北京市一些私營企業經過了幾年的發展,已積聚了一批資金、技術成果和 經營管理人才,正處于擴大企業規模,在經營管理和技術,產品等方面上檔次、上水平的關鍵時期,迫切需要政府有關部門扶一把。因此,我們應加强對現有私營企業的分析,選擇有發展前途的企業,在資金、經營用地等方面給予重點扶植,樹立一批有代表性、在全國叫得響的私營企業的典型,以帶動和引導全市私營企業的健康發展。

3、爲不同所有制企業的發展創造平等的市場競争環境。首先,要從市場經濟是法制經濟的基點出發,逐步制定符合社會主義市場經濟要求的,統一的法律規範,如公平競争法、税法等,使各種經濟成分的發展都具有法律保證。其次,要擯弃按所有制區别,制定不同政策的傳統作法,消除不同經濟成分在適用政策上的“種姓差别”,使不同所有制的企業平等地參與市場競争。政府只應對亟待發展的“瓶頸產業”制定特殊的優惠政策,并保證對從事這類產業的不同所有制企業一視同仁,以徹底改變不同所有制企業靠不平等的優惠政策“競争”的局面,進入靠產品質量、品種、服務競争的良性循環。第三,在認真研究、比較公有制企業與私營企業各自的優勢和劣勢的基礎上,按照黨的十四大提出的“多種經濟成分長期共同發展,不同經濟成分還可以自願實行多種形式的聯合經營”的要求,積極進行股份合作,國有民營等社會主義市場經濟條件下,“公私聯營的試點,探索不同所有制企業優勢互補,長期共同發展的新模式和新方法,促進社會生產力的發展。

4、切實加强對私營企業投資經營者的思想政治工作。首先,要明確做私營企業投資經營者的思想政治工作是各級黨委和政府部門的共同任務,工商聯只是黨和政府的助手。其次,要切實改進思想政治工作的方法,將思想教育寓于各部門的業務活動和爲私營企業提供政策、經濟、法律等各項服務之中。第三,充分發揮輿論導向的作用。一方面,恰如其分地宣傳報道私營經濟在改革開放,發展經濟中的地位和作用,逐步扭轉對私營經濟的社會偏見;另一方面,實事求是地反映私營經濟存在的各類問題,對私營企業投資經營者錯誤的思想傾向也要及時、善意地給予批評、幫助、以引導、教育私營企業投資經營者自强、自尊、自律,在社會上樹立起其全面、客觀、公正的良好形象。

總之,在社會主義初級階段,私營經濟適應我國多層次社會生產力水平的客觀要求而重新出現,有其歷史的必然性。社會主義市場經濟體制的確立,爲私營經濟的發展提供了廣闊的天地。可以預期,隨着社會主義市場經濟的建立和完善,私營經濟必將逐步發展壯大,在繁榮市場、安置就業、方便群衆、增加財政收入,加强經濟發展等方面,發揮日益重要的補充作用,并作爲社會主義市場經濟最早的實踐者和有機組成部分,在計劃經濟體制向社會主義市場經濟體制的轉變中發揮積極的示範作用。同時,對私營經濟所固有的自發性,盲目性和私有化傾向也不能低估。正確的方針是:在積極鼓勵、扶植私營經濟發展的前提下,做好團結、幫助、引導、教育工作,以保證私營經濟沿着社會主義軌道持續、健康地發展。

調研報告

《全國首次私有企業抽樣調查及數據分析》及《1992 年中國一百家最大的制造業私營企業排序》除報告中已署名外，由下列各有關課題組調研員共同完成。

北京：李燕平　江述高
山西：郭　鋭　閻小紅
沈陽：李　申
長春：劉景德
上海：曹振興　馬炳榮
浙江：陳慶風
廈門：林偉民
青島：黄建青
武漢：宋　靖
廣州：張德威　潘振漳
海南：伍世伴　譚　輝
成都：覃孝永
雲南：馬文章
甘肅：李景洲
新疆：盧　佾

天津：賈榮典
内蒙古：李三斌
大連：方英姿
黑龍江：杜國政
江蘇：孫建昌
安徽：盧菊芳
江西：王迪洪
河南：楊龍馳
湖南：彭杰菊
深圳：陳美瑾　郭啓富
廣西：鄧壬富
重慶：伍志安
陝西：蔣土山
青海：馬中逵
西藏：强　巴　張志强

河北：王鴻志
遼寧：安乃富
吉林：王貴祥　趙書全
哈爾濱：孫玉興
南京：吴志逵
福建：安建敏
山東：趙延彤
湖北：王廷良
廣東：吴鐵遠
珠海：何　平
四川：史風鳴
貴州：郝冠華
西安：李兆海
寧夏：張　琪

全國首次私有企業抽樣調查數據及分析

《中國私有企業主階層研究》課題組

自從七十年代末、八十年代初中國實行改革開放政策以來，私有企業在大陸重新出現并發展起來。1988年4月，全國人民代表大會通過憲法修正案規定："國家允許私營經濟在法律規定的範圍內存在和發展。……國家保護私營經濟的合法的權利和利益，對私營經濟實行引導、監督和管理。"同年6月國務院頒布了《中華人民共和國私營企業暫行條例》，工商行政管理部門開始對私營企業進行登記、注册工作。根據條例，"私營企業是指企業資産屬于私人所有、雇工8人以上的營利性的經濟組織"。1993年底，私營企業在法律文件中改稱爲私有企業。

從1989年起，私有企業的經營狀況在國家工商行政管理統計中單列。

表1　全國私有企業户數和從業人員的變化①

年　份	户　數	投資者人數	雇工人數
1989	90581	214224	1640051
1990	98141	224131	1478062
比上年增幅	＋8.3％	＋4.6％	－9.9％
1991	107843	241394	1597556
比上年增幅	＋9.9％	＋7.7％	＋8.1％
1992	139633	303095	2015347
比上年增幅	＋29.5％	＋25.6％	＋26.2％

表2　私有企業的城鄉、地區和行業分布②

年份		按城鄉分		按地區分③			按行業分								
		城鎮	農村	東部	中部	西部	工業	建築業	交通運輸業	商業	飲食業	服務業	修理業	科技咨詢業	其它
1989	户數	32952	57629				62795	3342	1113	17089	1454	1322	1595	524	1347
	占總户數比例	36.4%	63.6%				69.3%	3.8%	1.2%	18.9%	1.6%	1.5%	1.8%	0.6%	1.5%
1990	户數	37701	60440	67903	19681	10539	67293	3141	1259	19372	1594	1617	1831	537	1497
	占總户數比例	38.4%	61.6%	69.2%	20.1%	10.7%	68.6%	3.2%	1.3%	19.7%	1.6%	1.6%	1.9%	0.5%	1.5%
1991	户數	45190	62653	76009	19918	11916	72585	3194	1347	22378	2002	2157	1942	936	1302
	占總户數比例	41.9%	58.1%	70.5%	18.5%	11.0%	67.3%	3.0%	1.2%	20.8%	1.9%	2.0%	1.8%	0.6%	1.2%
1992	户數	65987	73646	97508	26520	15615	87143	4088	1612	33626	2934	3878	2138	2348	1866
	占總户數比例	47.3%	52.7%	69.8%	19.0%	11.2%	62.4%	2.9%	1.2%	24.1%	2.1%	2.8%	1.5%	1.7%	1.3%

從表1、表2可以看出：

1. 幾年來，私有企業的户數、從業人員數不斷增長，1992年更是一個飛躍，遞增速度大大超過前幾年，標志着私有企業進入了一個發展新高潮中。

---

① 資料源自國家工商局的統計數據。
② 資料源自國家工商局的統計數據。
③ 東部地區包括：北京、天津、上海、遼寧、河北、山東、江蘇、浙江、福建、廣東、海南、廣西十二省、市、自治區。中部地區包括：黑龍江、吉林、內蒙、山西、河南、湖北、湖南、江西、安徽九省、自治區。西部地區包括：陝西、甘肅、寧夏、青海、新疆、四川、貴州、雲南、西藏九省、自治區。

2. 由于農村在提供多余勞動力、經營場地、天然資源等方面條件比較好，因此農村私有企業所占比重較大，但近年來，城鎮私有企業數量增長更快，截至 1993 年中期，户數已占半數以上。

3. 私有企業行業分布中，第二産業（工業、建築業）比例較高，但第三産業（流通、服務部門各業）比例逐年上升，尤其一些高新科技咨詢業發展更快。

4. 私有企業的地區分布很不平衡。經濟比較發達的東部沿海省份私有企業起步早、發展快，僅廣東一省私有企業户數即占全國總户數的 23.9%，是整個西部地區各省、自治區總和的 2.1 倍。這種地區之間的發展差距，近年來未見縮小。

由于私有經濟已經成爲我國經濟生活中重要的組成部分，發展迅猛而内部差异又很大，有必要比較準確、全面地了解私有企業發展現狀，爲此由中國社會科學院社會學研究所和全國工商業聯合會研究室牽頭組成了《中國私有企業主階層研究》課題組，進行了本次私有企業調查。

本次調查分爲三個階段：1993 年 5－6 月設計調查方案和問卷，組織各省、市、自治區的調研隊伍并進行必要的培訓；7－9 月實施入户調查，由調查員走訪私有企業主并填寫調查問卷；10－12 月，問卷集中到北京進行數據統計和分析。本次調查共發放 1700 份問卷，回收有效問卷 1440 份，回收率爲 84%。調查、統計的時點統一爲 1992 年年底。

本次調查具有如下特點：

1. 這是自私有企業恢復以來，首次在全國所有省、市、自治區内進行的大規模抽樣調查。抽樣方案規定各省、市、自治區按照私有企業城鄉、行業分布比例，并按照企業生産、經營規模抽取樣本單位。

2. 調查由各省、市、自治區的工商聯研究室負責實施，由于不代表行政管理部門，并且相當一部分私有企業爲工商聯成員，因此被調查業主思想顧慮較少，反映情况較爲真實，使得本次調查得到許多以前不爲人察知的重要信息。

3. 本次調查内容不僅包括私有企業的經營狀况，并且把私有企業主的社會屬性作爲調查的重點之一。爲了比較完整地把握私有企業現象，對調查結果進行了社會學和經濟學的綜合分析。

一、 私有企業主群體構成和社會流動

1. 性别

被調查私有企業主中，男女性别比爲 900：100，在城鎮這一比例爲 857：100，在農村爲 1463：100。

2. 年齡

表 3　私有企業主年齡構成①

年齡（歲）	25 以下	25－35	35－45	45－55	55 以上	合計
人數（%）	1.6	20.5	43.0	23.6	11.3	100.0

私有企業主平均年齡 42.9 歲，比 1990 年全國人口普查 15－64 歲在業人口平均年齡 33.1 歲② 高出近十歲，説明領導一個企業需要比較豐富的閱歷和經驗，因此企業主年齡普遍偏大，以中年人爲主。但東部地區年齡結構較爲年輕。

3. 文化程度

私有企業主群體與全國在業人口相比較，文化素質是比較高的。

表 4　私有企業主文化程度及與全國在業人口比較（%）

文化程度	文盲	小學	初中	普通高中	職業高中	中專	大專	大學本科	研究生	合計
被調查私有企業主	1.0	9.9	36.1	26.3	2.7	6.9	11.7	4.9	0.6	100.0
全國在業人口③	16.9	37.8	32.3	9.0		2.1	1.2	0.7		100.0

① 本調查報告統計表中組界含下界不含上界，例如 25－35 歲，是指 25 歲（含 25 歲）以上，35 歲（不含 35 歲）以下。
② 根據《中國 1990 年人口普查 10% 抽樣資料》第 290 頁表 6－3 計算。
③ 根據《中國統計年鑒 1993 年》第 87 頁表 3－7 計算。

農村私營企業主文化水平比城鎮的要低,60%以上是初中以下文化。從地區分布來看,東部地區企業主文化素質普遍較高,但其中受過高等教育的比例反較中、西部低一些。文化程度是與年齡有關的,年齡組越大,文化水平越低,最高的是 25—35 歲組。

4. 社會流動和社會關系網絡

(1)社會流動

私有企業主在創辦企業前的職業是什么,這是引起關注的問題。

表 5　城鄉私有企業主開業前原職業分布(%)

原職業	專業技術人員	各級干部	工人	商業服務業人員	軍人	農民	個體户	其它	合計
城鎮企業主	12.1	22.1	25.2	7.6	1.2	17.2	9.2	5.5	100.0
農村企業主	4.1	17.0	11.6	2.7	0.7	53.5	6.1	4.1	100.0

在城鎮開業私有企業主中有 7.9%曾任過機關、企事業單位科級以上干部職務,21.9%的人曾任企業中各級管理人員,6.6%曾是企業供銷人員,2.5%曾經承包承租過國有、集體企事業,4.2%曾任村干部;在農村開業的企業主中,曾在機關、企事業單位中任過科級以上干部職務的占 2.5%,18.7%的人曾在企業(多數爲鄉鎮企業)中作過管理人員,6.4%曾是企業供銷人員,1.9%有過承包承租國有、集體企業(主要是鄉鎮集體企業)的經驗,17.3%是原來的村干部。

表 6　城鄉私有企業主開業前原單位所有制結構(%)

原單位所有制	國有企業	城鎮集體企業	三資企業	鄉鎮企業	聯營企業	民辦、私有企業	無工作	農户、農村集體	合計
城鎮企業主	36.4	19.3	0.9	7.4	12.3	9.5	3.2	11.0	100.0
農村企業主	7.4	8.1	0.0	12.2	13.5	6.8	2.0	50.0	100.0

由于城鄉所有制結構有很大差别,因此城鄉企業主開業前的單位所有制很不相同。

表 7　私有企業主開辦企業目的(%)

開業目的		在原單位無法發揮自己的能力	多掙錢	尋找一個穩定的工作	與原單位領導關係不好處	合計
人數(%)		56.8	19.9	18.0	5.3	100.0
原單位所有制	國有企業	74.0	16.6	3.9	5.5	100.0
	城鎮集體企業	58.4	25.9	10.7	5.1	100.0
	鄉鎮企業	48.9	20.5	23.9	6.8	100.0
	私有企業	23.8	27.5	43.8	5.0	100.0
	無業或農民	21.8	10.9	66.0	1.7	100.0

原來有工作的人離職開業最主要的原因是感到自己的能力没有得到施展的機會,尤其在國有企業中,這一比例竟

高達四分之三，再加上感到人際關係難處的比例，人才流失五分之四是出于管理體制上的原因。農民和城鎮無業人員最主要的創業動機是求一穩定的工作。

爲了達到創業目的，他們通過表 8 所列的途徑離開了原來的工作單位。

表 8　私有企業主離開原單位的方式

離職方式		辭職	自行離職	離、退休	病退	被除名	被開除
人數(%)		30.4	19.2	5.9	2.2	1.1	0.1
原單位所有制	國有企業	38.9	18.2	10.8	3.5	1.6	0.2
	集體企業	41.0	28.2	6.6	1.8	0.9	0.0
	鄉鎮企業	30.0	38.0	5.0	2.0	0.0	0.0
	私有企業	19.8	14.3	0.0	0.0	0.0	0.0

(2)社會主要關系網絡

①父親

表 9　私有企業主父親的職業分布(%)①

職業	專業技術人員	各級干部	工人	商業服務業人員	軍人	農民	個體户	其它	合計
城鎮企業主父親	9.4	19.4	17.4	10.1	1.6	35.2	3.1	3.8	100.0
農村企業主父親	3.3	7.9	7.9	6.0	2.6	68.9	2.0	1.3	100.0

②配偶

表 10　私有企業主配偶的職業分布(%)

職業	專業技術人員	各級干部	工人	商業服務業人員	軍人	農民	個體户	其它	合計
男企業主的妻子	7.0	17.0	20.0	9.6	0.1	18.9	13.1	14.2	100.0
女企業主的丈夫	14.4	27.1	12.7	4.2	0.0	11.9	16.9	12.7	100.0
城鎮企業主配偶	8.2	18.8	20.1	10.0	0.1	14.3	14.2	14.3	100.0
農村企業主配偶	3.6	10.1	13.7	2.9	0.0	49.6	7.2	12.9	100.0

③子女

表 11　私有企業主已就業子女職業分布(%)

職業	專業技術人員	各級干部	工人	商業服務業人員	軍人	農民	個體户	其它	合計
城鎮企業主子女	18.9	23.9	15.8	9.3	3.2	10.3	11.8	6.7	100.0
農村企業主子女	8.5	15.5	18.3	1.4	1.4	24.0	15.5	15.5	100.0

① 如私有企業主父親已離、退休，則按其最后一個職業統計。

④關係最密切的親戚

表 12　　私有企業主親戚的職業分布(%)

職　　業	專業技術人員	各級干部	工人	商業服務業人員	軍人	農民	個體户	其它	合計
城鎮企業主親戚	13.2	37.9	11.5	2.8	8.3	16.5	7.1	2.8	100.0
農村企業主親戚	6.4	31.2	7.2	1.6	0.8	49.6	3.2	0.0	100.0

這些親戚中,任科級以上干部的有 21.9%,鄉鎮負責人有 0.7%,村負責人有 3.4%,企業負責人有 14.2%,是國有、集體企業承租、承包人的 2.4%,企業中層管理人員占 6.2%,一般管理人員占 4.8%

⑤往來最多的朋友

表 13　　私有企業主朋友的職業分布(%)

職　　業	專業技術人員	各級干部	工人	商業服務業人員	軍人	農民	個體户	其它	合計
城鎮企業主朋友	17.5	42.4	8.9	9.8	1.4	7.9	9.4	2.9	100.0
農村企業主朋友	12.9	39.4	3.0	6.1	0.8	28.8	6.8	2.3	100.0

朋友中是科級以上干部的有 25.9%,鄉鎮負責人 0.8%,村負責人 1.3%,企業負責人 19.1%,國有、集體企業承租、承包人 2.9%,企業中層管理人員 5.9%,一般管理人員 5.7%,這些人占私有企業主關係最密切朋友的三分之二。

5. **結論**

(1)私有企業主中男性遠遠多于女性,在經辦私有企業這樣需要付出沉重的智力、體力代價,并較具風險的事業中,今天男性還是處于主導位置上。私有企業主作爲總體觀察,年齡偏大,文化素質較好,是頗具特色的社會新群體。

(2)從五十年代中期我國完成工商業社會主義改造以來,近 30 年時間里中國大陸没有私有企業,因此現在出現的這一代私有企業主與過去的有産者没有血緣關係,絶大多數人也不曾有過作爲資産者的經歷。恰恰相反,在過去計劃經濟體制下無論經濟收入、社會聲望都居全社會前列的是干部、技術人員,私有企業主中相當多的一批人曾是這些隊伍中的成員(在城鎮高達三分之一,在農村也有五分之一强)。城鎮企業主另一重要來源是工人、商業、服務業人員,城市無業閑散人員所占比重是很低的。無論城鄉,來自農民的私有企業主比例都相當高(尤其在農村企業主中要占一半以上)。這反映了農村推行家庭承包責任制以后,農業生産發展,農民收入提高,出現了剩余資金并投向農業以外的行業,部分家庭經營規模擴大,出現了雇傭勞動形式,雇工人數增多后,發展成爲私有企業,一部分農民就成爲私有企業主。如果從時間上看,部分工人、尤其是農民在計劃經濟向市場經濟轉型之初,后顧之憂相對較少,在 1988 年以前就已開始個體經營,規模擴大后較早轉變成私有企業主,而原來的干部、專業技術人員進入私有企業主行列較晚,是在 1989 年以后才逐漸增多的。

雖然相當多私有企業家族制管理色彩很濃,但真正開“夫妻店”的比例并不高,農村企業主的配偶多數仍是農民,而城鎮企業主的配偶多數仍在其它所有制單位從事原來的職業。作爲一個家庭,相當多的情況下仍是“一家兩制”,脚踩在兩只船上,仍未擺脱與原職業、原單位所有制的聯係。

私有企業主下一代中成爲專業技術人員和干部的比例相當高,子承父業的比例也不低,但并不是子女們的第一選擇。當然,由于私有企業主的子女多數尚未成年,因此,他們是否繼承父輩的事業和財産還有待進一步觀察。

(3)無論在城鎮,還是在農材,私有企業主的社會關係網絡中,干部比例相當高,大約政府各部門的干部和企業管理干部各占一半。從這一側面可以看出今天私有企業的發展在很大程度上決定于政府、國有企業與私有企業之間的互動關係。因此,私有企業主在刻意織造這張以各級各類干部爲主的關係網絡。由于專業技術人員可以在技術與管理方面幫助私有企業，因此也就成爲私有企業主關係最密切的第二大職業群體。倒是私有企業主自身之間往來聯係相當有限，目前尚不具備建立自己意識形態和獨立組織的前提條件。

二、 私有企業經營狀况

研究私有企業經濟指標時，需要選用代表性數據來表示一般水平，通常選用的是平均數。但是由于私有企業之間存在着很大差异，不同企業的同一指數往往呈偏態分布，少量畸大或畸小的極端數據往往使平均數值受過大影響而失去代表性，因此本報告在分析數據時，較多選用了中位數，即用所有數據中大小居中的值來表示一般水平，在一些指標中同時列出了平均數與中位數，兩個數值的差异可以在一定程度上提示數據分布的偏斜程度。

1. 私有企業的發展變化

(1)開業年數

在 1988 年《私營企業暫行條例》頒布前，私有企業被稱爲"雇工大户"、"雇工企業"等，隱形在專業户、個體工商户、新經濟聯合體等名下，本次被調查的私有企業中有 51.9%就是開辦于 1988 年之前，屬于這種情况。截至 1992 年底，所有被調查私有企業平均開辦 5.8 年，中位數爲 5.1 年。

表 14　被調查私有企業開辦年份

開辦年份	1988 以前	1988	1989	1990	1991	1992	合計
户數(%)	51.9	12.2	11.7	7.9	7.4	9.0	100.0

(2)注册資金變化

表 15　私有企業開辦時注册資金

注册資金(萬元)	2 以下	2—5	5—10	10—20	20—50	50—100	100 以上	合計
户數(%)	23.1	18.4	15.2	16.1	15.2	8.0	4.0	100.0

開辦時注册資金中位數是 5.2 萬元。

表 16　私有企業 1992 年注册資金

注册資金(萬元)	5 以下	5—10	10—20	20—50	50—100	100—500	500 以上	合計
户數(%)	12.2	9.4	14.5	21.2	19.0	19.8	4.0	100.0

1992 年注册資金中位數是 31.0 萬元，較開辦時注册資金中位數增加了 5.0 倍。

(3)實際使用資金變化

①實際使用資金

私有企業實際使用資金可分爲固定資産與流動資金兩大部分。

表 17　私有企業開辦時實際使用資金

實用資金(萬元)	2 以下	2—5	5—10	10—20	20—50	50—100	100 以上	合計
户數(%)	11.8	18.5	16.5	20.7	19.0	11.4	2.1	100.0

企業開辦之初，實際使用資金中位數是 10.0 萬元，是當時注册資金的 1.9 倍。

表 18　私有企業 1992 年實際使用資金

實用資金(萬元)	5 以下	5—10	10—20	20—50	50—100	100—500	500 以上	合計
户數(%)	0.5	6.8	15.0	25.3	18.7	31.6	2.1	100.0

1992 年實際使用資金中位數爲 55.0 萬元，已相當企業開辦時實際使用資金中位數 5.5 倍，也相當 1992 年當年

注册資金中位數的 1.8 倍。

在不同類型企業中，有限責任公司實用資金最多，合伙企業次之，獨資企業最少。在不同行業中，以交通運輸業、服務業[①]、科技咨詢業[②] 實用資金最多，工業、建築業在次，而飲食業和修理業較少。不同地區和城鄉私有企業之間在實際使用資金方面没有顯著的統計學差异。

表 19　不同類型私有企業實際使用資金分布(%)

實用資金(萬元)	10 以下	10—20	20—50	50—100	100—200	200—500	500 以上	合計	中位數(萬元)
獨資企業	18.4	13.8	20.6	18.4	15.8	10.8	2.2	100.0	45.9
合伙企業	15.0	11.5	23.5	18.5	19.5	9.5	2.5	100.0	50.0
有限責任公司	11.6	3.3	13.5	20.0	27.4	18.6	5.6	100.0	105.8

表 20　不同行業私有企業實際使用資金分布(%)

實用資金(萬元)	10 以下	10—20	20—50	50—100	100—200	200—500	500 以上	合計	中位數(萬元)
工　業	15.8	10.4	18.2	18.4	15.8	10.8	2.2	100.0	65.2
建築業	11.8	11.8	17.6	29.4	11.8	11.8	5.9	100.0	65.0
交　通運輸業	12.0	4.0	20.0	24.0	16.0	16.0	8.0	100.0	79.2
商　業	11.9	17.9	23.8	19.1	13.6	11.9	1.7	100.0	45.5
飲食業	26.5	14.5	22.9	16.9	14.5	4.8	0.0	100.0	31.8
服務業	23.3	10.0	6.7	23.3	33.3	3.3	0.0	100.0	71.5
修理業	26.3	18.4	28.9	10.5	13.2	2.6	0.0	100.0	25.5
科　技咨詢業	17.0	4.3	21.3	19.1	19.1	10.6	8.5	100.0	69.4
其　它	20.0	5.2	19.1	18.0	21.9	13.7	2.1	100.0	68.6

在實際使用資金中，固定資産中位數爲 33 萬元，流動資金中位數爲 22 萬元。

②固定資産

固定資産值在不同地區和城鄉之間并無顯著差异，在不同類型企業中，有限責任公司遠較其它兩種形式企業爲多。不同行業私有企業擁有固定資金量也有很大差异，仍以交通運輸業、服務業較多，工業企業固定資金投入也很大，修理業最少。

① 服務業中包含旅館業等。
② 一部分從事科技研究、開發、生産一體化的企業也列在這一行業中。

表 21　不同類型、不同行業私有企業固定資金分布(%)

	固定資金(萬元)	5以下	5—10	10—20	20—50	50—100	100—500	500以上	合計	中位數(萬元)
按企業類型分	獨資企業	16.6	10.5	14.2	22.5	12.0	19.3	4.8	100.0	31.6
	合伙企業	15.9	7.2	14.0	22.7	15.0	20.3	4.8	100.0	37.0
	有限責任公司	7.2	4.1	12.6	20.7	19.8	29.7	5.9	100.0	63.6
按行業分	工　業	11.2	8.3	13.7	22.0	13.5	25.0	5.7	100.0	42.9
	建築業	8.1	8.1	24.3	21.6	5.4	21.6	10.8	100.0	33.2
	交通運輸業	0.0	3.7	7.4	33.3	22.2	22.2	11.1	100.0	62.6
	商　業	22.5	11.7	14.6	23.3	9.2	15.8	2.9	100.0	21.5
	飲食業	20.2	7.1	17.9	22.6	16.7	11.9	3.6	100.0	26.6
	服務業	20.3	10.1	8.7	17.4	24.6	17.4	1.4	100.0	38.8
	修理業	28.2	10.3	15.4	23.1	17.9	5.1	0.0	100.0	17.5
	科技咨詢業	15.4	9.6	11.5	21.2	11.5	25.0	5.8	100.0	39.1
	其　它	18.6	5.2	9.3	25.8	18.6	19.6	3.1	100.0	39.7

③流動資金

流動資金在不同類型、不同行業私有企業之間也有明顯差別。其中商業流動資金額較固定資産額差額不大，這是由于私有商業較多地采取了代銷、賒銷方式，節省了流動資金，并且一般都建有店鋪、倉庫，因此固定資産投入相對較高。

表 22　不同類型、不同行業私有企業流動資金分布(%)

	流動資金(萬元)	5以下	5—10	10—20	20—50	50—100	100—500	500以上	合計	中位數(萬元)
按企業類型分	獨資企業	19.5	14.3	18.6	24.5	10.8	10.8	1.3	100.0	18.7
	合伙企業	17.4	10.1	18.8	27.5	13.5	12.1	0.5	100.0	24.0
	有限責任公司	2.7	5.5	7.8	32.4	18.7	27.9	5.0	100.0	54.3
按行業分	工　業	13.6	11.6	14.9	26.9	12.6	17.8	2.6	100.0	31.0
	建築業	8.8	14.7	11.8	29.4	26.5	8.8	0.0	100.0	35.0
	交通運輸業	8.0	8.0	24.0	20.0	24.0	16.0	0.0	100.0	35.0
	商　業	12.6	12.1	23.5	23.1	17.4	10.1	1.2	100.0	22.3
	飲食業	36.9	15.5	19.0	19.0	4.8	2.4	2.4	100.0	9.2
	服務業	30.8	10.8	16.9	26.3	12.3	3.0	0.0	100.0	15.0
	修理業	39.5	10.5	21.1	26.3	0.0	2.6	0.0	100.0	10.0
	科技咨詢業	11.8	11.8	7.8	39.2	3.9	21.6	3.9	100.0	23.7
	其　它	16.8	11.6	20.0	26.3	9.5	14.7	1.1	100.0	21.8

④資金來源

下面分析私有企業資金來源和變化。

表 23　私有企業開辦時資金來源分布(萬元)

資金來源	繼承家業	勞動經營積累	合伙集資	親友借貸	銀行貸款	信用社貸款	集體貸款	私人借貸①	海外投資	其它	未答	合計
主要來源	7.8	45.3	12.1	16.2	5.5	5.2	1.0	1.4	3.0	1.0	1.6	100.0
次要來源	1.8	16.6	11.0	22.3	8.3	5.5	1.6	3.4	1.7	0.8	27.0	100.0
第三來源	2.1	6.5	4.6	10.8	6.5	5.0	1.7	7.7	1.1	0.8	53.2	100.0
合　計	11.7	68.4	27.7	49.3	20.3	15.7	4.3	12.5	5.8	2.6		
位　次	7	1	3	2	4	5	9	6	8	10		

私有企業開辦資金最重要來源是此前勞動、經營的積累，這與我們前面分析私有企業來源最早是農業家庭承包 $\xrightarrow{\text{勞動收入積累}}$ 經營它業(個體户) $\xrightarrow{\text{雇工增多}}$ 私營企業這一過程相一致。有三分之一私有企業在創業時，得到過銀行、信用社的信貸支持。

到了 1992 年，經過幾年的生産、經營，私有企業自有資金已經大爲增加，而銀行、信用社向私有企業發放信貸控制得越來越嚴格，所以資金結構已發生很大變化。

表 24　私有企業 1992 年資金來源分布(%)

資金來源		企業自有資金	親戚朋友借貸	銀行、信用社借貸	私　人借　貸	其　它
資金用項	基　建	55.9	14.8	18.2	7.8	1.4②
	固定資産購置	66.6	15.9	16.4	8.6	1.3
	流動資金	68.3	24.2	38.5	18.6	2.1
位　次		1	3	2	4	5

由于私有企業自有資金率高，對銀行的依賴性相對較少，因此，國家利用金融杠杆進行宏觀調控對它的作用就較弱，每當銀根緊縮時，私有企業受到冲擊相對較小。

但銀行貸款仍然是私有企業正常生産周轉和擴大再生産的最重要資金來源之一。中、西部企業得到銀行貸款的比例比東部高，資金來源比較狹窄。農村私有企業又比城鎮的銀行借貸比例高。從行業上看，可以利用當地資源并且與當地群衆生活直接關聯的行業向銀行貸款時受到優先支持，如養殖業、種植業就有 46.7%的企業得到銀行貸款，其次是加工業等。近年來興起的房地産業，需要大量投資，凡涉足其中的私有企業，22.2%利用了銀行貸款。

⑤資金增長率

截至 1992 年底，35%的私有企業擁有債權，中位數爲 10.0 萬元，同時有 32%的企業負有債務，中位數爲 20.0 萬元。債權債務互抵后，相當于每個私有企業負債 6.86 萬元。

如果在企業實際使用資金中減去純債務，則企業固定資産和自有流動資金與開業時相比，每年平均增長 31%，在不同地區、城鄉、行業之間没有顯著的統計差异。這是一個相當高的資金增長率。

(4)經營方式變化

①企業類型

如按企業資金組織類型來分類，有限責任公司比例越來越大，而前面的分析中已可看出，有限責任公司在資産、資

① 私人借貸不同于親友借貸之處在于，私人借貸的貸方是專門從事私人之間資金融通的經紀人或出資者，這種借貸要收取遠高于銀行、信用社的利息，至今這種借貸方式雖然大量存在，但仍不是公開的、合法的。

② 由于資金并不僅限于一個來源，因此比例合計可能超過 100%。

金積累和運用上,規模要比獨資企業和合伙企業大得多。

表 25　私有企業資金組織形式的變化

企業類型	獨資企業	合伙企業	有限責任公司	其它情況	合　計
開業之初構成(%)	65.1	22.3	7.5	5.1	100.0
1992 年構成(%)	63.8	16.0	16.5	3.7	100.0

在城鄉和不同行業之間,存在明顯差异。

表 26　城鄉和不同行業私有企業資金組織形式構成(%)

企業類型		獨資企業	合伙企業	有限責任公司	其它情況	合　計
按城鄉分	城鎮企業	64.1	14.8	17.4	3.7	100.0
	農村企業	60.6	26.5	9.0	3.9	100.0
按行業分	工　業	61.9	16.6	17.4	4.2	100.0
	建築業	50.0	31.6	18.4	0.0	100.0
	交通運輸業	62.1	20.7	13.8	3.4	100.0
	商　業	65.1	15.7	15.7	3.4	100.0
	飲食業	75.0	14.8	6.8	3.4	100.0
	服務業	78.8	6.1	6.1	9.1	100.0
	修理業	78.0	17.1	2.4	2.4	100.0
	科技咨詢業	43.1	19.6	37.3	0.0	100.0
	其　它	73.7	9.1	24.2	3.0	100.0

城鎮有限責任公司比例較農村爲高。工業、建築業、交通運輸業、商業這樣一些投資額較大的行業,采取有限責任公司更有利于資金的籌集和運用。

②經營範圍

隨着經營規模的擴大,資金的增多,部分私有企業經營範圍也在擴大,由單一行業經營發展成跨行業經營,這樣對于組織銷售、增加利潤、减少單一經營風險都是有利的。

表 27　私有企業兼營情况(%)

經營範圍	單營一業	兼營兩業	兼營三業或更多	合　計
開辦之初	84.7	12.6	2.7	100.0
1992 年	68.3	23.7	8.0	100.0

統計表明,高達 93.4%的私有企業經營範圍都曾有過變化或擴大,原因在于一些外部制約因素已經消失或發生

了變化，內部自身實力增强，在經營中有了更多的主動權和選擇權。對照表28和表29，可以看出這種變化。生產經營方向最主要的是取决于市場需求，但在市場發育遠未成熟的今天，各種社會關係網絡是企業不可或缺的外部條件。此外政府政策導向作用相當强烈，因此政府的産業引導，對于私有企業的發展是十分重要的。

表28　私有企業開辦之初選擇經營方向的考慮因素

選擇經營方向的條件	自己具備技能	市場需求	具備社會關係	政策鼓勵所選方向	政策限制其它方向	其它	未答	合計
最重要	54.5	29.8	6.4	4.7	2.0	1.7	0.8	100.0
次重要	10.8	35.3	12.3	9.6	2.1	0.9	29.1	100.0
第三重要	4.3	8.6	15.2	18.1	2.3	1.7	49.9	100.0
合計	69.6	73.7	33.9	32.4	6.4	4.3		

表29　私有企業經營範圍變化或擴大的原因(%)

經營範圍變動原因	出現新的市場需求	建立新的社會關系	經濟實力增强	政策變化	其它	合計
最重要	39.1	6.1	40.0	12.2	2.2	100.0
次重要	19.8	29.7	32.2	17.4	0.9	100.0
第三重要	20.1	26.1	22.0	26.7	5.1	100.0
合計	79.0	61.9	94.2	56.3	8.2	100.0
位次	2	3	1	4	5	

隨着經濟規模擴大，生産、經營機構網點也相應有增加。

表30　私有企業分支機構數量分布(%)

分支機構個數	0	1—4	5—9	10以上	合計	平均數(個)
開辦之初	90.9	8.6	0.4	0.1	100.0	0.15
1992年	73.6	21.3	4.5	0.6	100.0	0.79

③對外開放程度

已有産品銷往國際市場或參與涉外服務的私有企業，已占全部被調查户的14%。這一比例在大城市中更高達1/5(見表32)。

私有企業對外開放的另一重要趨勢是直接與外資、外商進行合資、合作生産或經營。

表31　私有企業對外合資合作現狀與意向

	已經合資、合作	正在聯系合資合作	準備三、五年内合資合作	不準備合資、合作	尚未考慮	合計
户數(%)	11.9	17.2	29.3	7.0	34.7	100.0

東部地區已經與外資、外商合資、合作的私有企業比例最高，但中、西部也正在急起直追，正在準備或準備在三、五年内與外資建立關係的户數比例甚至比東部地區還高。但也有一些私有企業的所謂外資，實際上是本企業自己轉移或

保存在境外的資金，借“合資”之名，争取減免税的實惠。但從總體上看，私有企業逐步與外資建立直接聯係，是一個重要動向。

城市規模越大，與外資、外商聯系越多。

表 32　城市化與私有企業對外開放的關係

户數（%）	已建立合資、合作關係	正在建立合資、合作關係	合計
大城市	19.2	33.1	52.3
中等城市	16.3	17.4	33.7
小城市	11.9	16.6	28.5
鎮	9.0	15.5	24.5
農村	7.9	18.3	26.2

在不同類型企業中，有限責任公司對外開放程度遠高于其它兩類企業。

表 33　不同類型私有企業對外開放程度

户數（%）	已建立合資、合作關係	正在建立合資、合作關係	合計
獨資企業	7.1	17.6	24.7
合伙企業	14.9	18.9	33.8
有限責任公司	30.6	30.6	61.2

科技咨詢業、服務業、商業是已建立合資、合作關係較多的行業。房地産業需要大量投資，與外資、外商聯係最爲迫切。從外資、外商投放資金方向來看，最多的是工業（占已建立關係户數的 62.3%），其次是商業（17.4%），科技咨詢業（5.4%）；正在建立聯係過程之中的，最多的仍是工業（占正在聯係户的 49.6%），商業（19.4%），科技咨詢業（8.3%），其余各業較少。

表 34　不同行業私有企業對外開放程度

户數（%）	已建立合資、合作關係	正在建立合資、合作關係	合計
工業	16.1	18.5	34.6
建築業	2.9	20.6	23.5
交通運輸業	9.5	23.8	33.3
商業	12.3	20.0	32.3
飲食業	6.8	12.2	19.0
服務業	13.8	24.1	37.9
修理業	3.0	12.1	15.1
科技咨詢業	18.0	40.0	58.0
房地產業	0.0	62.5	62.5
養殖、種植業	20.0	0.0	20.0
廣告業	22.2	33.3	55.5
文化藝術業	22.2	44.4	66.6

(5)從業人員數量變化

①投資者

表 35　私有企業投資者人數變化

投資者人數	1	2	3—4	5—9	10以上	合計	平均人數
開辦之初户數(%)	65.5	14.0	13.2	5.9	1.3	100.0	1.89
1992年户數(%)	66.3	13.8	12.3	6.4	1.1	100.0	1.87

每户投資者平均人數基本没有變化。

在不同類型的私有企業中,獨資企業中91%確實爲1人投資,名副其實,另有4.7%實際投資者是2人,4.2%投資者是3人或更多。而合伙企業中也有12.9%實爲一人獨資,有限責任公司中近1/4也只有一位投資者。因此,相當一批私有企業到底注册爲何種類型,取决于怎樣方便經營,怎樣比較利益較多,與實際資金投入組織形式有很大差距。

從行業看,每一户私有企業投資者平均爲:工業2.1人,建築業2.3人,交通運輸業3.3人,商業1.8人,飲食業2.5人,服務業1.9人,科技咨詢業2.4人,其它行業1.7人。

②雇工

表 36　私有企業雇工人數變化

雇工人數	8[①]以下	8—9	10—14	15—19	20—29	30—49	50—99	100—499	500以上	合計	中位數(人)
開業之初户數(%)	27.9	13.5	17.5	8.2	11.6	11.1	6.6	3.3	0.2	100.0	11
1992年户數(%)	7.2	5.8	11.0	9.1	11.7	18.8	19.8	15.9	0.8	100.0	31

雇工人數中位數1992年比開業之初增加了1.8倍,這是生産經營規模擴大的最明顯標志之一。

(6)生産經營用房變化

表 37　私有企業生産經營用房變化

生産經營用房(平方米)	20以下	20—50	50—100	100—200	200—500	500—1000	1000—5000	5000以上	合計	中位數(平方米)
開業初户數(%)	5.6	16.7	14.3	19.7	23.3	8.9	10.3	1.3	100.0	167
1992年户數(%)	1.5	4.7	7.6	12.5	27.3	14.1	27.5	4.8	100.0	459

1992年私有企業生産、經營用房中位數比開辦之初已增加了1.7倍。

生産、經營用房大小與企業經營所在地關系密切。城市規模越大,用地越緊張。但用地最多的企業多在鎮上,并不在農村。

不同行業用房多少差别很大。

① 私有企業規定雇工在8人以上,但一部分企業用工人數與季節或生産經營周期有關,因此在調查時點上,雇工有可能不足8人。

表 38　城鄉、不同行業私有企業生產經營用房比較(%)

生產經營用房(平方米)		20以下	20—50	50—100	100—200	200—500	500—1000	1000—5000	5000以上	合計	中位數(平方米)
按城鄉分	大城市	3.3	5.4	12.4	15.8	27.8	10.8	20.3	4.1	100.0	340
	中等城市	2.1	7.8	9.9	13.0	25.2	13.0	25.5	3.6	100.0	403
	小城市	1.2	3.3	7.1	11.9	31.5	13.4	26.7	5.0	100.0	451
	鎮	0.0	0.9	2.2	8.8	25.1	20.3	37.9	4.8	100.0	819
	農村	0.0	2.8	3.5	13.4	24.6	15.5	31.7	8.5	100.0	683
按行業分	工業	0.7	1.3	3.4	10.1	26.8	15.6	35.4	6.7	100.0	747
	建築業	0.0	0.0	15.2	12.1	21.2	12.1	27.3	12.1	100.0	562
	交通運輸業	4.3	4.3	4.3	21.7	21.7	13.0	30.4	0.0	100.0	413
	商業	2.4	13.6	15.6	14.8	28.4	9.6	13.6	2.0	100.0	238
	飲食業	1.1	3.4	13.8	17.2	37.9	10.3	14.9	1.1	100.0	315
	服務業	0.0	5.8	11.6	17.4	26.1	18.8	20.3	0.0	100.0	375
	修理業	7.9	13.2	15.8	10.5	13.2	15.8	21.1	2.6	100.0	259
	科技咨詢業	2.0	8.0	8.0	10.0	34.0	18.0	18.0	2.0	100.0	394
	其它	3.3	1.7	6.7	20.0	23.3	13.3	25.0	6.7	100.0	436

2. 私有企業重要經濟指標

(1)企業人數及構成

被調查私有企業包括經營、管理、技術、生產人員在内，人數中位數是 32 人。

表 39　各種私有企業人數分布(%)

企業人數		10以下	10—19	20—49	50—99	100—199	200以上	合計	中位數(人)
按城鄉分	大城市	6.7	24.1	37.1	15.2	12.1	4.9	100.0	30
	中等城市	12.9	22.2	29.6	18.9	11.1	5.4	100.0	29
	小城市	14.0	22.2	32.1	21.0	4.1	6.7	100.0	27
	鎮	6.4	20.1	28.4	26.5	11.8	6.9	100.0	38
	農村	3.7	17.6	33.8	21.3	19.9	7.2	100.0	38
按類型分	獨資企業	13.1	23.8	31.7	18.7	8.0	4.7	100.0	27
	合伙企業	5.0	22.6	35.2	22.1	9.5	5.5	100.0	33
	有限責任公司	3.2	12.4	31.2	24.2	21.5	7.5	100.0	48
按行業分	工業	3.7	15.3	33.0	26.2	14.6	7.3	100.0	40
	建築業	3.2	16.1	32.3	12.9	12.9	22.6	100.0	40
	交通運輸業	9.1	13.6	31.8	22.7	13.6	9.1	100.0	38
	商業	27.4	32.3	25.1	9.4	4.5	1.3	100.0	14
	飲食業	15.4	33.3	28.2	12.8	6.4	3.8	100.0	17
	服務業	10.2	28.8	35.6	18.6	5.1	1.7	100.0	24
	修理業	21.6	37.8	29.7	8.1	2.7	0.0	100.0	14
	科技咨詢業	12.2	18.4	42.9	16.3	8.2	2.0	100.0	28
	其它	2.6	28.9	47.4	15.8	0.0	5.3	100.0	26

在城鄉分布中，鄉和鎮私有企業人數規模要比城市大。行業分布中，第二産業中的企業人數較多，普遍比第三産業用人多將近一倍(交通運輸業除外)。與資金積聚程度高相一致，有限責任公司在人數上也遠比另兩類企業要多。

在企業人員構成中，管理人員占 6.6%。位于城鄉，類型不同的企業没有顯著的不同，但不同行業的企業比例不等：工業企業中管理人員占 5.8%，建築業 6.0%，交通運輸業 4.1%，商業 9.3%，飲食業 7.2%，服務業 4.8%，修理業 5.5%，科技咨詢業 6.7%，其它行業 6.1%。技術人員占企業人數的 4.1%，其中工業企業爲 3.8%，建築業爲 4.3%，交通運輸業爲 3.6%，商業爲 2.6%，飲食業爲 4.4%，服務業爲 3.4%，修理業爲 4.7%，科技咨詢業爲 5.1%，其它行業爲 4.5%。國有企事業單位中工程技術人員比例爲 4.8%①相比之下私有企業技術力量要差一些，但差距不很大，隨着近年來私有企業愈益感到技術力量的重要和國有企業中技術人員流動率的增高，這種差距還會進一步縮小。

(2)産值、營業額和利税額

被調查私有企業 1992 年産值、營業額中位值爲 100 萬元，超過 1000 萬元的特大户占 5.9%。

① 《中國統計年鑒 1993 年》第 761 頁表 18—61。

表 40　不同行業私有企業 1992 年產值、營業額分布(%)

產值、營業額(萬元)		10 以下	10—50	50—100	100—500	500 以上	合　計	中位數(萬元)
產值	工　　業	4.0	26.4	24.4	34.4	11.7	100.0	90.2
	建 築 業	6.3	9.4	18.8	43.8	21.9	100.0	170.5
	交通運輸業	0.0	25.9	7.4	48.1	18.5	100.0	168.0
值營業額	商　　業	3.4	22.2	19.7	41.9	12.8	100.0	121.4
	飲 食 業	12.2	41.2	17.1	23.2	7.3	100.0	46.7
	服 務 業	17.5	28.6	23.8	25.4	4.8	100.0	58.2
	修 理 業	24.3	35.1	16.2	24.3	0.0	100.0	39.3
	科技咨詢業	15.7	7.8	17.6	37.3	21.6	100.0	149.4
	其　　它	6.8	27.1	16.9	32.2	16.9	100.0	97.6
	其中:房地產業	0.0	33.4	0.0	16.7	50.0	100.0	500.0
	文化藝術	18.2	27.3	18.2	27.3	9.1	100.0	62.4

產值、營業額的大户,集中在工業、建築業、交通運輸業和商業。科技咨詢業大户比例雖高,但行業小,絶對數量不大。城鄉之間以及東、西部之間企業產值、營業額無顯著的統計差异。

表 41　不同類型私有企業 1992 年產值、營業額分布(%)

產值、營業額(萬元)	10 以下	10—50	50—100	100—500	500 以上	合計	中位數(萬元)
獨資企業	7.9	30.5	20.2	33.4	7.9	100.0	78.7
合伙企業	4.6	26.4	19.8	39.6	9.6	100.0	98.0
有限責任公司	1.0	10.5	12.4	50.2	25.8	100.0	151.0

表 42　私有企業雇工人數與產值、營業額的關係(%)

產值、營業額(萬元)		10以下	10—50	50—100	100—500	500以上	合計	中位數(萬元)
雇工人數	8—9	9.6	44.2	21.2	21.2	3.8	100.0	46.6
	10—14	4.9	55.4	19.0	19.0	0.8	100.0	42.6
	15—19	4.8	46.7	18.1	26.7	3.8	100.0	48.7
	20—49	0.3	32.4	28.2	36.3	2.8	100.0	80.7
	50—100	0.4	12.4	19.1	62.2	5.8	100.0	156.6
	100—499	0.0	2.2	7.2	66.9	23.7	100.0	342.8
	500以上	0.0	0.0	0.0	60.0	40.0	100.0	433.3

產值、營業額與雇工人數有關,雇工人數越多,產值、營業額越高。但是進一步分析發現,雖然雇工人數增多,但是生產率并没有相應增高,即没有明顯的規模效益。

從產值、營業額中去除成本,即爲利稅額,私有企業利稅額中位數爲 15 萬元。

(3)經濟效益

對于私有企業而言,經營成功與否,不能簡單地看產值、營業額,也不能只用利稅額來表示,主要是看經濟效益,可以用產值營業額利稅率、資金利稅率和人均利稅額等指標來衡量。

①產值營業額利稅率

被調查户產值營業額利稅率中位數是 18.9%,不同行業產值營業額利稅率差别不小。

表 43　私有企業產值利稅率分布(%)

產值利稅率(%)	10以下	10—15	15—20	20—30	30以上	合計	中位值(%)
工　業	19.0	26.8	14.7	23.4	16.1	100.0	16.4
建築業	16.7	8.3	12.5	37.5	25.0	100.0	23.3
交通運輸業	21.4	0.0	21.4	35.7	21.4	100.0	22.0

表 44　私有企業營業額利稅率分布(%)

營業額利稅率(%)	10以下	10—15	15—20	20—30	30以上	合計	中位值(%)
商　業	23.3	24.2	32.4	13.2	6.8	100.0	16.2
飲食業	8.8	8.8	26.3	43.8	12.5	10.0	32.8
服務業	3.4	22.4	32.8	25.9	15.5	100.0	26.1
修理業	10.0	10.0	40.0	26.7	13.3	100.0	26.3
科技咨詢業	26.2	9.5	31.0	14.3	19.0	100.0	21.9
其　它	22.0	22.0	22.0	22.0	11.0	100.0	19.1

雖然不同行業的產值、營業額利稅率不同,但户數比較集中的工業、商業利稅率幾乎是一樣的。國有企業工業產值利稅率爲 11.4%、建築業 4.7%、商業(利稅額與商品零售額之比)爲 9.9%①,私有企業相比都分别高出不少,尤其是

① 《中國統計年鑒 1993 年》第 437、562、612、627 頁。

建築業。

②資金利稅率

這里是指利稅額與固定資産、流動資金總和之比。全部被調查户資金利稅率爲31%。不同地區之間資金利稅率没有顯著性差异。城鄉比較，則呈馬鞍型，大城市與農村企業高，中小城市低，鎮上企業最低。行業之間差别較大。

表45　城鄉、不同行業私有企業資金利稅率分布(%)

資金利稅率(%)		10以下	10—20	20—50	50—100	100—200	200以上	合計	中位數(%)
按城鄉分	大城市	10.8	11.8	32.8	20.0	15.4	9.2	100.0	45.1
	中等城市	18.7	22.0	28.3	16.7	7.7	6.7	100.0	29.9
	小城市	14.5	20.4	39.1	14.9	7.6	3.5	100.0	31.6
	鎮	19.5	33.3	28.2	9.2	8.2	1.5	100.0	19.2
	農村	12.4	30.2	29.5	14.7	6.2	7.0	100.0	37.7
按行業分	工業	16.1	25.8	32.6	14.0	7.1	4.4	100.0	27.5
	建築業	7.4	18.5	22.2	22.2	14.8	14.8	100.0	54.3
	交通運輸業	11.1	16.7	44.4	11.1	16.7	0.0	100.0	35.0
	商業	12.1	21.4	33.0	17.5	11.2	4.9	100.0	35.0
	飲食業	15.6	9.1	29.9	16.9	18.2	10.4	100.0	45.6
	服務業	14.3	23.2	33.9	16.1	7.1	5.4	100.0	31.1
	修理業	17.2	6.9	48.3	10.3	3.4	13.8	100.0	36.1
	科技咨詢業	19.0	19.0	31.0	19.0	7.1	4.8	100.0	31.6
	其它	28.6	22.9	11.4	17.1	14.3	5.7	100.0	19.3

國有企業工業資金利稅率9.7%①，只及私有企業的1/3。另一個衡量資金利用率的指標爲流動資金周轉次數，1992年私有工業企業爲5.53次，國有工業企業爲1.65次，② 差3.3倍，私有商業爲7.11次，國有商業爲2.15次③，也差3.3倍。

③人均資金占用量

私有企業人均資金占用量爲1.61萬元，主要行業分别是：工業1.26萬元，建築業1.46萬元，交通運輸業2.09萬元、商業1.58萬元、飲食業1.38萬元、服務業1.65萬元、修理業0.89萬元、科技咨詢業1.68萬元、其它行業1.60萬元。同期國有工業企業人均資金占用量2.43萬元、④ 建築業0.67萬元、公路運輸業7.57萬元、⑤ 商業7.02萬元。⑥除建築業外，私有企業各行業的人均資金占有率都要低得多，⑦ 一方面説明私有企業的技術裝備仍較落后，另一主面則説明私有企業的效益將更多來自生産管理和經營方式。

④全員勞動生産率與人均利稅率

① 《中國統計年鑒1993年》第440頁。
② 《中國統計年鑒1993年》第440頁。
③ 《中國統計年鑒1993年》第626頁。
④ 根據同上，第429、411頁計算，不含流動資金。
⑤ 同上第562、535頁、不含流動資金。
⑥ 同上，第626、593頁，含供銷合作社系統。
⑦ 這里也有不可比因素，私有企業流動資金以自有資金爲主，故資金占有率中含有流動資金，國有企業流動資金中銀行貸款比例很高，計算時未列入流動資金，若僅以固定資金占有率比較，二者差距將更大。

表 46　私有企業 1992 年全員勞動生産率分布(%)

全員勞動生産率(萬元)		1 以下	1—2	2—5	5—10	10—20	20 以上	合計	人均值(萬元)
産值	工業	23.7	24.4	32.2	11.6	4.9	3.1	100.0	4.00
	建築業	28.6	17.9	21.4	14.3	14.3	3.6	100.0	5.27
	交通運輸業	33.3	4.8	42.9	14.3	0.0	4.8	100.0	4.01
營業額	商業	6.7	12.4	26.7	21.0	14.3	19.0	100.0	9.61[1]
	飲食業	30.6	27.8	27.8	13.9	0.0	0.0	100.0	2.58
	服務業	37.0	31.5	13.0	11.1	5.6	1.9	100.0	3.26
	修理業	35.3	23.5	38.2	2.9	0.0	0.0	100.0	2.09
	科技咨詢業	20.8	6.3	27.1	25.0	10.4	10.4	100.0	7.23
	其它	27.8	19.4	22.2	16.7	0.0	13.9	100.0	5.93

與國有工業企業人均産值 3.60 萬元、[2]建築業 2.05 萬元、[3]社會零售商業 3.25 萬元、[4] 飲食業人均零售數1.23 萬元[5] 相比,私有企業分别高出 1.1 倍、2.57 倍、2.96 倍和 2.10 倍。

但需再次指出,私有企業的規模效益不明顯,無論是資金,還是人員規模的擴大,都未能使人均産值顯著增加,在第三産業的企業中,甚至人數較少的企業,人均營業額反較多。

人均利税額是最能説明效益的指標。

表 47　私有企業 1992 年人均利税額分布(%)

人均利税額(萬元)		0.1 以下	0.1—0.2	0.2—0.5	0.5—1.0	1.0—2.0	2.0 以上	合計	平均值(萬元)	中位數(萬元)
按行業分	工業	13.2	18.7	32.9	19.2	15.6		100.0	0.53	
	建築業	24.0	0.0	36.0	12.0	28.0		100.0	0.65	
	交通運輸業	0.0	11.1	22.2	33.3	33.3		100.0	0.84	
	商業	2.5	6.1	25.3	22.2	19.2	24.7	100.0	1.17	0.86
	飲食業	13.9	16.7	19.4	33.3	12.5	4.2	100.0	0.64	
	服務業	8.0	18.0	32.0	22.0	8.0	12.0	100.0	0.73	
	修理業	18.5	7.4	40.7	22.2	11.1	0.0	100.0	0.50	
	科技咨詢業	5.1	12.8	15.4	20.5	15.4	30.8	100.0	1.23	0.91
	其它	21.2	3.0	24.2	21.2	12.1	18.2	100.0	0.90	
按城鄉分	大城市	3.7	9.9	24.6	20.4	41.4		100.0	0.88	
	中等城市	12.4	12.4	30.0	23.2	22.1		100.0	0.63	
	小城市	11.5	15.8	27.0	22.3	23.4		100.0	0.64	
	鎮	15.2	18.5	33.2	17.4	15.8		100.0	0.52	
	農村	9.9	17.4	40.5	24.0	8.3		100.0	0.48	

雖然城鄉之間利税額并無顯著的統計差异,但是鎮與農村私有企業用工較多,因此人均利税額較城市低。

國有工業企業人均利税額爲 0.40 萬元[6],建築業 0.09 萬元[7],商業 0.11 萬元[8],效益均不及私有企業。

① 中位數爲 6 萬元。由于一些私有商業從事大宗批發,人均營業額被大大提升,此處列出中位數,二者偏離程度很大,可知少數企業的營業額對整體一般水平的影響,同時從中位數也可看出一般私有商業機構的效益。
② 《中國統計年鑒 1993 年》第 433、601 頁。
③ 根據同上第 562、563 頁計算。
④ 社會零售商業 3.25 萬元
⑤ 《中國統計年鑒 1993 年》第 433、601 頁。
⑥ 據《中國統計年鑒 1993 年》第 427,411 頁計算。
⑦ 據同上第 562、563 頁計算。
⑧ 據同上第 590、627 頁計算。

國有企業的效率不能籠統地説都很低下,因爲它替社會分擔着退休職工的生活保證,職工享有的福利待遇較好,并且還承擔着一部分虧損性、社會公益性的生産、經營任務。但是在各種效益指標上都較私有企業有較大差距,確實反映出國有企業改變經營、管理體制的迫切性,以及如何發揮自己在資金、技術條件方面的優勢,建立起國有企業與私有企業之間互補互益新格局的必要性。

(4)税、費和攤派

①國家税收

此處統計的税收主要指私營企業所得税和企業主的個人收入調節税,其它流轉税(産品税、營業税、增值税)、城市維護建設税等已納入成本,不計在内。

被調查企業 1992 年每户税負中位數爲 5 萬元,占産值、營業額中位數的 5.0%。

表 48　私有企業 1992 年税負分布

税負(萬元)	1 以下	1—5	5—10	10—50	50 以上	合計
户數(%)	9.5	38.2	21.2	25.4	5.7	100.00

表 49　不同行業私有企業税負占産值營業額比重分布(%)

税負占産值、營業額比重(%)	2 以下	2—3	3—5	5—7	7—10	10 以上	合計	中位數(%)
工　業	10.5	6.7	17.2	26.9	17.3	21.4	100.0	6.2
建築業	25.9	18.5	22.2	18.5	7.4	7.4	100.0	3.5
交通運輸業	10.5	10.5	5.3	36.8	15.8	21.1	100.0	6.3
商　業	24.7	18.4	27.9	14.2	7.4	7.4	100.0	2.2
飲食業	12.7	7.3	23.6	21.8	10.9	23.6	100.0	5.6
服務業	6.8	11.9	20.3	25.4	10.2	25.4	100.0	5.9
修理業	0.0	8.3	29.2	33.4	25.0	4.2	100.0	5.7
科技咨詢業	5.4	16.2	16.2	27.0	2.7	32.4	100.0	5.9
其　它	12.5	12.5	20.8	29.2	16.7	8.3	100.0	5.3

私有企業税負與《中華人民共和國私營企業所得税暫行條例》比照,是偏低的,也就是説法定税率較高,而實際征收額較低。根據調查所知,私有企業 1992 年利税額中位數爲 15 萬元,應按 35%税率征收 5.25 萬私有企業所得税。在以后(見三.3 節)的分析中還可得知企業主從企業經營取得的工資性收入中位數爲 2 萬元,應依照《中華人民共和國個人收入調節税暫行條例》規定征收個人收入調節税 1.16 萬元,企業主從税后利潤中取得收入中位數 7.2 萬,其中大部分用于生産發展基金,用于個人消費部分爲 2.3 萬元(見三.3 節),依照《國務院關于征收私營企業投資者個人收入調節税的規定》應按照 40%比例征收個人收入調節税 0.92 萬元。上述三項税額合計爲 7.33 萬元,現實繳 5 萬元,占應繳税額的 68%。

②各種收費

目前各管理部門向私有企業收費的項目繁雜,標準不一。被調查户 1992 年每户向各主管部門交費中位數爲 1.2 萬元,占産值、營業額中位數的 1.2%。

表 50　私有企業 1992 年交費金額分布

交費金額(萬元)	1 以下	1—5	5—10	10—50	50 以上	合　計
户　數(%)	32.3	54.9	8.0	4.0	0.9	100.0

不同行業交費金額占產值、營業額的比重如下:工業 1.3%,建築業 0.9%,交通運輸業 3.0%,商業 1.1%,飲食業 1.9%,服務業 2.2%,修理業 2.3%,科技咨詢業 1.7%,其它行業爲 1.0%。

③各種攤派

1992 年被調查企業被攤派金額中位數爲 0.8 萬元,占產值、營業額 0.8%。不同地區、城鄉、行業的私有企業被攤派比例設有什么統計意義上的差別。

從以上收費、攤派情況看來,負擔不是太重,與目前個體户和私營企業普遍反映的"一税輕、二費重、第三攤派無底洞"似乎有一定距離。初步分析有如下原因:一是私有企業比個體户實力强、影響大,容易成爲不合理收費和攤派的對象,但抵制能力也相應强一些,而個體户對此幾乎没有任何自我保護能力。一些收費、攤派"按户頭"交,私有企業損失不大,個體户已難以忍受,因此不堪承受亂收費、亂攤派的呼聲,個體户比私營企業更强烈;二是一些攤派,如社區以資助社會福利形式提出,私有企業主反感較小,認爲這是自己自願捐助,而不是攤派;三是收費、攤派中金額不太大而次數頻繁的,難以全部記住,調查時有遺漏。

(5)擴大再生產

被調查私有企業 1992 年中投入擴大再生產的資金中位數是 8 萬元,一般以兩種形式出現:一是在税后分紅之前,從純利潤中劃出一塊投入生產發展基金,另一是先分紅,將純利潤分割到各位投資者名下,再由投資者投入生產發展基金。當然兩種方法的實質是相同的。

表 51　不同類型、行業的私有企業擴大再生產金額分布(%)

擴大再生產投入(萬元)		0—1	1—5	5—10	10—50	50 以上	未答	合計
按類型分	獨資企業	1.6	15.6	9.5	22.8	12.4	38.9	100.0
	合伙企業	0.9	11.1	9.3	27.6	9.3	41.8	100.0
	有限責任公司	0.0	5.6	7.3	31.6	20.5	35.0	100.0
按行業分	工業	1.0	13.6	9.3	27.4	16.2	32.5	100.0
	建築業	24.2	6.5	8.1	16.1	21.0	24.2	100.0
	交通運輸業	0.0	23.3	10.0	10.0	10.0	46.7	100.0
	商業	0.4	13.7	6.5	22.1	9.9	47.3	100.0
	飲食業	35.8	9.5	5.1	10.2	3.6	35.8	100.0
	服務業	2.8	12.7	15.5	23.9	7.0	38.0	100.0
	修理業	2.4	13.2	4.9	22.0	2.4	56.1	100.0
	科技咨詢業	1.8	3.6	12.5	25.0	23.2	33.9	100.0
	其它	1.5	7.5	6.0	23.9	17.9	43.3	100.0

(6)各項指標間的比例關係

爲了對上述各項指標作一個形象的説明,用各項指標的代表性數據,設想出一個"典型"的私有企業。

這個企業已開業 5.8 年,擁有人員 32 人,其中投資者 1.87 人。1992 年企業注册資金 31 萬元,實際使用資金 55 萬元(其中固定資産 33 萬元,流動資金 22 萬元),債務 6.9 萬元。

產值(或營業額)	100 萬元
減去:利稅總額(按產值利稅率計)	18.9 萬元
扣除:税	5 萬元
費	1.2 萬元
攤派	0.8 萬元
純利潤	11.9 萬元
減去:投入擴大再生產	8.0 萬元
企業投資者收益(用于消費或轉入家庭財產)	3.9 萬元

3. **私有企業內部經營、管理機制**

(1)管理權

在私有企業內部,所有權與管理權緊密結合。全體所有者都參與經營、管理的企業占被調查户的 73.2%,另有 4.1%是多數投資者參與管理,15.0%是投資者中少數人參與管理(一般發生在有限責任公司里),至于投資者不參與管理、經營的企業,只有 2.0%。即使是投資者較多的有限責任公司,仍由主要投資者或由投資者中的一部分人管理,極少出現聘請專職經理全權管理的現象,不同于現代化的股份公司。

表 52　不同類型私有企業兩權結合情况

户數(%)	全部投資者參與經營	多數投資者參與經營	少數投資者參與經營	投資者不參與經營
獨資企業	85	1.5	10.4	2.3
合伙企業	68.3	7.3	22.0	2.3
有限責任公司	57.8	10.2	30.7	1.3

在私有企業內部存在着不同性質的多種組織形式。

表 53　私有企業內部組織

組織名稱	黨支部	工會	職工代表大會	董事會	經理辦公會
户數(%)	4.0	8.0	11.8	26.0	45.9

在私有企業里設立黨支部仍是個别現象,設有工會組織的也很少。董事會并不是嚴格意義上由股東選出的,一般是投資者聯席會議。

但真正經營管理權掌握在誰手里,并不因是否存在這些組織而受影響,作出重大决策的仍是投資者,一般是最主要的投資者,即企業主本人。

表 54　私有企業决策者分類

决策人		企業主本人	董事會	企業主和主要管理人員	企業主和其它組織
户數(%)		63.6	15.2	20.7	0.6
按類型分	獨資企業	76.9	4.8	17.8	0.4
	合伙企業	39.3	25.0	34.8	0.9
	有限責任公司	37.9	44.4	17.2	0.4
按城鄉分	城鎮	63.5	16.2	19.7	0.6
	農村	62.7	7.8	28.8	0.7

只有在有限責任公司里，董事會決策的企業多于企業主個人決策。在合伙企業中，主要管理人員參與決策的機會較大。

對于比較具體的管理問題，如工資制度的制定和執行，獎勵與懲罰的實施等，權力就相對分散一些，管理人員分享比例更大一些。

表 55　　私有企業管理權分屬情况(%)

管理人		企業主本人	董事會	企業主和主要管理人員	企業主和其它組織
按類型分	獨資企業	69.3	5.1	25.3	0.3
	合伙企業	30.9	22.9	45.7	0.4
	有限責任公司	28.4	37.6	34.1	0.0
按城鄉分	城鎮	55.0	14.9	29.8	0.2
	農村	56.2	3.9	39.8	0.7

決策權和管理權高度集中在投資者，尤其是企業主本人手中。黨支部、工會、職工代表大會等組織基本上處于無權狀况，這種情况與國有企業完全不同，是私有企業的一個特點。

私有企業內部管理上的另一重要特點是廣泛存在着家族制管理，即管理人員與雇工同企業主存在着親族聯係，在企業管理中利用血緣關係。至于親友介紹進廠，在一定程度上是血緣關係的擴大，而在相對封閉的農村，鄰居等地緣關係往往也和血緣關係交織在一起。

表 56　　管理人員進入私有企業渠道(%)

進入企業渠道	與企業主或其它投資者關係		企業主親友介紹	社會招聘	其它	合計
	宗親	姻親				
管理人員(%)	19.2	10.2	15.7	46.6	8.3	100.0

表 57　　工人進入私有企業渠道(%)

進入企業渠道	企業主的親戚	企業主的鄰居、朋友	企業主親友介紹	官員、關係户介紹	社會招聘	其它
最主要	26.4	9.5	12.4	2.1	48.5	1.1
次主要	16.5	30.8	29.9	8.4	14.3	1.1
第三主要	16.4	17.6	25.7	13.5	23.3	3.5

在農村私有企業中，工人中有 36.5%與企業主沾親，14.4%是企業主的鄰居或朋友。在城鎮里，有這兩種關係的也占 1/3。無論是城市還是農村，中國傳統社會的家族觀念仍在程度不等地起作用，企業內部的人際關係模仿着家族內部的上慈下從，用血緣地緣關係作爲企業內部的凝聚力。但企業畢竟不是家族，工商業經營不同于農耕勞作，外面這個充滿商業競爭的現代社會也已完全不同于傳統社會，因此企業對人才的需求和工業化生產中必不可少的技術分工，使得社會招聘等方式終究要成爲私有企業最主要的進入渠道。

(2)勞資關係

私有企業內部勞資關係主要取决于：一是工人的工資待遇、勞保福利和工作條件；二是决策、管理權力的分享；三是雇工人格受到尊重。目前特別重要的是第一條。

一般私有企業工人工資與同行業國有企業職工持平或相近。一般私有企業實行 8 小時工作制，但隨生產周期或經營需要，加班比較多。私有企業工人勞動强度較大，勞動保護條件不及國有企業。在勞保福利方面，差別很大。

表 58　　私有企業提供勞保福利狀況

已提供企業(%)	醫　療　保　險	養　老　保　險	住　　房
城鎮企業	56.9	24.7	30.4
農村企業	62.8	27.6	19.9

從表 58 中可以看出提供各種勞保福利的企業比例不高，并且提供的内容與國有企業相比差距也很大。如醫療補助一般采取每月定額，大病補助的辦法；私有企業職工一般還很年輕，還極少出現年老職工退休領養老金問題；私有企業一般只向職工本人提供集體宿舍(職工家在外地的情況下)，只有極少數規模較大的企業向主要管理、技術人員提供家屬宿舍。

目前私有企業中勞資關係還比較正常。如果出現緊張關係，一般解決辦法是老板辭退工人或工人自己辭職離去，采取極端行動的事例曾經發生，但不普遍，因此雇工離去人數的多少可以從一個側面反映勞資之間的關係。

表 59　　私有企業開業來工人離去情況

離去工人人數	1—4	5—9	10—19	20—49	50—99	100 以上	合計
企業户數(%)	23.6	16.7	19.4	22.1	10.6	7.6	100.0

每個企業離去工人的中位數是 11 人，每年約 2 人，約占雇工人數的十五分之一到十分之一。這里不排除一些企業因季節性或周期性生產而辭退的工人，但這也從另一方面説明了這類雇工的工作是没有保障的。

4. 私有企業的外部聯系

私有企業與外部發生的聯系，最重要的有三個主面：一是與國有、集體企業的經濟來往；二是與當地政府及各主管部門的聯係；三是和企業所在社區的聯係。

(1)私有企業與國有、集體企業的關係

①人員

私有企業一半以上的管理、技術人員和近十分之一的工人(尤其是技術工人)來自國有、集體企業，這些人帶來了私有企業亟需的管理經驗、工藝技術和供銷渠道等。

表 60　　私有企業管理、技術人員主要來源(%)

人員來源	國有單位	集體單位	高校畢業	民營企業	農　民	無業人員	其　他	合　計
管理人員	36.4	17.6	3.6	8.1	18.0	13.3	2.8	100.0
技術人員	38.9	18.0	8.1	7.4	14.4	9.7	3.5	100.0
工　　人	9.7	7.8	6.9①	3.0	41.6	28.7	2.2	100.0

國有企事業相對集中在城鎮，因此城鎮私有企業中管理、技術人員來自國有企業的更高達五分之二。農村私有企業管理技術人員一半是原來的農民，工人中多半來自農民，進入私有企業做工已成爲農村大量剩余勞動力越來越重要的一條出路。

②原料供應和產品銷售

國有企業是私有企業最重要的原料供應者和產品購買者。

① 指從小學以上學校畢業。

表 61　　私有企業原料或進貨主要來源

原料進貨來源	國有企業	正式交易市場	私營企業	其　它	合　計
企業數(%)	42.6	44.7	7.2	5.5	100.0

表 62　　私有企業產品銷售或服務對象①

銷售服務對象	國有企業	私營、鄉鎮企業	直接供應消費者	出口或涉外服務	其　它
企業數(%)	65.4	49.8	58.0	14.0	3.4

對比私有企業的購與銷，可以發現由于生產資料價格基本放開，市場交易已成爲私有企業最主要購貨渠道，但國有企業仍基本與交易市場平分秋色，并且仍然是私有企業產品和服務的最大主顧。

不同行業的私有企業購銷渠道很不相同。私有工業企業，很上程度上購銷都是面向國有企業，實際上是國有企業的中間加工環節。商業、飲食業、服務業主要面向市場，面向直接消費者，但仍有28.7%的私營飲食業和59.2%的服務業主要服務對象是國有企事業和機關單位。

中國正處于傳統計劃經濟體制向社會主義市場經濟體制轉換過程中，兩種體制都在起作用，同時，由于市場規範遠未建立健全，還存在着大量不規範的交易行爲。對于私有企業而言，計劃經濟體制的影響已很小，但市場交易和非規範交易是并存不悖的。

表 63　　私有企業購買原料、進貨主要方式

購貨渠道		納入國家計劃	正式交易市場	利用人際關系	采用各種手段打通關節	合　計
企業數(%)		1.8	63.4	17.3	17.5	100.0
按地區分	東　部	1.3	63.2	19.3	16.1	100.0
	中　部	3.2	64.4	9.9	22.5	100.0
	西　部	2.1	63.3	18.1	16.5	100.0
按行業分	工　業	1.7	61.7	19.3	17.3	100.0
	建築業	2.9	60.0	11.4	25.7	100.0
	交通運輸業	4.0	64.0	8.0	24.0	100.0
	商　業	1.6	59.8	19.3	19.3	100.0
	飲食業	1.1	83.9	6.9	8.0	100.0
	服務業	7.8	62.5	10.9	18.8	100.0
	修理業	0.0	63.4	22.0	14.6	100.0
	科技咨詢業	0.0	72.0	10.0	18.0	100.0
	其　它	1.6	68.8	12.5	17.2	100.0

① 因爲同一私有企業的銷售或服務對象并非是單一的，調查時未作限制，因此各項百分比之和超過100%。

(2)私有企業與當地政府、管理部門的關係

政府和管理部門是否給予支持,是私有企業能否發展的至爲重要的外部條件。在調查中,征詢了私有企業主能否得到各種支持,并以此來反映被調查企業和政府及管理部門的相互關係。

①與政府的關係

表 64　私有企業主對政府支持的評價

政府對企業的態度	支持	一般	不支持	未回答	合計
企業數(%)	68.6	23.5	2.2	5.7	100.0

無論在不同地區,還是在城市與農村,大多數企業主都感受到政府對自己的企業是支持的,説明基本關係是好的。

②與主管部門的關係

政府對私有企業的管理是通過一系列管理部門來實施的,其中具體主管部門是工商行政管理局。

表 65　私有企業主對工商局支持的評價

工商局對企業的態度	支持	一般	不支持	未回答	合計
企業數(%)	84.4	14.8	0.8	2.4	100.0

感受到工商局對自己是支持的占絶大多數。在不同行業里,工業、建築業、交通運輸業的企業比飲食業、服務業的評價更好一些。

③與其它管理部門的關係

除工商局外,税務局與私有企業發生聯係最爲密切。隨着私有企業經營範圍不斷地拓寬,參與對私有企業管理的部門也不斷增多,調查只涉及到其中比較主要的一些部門。

表 66　私有企業主對管理部門支持的評價(户數%)

管理部門對企業的態度	支持	一般	不支持	未回答	合計
税務局	62.0	29.5	4.4	4.1	100.0
公安局	44.0	34.3	3.2	18.5	100.0
環境保護	30.0	34.4	3.0	32.5	100.0
質量監督	39.2	27.4	1.9	31.6	100.0
物價監督	33.3	27.8	2.3	36.6	100.0
衛生防疫	30.0	24.5	2.2	43.3	100.0
海關	10.2	9.6	0.9	79.3	100.0
新聞出版管理	32.1	11.1	0.6	55.5	100.0
人事管理	18.4	13.1	1.6	66.8	100.0
計量監督	26.9	19.6	1.0	52.5	100.0

由于經營範圍不同,一些私有企業不與某個管理部門直接發生聯係,因此未回答率較高。

總體而言,私有企業主對各管理部門的感覺較好,可以反映出相互關係也是較好的。相比之下,規模較大私有企業在發展過程中得到各管理部門的支持幫助更多一些,相互關係要更緊密一些。

(3)私有企業與當地社區的關系

私有企業一般注意和企業所在社區維持良好的關系,經常通過修橋補路、安裝水電、支援學校、照顧孤寡等形式支持社區建設。在所有被調查企業中,62%曾對社區福利作過捐助,捐助款額中位數爲 1.1 萬元。

表 67　　私有企業主捐助目的(户數%)

捐助目的	對社會多作貢獻	答謝政府	報效鄉親	搞好社區關系	提高聲望	名爲捐助實爲攤派	其它
主要目的	78.8	6.2	4.5	3.3	3.1	3.0	1.1
次要目的	7.6	36.5	16.7	14.5	17.9	5.4	1.5
第三目的	6.0	10.9	20.5	16.7	27.1	17.8	1.0
合　計[①]	92.4	53.6	41.7	34.5	48.1	26.2	3.5
位　次	1	2	4	5	3	6	7

5. 私有企業經營中的困難

雖然私有企業發展速度很快,但生產中也存在不少困難。被調查企業中有 12.3%曾經歇業,而在近期曾經歇業的有 11.5%。

表 68　　私有企業最近一次歇業原因

歇業原因	資金短缺	政策限制	行政處罰	經營不善	其它	合計
企業數(%)	39.6	20.1	2.4	9.1	28.7	100.0

表 69　　私有企業生產經營困難的内容和原因(户數%)

困難内容	困難程度		困難原因				
	有些困難	很困難	政策限制	管理部門刁難	市場競争激烈	企業自身原因	其它
購買原材料	22.4	3.4	4.2	1.3	15.6	3.8	4.2
生產用水	6.6	2.0	1.5	2.6	0.6	0.9	2.5
生產用電	15.9	3.9	4.2	4.6	1.6	0.9	5.4
經營場所	25.2	19.7	18.7	7.0	5.7	8.2	4.7
招聘技術人員	19.3	4.3	8.1	1.0	6.9	4.9	2.4
產品銷售	25.0	2.0	3.3	1.2	18.5	2.7	2.6
交通運輸	14.0	4.5	3.5	2.6	2.2	4.1	3.8

① 捐助目的不是唯一的,因此百分數之和超過 100%。

困難內容中居第一位的是缺乏經營生產場所、場地，尤其是在大中城市里，這使企業進一步發展受到很大限制，這個問題需要由市政規劃、鄉村發展規劃統籌解決。銷、購在困難中居二、三位，但是原因不同，銷售困難是市場競爭壓力造成的，購買困難是指一些緊俏物資得不到計劃指標，競爭不平等所致。造成困難的原因集中在政策限制，不能一視同仁和主管部門刁難上。

6. **幾點結論**

(1)做爲中國經濟體制改革的產物，私有企業已渡過了初生年月，進入了穩定發展階段。單一的國有、集體所有制結構已經打破，多種所有制并存的格局已經形成。在一個正在向現代化社會過渡的國家里，私有企業的出現，對于資金、勞動力、技術等生產因素的重新配置，尤其是吸納傳統農業大量多余勞動力向第二、三產業轉移，發揮着積極、有效的作用。因此在整個社會主義初級階段，私有企業的存在和發展符合生產力發展的客觀需要。直到今天，私有企業仍受到政府政策導向的强大作用，從整體上看，仍處在國有經濟的從屬位置上。

(2)私有企業之間的差异非常大，無論是資產、產值、收益都呈現偏態分布，即大多數企業相對接近，但少量企業遠遠超出一般水平。不同地區的私有企業發展不平衡，東部地區企業起步早、數量大，但在經濟效益方面并未顯示出普遍優勢。中、西部地區具有勞動力價格低、資源相對豐富等諸多優勢，作爲發展地方經濟，擺脱貧困的一條途徑，應進一步鼓勵和支持私有企業的發展。城鄉之間，農村私有企業相對城市的發展優勢正逐漸消失，農村剩余勞動力的大量流動已使城鄉勞動力價格差縮小，農村當地資源曾爲加工業提供了養料，但在市場急速變化的形勢下，反不利于農村私有企業的轉產改行。行業之間，第三產業的平均利潤率高于第二產業，城鎮又具有較大的消費市場，因此今后幾年，商業、飲食業、服務業私有企業的比例將上升，并進一步向城鎮集聚。在不同的資金組織類形中，有限責任公司積聚資金數量多、生產規模大，擴大再生產投入也高，發展速度將大大高于另兩類企業，并且組織形式比較接近現代化公司制度，有可能比較自然、平衡地向股份制公司過渡。

(3)私有企業資本增殖异常迅速，主要原因在于：①市場形成初期不完善、不規範、發展空間大，平均利潤高；②企業產權明確，機制靈活，生產經營效益良好；③勞動力價格低，剩余價值率高；④税收征管力量薄弱、手段落后，偷漏税現象是大量存在的。在今后一些年內，資本增值的絶對量仍會很高，但由于資本基數已增大，資本增殖率將會下降到20%以內。

(4)私有企業內部管理是靈活有效的。家族制管理制度大量存在，正好説明它適應今天私有企業的發展水平和企業員工的素質。這種現象在許多國家私有企業早期發展過程中都存在過，即使是在現代企業制度建立并比較完善后，在中小型企業中仍然存在。對此不必簡單褒貶，留待企業進一步發展后自己去調節改造。中國現代化過程中必然帶有傳統鄉土社會的胎記，現代生產方式將對此加以揚弃。在一個資金短缺，勞動力大量過剩的發展中國家，資本與勞動之間是不平衡的。目前私有企業中這對矛盾并未激化，勞資關系一般是正常的。但是國家應該通過立法來明確、維護勞動者的基本權利。可以在私有企業中試行組織行業工會。

(5)私有企業的發展前景取决于幾個因素。中國共產黨已經明確了建立社會主義市場經濟的總方向，保證了改革開放政策的穩定性，因此即使暫時的波折仍有可能出現，但從歷史角度觀察，私有經濟在現階段的發展是不可逆轉的。國有企業的改革動向是私有企業發展最重要的外部條件。如果國有大中型企業通過體制轉變適應了市場經濟的要求，私有企業將遇到最强勁的競爭對手，同時在競爭中提高自身的素質；反之，則將此消彼長，未來格局殊難預料。私有企業將在不斷的市場競爭中，在市場規則的建立和完善過程中，在經營、管理方式、技術駕馭能力等諸方面受到考驗，也將有一個優勝劣汰的不斷分化過程。成功者將會發展成跨地區、跨行業的巨大規模的集團公司，同時，它們的社會影響力也將同步增長。

三、 私有企業主的財產、日常生活、自我評價和組織狀況

1. **婚姻與家庭人口**

私有企業主中未婚者占3.6%，已婚91.4%，再婚2.7%，喪偶0.5%，離异1.8%。

女性企業主中未婚與離异的比例均高于男性。

私有企業主家庭中在一起吃飯、經濟上不分開的成員平均爲 4.70 人，與 1990 年人口普查中全國城鄉家庭户平均 3.97 人① 相比，家庭規模比較大。

表 70　　私有企業主與全國人口家庭户規模比較

户别	1 人户	2 人户	3 人户	4 人户	5 人户	6 人户	7 人户	8 人及 8 人以上户	合計
人口普查户②（%）	6.3	11.1	23.7	25.8	17.7	8.4	3.9	3.1	100.0
私有企業主户（%）	1.1	3.5	24.9	24.2	18.0	11.3	5.4	11.8	100.0

私有企業主保持較大規模家庭的原因，一是家族制管理的需要，二是避免因過早分家而造成資産分散。

2. 私有企業主的財産規模

私有企業主的財産分爲生産資料與家庭財産兩大部分。前者包括企業固定資産、流動資金以及債權、債務中應屬企業主名下部分。后者包括生活用房、家庭儲蓄、證券、借入借出款項、手持現金及耐用消費品等。但在具體分析時，經常很難絶然劃開。例如房屋往往不易區分是生産用房（應屬固定資産部分），還是生活用房（應屬家庭財産部分）。原因在于房屋的使用功能不是單一的。例如私有企業主的生活用房往往供給外地雇工居住，還經常挪作庫房，實際上成了生産輔助用房。又有許多企業主就居住在廠或店里，辦公用房又兼作起居用房。因此在下面分析時，房産單獨開列，主要是系生活用房，包括供職工居住部分。與此類似的還有小汽車、摩托車、電話、電腦等，在其它居民家庭中這些僅僅是耐用消費品，在私有企業主這里也是用于經營的工具，因此歸入固定資産之中。

(1)生産資料

在二.1 節分析中，私有企業固定資産中位數 33 萬元，流動資金中位數 22 萬元，每個企業債務約爲 6.86 萬元，企業凈資産應在 48 萬元，而每個私有企業平均投資者是 1.87 人，每個投資人平均擁有生産資料 25.7 萬元，實際上企業主往往是主要投資人，擁有生産資料中位數爲 32 萬元。

(2)生活用房

①面積

表 71　城鄉　不同地區私有企業主自有生活用房面積分布（%）

自有生活用房面積（平方米）		20 以上	20—50	50—100	100—200	200—500	500 以上	合計	中位數（平方米）
按城鄉分	城　鎮	2.4	14.7	21.9	23.5	24.2	13.3	100.0	148.1
	農　村	0.0	6.8	21.1	33.1	24.8	14.3	100.0	166.8
按行業分	東部地區	1.4	15.0	22.3	25.8	24.9	10.6	100.0	143.8
	中部地區	2.5	11.4	21.1	22.4	22.4	20.3	100.0	167.0
	西部地區	5.1	12.7	19.6	22.8	24.1	15.8	100.0	155.3

在被調查户中，城鎮（尤其是在大中城市里）企業主還有 20.7% 没有自住房，仍在租房居住。但這個比例比開業之初已降低了 16.7%。所有被調查户生活用房中位數爲 100.0 平方米，若僅計算擁有自住房的企業主，則中位數爲 149.8 平方米，是開業之初自有生活用房中位數 56.3 平方米的 2.7 倍。

城鄉之間，生活自住房擁有量有一定差别，城市規模越大，住房越緊張。鎮上的私有企業主自住房面積很大，不比農村企業主住房少。東部地區自住房就面積而言，仍不如中、西部。

②價值

① 根據《中國 1990 年人口普查 10% 抽樣資料》第 380 頁表 8—1 計算。
② 根據《中國 1990 年人口普查 10% 抽樣資料》第 380 頁表 8—1 計算。

表 72　城鄉、不同地區私有企業主自有生活用房價值分布(%)

自有生活住房價值(萬元)		0(無房)	5 以下	5—10	10—20	20—50	50—100	100 以上	合計	全體被調查户住房中位數(萬元)	有房户中位數(萬元)
按城鄉分	大城市	45.3	3.1	6.7	11.4	13.4	9.4	10.6	100.0	6.2	33.8
	中等城市	32.7	6.1	12.4	11.7	17.8	7.3	12.0	100.0	9.5	25.8
	小城市	12.5	13.6	13.3	19.0	19.8	11.0	10.8	100.0	15.6	18.9
	鎮	7.1	17.2	13.8	19.7	22.6	12.1	7.5	100.0	16.0	17.8
	農村	7.1	28.2	17.9	17.3	15.4	6.4	7.7	100.0	9.1	10.2
按地區分	東部地區	24.0	10.6	10.3	14.3	19.4	11.1	10.3	100.0	13.6	24.4
	中部地區	16.3	12.9	15.6	18.4	18.0	7.8	10.9	100.0	12.8	17.3
	西部地區	29.3	15.2	17.3	16.2	11.0	3.1	7.9	100.0	6.6	11.8

全體被調查户自有生活用房價值中位數爲 10.0 萬元,如僅計算擁有自住房的户,則他們自住房價值中位數爲 19.3 萬元。

在大中城市,無自有房的私有企業主比例高。對照前面兩表,可以看出在城市里自有房面積雖小,但價格高。在東部地區也存在着類似情況。

私有企業主一旦在經營中站穩脚步,開始改善生活時,首先就是改善住的條件。農村的企業主主要是建新房、翻蓋老房,從企業利潤轉移出來的資金,主要用于造房。中國傳統農民一向重視住房,必須有了自己的房屋,才算安下家,才在土地上扎下了根,因此近十幾年來,農村景觀最顯著的變化就是居住條件的改善。當然部分私有企業主在建造住房時一味追求豪華、高大,也有炫耀心理在作祟,甚至出現了建了拆,拆了再建,不斷求新求大的怪事。城市企業主一般采用購買其他居民自有房和買商品房兩種辦法。對于企業主來説,住房價值已相當于資産價值的五分之一,是家庭財産中最重要部分。

(3)其它家庭財産

①證券及净借出款

表 73　私有企業主 1992 年底證券及借出款額

證券價值及借出款(萬元)	0	1 以下	1—2	2—5	5—10	10—50	50 以上	合計
企業主人數(%)	54.9	5.9	8.2	12.2	7.5	8.7	2.5	100.0

私有企業主擁有證券價值及净借出款平均數爲 5.1 萬元,其中證券與借款約各占一半。

目前大陸上正式上市的證券種類不多,數額有限,許多證券是一些公司的債券。私人借貸在不公開場合是大量實際存在的,尤其是在資金格外緊張的中、西部地區,一半以上私有企業主有净借出款。

②個人儲蓄

表 74　私有企業主 1992 年底個人儲蓄余額

儲蓄余額(萬元)	1 以下	1—2	2—5	5—10	10—20	20—50	50—100	100 以上	未答	合計
企業主人數(%)	4.1	7.7	13.8	8.9	6.4	3.4	1.0	1.0	53.9	100.0

個人儲蓄屬于個人主要隱私内容,因此未作回答的人數較多。已回答者每人平均儲蓄額爲 3.4 萬元。不同地區、城鄉之間無顯著差别。由于目前儲蓄利息不高,并且私有企業經常短缺資金,因此私營企業主的存款額不是很高。

③耐用消費品 6

表 75　私有企業主 1992 年底耐用消費品擁有量①

耐用品種類	彩電	録像機	攝像機	高級音響	空調器
每百户擁有量(臺)	136	76	20	45	63
每户平均價值(萬元)	0.55	0.25	0.21	0.25	0.62

可與一般居民家庭作一比較:1992 年全國城鎮居民每百户擁有彩電 75 臺②,城鎮私有企業主家庭 135 臺,農村居民每百户 8 臺③,農村企業主每百户 140 臺。

(4)財産總規模

全部被調查户財産總規模中位數爲 52.7 萬元。不同地區、城鄉、不同類型、不同行業的私有企業主財産規模有差别。

不同地區之間私有企業主的財産規模差异不大,造成財産規模差异的重要因素是擁有房産價值不同,同時東部地區私有企業起步早,經營、生産時間較長,財産積累的時間也已久遠,因此家庭財産總規模較大。

不同年齡組,不同文化素質的企業主由于經營業績不同,財産規模拉開了檔次。

① 小汽車,摩托車、電話、電子計算機既是耐用消費品,也是生産工具,已歸入固定資産之中,現列出擁有量。

種類	小汽車(輛)	摩托車(輛)	電話(臺)	電子計算機(臺)
每百户擁有量	38	55	140	15
每户平均價值(萬元)	6.46	0.60	0.68	0.21

② 《中國統計年鑒 1993 年》第 289 頁。
③ 同上,第 320 頁。

表 76　私有企業主財産規模分布(%)

財産(萬元)		0以下(資不抵債)	0—20	20—50	50—100	100—200	200—500	500—1000	1000以上	合計	中位數(萬元)
按地區分	東部	0.7	20.9	25.0	18.9	19.3	9.9	4.0	1.5	100.0	59.0
	中部	0.4	24.6	25.4	16.2	15.8	11.4	4.8	1.3	100.0	49.5
	西部	0.6	25.9	29.1	20.3	13.3	8.2	1.3	1.3	100.0	44.2
按城鄉分	大城市	0.5	21.9	31.4	15.7	13.8	7.6	7.1	1.9	100.0	46.4
	中等城市	0.0	22.5	22.5	18.4	19.7	11.1	4.8	1.0	100.0	63.6
	小城市	0.7	21.7	28.3	17.7	16.3	11.0	2.7	1.7	100.0	49.3
	鎮	2.1	17.8	23.8	23.8	20.5	8.6	2.2	1.1	100.0	62.5
	農村	0.0	29.8	18.5	17.7	19.4	11.3	1.6	1.6	100.0	54.8
按類型分	獨資企業	0.5	22.0	25.0	18.0	18.1	10.6	5.1	1.7	100.0	56.9
	合伙企業	1.6	34.1	23.8	19.5	12.4	7.0	1.1	0.5	100.0	38.0
	有限責任公司	0.0	12.7	30.6	18.5	22.5	8.6	5.8	1.2	100.0	68.1
按行業分	工業	0.5	21.3	25.1	17.9	20.1	9.5	4.0	1.7	100.0	58.7
	建築業	0.0	21.4	21.4	17.9	17.9	10.7	10.7	0.0	100.0	70.1
	交通運輸業	0.0	20.0	15.0	25.0	20.0	15.0	0.0	5.0	100.0	80.0
	商業	0.5	20.3	30.4	22.2	10.1	12.1	3.9	0.5	100.0	48.8
	飲食業	0.0	28.4	35.1	20.3	5.4	6.8	4.1	0.0	100.0	38.5
	服務業	3.4	25.9	24.1	13.8	25.9	6.9	0.0	0.0	100.0	45.8
	修理業	0.0	44.4	19.4	16.7	13.9	5.6	0.0	0.0	100.0	28.7
	科技咨詢業	0.0	19.1	25.5	14.9	19.1	10.6	8.5	2.1	100.0	68.1
	其它	1.9	17.3	13.5	15.4	26.9	15.4	3.8	5.8	100.0	107.1

表 77　不同年齡組私有企業主的財産中位值

年齡組(歲)	25以下	25—35	35—45	45—55	55以上
財産中位值(萬元)	34.9	53.7	48.9	63.0	56.1

表 78　不同文化程度私有企業主的財産中位值

文化程度	文盲	小學	初中	高中	中技	中專	大專	大學及以上
財産中位值(萬元)	35.0	51.2	46.1	49.5	64.4	68.7	74.7	80.0

不同年齡組中,正當盛年而社會經驗又較豐富的 45—55 歲組財產最豐,也是過去幾年比較成功經營的體現。各文化程度中除了小學這一組外,文化程度高低與財產積累的多少幾乎成正比例關系。三種相似的高中、中技、中專畢業生中,已掌握有實用技術的中專、中技畢業生更容易成功。

(5)財產構成

私有企業主財產及構成,用一般代表性數據來表示,解析如下:

		占財產總額比例(%)
企業資產	32.0 萬元	60.7
家庭資產	20.4 萬元	38.8
其中:		
生活用房	10.0 萬元	19.0
證券、借出款	5.1 萬元	9.7
儲蓄	3.4 萬無	6.5
耐用消費品	1.9 萬元	3.6
財產總額	52.7 萬元①	100.0

3. 私有企業主個人收入及日常支出

(1)收入

私有企業主收入主要分爲兩部分:一是從企業得到的收入,二是企業外其它收入。前者又分爲兩部分,其一是工資、獎金等,可在企業財務上列入稅前成本,另一部分是企業産值、營業額減去成本、稅收、收費、攤派后純利潤應分到企業主個人名下的凈收益,即資本投資回報部分。這后一部分收入一般大多(如二・2 節中分析,約占有三分之二)又作爲個人投資留給企業生産發展基金,真正用于消費或轉入家庭財産部分的只是其中一小部分。

①從企業得到的工資性收入

表 79　私有企業主 1992 年工資性收入

年工資(萬元)	1 以下	1—2	2—5	5—10	10—20	20—50	50—100	100 以上	未答	合計
企業主人數(%)	28.8	6.8	22.3	12.0	12.4	6.3	1.7	2.2	7.7	100.0

工資性收入中位數爲 2 萬元。1988 年國家稅務局頒發的《私營企業財務管理暫行辦法》中規定:私有企業廠長(經理或董事長)的工資可以在本企業職工平均工資十倍以內確定,并列入成本。至少有三分之一企業主工資性收入超過規定標準。

②從企業純利潤中得到的投資者凈收益

表 80　私有企業主 1992 年投資凈收益

年凈收益(萬元)	虧損	0—2	2—5	5—10	10—20	20—50	50 以上	未答	合計
企業主人數(%)	13.4	15.0	16.0	12.7	12.1	9.6	10.9	10.3	100.0

投資凈收益中位數爲 7.2 萬元。根據二・2 節測算,一般投資者比企業主低,爲 4.7 萬元。企業主的這一部分收入減去投入生産發展基金之后,約有 2.3 萬元將轉入消費。實際上,私有企業主個人投資凈收益差距很大,還有 13.4%的私有企業虧損,負債運行,投資凈收益爲負值。

③其它收益

私有企業主從證券、儲蓄、私人借貸等方面年收入一般爲 0.7 萬元。

④年總收入

① 因選用了中位數爲代表性數據,進一步運算后,有 0.3 萬元的誤差。

私有企業主1992年所有個人收入之和的中位數爲5.0萬元。其中城鄉和不同地區企業主收入有差异,而不同類型和不同行業企業主收入差异無明顯的統計意義。

表81　私有企業主1992年總收入分布(%)

年總收入(萬元)		0—1	1—2	2—5	5—10	10—20	20—50	50以上	合計	中位數(萬元)
按地區分	東部	12.5	13.7	20.9	15.8	16.3	10.2	10.7	100.0	5.9
	中部	15.1	14.3	24.5	13.9	14.3	12.7	5.3	100.0	4.5
	西部	24.0	17.0	25.7	12.9	11.1	5.8	3.5	100.0	3.1
按城鄉分	大城市	16.6	12.6	18.4	11.2	11.7	13.5	16.1	100.0	6.3
	中等城市	19.0	13.1	21.4	13.4	16.7	7.7	8.6	100.0	4.5
	小城市	13.0	14.0	25.7	16.5	16.5	10.2	4.1	100.0	4.7
	鎮	10.9	12.9	24.3	17.8	16.3	11.4	6.4	100.0	5.5
	農村	9.6	23.5	19.9	16.9	13.2	7.4	9.6	100.0	4.5

不同文化水平的企業主收入有差距。

表82　不同文化程度私有企業主1992年總收入分布(%)

年總收入(萬元)	0—1	1—2	2—5	5—10	10—20	20—50	50以上	合計	中位數(萬元)
文盲	57.1	7.1	28.6	7.1	0.0	0.0	0.0	100.0	0.9
小學	21.4	9.5	27.8	14.3	11.9	7.9	7.1	100.0	4.1
初中	11.3	16.9	23.7	16.7	15.8	9.7	5.9	100.0	4.8
高中	13.2	15.2	22.6	14.5	16.1	10.6	7.7	100.0	4.9
中技	6.7	16.7	20.0	10.0	20.0	20.0	6.7	100.0	8.3
中專	20.2	15.5	13.1	14.3	14.3	11.9	10.7	100.0	5.4
大專	13.3	8.0	24.0	15.3	14.0	10.7	14.7	100.0	6.5
大學及以上	21.5	13.8	7.7	12.3	16.9	7.7	20.0	100.0	7.8

私有企業主的收入與文化水平緊密相關聯,文化水平越高,收入越高。表78中,小學文化程度的企業主財産反比初中畢業企業主多,這是一個存量,有可能與開業時間長短有關,現在的收入是個流量,如果按這樣的比例關系持續下去,初中畢業企業主的財産存量也將超過小學畢業的企業主。

(2)日常支出

①日常生活費支出總額

表83　私有企業主家庭1992年每月生活費支出

月支出(元)	0—500	500—1000	1000—2000	2000—5000	5000—10000	10000以上	合計
户數(%)	7.9	23.7	28.9	27.8	8.7	3.1	100.0

被調查户月均生活費支出爲1400元。

表 84　私有企業主 1992 年日常生活費占總收入比重

比　　重(%)	10 以下	10—20	20—50	50—80	80 以上	合計	中位數(%)
户　　數(%)	36.5	13.8	27.4	13.5	8.8	100.0	30.0

一般私有企業主用總收入的 30%來維持全家日常生活。根據目前中國家庭關系而言，日常生活消費的單位是家庭而不是個人，在分析家庭收支時，應計入家庭中所有成員的收入，因此私有企業主家庭的實際收入還要更高一些，生活費支出占全體收入的比重會更低一些。

②人均生活費

表 85　　私有企業主家庭 1992 年每人每月生活費支出額

人均月生活費(元)	200 以下	200—300	300—400	400—500	500—1000	1000 以上	合計
户數(%)	24.8	23.9	14.0	6.8	21.2	9.3	100.0

私有企業主家庭每人每月生活費支出的中位數是 300 元。東部地區每人每月生活費爲 371 元，中部地區 250 元，西部地區爲 286 元。

表 86　　城鄉私有企業主家庭每人每月生活費支出與其它居民家庭比較

家庭所在地	大城市	中等城市	小城市	鎮	農　　村
私有企業主家庭(元)①	368	362	311	359	203
其他家庭(元)②	152	168	151	129③	57
倍　　數	2.4	2.2	2.1	2.8	3.6

從比較中可以看出，私有企業主家庭生活水準要比其它家庭高得多，他們確實已經成爲“先富起來”的一部分人了。

③生活費分項支出

下面僅考察部分主要支出項目，如伙食與服裝。應酬支出往往是爲了經營中聯係業務、搞好關係而付出的，由于經常采用請吃飯或去娛樂場所的形式，因此又與伙食、娱樂支出有交叉之處。

表 87　　私有企業主家庭部分重要支出

支出項目	伙　　食	服　　裝	應　　酬	娱　　樂
每月全家支出(元)	600	235	300	50
每月每人支出(元)	125	50		
占全家生活費比重(%)	42.9	16.8	21.4	3.6

伙食費仍是全家生活費中最大開支項目，每人每月 125 元，是全國城鎮居民家庭每人每月伙食開支 74 元④的 1.7 倍，但仍不算太高。只是私有企業主之間差别很大，生活方式很不相同。例如每人每月的伙食費，低的在 60 元以下(主要是在農村)，占全體調查户的 5.6%，但也有 4.6%的家庭人均伙食費在 500 元以上，更有 1.5%的家庭人均值超過 1000 元。每人每月服裝置辦費在 500 元以上的家庭占 1.1%。每月應酬費高達 1000 元以上的占企業主總數 24.4%，2000 元以上的占 12%，5000 元以上的占 3.5%，甚至有 1%的企業主，每月應酬在萬元以上，這已不是吃吃喝喝這樣

① 中位數值
② 平均數值，根據《中國統計年鑒 1993 年》第 287 頁。第 311 表 8—11 頁表 8—21 計算。
③ 僅爲縣城，即城關鎮。
④ 根據《中國統計年鑒 1993 年》第 286 頁表 8—10 計算。

的交際內容了。有1/3的企業主無暇光顧娛樂場所,但也有6.4%的企業主每月在此消費千元以上,更有1.1%花費在3000元以上。

4. **宗教信仰**

一部分私有企業主置身于激烈競爭之中,需要精神上的撫慰、交流和支持,寄希望于宗教生活。私有企業主中14%具有宗教信仰。

表88　私有企業主的宗教信仰

宗教信仰	佛教	道教	伊斯蘭教	天主教	基督教	其它宗教	無宗教信仰	未答	合計
人數(%)	8.7	0.7	2.1	1.0	1.1	0.3	79.1	6.9	100.0

宗教信仰與這些人的年齡、性別未見顯著關聯。在地區分布上有很大不同,佛教信徒比例最高的是東部地區,伊斯蘭教徒更爲集中在中、西部。

5. **私有企業主對自身社會地位的評價**

私有企業主是改革、開放后出現的新群體。由于它具有私有資産經營的種種特征,并且他們行爲方式、思想意識相互差別很大,在社會上成爲引人注目的一批人。他們對待自身的地位是敏感的。

在調查中,分别請他們拿自己和社會中其他成員比較一下,然后在表示收入多少、社會聲望高低、政治參與權力大小的三個階梯上標出自己的位置,第一級表示最多或最高或最大,反之第十級表示最少或最低或最小。

(1)對自身經濟地位的評價

表89　私有企業主對自身收入的評價

收入評價(級)	較高位置			中間位置				較低位置			合計	平均級數
	1	2	3	4	5	6	7	8	9	10		
人數(%)	29.3			64.9				5.7			100.0	4.5
	6.6	7.0	15.7	18.6	29.2	11.4	5.7	4.3	0.8	0.6		

從地區上分析,東部企業主對自己收入最不滿意,而中部地區企業主對自己收入的滿意程度較高。前面已分析過,不同地區之間企業主的收入無明顯差距,但同樣的收入水平,由于和周圍群體相比感受不同,增加收入的機遇不同,自身感覺和評價是很不一樣的。

還可以找到一些明顯或不明顯的相關因素。

一個明顯的事實是,自身資産總規模越大,對自身收入評價當然也要高一些。

另一個有趣的事實是:凡對自身收入比較滿意的企業主,一般是那些和政府關係良好的老板,換言之,搞好和政府的關係,是獲得比較滿意收入的一個重要條件。

私有企業主對自己收入的評價平均級别是4.5,并不高,他們并不認爲自己收入高,在調查中經常聽到他們反映認爲今天收入最多、最富有的是干部群體。

(2)對自身社會聲望的評價

表90　私有企業主對自身聲望的評價

聲望評價(級)	較高位置			中間位置				較低位置			合計	平均級數
	1	2	3	4	5	6	7	8	9	10		
人數(%)	43.6			49.4				7.0			100.0	4.0
	9.3	15.6	18.8	14.9	22.9	7.6	4.0	4.6	1.5	0.9		

社會聲望并不一定取决于經濟地位，是用來衡量社會地位高低的。但私有企業主對自身經濟和聲望的評價是高度一致的，説明他們把社會地位和經濟地位緊密聯係在一起了。

私有企業中年紀越輕，對自身社會地位評價越低，要求改變現有社會地位的呼聲越響亮；而 45 歲以上的企業主半數以上認爲對自身社會地位是滿足的。

(3)對自身政治參與權力的評價

表 91　　私有企業主對自身政治參與權力的評價

政治參與評價(級)	較高位置			中間位置				較低位置			合計	平均級數
	1	2	3	4	5	6	7	8	9	10		
人數(%)	37.0			48.1				14.8			100.0	4.6
	7.6	11.6	17.8	14.1	20.4	7.8	5.8	7.2	4.8	2.8		

在過去傳統計劃經濟體制下，政治參與權力也是受到高度控制的，改革開放以后，隨着經濟權力的分散化，政治參與程度也得到提高。私有企業主認爲自身政治參與程度處于中間位置上，尤其 35 歲以下的企業主有 1/4 認爲自己是處在最底下的階梯上，而 45 歲以上的企業主有近一半人認爲自己是處在較高的階梯上。

6. 組織狀況

私有企業主參加的團體組織可分爲政治性的與經濟性的兩大類。

(1)政治組織

表 92　　私有企業主參加政治組織狀況

組織名稱	中國共産黨	中國共青團	各民主黨派
參加人數(%)	13.1	7.3	6.5

私有企業主中 13.1%是中共黨員。其中 11.7%開業前原是專業技術人員，32.8%原來是機關企事業中的干部，11.8%曾是工人，5.0%是商業服務人員，軍人占 3.9%，農民占 22.8%；52%來自國有、集體單位；15.5%曾經擔任過科級以上負責人，24.6%是企業中的管理人員，11.7%當過鄉、村兩級負責人和干部。這些黨員接受過中國共産黨的長期教育，他們對自身社會地位和政治地位的評價遠高于其他私有企業主。這批黨員是中國共産黨和政府團結、引導、幫助、教育私營企業主的得力助手。

(2)經濟組織

表 93　　私有企業主參加各種經濟組織狀況

組織名稱	私營企業協會	個體勞動者①協會	工商聯	同業公會	私營企業家聯誼會②
參加人數(%)	39.5	39.9	90.2	9.0	14.0

隨着經濟管理體制的轉换和私有企業的進一步發展，許多私有企業主希望能够成立自我管理、自我服務程度較高的行業公會等經濟組織。在被調查的私有企業主中有一半以上(57%)認爲很有這種必要。

7. 結論

(1)私有企業主是今日中國大陸最富有的社會群體之一，他們形成了自己較高的消費水準和獨特的生活方式，受

① 一些地區至今尚未成立私營企業協會，因此部分私有企業主仍參加個體勞協的活動。
② 這并不是一個正式組織的名稱，而是指由當地主管部門或私協出面組織私有企業主不定期活動以增進彼此聯系，組織形式不固定，也不是正式的團體。

到其它群體的關注。但他們之間在財產規模、收入支出水平等諸方面，差异都很大。一些引起其他群體反感的炫耀性消費也并不能代表這一群體的整體形象。今后仍應鼓勵他們不斷擴大再生産，而把消費控制在一個合理的水平上。

(2)隨着市場經濟的發育、成熟，私有企業主的社會地位和政治地位正在提高，這有利于他們消除種種疑慮，安心發展生産。私有企業主對自身經濟地位的估價與其他群體對他們的估價有不小距離。隨着他們財富的積聚，自信心的增强，將必然提出提高社會聲望和政治參與的要求，尤其是年輕的企業主們。

(3)私有企業主要求成立自律性的經濟組織，對此應給予充分重視。在社會主義市場經濟基礎之上，多元的利益主體正在出現，政府的經濟管理職能正在發生根本性轉變，行業公會等中介組織的出現，有利于私有企業之間，私有企業和其它性質的企業溝通、協調，促進市場秩序和職業道德的建立，緩和社會矛盾，調整利益格局，也成爲政府與企業之間的新型紐帶。

(4)私有企業主群體，相互之間缺乏有機聯系，没有形成獨立的意識形態，也没有明確的政治訴求，組織需求主要是經濟方面而不是政治方面的，因此，仍然處在一種中間過渡狀態之中。如何在發展市場經濟的新形勢下，協調私有企業主和其他社會群體的利益關系，不斷調適不同群體間的互動聯系，在建設四化的一致目標下，建立起新的社會結構，是需要不斷解决的大問題。

四、 繼續深入開展對私有企業和企業主的調查研究工作

多年來，對于私有企業的數量與規模，始終若明若暗，底數不清。由于市場經濟發展迅速，私有企業在成長中新問題也層出不窮，對于這樣處于動態變化中的社會—經濟現象，需要把調研工作更深入一步。當前應該進一步摸清這樣幾個問題：

1. **私有企業的數量**。由于歷史的原因，大量私有企業始終未從個體户中劃出來，還存在着“挂靠”集體企業，形成“假集體、真私有”的企業。近年來又出現了挂靠政府辦公司或搞“假合資”企業等現象，有必要通過調研，具體分析，還私有企業真面目。

2. **私有企業的規模**。已登記的私有企業注册資金與實際使用資金差距很大，産值、營業額摸不實。

由于在數量、規模兩方面都存在問題，因此對于私有企業的實際力量，在各種經濟成份中所占的比重，都很難確切掌握，有可能被大大低估，使得政策制定、日常管理出現偏差。

3. **大型私有企業的發展機制**。應把抽樣調查和典型調查結合起來，摸實這些私有企業高速發展的内部動因、外部環境和后果。

附記：

本調查報告是國家社會科學基金資助的重點課題《中國私有企業主階層研究》階段性成果之一。

本次調查學術指導：陸學藝、李　定

課題負責人：張厚義、羿遠錚

課題組主要成員：陳斗仁、李路路、戴建中、黄平、石秀印、許宏業、朱又紅、胡甫昌、張金喜、白素明

調查方案及問卷設計：李路路、戴建中、黄平、沈原、石秀印、彭泗清

調查實施者：全國各省、市、自治區工商聯研究室

數據處理：戚培德、楊亦平

本報告執筆：戴建中

（一九九三年十二月　北京）

中國私營經濟發展的新階段
——中國民(私)營經濟研究會課題組
1993 年度調研報告

〈報告提綱〉

(一)私營經濟走出徘徊,發展速度快,勢頭好,進入了一個新階段。

1、私營經濟走出徘徊,發展速度加快;

2、經濟實力增强,經營規模擴大,出現了一批“百萬富翁”;

3、產業結構趨向合理,開始涉足高新技術領域與國際市場;

4、投資者結構變化,素質提高,一個私營企業家群體正在形成;

5、私營企業主的社會影響在擴大,但帶有明顯的社區性特征;

6、對私營經濟發展現狀的基本估價。

(二)新階段的私營經濟,還應有個更大的發展。

1、私營經濟是吸納、安排富余勞動力的一條渠道;

2、私營經濟是聚集民間資金,興辦經濟實體的一種形式;

3、私營經濟是發展第三產業的一支重要力量;

4、私營經濟是建設城鎮,培育市場的一根重要支柱;

5、私營經濟是貧困地區發展經濟的一項重要措施。

(三)偏緊的經濟社會環境與經營者的自身素質,仍然制約着私營經濟的健康發展。

甲、1、企業主的心理壓力大;

2、歧視性的經濟政策;

3、私有財產得不到法律保障;

4、經營者的自身素質。

乙、1、矛盾心態:“百萬資產恐懼症”;

2、隱蔽行爲:“戴帽子”現象;

3、短期行爲;

4、非市場行爲;

5、畸形消費。

(四)進一步提高認識,采取切實措施,促進新階段私營經濟的健康發展。

1、私有財產應和公有財產一樣受到法律保護;

2、建立中介組織,爲私營企業發展排憂解難;

3、制定區域政策,促進私營經濟的全面發展;

4、轉變政府職能,在調查研究的基礎上,做好私營經濟的管理工作。

受中央政策研究室委托,中國民(私)營經濟研究會組成了由 19 位理論工作者參加的課題組,于 1993 年 10 月,分赴廣東、福建、浙江、湖南、湖北、雲南、四川、河南、河北、吉林、北京等 11 個省市,進行私營經濟典型調查。同時,中央政策研究室在 7 月份部署、組織了 10 個省區的政策研究室也開展了私營經濟調研工作。

在此之前,由中國社科院社會學所與全國工商聯研究室牽頭承擔的《中國私營企業主階層研究》國家重點課題,依靠工商聯系統的調研網絡,首次在全國 30 個省市區範圍内,根據不同地區、不同行業,按比例抽樣的原則,發放私營企業調查問卷 1700 份。對回收的 1440 份問卷(占全國 1992 年底登記私營企業總數的 1%,回收率爲 84%)進行處理后,得到有關私營企業主及 其經營情況的數據 50 萬個。在這個基礎上,寫成了《全國首次私營企業抽樣調查數據及分析》

的專題報告。

在這兩次大型調查的基礎上,中央政策研究室與中國民(私)營經濟研究會,于 1993 年 11 月下旬在浙江省杭州市與富陽縣分别召開了兩次主題類似的研討會。兩次會議共收到 17 個省市區的調研資料 40 多份。根據典型調查、抽樣調查和平時研究,我們就私營經濟的發展現狀、發展中的主要問題及其進一步健康發展等問題,進行了專題研究,作爲本研究會 1993 年度的階段性成果,報告如下。

(一)私營經濟走出徘徊,發展速度快、勢頭好,進入了一個新階段

私營經濟在我國重新産生后,從 1980 年 9 月《人民日報》報道廣東省一位農民雇工承包魚塘到現在,已經發展成一支擁有 300 多萬人從業的隊伍。在過去的 13 年中,黨與政府出臺了一些有關的政策、法規,并且確立了私營經濟的法律地位。進入 90 年代以來,理論研究,政策研究,人們的認識,向前推進了一大步。這集中體現在黨中央的重大决策與地方黨委、多數人的認同與共識上,如:

1991 年中央 15 號文件指出,私營經濟"將在相當長的歷史時期内存在和發展";"對現在的私營企業主,不應和過去的工商業者簡單地類比和等同,更不是要象 50 年代那樣對他們進行社會主義改造";黨對他們采取"團結、幫助、引導、教育"的方針,并且明確工商聯做他們代表人士的工作。

1992 年春天,鄧小平同志重要談話與中央政治局决議,提出在建設中國特色的社會主義過程中,怎樣對待資本主義這個極其煩雜的難題,并把"三個有利于"作爲判斷各方面工作是非得失的標準,從而進一步拓寬了政策與發展的思路。

1993 年 11 月,黨的十四届三中全會作出决定,重申:在建立社會主義市場經濟體制的過程中,"必須堅持以公有制爲主體,多種經濟成份共同發展的方針";强調:所有制結構在不同地方、不同産業,可以有所差别;并且第一次明確提出,"國家要爲各種所有制經濟平等參與市場競爭創造條件,對各類企業一視同仁。"

理論一旦掌握群衆,就會變成巨大的物質力量。各級黨委在貫徹、執行中央决策中,轉變觀念,解放思想,從實際出發,把私營經濟作爲社會主義市場經濟的組成部分和發展地方經濟的新的生長點,相繼作出發展私營經濟的决定,有些地方還成立了領導、協調小組,設立私營經濟開發區。西部有些地區則明確提出:"不限身份、不限規模、不限速度、不限比例、不限領域","積極鼓勵,大力扶持,放手發展"的口號。一些具備條件的投資者,則從實踐中認識到,私營經濟不僅是謀生、致富的手段,也是施展才能、實現人生價值的途徑。

上述决策、政策的貫徹落實,爲私營經濟健康、持續的發展,逐步掃清思想障礙,將我國私營經濟的發展推進到一個新的階段。

1、**私營經濟走出徘徊,發展速度加快。**

《私營企業暫行條例》公布后,工商行政管理機關于 1988 年底開始了登記工作。從下表可以看出,幾年來私營企業的發展速度可分爲兩個階段,即徘徊階段與加速發展階段。1989~1991 年,每年私營企業的户數增長均未超過 10%。1992 年發展速度加快,比上年底增長近 30%,1993 年 6 月底比上年底增長 32%。

私營企業發展情况表

年度	户　數(萬户)	從業人數(萬人)
1989	9	185
1990	9.8	192.
1991	10.8	184.
1992	14.0	232.
1993.6	18.4	294.

統計數字顯示,1993 年 6 月底,全國私營企業的户數和從業人數,分别比上年同期增長 66%和 57%,是私營企業登記以來發展最快的一個時期。而且全國各地普遍增長,第一次出現了没有一個省、市下降或停滯的新局面。廣東省發展最快,新增私營企業 11743 户,比上年同期增長 2.5 倍,使其總數達到近 4 萬户。其中,惠州、廣州、珠海三市分别

比上年同期增長10倍、6倍和3倍。海南、安徽、黑龍江、上海、湖北、新疆和江蘇，增長幅度都在100%以上。1993年9月底，北京市私營企業的户數和從業人數，都比上年底增長1.48倍，湖南省的這兩個數字，分别比上年同期增長99%和105%。

2、**經濟實力增强，經營規模擴大，出現了一批“百萬富翁”。**

1993年6月底，全國私營企業的注册資金總額爲452.9億元，比上年同期增長225%。有些省市注册資金同期比較，遼寧省增長1.39倍，廣東省增長6倍。江蘇省1993年10月底，比上年底增長2.2倍，北京市1993年9月底，比上年底增長2.6倍。注册資金的增長，意味着經濟實力的增强，經營規模的擴大，經濟效益的提高。與上年同期比較，私營企業的户均注册資金由12.6萬元增加到24.6萬元，增長了95%；户均産值由7.9萬元增加到8.8萬元，增長了11%；户均實現營業額由3.5萬元增加到4.66萬元，增長了33%。同時，户均雇工人數却由14.4人減少到13.8人，説明私營企業在追求規模效益的過程中，盡可能提高資本有機構成，減少勞動支出，降低成本。

私營企業在發展過程中，企業組織形式有所變化，有限責任公司增長很快。1993年6月底，有限責任公司的户數達41549户，比上年同期增長380%，在私營企業總户數中的比重由8%上升到23%。有限責任公司的規模都比較大，它的户數只占私營企業總户數的23%，但是它的注册資金數却占私營企業注册資金總數的59.5%。一部分私營企業已經完成了原始積累過程，進入了快速發展階段，有的達到大中型企業的規模。企業資産達到百萬元以上的由上年的855户增加到4072户，增長了376%。有的地區還出現了資産規模達千萬元、億元的大户。浙江省諸暨市店口鎮，“百萬富翁”有100多家(全鎮共有居民9223户)。廣東省陽江市有私營企業2131户，其中，資産規模在百萬元的28户，千萬元的23户，億元的1户。這種情况表明，在市場競争中，私營企業運用自身的優勢，流動資金周轉速度快，利潤追加投資的傾向强烈，積累率高，資産形成速度快。

3、**産業結構趨向合理，開始涉足高新技術領域與國際市場。**

1993年6月底，從事第三産業的私營企業達7.6萬户，比上年同期增長了130%，在私營企業總户數中的比重，由30%上升到41%。有些省、市發展更快，如江蘇省從事第三産業的私營企業，比上年底增長160.5%，占全省總數的43.1%；遼寧省占48.9%，北京市則占61.7%。廣東省在新增的私營企業中，第三産業則占63.9%。

在行業結構中，科技咨詢業發展最快，已由上年同期的1209户發展到3871户，增長了220%。服務業由上年同期的2465户增加到7126户，增長了189%。

經營領域擴大，出現了一些新興行業。如典當、信托、搬家、清洗、鐘點服務、信息、廣告設計制作、房地産服務、時裝模特、經紀人、文藝表演、計算機軟件開發、幼兒園、小學、中學、技術學校、大學等。

一些私營企業涉足高、新技術領域，生産、制作出名牌産品。如福州市有私營科研機構82家，研究領域涉及電子、機電、機械、冶金、能源、化工、生物、環保等十多個門類，獲得各種專利100多項，其中五項獲國家獎，并完成一項國家科技攻關項目。遼寧省有科技型私營企業109家，研制、生産的金葡素系列、延生護寶液、鎧裝電阻、新型防水涂料等産品，獲國際大獎或國内專利。北京的科技型企業占私營企業總數的7.6%。其中，“用友”財務軟件得到財政部認可，在全國推廣使用；光潔公司以其獨特的抛光工藝，使亞運會火炬和天安門廣場旗杆熠熠生輝；還有一家開始輕型飛機的制造。浙江省私營企業新産品中，獲國家專利與國家、省級獎的有59個。其中，富陽古籍印刷廠石印的《弘一法師手寫金剛經》，獲1993年新德里世界第五届印刷精品獎；富陽水上運動器材廠生産制造的“良金牌”賽艇，獲國家體委、輕工部“貢獻獎”，并成爲我國唯一出口的大宗比賽用艇。

1992年底，出口創匯型私營企業達2230家，比上年同期增長了78.26%；出口創匯額達到95722萬元，比上年同期增長了77.33%。據不完全統計，與外商舉辦合資、合作的私營企業近300户。另據9省區的17個口岸城市統計，參加邊境貿易的私營企業達1477户。浙江省私營企業創匯總額爲9000萬元，其中超過百萬元的有13家。有118家私營企業與外商合資、合作，引進資金1.26億元。温州還有一家私營企業在美國明尼蘇達州創辦了農業開發公司。

4、**投資者結構變化，素質提高，一個私營企業家群體正在形成。**

私營企業投資者的城鄉結構第一次出現了變化。1993年6月底同1992年底比較，在投資者結構中，城鎮所占比重由46.7%上升到53%，農村所占比重則由53.3%下降到47%。從投資者開業前的原職業結構看，城鎮投資者中多從事經營管理、務工經商，一般説，他們見多識廣，閱歷較爲豐富；而農村投資者則多數是農業勞動者。問卷調查表明，城鎮投資者中原是專業技術人員、干部、工人、商業服務人員、軍人、個體户的，占77.3%；而農村投資者中，原是農業勞動者的，占53.5%。

隨着時間的推移，城鎮投資者的本身結構也發生了變化，即以待業人員、退休人員、社會散閑人員爲主，轉變爲技術人員、在職干部、工人占多數。據北京市 1987 年組織的對城區 271 位投資者的原職業結構調查，其中待業人員、退休人員、社會閑散人員占 64.1%。同時，無論是城鎮還是農村，私營企業投資者在經營實踐中，"有形積累"(資産規模)和"無形積累"(經營本頌、管理能力、技術水平等經營素質)都在同時增加，經營者的自身素質在逐步提高。

值得注意的是，在確立社會主義市場經濟體制的過程中，隨着政府機構與勞動制度的改革，産業政策調整，擇業觀念轉變，在新開業的投資者中，將有更多的素質較高者。據有關資料，全國行政機關人員 1992 年"下海"經商的，即有 12 萬人，其中有些人是私營企業投資者。杭州市 1993 年 1 至 4 月份登記的 81 位投資者中，具有大專以上文化程度的有 55 人，占 68.2%。浙江省衢州市新登記的 121 家私營企業 1718 個從業人員中，具有大專文化程度的 102 人，中專 41 人；高級工程師 23 人，工程師 47 人，助理工程師 56 人。

許多私營企業投資者在市場經濟的實踐中，積累資産，增長才干，學會了合法經營，文明經商，敬業守法，以物美、價廉，優質服務赢得市場。其中，有些人發展成爲新的一代企業家。在全國較有影響的有：四川省希望集團總裁劉永好、被稱爲"京東牛司令"的河北省三河市養牛集團公司總經理李福成、我國第一家以個人名字命名的社會福利慈善會會長王守蘭、在上海灘競拍中一舉買下 6 家公有企業"永久性經營權"的皇家公司總經理陳金義、第一家私營航空公司經理滿都其格、繼美國哈默博士之后第二個以自己名字命名小行星的江西農民張果喜等等。他們多被選爲或被推薦爲人大代表、政協委員、工商聯執委。

5、私營企業主的社會影響在擴大，但帶有明顯的社區性特征。

私營企業主的社會影響，首先表現爲他們在社區經濟社會結構中所占份額的大小。從全國來說，他們極其分散，所占份額難以顯示出來。但是，到了省、市、縣，則較能清楚地顯現出來。如廣東省 1993 年上半年，個體户、私營企業上交税款 17.2 億元，占全省同期財政收入的 11%。有些地區這一比例更高，如河南省的太康縣占 56%、泌陽縣占 60%以上；吉林省有三分之一的縣，這一比例爲三分之一以上。在中部地區的不少縣這一比例很高，因爲那里的公有經濟不發達。同時，他們的社會影響，還表現在安排就業人數、提供服務網點等方面。如福建省個體私營經濟的從業人數占全社會就業人數的 9.2%，商業、飲食業、服務業的零售網點占全省總數的 83.14%，集市貿易成交額占全省總數的 90%，上交税款占全省工商税收的 15.6%。

其次，表現在他們的參政議政上。據統計資料，近年來，我國的私營企業主當選爲縣以上人大代表的有 5401 人，政協委員 8558 人，共青團委員 1357 人，婦聯委員 1430 人。其中，全國八届人大代表 8 人，八届政協委員 20 人，共青團十三大代表 8 人，全國工商聯委員 170 人、副主委 1 人。河南省 1992 年，有縣以上人大代表 388 人，政協委員 579 人，共青團、婦聯、工商聯等縣以上團體領導成員 456 人。廣西自治區縣以上人大代表 219 人，政協委員 241 人。還有許多代表人士進入了省、市、縣工商聯的領導班子，被推選爲執委、常委、副主委。同時，還有不少人擔任各類行業公會、企業家協會等中介組織的常務理事、會長等。他們通過各種民主渠道參政議政，爲發展經濟、民主法制建設提出了許多建設性意見，其社區影響遠遠超出經濟領域本身。

隨着改革的深入、擴大，市場體制作用的增强，人們的價值觀念也發生了變化。作爲先富起來的企業主們，不再象過去那樣受到鄙視、敵視、懷疑，而是受到人們的重視，乃至羡慕、仿效，"士隔三日，當刮目相看。"這不僅體現在國内的報刊、影視等傳播媒介中，也反映在這次調查中。我們所到之處，無論是干部還是群衆，都對企業主表現出不同程度的佩服，即使有一些指責，也能感覺到他們在所在社區中的影響不再是無足輕重的。作爲企業主個人來説，他們的社會影響與其經營成功、信譽高低、品德、行爲有一定的關系。還有表現在生活方式上，他們已成爲高檔消費品的率先使用者和與之相應的生活方式的直接實踐者。

據問卷統計分析，企業主中的中共黨員占 13.1%，共青團員占 7.3%其他民主黨派占 6.5%。他們對自身社會聲望的評價是，認爲處于較高位置的占 43.6%，處于中間位置的占 49.4%；對自身政治參與權力的評價是，認爲處于較高位置的占 37.0%，處于中間位置的占 48.1%。

從總體上説，私營企業主人數較少，極度分散，很不成熟，既没有形成獨立的政治組織，也没有形成獨立的階層意識。一般説，他們的社會影響所及之處，僅是人們眼見、耳聽的直接感覺，因此帶有明顯的社區性特征。

6、對我國現階段私營經濟發展的基本估價。

私營經濟在我國重新産生以來，經過十多年的發展，已經形成一定的經濟實力與社會影響。但就全國而言，他們的人數不多(登記的投資者僅爲 40 多萬人)，力量不大，仍然處于發育、發展的初始階段。

從經濟方面看，私營企業多是些小作坊、小企業，經營者多是些小業主。目前，平均每户雇工僅爲 13.8 人，注册資金 24.6 萬元。由于自身積累有限，科學技術水平與資本有機構成都不是很高。多數屬于粗放型、勞動密集型企業，而且許多工序都是靠手工操作、簡單勞動，機械化、自動化程度低。私營經濟作爲當代中國經濟結構的組成部分，在我國社會總資産中所占份額不大，是社會主義經濟汪洋大海中的"孤島"，在資金、技術、經營管理、産品質量等方面，同控制國民經濟命脉及其對經濟發展起主導作用的公有制經濟比較，遠沒有形成明顯的優勢。在社會主義制度的"普照之光"中，不僅使私營經濟的特點變了樣，而且還决定了它只能處于輔助地位，發揮着補充作用。

從政治方面看，私營企業主群體作爲一個正在形成與發展的社會階層，由于"先天不足"(産生條件不充分)、時間短，還不成熟、不完善。在我國的社會舞臺上，既沒有形成、出現具有較大政治影響的代表人物，也沒有形成其代表階層利益與政治要求的全國統一的政治組織。所以，它還沒有形成爲一支獨立的政治力量。同私營經濟在我國經濟結構中處于輔助地位相適應，在我國的社會結構中，私營企業主階層只能作爲非基本的社會群體，依附于、從屬于工人、農民兩大基本階級，在中國共産黨領導下，爲建設中國特色的現代化國家添磚加瓦。

近年來，私營經濟發展中出現了一些新的情况，如私營企業實行跨地區、跨所有制，通過參股、租賃、兼并等形式，與公有制經濟相互滲透，揚長避短，發揮"雜交"優勢。隨着産權的流動和重組，私營企業的所有制"血統"將不再是純粹、單一的了。這是已見端倪的趨勢。同時，企業主爲了維護自身的合法權益與私有財産不受侵犯，迫切要求在"政策允許"的基礎上，得到國家的法律保障。

從我們調查情況看，私營企業主的大多數，其主流是愛國、敬業、守法的，發展趨勢是健康的。但是，在社會激劇變革的過程中，作爲一個正在形成與發展的新的社會階層，難免泥沙俱下，魚龍混雜，這就需要對他們認真執行"團結、幫助、引導、教育"的方針，使其抑弊興利，更好地發揮積極作用。在建設中國特色現代化國家過程中，我們不是苦于私營經濟的發展，而是苦于私營經濟的不發展。

二、私營經濟，還應有個更大的發展

世界近代史表明，已經現代化的國家，工業化、城市化水平很高，第三産業發達，綜合國力很强。我們正在建設有中國特色的社會主義現代化國家，要達到上述目標，從所有制方面來説，無疑是要大力發展公有制經濟形式。但是，公有制經濟不僅不能"包打天下"，全面解决這些問題，而且它本身也有個逐步發展與完善的過程。在此，必須充分調動一切積極因素，發展公有制爲主體的多種經濟成份。正在崛起的私營經濟，以頑强的生命力，在公有制經濟不便占領、不必占領，或暫時還不能占領的空隙處生長、發育，發揮着有益的必要的補充作用和在某些方面、某些領域不可替代的作用。正是在這個意義上，我們説，已經進入新階段的私營經濟還應有個更大的發展。

首先，私營經濟是吸納、安排富余勞動力的一條渠道。

由于我國特有的人口與歷史背景，在工業化初期，當農村積累的大量資金和商品農産品流向城市和工業部門時，却没有相應地轉移出農村人口和勞動力。四十多年來，農村人口成倍增長，按人口與勞動力平均占有的耕地却逐年減少。50 年代，每個勞動力平均占有耕地 8 畝，現在已不足 4 畝了。"兩個人的活四個人干"，必然導致"兩個人的飯四個人吃"。而且耕地面積逐年減少，勞動生産率逐步提高，人口與勞動力數量却在不斷增長。據測算，農村已經積蓄、隱蔽了 2.6 億個富余勞動力，鄉鎮企業吸納了 1 億多個，還有 1.4 億個在尋找就業機會。其中，季節性富余占三分之二，中西部地區富余占四分之三。值得注意的是，一家一户的小塊土地，既能提供必需的農産品，又不要投入更多的勞動力。就是説，從農業中、土地上離析出來的富余勞動力，是不受土地、家庭束縛的自由人。特别是不當家理事的青年人，他們自由得象鳥一樣在城鄉廣闊的空間里飛翔，尋找新的生存和就業的"着陸點"。我國近年來出現的、規模日漸龐大的"民工潮"的深層原因，正在于此。

勞動力作爲重要的生産要素，一旦與生産資料結合起來，就會形成新的生産能力。實踐證明，凡是經濟發展較快的地區，都有大量的"外來工"。正是 650 多萬個"外來工"的辛勤勞動，才使得珠江三角洲地區，保持了對港、臺地區的競争優勢。但是，如此衆多的富余勞動力在時空分布上的不平衡性，不僅造成合理開發利用勞動資源的困難，而且還容易釀成嚴重的政治、社會問題。日漸增多的富余勞動力，既是一筆巨大的社會財富，也是一個沉重的社會負擔。

城鎮的就業形勢同樣嚴峻。每年新增勞動力約 300 萬人，工廠、企業、機關又會富余一部分人，還有身體較好或有一技之長的離退休人員等，他們也要尋找新的就業機會。現實生活表明，許多城市都有虧損企業，都有那么多放長假的職工，社會還如此安定、平穩，足見個體私營經濟是起了重大作用的。

其次，私營經濟是聚集民間資金，興辦經濟實體的一種形式

資金是生產力諸要素中的"血液"和"粘結劑"。同城鄉勞動力大量富余的情況相反,我國的建設資金却嚴重不足。"富余"與"短缺"并存,是我國現代化過程中的突出矛盾。

但是,我國現有的民間資金(包括私人外幣)估計約近 18000 億元(它相當于我國現存國有資產價值的總和),浙江省温州市有民間資金 110 億元(其中儲蓄 63.88 億元,手持現金 30 億元,債券 6 億元,民間借款 10 億元)。然而,如此巨大規模的民間資金,不是爲全國人民平均占有,而是一些少數高收入者占有其中的較大份額。他們多具備擴大經營規模,或投資與辦經濟實體的財力。但是,由于没有形成良性的投資機制和良好的投資環境,他們不敢或不願更多地投入生產領域,有的進入"黑市"進行非法交易,有的甚至用來斗富擺闊、狂嫖濫賭、吸毒走私,釀成社會問題,還有一些人通過非法途徑,携帶巨款移居海外,爾后再以"假洋鬼子"身份回來創辦"三資"企業。

如所周知,資金只有在運動中,流通中,才有生命力,才能增殖。閑散的民間資金,只有聚積起來形成規模,投入再生產,才能創造出新的社會財富,同時也可以減輕因收入差距過大引發的社會震蕩。福建省有關部門測算,"八五"期間全省投資需求爲 900 億元,其中國有企業與集體企業僅能籌措 300 億元,其余 600 億元只有通過啓動民間投資機制才能加以解决。

權衡利弊得失,我們以爲:應該換换腦筋,制定個恰當的政策,大力開發民間資金,創辦更多的私營企業等經濟實體。這是運用經濟杆杠原理,通過正確的政策重新組合生產要素,把潜藏于地下的社會財富呼喚出來,將起到事半功倍的作用。果真有如此巨大的威力嗎?請看事實:1993 年上半年,全國的個體户、私營企業注册資金總額達 1129.5 億元,只相當于現有民間資金總額的 6%左右。但它的經濟社會效益却非常可觀:不僅吸納、安排了 2796.8 萬人就業,創造了 745.6 億元工業産值,而且還穩定了社會秩序,更新了就業觀念,推動了公有企業的改革,造就了一批會經營、懂管理、有技術的私營企業家。

第三　私營經濟是發展第三產業的一支重要力量。

發展第三產業,可以增加國民生產總值,直接爲社會提供積累,提供就業崗位。發達國家第三產業産值占國民生產總值的比重一般在 60%左右,發展中國家的平均水平也占 40%左右。與此相適應,勞動力也迅速向第三產業部門轉移。發展中國家從事第三產業的勞動者占社會勞動者總數的比重一般在 50%左右。我國第三產業發展緩慢,水平較低。1991 年底,第三產業的産值只占國民生產總值的 26.8%,從業人數只占社會勞動者總數的 18.8%。爲了改變這種狀况,國家已經作出决定,明確加快發展第三產業的重點,并且提出主要依靠社會力量,堅持"誰投資,誰所有,誰受益"的原則,充分調動各方面的積極因素,國家、集體、個人一起上,放開手脚,鼓勵多種經濟成份積極參與。

第三產業是一個亟待開發的廣闊天地,個體私營經濟在這個天地里是大有作爲的。第三產業行業多、門類廣、勞動密集、技術密集、知識密集行業并存,能够吸納大量的和不同層次的各類人員。加快發展第三產業是緩解我國日益嚴峻的就業壓力的主要出路。1990 年,個體商業、飲食業、服務業的經營網點達到 1005 萬個,占全社會經營網點總數的 84.8%,從業人數占全社會總人數的 52.1%。而在新增的社會服務網點中,個體户則占 93%。1993 年 6 月底,在全國私營企業總數中,從事第三產業的已占到 41%。有資料表明,全國已有 1000 多萬農民組成的供銷隊伍,從事長途販運、交通運輸和倉儲,他們承擔着鄉鎮企業、私營企業繁重的原輔材料的組織收購和産品銷售工作,同時還擔負着信息反饋、産品售后服務、催收貨款等任務。他們之中,有相當一部分是"跑單幫"的個體户。個體户、私營企業經營者從事的多是公有制經濟鞭長莫及的,或利微不干的行業,他們點多、面廣、小型、分散,服務周到,在一定程度上緩解了"許多人没事干,許多事没人干"、"買難"、"賣難"等矛盾。

第四　私營經濟是建設城鎮、培育市場的一根重要支柱。

城市是現代文明的載體,是人類活動的中心舞臺,它在整個國家經濟社會發展中發揮着樞紐作用。集鎮是農村政治、經濟、文化、教育、社會活動的中心,是聯絡城鄉的紐帶和橋梁,也是農村非農產業的基地,第三產業的發育地。市場則是集中買賣貨物的固定場所,是城鎮組成的重要内容。加快城鎮建設,是突破二元結構,縮小城鄉差别,實現我國城市化的必由之路。

隨着國民經濟的發展和市場經濟的發育,我國的城市、集鎮、市場,數量增加,規模擴大。據統計資料,從 1980 年到 1992 年,我國的各類城市由 223 個發展到 517 個,鄉鎮(集鎮)由 2874 個發展到 10587 個;全國的城鄉集市(市場)由 1980 年的 40809 個發展到 1991 年的 74675 個,每個集市的年均成交額由 57.6 萬元增長到 351.1 萬元。在這些集市上,80%的從業人員是農民,90%的交易商品是農副産品和鄉鎮企業、私營企業、個體户的工業品,最活躍、最忙碌、也最惹人注目的買者和賣者,大多是個體户主與私營企業經營者。

個體私營經濟是典型的商品經濟。爲了在市場競争中求得生存和發展，一般都要按照價值規律，在專業化分工的基礎上，促進規模經營，搞好生産、供應、銷售的協作和聯合，由專業户、專業村，推動專業市場、集鎮的形成和發展，最后通過專業市場的輻射、共振作用，形成專業經濟區。"建一處市場，興一批産業，活一片經濟，富一方群衆"。遼寧省燈塔縣佟二堡鎮共有居民 5400 户，其中 4000 户從事服裝加工和銷售，形成專業市場，帶動周邊 15 個鄉鎮的發展。1992 年工業産值 1.72 億元，其中個體户、私營企業産值占 73.7 億元，鎮財政收入 217 萬元，其中個體户、私營企業税款占 76.9%。

實踐證明，哪里的個體私營經濟發達，那里的集鎮、市場就繁榮；同樣，集鎮，市場建設好、發育快，也會促進個體私營經濟與整個地區經濟的發展。浙江省的温州、臺州就是如此。這兩個地區 1992 年的個體户、私營企業數占全省總户數的 33%，各類市場數和成交額分别占全省總數的 34%和 20.6%。與此相適應，這兩個地區的經濟增長速度，人民的富裕程度，也是在全省、乃至全國較高的一個。

還有，私營經濟也是脱貧致富的一項重要措施。

我國至今還有 699 個貧困縣，約有 800 萬人的温飽問題没有得到徹底解决。這些地區自然條件惡劣，山高溝深，雨水稀少，交通信息閉塞，基礎設施落后，資源開發程度低，扶貧量大，返貧率高。在廣大的中部地區，人口稠密，以傳統的農耕爲主，非農産業不發達，大多數人的温飽問題雖然解决，但還不太富裕。中部地區是"民工潮"的源頭，是"車匪路霸"、拐賣婦女、干群矛盾緊張等重大社會問題的"多發區"。對中西部地區的經濟開發，國家已經采取了許多辦法，但至今仍然發展緩慢。

近幾年來，個體私營經濟的异軍突起，給人們茅塞頓開的啓迪：在廣闊的中西部地區，除去中小城市郊區、工廠礦山周圍少數村級集體經濟鞏固的，凡是經濟發展快、面貌改變大、群衆生活有明顯改善的，都是個體私營經濟發展快的。如湖南省的邵東縣、湖北省的潛江市、河南省的密縣、鞏義市、河北省的蠡縣等。

陝西是全國貧困縣較多的省份之一，延安地區又是特困地區。實行經濟改革以來，個體私營經濟有了一定發展。1992 年底，全區登記的個體户 15087 户，農民專業運銷户 1278 户，從業人員 27610 人。據地區工商局同志估計，加上未辦證的，没有固定攤點的，從事季節性經營的，共有 6 萬多人。他們都有較穩定的收入，最少年純收入約 1000 元。所以，當地干部説："增加一個個體户，减少一個貧困户"。延安、商洛兩個地區有私營企業 200 户，從員人員 4056 人。耀縣董家河鎮張濟南，自籌資金 340 萬元辦起了一個儲存果菜冷庫，幾十名從業人員都是本村人。商州一家工廠，招收的 58 名員工中有特困户 44 人，人均月工資 140 元。村民説："多一個企業主，减少一批特困户"。

寧夏自治區同心縣于 1988 年建立流通試驗區后，放手發展個體私營經濟，近 3 萬人進入流通領域，貧困面由 53%下降至 7%；20%的農民富了起來，40%的農民穩定地解决了温飽問題，74%的農户建了新房，擁有摩托車 1671 輛，建成了全國最大的發菜市場和西北最大的絨毛市場。

三、偏緊的經濟社會環境與經營者的自身素質，仍然制約着新階段私營經濟的健康發展

經過十多年的發展，人們對私營經濟的認識有了很大的提高，改革與發展的宏觀環境，從總體上説，也有了很大的改善。但是，制約私營經濟健康發展的深層次問題，依舊没有得到根本解决。在調查中，我們感受最深刻、最强烈的，還是一些基本的理論問題、宏觀管理問題與經營者的自身素質問題。這些問題象個無處不在的幽靈困擾着人們的思維與手脚，使得發展私營經濟環境偏緊的局面尚未徹底改變。

首先，私營企業主的心理壓力大。他們中的許多人實際上是帶着沉重的思想負擔在從事經營管理活動，總覺得干的是"不光彩的事業"，理虧心虚膽怯，不能理直氣壯，挺起腰杆。這些思想負擔，主要是他們對社會主義制度中發展私營經濟的理解與實踐，有許多困惑。如：

私營經濟的性質與社會主義的本質之間的矛盾如何解决？"社會主義的本質，是解放生産力，發展生産力，消滅剥削，消除兩極分化，最終達到共同富裕。"這是寫進《中國共産黨章程》的大實話。但是，私營經濟是建立在雇傭勞動的基礎上，企業主與工人之間確實存在着剥削與被剥削的關系。這也是人人皆知的事實。那么，社會主義制度中私營經濟的前途與命運怎樣呢？私營經濟將被"允許存在"多長時間呢？這是其一。

其二，這一代企業主都是成長于或經歷過"階級斗争爲綱"的年代。調查問卷顯示，25 歲以下的占 1.6%，35 歲以上的占 77.9%。他們都見過或聽説過地主、資本家及其家屬、子女，被打入"另册"，受到專政與歧視的情景。提起當年的批斗、示衆，至今還有人膽戰心驚，不寒而慄！

其三，近十多年來，一有風吹草動，總有人先拿私營企業主興師問罪。比如，前些年，在防止"和平演變"的題目下，

輿論界有人認爲“私營經濟是資産階級自由化的社會基礎”,有人著書立説,論證“私營企業主就是新生的資本家”。有些地方,在壯大集體經濟的口號下,提出“收編”、“改造”私營企業,“有組織、有領導、有步驟、有計劃地將私營企業轉爲鄉鎮集體企業,成熟一個,轉一個。”

上述種種,使得許多企業主有一種自卑感、不安全感,認爲“共産黨的路綫象太陽,照到哪里那里亮;共産黨的政策象月亮,初一十五不一樣”。搞不清積累的私有財産,是有功還是有罪?是不是真正屬于我的?

其次,現行的經濟政策是按照所有制性質制定的,而且它在根本上是反映高度集中的計劃經濟體制。這就必然出現各類企業地位不平,税負不一,待遇不同,難以使它們在市場上平等競爭。私營企業同公有企業比較,目前存在的“貸款難”、“辦許可證難”、“出國出口難”等幾大難,其源蓋出于此。比如,金融政策是調節不同所有制經濟發展的經濟杠杆。銀行可以通過貸與不貸、貸多貸少、利率高低、時間長短等,來控制不同所有制經濟的發展速度。在較長時間内,銀行貸款的原則是:公有企業從寬,私有企業從嚴。欣喜的是,十四届三中全會已經注意到這個問題,并爲各種所有制經濟平等參與市場競争,制定了有關政策。

其次,合法的私有財産得不到法律保障。目前,侵占、掠奪私營企業財産,主要有兩種形式。一是來自權力部門的苛捐雜費。在體制轉型的過程中,有關的管理部門與地方政府,由過去帶有統收統支性質的、附屬于上一級的條條、塊塊,變成了相對獨立的利益主體,成爲介于國家與企業之間利益格局的第三方。爲了彌補下撥經費之不足,或是爲了小團體的“創收”,他們便以權力形式(紅頭文件),收取各種費用,“三亂”多如牛毛,孤立無援的私營企業得不到法律保障,只得叫苦不迭。據四川省工商局調查,有關部門頒發的許可證多達 138 項,每項都收費。浙江省江山市調查,除各種社會性交往費用外,還需負擔 10 種證照費、17 種税費、12 種押金,如各種蓋章費,治安、衛生、道路管理等押金,少則 50 元,多則上千元。而且有一個趨勢,越窮越收,越禁越多。據了解,以費擠税情况嚴重,各種捐費要高出税收許多。二是來自個人的强拿、索要、敲詐。如暴力哄搶、合伙人或雇員携款外逃、貪污、挪用等。告到法院,一般不予受理,理由是侵犯私有財産,目前還没有法律條文作依據。有的雖然受理,也只作詐騙罪而不以貪污罪論處。浙江省諸暨市有位私營廠長反映:“辦廠賺了錢,但日子不好過。”近幾年共有 25 人向他“借錢”,至今還有 4.3 萬元没有歸還,其中有鄉村干部、税務干部等。

還有,經營者的自身素質,也是制約私營經濟健康發展的一個重要因素。

現階段的私營企業主,都是從其他社會階層中分化出來的,而且時間也不太長。因此,從總體上看,他們大多數人還没有發展成爲企業家,甚至還有不少人没有完成由小業主向企業主的過渡。他們身上多少不等地帶有原社會階層、特别是農民意識的痕迹,他們仍然處在自發的、幼稚的、不成熟的發育階段。

表現之一是自發性、盲目性。單獨、分散的私營企業主面對統一的大市場,許多人缺乏駕馭市場規律的能力,在激烈的市場競争中,“象個無頭蒼蠅,到處亂碰”。在實現産品價值的“驚險跳躍”中,孤軍奮戰,自生自滅,波折起落,每年的歇業率都在 10%以上。

表現之二,家族式管理,作坊式經營。企業的經營權、管理權、决策權高度集中在投資者,尤其是企業主手中,“一人説了算。”同時,血緣、親緣關系超過業緣關系。據問卷統計分析,工人進入企業的,通過社會招聘的只占 23.3%,其余都是親戚、朋友或親友介紹來的。管理人員進入企業的,通過社會招聘的爲 46.6%。就是説,傳統社會的家族觀念仍然程度不等地在企業管理中發揮作用,在企業主身上不少人都存在着家長制作風。

表現之三,缺乏自律性,具有投機性。少數人爲了追逐高額利潤,不惜鋌而走險,踐踏法律,制造、銷售假冒僞劣産品,走私販私。更多的是不建帳或建假帳,逃避監督、管理,偷税、漏税等等。

鑒于上述原因,圍繞私有財産的功過是非、最終歸屬等問題,在國家法律没有明確的情况下,許多企業主表示“對現行政策擔心的多,放心的少”。反映在經營過程中,則是他們或多或少地,不同程度地存在着一些矛盾心態與扭曲行爲。如:

1、矛盾心態。半信半疑,邊干邊看,“雇着工,嚇着怕”。説怕吧,這幾年確實賺了錢,發了財;説不怕吧,歷史的教訓、實踐的經驗,叫人捉摸不透,“説不準啥時候,我們又被‘共産’‘改造的’”!他們對現行政策“没有哪一天不關心,也没有哪一天不擔心”。他們的内心深處有一種説不清的不安全感。

在調查中我們發現,這種不安全感與其私有財産規模大小是成正相關關系的。一個典型例證是,出現于 80 年代中期的“百萬資産恐懼症”,至今不僅没有痊愈,而且仍在流行、蔓延。其症狀是除恐懼政策變化外,就是恐懼生命、財産的不安全,“樂業不能安居!”因此,他們差不多都有一套防身與防盗的本領和措施,其中的許多人都購置檔次較高的私宅、轎車等耐用消費品，有的不惜巨資從黑道購買“護照”。

“百萬資產恐懼症”是“矛盾心態病”。其病根主要有三條：一是對私有財產的最終歸屬始終存有疑慮。主要靠非勞動所得累起來的私有財產，雖然被現行政策“允許存在”，但没有明確的法律保障規定。如果再進行一次“改造”，私有財產規模越大是不是罪過越大呢？二是我國憲法規定，國家保護公民的合法的收入、儲蓄、房屋和其它合法財產的所有權。私宅、轎車等私有財產，不僅受到法律保護，還可以即時享受，光宗耀祖，又可以作爲家業傳之子孫。三是眼前不怕，但很后怕。有些開辦企業較早、年齡較大者，“該辦的事都辦了，能享的福也享了”，他們不怕被打入“另册”，但是擔心株連子女，后患無窮。爲此，他們有的將企業劃歸自己名下，讓子女另起爐灶，把父子關係變成名義上的雇傭關係。

隱蔽行爲。是指借助于其它形式來遮掩自己真實身份、真實情況的一種行爲。私營企業的隱蔽行爲，主要有以集體企業、“三資”企業、個體工商户等名義登記、注册，開展經營活動與社會交往，繳納税收，即通常所説的戴“紅帽子”、“洋帽子”、“小帽子”現象。其中尤以戴“紅帽子”即“假集體”現象最爲普遍。

“假集體”企業，由于在經濟上、政治上得到集體企業相同的優惠政策，一般規模較大，發展也較順利。這些企業的廠長、經理們，在所在社區内社會地位較高，其中許多人是中共黨員，有的還兼任基層干部，戴着各種桂冠。同時，他們的個人收入也很高。因爲，税收調節對他們作用不大。他們憑借集體財産，雇工剥削，中飽私囊，而又很少繳納税收。群衆對此意見很大。

“假集體”企業究竟有多少呢？這是一個難解之謎。但是，根據一些地區的典型調查與我們的實地考察，可以斷言：“假集體”企業各地都有，只是數量多少不等而已。

河北省有關部門于 1988 年初對全省私營企業的摸底調查數爲 13900 户。但是，正式登記時，1989 年爲 6532 户，1990 年爲 5461 户，1991 年爲 4928 户，1992 年爲 5528 户。該省保定地區 1988 年底開始登記時，私營企業爲 2368 户。1989 年清理時，摸出“假集體”企業中，207 户改爲私營企業，約占五分之二弱。估計全區 1989 年的私營企業有 5500 户，高出登記數的 1.32 倍。

法律允許存在的私營企業，爲什么戴上一頂“紅帽子”，處于“藏龍卧虎”的隱蔽狀態呢？爲什么清理工作收效甚微呢？據調查了解，主要有兩個方面的原因。

從私營企業主方面來説，一是爲了政治上的“保險”。“想起當年斗争地主那個場面，我能不心有余悸嗎？”如果再打土豪，咱們都够條件。還有一位企業主聽説不能入黨的消息后，痛哭流涕，認爲自己已被打入“另册”，没臉見人了。他們“寧願傾家蕩產，也不願背黑鍋，政治上犯錯誤”。二是爲了經濟上的實惠。“假集體”企業可以享受集體企業的優惠待遇，可以增强抵制苛捐雜費的能力，“利用集體的鷄，下私人的蛋”，輕而易舉地成爲“百萬富翁”。所以，他們總是想方設法買頂“紅帽子”，改變“成份”，期望享受公有制待遇。

從社區領導方面説，也是爲了政治上的“保險”與經濟上的實惠。在凡事都要先問姓“社”姓“資”的年代里，如果私營經濟在社區經濟結構中所占比重過大，那么就有犯“方向、路綫”錯誤的嫌疑。同時，在用產值作爲考核干部政績的指標時，“假集體”企業也能發揮作用。“假集體”企業通過上交管理費的形式，將國家税金變爲地方財政收入，由社區領導直接支配。

“假集體”企業經營者與社區領導的利益一旦結合起來，就給清理工作帶極大的困難。但是，“假集體”企業由于產權關係不清，隱患很大。私營獨資、合伙企業在民事活動中，本來承擔無限責任，合伙企業還承擔連帶清償責任。由于戴着“紅帽子”，成了企業法人，只承擔有限責任。這就出現：賺錢是自己的、無限的，虧本却是社會的，有限的。一旦發生經濟糾紛，不僅給有關部門增加了工作難度，還會損害債權人的利益。同時，享受了國家免税或低税率待遇，還直接損害了國家利益。

3、短期行爲。有些企業主擔心政局改變，私有財產被没收，或是擔心“樹大招風”，知足常樂，或是在變幻莫測的市場上看不準行情，不敢或不願更多地將利潤投入擴大再生產，抱着臨時觀點，進行掠奪性經營。具體表現爲：

缺少長期規劃，“干一天算一天，能挣多少是多少，不讓干拉倒。”

缺少完善的規章制度，生產、經營、管理等環節，都由老板一人説了算。

員工的使用、培訓，工資福利等遇，勞動保護等，没有正式的合同規定。

員工的宿舍、食堂，甚至廠房、設備都很簡陋，得過且過。

對環境污染的防護與治理，也缺少計劃。

有的甚至不願搞科技開發。

4.錢權交易。爲了保障企業的生存、發展與再生產過程的正常運轉，企業主分割一部分利潤給直接監督、管理他們的有關人員。這是企業主爲自我保護的被迫"納貢"，是用自己的錢買到執法人員的"權"，再得到更多的錢。產生錢權交易的主要原因是，稅、費征收額度大、彈性大，而且懲罰的隨意性也大；同時，企業主與執法人員雙方收入差距大，心理反差自然大。私營企業名義稅率過高，如果足額征收，它們連簡單再生產也難以維持。究竟征收多少，則由執法人員確定。于是，就產生錢權交易的條件。

同國有企業比較，私營企業在原材料、資金、能源等生產要素的供應方面，在產品銷售的渠道方面，處于極其不利的地位。于是，"一靠行賄進原料，二靠回扣搞推銷"，成了些企業主的經營訣竅（集體企業供銷人員也是如此）。我們國家是個人均占有資源短缺的國家。掌握了資源就等于掌握了財源。但是，"資源"變成"財源"必須通過交換。這種交換也是一種錢權交易。在多次交換之后，便達成了雙方認可的標準，這就是"關係"、"路子"。那么，打通"關係"、"路子"的，一般需要多少"交換媒介"呢？遼寧省一位從事運輸業的企業主直白地說道："我養三臺汽車，一臺賺的錢用來支付成本，一臺賺的錢用來鋪道，只有一臺賺的錢才是我自己的收入。"

5、畸形消費。即揮霍浪費、踐踏財富，對社會有害的不正常消費。如斗富擺闊、狂嫖濫賭、吸毒等等，一擲千金。這是當今中國引發社會不公、造成社會心理失衡的一種"社會病"。

面對極少數畸形消費者的所作所爲，絕大多數工薪人員與農村勞動者感到收入反差過大，有一種强烈的被剥奪感。對他們在致富過程中的非法經營與違法行爲，及在致富過程后的畸形消費，工薪人員與農村勞動者心理失衡的一種表現就是"吃肉罵娘"！：他們進行縱向比較，同自己過去的收入與消費水平比較，感到心滿意足；但是，進行横向比較，同畸形消費者比較，則相形見絀，過于懸殊，不服氣，忿忿然，感到世道不公。于是，一邊"吃肉"，一邊"罵娘"。社會心理失衡的另一種表現爲"示範效應"：他們敢搶劫社會財富，違法暴富，畸形消費，我也不缺胳膊少腿，爲什么就不能呢？他們發的是横財、不義之財，是掠奪國有資産，我榨他一點、搶他一點，又有何妨呢？這是劫富濟貧，鏟除不公！長此下去，將有更多的人從憤怒的咒罵聲中，轉向爲直接以各樣的行爲謀取經濟利益，來彌合心理的失衡。

畸形消費直接引發的社會問題，是加重了兩方面的惡性循環：一方面，畸形消費者深知他們聚斂的財富太多、太容易，而也清楚其中有非法所得。所以，他們不擇手段地拚命撈錢，不顧一切地拚命地揮霍。如此反復。另一方面，他們在致富過程中和致富過程后的種種心理，更加激起社會義憤，猶如在已經傾斜的心理天平上又增添了一塊砝碼，從而更加重了絕大多數人的被剥奪感。于是，在"吃肉罵娘"中，在"示範效應"中惡性循環。這種循環達到一定的範圍，一定的深度，整個社會就會失去規範導致社會的不安與震蕩。

（四）進一步提高認識，采取切實措施，促進新階段私營經濟的健康發展

如所周知，理解只有徹底，政策才能穩定，私營經濟才能健康發展。"所謂徹底，就有抓住事物的根本"。那么，私營經濟健康發展的"根本"是什么呢？從以上描述中可以看出，這個"根本"就是：合法的私有財產，不僅得到政策允許，而且更要得到法律保護；在社會主義市場經濟體制形成的過程中，建立中介組織，制定區域政策，轉變政府職能，爲私營經濟健康發展創造更加良好的經濟社會環境。

第一，私有財產應和公有財產一樣，受到法律保護。

在談到個體私營經濟能否健康發展時，全國個體勞動者協會副會長、北京市個體工商户主胡大鵬認爲，關鍵在立法。"老實說，不少從業者仍心有余悸。要發展就得增加投資，以擴大再生產。假如你把辛辛苦苦挣來的錢全投進去了，如果没有法律保護，誰能踏下心來"。這番話，既表達了個體户、企業主的共同心願，也道出了一個簡單、樸素的真理：私有財產只有同公有財產一樣神聖，一樣受到法律保護，才能根除企業主的"心悸"，才是真正的"定心丸"。因爲，資金總是流向（投向）相對安全的地方。穩定、明晰的産權關系，是社會經濟穩定發展的基礎。不論什么財富，只有受到法律保護，神聖不可侵犯，才能鼓舞、激勵人們去創造、積累更多的社會財富。而"積累是社會進步的源泉"（馬克思語）。否則，財富不神聖，得不到法律保護，任何人都可以破壞、侵占，那么人們就不願、不敢更多地投入再生產，不願創造、積累更多的財富。因此，私營經濟發展的新階段，企業主的强烈要求則是，他們的私有財產得到法律保護。

如所周知，私有財產與公有財產是一個相互聯係、不可分割的矛盾統一體，是同時產生、同時消亡的歷史產物。没有私有財產，也就無所謂公有財產。將來事實上的私有財產徹底不存在了，觀念上的公有財產也便失去其意義。同時，私有財產和公有財產一樣，都是人類勞動創造的物質財富。這是其一。

其二，私有財產與公有財產在生產過程中同樣具有社會資本的功能。不論什么性質的財產，只要它在社會再生產過程中不停頓地運轉，法律意義上的所有權就顯得無關緊要，它們在生產領域中都構成象馬克思所說的社會資本。即

“那種本身建立在社會生產方式的基礎上，并以生產資料和勞動力的社會集中爲前提的資本，在這里直接取得了社會資本的形式，而與私人資本相對立”。社會總資本的運動，反映着個別資本的相互聯系、相互制約的關系。個別資本在價值增殖中互相争奪、彼此對立，但在運動過程中又相互依存，互爲條件。在我國現階段，私有財産與公有財産在再生産過程中相互依存、互爲條件，同樣發揮着社會資本的功能，共同促進社會生産力的發展。

其三，私有財産在再生産過程中産生的利潤(即增殖部分)，國家可以通過税收杠杆加以調節、控制。國家已經出臺了私營企業所得税、個人收入調節税等有關規定。根據這些規定，對私營企業將依法征收以增殖税爲主體的流轉税、企業所得税。并且規定，企業的税后利潤用于發展生産的部分不得低于50%，同時征收個人收入調節税。國家還將頒布財産轉移税，包括遺産税、贈與税等。一家企業若能如實申報，依法納税，那么用于個人及其家庭生活消費的部分將很有限。況且，對于任何一個人來説，它都是“生不帶來，死不帶去的身外之物”。即使作爲家庭財産傳之子孫，國家除了通過税收杠杆進行調節與再分配外，仍然屬于私人所有的部分，只要在社會再生産過程中不停頓地運轉，它就會發揮社會資本的功能。而在社會主義條件下，個人及其家庭成員的消費部分總是有限的。因此，私有財産作爲人類勞動創造的社會財富，將與公有財産一道，共同構成社會主義國家的物質文明，是向現代化社會高級階段前進的物質基礎。

其四，商品是天生的平等源。商品交換的基礎是財産所有權。只有充分尊重和保護市場主體的財産權，才能奠定社會主義市場經濟的法制基礎。財産私有者與公有財産代表者，作爲各自獨立的市場主體，都是處于平等的法律地位，服從同一法律法規。對他們來説，不論什么身份(所有制性質)，多大規模，都是以獨立、平等的市場主體資格，在平等的基礎上進行公正、自由的競争。因此，保護財産所有權，是發展市場經濟的前提性法律。

然而，在原有經濟體制下，追求單一的公有制，在法律制度上强調對公有財産特殊保護的原則。這在一定歷史條件下發揮過積極作用。但是，由于産權關係模糊，公有制的實現形式不够理想，生産者、經營者與公有財産連結不緊，勞動過程與勞動成果脱離，挫傷了勞動者的積極性，妨礙了公有制優越性的發揮。因此，社會主義市場經濟的法律制度，應貫徹對一切合法財産所有權一體保護的原則，對公有財産與和有財産一視同仁地加以切實保護。

鑒于上述，我們建議在國家法律條文上，應該確認：

①公民合法的私有財産，同社會主義公共財産一樣神聖不可侵犯。

②國家依法保護公民合法的私有財産(包括私有資産)的所有權。

③國家依照法律規定，保護公民的私有財産的繼承權。

④禁止任何組織或者個人用任何手段侵占或者破壞公民的合法的私有財産。

⑤肆意揮霍私有財産，如同踐踏人類勞動創造的物質財富，是對現實生産力的破壞。因此，應課以重税；而對于危害社會文明的畸形消費，則應繩之以法。

⑥對私有財産不進行社會主義改造，不進行任何形式的剥奪。但要鼓勵其更多地用于擴大再生産，而對其進入生活消費的部分則進行適當的調節與控制，讓私有財産和公有財産一道，在社會主義的擴大再生産過程中長期共存，共容共榮，共同繁榮社會主義經濟。

私有財産只有同公有財産一樣神聖起來，得到法律保護，才能使財産所有者“踏下心來”，放心大膽地、更多地投入擴大再生産，使私營企業形成規模經營，取得規模效益，爲建立社會主義市場經濟體制，作出獨特的貢獻。

第二，建立中介組織，爲私營企業排憂解難。

現階段的私營企業，由于形成與發展的時間短，布局分散，加之市場體系不健全，政府職能尚未轉變過來。一般説，它們的自組織程度比較低：同一行業的相互競争，横向聯系少，“同行是冤家”；不同行業的，獨立經營，自成體系，相互交往也不多。因此，私營企業在發展過程中面臨着多方面的困難。如：

小生産與大市場。獨立的、分散的私營企業如同大海中的一葉孤島，勢單力薄，在激烈的競争中，承受能力、應變能力都比較弱，經不起風吹浪打，反復折騰。據調查統計，近年來私營企業的經營狀況，大致是歇業的占10%，騎虎難下的占30%，不虧不盈的占20%，只有40%盈利較多。

獨立的經營者與政府有關管理部門。在開展業務活動中，經營者要同政府有關管理部門打交道，由于環節多、頭緒多、部門多，往往耗時費力，效率低，成本高。同時，有關管理部門在正常的、不正常的檢查中，往往提出業務範圍外的苛求，向企業伸手。

私營企業是無主管企業，獨立性强，自由度大，但也存在自律性差，處于不易監督的地位。在市場上，容易出現不正當競争，作僞、欺詐、騙取、違約等行爲；在社區内，經營者忙于業務，一般很少參加集體活動，與鄰里之間互相溝通機會不多。

隨着改革的深入與市場的發育，私營企業經營者迫切要求建立經濟性的中介組織，爲自身的健康發展，提供服務、協調、溝通、監督。據問卷統計分析，57%的企業主認爲，很有必要成立自我服務、自我管理程度較高的行業公會等中介組織。隨着利益主體多元化的出現，政府管理經濟的職能發生變化，建立自律性的中介組織，有利于協調私營企業經營者之間及其與其它公有制企業之間、與其它社會群體的關系。

從私營經濟產生較早、發展較快的沿海地區情況看，這些中介組織主要有商會、同業公會、企業家公會等形式。例如，廣東省南海市民間企業家公會，于 1989 年 2 月成立。公會會員是由合法經營、企業具有一定規模，對地方經濟具有一定影響，且熱心分益事業的私營企業家組成。會員已由 28 人發展到 280 人。幾年來，公會做了以下幾方面工作：

爲會員服務。公會通過會員集股，成立了互助基金會，解決會員生產資金的暫時困難和公會活動經費的部分開支；聘請法律顧問，及時爲會員釋疑解難，講解法律知識，使會員們懂得運用法律手段來保護自己的正當權益。此外，還爲會員提供經濟信息、宣傳、公共等方面的服務。

溝通政府，參政議政。公會不僅挂靠在工商聯，而且利用工商聯在政府中的特殊地位，積極主動地尋求政府的積極支持。公會先后有 6 名會員爲市政協委員，其中 1 人爲常委；3 人當選爲各級人大代表；7 人任工商聯執委；公會會長還擔任佛山市和省政協委員。這些會員代表通過在工商聯、政協、人大的合法地位，提出了一批建設性的提案，受到有關部門的重視。

協調各種關系。公會爲會員辦理申請用地、引進設備、追收貨款、辦證、領取各種牌照、解決生產原料等，與許多部門發生聯係，做了大量的協調工作。

監督、自律，樹立群體形象。公會堅持"團結、幫助、引導、教育"的方針，進行自我教育、自我約束，弘揚愛國主義、提倡敬業精神，表彰合法經營、依法納稅的企業主，采取適當形式批評違法行爲。

南海市民間企業家公會通過上述工作，深得會員擁護、稱贊。他們說："公會是我們自己的組織，是我們這些沒有'單位'的人的單位。"

第三，制定區域政策，推動私營經濟的全面發展。同整個國家經濟、社會發展的情況相似，私營經濟在地區分布上也存在着不平衡狀況，而且有差距拉大的趨勢。這個差距在很大程度上表現爲非農產業的發展速度。

1992 年，東部、中部和兩部地區私營企業的户數占全國總户數的比重，分别爲 70.5%、27.9%和 1.6%，從業人數、注册資金，1993 年 6 月底，產值，營業額所占的比重，大體上也與此類似。西部 9 省區(除西藏)私營企業的户數只占廣東省户數的 52.3%。這三個地區，個體户所占全國總户數的比重分别爲 49.9%、30.5%、20.1%。西部地區，既是少數民族聚居區，又是各種宗教活動區，也是祖國的邊防。近幾年來，中部地區由于經濟發展緩慢，引發了多種社會矛盾。東西部地區差距過大，將影響社會穩定，制約整個國家的現代化進程。因此，在建立社會主義市經濟的體制的過程中，在大力發展公有制經濟的同進，應制定區域發展政策，因地制宜地推動非公有制經濟的全面發展。

東部地區。在現代化過程中，處于"起飛"階段。私營企業要充分發揮經營機制的優勢，適應國際市場變化，引進技術、資金和現代管理經驗，上規模，上檔次，逐步建立規範化的現代企業制度，讓產品占領城鎮市場，打入國際市場。

中部地區。培育更多的新的經濟生長點，做好"起飛"前的準備工作。同東部地區比較，中部地區在文化素質、商品觀念、購買能力、市場發育、交通信息等方面，都有不同程度的差距。因此，在制定區域政策時，應立足本地優勢，練好"內功"，繼續進行原始積累，在發展市場經濟的實踐中，培養經營管理人材、技術人材，積累建設資金和管理經驗。特别注意：

①明確主攻方向。選擇成本低、技術含量低、適用性强、勞動密集的中低檔產品，占領農村市場和西部市場。

②以我爲主，立足中部，聯結東西，依托東部的輻射力，向西部進軍。湖南省一份材料認爲，該省個體私營經濟發展較快的地方，重要原因之一是開拓了西部市場。如邵東縣的工業品就有很大一部分流向雲南、貴州，昆明市有"邵東一條街"，經營人數達 1200 多人。

西部地區。采取特殊政策，發展商品經濟，啓動"造血"機制，逐年縮小貧困面。

發展商品經濟是現代化不可逾越的階段，是建立合作經濟、私營經濟的基礎，也是脱貧致富的根本途徑。西部地區貧困的一條重要原因，就是在發展商品經濟方面，思想陳舊、人材貧乏。因此，首先要從發展社會生產力的實際出發，破除鄉土觀念，普及商品意識，樹立自力更生、有所作爲思想。其中，各級干部的觀念更新尤爲必要。貧困地區，不是資本主義太多，而是苦于資本主義的不發展。"在共產黨的領導下，只要有利于脱貧致富的政策就堅决執行；只要有利于調動干部群衆積極性的措施就狠抓落實”。“五個輪子”一齊轉，鼓勵、扶持轉得快的“輪子”，積極鼓勵、放手發展個體私營經濟。在宣傳輿論上，要象對待“三資”企業那樣對待個體户、私營企業；要象宣傳其它行業的模範人物那樣，宣傳個體户、私營企業經營者中的優秀分子；要推薦個體户、私營企業經營者中“爱國、守法、敬業”的代表人士參政議政。總之、要使他們在社會上挺直腰杆，合法經營。

其次，要采取特殊措施，扶持個體私營經濟，發展商品生產，逐步解決温飽問題。

比如，陝西省提出：在商洛地區，劃一些閑置的山坡地低價或無償售給農民，扶持發展種植業、養殖業，建立土特産品基地；“放水養魚”，免征土特産品税、個體户私營企業的部分税收；允許産金地區的農民，在管理、規劃下從事黄金開發和首飾加工業，等等。

再次，提供必要的資金保障。如從國家扶貧資金中劃出一塊，重點扶持個體户、私營企業；開征資源開發費，并將其中一部分用于扶持當地的個體户、私營企業；允許建立個體私營經濟信用社，等等。

還有，個體私營經濟是“能人經濟”。可以有計劃地從回鄉知青、復退軍人中，選拔一些具有商品意識、經營管理能力的人，送到東部地區“留學”，或在適當地區“現場培訓”，使他們成爲各類經濟實體的經營者。還可建立各類試驗區。

4、轉變政府職能，在調查研究的基礎上，做好私營經濟的管理工作。

在社會轉型的過程中，怎樣管理、監督私營企業，幫助企業主提高素質，保護他們的私有財産和合法權益，引導他們沿着社會主義市場經濟的道路健康發展，是各級政府在新的階段面臨的亟需解決的新課題。

同80年代相比，今天私營經濟生存與發展的外部環境發生了許多變化，隨着市場經濟體制與現代企業制度的建立，相對而言，市場容量變小了，各種要素市場的空隙也減少了。國家的有關政策、法規也逐步完善、健全，能鑽的政策空子也越來越少了。市場經濟是法制經濟，企業主只能靠自身素質，按照價值規律，同公有企業經營者一樣，在市場上進行公開、公正、公平的競争。“生意越來越難做，錢也越來越難賺了！”這是近年來企業主們常説的一句話。

在這個新階段，引導私營經濟健康發展，就要鼓勵企業主“跳起來摘桃子”，發不易之財，使之“發財難”，“發大財更難”。但是，只要“跳”起來，就能摘到“桃子”。具體到某一個私營企業，只有實現規模經營，才能取得規模效益。在這個大背景下，政府作爲市場上的“裁判員”，要變“無爲而治”爲積極管理、主動干預。爲此，

首先，需要調查研究，做到對被管理者胸中有數。私營經濟産生后，由幾個部門從不同的角度進行管理。但是，每個部門都没有掌握發展的全部情况。我們在調查中發現：私營企業的登記數字與實際數字相差很大，“戴帽子”現象相當普遍。如果説，國家工商行政管理局估計1987年底全國有私營企業22.5萬家，是比較符合實際的話，那么六年后的1993年底這個數字應該遠遠高出此數。再説，“百萬富翁”，千萬元户、億元户，究竟有多少？我們經常發現一個縣，甚至一個鄉鎮的數字，要高出全省的登記數。私營企業的資産積累率很高，有些調查資料認爲它在50%以上。積累率爲什么這么高，是怎樣實現高積累的？企業主的社會影響究竟有多大？等等。這些基本情况不很清楚，在制定管理政策時就難辦了，特别是遇到重大的政治風波時，就更不好解决了。

第二，要制定私營經濟發展綱要。通過産業政策、城鄉建設、基礎設施建設，把它納入社區發展規劃中。避免“村村點火”、各自爲戰，提高整體效益，在項目選擇上，根據國家規定和市場行情，幫助進行可行性分析，提倡哪些，勸阻哪些，禁止哪些，要告喻投資者。

第三，具體到某一個企業進行管理監督時，在産前，應該歡迎投資，給予宏觀指導；在生産中，加强監督、管理，如質量技術監督，環境污染治理，勞資關系等；在産后，既要監督、檢查納税，也要維護納税人的合法權利，還要幫助開辟市場。

附録：課題學術指導：李定、陸學藝、王超平

課題主持人：張厚義、羿遠錚、李欣欣

課題主要參加者：陳斗仁、戴建中、黄平、石秀印、許宏業、朱又紅等

本文主筆人：張厚義

中國温州私營經濟考察報告

全國工商聯調查組　(1993 年 5 月)

1993 年 4 月中旬，全國工商聯張緒武常務副主席，率調查組在温州進行實地考察，形成了這一份報告，僅作爲內部工作資料，未公開發表。

一、温州私營經濟發展的基本狀況

温州市，位于浙江省東南部的沿海地區，東臨東海，南鄰福建，是我國十四個進一步對外開放的沿海港口城市之一。現轄鹿城、龍灣、甌海區、瑞安市及永嘉、樂清、平陽、蒼南、文成、泰順、洞頭縣。以上三區七縣和瑞安、温州兩市總面積 11783.5 平方公里，人口 672.6 萬人，其中市區人口 56.6 萬人。

温州已有 1600 年歷史，依山傍海，以其氣候温和(年平均 18℃)得名温州。1876 年辟爲通商口岸，經濟作物多樣，大米一年三熟，海鮮產品充足。風景旅游有雁蕩山、楠溪江等國家級風景名勝區。自改革開放以來，城市基本設施迅速改善，機場通航客流量已居全國第四位，“温州模式”爲世人注目。

在社會主義初級階段，多種經濟成份并存和共同發展具有客觀必然性，這是由我們的基本國情所決定的。從温州的情況來看，更是如此，一是人多地少，人均耕地只有 0.41 畝，迫使農村大批剩餘勞力向非農業經營轉移。二是國家投資少，由于地處海防前綫，解放三十年，全市國營單位基本建設投資只有 5.59 億元。只佔同期國家對浙江省投資數 4.9%。三是城市工業基礎薄弱，1978 年全市獨立核算的全民所有制工業固定資產净值只有 2.25 億元。城市經濟對農村的輻射力和吸引力十分有限。四是農村原有的集體經濟力量薄弱，1977 年全市農村集體積累僅 2199 萬元，人均只有 4—5 元。五是沿海一帶有大批能工巧匠和善于經營的人，素有從事手工業和經商的傳統。這種手工業和外出經商的歷史傳統與農村改革中包產到户的現實條件相結合，使温州市農村形成了從家庭工業起步，個體私營經濟發展較快，股份合作經濟特别突出的獨特格局。其形成的簡要過程是，首先在農村普遍推行了農業家庭聯產承包責任制，農民由人民公社體制下被動的勞動力變爲有生產經營自主權的商品生產者，使農民的主動性、積極性得以充分發揮、重點户、專業户、專業村不斷涌現，從而有力地推動了農業的發展。與此同時，隨着農村生產力的發展，一部分農民從土地上分離出來，他們有的跑代銷，有的搞工業，有的搞商業，促進了農村社會分工的深化和商品化程度的提高，帶來了農村經濟的大發展。全國第一個以省政府名義公布的《温州私營企業暫行規定》是 1987 年 10 月公布的。那時在温州出現的第一批私營企業，人們尚稱之爲“專業户重點户”。這個法規條文有許多內容爲后來國務院所參用，頒行了《私營企業暫行條例》。到 1992 年底止，全市共有個體工商户 154044 家，從業人員 202728 人；經工商登記的私營企業 1232 家，僱工 12194 人。大體上説，温州的有照私營企業，十多年來在千户上下徘徊。1988 年 1000 户，1992 年上半年 973 户，年底 1232 户，今年一季度末爲 1490 户，人爲控制的影響明顯。1992 年全市工業總產值 188 億元，個體私營工業產值約占全市工業的 30%，上交國家税金約 3 個億。

温州經濟的一大特色，就是股份合作經濟已經成爲温州農村乃至全市經濟的主體。從我們接觸到的文字資料看，温州股份合作經濟的法規性文件，比當地私營企業法規早出臺半年以上，這是指 1987 年 4 月 7 日第一個股份合作文件《關于農村股份合作經濟的意見》二十條。到 1992 年底，温州市政府共頒發了五個扶持股份合作企業的法規，第一批規模較大的經營比較規範的股份合作企業，全市共有 435 家，經過六年的發展，户數增加近 50 倍。分析這樣急速發展的原因，我們如果暫且不論政治氣候的和政府行爲等因素，應該承認這是一個經濟的社會的合理發展過程。近十年來，隨着個體、私營經濟的發展，一方面培養鍛煉了農民，使農民學會了務工經商的本領，積累了大批資金；另一方面，家庭工業規模小，管理水平低，科技推廣難，在市場競爭中難以取勝，因而越來越多的家庭工業跳出家庭的小圈子，擴大經濟聯合。到 1984 年前后，股份合作企業這種新型的企業組織形式便應運而生。股份合作企業是人民群衆的一種創造，它自籌資金，自主經營、自負盈虧，自我發展。它在特定的條件下兼容了股份制和合作制的優點，克服了個體家庭工業的局限性，既適合農村現實生產力的水平，又適應社會化大生產和市場經濟的客觀要求。到 1992 年底，全市經工商登記的股份合作企業 24153 家，注册資金總額 24 億元。其中 1991 年新辦的 4100 家，注册資金 5.5 億元。1992 年全市股份合作工業企業 17800 家，產值達 88.6 億元，約占全市工業產值的 48.4%；上交國家税收 5.4 億元，約占全市財政收入的 45.4%。在沿海發達地區，股份合作企業的產值、税收、利潤均占鄉鎮企業總數的 80%以上。

二、私營經濟給温州帶來的十大變化

個體、私營和股份合作經濟的蓬勃發展，成爲温州市國民經濟的重要組成部分，它給温州的經濟社會發展帶來了巨大的變化。主要表現在以下十個方面：

第一、經濟發展了。一直影響當地國民經濟發展的一個制約因素，是資金不足，特别是財政投入能力較弱。但是，群衆手頭持有相當數量的貨幣，是有發展經濟的巨大潛力。個體、私營和股份合作經濟的發展，通過多種形式，把社會上閑散的資金和富餘的勞動力等生產要素有機結合起來，發揮其作用，從而形成現實的生產力。據統計，從 1980 年到 1991 年，個人投資包括廠房在内的固定資産達 65.8 億元，占全社會投資數的 53.7%。温州市統計采用國内生産總值(GTP)，這個概念包括温州轄區内的外地人；而不采用國民生産總值(GNP)，它包括在外地和境外温州的經濟統計。1978 年底，全市生産總值爲 13.2 億(工業 11.12 億)，按可比價格計算，1978 年至 1992 年工業遞增率爲 19.5%，其中 1992 年比 1991 年增長 26.1%，工業産值比上年增長 48.8%，工業産值達 182.99 億元。農業 1992 年産值 48.44 億元，商業 66.6 億元。全市年産值超 1000 萬元的企業已達 90 家之多。由此可見，個體、私營和股份合作經濟的發展，對于資金聚集和運用，對于促進國民經濟發展和綜合經濟實力提高，都發揮了極大的作用。

第二、財政收入增加，加快了基礎設施和集鎮建設。個體、私營和股份合作經濟的税收，已成爲全市財政收入的主要來源。1991 年，創工商税收 5.3 億元，占全市工商税收總數的 55.86%。1992 年税收 11.89 億元，年平均遞增 16.8%。這是國家没有直接投入的純收入。個體、私營股份合作經濟還主動支持社會公益事業建設，改善基礎設施，促進集鎮建設。1978 年，全市建制鎮只有 18 個，現在已發展到 134 個。集鎮建設總投資達 40 多億元，其中 85%是群衆自籌資金。如被譽爲我國第一座“農民城”的龍港鎮，就是依靠群衆集資建成的。建温州機場共用 1.3 億元資金，其中 1.1 億元是當地投資。如果没有個體、私營和股份合作經濟的發展，這樣的發展速度和奇迹是不可能出現的。

第三、就業充分了。消化了剩餘勞動力，促進了農村經濟結構的調整。長期以來，該市就業矛盾一直十分突出。個體、私營和股份合作經濟的發展，拓寬了就業渠道。到目前爲止，全市個體户和私營、股份合作企業共吸納了 150 萬勞動者就業，使 43%的農村勞動力從耕地上轉移出來，從事第二、第三産業。農村二、三産業在整個經濟中所占的比重由 1978 年的 36.5%上升到 1991 年 72.14%。同時，减少了社會不安定的因素，促進了社會的穩定發展。

第四、貧困地區脱貧加快了。當時，浙江全省六個貧困縣，有四個在温州地區，目前全市人均收入在 300 元以下的還有 144 個鄉鎮，110 萬人口尚未脱貧。這些地區生産力水平低，工業化程度比重小，財政收入少。在這些地區發展個體、私營和股份合作經濟，對于增加群衆收入，改變貧窮面貌，更有其特殊意義。這不僅是一個經濟問題，而且是一個政治問題。一個 3 至 5 口人的家庭，只要有一個子女在從事個體工商業，或在私營、股份合作企業就業，這個家庭就基本脱貧了。個體工商户、私營企業還把商業經營網點延伸到邊遠山區和貧困多灾地區，形成販運網絡，又把山區的農副産品運往城鎮，緩解了經濟不發達地區農副産品買難賣難問題。在有些貧困地區、個體、私營企業有着很好的示範作用，在一、二個能工巧匠帶動下，利用本地資源，廣開生産經營門路，使周圍群衆走上致富道路。1985 年以來，全市貧困地區有 60 余萬人脱貧；人均年收入在 200 元以下的貧困鄉鎮從 239 個下降到 1991 年的 2 個。温州農民 1978 年人均收入僅 113.5 元，比當年全國水平 133.6 元低 15%；1992 年達到人均收入 1200 元，比當年全國水平 784 元高出 53.1%。

第五、人民生活水平提高了。1991 年與 1978 年比較，全市各項經濟指標已提前實現翻番。城市居民生活費從 1981 年起有調查資料，當時，人均僅爲 423 元，1992 年達 2796 元，比同年全國平均 1826 元高 53.1%。增長率城鄉均爲 53.1%。十多年間，農民收入提高 10.5 倍、城市人口收入增長 6.6 倍。個體、私營和股份合作經濟的發展，還有力地促進第三産業的發展，緩解了買賣難、吃住難、修理難、乘車難等矛盾。我們在温州考察期間，看到滿街的“菲亞特”小出租汽車、招手即來，4 公里收費 6 元。郊縣的帶蓬卡車客運，招手即停，起價僅 0.5 元。餐飲業收費比北京便宜約一半。與當地收入水平相比較而言，稱得上是便捷實惠。

第六、人的變化最大。温州市領導説：最缺乏的是能够引導群衆發展商品化大産業的企業家，經過十年努力，造就了一大批經營能手和科技人才。14 年來温州市不但經濟發生了巨變，而且在市場經濟的海洋中煉就了一大批能經營、善管理、懂科技的人才。全市已出現一批科研與生産一體化企業，開發了新産品，推進了技術進步，趙章光、趙永鎬、温邦彦、黄民榮等相繼發明的毛發再生精、氟塑襯里技術、多功能磁閥、激光針炙儀等産品，還獲得了國際尤里卡大獎，爲國家争得榮譽。温邦彦的電磁閥，已形成四大系列三千多個規格，成爲全國這個專業的佼佼者。我們到號稱“中國第一座農民自建城市”——龍港訪問，給我們印象最深的是人的變化。一批漁民和農民出身的企業家，從 1984 年起步，幾年時間把東海之濱的一片荒凉的灘塗改變了面貌，五個小漁村變成了現代城市，總産值從幾十萬元增到 15 億元，人均收入超過兩千元。龍港富了，龍港人也更精明了，創業的氣魄和信心更大了。我們訪問了塑料三廠，廠長方崇鈿今年一季度花了八千多元路費，到十一個省去作市場調查，回來對產品升級換代上規模，心里更有底了。他向我們詳細論證了準備投資2600萬元上馬郵政電纜的項目。龍港還有一位被稱譽爲“膽大包天”的王均瑶，他成立了“天龍包機公司”，包了温州機場的八條航綫，運營管理水平受到客户稱贊。總之，昔日的10萬代銷大軍涌現出大批改革開放的風雲人物。一批大中專畢業生投入了個體、私營和股份合作經濟行列，大大提高了這支隊伍的文化素質。這支隊伍時刻推動着温州經濟的向前發展，并在全國各地産生强烈的冲擊波。温州市的幹部説，個體、私營和股份合作經濟，説穿了就是“能人經濟”。我們許許多多的企業家，都是從這些能人中成長起來的。面對日趨激烈的市場競争，個體、私營和股份合作經濟要立于不敗之地，就必須更加尊重知識，尊重人才。許多私營企業都同科研院校專家建立越來越緊密的聯系。我們走訪真空包裝機總廠，廠長金祥佐1982年靠1400元起家，依靠科技興廠。他在小報上看到電刷鍍技術信息，四出拜師求教，花了七年時間搞出140多種電刷鍍溶液以及配套工輔具，成爲全國唯一專業生産廠，同時組織兩名工程師編著《電刷鍍技術應用》一書公開發行，傳授面達3萬人次。該廠的回春牌電刷技術用到MD—82客機部件上，并取得美國航空工業局FAA標準證書。以上介紹的僅是該廠一項産品情況。現在該廠累計産值五千多萬，繳税八百萬，有科技人員32人(高級職稱4人)。全國不少城市出現“温州村”、温州街”。各地競相在温州招商的廣告隨時可見。個體、私營和股份合作經濟衆多的人才，已成爲温州市最寶貴的財富和優勢。

第七、市場發育加快了。個體、私營和股份合作經濟是獨立的商品生産者。它們之所以具有頑强的生命力，其奥秘就在于緊扣 住每個人積極性的啓動點，促使每個利益主體從一開始就進入市場，以市場爲導向，以市場機制决定調節自己的行爲，投身激烈的市場競争，優勝劣汰。全市現有各類專業市場480個，年成交額約41億元，從業人員基本上是個體工商業户。全市各種商業網點101545個，其中個體佔了89.5%。個體、私營和股份合作經濟的發展，改變了原來單一所有制和單一分配形式，强烈地冲擊傳統的計劃經濟模式，促進了企業轉换經營機制，促進了市場的發育、競争機制的形成，促進了政府轉變職能、轉變作風。從而使温州市開始跨入社會主義市場的境界。

第八、人們對私營經濟的看法變了。從政府到民間，這方面的觀念轉變很明顯，進一步解放了思想。從總體看，温州的幹部敢于大膽鼓勵和支持個體、私營和股份合作經濟的發展。他們敢于冲破“左”的思想束縛，徹底從過去那種“唯成份”論和姓“資”姓“社”的抽象争論中擺脱出來，大膽鼓勵、支持個體、私營和股份合作經濟的發展。較好地解决了幾個“不必擔心”：一是不必擔心個體、私營經濟發展以后會導致兩極分化。因爲從事個體、私營經濟的對象本身就是我們黨領導下社會主義國家當家作主的群衆。我們黨有領導人民群衆致富的責任。過去我們把平均主義、“大鍋飯”當成社會主義，這是一個錯誤。社會主義“人人有飯吃”這是對的，但人人吃得都一樣就不行。共同富裕不等于同步富裕，同步富裕最后是大家都不能富裕，允許一部分地區一部分人通過誠實勞動、守法經營先富起來，先富帶后富，最終實現共同富裕，這是黨的一項大政策。這才是社會主義的共同富裕觀點。二是不必擔心個體、私營經濟發展以后，會冲擊社會主義公有制經濟。因爲共産黨是執政黨，國家政權在我們手里，經濟管理手段在我們手里，關係到國計民生的經濟命脉掌握在我們手里，個體、私營經濟是社會主義經濟有益的、必要的補充，已載入了《憲法》。我們可以通過宏觀調控，引導它沿着健康軌道發展，社會主義不能没有個體經濟，因爲有些行業本身就適合個體經營，而這些項目又是人民群衆生活所必需的，群衆對自己生活需要的滿足是不會先問姓“資”姓“社”的，滿足不了就會不滿意。三是不必擔心個體、私營經濟的發展會變成資本主義。個體、私營經濟在社會主義制度下形不成主導地位，它具有依附性。在資本主義條件下，它姓“資”；在社會主義條件下，依附于公有制經濟，就姓“社”。而且社會主義條件下的個體、私營經濟具有可塑性，黨和國家完全可以以自己的方針、政策對其加以管理和引導。四是不必擔心個體、私營經濟發展快、比重大會出什么問題。在社會主義初級階段，必須堅持以公有制爲主體的多種經濟成份并存的方針。但具體到一個地區，就要從當地的實際出發，不能死套各種經濟成份的比例。特别是在一 些國有投資少、集體經濟薄弱的落后地區，更要放手發展個體、私營經濟，以便使群衆廣泛就業，增加收入，積累資金。要堅持多個輪子一起轉，哪個輪子有條件轉得快，就讓它轉。不必擔心這個輪子快了，那個輪子轉多了，應當不限比例看發展。對個體、私營經濟的發展速度，我們也不要人爲地限定增長率。只要是質量好、産品適銷對路有效益的速度能快則快，越快越好，叫做不限速度看效益。五是要象重視外資一樣重視内資企業。股份合作經濟是新型的集體所有制經濟，這一塊發展，人們不會存在顧慮；個體經濟是社會主義的有益的必要的補充，是社會主義的不是資本主義的，這在改革開放14年后的今天，也不存在問題；對私營經濟的發展，仍然有不少的限制。特别是對國外私營經濟和民族 私營經濟的政策，位置正處在極其相反的兩端，在某些方面還構成了尖鋭的矛盾。擴大對外開放，積極引進國外的資金、技術、設備和先進管理經驗，這無疑是正確的。温州市目前的步伐還不够大，“三資”企業無論是在數量上還是在規模上都遠不如其他沿海開放城市，必須加快發展。但在我國經濟生活中出現一種反差現象。如在某地區，一方面允許外國私人資本“跑馬占地”，進占最有利的商業地段，另一方面在由此而引起的城區改造中，私營企業拆遷得不到起碼的補償。如果以犧牲國內私營經濟的發展爲代價，來拓展國外私營經濟的發展空間，則更容易招致人民群衆心理的失衡。現在不是千方百計引進外資嗎？什么人有外資？在國外的工人、農民、普通勞動者，有多少資金給你利用，還不是有錢人嗎？外資你都歡迎，那么國內産生那么幾個，或者幾百個，或者上千個經營能手或老闆，他們懂管理，有的還有某種發明，我們没有必要驚慌，完全可以膽子更大一點，思想更解放一點。在現階段，即使不能給予國內私營企業與國外私人資本同等的待遇，至少也應解除對私營經濟發展的某些限制。應該在總體政策方面作出合乎生產力發展的明智調整。最近將出臺對外資的“國民待遇”政策，合乎國際慣例，也是更得民心，有利于促進私營經濟發展。

第九、温州變得更文明了。除了各種有形的進步，我們高興地看到，温州的致富帶頭人，也是精神文明的帶頭人。温州十年發展造就了一代企業家，使人想起恩格斯的名言，社會變革造就的人才，比幾十所大學造就的還要多。領導藝術就是一個人通過其他人實現目標的能力。當今國際公認稱職的經理廠長應具備的條件是：勤于思考、善于決斷、堅定有力、大度公正、責任心强和目標遠大。用這些條件衡量我們接觸的許多温州經理廠長、他們是當之無愧的。試想，不用國家花一文教育經費，短時間造就這樣一支能人隊伍，在他們身上焕發出中國人民智慧勤勞勇敢的優秀民族潛質，成爲造福社會和人民的物質力量，這是社會主義精神文明建設進行曲中的最强音，是值得大書特書、值得熱情謳歌的盛事。造就一代企業家，是中國經濟振興的希望所在。肯定温州個體私營經濟的作用，不僅是充分表現在經濟方面，而且也是社會主義精神文明建設的一支重要力量，改革開放以來，温州市廣大個體工商户和私營企業在發展社會主義市場經濟中經受鍛煉，他們熱愛黨、熱愛社會主義、守法經營、文明經商、勤勞致富，涌現了一批先進模範人物。特别是通過開展“五好經營户”和“誠實杯”競賽活動，經營素質不斷提高。温州皮鞋曾一度成爲全國“打假”的衆矢之的，老闆們痛定思痛，爲洗刷“鞋城”的聲名，加大投資，引進設備，提高産品檔次、克服“假聯營”等短期行爲，近年來温州皮鞋開始打自己的牌子，去年總産量近二千萬雙，産值五億元，在全國市場占有量已達 23%，創匯 7000 多萬元，業績與職業道德修養并進，精神面貌發生了深刻的變化。無論是在抗灾救灾、扶貧濟困，還是在公益事業活動中，都能踴躍參加，表現出良好的風格。在這次爲金温鐵路捐資活動中，個體工商户和私營企業者表現積極，慷慨解囊，受到了社會各界的好評。

第十、温州的國有經濟多年虧損的局面也變了。有一種形而上學的論者，認定私營經濟發展會“頂了國營企業”、會“妨礙國營主渠道”、會導致公有制經濟的萎縮。温州市國有企業 1989 年達到上億元的虧損峰值，1990 年虧損 2100 萬元。上級檢查温州工作，對這個問題多有指責，市黨政領導感到最説不起話的就是這個問題。在我們考察期間，在 4 月 12 日的市長辦公會議上，温州市領導同志宣告，温州經濟開始走出困境，開始了一個新的大發展階段。其主要標志是：國有經濟從 1989 年低谷經過三年爬升，去年增長率達 24%，到 1992 年底徹底扭虧，盈余 2300 多萬元，開始了各種經濟都在發展的新局面。温州市積極貫徹《全民所有制工業企業轉換經營機制條例》，今年第一季度預算內國有企業在去年虧損額下降 43%的基礎上，工業總産值比去年同期增長 14.4%，利潤增長 7.08%，企業展現新的生機。温州市領導指出，國有經濟走出低谷，在一定意義上説，正是依靠了非公有制經濟的發展，政府税收增多了，財力比較充足，對國有企業傾斜才有資金。私營經濟發展提供了更多的勞動就業機會，國有企業轉換機制中，人員可上可下可進可出，廠長的自主權比别的地方大，9 萬多退休職工社會養得起，國有企業丢掉大包袱。各種要素市場的發展，也爲國有企業上新臺階提供了有利條件。這些有目共睹的事實，使温州各界人士形成一個共識：對國有經濟來説，私營經濟不是冤家對頭，而是好幫手、好朋友。

三、我們的幾點思考

1、關于充分評價“温州模式”對建立市場經濟體制的意義。

温州在改革開放前是海防前綫的水網地帶，軍事戰略家的意圖一度主宰着這塊海灘的命運。造橋修路都要服從軍事需要，温州人風趣地説，這地方是“死(水)路一條”。經濟落后，一向不爲經濟學家注目，地方閉塞，在一定意義上也是計劃體制鞭長莫及的地方。這種地域特點是“温州模式”産生的一個條件。搞了三十年戰備，不能安排大項目，到 1987 年國營工業總産值只占全市工業總産值的 35.6%，農村集體工業總産值也只占全市工業總産值的 10.9%；而農村家庭手工業和外出經商則有相當厚實的基礎。這就爲温州改革從體制外起步培育市場經濟提供了有利的條件。當全國的經濟體制改革自 1984 年宣布進入以城市爲重點、以國營大中型企業爲中心的階段以來，温州仍然有必要和可能從本地的實際出發，堅持以體制外市場經濟的完善和進一步擴展爲重點。在這個期間當地政府積極制定地方行政法規，先后頒行了五個關于股份合作企業制度的法規，使本地命脉的私營經濟得以“合法化”，在不利的經濟環境和政治氣候條件下得以保全，爲温州市場經濟的發展奠定了必要的法制和組織基礎。到1992年，不包括體制內轉向市場經濟的部分，僅體制外個體私營和股份合作企業的工業總産值，已占全市工業總産值的60%以上，商業和交通運輸業等部門市場經濟所占的比重則更高。

我們與温州市政府、體改委的同志研討過"温州模式"的問題。這個命題對于實踐證明了"發展是硬道理"，對十幾年堅持"發展無固定模式"的温州來説，容易導致"二律背反"的邏輯矛盾。那么，究其這個"温州模式"所指的內容是什么呢？一種解釋側重于静態描述，那是各主要經濟成分的比例特點。另一種解釋側重于動態描述，用當地一位專家的話來説，就是經過十四年的"邊際改革"，温州形成了"市場包圍計劃"的體制格局。這樣的"温州模式"的新表述，想必會引起研討的興趣。我們認爲，所謂的"市場包圍計劃"，與其説是對經濟模式的定義，勿寧説是對市場經濟發展戰略的表述。而且正是在這個意義上，使人們看到温州發展經驗對建立市場經濟體制的普遍意義。原來，從計劃經濟向市場經濟的過渡，有兩種不同的戰略方式，一種是誘導性變遷；另一種是强制性變遷。不同社會主義國家改革的實踐表明，强制性變遷容易激化社會矛盾，進而引發社會動蕩，改革成本即制度轉換的"交易費用"較高。而誘發性變遷，則由于有一個由體制外到體制內的緩冲過程，因而是一種比較穩妥的改革形式。温州經濟和體制改革的歷程，正是中國在改革中通過誘導性變遷方式，逐步建立起市場經濟體制的一種典型形式和可取的戰略方式，這對于整個改革歷史過程中政府行爲的選擇，無疑是有重要價值的。同時，正確總結温州發展經濟的經驗，有助于加深理解和堅定貫徹中共十四大提出的各種經濟成份"長期共同發展"的方針。

2、關于温州經濟主體形式——"股份合作企業"發展新態勢和政策選擇的思考。

温州十四年的"邊際改革"就是市場經濟引發私營經濟的活力，私營經濟作爲市場發展的先導力量迅速發展，如果没有外部條件的擠壓，私營經濟成爲主體是順理成章的事情，但是實際上却形成了以"股份合作企業"爲主體的局面，這是爲什么呢？

在探討這個問題的時候，温州的同志也承認，從經濟學本義來講，"股份"與"合作"是不能這樣拚合的。事情頗似地質學上的"造山運動"，巨大的壓力和運動，使兩個不同的板塊形成了新的山脉。對這個股份合作企業，在當地也是人言人殊，大體上政府官員强調它的合法合理和必然性，而股份合作企業的老板們在同我們討論的時候，則往往直率地承認自己其實就是私營企業。聰明的温州人明白，處在整個國家市場化水平尚低的大環境中，舊的管理體制和思想形成不同經濟成份之間明顯的"政策差價"，在政策操作上又存在"有照管到死，無照死不管"的巨大裂隙，這種特殊的國情，給地方官員許多"運用之妙，存乎一心"的機會。例如同是面對1989年個體私營經濟大滑波的形勢，我們身歷其境看到與温州作爲對照點的"北方温州"——河北清河縣，"恐私症"和"主體論"很快掃平了當地已形成的社會生産力，造成以后的多年經濟徘徊。1984——1988年温州與清河起步發展不相上下，從1989年到目前，清河只剩下6户注册私營企業，温州在這個期間經濟發展比清河按總産計高出20倍以上。

温州的私營經濟没有大滑坡，也没有簡單化"挂靠"成爲假集體。在許多假集體盛行的地方，人們看到假集體的"好處"；既享有公有制企業的優惠政策，又具有私營企業較靈活的經營機制。"政策差價"越懸殊，越加强這種趨向，特别是1989年關于不準私營企業主加入共産黨的文件下達后，對温州經濟的冲擊和壓力是不言而喻的。假如温州的官員從適應某種"政治氣候"出發，也象某些地方搞"查大户"一類限制本地私營經濟的辦法，可以斷言温州的經濟也會象清河一樣大跌落。在這個關鍵的時刻温州政府再度頒行了"股份合作企業"的文件，爲温州非國有經濟的生存，提供了合法地位，起了扶危定傾的作用。這種"股份合作經濟"，與假集體的區别就是：假集體是異質同形，從根本上伏下了産權爭議和裂解的根蒂，而"股份合作企業"是同質結體，是保留了個人責任和積極性的經濟組合，這就從根本上提供了發展和走向規範化的可能性。應該撇開任何主觀色彩和難言之隱，在温州 經濟史上應該爲市黨委政府大書一筆；在温州發展的關鍵時刻，作出了最明智的政策選擇。

我們這次到温州考察的時候，全市股份合作企業有24153家，從發展的新態勢中，可以看到許多與本論題有關的特點。從總體上看，股份合作企業發展很快，不斷出現某些適應市場經濟要求的新變化。主要表現爲：(1)經濟上規模。産值超千萬元的企業已超過90家，(2)技術上水平。1992年以前進入"億元鎮"的24個建制鎮，在1992年共投入資金3.78億元，引進技術人才4331人；(3)産品上檔次。上述24個鎮共有"星火"項目41個，獲獎産品國家級49個、國際級4個。金鄉鎮一個鎮 的商標銘牌生産已占全國一半以上，這個鎮佳美工藝品有限公司還包攬了美國一百多個兵種的帽徽、領章和全美國所有警察帽徽和領章的生産。

温州股份合作企業的新變化主要表現爲內部産權的集中化和對外經濟聯合的深化，也有少數企業還原或分解爲私營企業。内部產權集中化,本質上是符合市場選擇一般要求的過程,内部職工普遍持股,與少數人個别人持股相比,不利于經營權的集中,也不利于企業增加積累。在没有人爲影響的條件下,發展快的企業幾乎没有普遍持股的,新上企業則更少采取普遍持股的形式。從一般趨勢看,股權的進一步集中則還原爲私營企業,還有些財產合一的家庭式股份合作企業,隨着私營經濟不僅在法律上,而且在意識形態上不被歧視,這部分股份合作企業也還原爲私營企業,實際上只是恢復本來面目。還有合股者退股或分離形成新的私營企業,這種獨資化而后崛起的企業,在温州是不乏其例的,這説明股份合作企業的性質,也表明同質結體企業在分解過程中,不象假集體那樣隱藏着以產權歸屬爭議爲表現形式的巨大的社會矛盾群。政府在這方面本已處于超脱地位,何不以超脱的態度對待股份合作企業性質及發展問題的討論。處在已取得輝煌實績的地步,何必拘泥于"私營企業相加就不等于私營企業"的無法自圓其説的邏輯之中呢?出路之一是還私營企業本來面目,更大的出路是向集團化股份化發展,而股份合作企業又不等于股份制,在座談中,許多上了規模的企業家對實行規範化的股份制表現了强烈興趣和意願,這是應該因勢利導的好事情。

3.擺正私營經濟在温州經濟發展戰略中的位置,創造出更好的經驗和業績。

去年12月18日,温州市委、市政府公布了《關于鼓勵個體和私營經濟進一步發展的决定》,又于12月31日公布了《關于扶持股份合作企業進一步發展的規定》,制定和實施這兩個法規,必將對加快個體、私營和股份合作經濟的發展產生積極的作用。《决定》的一開頭是:"黨的十一届三中全會以來,我市城鄉個體、私營經濟得到長足的發展,形成了以公有制爲主體,多種經濟并存的格局"。在這段話里,真正的温州特色可以説是不顯痕迹,"以公有制爲主體",這是要刻意體現之處,温州的文章難就難在這里。我們認爲,在國家宏觀指導下,温州走的是一條民間發展經濟的路子,非國有經濟占有顯要地位,完全以市場爲導向,按照市場經濟的規則運作,企業具有充分的自主權,行政干預少,所以,温州改革開放14年來,國民經濟增長了10倍,人民生活水平居全國領先之列,涌現出大量生產型、科技型和外向型的企業,解放出巨大的生產力,造就出一批企業家,節省了國家大量投資,確實符合"三個有利"的原則。温州的經驗可資其他地區借鑒。

我們在這次考察中也了解到,當前温州的個體、私營和股份合作經濟。也存在一些不容忽視的問題。也確實存在某些行爲的嚴重不規範。一是企業經營行爲短期化。由于受社會環境的限制,有些個體私營企業主對生產經營缺乏長期規劃和打算,能撈一把就撈一把,掠奪式經營,消費行爲扭曲,或大肆揮霍,或修建豪華住宅,不願把資金投入擴大再生產。二是部分個體工商户、私營企業存在不正當競争行爲。在生產經營的過程中,不講職業道德,坑害消費者。如制造販賣假冒僞劣產品,缺斤少兩,閧抬物價,賄賂經營,欺行霸市,違章經營,損害消費者利益等。三是由于管理工作没有跟上,法制不健全,執法不嚴,偷税漏税情况時有發生,使國家税收流失,與税收流失并存在亂收費現象,改進也不明顯。在與我們座談時,市工商局張成昌副局長説,温州私營企業現有税費名目仍多達63種,其中根本不合法的有37種。吴副市長聽到這里説:"現在農民負擔有人管了,私企負擔也要有人呼籲。"我們在此即爲之呼籲:這些問題亟需引起我們的高度重視。予以解决,透過這些現象,引發出令人深思的問題,就是人們"對私營經濟没有一天不關心,也没有一天不耽心"的問題在温州同樣存在。許多私營企業家向我們反映意見,他們贊揚政府頂住壓力辦了很多好事,也希望政府進一步解放思想,引導私營經濟健康發展,否則很難穩定。我們這次考察,與私營企業家朱樂平先生談得很充分,爲了在外部條件多變的環境中生存發展,他既是私營企業,又是股份合作,名片上還印着"中外合資",合資的對方就是他的夫人。在國内政策許可的時候,他敢于率先兼并了一家國有企業;在國内條件偏緊時,他就出國經營,在西歐打開了局面。他在笑談從業經歷的時候,説這是"兩棲三棲以求存。"

温州經濟的崛起,從本質講,就是過去十多年體制外市場經濟的充分發展,引發私營經濟的活力,而私營經濟又爲市場經濟體制的建立提供了"硬件",又提供了"軟件"。當今國内外都把温州稱譽爲"私營經濟之都",但是我們分明地感受到,温州當地幹部對這頂"高帽"仍難擺脱憂懼的心情,那原因簡言之就是不敢越"公有制爲主體"的雷池,實際上,温州十幾年間從東海之濱的貧兒,發迹成爲時代的驕子,吮吸的是私營經濟的乳汁,應該不嫌弃私營企業,應該正視歷史事實與現狀,更加解放思想,實事求是地把私營經濟從遮遮掩掩的地位,勇敢地扶上臺,唱大戲,創造出更多的業績與經驗,爲中國的富强和改革的發展多作貢獻。

温州龍港鎮經濟發展的經驗,也引起了參與調查同志的興趣與注意。龍港鎮是1984年依靠農民集資,在荒凉的漁村建起了中國第一個農民城,没要國家一分錢。龍港人自豪地説,他們是用"温州的模式,深圳的速度"建設起來的,我們經過考察認爲,所謂自費建城、自費開發等等"自費"現象及效應,實際就是市場經濟機制在發揮作用。鎮上的潘書記對我們説,全鎮没有一户國營。更不適于用"公有制爲主體"去比附。龍港是一個例子,什么經濟是主體,就是實事求是説什么是主體。

我們同工商界進行廣泛的接觸,聽取了企業家多方面的情況反映。私營企業家普遍反映:私營企業無主管單位,建企業難立項,難以納入規模。因而貸款難、征地難(無主管單位是今后改革課題,但目前無主管單位,碰到一系列問題難以解決),有些企業不得不變更企業性質,有些已經出臺的政策尚未完全落實,全市私營企業對發展生産的"四盼"呼聲甚烈,一盼銀行貸款;二盼平等納税;三盼評定職稱:四盼集資提成,政府和銀行去年終不讓提成。希望有關部門把本來屬于企業經營行爲的事讓企業自己作主。大多數私營企業家深感有些職能部門還是沿襲幾十年來計劃經濟的框框,有些規則還是20年前制訂的,有悖于市場經濟的需要,制約了私營經濟健康發展,有待全面改進。

温州市的黨政領導,爲支持引導私營經濟的健康發展,作了艱巨的工作,備受辛勞與非難。爲了富國利民不避風險,表現出革新精神和理論勇氣,十幾年風雨兼程未敢懈怠。但是,大環境的影響不會不發生作用,例如與條件相近的縣市比温州的税負要多一倍以上(如蕭山4億,温州11個億,原因就是人家集體經濟比温州多)。還有的檢查温州工作的同志,先到山區訪貧問苦,再來聽匯報,一講經濟進展和成績,便叫人家"别講了别講了"。我們與温州的同志反復講,建立和完善社會主義市場經濟已經列入《憲法》,國務院下大决心進行機構改革,實行政企分開,其目的也是爲了適應市場經濟。以公有制爲主體、多種經濟成份長期并存,不是某個人的意思,而是我們國家經濟發展的必然趨勢,已爲改革開放的實踐證明的必然選擇。現在,上層建築上有許多方面還不適應市場經濟的需要,從計劃經濟過渡到市場經濟還有一個艱苦的過程,這是可以理解的。目前,市場經濟發展非常不够,私營經濟是市場經濟中較活躍的因素,所以,私營經濟的發展應更爲大膽,更爲放手,温州市對各種經濟成份的發展要尊重實際。在調查、分析、統計工作中要準確的反映各種經濟的本質趨向。這關係着爲國家决策避免誤導的大問題。按照市場經濟公平、競争的基本原則,只要企業具備了條件,都可以注册,在金融、税收、征地等諸方面,各種所有制平等對待。對企業應該在政策上實行歸口管理,而不是計劃經濟條件下實行的部門歸口管理。私營經濟現在發展的條件已經基本具備,希望在市場經濟風浪里鍛煉成長起來的一代企業家們,不動摇、不顧忌、不懷疑、放寬眼界,走向世界經濟大舞臺。

(執筆人:羿遠錚)

“中國北方温州”清河變遷紀實

——河北省清河縣個體私營經濟情況 4 年調查小結

全國工商聯與河北省工商聯,自 1989 年至 1992 年,連續 4 年于每年的 4 月下旬,聯合派員去河北省清河縣,進行個體私營經濟調查。堅持每年同期到清河調研一次,使我們清楚地看到清河縣個體私營經濟的發展起伏過程,爲我們研究個體私營經濟提供了不少有益的啓示。這篇材料,除概述清河縣個體私營經濟狀况之外,還對 4 年來積累的材料,作了幾點綜述。

一、清河縣個體私營經濟 4 年變化概况:

清河縣屬邢臺專區,地處冀魯交界,曾是河北省 18 個有名的貧困縣之一。人口 28 萬,1983 年人均收入 202 元,最低才 50 元。

1984 年到 1988 年清河經濟發展引人注目,這里舉行過許多大型會議,總結清河經濟,人們一度把清河稱爲“北方的温州”。清河人説:“南方的温州是‘放’出來的,北方的‘温州’有放有扶”。從中共十一届三中全會以后,特别是 1984 年以后,清河大力發展農村商品經濟,扶助農民發展家庭工業,走上了一條通過發展個體和私營工商業脱貧致富的道路。我們第一次到清河調查,走訪了幾個村鎮的私營企業,親眼看到短短 4 年間這個縣摘掉了貧困帽子,工農業總産值增長 3.3 倍,鄉鎮企業增長 19.4 倍,私營企業占鄉鎮企業總産值的 87.2%,占全縣工農業總産值的 71.92%。由于黨和政府有力的扶助,政策到位,地方經濟急速振興,社會生産力和人民生活提高很快,全縣出現 9 個專業鄉(鎮),140 個專業村,8 個專業市場和 4 個大支柱行業:汽車配件業,主要是橡膠配件和濾清器兩大類産品,部分替代進口,産品暢銷全國;摩托車拉綫業,占全國總數量的 60%以上;合金刀具業,占全國銷量的 1/3 以上;精梳山羊絨業,1988 年産值 2.325 億元,創匯 2000 萬美元,占全國同行業産值的 80%。人民生活水平提高 3 倍多,吸引安置了十多個省區的勞力二萬多人,全縣注册私企一千多户,出現百萬元以上大户十多户,縣成立“支持大户辦公室”扶助引導。人民日報曾報道《清河有個‘支持大户辦公室’》。在清河縣已經形成以致富能人爲骨干,以專業化産銷基地爲依托,以專業市場和農民購銷隊伍爲紐帶,以私營經濟爲主體的經濟格局。清河縣敢把私營經濟“扶上馬,唱大戲”,靠的是中央政策,靠的是實事求是地形成本地經濟發展戰略和制定具體政策。爲了脱貧,清河也曾參觀大邱莊,想搞集體企業,1984 年初立下了“軍令狀”,要上馬 70 個集體企業,幾個月過去了,只上了三個,原因是太窮,積欠太多,舊帳還不起,新路走不動。縣委書記被稱譽爲“富民書記”的段連莊同志對我們説:“我對私營經濟并没有什么偏愛,只是因爲清河太窮,窮得走不起大邱莊發展集體經濟的路。我們只能發展既不需要財政投入,又不需要政府擔負經濟風險的私營經濟。辦這件事的‘本錢’就是要有好的政策,這一條説來容易,實際上很不簡單。”清河縣委縣政府 1984 年制定了“放寬政策二十四條”,又制定了“發展農村經濟的十條規定”,放開民間資金市場,允許雇工經營等等,一大批私營企業“放”了出來“扶”了起來。一開頭許多農民不具備獨立辦廠領取執照的條件,于是農民個體工商户想出了“挂户經營”的辦法,把他們的經營活動寄寓在集體企業名下,承挂單位充當個體户的經營代表,爲他們提供技術、質檢、經營等方面的服務,收取 1-1.5%的管理費。政府扶助個體户采取這種“借名”方法,使許多專業户的産品從找不到銷售渠道變爲銷向全國。清河發展私營經濟的許多成功做法,我們曾作過考察,主要是把中央政策和本地實際結合好,把治窮致富和黨政建設結合好,在私營經濟發展中特别注意把兩個文明建設結合好,把政府職能轉變和民間組織建設結合好。清河曾經搞過“割資本主義尾巴”;私營産值是從零起步,發展到 4.1 億元,只用了四年時間,更可貴的是,私營經濟發展在清河帶來的是兩個文明的良性發展,没有出現各種社會病態。

清河没有資源優勢,没有人文景觀可資開發,靠改革開放脱貧致富,這條路本來應該走下去,但是 1989 年一年間,私營企業却從注册 1 千多户下降到僅剩 10 户。這個一落千丈的變化,一方面是大“氣候”變化的影響,更有明顯的人爲因素,新任地委書記李××因爲抓廉政上了人民日報頭版頭條,而從阜平縣升任地委書記,他到任后,把原清河縣委書記調開,開始了“人變政策變”的新一輪的折騰。段連莊同志是中共的“十三大”代表,在清河當書記“爲官一任,致富一方”,政績與争議都相當突出。李××把老段調到邢臺專區當聯絡辦公室副主任,一年后離休回山東老家。李××又于 1989 年 8 月 12 日到清河縣禮堂訓話,全縣幾套班子的幹部在臺下聽訓,他指斥縣的幹部和大户“關係不正常”,這次講話全盤否定了清河發展私營經濟的做法,廉潔正直的段連莊同志背了個“段大膽”、“段百萬”的黑鍋,李××還説老段“除了飛機大炮,什么都敢倒賣”。他的頭三把火就是搬掉老段,“查大户”,掐清河的“尖”。地區又出動警車拘捕清河六個冒尖大户到外縣，先抓人后取證，拘押幾十天，查無實據，全部陸續“取保候審”，這幾個大户都瘦了，其中有一位被折磨體重降了四十斤。大户上街不敢和幹部打招呼，怕連累了幹部。李書記到清河掐了私營經濟的尖，不過半年他才明白過來這是砸了自己的脚。清河所在的邢臺專區貧困縣本來就多，經他這一折騰，清河經濟由先進縣變成落后縣，拖了后腿，邢臺地區 1989 年在全省産值中倒數第一。從 90 年以后，李××到清河開過不下二十次各種名目的現場會，調子起的很亂，没有搞出什么名堂，他多次在會議上向清河人表白：“我批評你們，就是幫助支持你們！”。

清河從極端貧困的境地找到一條脱貧致富的道路，幹部和群衆對這條道路是充分肯定和有血肉感情的，他們懂得了貧窮不是社會主義。縣委縣政府還是採取了一些動作，如 90 年元旦評選表彰 100 名農民企業家，但也不敢打私企的旗號了。“挂户經營”被説成“侵權行爲”，“支持大户辦公室”牌子也摘了，變成了“雙支辦公室”。我們第二次去清河的時候，清河縣財政已經重新陷入困境，當月工資晚了十七天還發不出來，縣里負責向我們介紹情况的同志説：“這一年來，清河有幾多幾少：上頭來的人少了，抓案子的多了；穿便服來的少了，穿制服的多了；轎車來的少了，警車來的多了；來參觀的少了，來要帳的多了；聯系業務的少了，來打經濟官司的多了。你們工商聯的同志這個時候來調查研究個體私營經濟，説明中央的政策没有變，這對我們的支持和幫助，也比給我們幾十萬元幫助還要大。”

第三次實地考察清河，在縣工商局領執照的私營企業由 10 户减到 7 户。3 月 27 日邢臺地區在清河開現場會，李書記在會上講話，他一改去年的調子，重新肯定清河幾年所走的路子，肯定了清河的經驗和成績。這時候縣委書記换了孫××同志，老段當書記的時候，孫是縣長。新的縣委班子提出“四輪驅動，規模效應，外引内聯，以質取勝”的方針，力求更加適應經濟環境和格局的變化，提出“個體經濟不加限制，集體經濟必須發展。”縣委孫書記對我們詳談了這方面的想法，對前任段書記促進個體、私營經濟的做法頗有微詞：“老段也没多少文化，打燒餅賣果子的都是私營企業，不是嚴密的概念。我説别‘馬太效應’。他把私營個體比重説大了，清河不如温州、鰲縣，今年認可的私營企業只有 8 户”，總之清河再不願冒這尖了。從私營企業這方面説，他們處于情勢急轉直下之中，他們認爲現在要繼續干，就得“靠”——向集體靠攏；“托”——把業主帽子推托給非黨的無公職親屬；“縮”——縮到僱工八人以下；否則就無法生存。我們在這次調查中，注意到清河私營企業向集體經濟轉化的新趨向，私營轉化爲“集體”，有四種形式：第一種，私營企業在自有資金的基礎上，再吸收他人有限資金，形成合股企業，變成集體入股，集體經營，自己宣布不再是私營企業；第二種，集體、個體、採取聯營方式，興辦合作企業，挂集體企業的牌子，廠房、原料、人力、資金全是私企的，而集體只是填補小頭充充面子；第三種，把資産估價，轉讓給集體，只估價算欠帳并不給錢，再把企業包給原業主，説定幾年承包，每年的承包額不要利潤返回企業，算是還帳，上級主管每年收 2 萬元管理費。在這種完全没有抵償的“贖買”過程中，一批私企大户戴上了集體牌子，摘掉了私營帽子；第四種，鄉、鎮、村、幹部中的能人大户、原來用集體的資金設備辦私營，現在把私營招牌的産業改爲集體屬于更直接的“翻牌”式的轉化。縣里的同志説，這四種形式，不外乎是“集體搭臺能人唱戲”和“能人搭臺唱集體的戲”。總之，戴上紅帽子，解脱了政治壓力，又享受僱工、貸款、税負、佔地，原料、經營條件等六個方面的好處。私營企業者迫于經濟環境和政治壓力，不得不改頭换面，明處説好處，暗處想苦處——自己的産業“充公”了。清河許多干部群衆説，這無異于當年“白天敲鑼打鼓，晚間抱頭痛哭”。清河私營企業這種變化趨勢，值得重視，防止出現“第二次對私改造”是個嚴重問題，我們調查反映了這個問題。中央領導同志也明確指出搞“贖買”、“公私合營”是違反黨的政策的。但這種成批轉爲假集體的情况已成事實，再改變也不容易。

今年第四次走訪清河，經過前四年大發展，近四年大折騰，這個縣現在只剩下 6 户私營企業。到 1991 年底，全縣鄉鎮企業攤點 15452 個，從業人員 46546 人，總産值 4.4 億。鄉鎮企業局武洪昌局長説：“個體私企都到鄉鎮企業來了，我們縣鄉鎮企業總數的 80%以上是個體、私企，能打什么牌子就打什么牌子，站在門坎上，哪邊有利都沾”。由于不能規範經營，健康發展，近 4 年經濟徘徊，鄉鎮企業總産值與 4 年前的私營企業總産值持平，人均收入從 1988 年的平均 641 元，下降到 500 元以下，加上這個期間的價格變化，下降明顯。

清河下一步怎么辦？鄧小平同志南巡談話傳達以后，清河也開始有所變化。我們去調查的時候，縣里已草擬發展經濟的新文件。當地干部群衆風聞小平同志談話精神，沉悶的局面爲之一掃。專區書記李××因道德敗壞被免職回保定老家。新上任的地委書記張春富同志提出把清河辦成一個“特區縣”，實行特殊政策，提出盡快把清河建成 10－15 萬人的縣級市，將來京九鐵路通車后這里設“武松站”，撥出 1180 畝地作爲開發區，本地農民或外地人可以交 5 千元“增容費”到區内，發給“绿户口”與城鎮人口同等對待。我們去調查的那一個星期收了五千份“增容費”。這一段變化很大也很快，但是對個體私企没有新的具體政策，只是做了爲“查大户”受損者平反等事情。現在清河的干部群衆形象地説：這幾年清河的事兒就象地上挖溝，清河新民謠有道是：“張書記來了挖，王書記來了平，李書記來了不知怎么整。”在同我們座談中，清河人對幾年折騰很有氣，他們說“誰整清河誰没有好下場”，“没有個體私企就没有清河，清河可貴在于創出了一條路子，這條路被扼殺了兩年，現在搞特區縣就好辦了。”“明年你們來清河，個體私營情況就會好多了，現在顧不過來。”新書記新辦法將給清河帶來什么，我們惦念着這個問題，結束了對清河的第四次走訪。

二、關于清河個體私營經濟 4 年發展變化原因的幾點初步看法

回顧清河 4 次調查所見所聞，這個縣個體私營經濟起伏變化的生動實例，啓發我們思考許多問題，以下是幾點初步的看法。

1、清河的實際説明，我國私營經濟的生存是有客觀必然性的，儘管各地區變化不同，終歸是客觀存在的。個體私營經濟把農村閑置資金和閑散勞動力結合爲新生産力，這本是振興經濟利國富民的好事，但農村的私營經濟目前缺乏規範，不够穩定，處于自流狀態。在這個縣里，私營企業出現八、九年了，没有一個真正的主管部門，或者是由政府明確授權擔負主管職能的組織。干部普遍弄不清私營企業的界限，有些職能部門對它的標準、現狀也底數不清，没有它的信貸科目，没有它的税收欄目，没有它的統計項目。有的把私營企業列入個體户、專業户，有的按聯合體或鄉村集體企業對待。因此，私營經濟的自流狀態和失控現象目前難以避免。我們要歷史地看清河私營經濟發展，不要爲一個時期的起伏影響總的看法和政策。由此可見一種經濟形式的存在，歸根到底是社會生産力水平所決定，用行政手段去硬性壓制或揠苗助長，固然會産生影響，但不會從根本上决定它的存亡。

2、清河的實例説明，我國私營經濟在某些農村發展速度快、比重大，這是與生産力發展水平不平衡緊密聯系的。清河是武大郎的老家，過去是出了名的貧困縣，當地老鄉形容縣財政困難，形象的説法就是“武大郎鑽到鷄籠里——睁眼一看净是窟窿”。窮則思變，清河人一旦找到致富之路，嘗到了甜頭，産生了血肉聯系，便扭住不放。但是由于底子太薄，私營經濟一露頭，在窮縣的經濟舞臺上唱起了大戲，立刻碰撞到敏感的現行政策問題：即“主體”與“補充”在這里極易“錯位”，這也涉及“主體”能否按一個統一的比例去套算的深層次問題。老百姓不管這個，“父母官”却不能不考慮這個，于是形成領導與群衆思想上的脱節和冲突，這是清河的特殊問題，也是貧困地區帶共性的問題。過去我們在政策選擇上往往是比較絶對，或是壓着不放，或是放了再壓。清河走過的路子，在這方面爲我們提供的有益經驗就是，要正確認識處理國營集體爲主和因地制宜之間的關係。在貧困落后地區仍應堅持“四個輪子一起轉，哪個轉的快就讓哪個轉”的政策。特别是清河，個體私營佔國民經濟中的比重不要主觀硬性限制，政策不能搞一刀切，在清河這樣原來貧困的地區，光靠國家“輸血”，國家没有這個財力和物力，清河的潜力在于千家萬户，要善于“造血”。清河私營企業的發展，證明了它就是一個相當有效的“造血”機器。放手搞，發展快，中間又生周折，新的縣領導人又提出“個體經濟允許存在，集體企業必須發展”，使大家感到縣委和政府對個體私營經濟調子低了，方向轉了，大家表示擔心縣里這樣“左右開弓”弄得不好反而“兩手空空”，造成思想上的混亂低落。清河之所以是清河，就是以家庭私營爲依托的經濟特點，實踐證明，這條路在清河是正確的。在因地制宜的同時，還要有相應的政策來扶持，而不是朝令夕改。無怪當地干部群衆説“政策扶持就是最大的扶持”。清河的同志説“共産黨的經濟學叫‘政治經濟學’，就是先要講政治嘛。”由這句曲解“政治經濟學”的趣談中，道出了在清河由于片面地講“政治”，糾纏姓“社”姓“資”，清河不敢走“發展無模式”的自己的路，徘徊中錯過了一個發展期，私營企業長期扭曲變形。這與没有錯過發展機遇的温州、珠江三角洲相比，差距是明顯的。兩者從不同方面説明，農村經濟發展，要解放思想突破舊模式。

3、要考察哪些經濟關係是私營經濟存在的基礎，這不是清河一個縣的材料所能完全回答的，但清河私營經濟的發展演變，可以反映它生存發展的基礎，最主要的經濟關係還是由于國營集體經濟的支持。把這段文字講得更直白一點就是：没有公有制經濟的存在，就失掉了在社會主義中國生存非公有經濟的大前提。對于個體私營經濟來説，公有制經濟不僅應該是主體，而且還是“母體”。很明顯，在清河，没有“掛户經營”就没有個體私企發展，清河私營經濟完全是靠改革開放政策和公有制經濟直接扶助才産生發展，是具有中國特色社會主義的産物，不能與歷史上的資本主義工商業簡單地類比和等同，私營企業絶不是異已的力量。有些“大户”還是靠政府貸款“壘大户”樹起來的。在清河縣由于私企一度萎縮，至今有近億元的貸款壞帳。世界上有這樣花大本錢培植“對立面”的傻事嗎？但是，事實如同其它地方一樣，清河的私營經濟從一誕生落地，便處于一種政治經濟條件偏緊的境地。也正因爲清河的公有制經濟對私營企業來説，不僅是“主體”，還可以説是“母體”，由于它的形成過程有這個突出特點，所以當外部條件惡化，私企就比較容易溯流回歸到“母體”中去。當地同志講，私企變“假集體”，往往是一頓飯功夫的事，轉入“地下”很容易，再請出來規範經營極難。清河人總結了幾年的經驗教訓呼吁個體、私營經濟健康發展需要有一個比較寬松的環境。首先在輿論導向上，象 1988 年底以人民日報爲首的 18 家報紙聯合聲討清河産品質量問題的做法，使清河私營企業的發展遭到了不可估量的損

失。輿論上要探討研究，正確導向，而不是簡單的否定，不要把罪名都歸在個體私營成份上，正確的要給予支持，不要見風使舵。其次在生產經營上，貸款是零，原材料没列入計劃，没有着落何談發展，國家應統籌進行論證調查，符合國家政策的，在貸款原料等方面都應開個口子，讓私營企業有生存的合法條件。

再次，在私營企業有許多現實的生存條件問題，應該加以考慮。除供、産、銷以外，還有人，這是關鍵，在職的不順心，想來的來不了。如計算工齡、合同制工人、大中專學生的分配、經濟師、會計師到私營企業的技術承包服務等方面，也都應該給條出路，私營企業有其發展的各種相關條件，但是我國目前從統計到信貸等等制度上把私企這塊抹掉了。

4、清河的變化告訴我們，除了經濟關係這個根本的方面，上層建築、人爲因素，“人治”的影響，其能動作用之大，絶不可以低估。在這方面清河的變化有特殊性，也有共性。清河走出的這條路子，并没有蓋棺論定。這個小結不可能詮釋爲什么清河脱貧致富經過4年發展，4年徘徊，爲什么私營經濟前4年在“臺上”，后4年轉入“地下”。我們也無意去評議幹部的優劣功過。從全過程來看，清河的變化，清楚地反映出我們在私營經濟問題上，思想不解放，根本没有換過腦筋，理論與政策滯后現象十分突出，必須正視并解決這個問題。回顧前面提到的幾位干部，他們心態各異，各有千秋。幾位書記政見政績各不相同，他們都無法避開在個體私營經濟問題上交出一份答卷。歷史上清河越窮越是窮折騰，“割資本主義尾巴”搞得很左，“恐私病”把人們思想束縛得緊緊的，這不是哪一個幹部的個人問題。在頭4年大發展時，對私營企業使用“家庭工業”的稱謂，怕亮出“私”字，沾了“資”字，這叫“猶抱琵琶半遮面”；后四年由于大氣候和人爲影響，當地群衆説：“李××對清河的一套這么整，幹部都比較小心。”按説孫書記是段書記的搭擋，不致于“人變政策變”，但孫書記上任后，連“四個輪子”都不提，而是提倡“規模效應”。他認定“清河露出個體私營爲主的形象風險太大”，于是在孫書記任上，“懷抱琵琶向别彈”，只留下6户私營企業在地面上。及至地委書記易人，清河已形成這種剪不斷理還亂的“規模”，只好改弦易轍搞“特區縣”了。現在長期困擾人們的姓“社”姓“資”問題有所突破了，大氣候大改觀，但是個體、私營企業要健康發展，必須解决一些理論和政策上的困擾。這里僅舉一例，清河的幹部和私營企業從業人員一再向我們反映，要進一步解决私營企業的概念和劃分私營企業的標準問題。他們指出：目前規定的僱工8人以上的私營企業的概念不科學，以人員數額爲標準的劃分有待轉變，調查中有的同志建議，應當以企業所得的最終分配做爲劃分私營企業的界限。在確定有無剥削的問題上，要考慮到分配來劃分，而不是含混不清説剥削，説不是就不是。有關文件的劃定是相當籠統的，缺乏量的確定性和可操作性。1989年出臺的講“不能不問姓‘社’姓‘資’的文件與后來文件有明顯抵觸的地方應改正。

目前，劃分什么是私營企業，劃分私營企業與如何看待“剥削”是兩個很重要的問題，不解决這兩個問題，私營企業難以穩定健康地發展。

5、對個體私營經濟摸清底數，積極引導，加强管理十分必要。

清河的私營企業現在只有6户領執照的，這個數字是不能反映實際的，由于界定困難和没有可靠統計資料，底數不清，大量的私營企業已經難以重新劃出。在動蕩和反復中，使我們聊可感到欣慰的是，6户有照的私營企業，由于加强引導，在發展中有三個良性趨向。同時，也可以明顯看出，在這三方面的良性發展中，當地的政府部門突破了所有制的界限，注重産業結構的合理調整和産品質量的提高。僅存的6户私營企業，是作爲在一個行業或一項産品起帶頭作用的“大户”而存在并繼續發揮着積極作用。

第一個趨向是産業和産品結構更加合理。

在清河私營企業發展之初，各行各業能者爲上，建起了不少碱廠、煉油廠、絮片廠、冶金廠等等，這些廠原料需求大，能源消耗强，隨着國家經濟的調整，清河有意識的控制了它們的發展，進而引導私營企業集中于精梳羊絨，汽車配件，合金刀具和摩托車拉綫四個加工型行業。通過調整，初步使清河私營企業形成“加工生産型，科技進步型，外向型”的産業格局。羊絨基本上銷往國外，合金刀具全面實現科技機械化，汽車、摩托車行業主要生産加工産品。這種在全面産業政策指導下的經濟格局，有利于農村私營經濟的良性發展。

第二個趨向是質量、效益、守法觀念進一步增强。

在私營企業發展過程中，清河縣委、縣各級部門注重産品的質量，提倡以質取勝。精梳山羊絨在全縣設十余個檢測點。其它行業，如汽車配件、合金刀具也都有專門的質檢人員把關。現在全縣已形成“縣有站、鄉有點、廠有員”的質量驗檢網絡。

在效益上，鼓勵私營企業降低成本，注重投入産出效應，獎勵效益、産品好的企業。在守法經營上，縣里每月定期進行普法、守法教育，對違法經營的給予重罰，清河縣被命名爲全國先進的普法單位之一，守法經營在近幾年經濟發展過程中已成爲私營企業的頭等大事，因産品質量引起的各種糾紛、各種矛盾已明顯減少。在質量、效益、守法的教育約束下，清河私營企業將有進一步的良性發展。

第三個趨向是個體私營企業經營者熱心公衆福利事業。

隨着清河私營企業的進一步發展，私營企業的分配流向趨于合理，大部分企業者把大量自有資金用于擴大再生産，添置生産資料、設備、擴大生産規模。近幾年來，私營企業爲縣里集資的福利資金已近2500萬元，熱心于社會的公衆福利事業，清河的農民企業家莊榮昌在福利、教育、扶貧上已出資達120萬元。楊二莊鄉辦教育需要80萬元投資，私營企業就拿了40萬元。私營企業投資者的"共富意識"普遍增强，提出"既做帶領大家共同致富的帶頭人，又做優秀的農民企業家"。清河的同志體會到，對個體私營經濟加强管理必不可少，也要兩手抓，不能一手硬一手軟。個體私營經濟既可能導致共同富裕，如何帶領群衆共同致富成爲個體私營經濟能否健康發展的關鍵，這點在清河尤爲明顯，處理不好，就要導致黨群、幹群關係緊張，處理好了，就會形成團結興旺經濟振興的局面，因此教育的重點也就在此。參加座談的地、縣幹部一再引述"嚴重的問題是教育農民"的名言，大家一致認爲不搞社會主義的精神文明，也不可能有真正富裕安定的農村。他們一再呼籲做好這方面的工作至關重要。

以上是對清河個體私營經濟發展變化的簡要回顧。當我們在温州考察的時候，巧遇去温州學習經驗的北方縣市的同志，他們熱望把自己的家鄉辦成"北方的温州"，其熱度絶不低于當年的清河。爲了不再重演"橘生淮南則爲橘，生于淮北則爲枳"的故事，重温一下"北方温州"變遷的歷程，不難悟出，任何地方要抓住機遇，向貧困和愚昧告别，這其中需要做出種種努力，但是，最重要的一條，就是要時刻牢記：實事求是，解放思想是一個非常重要的原則。思想不解放，腦筋不换，一切工作都很難推動。所謂解放思想，就是勇于冲破落后的傳統觀念的束縛，善于從實際出發，爲發展社會生産力，爲增進綜合國力，爲改善人民生活，努力去開拓進取。我們熱切地期望，清河能繼續摸索出有價值的經驗來。

（1992年初完稿。此文曾在1992年8月北京香山飯店舉行的"促進個體、私營經濟健康發展政策研討會"上宣讀。執筆人羿遠錚。）

出版物介紹

《私營天地》雜志簡介

《私營天地》月刊，武漢市工商業聯合會主辦，1993年8月28日創刊，系中國第一家專門報道非公有制經濟狀況、以非公有制經濟界人士爲主要讀者對象的雜志。從一定意義上講，她也是個體私營工商業者自己的刊物。創刊時，中國民(私)營經濟研究會會長、全國工商聯黨組書記兼第一副主席李定，專門題詞祝賀。隨后不久，全國人大副委員長、全國工商聯名譽主席王光英，又欣然命筆題寫刊名，表示對刊物的稱贊和支持。

《私營天地》是在中國社會主義市場經濟方興未艾，個體私營經濟發展成爲社會主義市場經濟必不可少的有機組成部分之際，應運而生的刊物。她的辦刊方針是：在中共的"一個中心，兩個基本點"的基本路綫指引下，堅定不移地爲完善社會主義市場經濟體制服務，爲促進個體私營經濟健康發展服務。辦刊宗旨是：宣傳政策方針，報道私營動向，交流經濟信息，介紹經營之道，弘揚精神文明，反映讀者心聲，提供咨詢服務，當好顧問知音。個體私營老板一册在手，就能及時掌握中央政策精神，了解海內外的經濟信息、市場動向和經營管理新經，知曉商海人生百味，從而明確方向、堅定信心、開闊眼界、改善經營，在建立健全社會主義市場經濟體制中健康發展、貢獻力量。

《私營天地》由一批具有高級新聞專業職稱的老編輯、老記者擔任主編。他們業務精湛，經驗豐富，作風嚴謹，聯系面廣，勇于開拓創新；特別是他們資深名高，與全國性、世界性新聞單位保持着廣泛而密切的聯系，能够運用特殊的供稿渠道和現代化的通訊手段廣辟海內外稿源，準確及時地匯集和報道海內外各種信息和經濟動向。依靠這種優勢，該刊在權威性、準確性、可讀性、實用性等方面所顯示的特色，已經初步博得了讀者的厚愛；同時，正以改革精神采取措施，在外觀精美、內容引人、圖文并茂、雅俗共賞等方面刻意創新，不斷提高刊物在市場經濟這個汪洋大海中的競争性。

《私營天地》內容豐富多彩，主要欄目有：

《新語絲》——權威人士關于社會主義市場經濟和非公有制經濟的重要言論。

《潮涌華夏》(曾用名《促潮曲》、《潮頭觀瀾》)——介紹中央和各省市關于促進非公有制經濟健康發展、參與社會主義市場經濟體制建設的政策措施，分析、探討非公有制經濟的發展勢態和動向、問題及對策。必要時，另辟《熱點追踪》、《經濟透視》之類的專欄。

《商會春秋》——介紹全國各地工商聯團結、幫助、引導、教育非公有制經濟人士，促進非公有制經濟健康發展的活動。

《市場走勢》——介紹國內外市場動向、購銷形勢、商品和價格信息、産品質量和新産品、新技術等；根據需要隨時另辟《海外市場》、《專業市場(國內)》、《開發園地》(新産品、新技術、新市場、新行業的開發)等專欄。

《商海經》(曾用名《生財有道》)——介紹海內外企業經營管理的經驗教訓。

《名産列傳》、《老店新傳》——通過名牌産品和老字號企業的發展史，介紹經營之道。

《一代風流》、《名人列傳》、《海外華商》、《西洋大亨》——介紹成就卓著的國內非公有制經濟人士和海外企業家的事迹。

《第三産業》、《三資企業》——促進第三産業和三資企業發展的園地。

《專訪》、《專題報道》或《封面報道》、《封面人物》——重大事件和重要人物的專訪等。

《專論》——名家論著或重要問題的論文。

《經濟文摘》——各地有關市場經濟和非公有制經濟的理論文章摘要。

《觀潮人語》——有關市場經濟和非公有制經濟的雜文。

《法苑》——宣傳、解釋有關非公有制經濟的法令，爲私營企業主和個體户充當法律顧問，引導他們在經營中遵紀守法，保護他們的合法權益。

《老板心聲》——反映非公有制業主在從業中的酸甜苦辣和困惑、呼聲、建議等。

《金錢之外》——報道非公有制經濟領域中的精神文明建設，包括培養職業道德，發揚愛國愛民、敬業守法、助人爲樂、共同富裕等優良傳統和崇高精神，個體私營業主豐富多彩、健康向上的家庭生活和業余活動，甚至他們的愛情、婚姻、子女教育與天倫之樂等。

《文化大看臺》——從文化角度反映個體私營業主的風采與現狀。

《知識長廊》、《五彩世界》——介紹讀者感興趣的經濟知識和珍聞趣事。

此外，還有《讀者信箱》、《編讀往來》和其它臨時設置的欄目。每期還刊登相當數量的照片、插圖和漫畫。

《私營天地》雜志問世以來，受到廣大讀者熱烈歡迎。他們從全國各地寫信、打電話，高度贊揚、鼓勵，普遍認爲：刊物起點高，辦得及時，内容翔實，豐富多彩，是一份順應潮流、面向全國、獨樹一幟、頗具特色的雜志。對已經刊出的大多數欄目和文章表示滿意，特別喜歡、津津樂道的有《一代風流》、《名人列傳》、《老板心聲》、《生財有道》、《新語絲》、《開發園地》、《金錢之外》、《法苑》、等欄目，國家副主席榮毅仁、紅色資本家王光英、港澳企業家霍英東和馬萬祺以及國内私營企業家新秀韓偉和李裕安、商海影星劉曉慶等人物報道，以及《論新時代的商人》等内容充實、有獨到見解的論文。

中國私營經濟論文、文章目録索引

試論個體經濟與銀行信貸
湯世生 《湖南財經學院學報》1981 年 3—4 期
試論我國現階段的城鎮個體經濟
李守凡等 《成都大學學報》(社科) 1981 年 2 期
試論城鎮個體經濟的新特點
周爲堯 《經濟研究》1981 年 12 期
北京市個體經營户發展情况
《工商行政管理》1982 年 1 期
積極扶持城鎮個體經濟的發展
龔曉嵐 《工商行政管理》1982 年 2 期
發揮個體工商業的補充作用
本報評論員 《陝西日報》1983.1.22③
怎樣看待個體冒尖户——關于“傻子瓜子”的討論
段志勛 《經濟學周報》1982.2.1②
城鎮非農業個體經濟的發展情况和存在的問題
《經濟法規研究資料》1982 年 6 期
個體經濟在我國現階段存在的客觀必然性及其作用
冒天啓 《經濟研究》1982 年 7 期
農村個體工商業的發展是推行農業生產責任制的必然結果
工商總局個體經濟司 《工商行政管理》1982 年 14 期
關于集體、個體等多種經濟形式的幾個問題
王常在 《調研資料》1982 年 91 期
論個體經濟的適當發展
楊堯忠等 《武漢師院漢口分院學報》1982 年 2 期
團結教育個體工商户的一種好形式——昆明市盤龍區個體勞動者協會的調查
李友鈞 《雲南日報》1982.7.16②
我國個體經濟的性質和作用
海浪 《寧夏大學學報》(社科)1982 年 2 期
大生産·小企業·所有制——兼論我國集體經濟、個體經濟長期存在的客觀依據
李凌 《調研資料》1982 年 95 期
扶持發展個體手工業、飲食業、修理業、服務業
高雲樵 《工商行政管理》1982 年 15 期
當前發展個體經濟應注意的幾個問題
張家富 《貴州日報》1982.8.6②
對于個體經濟一些問題的不同看法
維真等 《内部文稿》1982 年 21 期
關于我國城鎮個體經濟發展的情况
梁傳運等 《經濟資料》1982 年 4 期
積極扶持城鎮個體工商業户健康發展
梁傳運 《經濟管理》1982 年 8 期
如何看待私人企業?
盧文 《農業經濟叢刊》1982 年 5 期
創業艱辛——訪甘肅青年聯營公司
《甘肅青年》1982 年 9 期
新民縣農村個體工商業經營情况(調查報告)
《工商行政管理》1982 年 23 期
積極發展個體工商業
錢宗起等 《財貿經濟》1982 年 12 期
鼓勵個體經濟適當發展
龔長榮等 《遼寧日報》1982.12.1④
談我國現階段個體生産者雇工問題
金其武 《安徽大學學報》(哲社)1982 年 4 期
拾遺補缺，活躍市場——福州市倉山區個體經濟經營情况調查
吴春官 《理論與實踐》(福建)1982 年 12 期
開創我區農村個體工商業的新局面
羅漫鳴 《廣西日報》1982.12.7②

關于個體工商業户發展的情況和意見
黑龍江省工商局 《工商行政管理》1982 年 4 期
如何看待社會主義的個體經濟
練岑 《勞動工作》1982 年 1 期
當前城市街道集體經濟發展中的幾個問題
中共唐山市委宣傳部理論研究室 《河北日報》1982.2.10④
淺談個體經濟
何錦發 《華南師院學報》(社科) 1982 年 1 期
烏衣巷口夕陽紅——從高第街看個體經濟的興衰
丘帆 《羊城晚報》1982.2.14①
談談個體經營者聯合會的作用
魚羊 《工商行政管理》1982 年 7 期
上海青年參加個體經營的調查
陳如鳳 《社會科學》(上海) 1982 年 4 期
加强對城鎮非農業個體經濟的扶持與管理
高雲樵 《工商行政管理》1982 年 10 期
個體經營户請幫手帶徒工是不是雇工剥削?
董衍成 《紅旗》1982 年 10 期
從事合作經營和個體經營是不是就業?
練岑 《紅旗》1982 年 10 期
允許個體户請幫手帶學徒有無理論根據?
曉亮 《理論與實踐》1982 年 5 期
建國以來城鎮個體工商業的變化情況
《調研資料》1982 年 65 期
北京市城區青年從事個體經營情況的調查
張吴等 《經濟研究》1982 年 5 期
四川省人民政府關于發展城鎮個體經濟若干問題的規定
《工商行政管理》1982 年 11 期
經典作家筆下的個體經濟和我們現實的個體經濟
《工商行政管理》1982 年 12 期
大有作爲——通化市個體工商户巡禮(附短評:要重視發揮個體經濟的補充作用)
周運敏等 《吉林日報》1982.1.10②
是“金飯碗”還是“泥飯碗”?——一個個體工商户的苦惱
吴棟林 《新華日報》1982.1.3③
何建章同志談適當發展城鎮個體經濟的問題
藍桂良 《羊城晚報》1982.1.27②
在個體工商業中要提倡學科學用科學
高雲樵 《工商行政管理》1984 年 24 期
對保山市個體工商業幾個問題的探討
程振寧 《工商行政管理》1984 年 24 期
積極支持個體經濟的發展
宋學勤等 《貴州金融研究》1984 年 12 期
發展中的城鎮個體經濟
陳汝强等 《雲南金融研究》1984 年 11 期
略論城鄉個體工商業的幾個問題
馮更新 《工商行政管理研究》1984 年 4 期
河南省個體工商業現狀及其發展前景的初步設想
陶成川 《河南經濟》1984 年 12 期
從事個體經濟前途光明——對 80 名優秀青年個體勞動者的調查
陳穗剛 《青年就業與勞動論叢》1984 年 6 期
如何看待目前一些個體工商户中出現的雇工現象
王雅君 《河北商業研究》1984 年 9 期
個體工商業發展中的問題和今后意見
東臺縣工商局 《工商行政管理》1985 年 23 期
對個體工商業大户的調查
蔣洪群 《財貿經濟資料》1985 年 11 期
當前城鄉私人企業淺探
黄德才 《廣州研究》1985 年 6 期
適應發展,加强管理——我省個體工商大户的調查
蔣洪群 《遼寧經濟》1985 年 8 期
重視對個體青年的管理——關于無錫城區個體户情況的調查
郭榮梁等 《青年研究》1985 年 12 期
當前個體青年的新型素質及其完善
友好 《青年就業與勞動論叢》1985 年 6 期
勞動就業的有效途徑——北京市個體經濟調查
《青年就業與勞動論叢》1985 年 5 期
個體經濟的發展趨勢
佟新 《勞動與人事》1985 年 5 期
發展個體經濟是我黨的一項長期方針
曹增和 《經濟研究通訊》1985 年 20 期
廣州十二萬個體大軍
孫雪梅 《管理良友》1985 年 5 期
從城鎮個體經濟的特點看其對發展城鄉經濟的作用
劉奇 《阜陽師範學院學報》(社科) 1985 年 3 期
天津市個體工商業户存在問題和發展設想探討
李冀遠 《經營與管理》1985 年 5 期
對個體工商業大户的調查
恩滿等 《工商行政管理研究》1985 年 7 期
四十户個體户的調查
《世界經濟導報》1985.11.18⑨
經營個體經濟的幾個問題
楊燦瑜 《智囊與物元分析》1985 年 4 期

試論“第二職業”(廣州市職工從事第二職業)
劉永杰等　《廣州研究》1985 年 6 期
甘國屏同志在省、自治區、直轄市個體勞動者協會秘書長會議上的講話(摘要)《工商行政管理》1985 年 18 期
我省個體經濟的現狀和發展
吴振坤　《福建經濟研究》1985 年 9 期
淺析社會主義條件下的個體經濟
楊家珍　《商丘師專學報》(社科)1985 年 1 期
對我國現階段個體經濟的再認識
王成吉　《經濟科學》1985 年 5 期
北京市二輕企業職工辭職后自動離職情況
姜敏　《勞動科學研究資料》1985 年 18 期
試論個體經濟性質
王學思等　《工商行政管理研究》1985 年 2 期
京、津、滬三市工商行政管理工作首次協作會議紀要
《工商行政管理研究》1985 年 2 期
我國現階段城鎮個體經濟的系統分析
蔡月　《北京大學學報》(哲社)1985 年 2 期
一九八四年全國個體工商業發展情況
《工商行政管理》1985 年 7 期
淺談我國的私人所有制經濟和有關税收政策
魏昌庭　《財政研究資料》1985 年 19 期
積極發展新型個體經濟
黄璜　《江淮論壇》1985 年 2 期
個體工商業的發展新趨勢
胡曉凱　《青年就業與勞動論叢》1985 年 1 期
駕車雖快,但没離轍——市特等勞動模範段恒慶事迹介紹
劉壽昌等　《北京日報》1985.6.13①
携手共建個體青年之家 廣州青年個體勞動者聯誼會
《青年就業與勞動論叢》1985 年 1 期
一支充滿活力的經濟力量——從廣州市個體經濟的發展看個體青年在城市經濟中的地位和作用
楊長季　《青年就業與勞動論叢》1985 年 2 期
對我國現階段私營經濟的幾點認識
馬富林　《吉林財政研究》(吉林)1985 年 11 期
學習現代企業管理思想,搞活個體户的經營管理
陳偉雄　《青年就業與勞動論叢》1985 年 1 期
上海個體户在想些什么?
丁建平　《市場藝術》1985 年 2 期
維護青年個體勞動者的合法權益(社論)
《中國青年報》1985.1.26②
我省個體勞動者首次代表大會舉行(社論):光彩的事業、光榮的勞動
《大衆日報》1985.6.10①
個體工商業逾一千七百萬,已超過全國商業系統職工總數
《人民日報》1986.2.23①
如何認識和對待小商小販利潤偏大的問題
葉善蓬　《價格月刊》1986 年 1 期
把統戰工作深入到個體經濟領域中去——南京市個體經濟發展狀况綜述
穆奕　《人民政協報》1986.2.14②
對“私人合伙企業”的政策需要研究
李凡　《理論交流》1986 年 7 期
對個體户的幾點認識——關于南京市個體户情況的調查
劉平　《群衆》1986 年 4 期
對個體經濟存在的必然性的再認識
王林昌《武漢大學學報》(社科) 1986 年 2 期
從廣州地區的調查看個體經濟的發展
葉春生等　《技術經濟與管理現代化》1986 年 1 期
青年個體户的發展綜述
張季　《青年研究》1986 年 2 期
加快我省城鄉個體工商業發展步伐
徐天慶　《贛江經濟》1986 年 3 期
試析個體經濟的性質及法律調整
郝際廣　《河北法學》1986 年 2 期
爲了這光彩的事業〔全國新長征突擊手、無錫市個體勞動者協會副主席、江蘇省個體青年標兵嚴大纫〕
季華　《風流一代》1986 年 5 期
論個體經濟的基本特征——股份制和租賃制的經濟屬性分析
許善達　《開發》1986 年 1 期
試論現階段我國的私營經濟
盧嘉瑞　《江海學刊》(經濟社會版) 1986 年 3 期
遼寧省個體經濟發展的概况和幾點建議
張鶴禮等《遼寧經濟》1986 年 5 期
河南省合作個體企業發展新趨勢
範光華　《科學社會主義》1986 年 1 期
八十年代的個體户
朱榮桑　《新觀察》1986 年 10 期
從漢正街小商品市場看發展個體經濟的必要性
楊正文　《中國經濟體制改革》1986 年 4 期
個體經濟的生命力
劉寶昌　《遼寧商專學報》1986 年 2 期

風雨"吃吃看"——天津一個個體餐館的遭遇
武力 《中國青年報》1986.6.11①
維護個體户的合法權益——當前個體勞動者的一個迫切要求
劉國勝 《人民日報》1986.12.28②
"女老板"的得失與苦樂
向明 《婦女生活》1986年12期
私人經濟的發展趨勢及其對策——我國私人經濟發展問題座談會紀要
韓志國 《調研資料》1986年181期
關于個體經濟的幾個問題
楊繼瑞 《福建論壇》(經濟社會版)1986年12期
余杭一家聯户企業被迫宣告破産(附本報評論員:要保護聯户企業和個體企業)
《人民日報》1986.12.21②
個體經濟是社會主義經濟必要的補充
薛暮橋 《中國廣告報》1986.11.14①
個體經濟必須有更大的發展
劉方棫 《中國廣告報》1986.11.18①
個體經濟只適應落后的生産力嗎?
陳軍 《山西財經學院學報》1986年5期
從一個聯購分銷公司看個體經濟聯合體的生命力——對廣州市華達公司的調查分析
馮小寧 《華南師範大學學報》(社科)1986年4期
布達拉宫旁的"西湖風景"——記世界屋脊上的浙江青年個體户金根壽
俞蘇偉 《東方青年》1986年11期
試論加强個體經濟的會計管理
陳大衛 《廣州研究》1986年10期
我國個體經濟方興未艾
劉麗天 《人民日報》(海外版)1986.10.4③
關于建立個體經濟會計的設想(上)
張士元 《遼寧會計》1986年8期
黑龍江省個體工商户條例
《黑龍江日報》1986.10.9③
青年個體户現狀淺談
霍發强 《青年探索》1986年3期
關于建立個體經濟會計的没想
張士元 《會計之友》1986年4期
論私人雇工的性質和前途
汪繼福 《東北師大學報》(哲社)1986年4期
上海私人經濟若干問題探討
陳寶榮等 《社會科學》(上海)1986年9期
論對城鎮個體經濟的宏觀管理
黄學昆 《廣州研究》1986年8期
陜西城鎮個體經濟發展的現狀和導向
李相啓等 《社會學研究》1986年5期
加深對個體經濟地位和作用的認識
張光瑞 《經濟研究參考資料》1986年195期
十三户個體大户的情況調查
省工商局個體處 《河南工商行政管理通訊》1986年7期
對個體企業發展的幾個理論問題的認識
華學忠等 《福建論壇》(經濟社會版)1986年8期
私人企業的存在和發展的必然性
黄季權 《學術論壇》1986年6期
部分個體勞動者高收入的原因分析和對策
程鴻儀 《經濟研究參考資料》1986年176期
個體工商業的作用及發展策略
褚振聲 《財金貿易》1986年12期
積極引導個體經濟健康發展
張光瑞 《中國經濟體制改革》1986年7期
個體户的憂樂與法制觀
張宗厚等 《中國法制報》1986.7.23②
加强引導管理發展個體經濟——上海市個體經濟研討會綜述
夏仲瑞等 《社會科學》(上海)1986年7期
寧端"泥飯碗",不吃"大鍋飯"——訪新增選的全國青聯委員、上海個體修車户虞惠和
陳明 《工人日報》1986.7.10①
一個青年百萬元户的發家史
張季 《青年研究》1986年3期
淺論個體經濟的發展變化及對策
朱慶芳 《經濟研究參考資料》1986年61期
個體工商業户建帳建制勢在必行
戚寧森 《寧夏財會》1986年5期
小議個體經濟的地位及其價格管理
王一林 《價格季刊》1986年1期
我省城鄉個體工商業發展戰略淺談
徐天慶 《江西財經學院學報》1986年1期
從十個"經營大户"看私人企業的發展
吉林省工商局調查組 《河南工商行政管理通訊》1986年2期
試論我國現階段個體經濟的社會主義性質
張洪展 《理論内參》(遼寧)1987年12期
過渡時期天津私營工業的發展與國家資本主義

周祖常 《經濟問題參考資料》(天津)1987 年 10 期
關于我國個體經濟的發展情況和存在的主要問題
《經濟體制改革内部參考》(北京)1987 年 22 期
淺談對私人企業的宏觀控制
王治才 《商業經濟研究》(北京)1987 年 9 期
要正確認識積極扶持個體工商業的發展
常岩文 《吉林社會科學》(吉林)1987 年 9 期
私人企業研討會側議
《北京社聯通訊》(北京)1987 年 5 期
私人企業政策的由來及其要點
《奮斗内部版》(黑龍江)1987 年 15 期
關于河北省私人企業的調查
王振平 《經濟研究參考資料》(北京)1987 年 132 期
我國私人企業問題初探
陳甬滬 喬志毅 《理論探討》(上海)1987 年 2 期
我省個體經濟發展中存在的問題及應采取的對策
《奮斗内部版》(黑龍江)1987 年 11 期
天津市幾家私人企業簡介
牛桂敏 《經濟問題參考資料》(天津)1987 年 8 期
關于私人企業政策的宣傳提綱(上、下)
《經濟參考》1987. 8. 5;1987.8.6
國務院關于發布《城鄉個體工商户管理暫行條例》的通知
《市政工作》(上海)1987 年 26 期
關于私營企業的理論思考
吉林財貿學院 胡岳岷 《經濟參考》1987. 11. 5
對天津市私人企業發展的初步調查及對策思考
孫鴻武 《經濟問題參考資料》(天津)1987 年 8 期
從"傻子瓜子"看個體經濟和私人企業
金庭柏 《理論月刊》1987 年 9 期
正確認識和對待個體經濟
本報評論員 《解放日報》1987.10.20①
對西寧地區回族個體經濟的特點及其社會作用的調查與分析
南文淵等 《青海民族學院學報》(社科) 1987 年 3 期
社會主義初級階段的私營經濟
徐炳文 《内部文稿》1987 年 17 期
城鄉個體工商户管理暫行條例實施細則
《中國工商報》1987.9.15②
繼續鼓勵個體、私營企業發展
本報評論員 《農民日報》1987.9.18①
北京打擊違法經營明令保護合法個體工商户
本刊評論員 《瞭望》(海外版) 1987 年 35 期
夫妻能人〔安徽巢湖市蜂寶營養品廠〕
陳三樂 《瞭望》1987 年 36 期
關于個體經濟問題
任中林 《形勢報告材料》1987 年 6 期
關于管理個體經濟和私營經濟的建議
阿思奇等 《理論教育》1987 年 9 期
顫動的高原——對滲入昆明市場的外省個體户的掃描采訪
《青年與社會》1987 年 9 期
關于《城鄉個體工商户管理暫行條例》的幾點説明
任中林 《工商行政管理》1987 年 17 期
關于廣州市當前個體經濟發展的幾個問題
阮庭方等 《商業經濟文薈》1987 年 4 期
路,靠自己走——記全國先進個體户蔡彩花
程鵑等 《江西日報》1987.9.27②
對河南省私人企業情况的調查
省工商局個體處 《河南工商行政管理通訊》1987 年 8 期
關于我省個體大户高收入情況的調查
河南省工商局辦公室調查組 《河南工商行政管理通訊》1987 年 8 期
商丘地區個體工商業發展情況的調查
高祖耕 《河南工商行政管理通訊》1987 年 8 期
以改革精神支持個體經濟健康發展
曾牧野 《廣東省財貿管理干部學院學報》1987 年 1 期
河南省農村個體經濟和私人企業情況調查
省委政研室、省勞動人事廳等聯合調查組 《河南工商行政管理通訊》1987 年 9 期
我國私人企業的發展與對策初探
潘達然等 《財經研究》1987 年 10 期
個體勞動者的心理狀態——長沙市個體勞動者的調查
周坤如等 《學習導報》1987 年 11 期
個體勞動者的意識與行爲
牟劍閩 《瞭望》(海外版) 1987 年 43 期
對個體經濟幾個問題的再認識
陳學工等 《商業經濟文薈》1987 年 5 期
沙市市個體經濟發展情况調查
劉俊等 《改革與戰略》1987 年 5 期
應允許并鼓勵發展民族地區個體經濟
吴育頻 《貴州民族研究》1987 年 4 期
素質要提高,環境要寬松——對河北省部分私營企業的調查
馬涓等 《中國工商報》1987.12.22②
鼓勵個體經濟發展是一個長期而穩定的方針

本刊記者　《瞭望》(海外版）1987 年 49 期
私營經濟的再崛起——我國個體經營者現狀調查之一
胡國華等　《瞭望》1987 年 48 期
不容忽視的作用及影響——我國個體經營者現狀調查之二
胡國華等　《瞭望》1987 年 49 期
謀生路上的喜和憂——我國個體經營者現狀調查之三
胡國華等　《瞭望》1987 年 50 期
進一步認識個體經濟和個體勞動者
崔光華　《河南工商行政管理通訊》1987 年 7 期
關于劃分個體經濟與集體經濟政策界限的調查報告
省工商局個體處　《河南工商行政管理通訊》1987 年 7 期
試論我國私人企業的存在條件及其早期節制
程鴻儀　《銀行與企業》1987 年 5 期
萎縮乎？發展乎？——專業户的興衰與聯合體的分合調查
孫日泰等　《人民日報》1987.6.8②
現階段個體大户的净收入構成淺析
樊建川　《争鳴》1987 年 3 期
個體工商户的管理需要改進和加强——楚雄市鹿城個體工商户情況調查研究
李仕　《經濟問題探索》1987 年 12 期
論社會主義初級階段私營經濟的非勞動收入
肖芳和　《探索》(四川)1987 年 6 期
我國現階段私人企業性質析
朱樟坤　《浙江師範大學學報》(哲社）1987 年專輯
保障和促進個體經濟健康發展
本報評論員　《人民日報》1987.8.19①
城鄉個體工商户管理暫行條例(一九八七年八月）
《人民日報》1987.8.19②
從英文新聞碩士到“業主”
馬曉濱　《中外婦女》1987 年 8 期
對私人企業一些問題的初步設想
邢建華　《工商行政管理》1987 年 14 期
淺談南京市城鄉個體工商業發展的特點和管理問題
成瀟　《江蘇商論》1987 年 5 期
個體經濟作用新探
王林昌　《武漢大學學報》(社科）1987 年 4 期
個體户們的街
曹復　《新觀察》1987 年 11 期
遼寧省的私人企業
遼寧省工商局調查組　《工商行政管理》1987 年 11 期
關于個體經濟問題
任中林　《工商行政管理》1987 年 13 期
社會主義經濟必要的有益的補充——南京市個體工商業户的調查
朱新華　《新華日報》1987.7.5②
紅與黑——個體户的顔色差——先富者種種之一
戴玉慶　《人民日報》1987.5.17②
坐最后一排木椅的個體户——先富者種種之二
戴玉慶　《人民日報》1987.5.22②
四十億元引來的思考——先富者種種之三
戴玉慶　《人民日報》1987.5.23②
個體工商業的地位作用及其發展中的幾個問題
卞誠達等　《河南工商行政管理通訊》1987 年 12 期
個體勞動者的豐采
胡邦秀　《新觀察》1987 年 4 期
1986 年關于個體經濟和雇工問題討論觀點綜述
王宛玲　《争鳴》1987 年 2 期
個體經濟作用的變化——長春市城鎮個體經濟調查
李斌等　《經濟研究》1987 年 3 期
談個體經濟問題
中共尚志縣委辦公室　《農村發展研究》1987 年 4 期
我國私人經濟初探
陳國興　《上海金融》1987 年 4 期
對雇工經營大户問題的探討
谷春林　《學術交流》1987 年 1 期
鼓樓區個體青年狀況的調查分析
張志榮　《青年研究》1987 年 1 期
從毁譽參半到刮目相看——南京市鎖金村地區對個體户綜合管理的報告
姚曉東等　《新華日報》1987.3.31①
對沈陽市個體經濟發展情況的調查
何建章等　《經濟研究資料》1987 年 1 期
關于個體工商户建帳的幾個問題
張以寬　《財務與會計》1987 年 1 期
關于私人雇工企業的性質和發展方向問題
張大簡　《經濟縱横》1987 年 1 期
加强個體户管理刻不容緩——杭州上城區個體户情况調查
周偉新　《浙江法學》1987 年 1 期
試論加强個體經濟的財務會計管理——廣州市個體經濟管理談
陳大衛　《財政研究資料》1987 年 2 期
對私人經濟的發展趨勢及其對策的研究和探討

震雯　《中國鄉鎮企業報》1987.1.2③
試論我國現階段個體經濟的社會主義性質
張洪殿　《理論內參》(遼寧)1987年12期
我國私人企業的現狀及其對策探討
吕舟洋　《經濟研究資料》1987年1期
對天津市私人企業發展的初步調查與對策思考
孫鴻武 雷保中　《天津社會科學》(社科版)1987年5期
我國私人企業的發展與對策初探
潘達然 薛鐵肩　《財經研究》(上海)1987年10期
我國現階段個體經濟性質的探討
彭坤明　《河南大學學報》(哲社版)1987年6期
對私人雇工企業應采取的方針
張大簡　《經濟學動態》1987年3期
浙江城鄉個體工商户逾70萬
林楠　《人民日報》1987.2.4①
他贏得人們的信任和尊重——記"白水羊頭"個體户經理李慶芝
彭玲　《人民政協報》1987.2.13②
關于我國個體經濟的發展情況和存在的主要問題
《經濟體制改革內部參考》(北京)1987年22期
個體經濟存在的客觀必然性
劉希舉　《經濟學周報》1987.4.26
農民個體經濟新論
許經勇　《馬克思主義研究》1987年2期
淺談對私人企業的宏觀控制
王治才　《商業經濟研究》(北京)1987年9期
京都十萬個體户
鐘聲　《追求》1987年1期
活躍的"巴扎"〔新疆南部的個體工商户〕
孟馳北　《新觀察》1987年7期
對我國私人企業收入分配問題的探討——社會主義初級階段問題研究
周光福　《玉林師專學報》(社科) 1987年4期
對發展私人經濟的幾點看法
曉亮　《經濟理論與經濟管理》(北京)1988年5期
私人經濟的概念、地位和發展趨勢
曉亮　《江西社會科學》(南昌)1988年5期
我國現階段私營經濟的性質及發展前途
楊明光　《争鳴》(南昌)1988年5期
關于我國現階段私營企業發展的理論分析
張森福　《中國農村經濟》(北京)1988年10期
"重建個人所有制"與社會主義股份制
王自力　《經濟科學》(北京)1988年5期
建立從承包制到股份制的引渡機制
肖林森　《經濟科學》(北京)1988年5期
我國社會主義初級階段經濟成分與所有制形式的探索
佐牧　《經濟研究參考資料》(北京)1988年134期
社會主義初級階段的私營經濟
袁恩楨 顧光青　《學術月刊》(上海)1988年10期
對公有制的重新定義
王定坤 王元京　《財經問題研究》(大連)1988年12期
我國私營經濟的現狀
張厚義 秦少相　《中國農村經濟》(北京)1988年12期
改革、發展與私營經濟
王宇　胡建生《經濟科學》(北京)1988年5期
研究私營經濟的幾個基本理論問題
華學忠　《福建論壇·經社版》1988年11期
論私營經濟的性質、作用和加快發展的對策:遼寧省私營企業調查
邵長權　《經濟研究參考資料》(北京)1988年125期
關于私營經濟發展的幾個問題
薛揀民　《經濟問題》(太原)1988年9期
試論社會主義初級階段的個體經濟
楊茁　《求是學刊》(哈爾濱)1988年6期
對私營經濟若干問題的評述
劉文璞 張厚義　《農村經濟與社會》(北京)1988年6期
對我國現階段私營經濟的幾點認識
馬富林　《吉林財政研究》(長春)1988年11期
試論我國社會主義初級階段私營經濟的產生和發展
侯志遠　《徐州師範學院學報》(哲社版)1988年4期
淺談私營經濟收入及其調節
趙偉　《吉林財政研究》(長春)1988年12期
社會主義初級階段私人企業若干問題的探討
張逢林　《經濟問題探索》(昆明)1988年10期
對50個私營企業1987年經營狀況的調查綜述
王鐵峰　《經濟研究參考資料》1988年149期
我國個體經濟的發展與管理
《文稿與資料》1988年7－8期
充分利用各種優勢鼓勵私營企業發展
胡傳干　《工商行政管理》1988年10期
關于我國現階段私營企業發展的理論分析
張森福　《中國農村經濟》1988年10期
如何看待非公有制經濟——對温州地區私人企業及雇工情況的調查
韓桂蓉　《青海民族學院學報》(社科) 1988年4期
對私營企業問題的一些思考

徐裕發 《江西師範大學學報》(哲社) 1988 年 3 期
研究私營經濟的幾個基本理論問題
華學忠 《福建論壇》(經濟社會版) 1988 年 11 期
談談私營經濟的性質、地位和作用
張素芳 《內部文稿》1988 年 20 期
現階段私人經營的特點、特性及其發展對策
張偉超 《湖南師範大學社會科學學報》1988 年 17 卷 5 期
一萬多個體工商户爲何歇業
岳陽市委政策研究室《社會》1988 年 10 期
私人企業逐步股份化初探
邊衛東 《探索與争鳴》1988 年 5 期
上海要不要鼓勵私營經濟發展？一説會削弱公有制經濟地位，一説對繁榮經濟有積極作用
舒永保等 《解放日報》1988.11.28⑤
試論私營企業之剥削——也談生產力標準
陽芳華 《工商行政管理》1988 年 21 期
成功、走向與不足——對廣州市個體經營者的調查分析
廣遠 《廣州研究》1988 年 9 期
上海個體經濟的現狀與發展
張文蔚 《社會》1988 年 11 期
對個體經濟的認識急待深化——從對個體經濟的"脱序"心理談起
管益忻 《北京社會科學》1988 年 3 期
對雇工經營的辯證思考
李賢海 《贛南師範學院學報》(哲社) 1988 年 3 期
沈陽市私營企業在健康發展
謝軍 《沈陽統計》1988 年 5 期
近期私營經濟研討進展
田夫 《社會科學參考》1988 年 22 期
轉變觀念，完善政策，促進發展——沈陽市個體經濟調查
王岳東 《社會科學輯刊》1988 年 5 期
對社會主義初級階段私營經濟的再認識
謝世榮等 《中國工業經濟研究》1988 年 6 期
發展私營經濟需要進一步解決的幾個問題
方大浩等 《中國工業經濟研究》1988 年 6 期
試論社會主義初級階段的個體經濟
楊茁 《求是學刊》1988 年 6 期
個體和私營經濟的現狀與對策——平遥縣的調查
張子信 《農村發展探索》1988 年 5 期
蘭州城市個體經濟的發展與城市開發
劉清廉 《西北史地》1988 年 3 期
重慶私有經濟調查
有成等 《改革》1988 年 6 期
私營企業社會地位芻議
陳甬滬 《社會》1988 年 12 期
雲南私營經濟發展研究
趙俊臣 《雲南社會科學》1988 年 6 期
對河北省 50 個私營企業經營狀況的調查
河北省委農村政策研究室私營經濟課題組 《工業經濟管理叢刊》1988 年 11 期
河南省私人企業停産倒閉情況的初步調查
河南省農經委農村政策研究室 《工業經濟管理叢刊》1988 年 11 期
對沈陽市個體經濟和私營經濟的調查與思考
沈陽市統計局 《勞動與人事》1988 年 6 期
對私營企業發展中幾個問題的調查
王小悟等 《决策與信息》1988 年 11 期
生產力標準與我國現階段的私營經濟
林峰 《承德師專學報》(社科) 1988 年 3 期
對社會主義初級階段私營經濟的認識
高寶楨 《福州大學學報》(社科) 1988 年 2 卷 2 期
黑龍江省發展城鄉個體經濟和私營經濟暫行規定
《黑龍江日報》1988.12.11②
私人企業中存在剥削嗎？
闞柏春 《遼寧商專學報》1988 年 3 期
私營企業調查
唐有功等 《調查與建議》1988 年 9 期
我國現階段私營經濟的性質及發展前途
楊明光 《争鳴》1988 年 5 期
私營企業主階層在中國的崛起和發展
賈鋌等 《政治學研究》1988 年 5 期
沈陽私營經濟考察
何建章等 《改革》1988 年 1 期
私營經濟的性質及其收入調節
王樹林 《改革》1988 年 1 期
關于私人企業若干問題的探討
潘作棣等 《農業經濟問題》1988 年 1 期
從無序到有序——福建省長樂縣私營企業發展的調查
陳建華 《中國經濟問題》1988 年 5 期
關于私營經濟中勞動關系問題的思考
梁寶柱等 《經濟研究資料》1988 年 9 期
論私營經濟的性質、作用和加快發展的對策——遼寧省私營企業調查
邵長權 《經濟研究參考資料》1988 年 125 期
廣東省個體、私營經濟發展"三來一補"業務情況

劉先焱 《工商行政管理》1988 年 17 期
變化・趨勢・探索——黑龍江省個體工商户發展情況
李俊山 《工商行政管理》1988 年 17 期
甘國屏副局長在全國個體、私營經濟管理工作會議上的講話
《工商行政管理》1988 年 18 期
任中林局長談私營經濟政策問題
《工商行政管理》1988 年 16 期
對私營經濟若干理論問題的探討
劉恒飛 《齊齊哈爾師範學院學報》1988 年 5 期
分析形勢，完善措施，推動市場建設和個體、私營經濟的發展
高文 《工商行政管理》1988 年 19 期
現狀・問題・趨勢——浙江省温州、臺州地區私營經濟考察
上海社會科學院《社會主義初級階段私營經濟研究》課題組 《上海經濟研究》1988 年 5 期
略談私營企業雇工人數的最低限量
方耀强 《江漢大學學報》(社科) 1988 年 3 期
我省個體經濟應有更大發展
李庭桂《貴州日報》1988.10.10③
深化改革、促進新疆城鎮集體經濟發展
畢蔗亭等 《新疆經濟研究》1988 年 5 卷
私營經濟發展探源
芮湘月等 《寧夏社會科學》1988 年 5 期
試論我國社會主義初級階段的私營經濟
田文 《寧夏大學學報》(社科) 1988 年 3 期
論私人經濟
林子力 《經濟研究參考資料》1988 年 198 期
對我國現階段私營經濟的再認識
丁湘 《揚州師院學報》(社科) 1988 年 4 期
對雇工經營過高收入調節的選擇
宋玉學 《大慶社會科學》1988 年 4 期
對社會主義初級階段私營經濟的再認識——關于江蘇省私營企業現狀的分析研究
王桂德等 《江蘇商專學報》1988 年 4 期
關于私營企業的調查研究報告
肖方揚 《江淮論壇》1988 年 6 期
發展私有經濟撞擊青海經濟社會的發展
魯繼宗等 《青海財會》1988 年 6 期
我國社會主義初級階段的私營經濟
郭玉祥 《淮北煤炭師院學報》(社科) 1988 年 2—3 期
關于社會主義初級階段私人雇工的幾個問題
張曉芝 《漢中師院學報》(哲社) 1988 年 4 期
個體户的金錢觀——都市生活素描之三
孟曉雲 《人民日報》1988.5.11②
私人企業産銷中應該注意的若干問題
彭文勇 《中國合作經濟報》1988.5.18③
論勞動者個人企業在現階段原始積累中的地位和作用
季建林 《社會科學評論》1988 年 3 期
對私營經濟應當實行鼓勵與管理并舉、興利與抑弊并重的方針
中共張家口市委政研室 《經濟管理》1988 年 5 期
北京城鎮個體户收入的情況、問題和建議
李豫等 《經濟研究資料》1988 年 7 期
我們對私營經濟應有的認識
曉亮 《經濟研究參考資料》(北京)1988 年 76 期
如何看待我國現階段的私營經濟
方恭温 《經濟研究參考資料》(北京)1988 年 76 期
對公有經濟的離散——私有化的思考
忠東 《經濟研究參考資料》(北京)1988 年 76 期
對私營商業采取的政策
萬典武 《經濟研究參考資料》(北京)1988 年 76 期
有限度地發展私營企業
張路雄 《經濟研究參考資料》(北京)1988 年 76 期
對私營經濟的政治待遇也要一碗水端平
劉吕昌 《内部文稿》(北京)1988 年 13 期
私營經濟中的勞動是商品
劉先和 《貴州社科通訊》(貴州)1988 年 7 期
試析天津市私營企業的現狀、問題及設想
張紹旭 孫增民 《天津市管理干部學院》(天津)1988 年 3 期
我市農村私人企業現狀調查
《江西計劃經濟研究》(江西)1988 年 3 期
對私人企業標準的幾點認識
曹志才 《鞍山經濟研究》(遼寧)1988 年 2 期
個體經濟私營經濟是一支相當活躍的經濟力量
《調研資料》(北京)1988 年 32 期
温州市私人企業現狀發展趨勢及對策
劉愛芬 《經濟研究參考資料》(北京)1988 年 57 期
關于私營企業的劃分標準問題
梁傳運 《經濟研究參考資料》(北京)1988 年 76 期
重新認識個體經營
陳夏新 《經濟與管理研究》1988 年 2 期
發展商品經濟一支不可忽視的力量——對我市部分私營企業的調查 錦州市工商局調查組 《工商行政管理

研究》1988 年 4 期
個體經濟的再認識
焦興國等　《福建論壇》(經濟社會版) 1988 年 5 期
"大老板"爲何想關門——訪私營企業南鋼金屬結構加工廠經營者張發剛
莫正朝　《江西日報》1988.5.14①
社會主義初級階段私營經濟的基本特征
張桓　《廣西大學學報》(哲社) 1988 年 1 期
論私營經濟
方明　《廣西商專學報》1988 年 1 期
試論私營經濟
唐順奇　《貴州社會科學》(經濟社會) 1988 年 5 期
鼓勵引導和保護私營經濟健康發展
本報評論員　《中國工商報》1988.6.30①
濰坊市濰城區個體經濟和私營經濟狀況的調查
山東社科院社會學所與中共濰城區委宣傳部聯合調查組　《文稿與資料》1988 年 4 期
我國個體經濟的發展與管理
王占鰲　《經濟學動態》1988 年 6 期
發展私營經濟的幾點思考
王繼昌　《調研資料》1988 年 38 期
阜陽地區私營經濟發展的問題與决策
高復初　《農業經濟問題》1988 年 4 期
談社會主義初級階段私營經營的性質
張鳳雲　《齊齊哈爾師範學院學報》1988 年 8 期
略論我國現階段私營經濟存在和發展的必要性
宋輝　《安徽教育學院學報》(社科) 1988 年 2 期
略論我國現階段私營經濟的性質
戴震雷　《安徽大學學報》(哲社) 1988 年 2 期
淺議現階段私營經濟發生、發展的邏輯
陳克昂　《福建論壇》(經濟社會版) 1988 年 6 期
關于私人企業若干問題的探討
潘作棣等　《南方農村》1988 年 1 期
私營經濟:個體經濟發展的第三條道路
李國榮　《財經研究》1988 年 7 期
社會主義初級階段的私營經濟
王德東　《臨沂師專學報》(社科) 1988 年 2 期
私營經濟性質探討
彭金官　《華東師範大學學報》(哲社) 1988 年 3 期
論我國現階段私人經濟的性質和作用
徐創鳳　《蘭州大學學報》(社科) 1988 年 16 卷 2 期
正確認識我國現階段的私營經濟
曹天玷　《商業經濟與管理》1988 年 1 期
私營經濟性質淺探
鄭紹堯　《學習導報》(長沙)1988.1.24
沈陽私營經濟考查
何建章　朱慶芳《改革》(重慶)1988 年 1 期
怎樣看待私營經濟
關夢覺　《經濟縱横》(長春) 1988 年 1 期
對私營經濟的幾點認識
宋方敏　《江海學刊》(南京) 1988 年 2 期
論我國現階段私人資本主義所有制
王克忠 李國榮　《經濟問題探索》(昆明) 1988 年 3 期
加强對私營經濟的宏觀管理
管懷鎏　《經濟問題》(太原) 1988 年 4 期
論社會主義初級階段的私營經濟
李乘龍　《經濟縱横》(長春)1988 年 5 期
略論我國現階段私營經濟的性質
戴震雷　《安徽大學學報》1988 年 2 期
私營經濟在二元結構中的作用
楊承訓 唐有功　《社會科學戰綫》(長春)1988 年 3 期
論我國私營企業性質和特征
王峻岩　《經濟與法》(沈陽) 1988 年 6 期
私營經濟性質探討
彭金寶　《華東師範大學學報》(哲社版)(上海) 1988 年 3 期
我國現階段私營經濟探討
王敏　《改革與戰略》(南寧) 1988 年 3 期
對私營經濟與剥削問題的一點認識
李緒藹　《中國經濟問題》(厦門)1988 年 3 期
關于社會主義條件下私營經濟發展的再思考
劉朝　《經濟研究參考資料》1988 年 107 期
私營企業行爲目標的系統考察
張厚義 秦少相　《中國經濟體制改革》1988 年 9 期
關于私營經濟的思考
王大爲　《内蒙古社會科學》(經濟社會版) 1988 年 4 期
論證社會主義初級階段的私營經濟
徐永江　《北方論叢》(哈爾濱)1988 年 5 期
私營經濟的特點、發展趨勢及對策初探
徐紹義　《農業經濟問題》1988 年 8 期
發展私營經濟與個體經濟的幾個理論問題
楊堯忠　《貴州社會科學》(經濟社會) 1988 年 7 期
"蘇南模式"中的私營經濟——無錫市私營經濟的調查與思考
須儉等　《理論月刊》1988 年 6 期
社會主義初級階段的私營經濟初探

徐曉先 《經濟科學》1988 年 3 期
試論我國個體經濟的發展與管理
王占鰲 《財經研究》1988 年 7 期
現實與選擇——貴州個體經濟的發展與對策思路
翟力平 《貴州財經學院學報》1988 年 2 期
社會主義初級階段的私營經濟:性質,內容及其發展前景
李曉 《社會科學季刊》1988 年 4 期
我國個體經濟新特點初探
朱家煌 《探索》1988 年 3 期
爲私營企業穩定、健康地發展創造良好的社會經濟環境
中國社科院私營經濟研究組 《農業經濟情况》1988 年 3 期
促進私營企業健康發展的若干問題——18 省市 130 個私營企業實證分析
劉小京 《農業經濟情况》1988 年 3 期
社會主義初級階段私營經濟性質淺見
彭次陽 《中州學刊》1988 年 4 期
論我國私人企業的動力機制
陳樺 《福建論壇》(經濟社會版) 1988 年 8 期
沉浮于肯定與否定之間——城市個體經營者階層特征透視
徐斌等 《浙江學刊》1988 年 4 期
我國個體經濟發展的新趨向
楊若霞 《中國工商報》1988.4.25
對重慶市私人企業的調查
楊洪 《經濟問題探索》1988 年 3 期
從柳林市場看上海個體經濟的發展
吴永甫 《上海經濟》1988 年 2 期
上海個體經濟發展的成就、問題及管理意見
吕忠鶴 《上海經濟》1988 年 2 期
對私營經濟的幾點認識
宋方敏 《江海學刊》1988 年 2 期
湖北省私人企業發展狀况及其管理的探討
鄭延 《湖北社會科學》1988 年 2 期
試析"集體"名義下的私人企業
張金江 《重慶社會科學》1988 年 1 期
我國現階段私營經濟問題討論綜述
李成龍 《城鎮經濟研究》(黑龍江)1988 年 6 期
淺談私營經濟收入及其調節
趙偉 《吉林財政研究》(吉林)1988 年 12 期
對私營經濟再發展的思考
楊治國 李震東 《晋中論壇》(山西)1988 年 5 期
論私人經濟(初稿)
林子力 《經濟研究參考資料》(北京)1988 年 198 期
私營企業發展的現狀與面臨的問題
程湘清 李伯鈞 《經濟研究參考資料》(北京)1988 年 6 期
對百家農村私營企業調查的初步分析
《經濟研究參考資料》(北京)1988 年 6 期
試論我國個體經濟的管理
王占鰲 《商業理論與實踐》(湖北)1988 年 5 期
改革與個體經濟
吴存壽 《社會科學情報資料》(廣東)1988 年 5 期
個體户與私營經濟的境遇
《學習研究參考資料》(雲南)1988 年 30 期
發展個體經濟和私營經濟再議
何高什 《農村發展探索》(北京)1988 年 5 期
論我省的私營經濟
吴信東 劉源 《學習研究參考資料》(雲南)1988 年 21 期
論私人勞動社會等同性的轉化形態抽象勞動
郭壽玉 《經濟研究參考資料》(北京)1988 年 103 期
私營經濟三題
袁恩楨 顧光青 《文匯報》1988. 8. 25
私營經濟在當代中國
中國社會科學院農村發展研究所 張厚義 秦少相 《經濟參考》1988.11.14
私營企業——崛起的經濟新軍
周俊祥 《經濟參考》1988. 10. 28
私營經濟在中國
齊名 《中國青年報》1988. 5. 12
淺談私營經濟存在和發展的必然性
羅月英 《華聲報》1988. 3. 29
鼓勵和扶持私營經濟的發展
國家工商行政管理局局長 任中林 《中國工商報》1988. 6. 20
要用新觀念認識今天我國的私營經濟——著名經濟學家薛暮橋答本報記者問
胡邦秀 《中國工商報》1988. 4. 14
發展私營經濟的幾點思考
王繼昌《調研資料》(北京)1988 年 36 期
私營經濟性質及其收入調節
王樹林 《改革》1988 年 1 期
我國私營經濟的性質和特點
杜一 《經濟學周報》1988. 2. 14
論私營經濟的性質、作用和加快發展的對策
邵長權 《理論與實踐》(遼寧) 1988 年 3 期

我國現階段的私營經濟
方恭温　《經濟學周報》1988.3.27
現階段私人經濟雇工性質問題探討
吴江　《西北師院學報》1988 年 1 期
中華人民共和國私營企業暫行條例
《市政工作》(上海)1988 年 21 期
在共同占有的基礎上新建立個人所有制
錢雲洲　《貴州社科通訊》(貴州)1988 年 9 期
對五十年代私營企業調查統計的回顧
江新明　《上海統計》(上海)1988 年 10 期
吉林個體企業"靠挂"問題嚴重
《農村實況》(北京)1988 年 75 期
私營經濟性質淺析
程益宗　《理論學習》(雲南)1988 年 4 期
我國個體經濟和私營經濟述評
《教育資料》(遼寧)1988 年 12 期
把私營經濟放在商品經濟的大環境中來研究
《教育研究》(遼寧)1988 年 12 期
現階段私營經濟需要相應的税收政策
財政部税務總局　易運和　《經濟參考》1988.4.1
試論私人企業
伍再陽　《北京社會科學》1988 年 2 期
中國現階段私營經濟簡論
胡岳岷　《社會科學戰綫》1988 年 3 期
私營企業的特征及其法律地位
王保樹　《光明日報》1988.5.17
江西省人民政府發布江西省加快發展城鄉個體工商户和私營企業的暫行規定
《江西日報》1988.8.15②
對現階段農村私營企業性質的反思
郭家　《江西農業經濟》1988 年 4 期
户辦企業和發展農村生產力——温州、阜陽農村户辦企業的調查思考
駱焉名　《福建師範大學學報》(哲社) 1988 年 3 期
農村私營企業發展的特點及引導思路
張厚義等　《經濟研究參考資料》1988 年 95 期
憲法關注着私營企業的命運
本報記者　潘崗 戴玉慶　《人民日報》1988.3.30
私營企業的管理問題
徐衛星　《行業發展與管理》1988 年 10 期
私營經濟發展將逐步納入法制軌道
郭招金　《團結報》1988.4.2
綜述:中國理論界探討私營經濟
孟憲民　《新華社新聞稿》1988.6.16
大陸私營企業方興未艾
周俊祥　《瞭望》1988 年 43 期
所有制結構的整體功能與個體經濟的發展
彭坤明　《江蘇教育學院學報》(社科)1988 年 4 期
鼓勵引導私營企業健康發展
本報評論員　《人民日報》1988.6.29
社會主義需要私有制嗎?
忠東　《廣州研究》1988 年 5 期
淺析私人企業收入的初次分配和再分配
張逢林　《學術論壇》1988 年 3 期
個體經濟發展的第三條道路
李國榮　《財經研究》1988 年 7 期
試論我國個體經濟的發展與管理
王占鰲　《財經研究》1988 年 7 期
關于私營經濟的幾個理論問題
曉亮　《天津社會科學》1988 年 4 期
私營經濟作用問題初探
查振祥 李麗娟　《世界經濟導報》1988.8.29
私營經濟在二元結構中的作用
楊承訓 唐有功　《社會科學戰綫》1988 年 3 期
中國現階段私營經濟簡論
胡岳岷　《社會科學戰綫》1988 年 3 期
從生產力標準看私營經濟的存在和發展
王智慧等　《南都學壇》(社科)1989 年 9 卷 2 期
論當前私營企業的發展
龔汝績　《重慶社會科學》1989 年 1 期
温州試驗區私人企業勞動關系初探
林國堯等　《中國勞動科學》1989 年 3 期
私營企業的幾個問題
陳雙喜　《財經問題研究》(大連)1989 年 2 期
私營企業理論研討會側記
黄駿 鄒繼寧　《國内外經濟管理》(成都)1989 年 1 期
加强對個體經濟的監督管理已刻不容緩——西寧市個體經濟税負情況調查
王恩清　《青海日報》1989.8.28②
佛山市個體經濟發展的特點初探
方繼順　《佛山大學、佛山師專學報》(社科) 1989 年 7 卷 3 期
發展私營經濟芻議
王敏君　《牡丹江師院學報》(哲社) 1989 年 2 期
上海市私營經濟的特點及發展趨勢
《企業管理參考》1989 年 26 期

私營經濟管見
興宇 《江西社會科學》1989 年 4 期
更新觀念,推動私營經濟發展
程爲實 《財經理論與實踐》1989 年 4 期
個體户到底賺多少錢——北京城鄉個體户收入采訪録
夏俊生等 《人民日報》1989.7.23⑤
論私營經濟在我國現階段的性質和作用
孫代堯 《經濟科學》1989 年 3 期
私營經濟是社會主義初級階段的重要經濟形式
張澤淵 《四川教育學院學報》1989 年 2 期
對我區部分地州市私營企業的調查及對策建議
牛敬芳 《新疆財經》1989 年 3 期
私營經濟與階級結構的新變化
曉亮 《求索》1989 年 3 期
江西私營經濟的現狀及發展對策
全若谷 《當代財經》1989 年 6 期
關于私營企業與外商合作的思考
陳金柏 《福建對外經貿》1989 年 5 期
我國現階段私營經濟調查研究報告
王克忠等 《經濟研究資料》1989 年 11－13 期
充分發揮私營經濟積極作用,做好私營經濟統戰工作
李育安 《鄭州大學學報》(哲社) 1989 年 3 期
怎樣看待我國目前的私人經濟
王建中 《經濟日報》1989.7.29②
私營企業:現狀、特點與未來——全國私營企業調查綜述
黄德均 《南開經濟研究》1989 年 3 期
發展個體經濟是興黔富民的重要途徑
蒙啓釗 《貴州社科通訊》1989 年 5 期
個體户“發財”探秘
《人民日報》1989.9.2⑥
國務院决定加强個體工商户私營企業税收征管工作,對采取偷税漏税等手段牟取暴利者將依法嚴厲制裁
《人民日報》1989.9.3①
我省個體經濟和私營企業發展的情况和對策建議
原廷玉等 《農村發展探索》1989 年 2 期
談談温州的私人經濟
董朝才 《經濟社會體制比較》1989 年 3 期
對我國現階段私營經濟性質的探討
萬有志等 《同濟醫科大學學報》(社科) 1989 年 2 卷 1 期
正確認識我國社會主義初級階段的私營經濟
梁伯群 《廣東教育學院學報》(社科) 1989 年 2 期
社會主義初級階段的私營經濟
霍慶先 《黑河學刊》1989 年 1 期
在自然經濟向商品經濟轉化的大背景中研究私營經濟
姜化莫 《社會科學戰綫》1989 年 1 期
對加强我國私有經濟管理的一些看法
李華淑 《上海師範大學學報》(哲社)1989 年 1 期
我國私營經濟重新出現的條件、特點和性質
宋光華等 《鄭州大學學報》(哲社)1989 年 1 期
北京市個體工商户、私營企業雇工勞動管理暫行辦法
《北京日報》1989.4.16
廣州對個體户加强思想政治工作
《人民日報》1989.12.30
貴州個體經濟回升
《人民日報》1989.12.9
關于農村私營經濟發展的理論分析
劉文璞等 《中國社會科學》1989 年 6 期
莫把完善當收口——我省當前個體經濟探析
尹華等 《吉林日報》1989.12.21
關于我國現階段私人經濟的幾個問題
羅河 《深圳大學學報》(人文社科)1989 年 3 期
治理整頓中的私營經濟
李天章等 《河南大學學報》(哲社)1989 年 6 期
湖南省常德市黨員雇工問題調查
葉培明等 《内部文稿》1989 年 23 期
個體私營經濟發展引起的思索
秦少相 《中國經濟體制改革》1989 年 11 期
對個體户手持現金問題的調查分析及管理對策
李高樓等 《經濟研究參考資料》1989 年 163 期
略論個體經濟發展中的不規則行爲
倪建新等 《社會主義研究》1989 年 6 期
廣東省個體、私營經濟情况
廣東省人民政府辦公廳調研室 《經濟研究參考資料》1989 年 181 期
關于我國個體、私營經濟的現狀、問題及對策研究
武樹幟等 《經濟研究參考資料》1989 年 181 期
盡快把個體經濟和私營經濟納入法制軌道——保定市個體(私營)經濟調查
中共保定市委研究室 《經濟管理》1989 年 12 期
私營企業利潤流向分析
季建林等 《中青年經濟論壇》1989 年 4 期
現階段我國私營經濟的運行和調節
李志高 《中青年經濟論壇》1989 年 4 期
個體户及其喜怒哀樂
《時代》1989 年 9 期

試論社會主義初級階段的私營經濟
李玉章等 《内蒙古民族師院學報》(社科) 1989 年 3 期
天津市私人企業情況調查
李連進等 《工業經濟管理叢刊》1989 年 2 期
要繼續鼓勵私營經濟的發展
高文 《工商行政管理》1989 年 15 期
新的課題:治理整頓中的個體經濟管理
陳明 《經濟工作通訊》1989 年 16 期
加强對私營經濟的引導——對 30 家私營企業的調查分析
範會昌 《工商行政管理》1989 年 6 期
試論當前城鄉合作經濟的性質——兼談與集體、個體和私營的區别
陶洪猷 《集體工業經濟》1989 年 1 期
我國社會主義初級階段私營經濟的性質
袁雲濤 《陜西師大學報》(哲社) 1989 年 1 期
私營經濟是社會主義經濟的重要補充——秦皇島市 100 户私營企業的調查的思考
顧二熊 《河北學刊》1989 年 1 期
私營企業發展狀況與法律保護
邱學堯 《現代法學》1989 年 1 期
對百家農村私營企業調查的初步分析
中共中央農村政策研究室等 《農業經濟問題》1989 年 2 期
私營企業發展的現狀與面臨的問題
程湘清等 《經濟研究參考資料》1989 年 6 期
論私營企業的性質、特征和法律地位
王峻岩等 《法學研究》1989 年 1 期
刺激新疆投資總量與資産存量擴張的新思路——新疆發展私營經濟的對策
張衛江 《新疆財經》1989 年 1 期
我國個體經濟發展的十年
王忠明 《中國工商報》1989. 3. 20
私營經濟是否永遠姓"私",其"補充"地位可否超越——温州私有制經濟初探
李雲河 《浙江法學》1989 年 1 期
關于私營經濟若干問題的探討
秦少相 《中國經濟體制改革》1989 年 1 期
關于奉賢個體户收入情况的調查
周兆熊等 《財經研究》1989 年 11 期
試論我國現階段私營企業的動力機制
孟範昆 《福建師範大學學報》(哲守)1989 年 4 期
治理整頓個體私營經濟勢在必行
王再山 《經濟與管理研究》1989 年 5 期
小荷才露尖尖角——河南南陽地區私營企業調查
李喜全等 《經濟與管理研究》1989 年 5 期
常德市私營經濟的調查與研究
石成林 《社會學與現代化》1989 年 3 期
正確認識和對待我國目前的私營企業
周敬飛 《山西師大學報》(社科)1989 年 4 期
桂林市個體經濟現狀及發展趨勢
莫尉天 《科學社會主義研究》1989 年 10 期
對我國現階段私營企業運行市場的透視
孟範昆 《當代財經》1989 年 10 期
收縮乎?發展乎?——對個體、私營經濟的再認識
方新等 《半月談》1989 年 20 期
正視來自個體户的冲擊——上海提出的問題及相應對策
陳毛弟等 《人民日報》1989.11.2
我國私營經濟重新出現的條件、特點和性質
宋光華肖延方 《鄭州大學學報》(哲社版)1989 年 1 期
關于發展我國個體經濟和私營經濟的戰略與對策
白欽先 《山西財經學院學報》(太原)1989 年 1 期
對"補充論"的再認識
石成林 《農業經濟問題》(北京)1989 年 2 期
私營企業發展面臨的主要問題
程湘清 李伯鈞 《農業經濟問題》(北京)1989 年 2 期
一家興旺的私營企業
株洲市體改辦《體改信息》(重慶)1989 年 3 期
個體、私營經濟的現狀與前瞻
國家工商行政管理局個體私營經濟司 王忠明 《人民日報》(海外版) 1989. 11. 30
加强管理 積極引導 健康發展
石立岩 徐亞麗 廖斌 劉志東 《金融時報》1989. 11. 30
加强管理 興利抑弊——對我國個體、私營經濟的一些看法
武樹幟 陳吉江 《人民日報》1989. 11. 5
國家發展個體經濟、私營經濟的方針政策没有變——國家工商局負責人就我國個體經濟、私營經濟的現狀與有關方針政策答本報記者問
《中國工商報》1989. 9. 11
中國的個體和私營經濟
武樹幟 陳吉江 《經濟日報》1989. 10. 21
我國全國私營企業的特點及發展趨勢
人大常委會辦公廳 趙博 《中國企業報》1989. 4. 13
請你們不要憂心忡忡
本報評論員 《經濟參考》1989. 12. 15

答讀者問:個體經濟私營經濟政策會不會變?
新華社新聞稿 1989. 12. 7
本報編者答讀者問:個體經濟私營經濟政策不變
《人民日報》1989.12.6
試談發展貧困地區的私營經濟
童卧龍 《科學經濟社會》1989年5期
私營經濟:發展過程中的問題及政策選擇
秦少相 《中國工商報》1989.11.9
對湖北"百家"私營企業的調查
省委統戰部聯絡處 《統一戰綫》1989年6期
論個體經濟與私營經濟的發展
陳新 《統一戰綫》1989年8期
上海個體經濟
禾昕《臺聲》1989年1期
加强對個體户管理
朱源根 《新華日報》1989.2.13①
我國現階段私營經濟的局限性與對策
峥嶸 《浙江月刊》1989年1期
也談現階段的私營經濟——兼與吴江同志商榷
許信勝 《西北師大學報》(社科) 1989年1期
私人經濟存在的原因之我見
李克錫 《甘肅理論學刊》1989年1期
個體户的文化心態
復旦大學國際政治系調查組 《社會》1989年2期
關于甘肅省私營經濟的發展問題
薛宗林等 《經濟管理》1989年1期
所有制改革的新思維與大力發展白城私營經濟
張景山 《經濟縱横》1989年1期
天津市私營企業發展的現實問題探索
李連進等 《天津社會科學》1989年6期
中國的個體和私營經濟
武樹幟等 《工商行政管理》 1989年24期
分配不公在個體户和私營企業中的表現及抑制辦法
湯秋華等 《求是》1989年12期
關于城鎮個體户經營、收入情况的典型調查及政策建議
戴國慶 《經濟工作者學習資料》1989年42期
對保定地區農村私營企業發展的研究
河北省委研究室等 《經濟工作者學習資料》1989年42期
論個體經營者的不規則行爲及對策
倪建新等 《南開經濟研究》1989年6期
略論個體經濟發展中的不規則行爲
倪建新等 《蘭州學刊》1989年6期
論我國現階段的私營經濟——兼駁"全面私化"的觀點
陳瑞香等 《南開學報》(哲社) 1989年1期
個體私營經濟政策問題初探
黄維榮等 《經濟研究參考資料》1989年195期
何以難成企業家?——個體户心態觀察之一
張錦力等 《人民日報》1989.5.14
怕變防變——個體户心態觀察之三
張錦力等 《人民日報》1989.5.18
社會主義初級階段的私營企業與統戰工作
吴慧嬋 《中國經濟體制改革》1989年4期
改革十年,我省城鄉個體工商業的發展和特點
倪慧群 《統計理論與實踐》1989年2期
從生産力標準看私營經濟的發展
黎明 《松遼學刊》(社科)1989年2期
廣東發展外向型私營企業探討
石祖培 《中山大學學報》(哲社)1989年2期
社會主義初級階段私營經濟的發展——上海私營企業的調查研究總報告
上海私營經濟調查課題組 《世界經濟文匯》1989年2期
晋江私營經濟發展若干問題探討
陸開錦 《發展研究》1989年4期
廣東省吴川縣私營經濟剖析
李鴻昌等 《計劃與發展》1989年2期
試論農村個體工商户"跳槽"與開發農業
陳建新 《農業經濟問題》1989年4期
私營企業經營中的弊端成因及其對策
路家緒 《山東法學》1989年1期
我國私營經濟問題探討
牛魁雪 《河北師範大學學報》(社科)1989年2期
試論對個體、私營經濟的管理
李宏江 《求索》1989年2期
發展新疆私營經濟的戰略思考
安生 《新疆社會科學》1989年2期
具有中國特色的私營經濟發展模式——河南省鎮平縣私營經濟調查
王希仲等 《河南經濟》1989年3期
我省個體工商業下降情况、原因和對策
蔣明理等 《貴州計劃經濟》1989年4期
發展私營經濟必須明確産權
陳寶榮 《財經研究》1989年10期
農村私營經濟的成因・機制・導向
應俠君 《寧波師院學報》(社科)1989年3期

私營經濟:個體經濟發展的第三條道路
李國榮 《世界經濟文匯》1989年5期
我國現階段私營經濟初探
林修鈺《福建大學學報》(社科)1989年3卷1期
寧夏私營經濟發展管窺
林清等 《寧夏社會科學》1989年5期
個體户、私營企業能否發展外向型經濟
範廣元 《工商行政管理》1989年18期
私營經濟違法行爲的剖析及治理措施
黄法文等 《經濟法制》1989年9期
"傻子瓜子"沉浮記
任貫群等 《解放日報》1989.10.28
我國現階段私營經濟的幾個問題
王克忠 《學術月刊》1989年7月號
個體户暴富揭秘
夏俊生等 《中國青年》1989年10期
私營經濟存在的原因及其發展趨勢
方濤 《鄉鎮論壇》1989年4期
夾縫生存帶
杜涌濤 王金棟 《中國青年報》1989. 3. 23
私營經濟發展與當前的社會承受能力
潘志勇 《財經理論與實踐》1989年1期
我國私營經濟重新出現的條件、特點和性質
宋光華等 《鄭州大學學報》1989年1期
私營經濟發展的歷史趨勢—沈陽市私營經濟調查
于泰厚 《社會科學輯刊》1989年23期
我國當前的私營經濟
任中林 《黨校論壇》1989年3期
私營企業主階層在中國的崛起和發展
賈鋌 王凱成 《中國社會科學》1989年2期
我國現階段私營經濟的國家資本主義屬性
譚勁松 《高校社會科學》1989年2期
論重建個人所有制
楊堅白 《光明日報》1989. 4. 15
論私營經濟在我國現階段的性質和作用
孫代堯 《經濟科學》1989年3期
私營企業發展的必要條件
賈鋌 秦少相 《光明日報》1989. 6. 17
私營經濟剥削問題初探
譚勁松 《益陽師專學報》(哲社)1989年4期
我國個體、私營經濟的現狀、問題及其管理
武樹幟等 《解放日報》1989.10.21
在加强管理中保護個體户合法經營

論私營經濟的分配的基本特征
姜文學 《吉林財貿學院學報》1989年5期
論私營經濟的發展階段
陳新 《經濟研究》1989年9期
上海個體經濟十年猛增12倍
王光正 《上海統計資料》(上海)1989年28期
現階段的私營經濟和雇傭關系
王宜民 《社科百家》1989年3期
北京城鄉個體工商户收入調查與研究
李豫等 《經濟工作者學習資料》1989年111期
對加强我國私有經濟管理的一些看法
李華淑 《上海師範大學學報》(哲社版)1989年1期
現階段私營經濟争异問題辨析
趙國勤 《新長征》(長春)1989年2期
對現階段私營經濟的一些思考
鐘學志 《社科百家》1989年3期
私營企業的幾個問題
陳雙喜 《財經問題研究》1989年2期

王長鋒 《經濟日報》1989.10.16
私營企業利潤流向分析
季建林等 《中國農村經濟》1989年9期
江西農村私營企業的來源和主要經營形式
劉謨炎 《企業經濟》1989年3期
略論對私營經濟的宏觀管理
鄧鵬等 《求索》1989年6期
"清河模式"初探——河北省清河縣發展私營經濟的調查報告
郭世邦 《經濟資料》1990年3期
堵漏暢流——福州市商業城管委會管理個體户的經驗
胡國華等 《瞭望》1990年41期
我國現階段的私營經濟談
李秀雲 《丹東師專學報》(哲社) 1990年3期
貧困落后地區發展個體、私營經濟的思考
吴亞虹 《社會科學參考》1990年19期
浙江省現階段私營經濟研究報告
浙江私營經濟研究課題組 《浙江社會科學》1990年5期
我國社會主義時期私營經濟二題
曾叔葵 《湖南師範大學社會科學學報》1990年19卷5期
積極鼓勵扶持加强管理教育促進個體經濟健康發展

任中林 《商業經濟研究》1990 年 9 期
關于個體私營經濟的發展狀況與政策思考
趙鳳翔 《首都經濟》1990 年 5 期
用唯物辨證法指導個體經濟健康發展
四川省南充地區工商局等 《經濟與管理研究》1990 年 5 期
有關私營企業政策的幾個問題
李淳等 《內部文稿》1990 年 21 期
發展私營經濟論析(上)
趙振英 《黨校教學》1990 年 5 期
兩種發展私營經濟觀
于惠春 《社會科學戰綫》1990 年 4 期
現階段私營經濟成長的環境
洪銀興 《社會科學戰綫》1990 年 4 期
不發達地區雇工現象剖視
王維鏞 《經濟社會》1990 年 5 期
關于發展個體及私營經濟的幾個問題
魏杰 《中國工業經濟研究》1990 年 6 期
促進個體私營經濟發展振興民族地區經濟——在促進少數民族地區個體私營經濟發展座談會上的講話(摘要)
甘國屏 《工商行政管理》1990 年 21－22 期
試析對私人雇工經濟的管理和引導
游聯璞等 《經濟學家》1990 年 5 期
談對私營企業發展的鼓勵和引導
張兆明 《河北財經學院學報》1990 年 5 期
個體經濟發展中的問題及對策
孔祥麗 《山西財經學院學報》1990 年 5 期
私營經濟地位問題新探
梅志廣 《求索》1990 年 6 期
關于私營經濟範疇的探討
何濟川 《中國經濟問題》1990 年 6 期
社會主義初級階段的私營經濟和雇傭關系研究
王宜民 《大慶社會科學》1990 年 3 期
建立完善會計核算制是加强對個體經濟管理的一項重要措施
邵文梅 《大慶社會科學》1990 年 3 期
發展私營經濟論析
趙振英 《上海社會科學院學術季刊》1990 年 4 期
堅持發展與管理并重——成都市個體、私營經濟考察報告
過杰等 《財經科學》1990 年 6 期
閩北農村私營企業現狀剖析
南平地區統計局 《福建統計學刊》1990 年 6 期
如何認識和對待個體、私營經濟
劉敏材 《廣西大學學報》(哲社版) 1990，增刊
如何把握個體、私營經濟適度發展
王文泉等 《中國工商報》1990. 2. 15④
將個體經濟引入正常發展軌道
蒯定勛 《學習導報》1990 年 2 期
個體私營經濟的發展必須堅持拾遺補缺原則——保定市個體户私營企業調查
唐振景等 《經濟論壇》1990 年 1 期
廣州市番禺個體户、私營企業主階層狀況的分析
《中國社會階級、階層研究》廣州調查組 《中國農村經濟》1990 年 1 期
逐步把個體經濟納入法制的軌道——司法部副部長郭德治講話摘要
《工商行政管理》1990 年 2 期
繼續加强個體勞動者法制教育工作——國家工商局副局長甘國屏講話摘要
《工商行政管理》1990 年 2 期
私營經濟的二維分析
朱建平等 《湘潭大學學報》(社科) 1990 年 1 期
如何看待我國的私人雇工經濟
游聯璞 《社會科學研究》1990 年 1 期
發展個體工商户的現狀及政策研究
董握璋 《當代財經》1990 年 1 期
關于我國現階段私營經濟的發展
孔經緯等 《北方論叢》1990 年 1 期
私營企業現狀及其發展的若干思考
袁劍文 《江西社會科學》1990 年 1 期
引導個體經濟和私營經濟健康發展
曾叔葵等 《湖南日報》1990. 2. 6③
必須把個體(私營)經濟納入法制軌道——河北保定市個體(私營)經濟調查
馬學禄等 《河北學刊》1990 年 1 期
對我國私營經濟的探討
恭揀民 《經濟與社會發展》1990 年 1 期
略論個體經濟發展中的不規則行爲
倪建新等 《經濟・社會》1990 年 1 期
可否説私人企業主階級正在成長
游聯璞 《理論內參》1990 年 2 期
略論私營企業主收入過高的成因及調控對策
徐占元 《理論內參》1990 年 2 期
對私營經濟若干問題的研討情況
北京市工商行政管理學會秘書處 《工商行政管理》

1990年7期
對一九九〇年底個體、私營經濟發展管理工作的思考
範廣元 《工商行政管理》1990年7期
四川個體經濟發展與稅收征管的調查和建議
四川省委研究室等 《四川經濟研究》1990年1期
中國個體、私營經濟的發展與前景——訪國務院研究室武樹幟局長
《瞭望》(海外版) 1990年8期
談談個體、私營經濟的發展與管理
竇恩富 《經濟日報》1990.4.28②
淺談吉林省個體、私營經濟的發展及其對策
關曉麗等 《吉林財貿學院學報》1990年2期
發展私營經濟論析(下)
趙振英 《黨校教學》1990年6期
關于個體私營經濟發展與管理的探討
曾辛 《經濟論壇》1990年6期
温州私營企業的現狀與發展
鮑榮清 《上海大學學報》(社科版)1990年6期
我國現階段發展私營經濟的反思
趙暑湘 《雲南財貿學院學報》1990年4期
要加深對發展個體私營經濟的認識
茹少立 《理論與實踐》1990年23期
廣分清界限,正確對待——對發展私營經濟的幾點看法
蔡體榮 《光明日報》1990.5.12③
關于城鎮個體經營者階層的研究報告
徐斌 《浙江學刊》1990年3期
廣州市番禺縣個體户、私營企業主階層狀況的分析
《經濟工作者學習資料》1990年12期
廣州市個體工商業者和私營企業主階層狀況的分析——廣州市調查報告
《經濟工作者學習資料》1990年12期
我國個體私營經濟調查報告
岳頌東等 《管理世界》1990年2期
强化對個體、私營經濟的管理
何文 《學習與思考》1990年5期
加强私營企業勞動管理的幾點建議
陳詩達 《中國經濟體制改革》1990年4期
淺談私營企業投資者的社會形象
于雅文 《齊齊哈爾師範學院學報》(哲社) 1990年2期
在公有制爲主體條件下,積極發展個體、私營經濟
劉敏學 《求是》1990年11期
廣州市個體工商業、私營企業經濟狀況的分析
戴國慶執筆 《中國物價》1990年5期
有關私營經濟的幾個理論認識問題
曉亮 《工商行政管理》1990年10期
論我國現階段私有經濟的性質和特點
黎惠民 《改革》1990年3期
對發展私營經濟的幾點思考
張炳華 《經濟·社會》1990年3期
甘肅個體經濟的發展思路與對策
張燕 《蘭州學刊》1990年3期
關于個體經濟和私營經濟存在及其發展的兩點思考
吕立志 《鹽城教育學院學刊》1990年2期
在治理整頓中加强對私營企業的引導和管理
陳永志 《厦門大學學報》(哲社) 1990年2期
私營企業的運行具有可控性和可塑性
孟範昆 《上饒師專學報》(社科) 1990年2期
個體户對政策的心態趨向
宋士威 《中國經濟體制改革》(北京)1990年11期
兩種發展私營經濟觀
于惠春 《社會科學戰綫》(長春)1990年4期
現階段私營經濟成長的環境
洪銀興 《社會科學戰綫》(長春)1990年4期
私營經濟地位問題新探
梅志廣 《求索》(長沙)1990年6期
社會主義初級階段的私營經濟和雇傭關系研究
王宜民 《大慶社會科學》1990年3期
個體經濟發展中的問題及對策
孔祥麗 《山西財經學院學報》(太原)1990年5期
對當前個體、私營經濟問題的討論綜述
梁玫 《教研參考》(廣西)1990年5期
個體經濟、私人經濟問題探討綜述
曉風 《武漢學刊》(湖北)1990年1期
對“私有化”鼓噪的剖析
黄蔭濤 《教學科研資料》(四川)1990年2期
個體、私營經濟的現狀與出路
武樹幟等 《計劃與市場》(湖北)1990年1期
關于私營經濟政策的幾點思考
張路雄 《探索與決策》(遼寧)1990年4期
關于個體、私營經濟發展與前景的對話
武樹幟 《瞭望》1990年8期
私營企業法律地位與“假集體”現象
陶國峰 馬立群 《經濟日報》1990.12.13
私營企業存在的問題及對策
曲福海等 《經濟與法》1990年6期
從銀杉塑料制品有限公司的發展看私營經濟

葉鋒 《内部文稿》1991年19期
對調整個體經濟行業結構的思考
陽光 《山東社會科學情報》1991年9期
對私營企業主收入性質剥削界定及其治理對策的探討
羅葉 《吉林財貿學院學報》1991年5期
關于我國私營經濟剥削問題的幾點認識
成磊 《江漢論壇》1991年10期
加强個體"釘子户"的管理
吴玉新 《工商行政管理》1991年20期
如何看待我國私營經濟的性質和雇工問題?
陳秀山 《内部文稿》1991年16期
私有企業經營行爲透視及治理對策
袁蕴豪 《管理現代化》1991年4期
對現階段私營經濟"兩面性"的幾點認識:兼與何建章同志商榷
奚虎一 《經濟研究》1991年7期
個體經濟發展爲私營經濟是歷史的進步
劉恒飛 《齊齊哈爾師範學院學報》(哲社版)1991年4期
關于我國私營經濟發展走向的探討
陳聖河 《華南師範大學學報》(社科版)1991年3期
關于我國現階段私營企業的經濟性質
肖方揚 《晋陽學刊》1991年3期
私營企業無償交公不可取
陽光 《山東社會科學情報》1991年2期
一條引導和管理個體、私營經濟健康發展的新路子:安灑集團在多種經濟成份結合發展中崛起給我們的啓示
何蓄 《貴州日報》1991.8.26
延邊私營企業現狀的分析及其改變對策
林今淑 《延邊大學學報》(哲社版)1991年2期
中國個體勞動者協會今后工作
任中林 《工商行政管理》1991年11期
中國個體勞動者協會名譽會長薄一波的講話
《工商行政管理》1991年11期
遵義縣私營經濟發展初探
劉榮典 《貴州財政會計》1991年6期
當前石家莊地區私營企業的調查與分析
賈鋌 《社會學研究》1991年2期
對私有企業經營行爲透視及治理對策
袁蕴豪 《經濟體制改革》1991年2期
二輕集體企業經濟效益下降原因及其對策
任立瑩 《中國集體工業》1991年4期
發揮個體經濟對公有制經濟的補充作用:在全國個體勞動者第二次代表大會上的講話
薄一波 《人民日報》1991.4.17
扶植少數民族個體工商業促進商品經濟的發展
陳智 《工商行政管理》1991年6期
個體從業者的消極心態及其治理對策
鐘綱 《求索》1991年2期
個體經濟消長的政策效應
劉錚 《長白學刊》1991年2期
廣西私營企業發展對策思考
朱堅真《學術論壇》1991年2期
略談個體勞動者的矛盾心理及教育
羅德沅 《求索》1991年1期
論我國現階段的私營經濟
曉亮 《學術研究》1991年1期
私有企業經營行爲透視及治理對策
袁蕴豪 《企業經濟》1991年3期
在以公有制爲主體的前提下發展個體私營經濟
王忠明 《工商行政管理》1991年6期
中國私營經濟的發展及其局限性
張仲禮 《社會科學》(上海)1991年4期
我國現階段私營經濟性質剖析
潘石 《中國經濟問題》1991年1期
促進個體、私營經濟長期穩定的發展
楊曉航 《貴州社會科學》(經濟社會版)1991年1期
合作經濟:一種大有發展經濟前景的形式
曉亮 《新疆社會經濟》1991,創刊號
80年代我國私營經濟的發展及其主要特點
孔經偉 《財經問題研究》1991年5期
關于個體經濟、合作經濟與合伙企業的界限問題
曉亮 《工商行政管理》1991年9期
青年個體工商户心理趨向的兩重性
李迎豐 《中國工商報》1991.5.27
如何看待個體、私營經濟出現的回落現象
茹少立 《理論内參》1991年4期
温州私營企業的現狀與發展
朱文濤 《經濟資料》1991年1期
消除顧慮,守法經營,完善自我管理:個體經營
徐山林《工商行政管理》1991年10期
淺談個體勞動者協會的自我保護機制
黄人民 《中國工商報》1991.6.3
社會主義條件下雇工問題
徐曉先 《學術交流》1991年2期
省委省政府制訂新規定鼓勵個體經濟私營經濟發展

《山西日報》1991.6.3
試論合作經營與個人合伙:兼談爲上海主人印刷廠定性
陶洪猷 《集體工業經濟》1991年5期
四川的個體、私營經濟
範宗浦 《四川統一戰綫》1991年5期
穩定政策,落實措施,促進個體私營經濟持續健康發展
山東省工商局 《工商行政管理》1991年10期
我國現階段私營經濟的性質辯析
任仲權 《財經科學》1991年3期
再論私營經濟概念
曉亮 《經濟縱横》1991年4期
正確地認識個體經濟和私營經濟
杜玉璋 《理論與實踐》1991年10期
對發展個體私營經濟的思考
李建紅 《湖南社會科學》1991年6期
對于我國現階段私營經濟的再認識
肖九祥 《濱州師專學報》1991年7期
保定地區私營企業收入狀況
國家工商局 《工商行政管理》1991年10期
私營經濟初論
劉倫錦 《湖南大學學報》1991年18期
關于私營經濟範疇的探討
何濟川 《唐都學刊》1991年7期
即墨市個體經濟群體化發展的調查與分析
董金因 《内部文稿》(北京)1991年15期
對個體經營生産資料應當進行必要的限制
孟國强 《内部文稿》(北京)1991年14期
近十年貴陽市個體經濟的發展及作用
貴陽市工商行政管理局 《貴陽黨史》(貴州)1991年3期
對個體工商經濟情況的調查與思考
唐劍放 《統一戰綫》1991年11期
甘國屏在部分個體工商户學習江澤民同志"七一講話"座談會上的講話
《工商行政管理》1991年22期
關于發展個體私營經濟的思考
管木陽 《企業經濟》1991年10期
關于我國私營經濟發展戰略的思考
張德成 《經濟·社會》1991年5期
河南私營企業主現狀調查
戴建中 《社會學與社會調查》1991年5期
論國家對私營經濟的基本政策
曉亮 《經濟·社會》1991年5期

淺析我國私營經濟的發展前景
劉反修 《上海企業》1991年11期
私營經濟是一種特殊的國家資本主義經濟
湯子瓊 《成都師專學報》(文科版)1991年1期
充分發揮個體私營經濟的補充作用,就要——穩定發展 積極引導 加强管理
劉世平 黄德榮 《中國工商報》1991.3.18
我國個體、私營經濟發展勢頭看好
傅剛 《新華社新聞稿》1991.3.10
談正確引導個體私營經濟的健康發展問題
李成冒 《經濟·社會》1991年5期
現階段私營企業主與資産階段
心頁 《真理的追求》1991年11期
我國個體、私營經濟管理狀況和存在的問題
歐陽青 《中國工商報》1991.3.28
評《中國現階段私營經濟探索》
陳寶榮 《世界經濟文匯》1991年6期
我國個體私營經濟發展中應解決的幾個問題
李本善 《吉林財貿學院學報》1991年6期
我國私營經濟理論研究的幾個問題
張維達 《經濟縱横》1991年12期
厲以寧設想私營經濟的發展界限
《工商行政管理》(北京)1991年1期
我國私營經濟理論研究的幾個問題
張維達 《經濟縱横》(長春)1991年12期
關于私營經濟範疇的探討
何濟川 《唐都學刊》(西安)1991年4期
關于我國私營經濟剥削問題的幾點認識
成磊 《江漢論壇》(武漢)1991年10期
如何看待我國私營企業主的觀點綜述
安計芳 《教學參考》(山西)1991年5期
當前私營企業聯營存在的問題及對策
唐之政等 《工商行政管理》(北京)1991年20期
淺談我國私營經濟的性質
吴正禄 《改革》(重慶)1991年5期
論私營企業主的職能作用及其屬性
潘石 《經濟縱横》(長春)1991年9期
論家庭經營的再發展
王昌義 王磊 《貴州社會科學》(貴陽)1991年9期
個體與社會:從經濟學角度所作的分析
周偉林 《中共浙江省委黨校學報》(杭州)1991年2期
"非國有化"思潮析
何建章 《經濟科學》(北京)1991年3期

對個體和私營經濟的方針政策應長期不變
《科技日報》1991.2.14
生產力才是我國現階段個體經濟和私營經濟存在和發展的依據
林文益 《河南財經學院學報》(鄭州)1992年4期
北京市個體户的發展歷程及類別分化:北京西城區個體户研究
時憲民 《中國社會科學》(北京)1992年5期
關于社會主義初級階段私營經濟運動的規律性
顧士明 《齊齊哈爾師範學院學報》(哲社版)1992年4期
必須正確認識私營經濟
唯是 《理論學習月刊》(福州)1992年2期
我國私營經濟的性質及其兩重作用
吕時達 賽曉序 《山東師大學報》(社科版)(濟南)1992年1期
我國"地下經濟"活動現狀初探
楊澤軍 盛兆榮 《統計研究》(北京)1992年2期
綜述:中國將進一步放寬個體和私營企業政策
尹忠惠《新華社新聞稿》1992.12.7
對當前經濟領域中剥削現象的道德沉思
王福霖 毛三元 《中南財經大學學報》(武漢)1992年2期
對"個人所有制"要作辯證的理解
吴惠之 《江漢論壇》1992年2期
對我國私營經濟的多維考察
丁任重 《財貿研究》1992年1期
發展個體私營經濟不會冲擊公有制:訪國家工商行政管理局個體司司長王忠明
桑戈 《民族》1992年2期
發展個體私營經濟的設想
李振球 《工商之友》1992年1期
河北省私營經濟發展態勢與對策
軒景林 《經濟論壇》1992年1期
目前私營經濟研究中若干問題之我見
曉亮 《理論内參》1992年1期
我國私營經濟的性質及其兩重作用
吕時達 《山東師大學報》(社科版)1992年1期
現階段我國私營經濟的性質和作用
李家貴 《四川師範學院學報》(哲社版)1992年1期
正確對待現階段的私營經濟
陳永志 《經濟體制改革》1992年1期
怎樣看待私營經濟和"三資"企業中的剥削現象
羅克彬 《貴州日報》1992.3.23
關于發展私營經濟問題的觀點綜述
吴鳳華 《湖南金融職工大學學報》1992年1期
試論我國私營經濟和私營企業主的性質及發展趨勢
曾端期 《湖湘論壇》1992年1期
成都私營汽車運輸業的社會主義改造
王建一 《成都黨史》1992年3期
論規範個體工商户的經營行爲
張明龍 《經濟理論與經濟管理》1992年2期
試論對個體經濟的引導和管理
張文蔚 《社會科學》1992年5期
促進個體經濟發展的思考
謝作文 《湖南經濟》1992年4期
促進少數民族個體私營經濟進一步發展的幾個問題
文精 《工商行政管理》1992年4期
對黔東南苗族自治州個體經濟發展的思考
範麗霞 《貴州民族研究》1992年2期
私營經濟:地位·作用·對策
潘石 《社會科學戰綫》1992年2期
個體經濟與社會主義道路
金太元 《理論内參》1992年2期
試析我國個體私營經濟在城市與農村的重大差异
李强 《社會學與社會調查》1992年2期
我國現階段私營經濟的性質和特點
張廣第 《財經問題研究》1992年4期
應繼續推動和引導個體私營經濟發展:關于安達市個體和私營經濟的調查報告
張景川 《城鎮經濟》1992年2期
個體、私營經濟是一種活躍的生產力
李景祥 《黑龍江財貿經濟》1992年9期
論我國現階段私營經濟的性質
陳永志 《厦門大學學報》(哲社版)1992年3期
私營企業主是個階層,不是個階級:與幾種不同觀點的商榷
周作翰 《湖南師範大學社會科學學報》1992年6期
穩定政策,積極發展,大見成效:關于遜克縣工商局發展個體經濟情況的調查
崔寶忠 《黑河學刊》1992年2期
我國現階段的私營經濟芻議
孟繁炳 《安徽師大學報》(哲社版)1992年20期
抓住有利時機,發展非公有制經濟:對湖北省個體私營經濟發展情況的調查
唐德生 《湖北日報》1992.12.10

"新公私合營"經營方式的現象分析及稅收思考
張勇 《淮陰師專學報》1992 年 14 期
關于發展私營經濟問題的觀點綜述
吴鳳華 《湖南金融職工大學學報》(望城)1992 年 1 期
正確對待現階段的私營經濟
陳永志 《經濟體制改革》(成都)1992 年 1 期
不可忽視的第三種力量:個體、私營經濟調查
中國歷史唯物主義學會個體、私營經濟調研部 《人民日報》1992. 6.1①
淺析目前我國個體私營經濟發展中存在的問題
李欣欣 《中國社會發展戰略》(河北)1992 年 3 期
"重建個人所有制"就是建立個人全面自由發展的自主權
張昆侖 《開封大學學報》(河南)1992 年 2 期
關于當前私營經濟發展的兩個問題
嚴修鳴等 《私營經濟研究》(貴州)1992 年 1 期
雇工經營企業雇主與雇工關系問題探討
中共貴州省委黨校課題組 《私營經濟研究》(貴州)1992 年 1 期
具有中國特色的私營經濟
劉柯 《私營經濟研究》(貴州)1992 年 1 期
雇工經營企業内部利益分配問題
柯志揚 《私營經濟研究》(貴州)1992 年 1 期
我國社會主義初級階段私營經濟存在的客觀必然性
駱有雲 《私營經濟研究》(貴州)1992 年 1 期
論規範個體工商户的經營行爲
張明龍 《經濟理論與經濟管理》(北京)1992 年 2 期
國家對私營經濟的宏觀管理
孫啓明 《東北師大學報》(哲社版)(長春)1992 年 3 期
論個人的經濟獨立性
陶維季 《經濟研究》(北京)1992 年 5 期
對泉州市個體私營經濟的調查與探討
中共泉州市委政策調研室 《福建經濟》1992 年 9 期
發展個體和私營經濟必須破除三個不正確觀點
徐承華 《經濟管理》1992 年 11 期
放開膽量,放寬政策,放手發展個體私營經濟
自治區黨委政策研究室 《寧夏日報》1992.11.6
關于發展個體、私營經濟的若干思考
許光度 《統一戰綫》1992 年 8 期
極極創造條件,推動個體私營經濟再上新臺階
陝西省工商業聯合會 《經濟改革》1992 年 5 期
南寧市個體、私營經濟狀況及發展對策
陳吉利 《廣 西經濟研究》1992 年 10 期
從整體上把握,在動態中挖掘:也談如何理解"重建個人所有制。"
李繼文 《北方論叢》1992 年 4 期
對成都市個體、私營經濟發展的認識與建議
張正文 《四川經濟研究》1992 年 4 期
對我國現階段私營經濟幾個理論問題的認識
周曉梅 《吉林財貿學院學報》1992 年 5 期
放開政策,加强管理:談特區個體私營經濟特點與對策
林漢鶴 《深圳特區報》1992.10.23
個體、私營經濟發展現狀、問題及對策
林宇皓《浙江經濟》1992 年 9 期
關于個體經濟的理論分析
林文益 《財金貿易》1992 年 8 期
關于私營經濟的理論分析
林文益 《財金貿易》1992 年 10 期
吉林省私營經濟發展滯后的原因及對策
潘石 《經濟縱橫》1992 年 9 期
江蘇個體、私營經濟的發展、管理及認識
張彦 《江蘇商專學報》1992 年 3 期
試論九十年代我國私營經濟的基本走勢
李樹亮 《江蘇經濟探討》1992 年 9 期
試析我國現階段的雇傭關系及其相關經濟收入的性質
楊堯忠 《荆州師專學報》(社科版)1992 年 15 期
私營經濟是適應市場經濟需要的一種所有制形式
曉亮 《中國經濟體制改革》1992 年 9 期
我國私營經濟雇工現象與調節方向
陳家芹 《財經論叢》1992 年 3 期
以一支"异軍"正在突起
陸學藝 《中國經濟體制改革》1992 年 9 期
個體私營經濟發展中的問題及對策
邱克 《計劃與管理》1992 年 7 期
雇工的剥削性與發展個體私營經濟
趙欣 《社會科學研究》1992 年 4 期
目前個體工商户收入之我見
盧步球 《廣西大學學報》(哲社版)1992 年 14 期
正確對待現階段的私營經濟
陳永志 《貴州社會科學》1992 年 5 期
中國私營經濟的現狀與發展前景
石成林 《成都市委黨校學報》1992 年 4 期
關于合作經濟中若干有待研討的問題
葛修禄 《集體企業》1992 年 4 期
保進個體私營經濟發展的幾點體會
山東省工商局《工商行政管理》1992 年 13 期
對四川個體私營經濟發展績效的實證研究

孟奇 《經濟體制改革》1992 年 4 期
風風雨雨,是是非非:關于個體經濟的幾個話題
金星 《消費時報》(周末版)1992.8.15
解放思相,統一認識,繼續鼓勵個體私營經濟健康發展
白大華 《工商行政管理》1992 年 13 期
讓個體、私營經濟發展再上一個新臺階
李海恒 《理論教育》1992 年 6 期
中國個體經濟、私營經濟的現狀和發展趨勢
周文騫 《浙江大學學報》(社科版)1992 年 6 期
對個體勞動者進行社會主義思想引導和教育問題的思考
陸文惠 《科學社會主義研究》1992 年 5 期
關注私營經濟的發展:對武漢市個體户和私營企業的觀察思考
成實 《湖北社會科學》1992 年 5 期
國家對私營經濟的宏觀管理
孫啓明 《東北師大學報》(哲社版)1992 年 3 期
論個體和私營經濟與有計劃的商品經濟的統一性和矛盾性
肖桂山 《山東財政學院學報》1992 年 2 期
目前私營經濟宜在穩定的基礎上求發展:對湖南省常德市私營經濟情况的調查
盧子成 《科學社會主義研究》1992 年 5 期
個體私營經濟有利于社會主義建設事業
陸士華 《教學内參》(浙江)1993 年 4 期
正確認識新形勢下個體、私營經濟的地位和作用
許可順 《黨校學刊》(山東)1993 年 2/3 期
試論市場經濟條件下個體、私營經濟的地位與作用
陳井安 《人才與現代化》(四川)1993 年 3 期
改革開放的中國:私營企業的恢復與發展
羅紅波 《國外社會科學情況》(江蘇)1993 年 5 期
調動社會力量推動個體私營經濟發展
膠州市人民政府《市長參考》(北京)1993 年 10 期
積極發展個體私營經濟培育新的經濟生長點
王貴忠 《市長參考》(北京)1993 年 10 期
試析關于私營經濟的兩種觀點
何黨生 《淮南黨校校刊》(安徽)1993 年 1 期
論我國現階段私營經濟的適度發展
任希魁 《經濟評論》(湖北)1993 年 2 期
八十年代我國個體經濟的發展
王少明 《世界經濟與政治》(北京)1993 年 1 期
個體私營經濟理論的新探索——“社會主義市場經濟與個體私營經濟”研討會觀點綜述
宋宏 王可俠 夏光 《經濟學動態》1993 年 11 期

中國成立中國民(私)營經濟研究會

1993年5月31日至6月2日,中國私營經濟研究會成立大會在山西省太原市迎澤賓館舉行。中央各有關領導部門、全國各地有關院校、30多個省、市工商局長和工商聯研究室的負責人、研究私營經濟的學者、比較有影響的私營企業代表人士,共180多人出席了成立大會。

會議原則上通過了研究會的《章程》,選舉産生了領導機構:理事會由162名理事和干事組成,李定任會長;胡德平、陸學藝、曉亮、王超平、武樹檝、惠魯生、毛振華、石山麟任副會長;羿遠錚任秘書長。聘請胡繩、費孝通、孫起孟、王光英、孫孚凌等8位爲名譽會長;馬儀、張緒武、劉國光、甘國屏等9位爲名譽副會長;于光遠、薛暮橋等19位爲高級學術顧問。

會議具有以下特點:

(一)領導重視,研究力量的聚合。開展私營經濟的研究不僅具有重要理論意義而且具有現實意義。中央領導和各部門對此十分重視。李瑞環、王兆國及中央統戰部對籌備報告及時作了批示,民政部及時批準登記,各有關部門積極支持籌備工作。好多聘爲名譽會長、高級顧問的知名人士和著名學者都欣然同意,一致認爲這是一件大好事,要把學會認真辦好。參加會議的學術界和實際工作的人士反映,這幾年中央和地方一些部門的人士都對私營經濟開展了調查和研究,但力量分散,這次把各方力量聚集起來,將會有利于加强這方面的研究。各方面對研究會今后工作期望很高,希望在今年内走好第一步,辦好幾件事。

(二)醞釀時間長,準備較充分。研究會自1988年開始醞釀籌建,經過幾年的努力,最近經中央有關領導部門和領導人批准,并經民政部核發社團登記證明。研究會的有關文稿、機構和人員組成方案經過充分協商,人員名單十易其稿。

(三)成員分布廣,層次比較高。這個研究會由全聯牽頭籌建是近年的事。中國社會科學院、中共中央政策研究室、國務院研究室、中央統戰部、國家工商局等單位和部門共同籌辦。研究會理事除上述單位和部門的有關官員和人士外,還有中央宣傳部、國家税務局、國家統計局、國家民委經濟司、地礦部礦管司及全國各省、市、自治區工商聯、部分工商局、16所高等院校、部分省、市社科院的人士以及全國部分著名的私營企業家等。理事成員中有著名經濟學家、社會學家,具有高級職務、職稱的在100人以上。

(四)研究新課題,展現好學風。到會全體人員聽到了胡繩同志開幕詞中關于科學社會主義和"三個有利于"原則的深刻闡發、研討了于光遠先生專爲成立大會而作的關于公與私問題的論文,著名經濟學家董輔礽先生向大會致賀信并將兩篇論文送交與會者研閱,會上宣讀了和張挂了費孝通、杜潤生、何光等先生的賀電、賀詞、賀信,對大家鼓舞很大。著名法學專家鄒瑜、江平先生在大會發表學術演講,受到熱烈歡迎。更爲難得的是,中央有關部門的幾位主管局長聚集一堂,共話私營經濟。在會上發表講話的有中共中央政策研究室王超平先生、國務院研究室武樹檝先生、中央統戰部胡德平先生、國家工商管理局惠魯生女士、國家税務局易運和先生、國家統計局葉震先生,他們結合自己主管的實際工作,對私營經濟的産生、發展和涉及的基礎理論作了深刻探討和闡釋,對公與私、私營經濟與市場經濟的關系作了深刻的剖析。幾位私營企業家也走上講壇上發了言。大會近三十位專家學者發言,令人耳目一新。在交流切磋中,展現了大膽探索、科學論證、各抒己見、相互學習的學者氣度和良好的學風與會風。與會人士一致稱道這次大會具有濃厚的學術氣氛,是一好的開端。

大家在發言中指出,形勢發展到今天,非常需要建立起一個研究私營經濟的理論、政策和實踐的全國性學術團體,研究會的成立正適應了這種需要。研究會要遵循以下宗旨:堅持馬克思主義基本原理,以建設有中國特色社會主義理論爲指導,實事求是地探討在社會主義市場經濟體制下私營經濟産生和發展的規律,研究它的地位、作用和發展中存在的問題和對策,向黨和政府提出積極的建議,爲促進私營經濟的健康發展服務,爲完善社會主義市場經濟體制服務。

會后舉行了第一次常務理事會,選出了領導機構,研究了章程修改及經費、刊物等主要會務事項,予定了本月内在北京召開第二次常務理事會,以確定近期和本屆的主要會務活動安排。

中國民(私)營經濟研究會
章　程

第一條　本會是研究私營經濟的理論、政策和實踐問題的全國性學術團體。

第二條　本會的宗旨是:堅持馬克思主義基本理論,以建設有中國特色的社會主義理論爲指導,通過實際調查和理論研究,解放思想,實事求是地探討在社會主義市場經濟體制下私營經濟産生和發展的規律,研究民(私)營經濟在我國社會主義初級階段的地位和作用以及在發展中存在的問題和對策,向黨和政府提出積極的建議,爲促進民(私)營經濟的健康發展服務,爲完善社會主義市場經濟體制服務,爲增進社會主義社會兩個文明建設服務。

第三條　本會的主要任務

1. 密切聯系改革開放和社會主義市場經濟的實際,開展對民(私)營經濟的理論、政策、發展戰略、管理方法、經營運行機制與外部環境的研究;

2. 加强理論工作者、實際工作者和民(私)營企業家的聯系、協作和信息交流,擬定民(私)營經濟研究主要課題和調研工作規劃;

3. 向黨和政府有關部門反映民(私)營經濟的情況和問題,提供咨詢和建議;

4. 編輯、出版有關民(私)營經濟的報刊、研究論文、調查資料等,開展對民(私)營經濟的宣傳;

5. 開展對外交流和國際學術活動,進行比較研究;

6. 接受委托爲民(私)營企業開展信息咨詢和培訓工作。

第四條　會員

本會會員分個人會員和團體會員

1. 人個會員:凡贊成本會章程,對民(私)營經濟有研究的理論工作者、教學工作者、實際工作者以及民(私)營企業家等,均可申請入會,經常務理事會批準后爲個人會員;

2. 團體會員:凡贊成本會章程,并與民(私)營經濟研究有關的學術團體、研究機構院校、機關和企事業單位,均可申請入會,經常務理事會批準后爲團體會員;

3. 港、澳、臺和僑界企業家及研究中國民(私)營經濟問題的專家,申請加入本會者,由本會會長提名,經常務理事會批準,可個別吸收爲本會會員并享有同等的權利和義務。

第五條　會員的權利和義務

1. 在本會各種組織内有選舉權和被選舉權;

2. 有參加本會組織的學術調研活動和獲得本會編印的有關資料的權利;

3. 享有充分的學術民主,有闡明和堅持自己的學術觀點、開展争鳴的權利;

4. 有對本會工作提出咨詢、建議、監督的權利;

5. 有遵守本會章程、執行本會決議的義務;

6. 有爲本會提供論文、調查報告、其他資料或科研成果,完成本會委托的義務,逾二年不出論文報告者,視爲自動退會;

7. 繳納會費的義務按民政部社團登記司規定執行。

第六條　組織機構

1. 由會員代表會議選舉理事,組成理事會和干事會;

2. 由理事會推選常務理事、正副會長、正副秘書長;

3. 正副名譽會長和高級顧問由理事會或常務理事會聘請;

4. 根據工作開展的需要可設立分支機構、辦事機構和經營實體性機構;

5. 理事會閉會期間，由常務理事會行使職權。常務理事會設秘書處與干事會合署辦公處理日常工作；

6. 理事每四年改選一次。如有個別人事調整，保持理事序號，大體維持現有規模。

第七條　經費來源

1. 會員會費；

2. 研究會舉辦各種有償服務的收入；

3. 有關單位和個人的贊助、資助；

4. 籌措基金支持會務活動。

第八條　本會經費管理辦法、物資設置的管理辦法、常設機構編制及人員的管理辦法，均遵照社會團體的有關規定執行，具體辦法的章則另擬。

第九條　本會因故需終止時，由理事會或常務理事會提出，經會員代表會議通過。

第十條　本章程經會員代表會議通過生效，修改時亦同。

中國私營經濟大事記

（1978—1993 年）

一九七八年

12 月 18 日至 22 日　中國共產黨召開了具有劃時代意義的十一屆三中全會。全會糾正了"文化大革命"及其以前的"左"的傾向，作出了把全黨工作的重點轉移到社會主義現代化建設上來的戰略決策。鄧小平同志作了《解放思想，實事求是，團結一致向前看》的重要講話，强調解放思想是當前的一個重大政治問題。他指出，只有解放思想，我們才能正確地以馬列主義、毛澤東思想爲指導，解決過去遺留的問題，解決新出現的問題，正確地改革同生產力發展不相適應的生產關系和上層建築，根據我國的實際情况，確定實現四個現代化的具體道路、方針、方法和措施。

一九七九年

1 月 17 日　鄧小平同志在接見胡厥文、胡子昂、榮毅仁、周叔弢、古耕虞五位工商界領導人的談話中説，我們現在搞建設，門路要多一點，可以利用外國的資金和技術，華僑、華裔也可以回來辦工廠。吸收外資可以采取補償貿易的方法，也可以搞合營，先選擇資金周轉快的行業做起，如輕紡工業、手工業、旅游業等，以换取外匯。落實政策以后，工商界還有錢，有的人可以搞一兩個工廠，賺取外匯，也可以投資到旅游業。總之，錢要用起來，人要用起來。

2、3 月間　國務院批轉了"文化大革命"后的第一次全國工商局長會議的工作報告，報告中提出，可以根據當地市場的需要，在征得有關業務主管部門同意后，批準一些有正式户口的閑散勞動力從事修理、服務和手工業等個體勞動，但不準停工。

7 月 1 日　第五屆全國人民代表大會第二次會議通過《中華人民共和國中外合資經營企業法》。（1990 年 4 月 4 日第七屆全國人民代表大會第三次會議又做了修改。）

7 月 15 日　中共中央、國務院決定在深圳、珠海、汕頭、厦門設置"出口特區"。

一九八叹年

3 月 30 日　谷牧同志在廣州主持廣東、福建兩省會議。會議決定把"出口特區"的名稱改爲"經濟特區"。

4 月 1 日至 10 日　全國工商聯、民建中常會召開有兩省八市地方組織參加的協助安置待業青年就業工作座談會。

7月26日　國務院發布《中外合資經營企業登記管理辦法》。規定,經中華人民共和國外國投資管理委員會批準的中外合資經營企業,在批准后的一個月内,向中華人民共和國工商行政管理總局登記。中華人民共和國工商行政管理總局委托省、自治區、直轄市工商行政管理局辦理所管轄地區内中外合資經營企業的登記手續,經中華人民共和國工商行政管理總局核準后,發給營業執照。

8月2日至7日　中共中央召開全國勞動就業工作會議。會議決定,應鼓勵和扶植城鎮個體經濟的發展。個體經濟是社會主義公有制經濟的不可缺少的補充。在今后一個相當長的歷史時期内都將發揮積極的作用,應當適當發展。有關部門對個體經濟要積極予以支持,不得刁難、歧視。一切守法的個體勞動者,應當受到社會的尊重。

8月26日　全國人大常委會第15次會議決定,批準國務院提出的在深圳、珠海、汕頭、厦門設置經濟特區。

9月10日　第五屆全國人民代表大會第三次會議通過《中華人民共和國中外合資企業所得税法》。

9月16日　全國工商聯、民建中常會向各地組織發出貫徹全國勞動就業工作會議精神,進一步做好協助就業工作的幾點意見。

10月9日　財政部發出關于改進合作商店和個體經濟交納工商所得税問題的通知。通知明確,爲了鼓勵個體經濟的適當發展,適當減輕個體經濟的所得税負擔,對個體經濟可實行八級超額累進税率。

12月14日　財政部公布經國務院批準的《中華人民共和國中外合資經營企業所得税法施行細則》。

一九八一年

2月11日　由全國工商聯與煤炭工業部聯系邀請的美國德萊西·伯哈姆·蘭伯特公司副總裁伍豪蓀先生一行來華,商談關于在山西太原建設年産200萬噸煉焦廠項目。

3月13日　經國務院批準,中國銀行發布《辦理中外合資經營企業貸款暫行辦法》。對中外合資企業的貸款種類、條件、期限、程序等事項作了明確規定。

4月3日　全國工商行政管理局長會議在北京閉幕。會議强調,要特别鼓勵和支持個體工商户經營那些群衆需要而國營和集體没有經營或經營不足的行業,如飲食業、服務業、修理業和有特殊工藝技術的行業。對這些行業可以放寬一些,準許帶幫工,準許多帶幾個徒弟。

4月24日　國家工商行政管理總局發出《關于中外合資企業的登記審批程序》。

5月6日　國家勞動總局、城市建設總局、公安部、工商行政管理總局就解决城鎮集體經濟和個體經濟所需場地問題發出聯合通知。

6月22日　國家工商總局、商業部、糧食部、供銷合作總社、國家物資總局、國家勞動總局聯合發出《關于對城鎮個體工商業户貨源供應等問題的通知》。《通知》指出,個體工商業户是自食其力的獨立勞動者,在政治上、經濟上對個體工商業户要同全民所有制和集體所有制單位一視同仁;對個體工商户所需要的原材料和貨源,當地國營商業、糧食、供銷、物資等部門,應當根據批準的商品經營範圍積極供應,并同國營和集體單位一樣享受批發價格。

6月27日　在中國共産黨十一屆六中全會通過的《中國共産黨中央委員會關于建國以來黨的若干歷史問題的决議》中指出,"在1955年夏季以后,農業合作社以及對手工業和個體商業的改造要求過急、工作過粗,改變過快,形式也過于簡單劃一,以致在長期間遺留了一些問題。"

同日　國務院批轉工商行政管理總局向國務院的匯報提綱。提綱指出,在我國現時情况下,個體工商業的從業人員是勞動者,政治上不得歧視他們。他們的正當經營和收入,應當受到保護,任何單位和個人不得亂加干涉和限制。除了交納國家税款和各省、市、自治區人民政府有統一規定的費用以外,任何部門和單位不得以任何名目亂收費用。

7月7日　國務院發布《關于城鎮非農業個體經濟若干政策的規定》,對城鎮非農業個體經濟的行業範圍、經營方式、申請對象、所需原材料、價格、稅收、成立個體經營者協會等方面作了明確規定。

7月7日至11日　全國工商聯和民建中常會聯合在京召集北京、天津、上海、西安四城市的工商聯和民建會就協助勞動服務公司擴大城鎮就業工作舉行座談會。

8月25日　全國工商聯和民建中常會聯合向各地組織發出《關于各地勞動服務公司和民建會、工商聯密切配合廣開門路、搞活經濟、擴大城鎮就業的通知》。9月18日，中共中央統戰部向各省、市、自治區黨委統戰部轉發此件。

9月　中國人民銀行作出《關于城鎮集體、個體社會服務行業貸款暫行規定》。

10月　中國人民銀行作出《關于城鎮集體工業、個體手工業貸款的若干規定》。

12月6日至12日　全國工商聯、民建中常會接待了香港合和實業有限公司總經理胡應湘先生一行。當時的趙紫陽總理、谷牧副總理分別會見了胡應湘先生，并對合和實業有限公司投巨資營建廣州至香港高速公路、建設深圳新市區表示贊賞和支持。

12月13日　第五屆全國人民代表大會第四次會議通過《中華人民共和國外國企業所得稅法》。

一九八二年

1月8日　全國工商聯、民建中常會聯合向中共中央辦公廳、國務院辦公廳報送《關于貫徹執行〈中共中央，國務院關于廣開門路，搞活經濟，解决城鎮就業問題的若干决定〉的請示報告》。

2月19日　中共中央辦公廳，國務院辦公廳向各省、市、自治區黨委和人民政府，中央和國家機關各部委，各人民團體轉發民建會、工商聯《關于貫徹執行〈中共中央、國務院關于廣開門路，搞活經濟，解决城鎮就業問題的若干規定〉的幾點意見》。

9月1日　胡耀邦同志在中國共産黨第十二次全國代表大會所作的《全面開創社會主義現代化建設的新局面》的報告中指出："在農村和城市，都要鼓勵勞動者個體經濟在國家規定的範圍内和工商行政管理下適當發展，作爲公有制經濟的必要的、有益的補充。只有多種經濟形式的合理配置和發展，才能繁榮城鄉經濟，方便人民生活。"

12月4日　第五屆全國人民代表大會第五次會議通過的《中華人民共和國憲法》第十一條規定："在法律規定範圍内的城鄉勞動者個體經濟，是社會主義公有制經濟的補充。國家保護個體經濟的合法的權利和利益。國家通過行政管理，指導、幫助和監督個體經濟。"第十八條規定："中華人民共和國允許外國的企業和其他經濟組織或者個人依照中華人民共和國法律的規定在中國投資，同中國的企業或者其他經濟組織進行各種形式的經濟合作。""在中國境内的外國企業和其他外國經濟組織以及中外合資經營的企業，都必須遵守中華人民共和國的法律，它們的合法權利和利益受中華人民共和國法律保護。"

12月9日　國務院總理趙紫陽、國務委員谷牧在中南海紫光閣分别會見了香港合和實業有限公司經理胡應湘一行，并就加强香港同内地的經濟技術合作進行了交談。

一九八三年

1月2日　中共中央發出《當前農村經濟政策的若干問題》的通知。指出，農村個體工商户和種養業的能手，請幫手、帶徒弟，可參照《國務院關于城鎮非農業個體經濟若干政策性規定》執行。對超過上述規定雇請較多幫工的，不宜提倡，不要公開宣傳，也不要急于取締，而應因勢利導，使之向不同形式的合作經濟發展。農村個體商業和各種服務業，經營靈活，方便群衆，應適當加以發展，并給予必要扶持。農民個人或合伙進行長途販運，也應當允許。

4月13日　國務院公布《關于城鎮非農業個體經濟若干政策性規定的補充規定》。

6月25日　國家工商行政管理局、財政部發布《關于個體工商業户管理費收支的暫行規定》。

7月25日　國家工商行政管理局發出《關于城鎮合作經營組織和個體工商業户在登記管理中若干問題的規定》。

8月12日　國家工商行政管理局發出《關于工商行政管理部門向個體工商業户收費問題的通知》。

8月17日　財政部通知决定,從1983年10月1日起,對個體商販工商税由批發部門代扣代繳。

8月23日至日　勞動人事部、國家工商行政管理局,中國社會科學院,全國總工會,共青團中央,全國婦聯在京聯合召開發展集體和個體經濟,安置城鎮青年就業先進表彰大會。30日,胡耀邦、萬里、習仲勛、王震等黨和國家領導同志在中南海會見出席會議的全體代表,并在懷仁堂座談。胡耀邦同志作了題爲《怎樣劃分光彩和不光彩》的講話,萬里同志也講了話。

9月5日　國家工商行政管理局發出《關于全國統一個體工商營業執照有關事項的規定》。

9月20日　國務院公布《中華人民共和國中外合資經營企業法實施條例》。

10月6日　全國工商聯主任委員胡子昂會見并宴請來京洽談修建深圳至廣州高速公路問題的香港合和實業有限公司總經理胡應湘。

10月8日　根據國務院决定,財政部税務總局發出《關于個體工商業户必須依法納税的通告》。通告規定,凡從事個體經營的工商業户要如實記載進銷活動,向税務機關如實申報營業額和所得額,并提供情况和資料,接受税務機關的審查。對弄虚作假、隱匿不報、拖欠税款的,按國家税收法規給予處罰。

10月15日　全國工商聯和民建中常會向各地組織發出通知,要求認真學習胡耀邦總書記、萬里副總理在會見全國發展集體、個體經濟,安置城鎮青年就業先進表彰大會代表時的講話。

10月4日　全國工商聯和民建中常會發出《關于印發全國發展集體,個體經濟,安置城鎮青年就業先進表彰大會的幾個文件的通知》。

12月26日　中國人民銀行决定自1984年1月1日起,對城市個體工商户貸款利率,比照對集體工、商、運輸、服務業的貸款利率月息7.2‰辦理。

一九八四年

1月1日　中共中央發出1984年1號文件,即《關于1984年農村工作的通知》。關于農村雇工問題指出,目前雇請工人超過規定人數的企業,有的實行了一些有别于私人企業的制度,例如從税后利潤中留一定比例的積累,作爲集體公有財産;規定股金分紅和業主收入的限額;從利潤中給工人以一定比例的勞動返還等等。這就在不同程度上具有了合作經濟的因素,應當幫助它們繼續完善提高,可以不按資本主義的雇工經營看待。

1月19日　勞動人事部發布中外合資經營企業勞動管理規定實施辦法。

1月24至29日　鄧小平先后視察了深圳、珠海兩個經濟特區并題了詞。爲深圳特區的題詞是:“深圳的發展和經驗證明,我國建立經濟特區的政策是正確的”;爲珠海特區題詞是:“珠海特區好”。

2月7日至10日　鄧小平視察厦門特區,后爲厦門特區題詞:“把經濟特區辦得更快些更好些”。

2月25日　國務院作出《關于合作商業組織和個人販運農副産品若干問題的規定》。規定允許合作商業組織和個人依照國家有關規定從事販運農副産品的活動,并不受行政區劃和路途遠近的限制

2月27日　國務院發出《關于農村個體工商業的若干規定》。對農村個體工商業的範圍、行業、申請登記、經營方式、管理監督、權益、義務等方面作了明確規定。

同日　國務院發出《關于農民個人或聯户購置機動車船和拖拉機經營運輸業的若干規定》。

4月6日　中央書記處和國務院召開的沿海部分城市座談會在北京結束。會議建議開放大連、秦皇島、天津、烟臺、青島、連雲港、南通、上海、寧波、温州、福州、廣州、湛江、北海十四個沿海港口城市

8月1日　中國工商銀行下達城鎮個體經濟貸款辦法。對貸款任務、貸款對象、貸款條件、貸款原則、貸款額

度、貸款承保、貸款手續、貸款審查、貸款利率作了具體規定。

8月15日　全國工商聯主席胡子昂宴請爲在北京建築50層貿易中心大樓一事來訪的美國Beonmt公司任治禎先生。

8月16日　全國工商聯向國務院及國家經委報告美國通用電氣公司最近提出在中國投資的設想。

9月26日　中國工商經濟服務中心與法國東方匯里銀行簽定咨詢合作協議。

10月12日至19日　中共中央邀請各民主黨派和全國工商聯負責人、無黨派民主人士和其他知名人士舉行座談會,征求對提交中國共産黨十二届三中全會討論通過的關于經濟體制改革的决定草案的意見。

10月13日　國務院發出《關于農民進入集鎮落户問題的通知》,要求各級人民政府積極支持有經營能力和有技術專長的農民進入集鎮經營工商業。

10月20日　中國共産黨十二届三中全會通過的《中共中央關于經濟體制改革的决定》指出:"我國現在的個體經濟是社會主義公有制相聯系的,不同于資本主義私有制相聯系的個體經濟,它對于發展社會生産、方便人民生活、擴大勞動就業具有不可代替的作用,是社會主義經濟必要的有益的補充,是從屬于社會主義經濟的。當前要注意爲城市和鄉鎮集體經濟和個體經濟的發展掃除障礙,創造條件,并給予法律保護。"

10月18日　中國工商經濟服務中心同美國聯合碳化公司正式簽定咨詢合作協議。

11月12日　國家工商行政管理局作出《關于個體工商業户管理費收支的暫行規定的補充規定》,對各級個體勞動者協會的經費問題作了具體規定。

11月15日　國務院發布關于經濟特區和十四個沿海港口城市减征、免征企業所得税和工商統一税的暫行規定。

11月11日至24日　全國個體工商業和合作經營組織管理工作會議在廣州召開。

12月29日　中國農業銀行發布《農村個體工商業貸款試行辦法》。

一九八五年

1月19日　鄧小平在會見香港核電投資有限公司代表團時説,我國的對外開放、吸引外資的政策,是一項長期持久的政策。開放政策不會導致資本主義。實行對外開放政策,會有一部分資本主義的東西進入,但是社會主義的力量更大,而且會取得更大的發展。中國在同外資合作中,不會讓外資吃虧,但是希望大家都過得去。

2月13日　國務院領導同志在會見比利時客人時指出,對個體經濟和私人企業,中國基本上不采取再搞一次國有化的政策。中國經濟的主體部分是公有制和集體所有制經濟。這兩種經濟成份保持着中國經濟的絶對優勢。私人企業是社會主義國家中的資本主義成份。它的發展是有限的,不會發展很大,將來對它不需要采取國有化政策,可以在税收上節制它的發展。私人企業有某種程度的發展對我國國民經濟的發展是有利的。將來私人企業即使有了相當程度的發展,它同國營企業相比還是很小的,不可能操縱國家的經濟命脉。有一些私人企業,不會改變我們國家的性質。

2月25日　中國人民保險公司、國家工商行政管理局在《關于大力開展個體工商業户和合作經濟組織保險業務的通知》中,要求各級工商行政管理機關積極支持保險公司開展對個體工商業户和合作經濟組織的財産保險、人身保險和養老保險業務,要求各級個體勞動者協會把協助保險公司辦好以上各項業務作爲協會"自我服務"的一項工作任務。

3月2日　海關總署作出對城鄉個體工商業者進口小型生産工具的管理規定。

3月5日　國家計劃委員會、城鄉建設環境保護部印發集體和個人設計單位管理暫行辦法。

3月15日　商業部、公安部、國家工商行政管理局發出關于城鄉個體商業經營廢舊物資的暫行規定。

同日　國家工商行政管理局發出《關于嚴格執行個體工商業管理費收支規定的通知》。

3月21日　第六届全國人大常委會第十次會議通過《中華人民共和國涉外經濟合同法》。

3月28日　鄧小平同志會見日本自民黨副總裁二階堂進時指出，改革是中國的第二次革命。中國的對內和對外兩個開放政策是堅定不移的。我們的方針不是收，而是繼續放，今后要放得更大。

4月1日　國務院特區辦主任何椿霖在接見記者采訪時指出，到1984年底，深圳、珠海、汕頭、厦門4個特區與外商簽訂的經濟合作協議已達4700多項，協議投資額達40億美元，實際投入8.4億美元，占全國利用外資總額的20%。

4月2日　國務院發布《中華人民共和國經濟特區外資銀行、中外合資銀行管理條例》。

4月9日至14日　全國工商聯接待了香港菱電機械有限公司董事長胡法光一行，并爲其聯系安排了與輕工部、對外經貿部、機械工業部、水電部、中國國際信托投資公司的會談。

4月10日　第六届全國人民代表大會第三次會議通過授權國務院在經濟體制改革和對外開放方面可以制定暫行的規定或者條例的决定。

9月23日　鄧小平同志在中國共産黨全國代表會議上的講話中指出，在改革中，我們始終堅持兩條根本原則：一是社會主義公有制經濟占主體，一是共同富裕。有計劃地利用外資，發展一部分個體經濟，都是服從于發展社會主義經濟這個總的要求。鼓勵一部分地區、一部分人先 富裕起來，也正是爲了帶動越來越多的人富裕起來，達到共同富裕的目的。

10月12日　全國工商聯，中國工商經濟開發公司和北京市工商聯與美國工業開發代表團進行座談。

10月13日至23日　應全國工商聯的邀請，以美國商會董事會主席莫薩尼爲首的美國商會代表團訪問北京、上海、杭州。國務院副總理李鵬、中共中央統戰部部長楊静仁、商業部部長劉毅，對外經貿部部長鄭拓彬、貿促會主任王躍庭分别會見了代表團。

12月18日　國務委員谷牧，全國工商聯主席胡子昂會見香港合和公司總經理胡應湘一行。

一九八六年

1月1日　中共中央、國務院在關于1986年農村工作的部署中指出，我們在政策上既要堅持共同富裕的方向，又應承認發展的差别。允許一部分人、一部分地區先富起來，這才有利于推動社會進步。我們在認識上必須把社會主義發展中先富后富的差别，同私有制條件下的兩極分化區别開來。個體經濟是社會主義經濟的必要補充，在農村允許它存在并有所發展，就會出現生産資料占有的某些差别。只要采取適宜的政策，進行必要的調節，就可以使這種差别保持在社會所允許的限度，而不會構成對社會主義基礎的威脅。

1月7日　國務院發布《中華人民共和國城鄉個體工商業户所得税暫行條例》，規定對城鄉個體工商業户所得税依照“十級超額累進所得税税率”計算征收。

2月22日　新華社北京電：我國從事個體工商業的人數，已超過全國商業系統職工的人數。到1985年底，全國城鄉有照經營的個體商户是1168萬，從業人員1756萬人，比全國商業系統職工人數多300多萬.

4月12日　第六届全國人民代表大會第四次會議通過《中華人民共和國外資企業法》、《中華人民共和國民法通則》。《民法通則》對個體工商户、農村承包經營户、個人合伙的有關問題作了明確規定。

4月18日　財政部發出《關于城鄉個體工商業户所得税的若干政策規定》，對城鄉個體工商業户所得税的一些政策問題，進一步予以明確。

同日　全國工商聯在北京宴請加拿大前總理特魯多爲團長的加拿大私人企業家訪華團。

10月11日　國務院作出《關于鼓勵外商投資的規定》。《規定》提出，國家鼓勵外國的公司、企業和其他經濟組織或個人在中國舉辦中外合資經營企業、中外合作經營企業和外資企業，并給予相應的特别優惠。

11月26日　勞動人事部發出《關于外商投資企業用人自主權和職工工資、保險福利費用的規定》。

12月3日　全國個體勞動者第一次代表大會在北京召開，宣布成立中國個體勞動者協會，薄一波爲名譽會長、任中林任會長。

12月10日　財政部發布《中華人民共和國個人收入調節税暫行條例施行細則》。

12月12日　中國人民銀行發出《關于外商投資企業外匯抵押人民幣貸款的暫行辦法》。

一九八七年

1月20日　新華社公布對外經貿部《關于外商投資企業購買國内産品出口解决外匯收支平衡的辦法》。

1月20日　國務院作出《關于進一步推動科技體制改革的若干規定》。《規定》提出，要支持和鼓勵部分科技人員以調離、停薪留職、辭職等方式，到農村和城鎮承包、承租全民所有制中小企業，承包或領辦集體鄉鎮企業，興辦經營各種所有制形式的技術開發、技術服務、技術貿易機構，創辦各類中小型合資企業、股份公司等，允許他們在爲社會創造財富的同時取得合法收入，技術入股者按股分紅。

1月22日　中發5號文件提出對私營企業采取"允許存在，加强管理，興利抑弊，逐步引導"的十六字方針。

1月24日　對外經濟貿易部發出《關于外商投資企業申領進出口許可證的實施辦法》。

同日　全國工商聯會同中央統戰部、對外經貿部、外國專家局在北京舉行外商投資企業迎春招待會。

1月26日　新華社北京電：國家經委負責人指出，實行所有權和經營權分開，企業可以采用多種經營形式。國營小型企業、微利和虧損企業可以試行租賃、承包經營，對一般的全民所有制企業、大中企業，可以進行經營承包責任制等形式的試點。

1月27日　對外經濟貿易部發出《關于確認和考核外商投資的産品出口企業和先進技術企業實施辦法》

1月30日　財政部發出《貫徹國務院＜關于鼓勵外商投資的規定＞中税收優惠條款的實施辦法》

2月6日至10日　在深圳召開的特區工作會議認爲，改革是特區發展的内在動力，特區活不活，特不特，很重要的一方面是靠自身的改革。要求特區以發展外向型經濟爲中心，以搞好企業，完善市場體系，改革行政管理爲重點，鋭意改革，精心探索，努力走在全國的前頭。

2月7日　《人民日報》報道：深圳、珠海、厦門、汕頭四個特區建立外向型經濟取得新進展，1986年工業總産值66。5億元，比1985年增長19。5%，利用外資項目240多個。

2月20日　中國人民銀行發出《關于境内機構提供外匯擔保的暫行管理辦法》。

3月1日　國家工商行政管理局發出《關于中外合資經營企業注册資本與投資總額比例的暫行規定》。

3月27日　國務院發布《企業債券管理暫行條例》。

3月28日　國務院發布《關于加强股票、債券管理的通知》。

4月7日　國務院批準《中國銀行對外商投資企業貸款辦法》。《辦法》規定，凡符合以下條件的外商投資企業，均可向中國銀行申請貸款：一、企業取得中國工商行政管理機關發給的營業執照，并在中國銀行開立帳户。二、企業　注册資本按期如數繳納，并經依法驗資。三、企業董事會作出借款的决議和出具授權書。四、企業固定資産投資項目，已由計劃部門批準。五、企業有償還貸款能力，并提供可靠的還款、付息保證。

4月12日　鄧小平同志在會見岡比亞總統賈瓦拉的談話中説，中國的建設分三步走，在下個世紀相當長的時間里，使中國達到一個中等發達國家的水平，中國取得成就的重要經驗是政策要對頭。政策對頭，就是要改革開放。第一二步要改革開放，第三步更要改革開放。

4月14日　中央統戰部、對外經濟貿易部轉發天津市委統戰部、市對外經貿委《關于搞好中外合營企業中方人員與外方人員合作共事關系的意見》。

4月16日　鄧小平同志在會見香港特别行政區基本法起草委員會委員的談話中説，對香港、澳門、臺灣問題的處理，就是"一國兩制"。"一國兩制"也要講兩個方面。一方面，社會主義國家里允許一些特殊地區搞資本主義，不是搞一段時間，而是搞幾十年、成百年。另一方面，也要確定整個國家的主體是社會主義。

6月10日　國務院在《批轉國家體改委、商業部、財政部關于深化國營商業體制和供銷合作社體制改革意見的通知》中提出，對地處偏僻、長期虧損的小門點，可以公開拍買。國營小型企業可以實行租賃制。

8月5日　國務院發布《城鄉個體工商户管理暫行條例》。《條例》規定，有經營能力的城鎮待業人員、農村村民以及國家政策允許的其他人員，可以申請從事個體工商業經營，依法經核準登記后爲個體工商户。個體工商户可以在國家法律和政策允許的範圍内，經營工業、手工業、建築業、交通運輸業、商業、飲食業、服務業、修理業以及其他行業。可以個人經營，也可以家庭經營。可以根據經營情況請一、二個幫手，有技術的可以帶三、五個學徒。個體工商户的合法權益受國家保護。

8月15日　中央統戰部、中央組織部、對外經濟貿易部、國務院特區辦、外國專家局發出《關于加强外商投資企業統一戰綫工作意見》。《意見》提出，外商投資企業統一戰綫工作的任務是廣交朋友，宣傳政策，反映情況，協調關系，爲辦好企業、貫徹對外開放政策服務。

8月29日　交通銀行上海分行正式向企事業單位發行1億元人民幣的股票.這是新中國成立以來首次發行銀行股票。

9月5日　國家工商局發布《城鄉個體工商户管理暫行條例實施細則》。

9月26日　中共中央、國務院發出《關于建立海南省及其籌建工作的通知》。《通知》指出，海南在開發建設中要大力吸引外資，特别要注意引進港澳的資金，逐步建立起具有海南特色的外向型經濟結構。國務院將給海南省以更多的自主權，規定更爲優惠的政策，使它成爲我國最大的經濟特區。

10月5日　《中國農民報》刊載中國科協、農牧漁業部、水利電力部、林業部聯合頒發的《農民技術人員職稱評定和晋升試行通則》。

10月25日至11月1日　中國共産黨第十三次全國代表大會在京舉行。會議指出，社會主義初級階段的所有制結構應以公有制爲主體。目前全民所有制以外的其他經濟成份，不是發展得太多了，而是還很不够。對于城鄉合作經濟、個體經濟和私營經濟，都要繼續鼓勵它們發展。在不同的經濟領域，不同的地區，各種所有制經濟所占的比重應當允許有所不同。私營經濟是存在雇傭勞動關係的經濟成份。但在社會主義條件下，它必然同占優勢的公有制經濟相聯係，并受公有制經濟的巨大影響。實踐證明，私營經濟一定程度的發展，有利于促進生産，活躍市場，擴大就業，更好地滿足人民多方面的生活需求，是公有制經濟必要的和有益的補充。必須盡快制定有關私營經濟政策和法律，保護它們的合法利益，加强對它們的引導、監督和管理。會議還指出，中外合資企業、合作經營企業和外商獨資企業，也是我國社會主義經濟必要的和有益的補充。應當切實保護國外投資者的合法利益，進一步改善投資環境。

10月26日　國務院發布《廣告管理條例》。

12月30日　國務院批準《中外合資經營企業合營各方出資的若干規定》。對外經濟貿易部、國家工商行政管理局發布。《規定》共11條，對合營各方出資期限、構成違約的處理等問題作出了規定。

一九八八年

2月12日　全國工商聯會同國務院外國專家局、外商投資企業協會、北京市外經委、北京市工商聯等單位共同舉行外商投資企業迎春招待會。

2月15日　全國工商聯辦公廳向全國人民代表大會法制工作委員會報送對《中華人民共和國中外合作經營企業法(草案)的修改意見。

2月22日至24日　中央統戰部舉行關于《中華人民共和國私營企業暫行條例(草案)》座談會。全國工商聯在京負責人和部分地方組織負責人參加了座談會。

2月23日　國家統計局公布《1987年國民經濟和社會發展統計公報》。《公報》指出，1987年全國職工人數爲13190萬人。城鎮個體勞動者爲567萬人，比1986年增加 84 萬人。

3 月 4 日至 8 日　國務院在北京召開沿海地區對外開放工作會議。會議認爲，對外開放 9 年來，一個多層次、有重點的對外開放格局，即經濟特區—沿海開放城市—沿海開發區—内地的格局，爲沿海地區轉向外向型經濟，參加國際大循環，積累了經驗，創造了條件。會議建議擴大沿海經濟開放區的範圍，這個範圍大體相當于過去 9 年開放範圍的總和。

3 月 23 日　國務院作出《關于沿海地區發展外向型經濟的若干補充規定》。

4 月 12 日　第七屆全國人民代表大會第一次會議通過《中華人民共和國憲法修正案》。對憲法第十一條增加下列内容："國家允許私營經濟在法律規定的範圍内存在和發展。私營經濟是社會主義公有制經濟的補充。國家保護私營經濟的合法的權利和利益，對私營經濟實行引導、監督和管理。"憲法第十條第四款還規定"任何組織或者個人不得侵占、買賣或者以其他形式非法轉讓土地。土地的使用權可以依照法律的規定轉讓。"

4 月 13 日　第七屆全國人民代表大會第一次會議通過《中華人民共和國中外合作經營企業法》，就中外合作經營企業的指導思想、合作企業法的適用範圍、中外合作者的投資方式、合作企業的經營管理、所得税、分配收益和回收投資、國家對合作企業的管理和監督作了規定。

4 月 13 日　七屆人大一次會議通過《關于設立海南省的決定》、《關于建立海南經濟特區的決議》。

5 月 4 日　國務院作出《關于鼓勵開發海南島的規定》。

5 月 5 日　國務院批準并予以公布勞動部、人事部《關于進一步落實外商投資企業用人自主權的意見》。

5 月 8 日至 13 日　中央統戰部舉行全國經濟統戰工作會議。

5 月 15 日　中共中央對工商聯工作做了指示，指出，工商聯是我國民間的對内商會，也是對外商會，在對内搞活、對外開放中，應發揮更加積極的作用。工商聯吸收新會員可以按照現在的路子先搞試點。工商聯應配合工商局做工作。工商聯工作要適應新的情況，要有新的經驗。要加强私營企業者的工作，使他們做一合法的經營者，通過各種形式的經營爲社會主義經濟建設作出貢獻。

6 月 3 日　國務院第七次常務會議通過《中華人民共和國私營企業暫行條例》，并于 7 月 1 日起施行。《條例》規定，私營企業是指企業資産屬于私人所有、雇工 8 人以上的營利性的經濟組織；明確私營經濟是社會主義公有制經濟的補充。國家保護私營企業的合法權益。私營企業必須在國家法律、法規和政策規定的範圍内從事經營活動。《條例》還對私營企業的種類、開辦和關閉、權利和義務、勞動管理、財務税收、監督與處罰等問題作了規定。

同日　國務院第七次常務會議通過《中華人民共和國私營企業所得税暫行條例》、《關于征收私營企業投資者個人收入調節税的規定》。

6 月 13 日　國務院發布《中華人民共和國企業法人登記管理條例》。

6 月 15 日　財政部發布《關于沿海經濟開放區鼓勵外商投資減征、免征企業所得税和工商統一税的暫行規定》。

6 月 25 日　國務院第十次常務會議通過《關于鼓勵臺灣同胞投資的規定》。

6 月 29 日《人民日報》發表評論員文章《鼓勵引導私營企業健康發展》。

7 月 8 日　我國第一塊出讓土地使用權招標在上海揭曉，日本孫氏有限公司中標，使用期 50 年。

7 月 28 日　《人民日報》報道：上半年外商來華投資數激增，全國外商投資企業增加 2109 個，比去年同期增長 186%，累計達到 12161 個。

8 月 24 日　中國農業銀行發布《個體工商户、私營企業貸款管理暫行辦法》。

10 月 5 日　鄧小平同志在會見肯尼亞總統莫伊的談話中説，我們的發展戰略第一步是沿海地區先發展，第二步是讓沿海地區幫助内地發展，達到共同富裕。共同富裕是社會主義制度不可動摇的原則。

11月3日　國家工商行政管理局發布《中華人民共和國企業法人登記管理條例施行細則》。

11月17日　國家稅務局發布《關于私營企業稅收政策的若干規定》。

同日，財政部發布《中華人民共和國私營企業所得稅暫行條例實施細則》。

11月21日　國家稅務局發布《私營企業財務管理暫行辦法》。

11月27日至12月3日　中華全國工商業聯合會第六屆會員代表大會在北京舉行。會議進一步明確了社會主義初級階段和改革開放形勢下工商聯統一戰綫組織和民間商會的性質，明確了新形勢下工商聯的地位、任務和作用。會議指出，到1988年9月，工商聯共吸收新會員78277個，其中企業會員38522家(包括國營企業13823家，集體企業16341家，鄉鎮企業6263家，私營企業339家，"三資"企業737家，聯營等其他企業1020家)，團體會員2742個，個人會員37013個。會議選舉榮毅仁爲全國工商聯主席。

12月1日至3日　沿海地區對外開放座談會在北京召開。會議强調，沿海地區一是治理整頓堅定不移，二是實施沿海地區發展戰略要堅定不移，堅持改革開放的總方向。

12月12日　國家稅務局發布《關于征收私營企業投資者個人收入調節稅的補充規定》。

一九八九年

1月2日　新華社報道：據不完全統計，繼國內第一家股份公司——北京天橋百貨股份有限公司1984年成立之後，全國至今已有股份制企業6000多家，股份集資額60多億元。

1月16日　國家工商行政管理局發布《中華人民共和國私營企業暫行條例施行辦法》，自1989年2月1日起施行。

2月18日　新華社報道：國務院決定南京、成都、長春三市在國家計劃中實行單列，并賦予相當于省一級的經濟管理權限。至此，經國務院批準的計劃單列城市已達14個。

2月28日　國家統計局發表《1988年國民經濟和社會發展統計公報》。《公報》中指出，全國職工人數爲13573萬人，比1987年增加359萬人，城鎮個體勞動者爲633萬人，比1987年增加64萬人。

4月28日　國務院常務會議通過《外國商會管理暫行規定》。

6月20日　國務院批準福建沿海劃定臺商投資區，鼓勵臺灣投資者從事土地開發經營和投資辦廠。

8月1日　國家稅務局發布《關于整頓城鄉個體商業户稅收的通告》。

同日　《人民日報》報道：至今，我國有1450多萬户個體工商業户，從業人員2300萬，1988年交納稅款92億元，但目前個體工商業户偷稅漏稅面高達70%～80%。

8月10日　全國工商聯副主席經叔平接受美國廣播公司駐京首席記者采訪，回答了有關目前我國個體工商户和私營企業發展情況等方面的問題。

8月12日　《人民日報》報道：今年上半年，全國城鄉個體工商户數逐月下降。6月底比去年底實際户數減少218.4萬户，從業人員減少361.6萬人，分別下降15%和15.7%。

9月1日　新華社報道：最近國務院發出《關于大力加强城鄉個體工商户和私營企業稅收征管工作的決定》。《決定》指出，在以公有制爲主體的前提下發展個體經濟、私營經濟和其他多種經濟成份，是黨和國家在社會主義初級階段的一項長期指導方針，必須始終貫徹執行。要繼續鼓勵個體經濟和私人經濟的發展，提倡在共同富裕的目標下，一部分人通過誠實勞動和合法經營先富起來。要按照國家有關法規，保障個體工商户和私營企業的正當經營活動和合法收入。同時，要對個體經濟和私營經濟加强引導，監督和管理。所有依法經營的合法收入都必須照章納稅。對采取偷稅漏稅和其他不正當手段牟取暴利者，要依法處理，嚴厲制裁。

9月2日　《經濟日報》報道：截至今年7月底，全國共批準舉辦三資企業19445家。其中合資企業10732家，合作企業7573家，獨資企業1090家，海洋石油合作開發項目50個，外商已實際投入136億美元。

9月5日　全國稅務工作會議在京結束。王丙乾在會上重申，切實整頓個體工商户和私營企業稅收秩序是各級稅務機關的工作重點。

9月21日　勞動部發布《私營企業勞動管理暫行規定》。

9月29日　江澤民總書記在慶祝中華人民共和國成立四十周年大會上的講話中説，在我國經濟發展中，我們要繼續堅持公有制爲主體，發展多種經濟成份的方針，發揮個體經濟、私營經濟以及中外合資、合作企業和外資企業對社會主義經濟的有益的、必要的補充作用。非公有制經濟在我國國民經濟中所占比重和發展領域，要根據我國現實的生産力水平和客觀需要來確定，不能簡單地把它所占的比重的大小作爲衡量改革成績的標志。我們的方針，一是要鼓勵它們在國家允許的範圍内積極發展，二是要運用經濟的、行政的、法律的手段，加强管理和引導，既發揮它們的積極作用，又限制其不利于社會主義經濟發展的消極作用。

9月30日　李鵬總理在慶祝中華人民共和國成立四十周年招待會上的講話中説，現在有些國内外人士擔心，改革開放的一些具體政策是否會發生變化，在這里，我們負責地告訴大家，現行的企業承包制，廠長負責制，沿海地區發展政策，個體經濟和私營經濟政策等，都要保持穩定性和連續性，絶不會輕易加以改變。

10月15日　由廣東海外聯誼會、廣東外商公會、廣東外商投資企業協會、廣東電視臺、羊城晚報聯合舉辦的“金匙獎”評選活動揭曉，深圳康佳電子有限公司等100家三資企業榮獲“金匙獎”。

11月4日　新華社報道：沿海開放城市、經濟特區外商投資企業已達9200家，比去年同期增長40%。

11月6日至9日　中共十三届五中全會在京舉行。全會審議并通過《中共中央關于進一步治理整頓和深化改革的决定》，强調在堅持公有制爲主體的前提下發展多種經濟成份，强調我國個體經濟、私營經濟是對社會主義經濟的有益的必要的補充。應鼓勵他們在國家允許的範圍内繼續發展，發揮積極作用，限制消極作用。

11月11日　國家稅務局發出《關于對私營企業征收營業稅幾個具體問題的通知》。

11月14日　新華社北京電：中國政府已决定采取一些新的措施，幫助在原材料和資金供應方面遇到困難的部分外商投資企業渡過危機，以體現中國政府繼續對外開放，致力于改善投資環境的决心。

12月5日至11日　全國計劃會議和全國財經工作會議召開，會議重申，農村實行家庭聯産承包責任制不變，企業承包責任制不變，廠長責任制不變，在堅持公有制爲主體的前提下，發展多種經濟成份的政策不變，繼續引進先進技術、利用外資和吸引外商來華投資等對外開放政策不變，經濟特區和沿海開放地區的基本政策措施不變。

一九九零年

1月13日　以薄一波爲名譽會長、何康爲會長的中國鄉鎮企業協會在京成立。

2月5日至8日　國務院在深圳召開經濟特區工作會議。會議的中心議題是：經濟特區認真抓好治理整頓和深化改革，進一步發展外向型經濟，充分發揮對外開放的窗口和基地作用，更好地爲國家的經濟發展服務。李鵬在會上講話强調，要把特區辦得更好。5個經濟特區1990年工業産值達300億元，外貿出口達38.5億美元，占全國總額的10%。

2月9日　《人民日報》發表評論員文章《進一步辦好經濟特區》。

2月12日　農業部發布《農民股份合作企業暫行規定》。

2月21日　國家統計局公布《1989年國民經濟和社會發展的統計公報》。《公報》指出，1989年新簽外商直接投資協議金額56億美元，比上年增長5.6%，外商實際投資33億美元，比上年增長4.1%。全國職工人數爲13740萬人，比上年增加132萬人。城鎮個體勞動者650萬人，比上年減少9萬人。

3月20日　七届人大三次會議的政府工作報告中指出，允許個體商業經營某些小商品的批發業務，以促進市場，促進城鄉物資交流。鼓勵和引導個體、私營經濟健康發展，發揮它們在發展生産，搞活流通，增加就業方面的積極作用。對個體、私營經濟和外資企業實行市場調節。

3月23日　《人民日報》海外版消息：到1989年底，全國批準的外商投資企業已有2.2萬多家。其中合資經營企業1.2萬多家，合作經營企業8千多家，外商獨資企業1500多家，海洋石油合作開發58項。外商協議投資金額337億美元，實際投入154億美元。開業投産的近萬家，出口創匯40多億美元。

4月4日　七届人大在三次會議通過《關于修改＜中華人民共和國中外合資經營企業法＞的决定》、《中華人民共和國香港特别行政區基本法》、《全國人民代表大會關于設立香港特别行政區的决定》。

4月5日　李鵬總理答中外記者問時説，中國按照社會主義初級階段的理論，以公有制經濟爲基礎，但是同時允許私有經濟、允許個體户在中國的經濟中發揮作用，我們仍然對這些經濟采取扶持的態度。現在國務院正在考慮，除了允許他們經營零售業務，還允許他們經營某些品種的批發業務。

4月30日　全國工商聯向中共中央報送關于吸引臺資中的問題及應采取對策的建議。

5月16日　《中國勞動報》刊載國務院《關于做好勞動就業工作的通知》。《通知》提出，解决城鎮就業問題，除全民單位按照國家計劃安排就業外，更多地要靠發展集體經濟和發揮個體、私營經濟的作用，廣開就業門路，拓寬就業渠道。

5月19日　國務院發布《外商投資開發經營成片土地暫行管理辦法》、《中華人民共和國城鎮國有土地使用權出讓和轉讓暫行條例》。

5月21日　《中國鄉鎮企業報》刊載農業部《關于堅决制止并糾正改變鄉鎮企業所有制性質和隸屬關系的通知》。《通知》中指出，禁止任何單位和個人將集體企業改變爲個體企業或將個體工商户、私營企業挂靠集體，領取集體企業營業執照，或平調、上升爲集體所有制。

5月25日　《經濟日報》公布新疆天山毛紡織有限公司等外商投資企業爲“1989年全國十大最佳生産型合資企業”。

6月26日　《人民日報》刊載國務院批轉的商業部《關于集體商業經營批發和個體商業從事長途販運、批量銷售業務有關問題的意見》。《意見》指出，個體商業可從事鮮活商品、土特産品的長途販運和已放開經營的某些日用小商品以及服裝、鞋帽的批量銷售業務。

7月7日　全國外商投資企業出口創匯先進表彰大會在京舉行。1989年全國有831家外商投資企業創匯100萬美元以上。其中78家創匯達500至1000萬美元，49有創匯超過1000萬美元。

7月14日　中共中央發出《關于加强統一戰綫工作的通知》。《通知》中指出，要認真做好臺灣同胞、港澳同胞和國外僑胞投資企業中代表人士的工作，宣傳政策，聯絡友誼，反映意見，幫助協調有關事宜。要聯系私營企業主中代表人士，引導他們積極經營，愛國守法。

7月20日至21日　全國工商聯召開個體、私營經濟專題座談會。

7月31日　由經濟日報和中華工商時報聯合舉辦的全國十大最佳合資企業(生産型)評選頒奬大會在北京人民大會堂舉行。

8月2日至6日　全國工商聯六届常委會舉行第五次會議。會議的主要議程是討論貫徹全國統戰工作會議精神，加强工商聯工作的意見和討論促進個體、私營經濟健康發展的建議。

8月4日　《經濟日報》消息：截至今年6月底，我國共批準舉辦外商投資企業24560家，合同外資金額361.15億美元，外商已經投入資金167.21億美元，已投産開業的達1萬多家。

8月19日　國務院發布《關于鼓勵華僑和香港澳門同胞投資的規定》。

8月26日　新華社報道：我國深圳、珠海、汕頭、厦門和海南5個經濟特區成績顯著，外商投入40多億美元，1989年出口額達38.5億美元，約占全國一成。

9月10日　國務院有關部門和上海市政府向中外記者宣布開發、開放浦東新區的九項具體政策規定。標志浦東開發進入實質性啓動階段。

9月22日至10月3日　全國工商聯邀請人民日報、人民日報海外版、新華社、中央人民廣播電臺、中國新聞社、經濟日報等10家新聞單位的記者赴南京采訪全國工商聯會員企業名特優新産品博覽會及江蘇經濟懇談會，并對江蘇省工商聯和南京、無錫、宜興、蘇州市工商聯開展直屬企業會員工作、個體私營企業工作、爲"三資"企業服務工作、自辦企業工作和組織同業公會工作進行了專題采訪。

11月20日　國家工商行政管理局公布《企業法人的法定代表人審批條件和登記管理暫行規定》。

11月22日　國務院發布《勞動就業服務企業管理規定》。

11月26日　建國以來大陸第一家證券交易所——上海證券交易所正式成立。

12月1日　中共中央和國務院就1991年農業和農村工作發出通知。指出1991年要繼續堅持以集體經濟爲主體的多種經濟成份并存的方針，要保護種養專業户和個體工商户的合法經營，對私營企業加强引導、監督、管理，興利抑弊，并保護其合法權益。

12月30日　中共中央十三届七中全會通過《中共中央關于制定國民經濟和社會發展十年規劃和"八五"計劃的建議》。《建議》中指出，繼續堅持以公有制爲主體，適當發展其他經濟成份，形成適合我國現階段生産力水平的所有制結構，堅持以社會主義公有制爲主體的多種經濟成份并存的所有制結構，發揮個體經濟、私營經濟和其他經濟成份對公有制經濟的有益的補充作用，并對它們加强正確的管理和引導。

一九九一年

1月16日　國家税務局發布關于私營企業財務會計有關問題的通知。

2月23日　國家税務局發布《關于私營企業若干税收政策規定》。

同日　國家統計局公布《1990年國民經濟和社會發展的統計公報》。《公報》中指出，1990年工業總産值16253億元，比上年增長7.6%。其中，全民所有制工業增長2.9%，集體所有制工業增長9.1%，個體工業增長21.6%，三資企業工業增長56%。全民所有制和集體所有制工業總産值占全部工業總産值的91.4%。全年新簽利用外資協議金額爲123億美元，比上年增長7.4%，實際使用外資101億美元，比上年略有增長。全國職工人數爲13989萬人，比上年增長247萬人。城鎮個體勞動者700萬人，比上年增長50萬人。

3月5日　海關總署發布《中華人民共和國海關對外商投資企業物資公司進口物資保税管理辦法》。

3月6日　國務院批準建立26個高新技術産業開發區，以加速高新産業技術的發展。國家科委、國家税務局制定的相應的規定，也經國務院批準執行。

3月9日　新華社報道：至1990年底，全國個體工商户達1329萬户，從業人員2092萬人，注册資金397億元，只相當于國營、集體企業的2.3%。

3月13日　國務院發出《關于加强外資企業重大項目審批工作的通知》。

3月16日　《人民日報》報道：全國個體、私營經濟工作會議透露，爲鼓勵私營企業出口創匯，國家税務局近期調整對私營企業的税收政策。凡從事出口創匯的私營企業，其獲得的外匯留成額度調劑收入，通過國家外匯調劑中心按國家規定辦理，不征收私營企業所得税。

3月19日　《人民日報》海外版消息：截至1990年底，我國累計批準外商投資企業29000多家，其中3300多家是外商獨資企業。開業投産的14000多家，外商實際投資190億美元。創工業産值700多億元，約占全國工業總産值的3%。其中，上海占5.5%，北京9%，廣東爲20%，深圳60%以上。

4月9日　七届全國人民代表大會第四次會議通過《中華人民共和國外商投資企業和外國企業所得税法》、《中華人民共和國民事訴訟法》

4月15日　全國個體勞動者第二次代表大會暨第二次全國先進個體勞動者表彰大會開幕。中國個體勞動者協會名譽會長薄一波、國家工商局、全國總工會、全國婦聯、國家税務局、勞動部、全國工商聯的負責同志作了講話。

4月16日　李鵬總理會見全國個體勞動者代表大會代表。李鵬説，今后十年是我們國家一個重要的發展時期，國營經濟、集體經濟、私營經濟、個體經濟，都應發揮各自的作用。實踐證明，我們發展多種經濟成分的政策是正確的，個體經濟、私營經濟的確是社會主義公有制經濟的必要的和有益的補充。對個體勞動者在我國經濟建設中所起的積極作用，黨和政府是給予充分肯定的。李鵬指出，發展多種經濟成份并存的所有制結構，是建設有中國特色的社會主義的主要内容之一，是一項長期的方針，不是權宜之計。廣大個體勞動者大可消除疑慮，安心守法經營。

4月16日　《人民日報》發表了七届人大四次會議通過的《中華人民共和國經濟和社會發展十年規劃和第八個五年計劃綱要》。《綱要》指出：在堅持公有制經濟爲主體的前提下，繼續在一定範圍内適當發展個體經濟、私營經濟和其他經濟成分，發揮非公有制經濟對社會主義經濟的有益的補充作用，同時加强對他們的正確管理與引導。

4月17日　全國個體勞動者第二次代表大會通過《中國個體勞動者協會章程》，并選出第二届理事會理事、常務理事。名譽會長薄一波，會長任中林。

5月20日　國務院批轉《國家體改委關于一九九一年經濟體制改革要點》。《要點》提出，進一步穩定個體經濟和私營經濟政策，完善管理辦法；適當發展個體和私營經濟，發揮其對公有制經濟的補充作用。清理整頓名爲集體實爲個體或私營的企業。

6月18日　由中華工商時報社和經濟日報社聯合舉行的第四届全國十大最佳合資企業頒獎大會在京舉行，深圳中華自行車有限公司等十家企業榮獲"十佳"稱號。

6月30日　國務院發布《中華人民共和國外商投資企業和外國企業所得稅法實施細則》。

7月1日　江澤民總書記在慶祝中國共産黨成立七十周年大會上的講話中説，有中國特色社會主義的經濟，必須堅持以生産資料社會主義公有制爲主體，允許和鼓勵其他經濟成份的適當發展，既不能脱離生産力發展水平搞單一的公有制，又不能動搖公有制經濟的主體地位，不能搞私有化。在我國現階段，適應生産力的現實水平和進一步發展的要求，首先要鞏固和壯大社會主義公有制經濟，同時需要個體、私營經濟以及中外合資、合作企業和外商獨資企業的適當發展，作爲社會主義公有制經濟必要的有益的補充。要在實踐的過程中，經過深入系統的調查研究，采取適當的措施，逐步使得各種經濟成份在整個國民經濟中所占的比例和發展範圍趨于比較合理。

7月6日　中共中央發出關于工商聯若干問題的指示。中央指出，在我國，非公有制經濟成分作爲公有制經濟的有益補充，將在相當長的歷史時期内存在和發展。現在亟需有一個黨領導的、主要是做非公有制經濟代表人士思想政治工作的人民團體，對私營企業主、個體工商户和臺灣同胞、港澳同胞、海外僑胞投資者介紹黨的方針、政策，進行愛國、敬業、守法的教育，并維護他們的合法權益，反映他們的正確意見。對現在的私營企業主不應和過去的工商業者簡單的類比和等同，更不是要像五十年代那樣對他們進行社會主義改造。工商聯作爲黨領導下的以統戰性爲主，兼有經濟性、民間性的人民團體，可以配合黨和政府承擔這方面的任務，成爲黨和政府管理非公有制經濟的助手，聯系非公有制經濟代表人士的一個橋梁。新時期工商聯的會員對象，除了原工商業者外，主要應是私營企業、個體工商户、"三胞"投資企業和部分鄉鎮企業。

7月11日　國務院發出《關于清理整頓個體采煤的通知》。要求嚴格按照有關法律法規清理整頓個體采煤，嚴格個體采煤的辦礦條件，對現有的個體采煤嚴格審查，分類處理。

7月20日　國家工商行政管理局發布《私營企業登記程序》。

8月10日至12日　首届世界華商大會在新加坡舉行，來自五大洲30個國家和地區的800多名著名華商出席大會。以孫孚凌爲團長的中國工商代表團出席大會。大會特邀嘉賓榮毅仁在會上作了題爲《中國經濟之發展與世界華商》和演講。

9月7日　《中華工商時報》消息：最近，國務院辦公廳對全國工商聯提出的穩定私營企業的幾點建議作出批復，并提出調整私營企業的四條措施。國家體改委、國家工商局、國家國有資産管理局最近提出了進一步促進私營企業健康發展的四點建議。

9月2日至25日　全國工商聯六届常委會舉行第七次會議。會議傳達學習了中共中央關于工商聯工作的指示精神，通過了貫徹指示精神的决議。

10月10日至20日　全國工商聯工商人才培訓中心在北京舉辦國際經濟合作實務高級研修班。

10月22日　《北京日報》消息：江澤民總書記在中央工作會議上的講話中説，前幾年我們采取一些優惠政策,促進個體經濟、私營經濟和三資企業的發展,這是必要的。我們還要繼續引導它們健康發展,使它們更好地成爲社會主義公有制經濟必要的有益的補充。

11月14日　據國家工商行政管理局統計,我國私營企業突破10萬户,從業人員達175萬人,注册資金106億元。1991年以來登記的私營企業,工業企業占62%,商業企業占25%。户均資金達44萬元。

11月21日　對外經濟貿易部部長助理俞曉松介紹,從1987年起,中國外商投資企業已從整體上擺脱經濟效益低下的狀況,轉入正常的生産經營階段,至今已進入收益期。1990年全國三資企業工業産值達700億元,繳納税收43.5億元,盈利企業數占70%。

12月9日　國務院批轉國家税務局《關于進一步推進依法治税加强税收管理的報告》。《報告》提出,加强個體、私營經濟的税收征管,加强涉外税收工作,積極穩步推進税制改革。

一九九二年

1月1日　江澤民同志在全國政協新年茶話會上的講話中説,經過十多年的實踐,中國各族人民越來越深切地認識到,建設有中國特色的社會主義,這條路我們走對了。通過一部分人、一部分地區先富起來,引導農民逐步實現共同富裕。要繼續擴大多方向的對外開放,改善投資環境,促進對外貿易和對外經濟技術交流。

1月6日至11日　全國工商聯六届執委會舉行第四次會議。會議聽取了工作報告,討論并通過了全國工商聯關于貫徹執行中共中央關于工商聯工作指示的兩年工作規劃及有關决議。

1月6日　104位全國鄉鎮企業家在京受到國務院主管部門的表彰。田紀雲在表彰大會上代表黨中央、國務院向全國鄉鎮企業家表示祝賀。

1月8日　田紀雲副總理在全國工商聯六届四次執委會上的講話中説,在中國,兩條路不能走,一條是私有化這條路不能走,一條是"大鍋飯"、"鐵飯碗"這條路不能走。改革開放以來,逐步形成了以公有制經濟爲主體、多種經濟成分并存的所有制結構,這也是中國特色社會主義的體現。在發展公有制經濟的同時,適當發展多種經濟成份的格局已經形成。目前,非公有制經濟所占比重不大,但影響不小。對非公有制經濟的管理,既不能壓制發展,又不能引導它們向公有制過渡。將個體户、私營企業轉變爲集體經濟,這是錯誤的、不符合黨的政策的。個體、私營經濟是公有制經濟的重要的補充,不能取締,只能在國家允許的範圍内發展,加以引導,使其健康發展。

同日　首届中國外商投資企業出口商品交易會在厦門開幕。近千家外商投資企業展出了20大類15萬個品種規格的産品。

1月9日　中共中央政治局候補委員、書記處書記丁關根在全國工商聯六届四次執委會上講話。他指出,對非公有制經濟代表人士進行工作的基本方針是團結、幫助、引導、教育,不是像50年代那樣搞社會主義改造。

1月15日　國家税務局舉行新聞發布會。宣布1991年全國個體工商户、私營企業的税收收入達170多億元,比上年增長25%以上。

1月18日至21日　鄧小平同志視察南方。鄧小平同志指出,革命是解放生産力,改革也是解放生産力。改革邁不開步子,要害是姓"資"還是姓"社"的問題。判斷的標準,應該主要看是否有利于發展社會主義社會的生産力,是否有利于增强社會主義國家的綜合國力,是否有利于提高人民的生活水平。特區姓"社"不姓"資"。"三資"企業受到我國整個政治、經濟條件的制約,是社會主義經濟的有益補充,歸根到底是有利于社會主義的。

1月21日　國家主席楊尚昆在深圳考察時强調,要堅持改革開放政策,要更放寬些,更大膽些,比現在還要放開。

1月24日　新華社電:1991年登記注册的外商投

資企業超過1萬户。到1991年底,外商投資企業累計達37189户。其中中外合資經營企業22791户,合作經營企業8497户,外商獨資企業5901户。生產型企業占95%。外商投資企業已遍布中國的30個省、自治區、直轄市。

1月25日　對外經濟貿易部負責人説,外商投資企業在中國呈現出可喜的發展新勢頭,即外商投資出現良性循環,吸收外資大幅度增加;高新技術産業和大項目增加;世界著名大公司投資增加;外商投資開始向内地推進,向鄉鎮擴散,向周邊地區蔓延。

1月30日　李鵬總理在世界經濟論壇年會上的講話中説,中國的改革,不是改變社會主義制度,而是社會主義制度的自我完善和發展。改革總的原則包括堅持公有制爲主體,同時鼓勵非公有制經濟適度發展。

2月1日至14日　國家主席楊尚昆考察上海,强調在改革開放邁開新步伐的基礎上,思想更解放一點,膽子更大一點。

2月24日　《人民日報》發表社論《改革的膽子再大一點》

2月29日　國家統計局公布《關于1991年國民經濟和社會發展的統計公報》。《公報》指出,1991年工業總産值28225億元,比上年增長14.2%。其中全民所有制工業增長8.4%,集體所有制工業增長18%,個體工業增長24%,三資企業工業增長55.8%。全國職工人數爲14397萬人,比上年增加338萬人,城鎮個體勞動者704萬人,比上年增加33萬人。

3月2日　據《人民日報》報道:1991年10大專業批發市場座次排定,浙江義烏小商品市場名列榜首。

3月5日　新華社電:我國投資環境明顯改善,近三年新批外商投資企業2.5萬家。

3月8日　國務院發布《中華人民共和國出口貨物原産地規則》。

3月9日　據《人民日報》報道:商業部負責人發布,今后幾年,國營大中型飯店、酒店比照合資飯店的政策轉換運行機制,小型飲食、服務企業比照個體經濟的政策放開搞活,使企業真正建立自主經營、自負盈虧、自我發展、自我結束的新機制。

3月9日至10日　中共中央政治局全體會議在北京召開。會議討論我國改革和發展的若干重大問題,强調牢牢把握黨的基本路綫一百年不動摇,抓住機遇加快改革開放把經濟搞上去。

3月10日　國務院决定進一步開放東北地區的黑河、綏芬河、琿春、滿洲里四個邊境城市。

3月11日　國務院港澳辦公室和新華社香港分社聘請的首批44名香港事務顧問聘書在京頒發。

3月13日　新華社電:國務院批準海南省吸收外商投資開發建設洋浦經濟開發區。

3月17日　全國工商聯在京召開主席(擴大)會議,結合工商聯的工作實際,學習鄧小平同志視察南方談話精神。全國人大代表、全國政協委員中的全國工商聯常委、執委和地方工商聯的負責人參加了會議。

3月18日　國務院發布修改后的《中華人民共和國進出口關税條例》。

3月20日　李鵬在七届人大五次會議政府工作報告中指出,計劃和市場都是調控經濟的手段,不是區别社會主義和資本主義的標志,社會主義和資本主義都可以用。要鞏固和發展公有制經濟,并引導其他經濟成份健康發展,繼續發揮個體經濟、私營經濟有益的補充作用。

3月21日　新華社電:今年1至2月,我國新批準外商直接投資項目2392個,協議外資金額35.3億美元,實際利用外資7億美元,分别比去年同期增長73.5%、243.6%和97.2%。

3月29日　據《人民日報》報道:國務院最近正式批轉了農業部《關于促進鄉鎮企業轉化　發展的報告》,并發出通知,要求認真貫徹執行。

3月31日　全國工商聯向各地組織發出學習貫徹鄧小平同志重要論述和全國人大、全國政協七屆五次會議精神的通知。

4月11日　《人民日報》刊載國務院批準下達的《國家中長期科學技術發展綱領》。《綱領》中指出，在堅持公有制爲主體的條件下，國家繼續鼓勵和引導民辦科技機構的健康發展，作爲社會主義科技事業的重要補充。

4月21日　新華社電：從1979年至1992年第一季度，我國批準利用外資協議金額達1280億美元，實際使用820億美元。

4月25日　新華社電：我國擴大利用外資領域，零售商業、運輸、咨詢等以前外商投資的"禁區"將予以開放，允許外商進行投資。

5月4日　第五屆全國十大最佳合資企業揭曉，上海大衆汽車有限公司榮登榜首。

5月13日　據新華社報道：我國已有2093個億元鄉鎮，它們是全國鄉鎮總數3.77%，社會總産值占全國農村社會總産值的26.8%。

5月15日　全國個體私營經濟管理工作會議召開。會議指出，到1991年底，全國個體工商户1417萬户，從業人員2258萬人，注册資金488億元；私營企業10.8萬户，從業人員184萬人，注册資金123億元。1991年共繳納稅金179億元。

5月20日　據新華社報道：國務院最近批準國家體改委、國務院生産辦《關于股份制企業試點工作座談會情況的報告》，并要求各地要照這份報告進行股份制企業試點的準備工作。

5月21日　上海證券交易所決定自今日起全部放開上海股價。

5月23日　全國工商聯向中共中央辦公廳、國務院辦公廳報送關于大力發展第三産業中的若干問題的調查報告。

6月5日　《人民日報》發表評論員文章《堅持國營、集體、個體一起上》。

6月9日　江澤民同志在中共中央黨校發表重要講話。他强調指出，加快改革開放步伐，應該大膽吸收和借鑒人類社會創造的一切文明成果，吸收和借鑒當今世界各國包括資本主義發達國家的先進經營方式和管理方法。

6月16日　中共中央、國務院作出《關于加快發展第三産業的決定》。

6月19日　據新華社報道：全國鄉鎮企業總産值超過50億元的縣、市有15個，鄉鎮企業總産值超過10億元的鄉鎮有8個，有9個村的鄉鎮企業總産值超過2億元，有129家鄉鎮企業年産值達到或超過1億元。

同日　國家體改委等部門制定的《股份制企業試點辦法》予以公布。

6月19日　國家體改委制定的《股份有限公司規範意見》予以公布。

6月23日　財政部、國家體改委公布《股份制試點企業會計制度》。

7月3日　公安部決定將公路沿綫的公安交通檢查站一律撤除。

7月6日至10日　全國工商聯主席、副主席擴大會議在京舉行。會議學習了鄧小平同志視察南方重要談話和江澤民總書記在中央黨校的重要講話，商討了工商聯如何加快改革開放、爲經濟發展服務和如何加快貫徹落實中共中央關于工商聯工作的指示，使工商聯工作上一個新臺階。

7月7日　據《人民日報》報道：財政部日前頒布了《中華人民共和國外商投資企業財務管理規定》和《中華人民共和國外商投資企業會計制度》。

7月12日　李鵬總理簽署國務院令，發布《關于外商參與打撈中國沿海水域沉船沉物管理辦法》，自發布之日起施行。

7月13日　勞動部、國家體改委《股份制試點企業勞動工資管理暫行規定》予以公布。

7月23日　國務院發布《全民所有制工業企業轉換經營機制條例》。

7月29日　《中華工商時報》消息：湖北省黄石市在全國率先建立"國内私營企業投資區"。

8月2日　國家工商行政管理局决定撤除各類公路檢查站。

8月6日　《人民日報》消息：建設銀行將向私營企業、個體工商户敞開大門，發放貸款。

8月7日　國務院批轉財政部關于停止批發環節代扣營業税請示的通知。

8月8日　全國外匯調劑中心公開市場開業。

8月10日　新華社電：國務院對海南進一步放寬政策。

同日　《人民日報》刊登國家土地管理局和國家體改委7月9日發布的《股份制試點企業土地資産管理暫行規定》。

8月17日至20日　全國工商聯在北京舉行促進個體、私營經濟健康發展政策研討會。

8月20日　據國家工商行政管理局統計：截至6月底，全國個體工商户達1410萬户，從業人員2237萬人，分别比去年同期增加6.2%和6.4%；私營企業超過11萬户，其中城鎮私營企業4.9萬個，從業人員73萬人，分别比去年底增加8.4%和7.8%。

8月27日　《人民日報》消息：南京市浦口私營企業、個體經濟工貿區正式成立。

同日　全國工商聯向中共中央報送關于進一步促進個體、私營經濟健康發展的建議。

9月4日　七届人大常委會第二十七次會議通過《中華人民共和國税收征收管理法》、《關于懲治偷税、抗税犯罪的補充規定》。

10月2日　對外經濟貿易部對臺司公布：到1992年6月底，臺商在大陸投資項目爲5517個，協議投資金額47.5億美元。

10月11日　新華社電：廣東實施新規定，方便私營企業和個體工商户出國。

10月12日　中國共産黨第十四次全國代表大會開幕。江澤民同志作了《加快改革開放和現代化建設步伐，奪取有中國特色社會主義事業的更大勝利》的報告。報告中指出，我國經濟體制改革的目標是建立社會主義市場經濟體制，以利于進一步解放和發展生産力。國外的資金、資源、技術、人才以及作爲有益補充的私營經濟，都應當而且能够爲社會主義所利用。

10月24日至31日　全國工商聯在北京舉辦對臺經貿專業知識培訓班。

10月29日　國家工商局提供資料表明，我國個體工商業的發展在經歷了一段低谷之后，今年達到又一個高峰。到9月底，城鄉個體工商户已達1400多萬户，從業人員2300萬，注册資金534億元，私營企業12.2萬户，從業人員204萬，超過發展最好的1988年。

11月7日　七届人大常委會第二十八次會議通過《中華人民共和國海商法》。

11月16日　據《人民日報》報道：商業部等最近發布《全民所有制事業、企業轉換經營機制實施辦法》。

11月18日　"中國優秀民辦科技實業家"、"中國民辦科技實業優秀單位"命名表彰會在京舉行。目前，我國已有民辦科技實業2萬家，從業人員40萬。

同日　全國加快發展中西部鄉鎮企業經驗交流會在西安結束。

11月23日　新華社電：今年頭9個月，中國新批外商投資企業27000家，三資企業總數已逾7萬家。國務院發布《關于發展房地産業若干問題的通知》。

11月30日　新華社報道：明年元月1日起，全國將使用統一的新版發票。

12月1日　李瑞環會見陳瑞球爲團長的香港紡織

業聯合會訪京團。

12月2日　據新華社報道:物資部、國家體改委最近作出《關于股份制試點企業物資供銷管理暫行規定》。

12月3日至8日　全國工商聯六届執委會舉行第五次會議。會議以鄧小平建設有中國特色社會主義的理論爲指導,對中共十四大精神和建立社會主義市場經濟體制進程中如何發揮工商聯作用,進行了學習和探討,交流了做非公有制經濟代表人士思想政治工作以及思想工作與經濟工作、服務工作相結合的經驗。會議通過了有關决議。

12月4日　據新華社報道:人事部、國家體制委最近公布了《股份制試點企業人事管理暫行辦法》。

12月18日　據《人民日報》報道:我國經濟類型劃分新標準出臺,分爲國有經濟、集體經濟、私營經濟、個體經濟、聯營經濟、股份制經濟、外商投資經濟、港澳臺投資經濟,其它經濟9種。

12月25日　全國工商行政管理工作會議召開。會議指出,今年1至9日,全國個體工商户和私營企業的稅收已達140億元,年底將接近200億元。田紀雲副總理在會議講話中説,個體經濟、私營經濟不僅是公有制經濟的有益補充,而且是計劃經濟向市場經濟過渡的先導力量,包括"三資"企業、鄉鎮企業、私營企業和個體工商户這四個方面。如果説我們的改革比蘇聯成功的話,就是我們在計劃經濟之外,發展了這么一塊市場經濟成份。這是我們最成功的一點。

一九九三年

1月1日　新華社報道:國務院近日正式批準設立厦門集美臺商投資開發區。

1月5日至10日　全國經濟體制改革工作會議在京召開。李鵬在閉幕會上强調,今年的改體工作,一定要緊緊圍繞建立社會主義市場經濟體制的目標,着重從體制機制上加大改革力度。

1月6日　新華社電:國家工商行政管理局局長劉敏學説,國家工商主管部門今年將進一步放寬個體和私營企業的經營範圍和經營方式,簡化登記審批手續。除關系國家安全和人民健康的行業外,原則上都允許個體、私營經濟從事生產經營。

1月8日　江澤民、李鵬分别會見香港中華總商會代表團。

1月16日　中央統戰部邀集國家體改委、經貿部、商業部、勞動部、農業部、國務院法制局、國家工商局、全國工商聯等單位舉行貫徹落實中共中央關于工商聯工作的指示,支持工商聯開展工作問題座談會。

1月17日　《人民日報》消息:《鄧小平關于建設有中國特色社會主義的論述專題摘編》正式出版發行。

2月5日　中國人民銀行發布《關于國家貨幣出入境限額的公告》。

同日　據新華社報道:至去年底,全國登記注册各類公司達48.67萬家,比上年增加88.6%;注册資金1753億元,增長75%。

2月10日　《中華工商時報》消息:國家稅務局調整稅收政策,規定私營企業减免稅範圍。

2月14日　國務院作出决定,要求切實采取措施,進一步加快發展中西部地區鄉鎮企業。

2月16日　全國政協七届二十二次常委會開幕。中央統戰部部長王兆國受中央委托,作了《關于第八届全國政協委員人選建議名單的説明》。《説明》中指出,中共中央建議,八届全國政協委員中適當吸收一些愛國、敬業、守法,又有一定經濟實力的非公有制經濟的代表人士。

2月19日　國家統計局公布《關于1992年國民經濟和社會發展的統計公報》。《公報》中指出,1992年,三資企業産值比上年增長48.8%,個體商業零售額比上年增長21.3%。全年新簽利用外資協議金額685億美元,比上年增長2.5倍。外商直接投資協議金額575億美元，增長3.8倍。城鎮私營企業從業人員和個體勞動者830萬人，比上年增加70萬人。

2月19日　全國政協七屆二十二次常委會通過八屆全國政協委員名單。其中有20位非公有制經濟代表人士。他們是：王祥林、王命興、王翔、方雪木、牛笑萍、石山麟、劉永好、李安民、李科生、李静、陸航程、張宏偉、郭康新、况篤信、夏守春、熱比婭·卡德爾、謝仲余、韓偉、蔡振興。

2月20日　《人民日報》消息：到1992年底，全國私營企業已達13.9萬户，注册資金221億元，從業人員232萬人；個體工商户1534萬户，自有資産601億元，從業人員2468萬人；注册的"三資"企業8.4萬家，比上年末增加4.1萬家。

2月22日　七屆全國人大常委會第三十次會議通過《關于懲治假冒注册商標犯罪的補充規定》、《關于修改商標法的决定》。

2月27日　《人民日報》公布國務院《加快發展中西部地區鄉鎮企業的决定》。

3月3日　全國工商聯在中央社會主義學院舉辦非公有制經濟人士研討班，張緒武常務副主席出席了開學典禮。

3月4日　據《經濟日報》報道，北京7000家國營商業小型企業將全部變爲國有民營。北京市小型企業是指副食商店、蔬菜商店、糧食和小百貨店。北京市商委决定對這類企業按照所有權與經營權分離的原則，實行"國有資産設備租賃、自籌資金、個體經營"，提高小型企業的市場競争能力，提高經濟效益。國有民營的具體形式有"租、包、股、并連、賣"六種。

3月15日　八屆全國人大一次會議開幕。李鵬總理在《政府工作報告》中指出，堅持以公有制包括全民所有制和集體所有制爲主體，個體經濟、私營經濟、外資經濟爲補充，多種經濟成分長期共同發展。各種經濟成分都要與社會主義市場經濟發展相適應。

3月20日　全國工商聯宴請出席全國人大、全國政協八屆一次會議的本會常委、執委、地方工商聯負責人和非公有制經濟代表人士，王光英、孫孚凌、馬儀、張緒武副主席分别致祝酒詞，中央統戰部萬紹芬副部長出席宴會并講話，部分非公有制經濟代表人士作了熱情洋溢的發言。

3月22日　八屆全國人大一次會議通過國務院機構改革方案的决定。其中，輕工業部改爲中國輕工總會，紡織工業部改爲中國紡織總會，對外經濟貿易部更名爲對外貿易經濟合作部，撤銷商業部、物資部組建國内貿易部。

3月25日　據新華社報道：國務院最近批轉了國家體改委《關于一九九三年經濟體制改革要點》，并發出通知，要求各地部門根據實際情况，認真貫徹執行。

3月29日　八屆全國人大第一次會議通過《中華人民共和國憲法修正案》。建立社會主義市場經濟體制等内容寫進了我國憲法。

3月30日　全國工商聯與農業部、民建中央共同擬定《關于進一步加强協作，積極開展鄉鎮企業人員培訓工作的通知》。

3月6日至9日　國家工商行政管理局召開"全國個體私營經濟管理工作會議"。

5月10日至18日　工商人才培訓中心在北京舉辦了非公有制經濟代表人士講習班暨工商聯干部進修班。

5月11日　第6届全國十大最佳合資企業(生産型)評選揭曉。

5月31日至6月2日　"中國民(私)營經濟研究會"成立大會在山西省太原市舉行。會議由研究會會長、全國工商聯黨組書記、副主席李定同志主持。全國政協副主席、中國社會科學院名譽院長胡繩同志、法學會會長鄒瑜同志參加大會并講了話。中共中央政策研究室、國務院研究室、國務院法制局、中央統戰部、中央宣傳部、國家體改委、國家工商局、國家税務局、國家統計局、國家民委、地礦部等有關部委參加了會議。大會通過了研究會的章程，選舉了研究會領導機構。

在這次會上，由全國工商聯研究室與中國社科院社會學所共同牽頭承擔的全國私營企業調查問卷課題組對全國40多個省、計劃單列市工商聯負責調研工作的同志進行了培訓。今后，根據隨機抽樣原則，按1992年底私營企業注册數的1%比例，發放調查問卷，分別組織力量深入企業逐户逐項調查填寫。

6月6日　據《人民日報》報道：去年全國農民人均所得中來自鄉辦企業的收入爲41元，來自村組集體經營的收入爲45元，比上年增長28.1%和28.6%；農民家庭收入的增加額有三分之二來自于非農業；種植業收入占農民全年收入總額的比重已降爲36.8%。

6月18至24日　全國工商聯在北京桃園賓館舉辦第二期非公有制經濟代表人士培訓班。

7月6日　據《經濟日報》報道：我國首次舉辦大規模的私營經濟發展研討會7月6日在北京召開。這個題爲"私營企業的今天和明天"研討會，着力研究我國私營企業的現狀和發展，探討私營企業家特有的思想方式、經營方式和道德準則，并分析其成功的經驗和存在的問題。這個研討會是由中國青少年研究中心和首都青年編輯記者協會主辦的。

7月11日　據《人民日報》報道：目前全國已有私營企業13.9萬户，年創産值307億元，從業人員超過230萬人。

9月2日　據《人民日報》報道：勞動部、國家計委、國家經貿委等10部委局近日聯合簽署了《關于勞動就業服務企業進一步發展第三産業安置富余人員若干問題的通知》。

9月18日至21日　第一次由國務院召開的全國鄉鎮企業工作會議在京舉行。李鵬作重要指示，朱陳基出席會議并講話。

10月5日6日　李鵬、朱陳基、江澤民先后會見香港和江黃埔有限公司董事局主席李嘉誠先生。李嘉誠來京出席深圳鹽田國際集裝箱碼頭合同簽字儀式和向中國殘疾人福利基金會捐贈1億元港幣儀式。

7月29日至7月11日　國家科委和國家體改委在河南聯合召開了民營科技型企業工作會議。

10月13日至17日　全國工商聯召開第七屆全員代表大會。中共中央政治局常委、全國政協主席李瑞環，國家副主席榮毅仁，中共中央政治局委員、全國人大常委會副委員長田紀雲等黨和國家領導同志接見了全體代表。七大開幕式由孫孚凌同志主持，王光英同志致開幕詞，中共中央政治局委員、國務院副總理李嵐清代表黨中央、國務院向大會致詞，全國政協副主席、中央統戰部部長王兆國代表全國政協、中央統戰部致賀詞，全國人大常委會副委員長、民建中央主席孫起孟代表各民主黨派中央致賀詞，全國總工會副主席楊興富代表人民團體致賀詞，張緒武同志向大會作第六屆執行委員會工作報告，李定同志作中國工商業聯合會章程(修改草案)的説明。

在第七屆執行委員會第一次會議上選舉産生了本會第七屆執行委員會。主席經叔平，副主席蔣民寬、張緒武、姜培禄、郭秀珍、黄長溪、梁尚立、曾憲梓、鄭裕彤、何厚鏵、桓玉珊、劉敏學、李宏昌、朱文棨、胡德平、陳景新、齊景發、王治國、劉一民、何鳳祖、劉永好，秘書長桓玉珊(兼)，常務委員71人。會議還推選産生了第七屆執行委員會名譽主席王光英，名譽副主席劉靖基、孫孚凌、古耕虞，顧問馬儀、葉寶珊、劉念智、李定、張敬禮、黄凉塵、熊應棟，咨議有喬維熊等53人。

11月2日　李瑞環同志會見廣州、深圳兩市外商投資者赴京匯報團，稱贊港澳僑工商界率先投資内地，貢獻很大。

11月11日至14日　中國共産黨十四屆三中全會在京舉行。全會審議并通過了《中共中央關于建立社會主義市場經濟體制若干問題的決定》。《決定》把十四大確定的目標和原則具體化、系統化，是實現從舊經濟體制向新經濟體制過渡的宏偉藍圖。

11 月 23 日至 26 日　中央政策研究室在浙江省杭州市召開了“部分省(區)發展私營經濟座談會”。

11 月 28 日至 12 日 1 日　中國民(私)營經濟研究會在浙江省富陽縣與富陽縣商會、私企協會、個體勞協聯合召開了“93 年全國發展私營經濟研討會”。會上首次公布了全國私營企業調查問卷的初步計算資料。

(中國民(私)營經濟研究會副秘書長

曹虹冰總撰)

人 物 篇

編 輯 説 明

自中國大陸在七十年代末實行新的經濟政策，以解決温飽生存、剩余勞動力之就業而來的中國個體工商户，在優勝劣汰的市場法則下，成爲中國市場經濟的一支活躍力量——私營經濟的代表人物：私營企業家。

二十世紀八、九十年代的中國私營企業家，不同于中國本世紀前五十年的資本家。無論他（她）們已知天命，抑或是幾近而立之年；也無論他（她）們是吃過舊社會的苦，還是品過新社會的甜，最重要的是他（她）們與今天中國的民衆一樣，有了一個根本的社會環境——改革開放，振興民族經濟。

不可否認，中國幾千年的歷史文化，使今天中國大陸的每個人對私營經濟與私營企業家有着不同的感覺；也不可否認，今天在中國大陸的私營企業中，也有相當一部分在經營中操作不規範……但應該看到的是，隨着中國經濟變革的快速前行，落后的意識將會改變，不規範的操作自有市場的準則來推陳出新……

根據"企業資信度高、經營規範、資産規模比較大、經濟與社會效益比較好"這五項原則，經中國各省工商業聯合會（總商會）的推薦與考核，本卷輯録了中國大陸二十七位私營企業家及其企業的發展歷程。這不僅是海外的工商業人士需要了解他們、認識他們，中國社會各界也需要真實地認識他們。

在本篇最后，我們鄭重地向讀者作《人物特别介紹》，一位中國大陸多年來潛心研究私營經濟的經濟學家和一位推動當地私營經濟發展的工商行政管理官員，因爲中國經濟的發展，不僅需要私營企業家，從某種意義上來説，更需要他們的工作和犧牲。

本篇總撰稿：駱紅秉

從"販蛋仔"到"中國鰻魚大王"

——廣東汕頭昂泰企業(集團)有限公司總裁　**黃學敏**

二十多年前,在中國東南沿海廣東省,一個農民剃頭匠的兒子因家境貧困而不得不輟學,背起了養家糊口的重任。當人們看到這個赤脚的農家子弟每天在鄉村和縣城之間來回小跑,小心翼翼地賣蛋時,誰也沒有想到日后的這個"南灣弟"竟成了"中國鰻魚大王"——廣東汕頭昂泰企業(集團)有限公司總裁黃學敏。

有錢難買少年窮:三個鷄蛋起家

1967 年,當中國"文化大革命"運動正如火如荼地向全國進軍時,剛滿十一歲的黃學敏不得不從小學輟學:母親病魔纏身,父親背起了全家七口人的生計。身為長子的黃學敏,不忍生活的重擔壓在并不強壯的父親肩上,悄悄地揣着用四分錢收購來的三個鷄蛋走到縣城去賣,那一次他第一次賺了三分錢。

從此,黃成了一個"販蛋仔"。"開始時,我用籃提,也用肩挑,后來用單車運,由小到大做起禽蛋販賣生意。為了省下五分錢一張的船票,我常常泅水游過六百米寬的蓮陽河。我騎單車從來沒有摔倒過,因為我知道,那車后系着我的全部家當。"黃學敏微笑而眞誠地說,"由于我誠實經營取得鄉親們的信任,誰家有點鷄蛋或鴨蛋,都要留給我。"

直到今天,黃依然以這種眞誠的微笑面對他的生活和所有的人。這種眞誠是他回報給人生的一種體驗,也是他對鄉親們在他最困難時、在他被搞階級斗爭的人追迫,被善良的人保護的一種回報。

黃學敏的販蛋生意一直在小心翼翼地做着。很可惜,在那講階級斗爭的年代,他曾許多次被人抓過,一籃籃鷄蛋、鴨蛋被沒收或當場砸爛,他的心在流泪,直到 1975 年,中國大陸一場"割資本主義尾巴"的狂風,吹走了他的夢。

從"鴨司令"到"鰻魚王":走出貧困邊緣。

從小出家謀生的經驗,賦予了黃學敏淳樸而又執着的商品意識。當中國結束十年內亂,重新治理這個被政治運動搞得經濟瀕于崩潰的國家經濟時,黃聰明地再次從農田走了出來。

他首先利用地區間的價格差,離鄉跨省販賣禽蛋,足迹遍及廣東、福建、江西、湖北、湖南、浙江等地,禽蛋生意越做越大,僅 1980 年一次就從外地運回二百多噸。有了一定資金后,他自己辦起了養鴨基地,自產自銷,成了遠近聞名的"鴨司令"。鼎盛時期,他的鴨群趕出來一眼望不到頭,綿延幾公里,有誰能懷疑黃學敏會從此在生意場上如日中天呢?

黃學敏的家鄉灣頭鎮與歷史上廣東東部最重要的移民和海外貿易口岸樟林鎮相毗鄰。灣頭鎮的名氣雖不大,但它位于廣東韓江支流的入海口。那里每年回游的大批鰻魚苗是黃學敏麾下的鴨子競相捉食的美餐。一個偶然的機會,他突然發現人們在大量捕撈鰻魚苗,而這細如牙簽的東西出口到日本竟可賣到二、三分錢。

黃决定改變經營戰略。他首先接受汕頭市水產進出口公司的委托,利用在沿海一帶做禽蛋生意建立起來的關系,代收鰻魚苗;逐漸地,他發現收購這小玩意不如自己養殖鰻魚并出口效益好:這因為不僅鰻魚素有"水中人參"美稱,而且全世界年產活成鰻只有十多萬噸,光日本市場年消費量就要達到十萬噸,可其本土才生產四萬噸,其余都要從臺灣等地進口。"家鄉地理條件良好,氣候適宜,有充分的鰻魚苗和灘途資源,為什麽我們不自己養殖和出口鰻魚?"養鰻魚對于文化不高的黃學敏來說,十分不易。按照教科書上說,養鰻需建水泥池。他利用政府有關部門支持的貸款修建了兩個水泥池,進行養鰻試驗。但水泥池養鰻,需用增氧機晝夜不停地為鰻魚"增氧",耗資較大。黃學敏决定因地制宜,利用家鄉的有利條件,變精養為粗養。經過無數試驗,"粗養"終于成功,很快他的鰻魚池發展到三畝。

黃學敏養鰻魚如同他早先收蛋賣蛋一樣,也并非一帆風順。就在他的養鰻場生意做得遠近聞名的時候,1986 年,當地一些走私鰻魚苗的人看到競爭不過黃學敏,便惡人先告狀,說他"不僅走私鰻魚苗,還走私成鰻。"就在對他的審查中,不僅他的幾十萬尾鰻魚苗在運輸途中死亡,而且他的五池鰻魚也被全部沒收。黃學敏眞是欲哭無泪,一氣之下，他離開了灣頭鎮，到廣東海豐縣去養蝦和鰻魚苗。

向海灘塗要寶：擁有中國最大的海灘塗養殖場

當黃學敏一年后再次回到家鄉時，他是被當地政府請回的，這不僅僅是因為他一年間就在海豐縣發展了好幾個養蝦場和鰻魚苗場，更因為他的魂一直系在家鄉那塊土地上，特別是那塊廣闊的海灘地上。

在香港豪華的鯉魚門海鮮樓的一次宴會上，幾位港臺客商在觥籌交錯之間，盛稱來此旅游的黃學敏用土池養的鰻魚在日本是雙A標準，進口全部免檢。一位臺商無意間透露出臺灣在七十年代已在海灘塗上養殖鰻魚成功，這使黃學敏大感吃驚。

黃學敏回到澄海后，在政府的大力支持下，他帶領數千名民工，在當地數千畝棄荒未墾的海灘塗地，一口氣開發出近五十公頃軟池。因為他看到，家鄉不僅氣候適宜，全年無霜凍，軟池水面大、水深，鰻魚發病率低，海風一吹水就動，這無疑是最好的"增氧機"，又更何況家鄉韓江的三個支流足可以滿足鰻魚的需要呢？

黃學敏第一次將三百五十萬尾鰻魚苗投入這片寄托着他的生命和希望的土地上。在那最緊張的日子里，他的全身心都在這里，二十四小時的指令隨時從他口中通過電話發向各方：水深、投料、下藥……他終于成功了。

近五十公頃海灘塗鰻魚池奠定了黃的"中國鰻魚大王"的歷史地位。盡管在一九八九年全國性的市場疲軟和日本趁機對中國壓價的冲擊下，中國不少地方的鰻魚場紛紛破產或瀕臨破產，但黃學敏看到國際市場對鰻魚的需求依然巨大，疲軟僅是暫時現象，更何況國內市場仍有待開發。在這種分析決策下，他克服種種困難，終于使企業重獲生機：黃不僅收購了各地十多個停產養殖基地的半成鰻，還將鰻場擴展到了今天的七十公頃，其軟池養鰻技術也在后來被廣東省和中國國家科學技術委員會分別列為省級和國家級的"星火計劃"。

市場的風波使黃學敏看到他的事業不能單純地走養殖到出口這一老路。為了擺脫日本對中國鰻魚業的價格控制，促進其發展，并使廣東東部力爭成為世界鰻魚中心之一，1990年黃學敏與外商合作，生產日本風味的烤鰻，并派出幾十個推銷員出資二百萬元廣告費在中國各大城市送給廣大消費者免費品嘗。

1990年9月26日，對于黃學敏來說，是一生都要去品味的日子。當他站在廣州大酒店的中央大廳看喜笑顏開的人們免費品嘗他的烤鰻時，他似乎看到了自己從一個"販蛋仔"到今天的"中國鰻魚大王"那艱辛后的前景：日本在七十年代初年消費鰻魚量不過二萬多噸，而現在已達到了十萬噸以上；而國內消費才剛剛知道和認識鰻魚，以北京為例，如果北京三百萬戶居民一年只吃一盒250克的烤鰻，那一年就是750噸。"中國鰻魚大王"應該在國際市場上再展雄風。

走出灣頭鎮：做有魄力的中國大老板

1991年是黃學敏通過對西方經濟管理和技術的學習，調整自己產業發展的關鍵一年。這一年，他作為廣東省經濟考察團的副團長到泰國考察。异國的風光和情調，對黃來說，并沒有多大的吸引力。相反，他對當地的養殖業却十分關注。

在當地商界朋友的陪同下，黃學敏來到離曼谷一百多公里的一家甲魚養殖場，沒想到這位泰國老板對向他詢問甲魚行情的中國人并不在意。但當黃不動聲色地告訴這個泰國老板"你生產多少，我要多少"時，他更沒有想到這位中國人竟有至少上千萬美元的資本，而且還敢對他說"我先付定金，你后供貨"。

●看着地球儀，黃學敏又在愼密地籌劃他的國際經營綫路

當然，黃學敏并沒有選擇這位泰國老板作為他的合作伙伴，這不僅是因為其資本和規模都同他的想法相距甚遠，更重要的是，雖然泰國人信佛不吃甲魚，在泰國供大于銷，但甲魚在中國、日本、韓國頗受青睞，被視為"大補之物"，而他的覆蓋東南亞的鰻魚銷售網正可以滿足他的市場發展所需。

后來，黃學敏在泰國一個名叫"是拉差"的地方找到了一位理想的合作伙伴——一位五十多歲、有着雄厚資金實力的華僑。兩人一拍即合，一個由黃學敏出任董事長、負責市場銷售，由泰方出任總經理組織生產、組織貨源的泰國是拉差水產養殖有限公司成立了。它預計年產一千萬只甲魚，黃學敏對甲魚的價格保底，但上不封底。與此相應，黃學敏又在香港辦成了泰生貿易有限公司，形成國內外的生產經營網絡。

黃學敏是從"水"里游出來的，當年他賣蛋時為了省錢游過江；后來他又在養鴨時發現了水中的鰻魚，如今又在泰國養起了甲魚，但他的夢想一直是想在水里、在奠定他的事業的鰻魚身上開拓出自己的未來。

"鰻魚全身都是寶。烤鰻雖然使鰻魚價值倍增，如果利用烤鰻加工的下脚料，開發出各種營養品和保健藥品，那更是一篇大文章。"從1990年起，黃學敏將投資重點放在科研和產品開發上，他先后與中國武漢大學、中國第一軍醫大學、輕工部食品發酵工業研究所等五個高層次科研機構建立合作關系：在武漢大學建立一個"三魚"研究中心，專門研究鰻魚、甲魚等的科研深加工問題；與廣州第一軍醫大學廣州科研制藥廠組成聯營公司，黃出任董事長，采用先進科學的方法，用優質鰻魚油精制而成，其高度不飽和脂肪酸二十碳五烯酸(EPA)和二十二碳六烯酸(DHA)的含量均高于國內外同類產品，具有降低血中膽固醇、甘油三脂、低密度脂蛋白、極低密度脂蛋白和升高高密高脂蛋白的作用；對腦血栓、心肌梗塞等心血管疾病具有極佳的療效，在抗衰老、對缺氧、恢復疲勞、類風濕病、治療老年性痴呆症、促進兒童智力發育、提高人的記憶力等方面有特效。與此同時，他與中國輕工部食品發酵工業研究所合作研究從水產品中提煉出有關物質，開發出了國內首創的有助于增強嬰幼兒免疫力和提高嬰幼兒智力的“DHA——營養奶粉”。

致力于科工貿國際化經營：一個私營企業的目標

黃學敏是從貧窮中失學而挑起生活的重擔的，他又從貧困中走向富裕，成為中國著名的“鰻魚大王”，一個名符其實的大私營企業家。

“以前我的決策大都是憑直覺，以后則要靠科學，商場如戰場，僅憑以往的經驗是不夠了”。作為一個本身文化水平不高的私營企業家，黃學敏深知自身的不足，仍堅持學習有關知識、研究市場、信息。在他的企業里，家族觀念沒有，能人廣進，人盡其才。“我希望人才都到我這兒來干，干幾年后自己去辦一個公司。為什麼不呢？如果有這樣的事發生了，我就應該從自己公司本身找原因。”正因為這樣，在黃的企業里，不僅有十四位高級工程師、研究員、教授被他聘請為企業技術顧問，而且有五十多名大學畢業生、研究生和博士生，其人才包括了生化、養殖、工商管理、建築、食品工程師，屬下的二百多位員工都能安心工作，盡管這與他對自己人才的設想還有一定的距離。

黃學敏是從貧困中走出來的，他看重錢，但他更看自己的價值。“做人要有社會責任感，錢是身外之物。當地人都知道我很有錢，但更知道我不會看不起人，不會欺負人，他們尊重我，心服口服的。街上有人打架，我見到了，會把他們帶到公司，請他們吃飯，勸他們好好干，如果沒有出路，可以到我的公司來做事。”正因為這樣，在黃學敏最困難的一九八九年，他捐贈給當地一座幼兒園；每年對社會各界的捐贈達二百多萬元，這其中不僅僅包括他建立的“社會治安基金”、“幼兒教育基金”等。

●站在灣頭就可以看到黃學敏那一望無際的鰻魚養殖場

當然，錢來自于社會，也來自黃學敏對財富的不斷創造。1992年10月中共“十四大”確定“私營經濟與國有經濟等其他經濟成份長期共同發展”的政策，不僅使他在資金上獲得了一千多萬元的商業貸款，同時也使他計劃中的從鰻魚中提取“DHA－奶粉”、鰻魚油、鰻魚SOD等產品的澄海縣和泰高科技食品有限公司、澄海縣和泰生化綜合制品廠有限公司、澄海縣灣頭廣達腌制廠等家企業完成了申報、注冊登記、土建、設計安裝等工作。僅這四家企業靜態投資就達四千多萬，其連同動態投資至少要一億元人民幣。它們在1993年和1994年分別投產。

黃一直在關注着他的那片海灘塗地，可又不僅僅是家鄉自己經營的七十多公頃海灘塗地上的鰻魚池。澄海有近一千多公頃海灘塗地，若他有足夠的條件，他可以充分發揮自己灣頭養鰻場的優勢，不用二、三年僅此一項產值可超過億元，又更何況中國就有三百多萬公頃海灘塗地呢？他將眼光瞄準了具有發展前景的廣西合浦，在那里投資四百多公頃地以從事珍稀動植物的種養、優質魚類的養殖與加工，形成一個立體式的種養基地。十年來，他由一個昔日的“販蛋仔”發展成為一個擁有七家國內企業和三家境外企業的、集貿、工、農、加工、高科技于一體的“中國鰻魚大王”，這對他來說，僅是開始。根據黃學敏的規劃，他要在一九九五年實現企業的電腦管理，并把汕頭昂泰(集團)公司辦成具有國際性、綜合性的集團企業，在本世紀末企業產值達超過五億元。

黃學敏：1956年10月11日生于中國廣東省澄海縣
十一歲輟學，開始販蛋養家
1983年開始在家鄉養殖鰻魚，后開發建成中國大陸首家海灘塗養鰻場、汕頭昂泰企業(集團)有限公司等

現任：中華全國工商業聯合會第七屆執委
中國廣東省總商會副會長
泰國中華總商會顧問
中國人民政治協商會議廣東省汕頭市委員會委員
廣東汕頭昂泰企業(集團)有限公司董事長、總裁
廣東澄海縣和泰高科技食品有限公司董事長
廣東澄海昂泰水產養殖有限公司董事長
廣東汕頭昂泰企業(集團)生化綜合制品有限公司董事長
廣東汕頭昂泰企業(集團)鰻魚養殖場董事長
廣東汕頭昂泰(集團)水生生物技術研究所所長
廣東汕頭昂泰企業(集團)果菜食品廠董事長
廣東汕頭昂泰保健食品公司副董事長
廣西昂泰(合浦)實業開發公司董事長
泰國是拉差水產養殖有限公司董事長
泰國和泰企業有限公司董事長
香港泰生貿易有限公司董事長

汕頭公司總部：中國廣東汕頭市澄海迎賓市場A座5—7層
電話：(0086)0754—5721598，5796110，5729995
傳真：(0086)0754—5721593，5796119　郵政編碼：515800

尋找人生的最終目標——造福社會

——廣東珠海福海實業(集團)股份有限公司董事長　**羅忠福**

在中國的經濟改革過程中,許多中國人往往把自身的物質利益看作自身價值實現的唯一目標:票子、別墅、房車,鮮花與美酒。這對于一個每天站在與澳門相

毗鄰的珠海拱北海關旁的中年男子來說,并不難:當別人擁有這一切時,他還沒有;當他擁有時,也還有許多國人沒有;但他擁有的又不僅僅是這些,那就是許多人所沒有的目標——造福社會,這就是他心目中的"為人民服務",一個被中國人喊爛了的政治口號。這個中年人就是廣東珠海福海實業(集團)股份有限公司董事長羅忠福。

智慧的選擇

1986 年,當羅忠福在珠海市珠豐大廈住了三個月,將他這三個月對珠海的數幾千字投資可行性報告送到珠海經濟特區辦公室時,他已正式辭去了他在貴州一家僑資企業的經理職務。促使羅離開公司的主要原因十分簡單,他不能容忍那種僵死、低效、令人窒息的環境與空氣。

羅忠福到珠海時,并非腰纏百萬,而是憑着一副清醒深邃的眼光和生意人的精明頭腦。這或許是得益于家業、家風的遺傳和本人的"修練"——羅的祖輩從四川到貴州時,就創建了頗有實力與影響的"天府銀號"。羅的祖父曾是貴州遵義市舊商會的會長,父親羅民生在 1949 年中國共產黨領導中國后是遵義市商會(工商業聯合會)的會長。父輩給了他經濟的啟蒙,而多年商業"競技場"上的跋涉、角逐給予了他膽識、眼光與能力。清醒的商業意識使羅在到珠海后三個月的考察中,深感地產業將是他到這里寫出的第一篇文章。他要以此為機緣,發展金融、旅游、工業、貿易,一步步開拓自己的事業。

不久,羅忠福的發展報告獲得了政府的許可。他依着遠在美國的妹妹資助,首先拆資二百萬元人民幣,買下了珠海拱北中國海關旁一塊不足半公頃的爛地。接着,珠海最好的三塊地:位于拱北邊防檢查站旁、合羅山對面和珠海賓館旁的地也全部訂了下來。羅忠福心里明白:當三年后中國房地產業大發展時,這幾塊寶地對他意味着什麼。

然而,羅忠福萬萬沒有想到,當他雄心勃勃地準備開發這四塊寶地,并首先在拱北海關前興建四星級福海大酒店時,中國在 1988 年開始對經濟領域進行治理整頓,一時間,銀行信貸緊縮,企業紛紛下馬。原先與羅忠福取得共識并投資的深圳證券公司、貴州遵義農工商貿易總公司、貴陽建聯房屋開發公司、四川安岳公司深圳公司等先后將投入的資金抽走,羅不得不忍痛舍棄其他三塊地皮。

對羅忠福來說,最大的打擊還在后頭:1989 年北京"六四"風波之后,正當與他合作的幾家公司抽走資金,使在建的福海大酒店眼看就要停工時,一位政府工商管理部門的官員乘羅外出之機,勾結羅忠福公司內部少數人,為一家非法公司作保,加蓋公司公章。而在大印沒蓋幾天,那家公司的經理就逃到澳門,留下四百多萬元的欠款。有關部門派人追查此事,將羅忠福正在施工的福海大酒店予以凍結,……

一次打擊接着一次打擊,一時間,羅忠福似乎陷入"四面楚歌"之中,他的公司很明顯已面臨着一場官司的較量,而且很有可能他會因此而鋃鐺入獄。當然,他也可以一走了之,因為此時他在美國的妹妹已為羅全家辦好了到美國的護照,只要他本人願意,羅可以趁當時珠海地價狂漲之際,抛出他的全部資產,賺它一大筆再走。然而,羅忠福沒有走,他心里非常明白,自己是清白的。羅忠福毅然决定留下來,他將已辦好的美國護照上交當地公安機關予以注銷,"我相信自己能戰勝自我,因為改革十年的發展趨勢,誰也扭轉不了。我願意留在自己的祖國效力,實實在在地走出一條路來。"

羅忠福沒有離開珠海,更沒有離開生他、養他的中國。自從他來到這個世界,似乎就從父輩那里繼承了很強的意志力和凝結中華五千年文明、魂牽海內外億萬炎黃子孫的信條:“報效中國”。即使在中國六十年代中期開始的十年“文化大革命”,羅被給標上“可以改造好的子女”的牌子而受到歧視批斗,他依然抱着這種強烈的信念。以后,無論他是在農村當知識青年,還是在城市的工廠做工人、在企業當經理、作集團公司的董事長,他始終將此作為自己的最高信念。

后來的事實也正是如此。1987年年底,羅忠福在珠海注冊公司資金僅為一百萬元,屬民營企業。但五年以后,其公司的注冊資金已達到二點四億元人民幣,幷被珠海市經濟體制改革委員會批準首批改制為股份有限公司,其實際資本已超過了十億元人民幣,成為廣東省最大的民營企業家之一。屬下企業包括:珠海福海大酒店、珠海四維房產開發有限公司、珠海雄基工藝家私有限公司、四川成都華夏五千年旅游發展有限公司、珠海福海俱樂部有限公司、珠海福海影視廣告公司、珠海福海物業管理有限公司、珠海福海典當商行、珠海福榮超氧酶科技發展有限公司。

在羅忠福的身后,在他灑下汗水、苦心奮斗過的地方,一座座、一幢幢顯示他人生價值的建築出現在這塊給予他生命以活力的土地上:一座資產為數億元人民幣的福海大酒店巍然矗立于中國第二大海關——拱北海關門前;幾百棟紛呈异彩的西班牙式別墅星羅棋布地點綴着風景秀麗的白藤湖畔……

成功之秘

從某種意義上說,成功=超前+魄力+實力,是羅忠福成功的原因。他認為:“我們處在中國特色的社會主義社會,處在珠海經濟特區,靠着超前意識、魄力和膽略,還有對國家政策的深刻理解和實干精神,才可能有今天的高速發展。”正因如此,羅忠福在激烈的商戰沙場上,開始了一場無聲的智力較量。

首先,他以“人無我有,人有我新,人退我上,人上我轉”的經營策略,從投資房地產上進行超前性的投資開發。繼1987年在珠海拱北海關前購買半公頃土地后,他又在當地大規模開發珠海西區前一年,購買了那里的五十萬平方米土地,當時那塊地地價僅一二百元人民幣,到1992年底已漲到近十倍。正當廣東省幾個經濟特區和珠江三角洲地區房產熱升溫時,羅在珠海的別墅已開始在香港推出,使資金投入不到半年就開始回籠,幷迅速轉向中國內地投資,保證了羅在四川成都、峨嵋等地購買了大片土地,公司的資金投入始終處于較快的周轉速度。

對羅忠福來說,要保證資本的積累,必須選擇有高附加值的投資項目。在投資房地產業的同時,羅忠福又先入一步地投向高附加值的旅游、金融業。1988年,他通過對日本、東南亞、東歐、歐洲典當業的資料分析與研究,向珠海市政府提交了一份幾千字的報告,認為典當業作為目前中國國家金融的補充,在珠海有着廣濶的市場前景。這份報告獲得了珠海市政府的充分重視,幷得到了當地銀行、工商局、稅務局和公安局的支持,他由此而獲準成立了典當行。在羅的苦心經營下,這間典當行——珠海福海典當商行在很短時間里取得相當大的經濟效益,幾年中累計貸款數億,名列中國非銀行金融系統首列,幷為羅忠福的事業發展奠定了堅定的基礎。

●珠海福海公司高檔別墅區“湖中湖”一角

幾年的商海風波使羅忠福認識到:在中國要成為一個成功的企業家,不僅要有經濟頭腦力,還要有政治頭腦,對政府頒布的政策要全面透徹地加以理解和分析“為我所用”。這就是羅以短養長、長短相濟,綜合發展的原因。

人生追求的三步曲

從1987年的一百萬到現在擁有十個億的資產,從當年遭人嘲諷的貴州的“山里人”,成為中國珠海市總商會會長、廣東總商會常委、珠海市政協常委,羅忠福的事業與人生雖歷經坎坷、艱辛與磨難,却一步一個脚印扎扎實實地在發展、在提高。在不少人看來,羅忠福應該心滿意足,享享清福了。但羅幷沒有停下來:在珠海西區白藤湖第二期幾百棟高檔別墅還未完全竣工，第三期十萬平方米的鋪面與商住房已破土；福海大酒店工程臨近尾聲試營業在即，一個更為宏大的工程——投資四個億、占地近十萬平方米、融餐飲、文化藝術、健身、娛樂為一體，具有歐美巴洛克、拜占廷風格的高檔次多功能旅游消費中心——福海俱樂部，已開始了總體藍圖設計。這將成為中國珠江三角洲地區乃至全國最大的綜合旅游消費景點。

當然，羅的發展計劃中也有受挫的時候。1992 年，當他看好中國內地某城市，計劃到該地投巨資建造一個現代化的商業中心時，市政府最初十分重視，但得知羅的企業為一家民營企業時，該市政府官員無論如何也不能接受一個民營企業來收購國有資產，羅忠福不得不放棄自己的計劃。

盡管如此，羅忠福依然不改初衷，他决意要走自己的路，用現實讓國人來理解民營經濟對于這個國家的經濟意味着什麽。

對于羅忠福的追求和目標，有許多人并不理解。有一次，當羅忠福在澳門商界的一位朋友的兒子問他這樣做圖什麽時，羅忠福坦然地說："我是為人民服務。你可能想不通。'文化大革命'時期，全國從上到下都喊'為人民服務'，那時帶有某些虛偽。今天，我是眞正地'為人民服務'。"僅近幾年來，羅忠福為中國"希望工程"、文化藝術、社會公益事業捐贈了三百多萬元人民幣，但他却拒絕公開宣傳自己，更沒有召開一次新聞發布會。

羅忠福是一個很會工作的人。在他的每天工作安排中，僅有六小時的睡眠時間，其余有六小時是在汽車上度過，有六小時在他的建設工地，還有六小時是在香港或澳門的商場上，似乎一年就是這樣過來的。也正是羅的這種敬業精神，在福海公司，一大批有志報效社會的各類人才，從國內各地來到了羅忠福的旗下。

羅忠福認為，人不但有物質需要，而且有精神追求，尤其是當物質需求得到一定滿足的時候。他坦率地說："我人生的追求分為三個階段和三個層次。創業時，是物質的追求，包括住房、家用電器、吃喝玩樂；當企業走上正軌時，我就有更高的追求——事業成功的追求；物質享受和事業成功都達到后，我追求的是更高層次的目的——造福社會，為祖國和社會做貢獻。我目前是向第三層次追求。"

羅忠福有一個更深遠的目標，他要以自己的實踐，以自己由一個知青、學徒工到民營企業家的艱苦創業的經歷向世人昭示：他們這一代人并不是被耽誤的一代、無所作為的一代人；他要以自己不斷拓展的實業向中國社會展示民營企業發展的道路，讓人們由福海的道路，看到中國民營企業家的抱負與追求。

羅忠福：1951 年 7 月 16 日出生于中國貴州省遵義市

1987 年 12 月 28 日在珠海市正式注册創辦民營企業：珠海黔海工貿實業公司

1991 年 5 月經珠海市經濟體制改革委員會批準，改為股份有限公司

即：珠海福海實業(集團)股份有限公司

現注册資金為人民幣二億四千萬元

現任：中華全國工商業聯合會第七屆執委

中國廣東省總商會常委　　中國廣東省珠海市政協常委

中國廣東省珠海市總商會會長

珠海市福海實業(集團)股份有限公司董事長

全資企業包括：

珠海福海大酒店　　珠海四維房產開發有限公司

珠海雄基工藝家私有限公司　　珠海四維物業管理有限公司

珠海福海俱樂部有限公司　　四川成都華夏五千年旅游發展有限公司

珠海峨嵋山福海旅游發展有限公司　　珠海福海影視廣告公司

珠海福榮超氧酶科技發展有限公司

地址：中國廣東省珠海市拱北昌盛路一號

電話：(0086)0756—880666，880888　　郵政編碼：519020

傳眞：(0086)0756—883149　　電報掛號：3124

●珠海福海公司高檔別墅區「湖中湖」一角

「私營企業：只許成功，不許失敗」

——廣東省廣州華達實業有限公司董事長、總經理　**陳兆良**

自從八十年代先當個體戶、后又創辦私營企業，陳兆良一直堅持認為："對于中國的私營企業來說，只許成功，不許失敗。因為這不僅關系到我個人的生存問題，也關系到企業員工的生存和發展問題。"

青少年時期：在十年"動亂"中度過

1959年，陳兆良出生在廣東省順德縣，在家排行老二，上有一姐，下有一妹。也許是他"生不逢時"，出生時正趕上了六十年代初中國大陸的"三年自然灾害"，而后又趕上了中國"文化大革命"運動。陳的父親當"文革"來后，便先去了香港繼承父業，把他一個人和姐姐、妹妹寄養在大陸。"當時眞是要學，學不到什麼；要干又干不了什麼。"陳兆良事后回憶說，"我高中畢業時，才十五歲，可是我又懂什麼呢？"

飲食個體戶：我曾掌握過一門絕活

八十年代初，正是中國個體戶最為發達的時期，尤其是在廣州。眼下在中國大陸流行的"大排檔"的說法，概由此演繹而來。

高中畢業后，陳兆良先是進了廣州市的一家工廠做臨時工，后轉為正式工，當起了工廠采購員。這種職業是一年四季在外面跑，一陣子北上北京，一陣子東到上海，很是辛苦。就那麼一點薪水，一米七幾個頭的陳兆良常常感到囊中羞澀。"在我最困難的時候，北京的朋友幫助了我。"陳兆良對此一直念念不忘，以至現在每年秋天他都要抽空到北京去看看過去的老朋友。

工廠干了幾年，陳兆良决心要為自己重新設計一條出路。當時的廣州，全國各地來的人很多，餐飲業一直很好，但傳統的手藝却快要失傳了，因為老藝人精力不濟，年青人還學不到家。陳兆良先在廣州市越秀區開了一間門面不大的"面館"。"那時，傳統的餛飩面食都快要失傳了。我干起了這檔活，做的餛飩皮放在手掌上，可以很淸楚地看到手掌紋，有'面食專家'的美稱。不過，干飲食是很辛苦的，每天要干十五、六個小時，有時連做餛飩皮也來不及。"陳兆良回憶起過去那段經歷，心里是很自豪的。

我相信政策：從掛靠到私營企業

八十年代既是中國經濟改革最快的十年，也是中國人口對外流動和開放的時期。已在飲食業干了多年的陳兆良，此時也面臨着一個新的選擇：是去香港定居，繼承

父業，還是留在廣州？

陳兆良選擇了留在廣州。“因為去香港，一方面我自身文化不高，一切要從頭學起，而時間對做生意來說，是一筆財富；我為什麼要去那里發展呢，為什麼不在生我養我的大陸發展呢？又更何況我當時自己也有一定的基礎了。”當然，飲食業是再也不想干下去了，它太辛苦、太累人，重要的是發展前景不大。陳兆良决定從當時很熱門的五金交電生意做起，幷希望在這行檔上新開一門途徑。

1986 年，陳兆良以幾萬元起家，在廣州海珠區掛靠一家街道，開起了五金交電商行，一方面他做些供電材料、工具的生意， 方面在琢磨如何把自己的零售業轉為實業。

當時的廣州，在經濟高速發展之中，供電不僅十分緊張，而且因綫路超負荷而常停電。只有高中文化水平的陳兆良看到了這點，用高薪請來精通此道的電氣工程技術人員，按廣州工廠、機關提供的要求專門設計、生產用于高壓綫路的配電屏，這使他的企業成為在中國供電系統中唯一的私營企業。

1988 年，中國在國內個體經濟已經不是簡單的謀生方式幷向企業方向發展情况下，正式頒布了《中華人民共和國私營企業管理條例》。看到有法律來保證自己，陳兆良正式向當地工商管理部門申請把企業性質由集體改為私營。

“四化式老板”：這是我的經營手段

只有高中文化水平的陳兆良自覺自身文化水平和經營很難在現代市場競爭中有自己一席之地，尤其企業是間私營企業，不僅不能在資金和經營場地上同國有企業、集體企業競爭，而且在人才和市場上，也處于劣勢，成敗全在自己一個人。要在競爭中獲勝，沒有人才和市場是不行的。

酷愛喝廣東佛山特產“特醇米酒”的陳兆良，把企業的經營定為“人員年青化、行動機械化、通訊現代化、喝酒‘特醇’化”。似乎這“四化”就是他的經營之術。他不僅以高薪聘請了技術人員，而且公司的職員均是文化水平較高的年青人，給每位員工均配備了 BP 機，工程進展、工作安排、市場信息，隨時掌握、隨時聯系；每天中午，由他或到工地、或到公司，請員工一齊用餐，聽取員工、技術人員對工程和公司的意見、建議。每逢節假日，有空就自己開車，把員工拉上去公園、郊區野餐，用自己愛喝的“特醇米酒”招待員工。

鑒于私營企業無法在住房問題上留住人才，而廣州的住房問題一直是很緊張，陳兆良近年來又開始考慮對職工進行住房改革，“因為他們也和其他人一樣需要解决住房問題。作為一個企業職工，他（她）為企業在不斷創造財富，為什麼企業不能為職工謀點福利呢？”為此，華達實業公司對企業的管理人員和技術人才專門設立了住房基金，對在公司年滿五年的一般員工也設立住房基金，其他人員則在每月的薪水中給予補償。

陳兆良自稱是從來沒有做過大生意的人，“但我們公司的經營和利潤每年以較高的速度遞增”，這從某種意義上要歸于他的這間公司留住了人才，也因為有了人才，他才有了市場，有了高效益。

辦私營企業：我敢大張旗鼓地干

陳兆良自言是個辦私營企業“敢大張旗鼓地干”的人。為了辦好企業，很看重家庭的他，讓太太辭去了公職，在家專門撫養教育孩子，他自己一心放在企業的經營上，幾乎沒有娛樂，“因為一沒有多余時間，二暫沒有娛樂心

情”。在中國“文化大革命”中成長起來的人，對社會的責任大都看得很重。沒有去香港的陳兆良，把自己留在廣州發展，看作是“自己個人力量在社會中實現價值的手段”。

同當地的許多私營企業相比，陳兆良很看重企業的效益，但他更注重人情、信譽，除從生活、住房等方面關心員工外，他對社會公益事業也是盡心盡力，并且是當地的“先進納稅企業”。在當地的社區里，雖是一個大老板，每天開着車進進出出，有些人都好象見到他“有點不理解他為何這樣玩命的工作”，但陳兆良總是報以善意的微笑，他不希望企業的發展行為是短期，更注重從政策的發展來考慮企業的長遠規劃。

“中國社會是一個從法盲社會而來的社會，現在私營企業、個體戶中存在着許多問題，不僅文化素質不高，而且在經營上也有很多不規範的地方。當然，這同它們所面臨的問題也有關系，比如，資金的信貸、經營場地的受限制和各種各樣 的社會攤派等，有一定的關系。這種不規範的操作和復雜的關系，政府必須要抓緊解决并理順關系。”從多年經營私營企業的操作之中，陳兆良認為，“對于中國的私營企業來說，只許成功，不許失敗，因為我們輸不起！因為這不僅關系到我個人的生存問題，也關系到員工和企業的生存和發展問題，只能精心策劃。”

“當然，中共‘十四大’確定私營經濟同國有經濟等其他經濟成份長期共同發展的政策，使我們更看到自己的前景。就以這些年我自己辦私營企業來說，最大的感受就是心安理得，我們是受政策和法律保護的。原來沒有政策，我們是心里發慌。”陳兆良認為，私營企業是公民個人力量對社會價值實現的一種手段，它離不開政府、工商管理部門、稅務部門、工商業聯合會的支持和幫助，否則就很難發展，因為在現代社會里，私營企業的壓力越來越大。

從 1980 年先干個體戶、到 1986 年自己辦“集體企業”、到 1989 年轉為私營企業，陳兆良自認為是“一步一個脚印”，沒有向銀行借過一筆款發展起來的，他的經營思路是“以商業發展為工業奠定基礎，以工業發展壯大商業服務”。在短短幾年間，他已由一間五金交電商行發展成為以五金交電器材生產和裝飾工程為兩大主業的華達實業有限公司。“這對于我來說，僅僅是剛起步。”

陳兆良認為：中國的私營企業要發展到一定的規模和水準，還要有幾年的時間來奠定基礎，因為現在大家才剛剛放開了手脚。“因為有政策、法律來保護，我敢大張旗鼓地來干，公司有關發展和福利的投入，都是為了壯大公司的生產。我的目標是盡力發展壯大企業，目前仍是積聚實力，從 1993 年開始，先在商業上發展下去，并爭取用電腦進行企業的現代化管理，將來時機成熟，國內的很多實業我還是有信心去做的。”

陳兆良：

1959 年生于廣東省順德縣

1980 年在廣州開一間“面館”

1986 年以集體企業名義開辦一間“五金交電商行”

1989 年將企業注冊為私營企業

公司地址：中國廣東省廣州市荔灣區西村西灣東路 14 號

郵政編碼：510160

電話：(0086)020－6667251

「實業爲基礎，房地產開發爲龍頭、先進科技爲動力」

——廣東深圳東海實業有限總公司董事長、總經理　李幼生

一九八一年初，中國南方廣東省陸豐縣一名不足十六歲的少年，靠着借來的二十元人民幣只身闖入了剛剛創辦不久的深圳經濟特區；十二年后，他已成為深圳市幾萬家企業中僅有的百余家“重合同守信用企業”之一的老板，同時也成為當地數千家私營企業中第三大私營企業老板。李幼生以“實業為基礎、房地產開發為龍頭、先進科技為動力”開創了自己的“生存空間”——資產數千萬元的深圳東海實業有限總公司。

●深圳東海實業有限總公司董事長、總裁　李幼生

身無分文闖深圳

李幼生的家鄉是廣東陸豐縣大安鎮。這片原本富饒的故土，對于李幼生來說，生存的空間却是十分的狹小。為了不再受窮，一九八一年初，李拿着毋親給的十幾元錢，又向朋友借了二十元錢，告別了家人，只身來到了深圳。

當時，他只有一個簡單的想法，別人到深圳都可找到飯吃，有錢可賺，我為什麼不行？一定要在深圳闖出一條自己的路來。

少年的這種近似流浪的闖蕩，使李幼生在深圳街頭找工作找的很苦，也有點走投無路。就在這時，他在一家商店門口巧遇到一位已在深圳安家的同鄉。這位同鄉請他去家中吃飯。李幼生拿出自己僅有的五元錢買了一包方便面、一盒午餐肉和一包香烟去同鄉家吃飯。在朋友的幫助下，他幾天后在家鄉駐深圳的建棚隊找到了一份搭棚子的工作。“那時，我白天一身泥，晚上一身汗水，因沒有‘暫住證’，朋友家也不能安宿，只好卷起一張涼席、一床被單到建築工地與沙灘為伴。”李幼生回憶起當年，十分地平靜。

由于李幼生為人豪爽、干活又賣力，不久，工頭就讓他當上了這家建棚隊的副隊長兼建築材料采購員。這在建棚隊雖是一個“官”，但李幼生却從不偷懶，照樣磨破肩頭、照樣流血流汗。除繼續帶好工人搭棚子外，李幼生還通過采購，學到了不少東西：既學會了貨比三家，也學會了如何經營、銷售。一九八四年，有了一定積蓄的李幼生已不安心于自己的這份工作，在一位朋友的引薦下，他承包了一家商店。雖然朋友也勸他要三思而行，避免經營不善使自己多年的積蓄也搭進去，但李幼生想，要賺錢就得擔風險，否則誰都可以當老板。

小試牛刀的“商神”

從“打工仔”的建棚隊副隊長到做一家商店的承包經理，這對于李幼生來說，等于換了一個新的角色。但李幼生非常自信，敢闖敢干，又善把時機。在他承包商店一年后，很快就與內地河南省三門峽市物資公司聯營，在深圳另一處開了一家二百多平方米的商場。后來，他經營的商場不僅越來越大，而且數量也越來越多：一個、兩個、……賺來的錢則象滾雪球似的在商海里飛快地滾動起來。

一九九零年，年僅二十五歲的李㓜生已成為一名百萬富翁。他以自己四年的打工和六年的商海實踐，給深圳十年前一名獨闖人生的貧窮少年寫下了一個小句號。

十年的奮斗和努力，使李㓜生掌握了他的脈博：把握時機，不甘落后。已有了一定實力的李㓜生以自己家鄉縣城的名字在深圳注冊了自己的企業——深圳東海實業有限公司，注冊資金為一百一十五萬元。

東海實業有限公司成立后不久，李㓜生就將自己的經營重點從商貿轉向了實業：繼第一家企業東海服裝廠開工后，東海時裝百貨、捷新化工機電設備公司、東海皮鞋廠等分支企業相繼開工，他還在深圳郊區觀瀾鎮買下了兩幢廠房。為了引進人才，他還買下了二十多套職工住宅，并全部安裝上了電話；一九九二年，李㓜生的東海公司又買下了位于深圳東門的東方大廈整整一個樓層。僅僅有三年的時間，他就使自己企業的資產增長了數十倍之多，令當地人甚感驚奇。

房地產為龍頭、先進科技為動力

隨着實力的增長與資本的快速積累，生意紅火的李㓜生開始將眼光投向了房地產市場。

但是，在強手如雲的深圳，要在地產領域有所作為又談何容易？于是，他把眼光投向了江西省九江市。

李㓜生的行動計劃受到了江西省、地、市政府有關部門的大力支持，并以很快的速度批準了他的建設方案：東海陸續在江西省境內購買了幾十公頃的土地，開發高層建築、多層住宅和花園小區，并獲優先權參與舊城的改造工程——除首先在江西九江、南昌和贛州等地設立分公司之外，還掌握了江西第一家中外合資房地產公司——萬田房地產開發有限公司百分之七十的股份；以五百五十萬元購得九江一塊二千二百平方米地塊，創九江地價最高價紀錄；計劃投資二千萬元建設九江東海大廈，并與江西有關機構成立江西房地產綜合開發總公司，該公司屬江西省第一家房地產股份制企業。

李㓜生認為，東海之所以在一九九二年開始以大手筆的方式進入房地產的快車道，關鍵在于一九九一年國內房地產開始爆熱之時，東海能以冷靜的態度對待房地產。他們首先注重實業的奠定，公司制訂了以實力為基礎，先進的科技為動力的經營思路。一方面，他們堅持走工貿結合的道路，并向多元化方向發展，除了已有的服裝、皮革、機電、食品、建材等生產企業之外，東海還將公司的商業貿易從原先單一的百貨擴大到化工機電設備、紡織器材、石油制品、家用電器、珠寶首飾、農業生產資料等，并將企業觸角伸向了旅游和文化娛樂業；同時，東海借助于在北京、江西、江蘇、廣州、珠海、惠州、無錫等地設立企業、辦事處的機會，借科技人才生財——為了主動占據市場并獲優勢，李㓜生主動找到了北京理工大學，請學校組織科技攻關，并在社會上廣泛招聘年富力強、學有所長的人才，對科技人員的發明創造給予重獎。僅兩年時間里，李㓜生的東海公司生產的金屬復合材料、營養面、纖維復合材料分別獲得中國國家專利；電子吸蚊燈系列產品達到國際先進水平。這一產品的射頻控制系統在美國也無法解決，東海公司的成績得到了國外客戶的高度評價。

把握時機，不做投機；掌握高科技，創造高效益。這就是李㓜生和他的東海實業有限總公司的創業概念。

東海納百川、開創新紀元

一九九二年年初，中國資深的領導人鄧小平巡視了由他親自倡導的深圳、珠海等經濟特區。鄧小平的南巡講話，使李㓜生看到了私營企業的發展前途，也看到了自己的希望。一方面，他調集資金參與深圳和內地的房地產業，并對市場做好了充分的應變措施，以求自己處于“在高峰前切入、在低谷前撤出”的運作思路，保證了東海當年投資當年受益；另一方面，他將房地產低谷前撤出市場所獲收益投向基礎產業。

李㓜生說：“要發展，必須站住脚跟；打好了基礎，我們就能主動向其它方向發展。”正因為如此，深圳東海實業有限總公司在一九九三年連創佳績：

在人才資本方面——東海公司首先從近二千名應聘人才中選拔了數十名經驗豐富的經營管理人才，其中

●東海實業有限總公司 1993 年被授予深圳市“重合同、守信用企業

不乏高級工程師，還有自帶上百萬元資金和項目的"大款"，基本保證了企業對人才的需求；

以五百萬元收購廣東東莞一家合資企業——東莞吉泰電子有限公司，并以一個月的時間迅速整頓管理、注入資金、恢復生產、調整生產布局與產品結構，其生產的東海吉泰點陣式電子顯示屏系列產品很快帶來了大批訂單，并在市場上創造了良好的信譽；

經嚴密論證，與臺商合資成立中國第一家無污染升華氣相印染的企業——深圳東昱升華印花有限公司。該企業總投資額達二千五百多萬元，這一企業的投產將宣布中國國內最大的可造成工業污染的行業——印染業已開始走向新生。

完成東海實業的托拉斯項目計劃與早期運作程序——在一座服裝和皮件商場的基礎上，投資四千萬元拓建為東海大百貨有限公司，重點發展時裝業。以設計、生產、銷售為一條龍，以"統一設計、統一商標、統一商號、統一價格、統一營銷策劃"等五統一為手段，用三年時間在中國國內三十個主要城市建立六十家連鎖店，創自己的名牌……

繼全力支持社會公益事業，扶持資助出版《深圳作家》之外，又大力支持嚴肅文藝和民族文化事業，獨家資助郭蘭英、才旦卓瑪、吳雁澤等一批中國國家一級演員到深圳舉辦"中國民族聲樂藝術家演唱會"，推動了特區文藝事業的發展，受到社會各界的高度好評……

從打工仔到資產數千萬元的私營企業的老板，李幼生以自己的行動贏得了市場，實現了他十幾年前獨身闖深圳的心願。"如果沒有國家的好政策，我李幼生不可能會有今天的成就。"李幼生常常對自己的部下們說。"東海今后將以更大的業績回報社會。"李幼生說，在一九九四年，深圳東海實業有限總公司將加大流動資本金額，進一步提高效益，注重控制和掌握公司所屬工業、商貿、房地產類企業的內部潛力，實現全公司總產值三點五億元人民幣，利稅三千萬元的經營目標，以確保公司下一步發展規劃的順利實施：組建企業集團，在不斷強固基礎產業的同時，瞄準跨世紀產業——高科技產業的發展途徑，成立深圳東海科技開發有限公司，與國內多家大學和科技機構合作，將科技成果轉變為生產力；與香港、臺灣等地科技產業界掛鈎，架起引進海外高、精、尖技術的橋梁，建立自己的研究所——研究院——中試基地，把科技"半成品"轉化為"成品"，投放市場。

"日出東海，萬丈金波。"李幼生對于東海、對自己充滿信心。

李幼生：1965 年 5 月 21 日生于中國廣東陸豐縣大安鎮

小學畢業后因家貧輟學在家，1981 年到深圳市打工

1982 年起任廣東陸豐大安區政府企業辦駐深圳建棚隊副隊長

●李幼生以一個月的速度將收購的東莞吉泰電子有限公司迅速恢復生產，并獲得大量的訂單

1984 年起與人合伙承包經營深圳一家商店

1990 年 7 月 12 日在深圳正式注冊創辦私營企業：深圳東海實業有限公司

現任：中國人民政治協商會議廣東省深圳市第一屆委員會委員

廣東省深圳市總商會常委

《深圳作家》報理事長

深圳私營企業協會副會長

深圳民間企業家公會副會長

深圳民間企業基金會副會長

深圳東海實業有限總公司董事長、總經理

下屬全資企業：

深圳東海大百貨有限公司　深圳東海科技開發有限公司

深圳東海旅游用品開發有限公司　深圳海通紡織器材設備有限公司

深圳捷新化工機電設備有限公司　東莞東海吉泰電子有限公司

深圳東海實業(九江)房地產開發有限公司　深圳東海實業(惠州)開發有限公司

深圳東海實業(南昌)有限公司　深圳東海實業(九江)有限公司

深圳東海美食大都有限公司

公司總部：中國廣東省深圳市東門中路 36 號東方大廈 12/F

電話：(0086)0755—2286776 傳真：(0086)0755—2224119

電報掛號：8687　郵政編碼：518001

奮斗者的足迹

——海南吴氏集團總裁　**吴　旭**

如果說，是改革開放的大潮，使神州大地發生了翻天覆地的變化，那麽，是海南建省辦大特區，造就了一批出類拔萃的青年企業家。吴旭，一個年僅26歲的青年人，海南企業界一顆耀目的新星，他在短短的兩年時間里就以敏銳的眼光、果斷的决策，大膽投入了十億元巨資開發房地產，不但讓吴氏集團的旗幟在海口市最繁華的重點街道龍昆路六個地段獵獵飄揚，而且把開發的區域推進到沿海城市蘇州河邊；他以出色的的經營、高效的成就，使一個原本普普通通的企業，從衆多的房地產公司中脫穎而出，一躍成為海南十大房地產公司之一，公司的資產也從幾百萬元劇增到一億多元，并結成了集團公司——海南吴氏集團有限公司。吴氏集團的迅速崛起，引起了海南企業界的格外矚目，而總裁吴旭的成功經營，更是受到社會的高度贊賞。1993年初，吴旭作為經濟界的杰出代表，先后當選為海南省第一屆人大代表、海南省第二屆政協委員，成為海南省最年青的參政者。

1984年，吴旭從海南澄邁縣一所中學畢業出來，一份安穩的工作等待着他，但是那種按部就班、束手束脚的機制局限着個人的發展。當時的吴旭雖然稚氣未脫，但是胸中却裝滿宏圖大略，他怎能甘心受制于人呢？他毫不猶豫地拒絕了。他决心另開天地，走與上輩完全不同的道路。他聯絡了兩個好朋友，成立了一個小公司，專門做五金交電生意。吴旭的"離經叛道"行為迎合了時代改革開放的潮流，是他人生道路上關鍵的一步，那充滿史詩般的傳奇便從此開始。他像初生之牛犢，毫不畏懼老虎的凶猛，憑着一股闖勁和堅定的信念勇敢地跑到茫茫商山中打獵去。他帶着兩個助手，馬不停蹄地走南闖北，風餐露宿也在所不顧，幾經挫折，幾經得手，既嘗盡了經商的辛苦，也享受了成功的快樂。這樣幾年的摸爬滾打，商場上的經驗教訓，當然也有一筆可觀的資金總算積累了下來。

1988年，適逢海南建省辦大特區，吴旭看準時機闖進海口城，圖謀更大的發展。這時的他二十歲剛出頭，衣冠楚楚，風度翩翩，雖然還不能與老謀深算的商賈相比，但是，其清醒的頭腦、機敏的思辯、熟稔的生意經却是往日所不可比擬的。沒有貿易就沒有世界，海南落后的經濟需要貿易來搞活，吴旭認準這個道理，準備抓機遇，乘東風，在貿易上大干一番。當時的海南，優惠的政策、寬松的環境刺激了商貿活動的繁榮，外引內聯、三來一補搞得熱火朝天，生意場上一片興旺。吴旭如魚得水，在商海里頻頻出游而又每每滿載而歸，他交易的商品不僅僅限于五金交電、水泥、鋼材、橡膠、農副產品等，只要盈利而又為國家政策法令所準許的，他都不惜血本投入營銷。他不但與內地企業聯手合作，國內貿易得心應手，而且與外商也頻頻接觸，進出口貿易也遂盡人意。艱險的生意場磨練出堅強的意志和堅韌的毅力，為了做好每一筆生意，他不辭勞碌，終日泡在生意場上，常常夜以繼日地工作。他把辛勤的勞動付給生意場，生意場也以豐厚的利潤回報于他。又是幾個春秋，吴旭的帳上又有長足進項，數字的直綫上升自豪地宣告積累階段的結束。商場上春風得意的吴旭開始在海南商界嶄露頭角，他羽毛豐滿，不滿足于生意場上迅步疾走，而要展翅高飛。

如果說，在生意場上找準了經營口，就取得了成功的一半的話，那麽，果斷地投入操作，就能夠穩操勝券。吴旭雖然在貿易上每每得利，但也常常為貿易的風險憂心。正當他為貿易東奔西走的時候，剛剛興起的海南房地產業引起了他的注意。這位商界的驕子從深圳、珠海等經濟特區超常規發展之中看到了房地產巨大的潛在市場，并預見到海南經濟特區的超常規發展也必然引來房地產業的高度興旺。1990年，當海南房地產市場還是一片蕭條的時候，吴旭毅然接收經營海深國際工程開發總公司，獲得房地產開發經營權，他果斷地把經營重點從商貿活動轉移到房地產的開發上來。這個英明决斷，又一次使吴旭在兩年內大展宏圖。時入1991年，海南房地產業開始復蘇，吴旭迅速在海口市重點街道推出"海深國際大廈"和"富人閣花園"兩大建築項目，兩個星期內就銷售告罄，在海口房地產市場一炮打響，海深的名聲頓時大噪。緊接着，吴旭投建新項目便一發不可收拾，陸續在龍昆大道建起四座二十層以上的高大建築：東升國際大廈、旭龍國際大廈、富人國際大廈、三寶國際大廈。1992年9月，吴旭看準海南旅游服務業的好勢頭，毅然出資一億三佰萬元全資收購瀕臨破產的海南僑發溫泉賓館，引起海南企業界的不小轟動。1993 年，在溫泉賓館旁邊，一座樓高五十八層、中國單體建築面積最大的吳氏廣場正在加速籌建，預期在 1994 年投入施工，它的建成將標志着吳氏集團發展到了更高的階段。

吳旭并不以此為滿足，他雄心勃勃謀求更大發展。隨着海南改革開放的步伐進一步加快，吳旭又瞄準了發展的新方向，邁出了聯營搞開發的新步伐：繼與海口工業建設開發總公司合作，在家鄉澄邁縣投資興建 5 平方公里的金城開發區，在瓊山靈山鎮海口新機場旁征地六十公頃興建旅游渡假村，吳旭還走出海南，躋身江浙，與蘇州合作，籌建一個大酒店，搞一個占地幾十公頃的開發項目……等等。總之，他四處出擊，八面開花，事業興旺如日在中天，業績輝煌似星光的璀璨。

吳旭在生意場上從興到盛的過程，既是他勇于開拓、努力進取的過程，又是他不斷學習、不斷實踐的過程，并在此之上逐漸形成了自己獨有的經營特色。不論是在出道之初，還是在鼎盛之時；不論是身邊只有兩人相隨，還是麾下已有百余相擁，吳旭都能夠有條不紊地施政治理，做到為政者運籌帷幄、指揮自如，為從者戮力同心、忠于職守。

“敬業樂群，篤實致遠”既是吳氏集團企業精神的客觀寫照，又是吳旭不斷追求完美的眞實縮影。作為私營企業家，吳旭深深意識到私營經濟的長與短，國有經濟的利與弊，他要揚己之長，避己之短：他精明地吸取了國有經濟管理之精華，移花接木，讓國有經濟管理之鮮花為私營經濟之綠樹結果。

吳旭的剪接法主要體現在以下三種：一是啟動大家的智慧，群策群力辦企業。吳旭規定，公司每月一會，部門每周一會，每次會議職員都要提建議，并形成書面意見，下次會議要檢查上次會議意見的落實情況。這種別出心裁的做法激發了員工的参政意識和積極性，堵塞了管理上的漏洞，避免了决策上的失誤，為成功的經營鋪平了勝利的道路。二是建立了風險共擔、利益均沾的分配制度，這個為國有經濟千呼萬喚始出來的分配原則已在吳氏集團落地生根。吳旭規定，凡為公司賺得利潤的員工，提取利潤 7%予以重獎，工資分配跟經濟效益掛鈎，同步升降，1992 年公司效益良好，全面提高工資 25%。幾年來，吳氏集團的分配呈現持續增長的勢頭。三是切實為員工排憂解難，使他們盡心舒暢地投入工作。吳旭說：“用人要用心，管理制度不能單純使用經濟手段，每個職員都有自己的困難，一定要想方設法幫助解决。” 1992 年以來，公司為總部員工解决 8 套住房，出資資助購買 9 輛摩托車，安裝 12 部電話，解决夫妻分居 5 人，員工的福利逐年得到改善。這種做法無疑安撫了騷動的心靈，增強了公司的凝聚力。

●吳旭計劃建設中的海南吳氏國際廣場

吳旭不但善于從國有企業汲取管理之長，完善自有企業的管理制度，也重視對員工隊伍的培訓，經常花費重金選送專業人員参加各種技術訓練和專業學習，甚至派員到國外考察，1993 年，吳亮副總裁就帶領六名專業技術人員到新加坡考察新方的房地產建設情況，用以提高公司整體素質，促進經濟發展。吳旭也很重視個人的學習提高。1990 年，在工作最繁忙的時候，他仍然抽出身來参加工商管理專業的學習，并堅持到畢業。經過一番理論與實踐的錘煉，吳旭更加成熟了。

吳旭既善于挖掘“它山之玉”來為己所用，又善于“就地取材”來構築經營之道。吳旭認為，與國有經濟相比，經營上的自主决策，管理上的不落窠臼，用人上的不拘一格，是私營經濟的優勢所在。吳氏集團的成功經營，是三個優勢成功運用的結果。在經營决策上，吳旭一向都是說一不二、一言九鼎的。當然，在正確的决策背后，包含了深入的調查與周密的論證內容，它畢竟關系到經營的成敗和利益的得失。吳旭的精明在于，他并不輕易地下决心，他聘請了四位經濟技術人才作為他的智囊團，為他的經營决策獻計謀劃，這使他的决策取得成功有了厚實的基礎。縱觀吳旭的經商史，他在决策上從未有過重大失誤，這是吳氏集團順利成長壯大的主要原因，小規模損失難于避免，但它不礙大局。在內部管理上，吳旭采取分級管理、層層負責的做法，他制訂了一整套規章制度，規定每個崗位的責任，明確各人的工作範圍，使責任落實到人，讓制度驅動工作,有誰違犯了規章制度,就處予嚴厲處罰,幷株連部門經理。這種嚴厲得幾乎不近人情的規章制度,保證了吳旭的政令暢通,促使每一位職員都全力投入工作,有利于提高工作效率。在用人上,吳旭堅持"用人不疑,疑人不用"的原則,他不搞論資排輩,不論學歷高低,只要你有才有識,且又善于開展工作,就可以委以重任,幷賦以相應的權力,提供你施展才華的機會。但是能者上、庸者下,誰也沒有鉄交椅坐。在吳氏集團內部,高級工程師在助理工程師手下工作可謂司空見慣,高中生領導本科生不乏其例,工作中能夠互相尊重,密切配合。正確的用人方法,吸引了一批胸懷大志的專業人才,他們義無反顧地投入吳氏集團的旗下,為吳氏集團的投資開發立下了汗馬功勞。

重視情誼,講究信譽,是吳旭經營上的又一特色。吳旭管理企業非常嚴格,處理違紀行為鉄面無私,但同時他又是心慈手軟、重情厚義的。他說:"八小時內我是老板,八小時外我們是朋友,不僅一起交流,還一塊娛樂"。他關心職員的生活,慷慨資助生活困難的員工,喜歡和大家一起去唱歌,經常邀約屬下去游泳野餐,平等相待,坦誠相對,親密無間,內部人際關系非常寬松、融洽、和諧。在公司發達之前,工資與福利條件幷不算高,職員來自全國四面八方,很少有人鬧別扭,是一個"情"字系住了大家的心。吳旭的人生觀是:"寧願人負我,我决不負人"。個別職員"跳槽",公司送錢贈物,以禮相辭。正是由于他的重情輕利,員工們都把公司當作自己的家,心往一處想,勁往一處使,工作開展得自覺、扎實。

●吳旭在海南三亞鹿回頭

吳旭在公司內部得到擁戴,在社會上同樣得到信任。"寧可少賺錢,也要求信譽",這是他堅定不移的信條。他認為,一個公司,如果不顧名譽,貪圖小利而失信于人,必將為社會所遺棄。房地產業投資大,消費時間長,更要求房地產商對社會負責。吳氏集團對自建的大廈別墅,不但重視施工質量,而且非常重視售后服務工作。每次臺風、暴雨之后,吳旭和吳亮副總裁都親自檢查項目設施,發現障礙立即派人排除,深受客戶的稱贊。吳旭堅持"言必信、行必果"的準則,在社會上樹立起誠實可靠、恪守信譽的良好形象,受到金融界的高度信任幷大力扶持。這幾年上新項目,所用資金部分來自信用貸款,這對公司的發展起了很大的推動作用。吳旭從社會獲得巨額利潤后,同樣以巨額資金回報社會。兩年來,他參與中國扶貧工程,贊助文化教育事業,支持希望工程,一共投入資金 900 多萬元。

吳旭的經營活動取得了巨大成功,1993 年他被中國共產主義青年團中央委員會和中國企業家協會授予 1993 年度"全國優秀企業家"的稱號。在榮譽和成績面前,他保持了清醒的頭腦。他說:"吳氏集團的成就受惠于海南經濟特區的優越政策,得益于上級領導和社會各界的大力支持,有賴于全體職員的默契配合。假如我是一株牡丹,社會就是我成長的沃土,職員是扶持我的綠葉。離開了社會沃土,我將是無本之木,而沒有職員的竭誠相助,我將一無所成"。"追求是永不止境的",談到未來,吳旭堅定地說:"我的目標是建立一個跨國經營的集團公司。在 1993 年,公司加快現有上馬項目的建設,幷側重籌建一集團股份制企業,這對我來說,又是一門新課題,不過,我個人很喜歡挑戰性的工作。"

吳旭:1967 年 3 月 8 日生于海南省澄邁縣

現任:中國海南省人大常委會財經工委委員

中國人民政治協商會議海南省第二屆委員會委員

海南省青年企業家協會副會長

海南省總商會常務理事

海南吳氏集團有限公司總裁

下屬全資機構:海南旭龍集團有限公司

海南吳氏物業發展有限公司

海南乾坤置業有限公司

吳氏房地產開發有限公司

海南海深國際工程開發總公司

海南吳氏溫泉賓館

海口市旭龍發展有限公司

海南八所城市信用社

地址:中國海南省海口市南航大道二號海深國際大廈八樓

電話:(0898)6777936,6777953

郵編:570005　　電掛:1198　　傳真:(0898)6777939

從農民、富商到中國教育實業家

——海南騰龍企業集團公司董事長、總裁　冼篤信

●做中國的教育實業家可能是冼篤信最大的心願

"我愛生身的母親，雖然她只是一個普通的農家婦女，但她教給我勤勞、樸實的品質。母親那對于家鄉和生活的熱愛，一點一滴鐫刻在我的記憶里。……我愛祖國母親。雖然她今天還不富有，但她給了我理想和信念。我時時體會一種小草對于大地的依附感。"當冼篤信以三十二歲的年齡進入中國人民政治協商會議第八屆全國委員會的參政議政殿堂時，他發出了自己內心深深的情愫。

出身貧賤：他被迫輟學、闖蕩江湖

冼篤信出身在中國海南省瓊山縣一個家境貧寒的農民家庭。從記事起，他幾乎是光着脚讀完了五年的小學課程。盡管貧困的家境一直成為冼心中的陰影，直至今日他成為"億元富翁"，冼篤信依然保持一種十分簡樸的生活：不嗜烟酒、不思歌舞；除非必要的應酬，他很少到大酒店去，而總愛到大排擋去吃飯。

冼篤信讀書很勤奮，成績很好，也很討教師和同學的喜歡。待上了初中，他便自己一邊白天讀書、一邊到晚上與大人到城里去賣柴。雖然每次往返十幾公里才掙一、二塊錢，但他總算能掙點自己的學費和伙食費，有時還可補貼點家用。一九七七年，正當中國社會在經受十年"文化大革命"的動亂后開始步入發展常態，上大學成為許多年青人的夢想時，冼篤信却不得不結束了他僅高中一年級的學業，回家養家糊口——冼的父親病重不起，冼家已失去了最重要的勞動力。為了給父親治病，他曾利用假期到大陸去做了一筆小生意，結果生意做成了，他却在海口被當作"投機倒把"抓起來關了四十天；賺來的錢被沒收，同村人認為他是"反革命"，學校也帖出了大字報……

七十年代末的中國農村仍是十分的艱苦，尤其是在今天看來曾是蠻荒之地的海南島。冼篤信此時已是無路可走，便到附近水電站當民工：管飯不給薪水。在那里，他結識了些做生意的朋友。當政策開放，冼便辭去民工，做起了自己第一筆眞正的生意：從朋友、鄰居那里借了一萬元到河南販五噸粉絲。冼篤信萬萬沒有想到，自己竟栽在里頭：不僅購進的粉絲被人摻了假，鉄路運輸也出了問題，訂貨單位紛紛退貨、拒收，債主排隊討債。

情急之中，冼篤信躲了起來：他先打零工，后又到內地的貴州、雲南、廣西販水牛。到廣西販猴子，不讓上火車，他四處找人活動拉關系，待猴子販到了海南，他又將猴子分猴肉、猴血、猴腦分開賣。此外，冼篤信還販過水泥、鋼材、舊軍服和中藥。總之，什麼能掙錢，他就販什麼。

抓住機遇：冼幾經沉浮進軍地產

一九八零年，中國各地在經濟政策的制訂上開始有了相當的靈活和松動。在外闖蕩近三年的冼篤信這時得到一個信息：他的家鄉要投資建一個地下工程。盡管他不懂建築，但知道建築需要石頭。冼篤信托人找到工程隊，提出承包這項工程所需的全部石料——這一他經手的第一筆項目，不僅使他還淸了所有的債務，還使他為家里蓋起了三間平房。當然，更重要的是他由此意識到"要賺大錢，就要有一個項目，有個實業"的道理。

冼篤信的家鄉海南島是中國熱帶作物基地，橡膠是當地主要的經濟作物。他看到當地農場工人在收獲橡膠時，一律用塑料袋包裝運輸，但本島却不產塑料袋。在跑遍了全島一百多個農場后，他才知道對塑料袋需求十分大的海南要到廣東汕頭市進貨。當冼抱着銷售塑料袋到海南的念頭到了汕頭，那滿大街都是的塑料袋廠使他萌發了要自己生產塑料袋的願望。

盡管后來冼篤信用自己和籌集的錢，結束在汕頭學習塑料袋生產技術和工藝后，在家鄉辦了海南島第一家私營的塑料廠，生產編織袋，但由于全部資金都用于購買設備，他竟有鍋無錢買米吃。不得已，冼找到了另外一家國有農場的負責人，并出任這家農場塑料廠廠長，一方面負責生產，另一方面負責工廠和農場物資與原料的采購。

在海南陵水南平農場塑料廠的經歷使冼自經商以來不僅懂得了許多道理，也在與國內商界的接觸中，結交了許多朋友。在一九八四年海南走私汽車事件中，已在另一家公司任總經理的冼篤信毫不例外地卷了進去，在賺了點錢，也猛嗆了幾口海水之后，冼篤信于一九八五年回到了生他養他的家鄉瓊山縣龍橋鎭，陸續辦起了龍橋電鍍廠、傘帽廠和玻璃廠等幾間小工廠。一九八七年，冼篤信

人物篇

以九十萬的注冊資金創辦了私營企業——海南瓊山騰龍實業總公司，幷自任總經理。他試圖以貿易為手段，尋找新的更有誘惑力的產業——房地產。

沉着應戰：從海南島到內地房地產

在某種意義上說，貿易手段和最初的房地產業為冼篤信的騰龍實業總公司帶來了他對資本的最基本的積累需要。一九八八年，中國人大確立將海南島建成中國最大的經濟特區。這使已看好素有"東方夏威夷"之稱的海南三亞的冼篤信，對自己有心重點發展的房地產尋找到了投資點。

一九八九年，在聯合另兩家房地產公司后，冼篤信與他們共同買下了三亞市政府正計劃搞開發區的西河西路開發區。盡管當地政府對這塊位于市中心的占地十六多公頃的爛泥淤積、臭味襲人的灘塗地給予了較優惠的開發條件，但據當時技術分析，這一工程至少需要四千萬元投資，而且會虧本；如果管理不善，會虧得更大。

冼篤信出師不利：此時，一方面中國開始了治理整頓、對銀根加緊了收縮，幷通過控制貸款來停建樓堂館所；一方面出于對"六四"風波使得國外客戶退出、國內客戶觀望的考慮，與冼篤信合作的兩個公司也要相繼退出對這塊地的開發。

"雖然'六四風波'有影響，外商走了，內商觀望，但這種現象一定是暫時的，國家形勢一定會好轉。其次，三亞是港口城市，所購地塊又是市中心黃金地段，即使不賺錢，也不會虧本。"冼篤信事后回憶說，基于這種考慮，他首先拿出六十萬元買下了其中一家公司的股份，幷成立騰龍房地產公司，以合法身份進入當地房地產市場，幷在后來另一家要退出時，又出四百萬元買下這家公司的股權，從而眞正擁有這片地的全部股權。在后來的二年開發中，冼帶着手下十多個干將，憑借幾年的商業信譽借貸了一千八百萬元，修築河堤、疏通公路與干道，塡海六十多萬方，共投資四千多萬元人民幣，將其建成為三亞市第一個高標準的、集金融、貿易、保險、咨詢、辦公、會議、美食、娛樂于一體的綜合小區，成為今天三亞市城市建設與開發的樣板。

沉着應戰的方式使冼篤信的三亞西河西路開發區項目在隨之而來的海南島、及三亞大規模開發中，創造了至少一億元的商業利潤，同時也使他的騰龍房地產業在海南省當地上千家的房地產公司中躍為其中的佼佼者。農家子弟的冼篤信喜歡收獲，但更樂于播種，在保證公司正常運作時，他開始尋找新一輪的投資項目和計劃：從瓊山縣到三亞、海口、通什、保亭、萬寧、陵水到湖南衡陽、雲南昆明、北京、香港、美國和泰國，冼篤信一直在盤算新的計劃與方案，幷相繼付諸于實施。

繼在三亞荔枝溝開辟六十公頃土地作為高科技和無污染工業的開發區，在紅塘灣征用二十公頃地作為濱海旅游綜合開發區外，冼篤信在號稱海南翡翠山城的通什市開工建設了一個占地三平方公里的、包括民族風情村、別墅、貿易街和游樂設施在內的"通什騰龍旅游城"，幷在七指嶺下和陵水南平開發國際溫泉旅游療養項目，占地二百多公頃。同時，他還在陵水土福灣征地三十多公頃，欲將此地開發為以高檔別墅、海上運動項目為主的國際濱海旅游渡假村。僅一九九二年他就在本島內的靈山鎮、桂林洋、南麗湖等地征地一百三十多公頃。此外，冼篤信又將目光投向了中國內地的湖南衡陽：在那里總投資二億元人民幣大規模改造當地后宰門舊城，先期改造面積八公頃。在中國春城昆明，征地二十多公頃，計劃投資開發別墅、商住樓及旅游娛樂設施。

●冼篤信與由他資助上大學的莘莘學子們在一起

騰龍精神：精誠、求實、開拓、高效

從一九八七年正式創辦私營企業海南瓊山縣騰龍實業總公司，冼篤信以房地產起家，抱着"精誠、求實、開拓、高效"的"騰龍精神"發展成為一個總注冊資金為一億二千八百萬的私營企業集團化經營實體——海南騰龍企業集團公司，下屬"三亞騰龍"、"通什騰龍"、"瓊山騰龍"、"海口騰龍"、"昆明騰龍"、"衡陽騰龍"和"海南七指嶺溫泉旅游公司"、"海南南平溫泉療養中心"等十家全資實體公司和一家電鍍廠，此外他還與外商、金融界合作，合資經營"海南三龍旅業發展有限公司"、"海南南龍聯合開發公司"、"海南美城旅業有限公司"、"海南騰龍裝璜有限公司"等，其實際資產已超過了五億元。

多年的商戰，使冼篤信認為，私營企業的成功，"必須尊法紀、重信譽、樹立企業形象。企業的形象是靠企業自身樹立的，企業內部更要有法制觀念，我要求全體員工嚴格守法經營，在企業與社會的交往和各項開發工作中講究信譽。經過幾年的實踐，騰龍公司在海南商界建立起較好的信譽，樹立了良好的企業形象，從而為公司的發展鋪平了道路。"當然，冼更是一個雄心勃勃的私營企業老板。為了使企業走規範化的發展，他除了重金聘請了各類專業人材之外，還在公司內部設立董事會、監事會、專家委員會等一系列行政和業務管理機構。董事會作為公司最高決策機構,一切重大事項和重大開發項目及總經理的任免均由董事會討論決定,監事會負責對公司一切內部事務進行督導,專家委員會對新開發項目和工程技術重大問題進行技術論證。盡管冼本人身為董事長兼總裁,總管公司系統的一切事務,并負有全面責任,但他更願通過民主和科學的管理來實現利潤的大幅度上升,這些人包括他手下一百多個員工中的十五名高級專業人員、二十三名有中級職稱的人和六十多名大專以上畢業生。

人生價值:從失學到助學、做教育實業家

冼篤信至今也沒有忘記自己被迫失學的痛苦。盡管他在玩命地掙錢,但每當新的款項進來時,他常常想起自己是個農民的兒子、一個曾被迫失學的少年的經歷,也常常想起自己生活的貧困的中國農村。

“別人在事業上超過我,我不嫉妒;可誰要是在捐資助學上超過我,我可要跟他爭一爭。”這位身為海南省文化教育基金會名譽會長的富翁一直敢這樣同別人攀比。從創辦海南瓊山騰龍實業總公司開始,冼篤信開始致力于當地的教育事業,并隨着事業的拓展,捐資助學到每一個投資新地區:三亞、瓊山、通什、保亭、衡陽……僅近年來,他已為海南省和中國內地的文化教育事業及社會公益事業捐資達二千多萬元人民幣,其中包括投資三百萬元的瓊山圖書館、一百萬元的三亞教育基金、二百五十萬元的瓊山三角園小學和瓊山中學“篤信藝術館”、向海南貧困地區通什、保亭兩地政府捐贈并分別在五年內完成的一千四百萬教育發展基金(首期捐贈三百七十八萬元)、捐贈湖南衡陽市教育基金和殘疾人聯合會一百二十萬元。從一九九二年起,冼篤信每年從海南社會中選送二十名學員,贊助他們去大學深造。“從一九九三年開始連續十年,我每年要為家鄉教育事業捐贈五百萬元,作為獎學金、獎教金。我要讓有志氣的年輕人都能學到知識,有更多的機會去國外深造,然后回國為國家效勞”。

冼篤信自言一九九三年是海南騰龍企業集團公司的“建設年”:除了總計劃投資二點五個億的已建、在建和批準建設的一棟綜合大樓、三棟安置樓、名人國際大酒店、企業家大樓、十八層騰龍大廈、十八層國際會議中心等總建築面積達十九萬平方米的樓宇外,他又先期投資五千萬元進行現代農業開發,幫助家鄉龍橋鎮農民脫貧致富

創辦了海南省第一家農民股份制公司:當地鎮政府與農民以土地入股,聯營七十年,發展高產水稻、水果、養殖業和特種動物養殖業,并進行高科技產業、商貿、旅游項目的開拓。“我們辦這間農民股份制公司,本身是一個創舉,一個突破。我的願望是開發家鄉、建設家鄉、繁榮家鄉、富裕家鄉,這于企業、農民、鄉鎮、國家、社會都會帶來較大效益。”冼篤信對此信心十足。

冼篤信:1961 年 12 月 1 日出身在中國海南省瓊山縣龍橋鎮一農民家庭,1977 年因家境貧寒被迫失學,后作小工、商販,靠做生意和承包工程、工廠、企業積累資金創辦海南第一家私營塑料廠

1985 年起陸續創辦幾間小私營企業:海南瓊山龍橋鎮電鍍廠、傘帽廠、玻璃廠,1987 年正式注冊為海南省瓊山騰龍實業總公司,始向房地產業方向發展至今

現任:中國人民政治協商會議第八屆全國委員會委員

中國人民政治協商會議海南省第二屆委員會財經委副主任委員

中國海南省第一屆人民代表大會代表

中國海南省文化教育基金會名譽會長

海南省總商會常務理事

海南騰龍企業集團公司董事長、總裁

海南南龍聯合開發公司董事長

海南三亞騰龍房地產開發公司總經理

海南二龍旅業發展有限公司常務副董事長

海南瓊山龍橋農民產業開發有限公司董事長

海南騰龍企業集團公司下屬全資公司:

海南三亞騰龍房地產開發公司　　海南通什騰龍房地產開發公司

海南瓊山騰龍房地產開發公司　　海南瓊山縣騰龍珍禽動物科技開發中心

湖南衡陽騰龍房地產開發公司　　海南騰龍實業昆明開發公司

海南騰龍企業集團公司海口公司　　海南瓊山縣龍橋農民產業開發有限公司

海南騰龍七指嶺溫泉旅游公司　　海南騰龍南平溫泉療養中心

公司總部:中國海南省海口市龍昆南路龍昆大廈七樓 A 座

電　話:(0086)0898－6750626,6750583

傳　真:(0086)0898－6750626

電報掛號:1343　　郵政編碼:570006

●冼篤信在由他捐資興建的瓊山中學「篤信藝術館」竣工慶典上

中国私营企业的第一村长

——海南豐華工貿有限公司總經理
海南洋浦私營工業村建設總指揮　封國强

從五年前兩手空空，只身赴瓊，到今天成為擁有幾千萬資產的海南豐華工貿有限公司總經理、海南洋浦私營企業工業村建設總指揮，封國強一直在以行動默默履行着當初他那并不豪邁的誓言："人生在世，不求功成名就，但總要干成點事才好。"

辭職下海：人生的又一次決擇

五年前的封國強，原是杭州某機關的一名科級干部。象大陸許許多多普通人一樣，有着一份安穩的職業和溫馨的家。日子雖略顯平淡，却也安閑自在，這對于一向崇尚"知足常樂"的大部分國人來說，無疑是一種美滿的生活模式。而封却并不滿足于這些。或許是早年奔波不定的生活賦予他爭強好勝、不甘寂寞的個性，在日復一日的平淡中，封的內心總是被一種莫名的失落感所困擾。

一九八七年，海南建省辦大特區的熱潮席卷中國大陸，封國強的命運也由此發生重大轉機。利用單位的休假時間，封只身自費來海南。站在天涯海角，面對着濤濤大浪和一望無垠的廣濶天地，封國強突然發現了自己胸中蘊藏已久的活力，他深深地預感到：唯有海南，這片充滿生機的土地才是維系其事業與希望的所在。整個元旦、春節，封一頭扎下去，自費考察了海南全島。不久，由封國強親自策劃和籌建的杭州房屋建設開發公司海南公司獲準成立。這是當時中國內地第一家上島的房地產公司。以至于很多年后，每當封回憶起這段半途夭折的創業歷程，仍是惋惜不已，因為正當他雄心勃勃準備大干一場，一紙調令將其召回杭州。

一場無休止的拉鋸戰開始了。封國強被莫名其妙的人事內耗擱置起來，一連幾個月不安排工作，而另一家杭州來瓊的單位慧眼識才，欲啟用這位難得的人才，原單位又執意不放。封國強一氣之下，辭去公職，再次踏上南去的列車。這一次，封決意要走自己的路。憑着他那敏銳的商品意識和對市場的分析，封深感：一個公司要想在競爭激烈的市場中爭得一席之地，唯有創辦實體，打出自己的拳頭產品。但此時，封國強兩手空空，一無財力，二無靠山，在大小公司林立的海南創辦一家實體公司又談何容易！幾個月的辛苦奔波，封國強東挪西湊，在杭州駐瓊各單位的幫助下，終于籌措起二十萬元資金，一九八八年十月，由封一手籌措的海口豐華工貿有限公司誕生了。

●中國私營企業的第一村長——封國強

質量和信譽：使他的公司立穩脚跟

封國強把目光投向了當時走勢看好的建築材料市場。次年，他孤注一擲，將公司僅有的二十萬元全部家當一次性投入，創辦了瓊山豐華溝管廠，機械生產承插式混凝土排水管。這是維系着整個公司命運的關鍵一舉。日后，當豐華溝管及其產品遍布全省之時，人們不得不佩服封當初超前的眼光和魄力，而此后的事實也不止一次地證明，封國強對瞬息萬變的市場的確有一種特殊的敏感，這基于他對市場規律的深刻體驗和對經濟政策的透徹理解。而封也正是憑着其超人的謀略和膽識，使一個名不見經傳的私營企業，在海南公司大起大落的浪潮下頑強地生存下來，并日益發展壯大。封國強在其經營之道中，始終把"講求信譽，以誠待客"奉為公司的立足之本，這不僅是豐華公司自創業伊始便始終保持的優良傳統，也是封一生恪守的修身作人之準則。他們嚴守合同，嚴把質量關，所有產品一律 通過省建材中心測試，并附質保單。盡管封的這番舉動在當時魚龍混雜的海南建築市場中并不吃香：因為許多包工頭為了自己多拿回扣，寧願買次等貨，致使一些好貨反而不如假冒偽劣商品暢銷，而此時豐華產品在市場上還立足未穩……然而，封國強却堅持認為："建築質量是影響子孫后代的百年大計，這里面摻假等于賺黑心錢。從長遠發展來看，優勝劣汰，海南的建築材料總會向優質及高標準發展。"

后來的事實果然如封所言。在度過那段處境維艱的日子后，不出數月，"豐華溝管"以其貨眞價實在大特區的建材行業一炮打響，海口的港澳國際投資永萬開發區金盤工業區等一大批建設項目及重點工程點名要用豐華公司的產品，其他各市縣的外資工地也專程趕來海南購買，豐華產品自此走俏全島。封的公司開始以前所未有的速度發展起來。1988——1992五年間，豐華公司從創立時的僅20萬元資產發展成為擁有5000萬元資產的大型私營企業，其下屬全資公司有：海南洋浦豐華實業開發有限公司、海南洋浦國強投資招商有限公司、海南洋浦熊風建材總廠、海口豐華排水器材廠、海口豐華水電器材商場，與此同時，公司在深圳、上海、杭州等地設立的大小辦事處、經營部，也以其各具特色的拳頭產品贏得了市場，銷售額每年均在1000萬元以上。

而這一切，距他當初的構想還差之甚遠。封 自言是那種"不達目的誓不罷休"的人。雖然此時的他，已是一個擁有幾千萬元資產的私營大老板，其家業足夠他榮耀一生，可封國強却說："我自踏上海南的頭一天起，就注定要奔波一生，人生在世，總要干成點事才好，這才僅僅是一個開端。"封又把他的視野擴展到家鄉那塊風水寶地上。

"杭州自古人杰地靈，風光獨秀，素有'人間天堂'之美譽，若把其自然美景與海南的迤旎風情相結合，定會有一個大的發展。"封決定把其下一輪計劃放在海南、浙江兩省，并以此為基地，推出一系列綜合性發展項目，這其中包括：高25層、建築面積32000平方米、集商業、餐飲、旅游、辦公于一體的海南豐華大廈；位于"杭州市外灘"——錢塘江畔的占地十公頃、擁有各式住宅100余幢的杭州豐華住宅小區；以蘇杭名勝縮影建築和園林建築風格為基調的海南天堂度假村和在聞名遐爾的西子湖畔建一座高八層、建築面積4000平方米的杭州海南大酒店……所有這些，都在其"以實業為主，其它經營為輔，大規模全方位發展"的經營規劃之列。

向全國私營企業的老板招手

封國強還有着一個更為宏偉而大膽的設想，即在海南——這片自由、開放的土地上興建中國大陸首家私營企業工業村，此想法的產生由來已久。五年創業的艱辛，使封深深體驗到，作為一家私營企業，在商品經濟尚未完善的市場競爭中行路之艱難。幾年前，杭州市場蕭條，機械系統許多廠家產品滯銷，而海南，却有價無貨，封欲從中牽綫搭橋，作各廠家在海南的代理，幫助推銷。可當他們頂着烈日，聯系好十幾個廠家，最后到機械局簽訂合同時，有關官員問清其企業性質后，連連搖頭："我們是不和私營企業打交道的。否則，領導要懷疑我們私下里有什麼好處。"一句話，使封一個星期的辛苦付之東流。

公司發展后，一些好項目急待上馬，苦于沒有資金，不少家銀行看了他們的可行性報告，都認為是穩賺不賠的好項目，可一聽說是私營企業，又連連解釋："銀行有規定，原則上不對私營企業貸款。"種種莫名其妙的冷落，使封深感不公：私營企業，作為中國社會主義制度下一種不可缺少的經濟成分，除個人收入外，也在為國家創造財富，為社會作出貢獻，為什麼在名義、地位上雖然合法了，而在實際工作中却仍然障礙重重，象"私生子"一樣矮人三分呢？以至許多中國私營企業不得不隱姓埋名，打着假集體、假國營的旗號，在夾縫中艱難生存。封以為："私營企業之所以不敢堂堂正正姓'私'，主要基于如下兩個原因：其一，從'斗私批修'、'割資本主義尾巴'年代走過來的國人，至今仍心有余悸，生怕給扣上一頂'私字當頭'的帽子；其二，是和現行政策有關。盡管中央多次提出要鼓勵私營企業的發展，但很多條款對私營企業仍有限制。只有打破這些束縛，建立起平等的社會主義市場競爭機制，私營企業才能走上穩定發展的軌道。"

"目前，海南的經濟形式很適合私營企業的發展，隨着改革開放的不斷深入，私營企業必將會有一個更為廣濶的前景。"封國強決定抓住海內外關注的海南洋浦封關在即這一天賜良機，在距關外16公里處通往洋浦的必經之路——疏港公路兩側興建占地二百公頃的私營工業區，搶先占領國內市場。

早在此之前，1992年第三屆海南商品交易會期間，他即把洋浦私營工業區的設想向中共海南省委官員作了匯報，得到他們的首肯。而后，又同當時儋縣有關官員進行了廣泛接觸。經過幾個月的市場調查和詳細論證，1993年年初，一份由封國強親筆起草的可行性研究報告出臺，即引起中央政府有關部門和官員的高度重視。

1993年4月6日，海南，洋浦私營企業工業村

●中國人大副委員長王光英專程從北京到海南祝賀洋浦私營工業村開工

終于破土動工。中國人大常委會副委員長王光英率中共中央統戰部、全國工商聯等中央和國家有關官員，專程赴瓊參加奠基典禮，并當場欣然提筆，寫下了“海南洋浦私營企業工業村”。

依照封的“邊建設、邊經營、邊投入、邊收益”的經營方針，海南洋浦私營企業工業村第一期將開發土地六十多公頃，劃分為工藝、服裝、家私、電子、建材、綜合等六個生產小區，建造私營企業工業大廈、私營企業產品展銷中心、游樂保建中心、工業村中學、小學、幼兒園等一系列綜合性配套設施，同時，還將利用“東坡書院”、“天堂春色”等景點，建造一個具有中國蘇杭園林主體風韵，融自然風光與人文景觀于一體的“天堂渡假村”。如此大規模成片開發之舉，這在大陸私營企業中尚數首家。封預計，利用三年時間，將其建為中外優秀私營企業中的進出口產品生產基地、中國第一個花園式、莊園式的工業村，并以此為基地，吸引大陸私營企業的分散資金積極創辦實體，參與社會主義市場的平等競爭，大力發展外向型經濟，逐步跨入國際市場。

封國強：1949 年 6 月出生于中國浙江省州市

1987 年自費考察海南，籌建了中國內地第一家上島的房地產公司——杭州房屋建設開發公司海南公司，后由于原單位莫名其妙的人事內耗，被迫辭職。1988 年 10 月，白手起家，創辦了海口豐華工貿有限公司

1993 年 2 月，公司擴展、更名為海南豐華工貿有限公司

1993 年 4 月，公司主建的海南洋浦私營企業工業村奠基。

現任：海南豐華工貿有限公司總經理

海南洋浦私營企業工業村建設指揮部總指揮

海口市私營企業協會理事

海南省總商會理事

海南省企業家協會理事

地址：中國海南省海口市和平南路和平大廈 A 座 8 樓

電話：(0086)0898—5343184，5338859，5343185

傳真：(0086)0898—5343154

電掛：1809　　郵編：570003

●洋浦私營工業村——這里有封國強的人生夢想

“我人生的奮斗目標就是堅定不移地經濟報國”

——海南省門山園(集團)有限公司董事長、總經理

王國進

“從藝術舞臺到人生舞臺，這是一種轉折。但是我認為：經濟生活是人生的藝術，藝術表演則是舞臺上的人生。對于我來說，每種舞臺都豐富了我的生命。”當海南省門山園(集團)有限公司董事長、總經理王國進回首自己八年多的創業經歷時，他感慨萬分，“我人生的奮斗目標就是堅定不移地四個大字：經濟報國。”

貧窮是富裕的助產婆

當王國進來到這個世界時，他的父輩剛剛告別了壓在中國人頭上幾千年的貧困。新的人民共和國并沒有使早年參加抗日游擊隊的王國進的父親給王家帶來生活的改善，因為來自戰爭的危險依然存在。

新生的國家需要和平，也需要變革。轟轟烈烈的“大躍進”開始后，年僅七歲的王國進便開始給生產隊放牛。沒有見過世面的母親期望兒子能有出息，便讓他上了小學，并買來了六只小鴨，讓這個沒有書包、只有書本和鉛筆的小學生自己來解決心中一直想擁有的書包。

王國進至今沒有忘記在后來的四個月里，他每天放學后，就跑到河里摸魚抓蝦，精心飼養小鴨。當他與母親將六只鴨子賣掉，買回書包時，王國進第一次朦朧地意識到，只有靠自己雙手才能實現自己理想的目標。

王國進后來一直成為家中的主要勞動力。在后來的歲月中，他與父輩一起開荒、種甘蔗，幫助家中解決經濟上困窘。一九六七年，當中國十年“文化大革命”開始后，王國進中學畢業又回到了農村，沒想到他居然被全村人選為“衣食父母官”——生產隊長。當時每個勞動力干一天只掙一角錢的日子，迫使他在聽取了一些鄉親們的意見后，把集體的生猪包給大伙去飼養。年終時，王國進領導的生產隊不僅還清了隊里長期拖欠的五千多元貸款，還有三千多元留給社員分配。當然，這項改革也最終使他遭受到了批判，因為這個十幾歲的青年人在走劉少奇“三自一包”的修正主義的路綫。

貧困的中國農村，雖是王國進有心去改變的地方，但當時他是報國無門。出于無奈，他離開了家鄉，到中國陸軍去服兵役。其后，他又到中國廣州音樂專科學校學習過聲樂、在廣東湛江歌舞團當過聲樂助教、當過海南民族歌舞團的聲樂演員，并因師從當時海南的廣東瓊劇團著名瓊劇表演藝術家林道修而被稱作林道修、譚飛飛之后瓊劇好手“道修三”，響譽海南瓊劇迷心里。但他始終沒有忘記自己貧困的過去，尤其是當中國自七十年代末開始實施新的經濟政策，中國的農村開始變得富裕，“深圳速度”、“時間就是金錢”撩人心動耳熱時，王國進開始考慮到：自己該行動！

從舞臺流金溢彩到鄉村雞舍

一九八五年七月二十六日，王國進正式向他所在的廣東瓊劇團領導遞交了停薪留職報告，他要告別那曾讓他醉心于藝術、流金溢彩的舞臺，去實現他的人生目標：經濟報國。

在此之前，王國進曾進行了一個為期近五年的實驗：一九八零年，王的太太所在的學校當局為增收節支，動員員工以戶為單位，在房前屋后開荒種地、種植瓜果蔬菜。這一決定深受員工的歡迎。王國進與夫人胡壹在一塊滿是蒺藜、荊棘的荒山坡上揮斧斬荊，驅趕頻頻向他們進攻的毒蟲，披星戴月日夜勞作，靠着不知乞借了無數次才借來的一條耕牛，在二十畝荒地上播種下了第一批種子。功夫不負有心人，他們不僅收獲了足以讓他們“豐衣足食”的水果蔬菜，還買來了一百多只雞苗飼養，盡管這第一次

養鷄的成活率只有百分之八十五，但一批又一批的肉鷄竟從這里走向了當地居民的餐桌上，每次數量都在擴大、經驗在積累、收入也在不斷地增加。

今天看來，王國進的選擇在當時的海南具有相當的挑戰性——一方面，當時海南的公職人員下海還是不為社會所理解；二是他與夫人兩人都辭了職。他們有一個龐大的發展計劃：第一步興辦以大型現代化養鷄場為依托的私營經濟實體；第二步進行農業綜合開發、開發魚塘、種植熱帶水果，同時開展旅游、商貿、房地產項目；第三步成立集團公司，冲出海南，引進外資，成立中外合資企業；最后建立跨國公司，躋身世界經貿之林。而他們最大困難在于資金，計劃很大，銀行信貸却十難指望。

王國進至今也沒有忘記，當他與太太辭職回到那鄉下的老屋，請全家來幫他籌措資金時，母親將他平時孝敬她的錢全部拿了出來，還有她出嫁時的銀簪；太太將母親送給她結婚時金耳環、金戒指全部交給了他；哥嫂捐出了幾百元私房錢；弟妹表示全力支持；就連六歲的兒子也把僅幾角的零花錢送到了他手里……憑借先前養鷄積累下來的十一萬塊多錢，王國進開始了新的創業：他首先派出了三路人馬到全海南島調查養鷄的情況；后又承包了家鄉瓊海縣黃坭村八百畝荒坡門山園，雇來三輛推土機開荒拓地，先開出七十畝地蓋出五十間鷄舍和一座孵化房。靠着四處奔波借來的一萬多元錢，他終于進來了一車車飼料和一萬只從新加坡進口的"金衛星"和"金麗黃"兩個品種的鷄苗。這種每月長三至三點五斤、又出肉又便于出售的新加坡鷄，竟使王國進的事業從此一發而不可收拾。

●門山園仿古渡假村外景

七百畝荒坡拓出門山園的奇迹

王國進在養鷄業上的第一個大的舉措就是聘請科技人員來輔佐他，因為他知道這一萬只來自新加坡的鷄苗不僅系着他全家的喜怒哀樂，也連系着他能否實現他那龐大的發展計劃。

當"瓊海縣門山園經濟實業有限公司"的廣告貼遍當地的墻頭時，王不僅要親自考核應聘者是否掌握初中的文化知識，還要親自為二十名試用工人講授養鷄基礎知識，其中包括品種、繁殖、人工孵化、飼養及飼料、鷄病的預防與治療等方面的種 種問題。當然，他最大的收獲是：跑了當地幾十個鄉鎮后，他終于聘請到了三名畜牧專業人才作他的兼職技術顧問。這三位頗有見地的人才為王國進的養鷄場提出了切實可行的十八條措施：防止引進種鷄、種蛋時把傳染病帶入養鷄場……

八十年代的中國正是"包"字改革大紅大紫的時期。王國進深知自己一個人是無法使他的養鷄場高速發展的。他果敢地將"包"字引進他的事業里，而且是徹底的"包"——王戲稱之為員工在捧"玻璃飯碗"：只要你完成利潤指標，超多少，年終獎多少；完不成者，不僅會扣發工資獎金，還會被炒魷魚。其結果使王國進首批鷄苗出籠后還清了全部貸款，還取得了進一步發展的基金，就連銀行也因此毫不猶豫甚至主動地給他貸款，從七萬、五十萬到三百五十萬……一次次貸款，一次次如期償本還利，王國進作為瓊海縣的創利大戶，在銀行取得了鞏固的地位和信譽。

也正是憑借着養鷄場的迅猛發展，王國進在門山園開辟了魚塘、種植了椰子、檳榔等熱帶水果，投資二千五百萬元興建門山園仿古渡假村、占地一公頃多地的農民娛樂中心、中國國際武術旅游山莊……此外，瓊海門山園經濟實業有限公司在海口成立了公司、在海南島內、上海、威海、北京、廣州購置了房地產……其資產也在迅速積累幷增加到二億元以上。

門山園實業與門山園精神

王國進是一個中國農民的兒子，對于土地有着深厚的感情，他進入實業界的最大願望就是他的"經濟報國"目標。從某種意義上說，他的"經濟報國"目標在一定程度上已得以實現：

今天的門山園，通過八年始于農業綜合開發的創業，已擁有一個大型現代化養鷄場，年產肉鷄八十萬只；其大型養魚場，年產成魚一百萬尾；一千一百畝的熱帶水果基地，所產的椰子、荔枝、檳榔、菠蘿蜜等熱帶水果，銷往島內外和國際市場；其中國東方少林武術館已招收了來自中國各地幾百名學生，尤為值得稱道的是他在門山園投資二千五百萬建起的“門山園仿古渡假村”。這座園林式的仿古建築，風格古雅、幽靜、秀麗，置身其中，只見湖光山色，九曲回廊，鳥語花香，樹木婆娑；泛舟人工湖，又能見岸邊楊柳依依，水中魚群穿梭；翹首甬道上雄壯的秦兵馬俑隊伍，恍若身處古老的歷史烟雲之中。園內亭臺樓榭，鱗次櫛比，椰風陣陣，馨香拂面，美妙絕倫。渡假村內門山園賓館擁有五十套高檔豪華別墅，別致的水上餐廳，可為到此一游的中外游客提供味美可口的生猛海鮮和鮮活的淡水魚，以及海南名菜嘉積鴨、和樂蟹等，成為海南旅游一大勝景。

●門山園仿古渡假村外

王國進直言，他之所以能通過養鷄發展到今天，就因為在搞農業開發時，堅持走社會化、商品化、專業化的道路，自覺地走出封閉保守的自然經濟樊籬，從生產工具到管理程序向綜合化、集團化、國際化方向發展。當然，他三次向香港著名實業家霍英東討教經營之道，深得霍的經驗與鼓勵，是他至今難以忘懷的“教課書”。

“我們門山園集團從創立開始一直堅持一條原則、一種精神、一個宗旨。”王國進強調說，“這就是堅持自強不息、自主經營、自負盈虧、自我約束、自我強大，自我發展的原則；堅持艱苦創業、無私無畏、精誠團結、改革務實、爭創一流的精神；堅持用戶至上、服務至上、信譽至上的宗旨。”無論是創業初期，還是后來業務發展到香港、菲律賓、新加坡、臺灣、日本、馬耳他或國內其他城市，王國進一直在恪守他的“門山園精神”，因為他深知，一旦他離開了它，他將失去靈魂，最終只能走向倒退和失敗。

“國產華僑”謀求國際化經營

王國進從內心一直十分感謝他的太太胡壹多年來對他的支持，如果沒有太太的鼎力相助，也許他今天不可能有如此大的業績。既使他在今天，當他擁有巨額的物質財富，他與太太仍然過着十分簡樸的生活，有時常常幾塊蘿卜干、幾塊咸魚就可以打發他的一日三餐。一方面，他曾多次分期分批帶領員工到中國革命聖地延安、艱苦創業的典範——大慶去學習和考察，激發員工獻身事業、報效國家的理想；一方面他每年從公司純利潤中拿出百分之十的比例，支持家鄉的社會福利、文化教育、體育、新聞出版事業，幾年中共捐出數百萬元，被當地家鄉父老親切地稱作是“國產華僑”。

“我們公司雖屬私營，但財產仍屬于整個社會，只不過變換一種形式轉到我的名下罷了。盡管在法律意義上無人可以干涉，但我覺得我沒有權利肆意揮霍它，而只有保護好它并讓它造福社會。在門山園，我和員工都是老板，但又都 是伙計。”王國進坦言。他的下一步發展目標就是向北遷移，在北京設立他的發展總部，因為中國農業的現代化必須走綜合開發的道路，如果沒有市場、信息和國際化的經營，沒有科技的投入與轉化，沒有全國性與全球性的經營戰略眼光，他的門山園也只能是個門山園，“中國門山園”就不可能掛在國際經濟領域的大舞臺上。

王國進：1951 年 2 月 23 日生于中國海南省瓊海縣嘉積鎮

1958 年—1968 年在瓊海縣讀小學、中學。

1969 年到 1974 年到中國陸軍服兵役，后在廣州音樂專科學校、廣東湛江地區歌舞團、海南民族歌舞團、廣東瓊劇團等學習、任教、作演員。1985 年 8 月停薪留職，創辦私營企業海南瓊海縣門山園經濟實業有限公司，后發展為海南省門山園（集團）有限公司

現任：中國海南省總商會常務理事

中國人民政治協商會議海南省瓊海市委員會委員

中國海南省海口市私營企業協會副會長

海南門山園（集團）有限公司董事長、總經理

下屬全資公司：

海南海口市門山園實業貿易公司

海南國興中學服務公司

北京門山園經濟科技開發公司

海南瓊海門山園經濟實業有限公司

海南瓊海市門山園仿古渡假村

公司總部地址：中國海南省海口市金霖花園 15B 幢

電話（0086）0898—885160 傳真：（0086）0898—885209

郵政編碼：570006

從五十元駛向新海岸

——海南海岸投資有限公司董事長、總經理　**李　力**

一九八八年，當李力隨"十萬人才下海南"時，他口袋里僅有五十元錢。在海南島這個中國最大的經濟特區，他憑着這賴以生存的五十元錢，打工、看攤、替人做一檔檔生意。最終，他憑着這維持他當時生存的五十元，駛向了他人生的一個新海岸——創辦并成為海南海岸投資有限公司和海南嘉聯物業發展公司的董事長兼總經理。"我眞正體驗到了創業的艱辛與成功的快樂。"——李力坦言往事如此。

艱辛創業：我僅有五十元

一九八八年三月，當中國人大確立在最南部的海南島建立它第五個、也是最大的經濟特區時，年紀只有二十歲的李力即將從中國內地的安徽合肥市一家商業高等學校畢業。對于未來的選擇，他有二條路可走：一是學校為其提供的一份相當令人羡慕的工作，二是丟掉鉄飯碗，向自己發出挑戰，選擇自己喜歡做的工作。

李是一個喜歡做富有創造性工作的人。當時，海南省的領導人提出要在海南建立一種不同于中國內地尤其是深圳等早先四個經濟特區的經濟體制，這在許多中國人中產生了不同一般的反響。一時間，十萬人才從中國的四面八方涌向曾有"蠻荒之島"之稱的海南，李力也毫不猶豫地從校門擠進了南下的趕潮人中。

盡管有着充分的思想準備，但只有到了海南以后，李力才發現自己要去競爭，會是這般地艱難：在當時號稱有十萬人才涌入的海南，學歷比他高的人大有人在，要想通過海南省人才交流中心謀個職業，幾乎不可能，而且自己從合肥出來所帶的錢，除了花銷掉的旅程車費、飯費和住宿費，也僅有五十元。

●這里就是我下一步重點開發的地區

"我當時淸醒地認識到，我只能給別人打工，脚踏實地從最小的、最苦和最累的事情做起。"李力回憶起過去時坦然地說，"當然，我很自信，因為我不會永遠給別人打工。我相信總會有一天我會擁有一份屬于自己的事業，這并不是一個夢。因為海南大特區實行靈活的經濟政策充滿了活力和機遇，這里允許各種經濟成份互相競爭、共同發展，并實行市場經濟體制，給人們提供了相對于內地更多的機會，

●"到海南，我并沒有瀟灑走一回"

關健在于要把握住機會。只要自己勇于奮斗和善于奮斗，就會成功。"

尋找起點：從找公司到辦公司

在相當的一段時間里，李力在海南是靠為別人看打汽槍攤和幫人賣水果謀生的。這僅是謀生的手段，幾年商業知識的系統學習和訓練賦予了他對尋找機會的特殊眼光，他積極尋找發揮自己才干的位置。在替別人看檔打工的同時，他注意到：在海南這個新特區，上島的外資企業和內地公司勢如潮涌，僅在海口一地，大街小巷到處是商業廣告，賓館、酒店、甚至私人住宅，全都掛滿了公司的招牌。

"為什麼我們不圍繞在海南投資的公司作文章呢？"出于這一想法，李力與幾位從內地來的青年人合作，辦起了一間專門為公司制作公司招牌的小作坊。"這是我在海南的新起點。盡管當時這間作坊每天的收入不多，但我們已經很高興了。對我而言，更為重要的是實現了從我替別人打工干到為自己干的一次飛躍"。

創業的歷程是十分艱辛的，對于李力和他的同伴而言，大家是白手起家，連買一輛自行車在當時也是一樁奢望的事，幾個人全都是靠兩條腿跑路去聯系業務。"那時，海口市幾乎所有的大街小巷，我們都跑遍了。我們一家公司一家公司地上門去攬業務。有一次，我在大街上行走，偶然聽到旁邊有兩位客商在談論做廣告招牌的事，便立即上前與他們商談，要求替他們承做。沒想到，他們看我是個小青年，一點也不信任，連理都不理。我并沒有生氣，跟踪他們到了他們辦公的地方，硬是說服了這家公司的經理，做成了這筆業務。雖說只掙了一百多元錢，但自己的勞動算沒有白費。那時，我一個月就要跑破一雙鞋子。"

因為財力有限，當時他們不僅辛苦地跑生意，就連住的地方也是十分的窘迫：他們只能租海口居民家的小樓頂上放雜物的小閣樓住——哪想到海南那炎熱的天氣，小閣樓上又不通風，象蒸籠一樣，上半夜是根本睡不着的，只好到屋頂去睡。早上起來，他們的頭發全都被露水打濕了，人則是一點精神也沒有了。

小作坊的發展與興隆，給了李力和他的合伙人一個啟事：應該在公司上圍繞服務做些看似小、實則可以積累資本的業務。基于這種想法，李后來又辦起了一家小的印刷廠，專門為各家公司印刷信紙、信封和名片等。不久，他們又開始做一些簡單的裝修業務、為貿易公司做中介人。隨着經驗與技術的成熟，他們承攬的裝飾工程由最初的幾萬元、幾十萬元發展到后來的幾百萬元甚至上千萬元，生意是越做越火、業務範圍也越來越大，掙的錢當然也是越來越多。一九九二年，在經歷了四年的摸爬滾打之后，李力由一個最初在海南特區創業中專制各類廣告招牌的小作坊的合伙人，最終發展創立了一個注冊資金為伍佰萬元的私營企業——海南海岸投資有限公司。

私營經濟：是我發展之源

李力自言在海南的私營企業中，他的海岸投資有限公司并不是一間十分頂尖的公司，但他之所以能從替人看檔、辦小作坊，發展到今天有了投資上億元的項目，不僅在于海南乃至中國對私營經濟的天時和地利，更在于自己是在做件非常現實和具體的事業。

"中國大陸私營經濟十多年來的快速發展，也包括我的公司之所以能發展到今天，與政府對待私營經濟的政策有關。當然，這也是中國經濟發展規律的必然體現。"這位年青的企業家認為，"如果改革開放沒有改變原蘇聯的計劃經濟的模式，有計劃的商品經濟自然也不會提出，市場經濟也不復存在。我們有幸在，改革開放確立了私營經濟作為國有經濟和集體經濟的必要補充。"

李力認為，盡管中國最初是出于解決十年"文化大革命"后全國城鄉大批青年的就業問題和解放農民在土地之外的剩余勞動的目的,提出了鼓勵和支持發展個體私營經濟,但隨着整個國家經濟體制改革的深入與發展,中國的個體戶已從解决自己溫飽的小打小鬧進入到了一個新的規模和發展的階段——不僅所涉及行業廣泛擴大,從早先的服務業和工商業發展到公路運輸、交通運輸、重點工程建設、乃至高科技產業,且逐步與國有、集體經濟相競爭,這一點在中國沿海及經濟特區尤為突出。

這位年青的私營企業家指出,在中國的市場經濟進程中,盡管國有經濟與集體經濟同私營經濟相互競爭、共同發展,各有優勢,也各有劣勢,但中國的私營經濟從十多年來的發展中,已顯示了自己較強的生命力與旺盛的活力。他說,私營經濟首先是商品經濟、市場經濟條件下的產物,同時又是推動市場經濟發育、發展的一支重要力量,沒有商品經濟和市場經濟,就不可能有私營經濟。

做生力軍:向國際旅遊業拓展

盡管"十萬人才下海南"時,李力并不是一個學歷很高的下海者,即使在今天,不少闖海上島的人留下那里,也有不少人最終又游回對岸,"留下的是勇敢者,回去的是明智者"。但李力自知自己所付出的,并不是這句話可以一言以蔽之的。他更關注自己的這間公司,已從看攤賣貨到辦小作坊,發展到了今天,未來又如何去發展。

"中國的私營經濟是在商品經濟和市場經濟的條件下應運而生的,并在市場經濟的發育成長過程中發育、成長的。目前中央政府對國有企業所進行的深化改革,比如通過股份制的改造、實行企業法以解决產權與經營權的分離等等措施,必將會使國有企業、集體企業和私營企業成為中國經濟社會的三大主體,使中國經濟眞正駛向現代化經濟的彼岸。"李力對此十分堅定地認為,這也使他在考慮他的海南海岸投資有限公司未來的發展思路應是什麼樣。

李力認為,私營企業從事商貿活動,固然可以帶來較快和較豐厚的商業利潤,但它遠不如實業穩定,"當然,從我本心來說,是更願辦實業,做一個實業家。"基于實業發展的需要,近年來,李的海南海岸投資有限公司將投資的業務重點投向房地產、裝飾工程、工廠和旅游服務業,除了海南島內的投資業務外,他還在中國南部的廣西壯族自治區北海市和上海、廣州開始了新一輪的投資項目。

"對于我們海南海岸投資有限公司和海南嘉聯物業發展公司來說,我們十分看好海南旅游業的發展潛力,并想要下大氣力拓展海南旅游業,向國際旅游業的方向去發展。目前我們已着手在海南省中部的五指山地區搞一個占地一千二百公頃的國際狩獵中心,并在海南東部的瓊海市、文昌縣、三亞市建設渡假中心、娛樂中心,在海南西部的儋州市建設中越邊貿俱樂部。"這位年紀只有二十六的老板對自己的前景十分地樂觀。

李力:

1967年10月7日生于中國安徽省合肥市

1988年從安徽省合肥高等商業學校畢業后,到海南省。初做零工,替人看攤、賣水果,后陸續辦專門制作廣告牌的小作坊、小印刷廠并承包裝修工程、作貿易中介人……一九九二年正式注冊私營企業——海南海岸投資有限公司,任董事長兼總經理至今。

現任:中國海南省總商會第二屆理事
海南海岸投資有限公司董事長、總經理
海南嘉聯物業發展公司董事長

下屬全資機構:

海南海岸投資(北海)有限公司
海南海岸投資有限公司儋州分公司
海南海岸投資有限公司瓊海分公司
海南海岸投資洋浦有限公司

公司總部:中國海南省海口市濱海大道十九號開總大廈五樓
電　　話:(0086)0898－6215465
電報掛號:
傳　　眞:(0086)0898－6215489
郵政編碼:570005

在坎坷中發展

——福建省晋江市健馬大酒店總裁　**莊瑪健**

●面對人生曾經有過的坎坷經歷，莊瑪健說："我們重要的是奮發"

中國人向來以"忍"與"仁"為人生的一種德懷。

對于今年47歲的莊瑪健來說，可能是這兩個音同但義不同的"忍"字和"仁"字伴隨着他，從作為一個常人難以接受的艱難與困苦中最終戰勝了自己，在坎坷中一步一步發展起來。

想起悲慘的家境：他心里常常獨自落泪

1947年，莊瑪健出生在中國著名僑鄉——福建省晋江一個養牛人家。父親忠厚老實，上有一姐，下有五妹。自從記事起，家境的貧寒就一直籠罩在莊家。上小學時，莊天資聰慧，但他那身衣着、缺吃少穿的家庭背景，常被小伙伴們譏笑，"整個小學六年，我沒有穿過一件毛綫衣，也學會了忍氣吞聲。"五十年代末、六十年代初的中國大陸，正是自然灾害頻繁的年頭。老實本份的莊家，常常在别人辦喜事的時候，由母親帶着姐妹六個到别人家沿街乞討點東西。"每當我媽媽和妹妹帶着從别人的白眼中討回吃的東西，我心里很難受，當時就暗暗發誓：我將來一定奮發，上大學成名成家，讓我的父母豐衣足食，過好日子。"莊瑪健事后回憶說。

可惜的是，莊的夢想在中國后來的動亂年代并沒有實現。由于學業成績很好，莊瑪健被保送上了中學。1966年，中國"文化大革命"運動開始。對運動一向采取不主張"打、砸、搶"的莊，對當時中國政壇的兩位運動"旗手"陳伯達、林彪嗤之以鼻，撰文"炮打"陳、林兩人，并公開為學校被打成"走資派"、"黑幫"的 校長、教師公開辨護。莊瑪健沒有想到，這竟連累了他的家庭，不僅他父親在生產隊養牛的權利被剝奪，還連自家的自留地上的莊稼也被人遭踏。看到在社會上已一無所戀，莊便走進自認還"干凈"的中國軍隊。

中國軍隊的軍旅生涯，對莊瑪健來說，是一個以成年人眼光來看待社會和人生的時期，這既使他經歷了人生最痛苦的時刻，也鑄就了他后來的人格。

莊瑪健離開家鄉服兵役，不僅使莊家失去了一個極為重要的勞動力，也使莊家在當地的運動和權勢之爭中，失去了有力的保護者。七十年代的中國農村，依舊貧困如故。年老體衰的莊父，仍在養牛，家依然貧寒，連看病的錢也沒有。當在軍隊服役的莊瑪健將五元錢津帖托朋友轉交給父親時，莊父竟然老泪縱橫，這五元錢使家里"如魚得水"：不僅使他買回了治病的藥、買回了糧食，還理了發。然而，莊瑪健萬萬沒有想到，這五元錢竟是他第一次也是最后一次向父親盡孝心。五天后的晚上，饑餓與貧病交加的老人起來到竈臺上揭鍋找點吃的，竟一頭栽倒在竈臺邊，直到第二天家人才發現老人冰冷的尸體。"父親死后，沒有一個親戚站出來為他守靈。就連政府給撥的救濟款也被人扣留了。因為我家太窮，為了安葬父親，母親只好把家僅有的房子給典了。"莊瑪健回憶起這段歷史，心里非常的難捱。

因為在服兵役前，莊瑪健曾撰文批駁陳伯達和林彪，他所在的部隊對他曾進行長達八次的"政治審查"而最終沒有結果。莊在軍隊干得非常好，對一些在運動初期被打倒和關進牛棚的高中級軍官，他十分寬厚，也十分講義氣，這從某種意義上也保護了他們。雖然后來莊被舉薦從士兵提升為軍官，但終因年齡太大而最終退役回到了家鄉。

走出人生的盲區：我們要緊的是奮發

七十年代中期，莊瑪健回到了家鄉，但鄉親們并沒有給他以熱烈的歡迎。因為他沒有當上軍官，更因為他家太窮。莊家的房子已經沒有了，他的母親和沒有出嫁的妹妹寄居在别人家；他不得已借住在村里的公房中，但條件是要交房租。在"文革"中他保護的人這時介紹他到一所學校去教書，這使他的農村生活既很勞累，又很辛苦。白天除了農活，還要教書，晚上還要給學生看作業。“那時村里的干部對我很刁難，把廁所和猪圈建在我家的門口，一年四季臭烘烘的。所有的人不敢來家里。”莊在回憶起自己這些經歷時，平靜地說。

一貧如洗的家在中國是很難再去延伸的 。莊瑪健說，“那時，我已二十七、八歲了，談了一年多的朋友，最終還是沒有成，我家太窮了。當然，緣份沒有拋棄我。后來別人又介紹一個姑娘給我，就是我現在的太太。當我們結婚時，只有一間小屋子，連一張新桌椅都沒有。”莊指着自己現已寬濶光亮的額頭說，“也許，她看中的就是我這個額頭。”

莊瑪健結婚后二年，中國“文化大革命”運動正式結束。這是整個國家和民族都歡欣的時期。莊此時已在農村中站了起來，負責村里工作，成了一位吃公薪的人。好運似乎也來了，不久，他被調到當時的中共晉江地委黨校當組織干事。莊在黨校人品很好，工作也很勤奮，被看作是地區未來的接班人。當一位小學同學為到福建北部購買木材一事來找他，請求他從學校出具一張證明時，講義氣的莊毫不猶豫地開了一張介紹信。沒想到，這事被人告發，在七十年代未、八十年代初，中國是不允許私人買賣木材的，其罪名是“投機倒把”。在學校當局開會討論處理莊瑪健時，在場的全體黨員，二十八個反對，十個人當場退席，一人棄權，只有一人堅持，結果他還是被給予“黨內嚴重警告處分”，返回縣里工作。

“我們重要的是奮發，在我這些年所經歷的坎坷中，我始終堅持這一點信念。這也是我生命的動力。”仕途已沒有任何希望的莊，此時已開始正面認識自己了。

●福建晉江健馬大酒店近景

實現我的價值：從虧七萬五到賺百萬

就在學校討論處理莊瑪健的九個月時間里，莊抽空到上海、杭州等地同朋友去做了幾筆生意。中國的經濟改革使家境一向貧困的莊看到改變自己經濟命運的希望，外面的世界的確很精彩。

帶着政治上的處分，莊瑪鍵先是到了晉江縣鄉鎮企業局做秘書工作，這使他有機會接觸經濟社會是如何運行的。在當時，中國很流行和鼓勵公職人員停薪留職，自謀出路。他試着做了一些生意，似乎很順。但當中國最終發現這樣會使國家機構人才流失嚴重、人心浮動、辦事效率低下時，便明確告訴這些人：要麼回到單位好好干工作，要麼正式辭去公職。莊瑪健選擇了后者。

當莊第一次承包一家企業幷第一次獨攬企業命運大權時，無情的事實好象在證明他不是個精明的生意人：1985 年，莊瑪健把那時很流行的“柔姿紗”服裝按合同送到北京一家公司時，這家公司先是給他一張假支票，后又拒收貨。焦急之中的莊，恨不得將對方狠狠處理一下，可又有什麼用呢？沒有辦法，他只好來到北京市百貨大樓，以十元一件的價錢全部賣給了百貨大樓。沒想到，這些貨沒有上櫃臺，全部又內部小額加價，一銷而光。

這一筆生意使莊瑪健一人賠了七萬五千元，但也使他從此交了生意上的好運。北京一家公司看到莊一個人出來做 生意賠了，全自己兜着，覺得此人很講信用，也很義氣，便同他一下子簽了供貨五萬件羽絨服的供貨合同。這不僅解决了莊在債務上的問題，也使他在生意圈上、服裝業上打下了一個比較好的基礎。第二年，莊瑪健以五萬件供貨合同起家，僅此一項就做成近三百萬元的買賣，凈賺五十萬元。

莊瑪健開始自己做生意時，也正是他的家鄉晉江以生產假藥而“聞名”中國大陸的時候。從做第一筆生意被騙、虧本中，本份的莊自覺“信譽、坦誠”對生意人十分重要。為此，他對企業制成的每一件羽絨服設立了“信譽卡”，一旦有質量問題，憑“信譽卡”給予退款，幷承擔全部郵費。這一着使他生產的羽絨服在北京、新疆、福州的市場展銷會上大出風頭，就連出動保安人員也無濟于事。同時，他后來自己設計、生產的可以自由伸縮褲腰尺寸而不變形的“健馬牌”西褲在中國各大城市里，成為有着“將軍肚”的中老年喜愛的服裝，成為熱銷商品。

當服裝業使莊瑪健有了很大的經濟基礎之后，他决定向酒店業進軍。投資一千多萬，在晉江建一座高檔次的大酒店——健馬大酒店，因為他看到：隨着對外開放的加快，晉江這個中國著名僑鄉現有的賓館已無法滿足回故里的華僑和各地商人的需要了。

私營企業:公民的責任心、創造性、進取精神

經過緊張的籌建和施工,一座九層的擁有中餐、西餐、豪華歌舞廳、KTV 包間、美容室、商務中心、寫字樓、健身房和客房的"健馬大酒店"開張了。同所有中國的私營企業家一樣,莊瑪健又開始了一種新的敬業探索。

酷愛思考問題的莊瑪健曾同美國哥倫比亞大學一位華人學者有過這樣的探討:共產黨人一直在說公有制是人類的最高理想。共產黨的革命目的就是鏟除人類歷史上的私有制。但是,私有財產在中國,從改革開放的十幾年中,中國的共產黨人以自己的行動、政策,將數十萬億的貨幣轉移到了農民的手中,就以鄉鎮企業的收入為例,福建省為五百億,而鄰近的浙江省為三千億,這是中國的共產黨人以自己的實際行動,讓農民富了起來,成為私有財產的眞正的擁有者,共產黨會怕他們嘛?實事上,中國的農民又對這筆財富再次進行社會的分配,一方面,他們把錢投資到落后的中國教育、衛生、村莊建設和社會公益事業上,這些推動了中國農業生產力的發展,以便盡早實現農業的現代化;同時,他們又在走親訪友之中、在社會各項事務中,對財富進行再次的分配,所以,在促進全體國民走社會共同富裕的道路,穩定了中國共產黨的執政黨的地位。莊認為:東歐的公有制在鼎盛時,社會財富的百分之九十以上屬于公有的,而沒有私有制,那是因為東歐人將自己的經濟地位、社會地位、政治地位同西方一比,發現還是西方好。而中國共產黨則從歷史和現實中,發現了這個國家的問題,并從讓人們擁有個人財富來實現社會的進步。

今天,這個從一貧如洗的農民家庭中出生的 47 歲的中國人,已是當地最大的私營企業老板,成了遠近聞名的"大富翁"。莊從自己的經歷中,一直認為:如果說任何生物總是在不斷改善自己的生存條件,那麼中國的私營企業家就應該是中國社會先進生產力的一位代表,政府應該承認私人、私營企業的責任心、創造性,以及他們身上所富有的開拓進取精神。

莊說,錢是社會給我們的,我們不應該忘記社會給予我們的,我們也應該給予社會、報達給社會。近八年,莊瑪健的企業不僅一直是當地政府授予的"重合同、守信用"企業,每年上繳給政府的稅收有百萬元之多,而且他的員工除月薪是當地政府職員的一倍之外,還有很優厚的醫療、生活、福利待遇。

對于曾經在貧寒、被侮辱、被欺詐中挺過來的莊瑪健來說,他一直忘不了父親因貧困和饑餓死在竈臺的那一幕,雖然他當時正在千里之外的軍隊服兵役。但每想起這一切,莊總是想,如果父親還活到今天?這位大富翁在今天,依然過着十分節儉的生活,而對于老人和孩子,總是十分的慷慨和大方,"以后,我們也會老的"。每年老人和孩子過節,他總要有所表示。遠方的許多老人可以半價買到他們喜歡的"健馬牌"西褲,家鄉的人已從他手中得到了幾十萬元的贈款和實物。此外他還捐資社會公益事業五十多萬元。

"我們應該積善行德,報達社會給予我們的,為他人做出貢獻,我感到很高尚。"莊的抱負很大。當然,一切可能都要從經濟上去現實。這可能是他計劃下一步投資"健馬大酒店"二期工程、發展房地產業、在海外設立國際貿易公司而每天不知疲倦、工作至深夜的原因。莊說,"中國的私營企業家目前正是為國家效勞、用精力、財力創造更大的社會財富的時機。"

莊瑪健:1947 年出生在中國著名僑鄉福建晉江
1969 年在中國陸軍服兵役至 1975 年
1985 年開始正式承包企業,并隨后開辦私營企業健馬大酒店
現任:中國私營經濟研究會常務理事
中國福建省鄉鎮企業協會常務理事
福建省晉江市政協委員
福建省晉江市青陽商會副會長
福建晉江健馬大酒店總裁
所屬企業:晉江青陽友聯服裝廠
通訊地址:中國福建省晉江市青陽鎮新大街南路 40A
電 話:(0086)05895—565358(總機)
郵 編:362200

●福建晉江健江酒店遠景

追求企業成功：人的完善

——廈門文山實業總公司總經理　**楊東紅**

1985 年，一位 29 歲的青年辭去了廈門市燃料供應站的正式工作，與人合股創辦起一家名曰“文山”的鉄件加工社。僅 8 年時間，加工社便由其一手經營為下轄三個分公司、6 個聯營公司、總資產 3000 萬元的文山實業總公司了。此人便是如今在廈門一帶已小有名氣的楊東紅。

少年時期的磨難，是人生沉澱下來的一筆寶貴財富

在楊東紅的記憶中，他似乎從未擁有過被人們稱之為“無憂無慮”的童年時光。只記得小的時候，父親提前病退，由母親一個人四處打工以維持全家七口人的生計。身為長子的楊東紅，不忍生活的重擔壓在母親柔弱的肩頭。13 歲那年，他退學了，為養家糊口，開始了四處覓工的生活。

在接下去的六年中，楊做過洗澡堂的跑堂、廢品回收公司的幫工、罐頭廠的伙計，最令其難以忘懷的還是十三歲拉板車的經歷。當時楊東紅還只是個半大的孩子，三、四公里的路程，二百多公斤重的板車，充滿汗味的麻繩在他稚嫩的肩上勒出一道道血印。“每天拉 16 車，一個月才可以換十三元錢，這對于我已經是一個不小的數目了，”楊回憶說：“當時我沒有更高的理想，一心只想多賺些錢，好使家中的日子稍稍寬裕一些，我明白我是社會最底層的人，除了苦苦掙扎，別無選擇。”抑或是少年時代坎坷痛苦的經歷磨煉出楊吃苦耐勞、不甘人后的個性，在日后的創業生涯中，無論遭遇何種困境，楊始終以一種豁達的心胸泰然處之，激流勇進，勇不言退。

入深水者見蛟龍

1985 年，當“下海”這一褒貶不一的詞匯還未為大部分國人所接受時，楊東紅，這個昔日年年被單位評為先進工作者的青年，便悄然入海了。他辭去公職，會同四個青年，合股八千元，創起一家名曰“文山”的鉄件金屬加工社。少年早熟的楊東紅，似乎更有着一種超乎常人的意志力：“只要看準的事，就不遺余力地去做”，自創業伊始，他便將其全部身心都投入進去。

在其身體力行的感召下，幾位合股的年輕人亦同樣兢兢業業奮力支撑着這一剛剛誕生的小企業，數月之后，加工社氣色大好，很快發展成為能夠承接工程項目的“文山金屬建材公司”。去社而稱公司，派頭自然非同一般。誠然，此時的文山公司，亦只是特區成千上萬家公司中最小的一家，而楊又是該公司中最小股東，兼有半打工性質。可楊東紅自信：智商的要求遠比四肢的發達更為重要。楊坐的雖然是末把交椅，但對公司的生存發展却擁有絕對第一流的思考和决策。幾個月的共事，他發現合伙的另幾位股東，除了精于金屬加工，對搞工程却束手無 策，加之公司規模小，底子薄，設備簡陋，發展明顯不及加工社時代。楊當即果敢地提出“以工程為主，兼搞貿易，走工貿結合道路”的想法。通過詳細而縝密的市場調查分析，楊瞄準了“新型鋁壓型板”這一物美價廉、易于安裝的建築材料，首家開展了“輕型鋼結構房屋加工”這一全市空白項目。此舉一經推出，即獲益匪淺，并先后承攬下廈門湖濱農貿市場、廈門卷烟廠、海洋三所學術所等十幾項工程，使公司如雨后之春笋，重獲生機。楊東紅亦因此當仁不讓地成為該公司副總經理。

1986 年，廈門文山金屬建材公司經歷了成立以來最為嚴峻的考驗。由于種種原因，原先與楊東紅取得共識并合股的幾位股東相繼抽股自立門戶。這對于立足未穩的文山公司無异釜底抽薪，楊决意留下來，獨擋門戶。

"只要給我一點機會,我就要使你們刮目相看!"楊在四處籌措資金的同時,一改民辦企業經營之慣例,組建成一個大多沒有股金的董事會,作為董事會唯一的股東,他主動提出只拿股息,將其全部分紅納入董事會與同仁共享。這一年,既是楊的公司生死攸關的一年,又是其從困境中崛起,漸入輝煌的一年。雖身為文山公司總經理,楊却與普通員工毫無二致,盡心竭力,事必躬親。為尋找適銷對路的產品,開拓新的貿易市場,楊率其手下,走南闖北,四處奔波,先后與溫州、常州、鎮江等工廠掛鈎,成立特區經銷處,而他本人,既當總經理,又當推銷員……有一次,原中國物資部所屬中國黑色金屬材料總公司的一位官員,携同韓國浦項綜合制鉄株式會社的鄭先生,一同赴廈門拜會楊東紅。當一行人打着"的士"風馳電掣地來到倉庫時,只見十幾個大汗淋漓的工人正吭哧吭哧地把鋼材搬到鏟車上。他們問門衛:"楊總經理在哪?"門衛用手一指,"抬鋼材走在前面的便是。"韓國的客人感到不可思議,他無論如何也無法把眼前這個普通 工人和堂堂總經理等同起來,中黑公司的官員只好耐心解釋:"能吃苦,是中國老板的一大特色,亦是中國企業得以興旺發達的根本原因"。

從某種意義上講,楊的成功得益于他的苦干加實干。自1987年始,文山公司便以前所未有的速度發展起來,及至今日,已擁有總資產3000萬元,年營業額高達2億元,成為廈門一帶頗具實力的大型民辦企業。其包括九家全資企業:廈門文山漳州分公司、廈門文山上海分公司、武夷山文山實業開發公司、廈門文山金屬材料貿易公司、廈門市文山建築裝修工程公司、廈門市文山物業管理公司、廈門市文山儲運公司、華安焊接材料廠、廈門市澔山酒家,涉及房地產開發,建築設計與施工、物業管理、倉儲、金屬材料、石油制品、通用配件、百貨、針紡織品、經濟信息咨詢等。此外,楊計劃中的投資1200萬元的武夷山市"文山商城"業已破土動工,另有十五公頃土地的開發項目正在醞釀與籌備之中。

從自身的完善到企業的完善

楊東紅成功了,但這并非他所追求的唯一目的。他深感:"在以智取勝的年代,不能僅滿足于當'土老財'。一個企業固然應該講究財富,但更應注重人的效益,因為事業的成功并不能說是人的成功,而人成功固然包含了事業,但更重要的是做人成功。"

他决定首先從自身的完善做起。

楊是從貧困中失學,擔當起生活的重任的。他深知自己先天不足,于是,在繁忙的商務活動之余,他買來《市場學》、《經濟法學》、《中國企業管理》等大堆書籍,開卷苦讀,并利用幾乎所有的業余時間,去參加大學函授,僅用兩年時間,便取得貿易經濟、商業經濟和經濟管理等多項課程單科合格證。某日,有位記者前去采訪,在與其兩個多小時的交談中,發現拉板車出身的楊東紅"談鋒很健,頗具學者風度","旁征博引,其學識不亞于一個經濟學家",深深為之折服。

不僅如此,楊東紅還積極鼓勵每一位員工完善自身的修養,他不間斷地請來廈大新聞傳播系、經濟學院和法律系的教師到公司給職工講授商業法規、現代推銷術和公共關系等 有關的課程,選派素質較高的職工入廈門大學英語培訓班學習,其目的在于"提高全體員工的素質,增加其榮譽感和歸屬感。"這即是楊所說的"智力投資"。

●廈門文山實業總公司辦公室內景

"君子愛財,取之有道",楊東紅十分欣賞這句古語。他說:"作為沒有大鍋飯的私營企業,說不愛財是假的,問題在于是不是不義之財"。文山公司經營的建築材料多是緊缺物資,楊為此特地交代業務人員貨到廈門之后,只能售給使用單位,不得倒手給經營單位以謀取不義之財。1988年,文山公司與一家工廠簽訂了二百五十噸鋼材的供貨合同,但因日后鋼材漲價無法履約,此屬不可抗力因素造成的結局,按規定賠償對方違約金即可,文山公司却自己承擔着十七萬元的損失主動按合同供貨量的一半提供給對方,因為楊深知:"唯有信譽才是企業的無價之寶。"

文山公司發展到今天,楊深深感謝與之患難與共的員工們。他坦言:"企業興旺發達,有賴于全體職工潛能的發揮，而要做到這一點，關鍵在于尊重人的價值。"楊東紅的"自我約束機制"便是其取信于民的第一步。

身為文山公司總經理，楊不憚公開自己的家底：資產 200 萬元、月息 1.6 萬元，全部用于公司擴大再生產，自己每月的工資獎金，扣除生活費外，亦全部投入公司擴大再生產。他平素生活節儉，衣着也很樸素，甚至不肯掏出一千元買上一件象樣的西裝，以至有的客商已經站在他跟前，還一個勁兒地問："楊總在哪里？"可事關職工的切身利益，楊東紅又不惜一擲千金。有感于民營企業在福利待遇和住房上不能與國有企業相匹敵，近兩年，楊不僅為每一位受聘員工投了人身保險，還預計拿出一筆專款，用于購置職工商品用房。有位得力的業務主辦，因為是外來戶，住房長期得不到解決，楊東紅便出資二十萬元，買下西堤別墅一套商品房和一個城市戶口，以解其后顧之憂。因為"唯有這樣做，我才覺得心安理得一些。"

有人曾作過這樣一個比喻：如果要一天，楊東紅不駕車徒步行走，你會發現，為了同朋友打聲招呼，或進行短暫的交談，五百米長的街道，他足足要走上兩 個小時，此話聽去似乎有些誇張，但無可否認的是，正是其苦心營造的這種和諧、融洽的感情氛圍，形成了文山公司獨特的魅力。也正因為如此，一大批有志之士紛紛來到楊東紅的麾下，其中不乏停薪留職的大學講師、重點院校的高材生和剛剛走出校門的年輕碩士。屬下二百余人均能安心工作，楊東紅對此甚感欣慰。楊把他的這種經營之道稱之為"探索民辦企業發展的新模式"，其目的在于取國有企業和民辦企業之所長，舍國有企業與民辦企業之所短，通過人的完善從而達到企業的最終完善。楊東紅堅信此舉定會獲得成功。

楊東紅：1956 年 6 月 16 日生于中國福建省廈門

現任：中華全國青年聯合會委員
福建省總商會副會長
福建省青年聯合會常委
福建省青年企業家協會理事
廈門市總商會副會長
廈門文山實業總公司總經理
廈門市青年廠長(經理)協會副會長

下屬合資公司：廈門文山漳州分公司
廈門文山上海分公司
武夷山市文山實業開發公司
廈門市文山金屬材料貿易公司
廈門市文山建築裝修工程公司
廈門市文山物業管理公司
廈門市文山儲運公司
廈門市文山物資公司
廈門市文山建材供應公司
華安焊接材料廠
廈門市滬山酒家

公司總部地址：廈門市湖光大廈 14 樓 A、C 座
電話：(0086)0592—5084390，5084396
傳真：(0086)0592—5084396
郵編：361004
電掛：3574

●「文山」的倉儲由此而來

協成事業悄然興起

——廈門協成實業總公司總經理 **張炫**

當年僅三十一歲的張炫下決心走出福建省廈門市人民政府接待處的辦公樓，決意要為自己重新設計一條人生之路時，他僅有一輛摩托車可作資本。憑着這輛摩托車，他租賃了一家瀕臨倒閉的區辦廠。租憑期滿，張炫與其兄長張峰一起，在十五天內選址買地，一個月完成了規劃設計，并以一百天的速度建造起了自己的廠房——一個在過去許多個一百四十五天里，他從來沒有想過的夢想——廈門協成電器廠。一九九一年開春時節，張炫和他的這間私營企業終天在中國最早的四個經濟特區之一的廈門市蔡塘工業區誕生了。

把握人生的機遇

"私營企業也是國家財富的一部分。"張炫坦言出自己下海之心迹。在此之前，張曾是廈門市政府的機關工作人員。機關工作的性質，很與自己的個性不合。為了證實自己的才能與智慧，張炫首先走出了機關大院，租賃承包了當地一家區辦的小企業。在第一輪的租賃承包時期，張以自己的才干占住了脚跟——開發新產品，取得生產許可證，完成的年產值等于租賃前的七倍，相當于租憑合同規定的兩倍，這不僅使這間效益極差的小企業重獲生機，也給張炫創辦企業積累了經驗。

當張炫正想大干一番時，他沒有想到在第二輪租賃承包中却出了問題：由于體制的因素，出租方只追求他對出租方的上繳租金，而根本不考慮企業的產品開發與發展，這種原則性的分歧，造成張炫與出租方遲遲不能簽定第二輪的租憑承包合同，也最終促使他下决心自己創辦一間私營企業。

"靠着我的一輛摩托車，我終于一步步地走了過來。"張炫事后回憶說。可能今天許多人到一九九零年還是一片稻田的蔡塘看到這間占地有近萬平方米公司時，又有誰能想到他當時的苦衷呢？為了創辦這間企業，他不僅傾盡了個人所有，又貸款了十九萬元——不僅親戚朋友們不理解，阻撓反對，擔心政府政策變了，財產怎麼辦？而且社會環境也令他相當的不輕松：盡管中國開放已有十多年了，政府對私營經濟亦在政策上給予了肯定，但人們的觀念還沒有改變過來，用戶擔心私營企業的產品不保險，誰訂私營企業的貨誰就會遭到非議。"這些對我而言，都并不難。我相信私營企業也是國家財富的一部分。"

艱苦創業志向高層次

中國的私營企業，絕大多數都走過了一番艱苦的創業過程。嘗盡酸甜苦辣的張炫却道是"樂在其中"。

一九九一年春正是協成電器廠的建廠初期，基本生產條件不具備。張炫與其哥哥張烽一方面抓基建，一方面抓生產。廠房未交付使用，他們就因地制宜，完工一部分，就使用一部分。配電室沒安裝好，就臨時接工地的基建用電，工廠地處市郊，交通不便，就擠出資金，購置客車，接送職工上下班，食堂沒有建好，就聯系當地的飯店就餐，他要千方百計解决職員的后顧之憂，讓全體員工上下克服困難，齊心創業。

作為一間私營企業，廈門協成電器廠最先是生產開關櫃。有些客戶對企業不了解，協成的銷售人員就如實反映企業的基本情況，宣傳介紹企業的產品。為了方便用戶，同時也為了讓用戶對企業有一個直觀的了解，增強用戶對選用協成產品的信心，在企業未購置交通工具時，張炫就雇車請用戶去企業參觀，讓客戶眼見為實。當地有家臺資企業的老板想買到質量好價格又適中的開關櫃，慕名到了協成，看到了企業生產秩序，看到了堆放在車間的開關櫃，仍不放心。后來他又先后三次到企業搞實地調查：同樣是這個工廠，也同樣是這些工人，生產出同等質量的開關櫃。這位臺商最終得出結論：廈門協成是家有實力和可信賴的私營企業，并放心地與協成簽定了近八十萬的合同。

張炫是從租賃承包一家效益極差的小企業開始起步的。他深知企業發展的原動力——人才與新產品對他意味着什麼。這其間他也經歷了一番對傳統舊觀念的思考并付出了一次血的代價。

一九九二年春節前，張炫和哥哥張峰到上海一所世界著名的大學去招聘大學畢業生。這所大學的學生處處長聽了張峰對企業的介紹之后，十分地感興趣。就在雙方即將達成協議時，這位處長突然問張峰："你們企業是什麼性質？"張峰坦然地說是私營企業。沒想到這位處長頓時反了過來："我們是社會主義的大學，怎能為你們私營

●"協成"開發的產品

企業培養人才呢？不行，你們要的學生，我們一個也不給。"廈門協成最終沒有與這所大學達成協議。從上海返回廈門后，張峰在回家的路上，又不幸出了車禍，致使其右胳膊喪失了功能。

"我們中國人為什麼自己看不起自己呢？為什麼對外資就一味地另眼相待呢？我很不服。同外商談判，他們很苛刻，但我也從來不讓他們，我要拿出自己過硬的產品同他們去較量。我心里有口氣，就是要同外國人比試、比試，中國人不要自己同自己斗。"年輕氣盛的張炫事后回憶說。

也許正因如此，張炫把協成始終放在一個高起點上去要求自己、發展企業。從一九九一年起，廈門協成在發展中，不僅在中國機械工業部與能源部聯合組織的全國低壓電器成套裝置整頓驗收中合格，成為中國國內擁有生產高級型電器產品許可證的一百二十家企業中唯一一家私營企業，產品遠銷天津、江蘇、西安、深圳等地，擁有長期固定的用戶，還在當地工商管理部門的支持下，成立了集科、工、貿于一體的廈門協成實業總公司，瞄準中國重點發展環境保護產業的大趨勢，及時圈地近萬平方米，投資興辦廈門協成凈化工程設備廠，生產具有國內先進水平的高科技智能型凈化工程設備、靜電除塵設備，并當年投產、當年獲利、出口到國外。與此同時，協成實業總公司還以各種形式招聘了占企業員工總數百分之四十五的高級工程師、大中專以上學歷的工程技術人員，使企業以一個較高的人才技術檔次，陸續開發出了兩個系列五個新產品，保證了廈門協成走入企業發展的快車道。

協力、拓展、求實、成功

作為一位在中國經濟特區里成長起來的私營企業家，張炫除對自己的事業一向不悔言之外，對企業也有自己的獨到見解："協成事業的每一個成長，都是由企業全體員工的心血和汗水凝聚而成的。'協力、拓展、求實、成功'體現了協成的精神，走社會主義制度下的私營企業道路，反映了我辦企業的指導思想。如果說私營經濟是中國開放的必然產物，那廈門協成的發展就應該是這一產物的典型。"張炫堅持這樣認為。

在廈門協成實業總公司，企業按年度銷售額提取公積金，員工退休養老有了經濟保障。不同對象的員工又能享受不一樣的特殊獎勵儲蓄。員工有醫療保險，上下班有班車接送，企業有食堂，員工實行午餐津貼，外來員工免費提供住宿。國有企業有的勞保福利，廈門協成都略高參照執行。中國社會主義企業的優越性在此間私營企業里竟得到了實實在在的體現。在生產管理中，廈門協成參照三資企業的一些管理方法，在企業里不搞任人唯親，是才必用；不搞論資排輩，不拘一格重用提拔，不辦血統企業，實行平等競爭。同時，廈門協成又把風險機制貫穿在每位員工身上，全員實行勞動合同制，貢獻大，獎勵就越多，這些都在員工手冊中給予明文規定。協成將中國國有企業與三資企業各自管理特點有機地結合起來了。"中國的國有企業與私營企業最大的區別在于責任心。我沒有聽過有一個國有企業的廠長或經理因為企業破產、倒閉而跳樓自殺，但在私營企業里就會有。現在社會上對私營企業有許多說法，最主要的是作為私營企業，我們應該怎樣來要求自己"。張炫道出了自己作為私營企業家，也是私營企業一位員工的心態，這是他嚴以律已、力作表率的準則。在協成，員工不能叫他為老板，他也不培養雇傭關系。每個月他與員工一樣，只領取自己那份薪水，把個人消費與企業資金嚴格區分開來。出差在外，他照樣擠公共汽車，不住豪華賓館。廈門協成有專職財會人員和完善的財務制度，依法納稅，是協成應盡的義務。"國家要強大，地方要強大，就必須有實力。沒有開放的經濟政策，怎會有協成的今天？那種靠減免稅，是發展不了企業的，偷漏稅更是可恥。"張炫并不想做"口袋有錢，腦里無情"的老板。

我想搞個協成工業園區

一九九二年初，中國資深的領導人鄧小平巡視了南方，并發展了重要講話，這給正在起步發展之中的張炫帶

來了很大的興奮點,當然他也意識到在未來的市場競爭中,協成將會有什麽機遇和會遇到什麽問題。

在此之前,協成為了掌握市場信息、了解行業發展情況、取得政府權威部門的質量認可與管理監督,在國有企業紛紛抱怨行業管理婆婆太多的情况下,廈門協成多次向政府有關部門寫報告,反映企業的情况,要求接受政府行業管理部門的監督和指導工作,最終被政府部門采納并接受對廈門協成產品的管理監督工作。

為了保證廈門協成能有一個較好的發展速度,除了加強對企業內部的管理工作時,張炫還用了很大的心血放在對員工的思想工作上。因為對他而言,協成的今天,不僅是全體員工昨天努力的結果,也是企業明天發展的根基。要保證市場自由競爭下,協成發展的力度問題,他們十分注重對員工的思想工作,提倡企業的民主管理工作——企業發展過程中所制定的決策,都需要經過中層管理人員的認眞討論通過;員工有什麽想法、什麽困難,可以找企業尋找幫助與支持;為維護員工的切身利益問題,廈門協成還成立了工會,提供員工參與管理企業的條件,保證了企業與員工之間的想法統一和相互理解溝通。針對企業青年員工日益增多,并有黨員的情况,廈門協成及時向有關部門反映要求建立黨支部。當地方中共組織部門提出為什麽私營企業要建立中共黨組織時,張炫坦然地說:"廈門協成公司有黨員員工,這符合中共黨章要求,要建立黨組織,也是他們的基本權力。我們企業有青年更會要求上進,政治上有所追求,這是青年人的向往。更何况我們私營企業有了中共黨組織,更能使企業健康地迅速發展。"

"我有一個夢想,就是要在積蓄了一定的力量之外,辦一個'廈門協成工業園區',專門發展高科技產業,并在有了相當實力之后,辦一家私立的幼兒園、中學和大學。中國人要與先進國家比,必須在人口素質上超過別人,否則要超過別人實在是太難了。"張炫十分眞誠地說出了自己的心願。可能也正因為這一點,當有朋友請他吃飯時,他總是笑着對朋友說:"就不要請我吃飯了,你有錢就幫我買幾塊磚,幫我建廠吧!""當然,這可不是個笑話啊!"

經過二年的艱苦奮斗,張炫與其哥哥張烽終于使他們的廈門協成電器廠在一片稻田中發展成為一個占地近萬平方米、以開發、研制、生產各種開關櫃、高科技智能型靜電除塵設備等為主的科、工、貿為一體的廈門協成實業總公司,成為廈門經濟特區私營企業里高科技企業的代表。"我們廈門協成立足走社會主義特色的私營企業道路。協成也有自己的雄心壯志,就是我們企業要集團化、經營要多元化、人員要知識化、產品要現代化,力爭五年年產值超過五千萬元,爭取在2000年達到一個億,并逐步朝着外向型企業的目標發展。那時,我們協成會眞正在國際經濟的舞臺上與外國人一爭高低。"

張炫:1957年1月29日生于中國福建省廈門市
1987年10月從廈門政府退職租賃承包當地一家小企業
1991年元月創辦私營企業——廈門協成電器廠
1992年10月將廈門協成電器廠改為廈門協成實業總公司
現任:中國福建省廈門協成實業總公司總經理
全資企業:福建廈門協成電器廠
福建廈門協成凈化工程設備廠
福建廈門協成機電貿易公公司
福建廈門協成物業管理分公司
福建廈門華西電子電器有限公司
公司總部:中國福建省廈門市禾山蔡塘開發區
電　　話:(0086)0592—5064089,5061241
傳　　眞:(0086)0592—5064089
電報掛號:1232
郵政編碼:361009

●擬建中的協成工業園藍圖

放懷市場滿眼春

——沈陽飛龍醫藥保健品集團和它的終身總裁　姜偉

1990 年 10 月 26 日當沈陽飛龍保健品有限公司(現為沈陽飛龍醫藥保健品集團)宣告成立時,當地人誰也沒有想到:三年后這個年輕的民辦中外合資企業,累計完成產值 11 億元,實現利潤二點七億元,尤其是 1993 年該集團實現產值八點七億元,創利潤二億元,在中國醫藥行業中一躍成為眞正的龍頭;其拳頭產品"延生護寶液"不僅占據了除臺灣和西藏之外的中國市場,并遠銷到韓國、日本、美國、香港等十幾個國家和地區。

僅有 498 名正式職工的沈陽飛龍醫藥保健品集團以三年平均年創利 900 萬美元的速度,打破了美國經濟界"凡年利潤超過 100 萬美元的企業即是美國快速發展企業"的標準,創造了一個中國式的經濟模式——"飛龍現象"。

反彈市場的飛龍思維

進入九十年代后,曾為中國經濟做出卓著貢獻的遼寧老工業基地面臨國有經濟萎靡不振的局面。作為企業的創始人,姜偉首先確立以市場為經營目標的觀念與手段,并將這一觀念反作用于市場,指導企業的生產和實踐。他深信:社會主義市場經濟命題的實質在于:扶持企業最終走向成功的是市場,而不在于主管部門和銀行貸款;那種認為"即使市場經濟打得丟盔卸甲,政府也會出面救一把,因為我們搞的是社會主義市場經濟"的想法,只能被無情的市場競爭所淘汰,社會主義并不是市場經濟的保護神。為此,姜偉在沈陽飛龍醫藥保健品集團着意建立一種新的企業思維模式:

一、追求和獲得最大的經濟效益和社會效益——即"無利產值即為無效產值"。他們認為,片面追求產值,是好大喜功,綉花枕頭,一切要以效益論英雄、定走向。1993 年,飛龍集團推出一種新藥,并為此投入了大量的廣告資金,但國內有的藥廠也出同類藥,形成"飛龍打廣告,別人跟着賣藥"的局面,對此飛龍集團立即决定停止其宣傳和銷售,將資金向其它產品傾斜。

二、全力追求市場占有份額。為此飛龍集團不惜用人海推銷戰術占領市場,除集團內部有一支占總人數三分之二的市場營銷隊伍外,他們還在中國各地聘請了相當數量的營銷人員,全力追求市場占有份額,保證了飛龍集團在三年的時間里,其保健品市場占有率達到了百分之七十五,這是中國各大藥廠奮戰十年也不曾得到的收獲。

三、從實際效果出發,依靠自有資金進行滾動式發展。姜偉認為,以一次性建成年產值 xx 萬元或年產量達到 xx 噸的企業經營思想，不僅投資大、周期長，資金難以短期回籠，最致命的是在于丟棄市場。三年來，飛龍集團反彈琵琶，集中資金、搶占市場，投資 6000 多萬元，一次性兼并四家藥廠并立即組織這些企業生產市場上暢銷的醫藥品和保健品，保證收回全部投資。同時，他們依照"廣告——市場——效益"的循環圈，一方面牢牢抓住市場不放，一方面靠自有資金不斷滾動地向前發展，三年沒有向銀行借一分錢貸款，連辦公大樓都不蓋，却保證了企業每天都有 1000 萬元的流動資金。

四、企業出現問題和困難，找市場不找市長。沈陽飛龍集團三年的發展并非一帆風順，1993 年 7 月，除延生護寶液外，飛龍集團幾個剛上市的新產品出現大量積壓和銷路不暢的罕見局面，一些飽經市場之戰洗禮的飛龍集團的决策者們都表現出對市場的信心不足，并主張快速籌措資金。總裁姜偉却對此臨危不懼：他派兵幾路到全國各地進行市場調查，發現廣州、上海等南方經濟重鎮的消費者對飛龍集團的新產品已開始嘗試性購買，北方和較貧困的地區只是市場啟動較慢。對此飛龍集團集中資金重點突破南方廣告宣傳策略，相應縮小其他地區的投入——其結局最終是柳暗花明——僅兩個月，飛龍集團的新產品的營銷額達 1000 多萬元，同延生護寶液并駕齊驅。

從 1993 年下半年開始，中國政府收緊銀根、控制貸款和貨幣發行，并在稅收制度上做出了重大調整，使中國企業普遍感到資金緊張。面對這一情形，姜偉將企業發展的目光轉向國際市場，從 1993 年 11 月開始，他們加大出口力度，廣告宣傳對準國外市場，企業領導也頻頻出訪中東、南美、東南亞地區，海外的市場窗口硬是被初到异域的姜偉和他的同仁們給打開了，剛進入 1994 年，他們就與韓國新海貿易株式會社簽定了一億美元的貿易合同，寫下了自 1949 年以來中國民間貿易之最。

"三位一體"的經銷戰略

從某種意義上說，沈陽飛龍醫藥保健品集團成功的一個極為重要的方面是姜偉的"產品＋廣告＋質量"的"三位一體"經銷戰略。

1992 年 7 月 29 日，中國國內 20 位著名的醫學專家齊聚沈陽，參加"延生護寶液"論證會。與會專家以科學和實事求是的態度一致認為：在目前國際上還沒有用藥物和器械治愈老花眼的先例的情況下，"延生護寶液"在治療老花眼這一被醫學界稱作衰老性和不可逆轉性疾病方面，有效率超過 50％，達到了國際先進水平。在治愈前列腺肥大方面，它突破幾十年活血化淤的老方法，首先采用調節人體激素平衡的方法，處于國內領先地位。

1993 年 7 月，為了審查"延生護寶液"進入韓國的可能性，韓國政府組織本國醫學專家，在韓國國立保健研究院、韓國安全研究院和韓國中央大學，對延生護寶液的配方組成、成份測定、毒性試驗、有效性及產品基準等，進行了長達八個月的嚴格的科學鑒定。最終得出的各項測試指標表明，延生護寶液療效確切、組方合理、沒有毒副作用，韓國政府欣然為其頒發了進口許可證。

姜偉和他的沈陽飛龍集團的員工們深知一點：產品是否有生命力，不僅僅取决于它的品位如何，獲得多少金牌，還在于有多少人知道它，有多少消費者購買它。中國國內許多企業之所以陷入產品有金牌無市場的窘境，原因在于生產者在產品和商品之間，僅僅粗糙地劃下了一個等號后就沾沾自喜。飛龍集團總裁姜偉認為，廣告是企業經營者面臨的最后一道險關，如果企業不敢承擔這一風險，那麼以前所有研制產品和生產建設的努力，都將前功盡棄。只有實現了廣告優勢，才能贏得市場優勢，企業的風險也才能全部解除。這從另一個角度來說，智勇雙全的廣告覆蓋是企業打開市場通道、產品占領市場的重要法寶。1991 年沈陽飛龍集團創業伊始，就果敢地投入 120 萬元廣告費，獲利 400 萬元；1992 年他們又投入廣告費 1000 萬元，獲利 6000 萬元；1993 年，沈陽飛龍竟投入廣告費 8000 萬元，獲利二個億。有人稱飛龍集團的廣告戰略是大出大進，敢于冒險，但姜偉却堅持認為：廣告戰是最能體現商戰、競爭程度和决策者膽識與謀略的畫龍點睛之筆，其深刻的內涵絕非一個“敢”字可以詮釋。

一個明顯的典型實例就是：沈陽飛龍集團對上海這一中國經濟重鎮的占領術。繼他們對東北地區“地毯式”的廣告轟炸并取得市場之后，姜偉經過縝密思考，制訂了一個超凡脫俗的占領上海的方案：首先占領上海周邊城市無錫、南京等地，對上海按兵不動，待上海周邊城市攻下后，飛龍集團首先在《上海老年報》等報刊上整版地刊登“延生護寶液”的廣告，但他却不給上海發一箱貨。這對精明、自尊的上海人來說是無法忍受的，他們紛紛到南京和無錫等地購買“延生護寶液”。直到此時，飛龍集團的“延生護寶液”才浩浩蕩蕩地在一夜之間挺進大上海，銷售形勢極好。

作為一間民辦的企業，姜偉深知產品對于他和他的員工意味着什麼：當今市場恰似一個個“被選擇”的櫃臺，一個現代企業不僅要考慮如何開拓市場，擊敗對手，更重要的是思慮如何適應消費者的真正要求，使廣告的宣傳化作消費者對企業的信心。當“延生護寶液”暢銷之時，有人主張加快生產步伐，滿足市場要求，但姜偉却拒絕這一簡單適應市場的短見行為，依舊要求員工嚴格按配方組合生產產品，一道工序也不能少：如此這般，造成供求關係反差更大，一些消費者甚至千里迢迢到沈陽買產品。但姜偉仍寧可在報紙上向消費者“謝罪”，也不允許有人砸自家的牌子。這從另一種市場的思維上獲得了消費者的支持與依賴。

追踪市場的人才儲備

在創建沈陽飛龍保健品有限公司之前幾個月，姜偉曾靠借來的二萬元與一名外商共同辦一家合資企業。幾個月后，當他出手不凡以新產品從廣州中國出口商品交易會上拿下了 60 萬元的訂單后，他却被外商給莫名其妙地“炒”了。現實使他更加珍重對人才的渴望：因為人才，最大的特點是創造，而唯其為創造，才能生產出高科技、低成本、為消費者真正需要的產品，才能為企業帶來財富。

在沈陽飛龍醫藥保健品集團的正式職工中，本科生和研究生有 298 人，占職工總人數的 60%，其中從事制藥專業的技術人員有 182 人，占專業技術人員的 62%，全集團 240 名營銷人中員 100%為大學專科以上學歷，形成了飛龍集團一支素質、布局合理、富于創新和敬業精神的隊伍。

在以市場為經營管理的理念中，飛龍集團把具有較強的獨立思維、獨立工作的能力，作為選人的首要原則。其次堅持強調基本素質、強調不成熟人才觀的原則。凡是張口要待遇、講條件的，不管是什麼學歷、什麼條件，也不管什麼人介紹來的，一律不用。用所謂的不成熟人才觀，就是要看一個人的品德、思維方法、潛力是否對路，只要具備基本素質，也依舊放手使用，讓其在實踐中增長才干。實踐證明，飛龍集團分布在中國的營銷人員，多數是初出茅訪廬、從校門走向市場的年輕人，他們頭腦清楚、思維敏捷、敢想敢干，一起步就按市場經濟規律辦事，與市場營銷的規律、節奏十分地合拍，非常勝任各自的工作。

依靠這批科技人員，姜偉着力研究如何加速研制和生產“延生護寶液”牌的系列產品：陸續研制出了專治俗稱“活癌症”——骨質增生的“骨質寧搽劑”、眠安寧口服液、元胡止痛顆粒劑、愈風寧心口服液和白石清熱冲劑等“延生護寶液”的系列產品。與此同時，姜偉還為廣大知識分子營造一個充分信任、放手使用的工作氛圍——對科研人員，集團僅負責指出宏觀上的戰略發展方向，集團輔之以集團每年 10%的利潤拔給 16 位高級知識分子組成的科技發展中心，實行資金不封頂，讓科技人員獨立思考。凡是科技人員需要的資料和儀器，都迅速配置，如高效液相色譜儀、氣相色譜儀、雙薄層掃描儀等九十年代世界最先進的儀器，保證了科研所需；同時，他們還對人才實行競爭機制，能者上，平者下，絕不護短，并力求實際為在公司效力的知識分子解決實際困難。三年來，他們不僅為知識分子解決了 50 多套住房，還實行了新的勞動保險制度：集團員工退休后享受 100%的退休時的工資待遇，并由集團一次性發給十萬至十五萬元的養老金，員工每工作滿五年，集團發給這名員工一枚價值一萬元的"榮譽功勛章"。

沈陽飛龍醫藥保健品集團總裁姜偉認為,只有解決了知識分子實際困難,注意對人才的再培養,才能在一個高的角度上按現代化企業的標準及國際醫藥行業的發展水平來發展自己。在飛龍集團,他時時告誡員工要注意破除固步自封、沾沾自喜的念頭,一方面強化員工學習外語,一方面將員工派到國外進修,努力為大舉進軍國際市場奠定基礎,這也為人才的再培養創造了條件。

奉獻社會的赤誠愛心

"位卑未敢忘憂國"是中國幾千年來知識分子一種情懷。姜偉在飛龍集團三年的迅速成長發展中,時時將報效社會和國家當作自己的義務,這也正如他作為一名醫生的責任心。

僅僅三年里,沈陽飛龍醫藥保健品集團就投資二千多萬元人民幣,用于中國國內醫藥、交通、教育、航空航天事業的發展,成為中國大陸参與社會公益事業最多的民營企業之一。

1992年,當中國為澳大利亞發射通信衛星成功后,姜偉率先捐資十萬獎金,并倡導發起成立了中華航空航天獎勵基金會,目前這一基金會的基金已超過了一千萬元;為了更好地發展中國的中醫藥事業,他們投資100萬元,成立了遼寧中醫藥獎勵基金會,獎勵在遼寧從事中醫藥科研、經營、生產、管理工作的有功人員;此外他們還出資70萬元在遼寧省十四個貧困地區各建一所"飛龍希望小學",建立沈陽飛龍少兒民族樂團,成立遼寧延生藝術團;為了徹底改善沈陽市公共汽車候車亭過去那種"破、臟、差"的形象,飛龍集團還出資100萬元在沈陽主要干道上建設了200個高檔次的候車亭。

姜偉自言道:"無論作為企業家還是作為科學家,重要的不是戰勝對手,而是戰勝自己。"三年多的創業,使他重新認識了他自己,一個從學生到中國在農村里接受貧下中家再教育的城市知識青年、到中醫學院的大學生、中藥研究所研究室主任、以及發明家、企業家等等的經歷,有時也會讓他感到很沉重。"重要的是戰勝自己",他常常以此要求自己,這也促成了他的下一步計劃:迅速完成沈陽飛龍醫藥保健品集團在東南亞、南美、歐洲、中東等國家和地區建立分公司的計劃,再用三年時間,把飛龍集團建成擁有多種產業的國際化的金融企業集團,讓飛龍集團躋身于世界企業之林。

姜偉:1955年8月出生于中國遼寧省沈陽市

1990年起辭去遼寧省中藥研究所研究室主任一職,下海創辦企業沈陽飛龍保健品有限公司,后改為沈陽飛龍醫藥保健品集團

現任:遼寧沈陽飛龍醫藥保健品集團終身總裁

遼寧沈陽市第八屆代表大會代表

中國青年企業家協會副會長

中華全國青年聯合會委員

中國民營科技實業家協會常務理事

遼寧省民營科技實業家協會常務副會長

曾獲:中國杰出青年企業家、遼寧"五一"勞動獎章、遼寧省暨沈陽市政府特別獎、沈陽市勞動模範

公司總部:中國遼寧省沈陽市和平區文化路41號

電話及傳真:(0086)(024)3843954

郵政編碼:110003

讓中國划在世界前列

——浙江省富陽市水上運動器材廠廠長　**申屠良金**

●"我的目標是要中國的水上運動器材成為世界名牌產品"——申屠良金

"手工業教給了我做人行事的規矩，培養了我吃苦耐勞的習慣，這使我在以后的人生道路上戰勝了許多磨難。"申屠良金至今仍堅持認為：正是有了這些，他才四十而立。

命運多舛：從小木匠、飛行員到冤獄

申屠良金出生在中國浙江省富陽市一個木匠家庭。良金的父親在當地很有名，五十年代曾因第一個發明和制作了雙輪雙鏵犁而受到政府的獎勵、推廣，擔任過當地手工業合作社社長。七歲那年，申屠良金的母親不幸去逝，這使他遭受了人生大痛之最大的悲哀。不久，讓全家人都憐愛的小妹妹被送了人。貧困的家庭使正上小學快要畢業的申屠良金不得不跟隨父親學藝，申屠家又多了一個木匠。

申屠良金在沉重的勞作中度過了他的少年時代。盡管每天帶給他的是繁重的工活，其中不乏有父愛，但對他最有吸引力的是書。五、六十年代的中國社會正是推崇革命英雄的時代，申屠讀了很多介紹中國和原蘇聯革命英雄的書，當然其中也有中國的古典文學。"手工業教給了我做人行事的規矩，培養了我吃苦耐勞的習慣，這使我在以后的人生道路上戰勝了許多磨難. 小時候看的那些好書，給我的人生觀打下了難以磨滅的烙印！"申屠良金事后回憶起過去，堅持這麼認為。

申屠良金曾希望自己能成為一名中國職業軍人，所以當他二十歲那年，中國空軍到富陽招兵時，又瘦又小而且體檢不合格的申屠兩次咬破手指寫血書，終在新兵出發前被破格允許參軍。在軍營里，申屠先是做空軍雷達記錄員、衛生兵，后來濟南空軍選拔十八名飛行員，由于申屠在軍隊表現出色，被推選到空軍一所航校當飛行學員。正當他憑着自己的勤奮和努力在全團第二個實現放單飛時，地方一封指控他涉嫌"殺人放火"的信把他從天空中重重地摔到了地上——申屠良金先是被提前結束軍營生活，復員回原單位當工人，后又被送進了監獄。

1980 年，當一紙"查無實據"的法律解釋讓他回到地方時，申屠已不僅僅是痛失了十年最寶貴的時間，更重要的是他一無所有、妻離子散。但對于他的打擊又不止這些：年過七旬退休在家的老父親，因要養活剛從監獄出來又病又弱的申屠，不得不去干活掙錢，終在一天干活時倒地而逝去……

成家立業：四十并不晚

生活的不幸，對一個已過"三十而立"的中國男人來說，是很可悲的。盡管尋找工作十分困難，但在當地政府和一些熱心人的幫助下，申屠最終還是有了一份工作。他先是到水泥廠當工人，后來又被重新安排到原單位棉紡廠當合同制園藝工人。申屠工作很勤奮，也很努力。當他所在的工廠在二年時間里樹多了、花多了、培育的盆景在當地供不應求時，却有人在背后說他在利用管理工廠的建築用沙石料為自己撈"油水"。盡管上司對這個家徒四壁、一無所有的工人很放心，并且根據他在工作崗位上的重大貢獻，一年內給他連提三級工資，但申屠良金最后還是離開了工廠，去幫哥哥申屠良木管理一間專門為體育部門生產木制賽艇的小企業。那時他已重新建立了新的家庭。"我想，成功的路不止一條。"申屠良木是一位很有經驗的木匠。當弟弟良金幫他把企業辦得十分紅火時，兄弟之間因在經營和發展的思路上的分岐最后還是不得不分道揚鑣。

幫哥哥管理和經營企業近一年，是申屠良金最初也是深入了解中國賽艇運動歷史、技術和發展的一年。中國人很早就有千年歷史的龍舟賽，但英國人却把僅百年的賽艇運動推進為一項世界廣泛開展體育運動，這使他看到了中國水上運動器材在生產材料、技術和工藝上的落后，也促使他將自己的發展方向轉向用新技術、新材料和新工藝來實現中國水上運動發展的新目標。

盡管申屠良金用三個月的時間，投入四十萬元建造出一座廠房。但要達到他的目標，仍有很多困難，首先是市場與信息問題。

申屠不是一個把企業單純看成是一間賺取利潤的企業的私營企業老板，他的目光是體育界、國內從事水上運動的國家集訓隊和各省隊，以及如何為國產運動器材在使用中改進與創新。

就在這時，一位名叫亞利克斯・威爾默丁的美國人通過美國駐華大使館一秘的介紹，給中國賽艇協會發來一封信，表示他作為美國 YALE 大學的賽艇隊員，在大學的中國協會工作，并將到中國湖南省一所中學任教，他想為中國任教的學校開展賽艇運動出點力——由他出資購買賽艇，并事先了解一下中國賽艇及所用器材問題。

與申屠良金熟知、負責訓練和競賽事務的中國賽艇協會官員劉愛杰將此信直接轉給了申屠，他深知這個浙江的私營企業老板并不是一般的商人，而是想為中國水上運動做出貢獻的人。很快，威爾默丁與申屠良金簽訂了訂購單人艇和四人艇的合同，并在新年來臨之前給這位中國老板寫來了“你對我很好”這一表示信任與合作的明信片。后來威爾默丁如期收到了“深表滿意”的訂貨，當然也收到了申屠良金送給他的禮物——條四人單槳無舵手賽艇。

威爾默金僅是申屠良金在生意場上一位合作伙伴。事實上，中國從事水上運動的國家隊、省隊、市隊乃至運動員都成為申屠的合作伙伴。1987 年，上海一家企業為中國國家摩托艇隊制造的三條競賽用摩托艇因質量不過關，訂貨的運動隊向廠家提出賠償，不得已找到了申屠良金請他幫助加工三條摩托艇。對此毫無技術與經驗的申屠按照技術圖紙的要求，立刻組織人員進行研制。后來，當申屠良金將四條新試制的摩托艇送到青島中國國家摩托艇集訓隊，其感覺不錯的光潔度、“好的艇體綫型”、“很穩的加速、高速和繞標”使教練員、運動員“比較滿意”。這一消息令中國不少省運動隊十分興奮，不論是在國家隊集訓的教練還是運動員——他們比誰都關心器材的好壞，用最快的速度把信息傳遞給自己的隊。已給中國摩托艇運動立一大功的申屠由此榮幸地承擔了中國國家隊參加國際比賽所用摩托艇的生產。

從某種意義上說，申屠良金的成功也得益于他的為人和起點——致力于發展中國水上運動事業并為之創造必要的裝備條件。這使他在眾多的企業競爭和中國私營企業缺乏資金信貸問題上，得到了社會的關注：在發展中國水上運動器材的過程中，他不僅得益于政府工商管理部門的支持，也得到了當地政府官員的支持：當有外商來找申屠良金談判時，政府官員會出面為他作風險擔保、解決生產所用資金問題，前后貸款就有近百萬元；更主要的是，一些使用他的產品的運動隊和中國國家體委有關部門不僅向他提供國際水上運動的器材、材料信息，有時還急申屠所急向他提供制造所需材料、提前支付貨款，這在相當大的程度上解除了他的后顧之憂。

志在一流：讓中國划向世界水平

作為制造水上運動器材的私營企業，有一件事使申屠良金深受刺激：那就是在 1988 年漢城奧運會上，中國賽艇隊打破歐美百年壟斷，摘取了女子四人單槳有舵手賽艇的銀牌和八人單槳有舵手銅牌。中國人取得了了不起的成績，竟是借助于國家花四萬美金買的德國貨。

德國貨的優勢在于材料上是用了切片膠合材料，而申屠用的是航空層板做材料。盡管工藝上可以仿制，但硬性、易裂、膠合強度差和不防水的國產膠水却會使他的努力功虧一簣。為此，申屠良金集思廣益，采用切片和航空層板混合成型工藝，有效地解決了木制賽艇的質量問題，并且首先在國內第一家合作研制出國外廣泛應用的鋁合金槳架，僅此一項技術革新，就使每條賽艇的重量減輕了兩公斤，并在后來被國內眾多廠家紛紛仿效。總之，他要利用一切機會，如在外地開會、或寫信向那些他在比賽場上結識的人了解國外賽艇有哪些新材料、新工藝，自己的器材質量是否站得住、使用效果如何，及時掌握國外先進的技術與材料信息。這后來使申屠良金的賽艇在制造技術與工藝上，通過將艇身龍弦木底骨加寬，增加了賽艇的受力強度；在八字叉上增設元寶形鋁片，改革了橫梁結構；通過改變受力的位置，停止了肋骨“會斷裂”的毛病。此外，他還根據國外最新技術數據更新木制賽艇的綫型，與科研單位合作研制出當今世界最流行的蜂窩結構玻璃鋼賽艇，填補了國內空白，榮獲國家級重大科技新產品鑒定證書，并能按國際最新規格測繪設計出全套的賽艇零部件……

后來的結果着實令申屠良金內心十分高興和興奮：由他的浙江富陽市水上運動器材廠生產的“良金牌”賽艇、皮艇、劃艇、摩托艇和蜂窩結構玻璃鋼賽艇等，先后被

●“良金”牌賽艇在 1993 年布拉格世界賽艇錦標賽賽場上

人物篇

中國國家隊、各省隊定點選用,參加了全國摩托艇錦標賽、第二屆亞洲賽艇錦標賽、中國國際賽艇邀請賽、北京第十一屆亞洲運動會等國內外的許多大賽,并進入到了臺灣、香港、南非、美國等市場,共為中國選手贏得全國性比賽以上的國內外各項大賽 180 枚金牌、195 枚銀牌和 166 枚銅牌。其中,最引人注目的是 1991 年中國城市運動會上,中國各參賽運動隊參賽的一百八十二條賽艇有九十三條賽艇是"良金牌"賽艇,占了百分之五十一;參與決賽的六十條艇有三十八條是他生產的,占了百分六十三點三;獲金牌的艇有五條用的是"良金"牌賽艇,占了百分之五十,銀牌占百分之七十,銅針牌有五條,占了百分之五十,成績十分令人注目。更使人稱道的是,在中國第七屆全國運動會上,"良金"牌賽艇占比賽用艇的 70%以上,使用"良金"牌獲得的金牌占 80%。中國國際奧委會主席何振梁在陪同國際賽艇聯合會主席奧斯瓦爾德參觀由富陽市水上運動器材廠生產的中國第一條八人賽艇時,興奮地評價道:"中國有了這麼好的艇……中國賽艇事業發展還是器材快。"

錢筒倒背的人:志在碧波飛神箭

申屠良金是一個不願意總從過去的人生中尋找自己難言之衷的人。當人們面對這個私營企業老板的自信時,很少有人會想到他曾經是個小學生、小木匠、中國空軍里的地勤兵、飛行員、乃至最后入了冤獄、當過花木匠、……不得為生活所困,成為一個靠手藝和管理起來的私營企業的老板。

但申屠最終沒有成為一個在錢眼里鑽不出來的人,一方面他并不富有,或者說是眞正要達到他的目標,他更需要資本的高額積累;另一方 面他的大方却很讓人吃驚、讓人難以置信:"我的錢大多是直接花在水上運動事業上,只有整個水上運動事業發展了,才會有我們企業的發展。"申屠良金十分坦然地說。

從致力于發展中國高水平的水上運動器材起,申屠將全部的身心投入到其中:為了中國水上運動器材成為第十一屆亞洲運動會指定產品,申屠良金不要政府一分錢的科研經費,以最好的質量、最優惠的價格和優質服務,在有許多國內大企業對亞 運會水上運動器材競爭中一舉奪標。他對于國際比賽也十分關注,先后資助了國際比賽十條比賽賽艇,還同亞洲賽艇聯合會簽訂協約,連續三年資助東南亞國家水上運動。申屠希望有一天通過自己的努力能夠使中國的水上運動最終要處于世界的領先水平、他的"良金"牌水上運動器材最終成為國際名牌。

申屠自稱是一個并不在乎模式的私營企業的老板。對于企業是什麼模式,他根本不在乎,也根本不想去用經濟手段來約束他的雇員。當他的手下一位很能干的技術人員被另一家企業高薪挖走時,他并不想去以同樣的高薪來挽留,因為申屠根本不想助長一個人的傲慢:"人各有志不能勉強,但一個人不能'有奶便是娘'。只要企業有活力,能人是會不斷涌現的。"相反,他在乎的是企業的管理、技術和發展:有人想偷工減料,他要給予重重處理;對于那些參與得標賽艇的設計與制作人員,他要給予他們頒發設計獎和質量獎,從賽艇、皮劃艇、摩托艇到油漆,他層層設立檢驗組和專管人員。"我們私營企業,內部管理愈加要緊,以制度治廠、以科技興廠、重賢人遠小人。"

目前中國水上運動百分之八十的賽艇已由申屠良金的浙江富陽水上運動器材廠生產。"我不想做錢袋鼓了,腦袋空了的人,'當官三年狗也嫌'。私營老板不能一個心眼只為錢。如果只為錢,見好就收,我想補社會主義經濟的不足,為中國水上運動做出貢獻,為中國創出世界比賽用的名牌艇,在世界有一席之地:因為我期望自己能在有生之年把企業辦成世界最大的賽艇廠,當世界最大的賽艇制造商,世界上只要有賽艇運動隊的地方就應有我'良金'牌的賽艇。也許,社會生產發展了,大家富起來了,大概也不會有人說我們是暴發戶了。"對于未來,申屠良金十分坦坦蕩蕩地說。

申屠良金:1948 年 9 月 16 日生于中國浙江省富陽一木匠家中
1960 年小學沒有畢業、因家庭貧困隨父學做木工
1968 年到中國空軍服役,做空勤兵、衛生員、飛行員
1973 年復員回到原單位棉紡廠,后蒙冤入獄
1979 年被無罪釋放,后做工人、園藝匠
1986 年辭職,后創辦私營企業——浙江省富陽市水上運動器材廠

現任:中國浙江省富陽市水上運動器材廠廠長
中國浙江省杭州市私營企業協會理事
中國浙江省富陽市私營企業協會理事

企業地址:中國浙江省富陽市富陽鎮勞動路
電 話:(0086)05813—9023568,324607
傳 眞:(0086)05813—324508,325498
電報掛號:8665 郵政編碼:311400

●國際奧委會委員、國際賽艇聯合會主席丹尼斯、奧斯瓦爾德到富陽水上運動器材廠視察并高度贊揚該廠產品質量十分好

一個愛「濟公」的人

——浙江杭州貝爾電信有限公司董事長　**方雪木**

一九八二年，方雪木正式退休，告“老”還鄉。那一年他才四十二歲。方的兒子接替了他在中國一家國營企業的工作。當然，方沒有想到，在這十年間，他自己竟辦起了一家產品遍及中國二十八個省、市、自治區的公司——浙江杭州貝爾電信有限公司并出任董事長。

窮人的孩子早當家

一九四〇年，方雪木出生在中國東南部浙江省美麗的富春江畔。方出生時，正值日本軍隊進占浙江。還沒有滿月，方雪木一家便在炮聲和槍聲中倉惶逃到了江邊。戰亂、貧窮、營養不良和母親奶水不足，使方在六個月時差點命歸西天，這連同后來的中國內戰、人民公社和國家經濟的緩慢發展，都使他在今天依然顯得瘦弱。

一生給有錢人當壯勞力的方雪木的父親在身強力壯時因一次事故終生殘廢，并在他七歲時撒手西歸。方父去世時沒有留下任何財產，連一口薄棺材也買不起，只留下方雪木和他母親相依為命。好在方的母親很能干，她開了一小店，將當地特有的富陽草紙賣到縣城，這不僅使她還清了安葬死去丈夫借的高利貸，置辦了四畝地，還送兒子上了小學。

方雪木讀書很勤奮，每天大清早起來，天沒有亮就上學校去讀書，晚上在家里還要點燈夜讀。可惜的是，從中國在農村推行農產品統購統銷、生產互助的生產互助組一開始，剛滿十四歲的方不得已輟學回家種地、生產。

方雪木回到了家里，繼續走他父親的路：種田、砍柴，瘦小的身軀竟可承擔一、二百公斤的負荷。此外他還自己制造土毛紙，一天可抄一百多張，這種局面一直維持到一九五八年中國在農村開始推行“人民公社”。當家家戶戶被拆竈砸鍋，夢想在一夜之間步入人人不愁吃、不愁穿的“天堂”時，方家的豬被殺掉，他與母親哭了兩天兩夜。

這一年，方雪木背上了郵包，當上了村里的郵遞員。

廣結善緣的綠衣使者

方雪木做鄉村郵遞員，是一份很苦的差使：每天早晨他五點鐘就要趕着上路，去富春江邊的輪船碼頭去接郵包，七點鐘挑回村莊，走村串鄉地為近百個用戶點投送報紙、信件和匯票。方做事又認真，每天要走二十多公里山路，也不會偷懶，鄉親們都十分喜歡他。后來方被招為縣郵電局的正式職工，當過話務員、報務員、采購員，話務、通信、維修、器材，他是干一行愛一行，這使他在當地有了一個很好的口碑。

到了縣城之后，方雪木的上司很器重這個從農村來的淳樸的小伙子。在后來的十幾年的工作中，方作了縣郵電局的采購員，天南海北、塞外邊陲，他走一路交一路的朋友。在旅店，他為同屋的人當“服務員”，打水、掃地、迎來送往，即使是半夜同室的外地人要上火車，他也要親自去送行，還常常從自己少的可憐的薪水和出差補貼中拿錢請別人吃飯；跑供銷時，不僅旅店的好床位要讓給別人住，就連押貨回單位，也是自己常常一個人風里雨里地躺在運貨車的油布上一路風塵、一路顛簸，而把駕駛室的座位讓給客戶坐。“我有點濟公精神，廣結善緣，吃虧是福”。方雪木事后回憶道。

望子成龍被迫退休

方雪木出生于貧寒之家，這種中國典型農村家庭出來的人很講究孝道、厚道和忍讓精神。在農村時，方的母親沒錢買烟，方就為母親這唯一的嗜好去撿烟蒂。工作后，方的孝順依然在當地很出名，即使在母親過世后，每年清明和忌辰，他無論自己多累多忙，都要步行幾里地去給母親的墳頭燒香磕頭。

方的母親在他年幼時為了"養兒防老"給他養了一個童養媳。方雪木后來與她成了婚并生有一子。盡管方本人搞供銷多年，在縣里與外地關系很多，緣份極好。可當有一天，他那十分本份的老伴請求丈夫為已經長大的兒子在城里找份鉄飯碗時，方雪木突然感到自己是這樣無力：幫別人，他可以去請人、找人、求人，但為自己的事，他開不了口、找不到人。

出于無奈，方雪木決定以"自己提前退休，讓兒子頂替自己的工作"，作為他對這個家庭應盡的為夫為父之責。一九八二年，當方雪木的兒子穿上綠色的郵電制服時，四十二歲的方雪木提前退休回到了農村家中。

方退休時，正是中國的鄉鎮企業正處于蓬勃發展之時，尤其是在商品經濟基礎較好的浙江農村。人緣很好的方雪木回到農村后，很多當地鄉鎮企業看重他在郵電系統干過供銷、各地朋友很多、門路廣的優勢，找方去幫忙。在此之前，方雪木已幫別人辦好了四家不錯的鄉鎮企業。當他退休后想長期效力一家鄉鎮企業時，沒想到對方生怕今后企業的產銷都由方本人來掌握會影響他們對他的制約，托辭找借口。方雪木一氣之下離開了這家企業。

數千萬產值從九平米開始

熱心助人又被人"拋棄"，可能是方雪木心里最大的悲哀。當方回到自己的原單位時，他的上司鼓勵他：你就不會自己辦個廠試試！

一生不甘寂寞的方雪木直到今天常會記起上司的這句話。他熟悉郵電器材市場行情，也更想幫助那些在等着接父母班的工友的子女。憑着自籌七千元資金和貸來的六千元錢，方雪木在城郊租了一個九平方米的毛竹棚，請了八名工友的家屬，辦起了僅有兩臺舊儀表車床、三臺木車床和一套借來的測試儀器的手工作坊式的私營企業——"富陽郵電器材廠"。

后來的實事證明，方雪木的廣結善緣、忍讓、吃虧是福的心態給他帶來了很好的運氣：開始時，方雪木只能在極其簡陋的作坊，給別人加工鋁套管和繞綫圈，盡管鋁套管至今仍是他企業的傳統產品，被中國郵電部華東物資供應處定為定點生產廠家。后來，當企業剛有盈余，他便一方面出資派員工去大的郵電企業學技術，一方面請人來幫自己開發產品、把關技術。方的天南海北的朋友都願幫助他、和他做生意，一方面很多人念方的為人：寧肯自己吃虧、不讓朋友吃虧的善緣；另一方面，有的企業念方雪木的企業對產品極富責任，即使是買方的失誤，方老板也不讓他們承擔本該由買方出的費用。

從一九八四年創辦富陽郵電器材廠到今天浙江杭州貝爾電信有限公司，方雪木已將企業發展成為一個能生產三十多種郵電器材的大型郵電專業生產企業，產品遠銷中國國內二十八個省、市、自治區，包括位于"世界屋脊"的西藏拉薩布達拉宮。其中，他們與國內有關機構聯合研制的高三路載波機、高導磁程控通話變壓器、旋轉式交接箱等，填補了中國國內空白，改變了中國一直從國外進口的狀況，二千多平方米新廠房、六千萬元的固定資產和二千萬元的流動資金、五百多名員工、七千萬元的產值已替代了昔日那九平方米租的毛竹棚。

手心向下是快樂

一九八九年元月七日，中國最大的官方報紙《人民日報》在頭版顯著位置刊登消息："浙江省成立第一家私營企業工會"。這第一家便是方雪木的富陽郵電器材廠。當一位來自美國費城的美國女留學生找到方雪木："我們美國的民營企業，不喜歡成立工會，因為有了工會，就會同資方分庭對抗……"，方雪木坦然地對美國人說："我們是社會主義的私營企業，不是資本主義的個人老板……"

"我信仰人民是主人，為人民造福，是一個最大理想。"方雪木沒有象中國很多有他這般年齡的人一樣，對

●方雪木向中國人大副委員長李錫銘介紹貝爾的產品

中國已故和資深的領導人如毛澤東、周恩來、鄧小平佩服的五體投地，可能是因為他們都改變了中國和中國人的命運。方平生最敬佩的是濟公，"我佩服濟公的樂善好施，濟貧扶困、打抱不平，把錢財用來接濟貧困的人……"他只想作為一個平常人來盡一個平常人的心，即使在他這間私營企業里，"廠辦得好，全靠大家，因此不能虧待工人。只要條件允許，國營、集體廠有的，我們也要有，而且還要想法搞得好一些。社會主義的私營企業，工人和業主的關系，不應該是雇傭和被雇傭的關系，而應該都是企業的一員，工廠的主人。"沒有多少文化的方雪木是一直堅持這樣要求自己的。

自方雪木的富陽郵電器材廠開始贏利起，他首先從

●背后正在擴建的廠房將是方雪木“貝爾公司”的新起點

微薄的利潤中拿出二筆錢，一筆用來送本廠新招的家在農村的工友的子女去杭州學技術；另一筆用來請縣郵電系統的退休員工去南京、蘇州等地旅游。后來，他又資助了縣越劇團去北京匯報演出、鄉村修路、架新電路、小學教育、浙江省教育基金會。至于他的員工，作老板的方雪木沒有讓員工感到比在當地國有、集體或鄉鎮企業差：員工年紀比他大的是老板的長輩、小的是他的晚輩。誰過生日，他會送員工生日蛋糕或生日禮物；員工的醫藥費實報銷，從一九八六年起還可享受社會養老保險，誰家有了病、故、難、災，他都要送去一份老板和企業的心意。考慮到企業員工大都來自當地農村，方雪木后來還為員工建了職工宿舍，單身年青員工每人七平方米，老年職工享受十三平方米，結婚的員工由企業提供三十平方米的住宅樓。

在方雪木簡單的辦公室里，墻上掛着許多字幅，不僅有他念念不忘的“吃虧是福”、“事能知足心常泰，人到無求品始高”等等，還有他自己杜撰的“濟貧不貧、救困不困”、“手心向下是快樂，手心向上是煩惱”……

活給自己留下“墓碑”

盡管創辦私營企業并非方雪木最初的意願，風風雨雨十年的苦與甜只有他自己心里可以品出，但出身貧窮之家的方自言是一個天生在追求夢想中的大同世界的人，“我辦企業就是想為人民做點好事”。

在方雪木的富陽郵電器材廠，方為企業定的座右銘是：“共同富裕”。方雪木對員工工作要求很嚴，對產品要求更嚴格；但對他們的生活，作老板的他自有一番人情。與之相反的是，方對自己很摳門，小氣的足以讓人懷疑眼前這一干瘦老頭會是當地的千萬富翁。除了每月從企業領取一份全廠平均工資作為生活補帖外，方對企業的財產一分也不會支出，為此他在創辦企業之初，就從當地聘請了一位高級會計師負責企業的財務審核；方家至今仍住在六十年代那簡陋的平房舊屋中，其兒媳想請他在經濟上資助點錢，方非但一分也不給，還請當地的法律事務所法律顧問為他的這間企業訂立了協議：“如廠長因故離廠，本廠所有資財、產權，全部歸富陽郵電器材廠集體所有，不屬于任何人私有。任何個人均無權提出非議，更無權調動，無權分配。”

方雪木沒有讓自己的兒子“子繼父業”，他不想讓兒子來接管自己的企業，至今他的兒子仍在當地國營的郵電系統中工作。為此，他常常與家人爭吵，“我是自討苦吃，可樂在其中。我只想日后能給社會留下一個象樣的工廠。”方雪木事后常一笑了之。

這位千萬富翁至今仍住在工廠他那簡單的宿舍里，在方雪木的床頭，上方掛着他請中國著名書法家任政書寫的一幅字：“方雪木之墓”，這可能是他在五十多年來的人生沉澱下來的心態，他只是想做一位濟公式的人：“活人寫墓碑，這恐怕不多吧！我不是迷信，也不是怕死，只是激勵自己，趁活着時更奮發一番”。

方雪木：1937 年 12 月 30 日生于中國浙江省富陽
1958 年在當地做鄉村郵遞員
1968 年起在浙江省富陽縣郵電局任報務員、修理工、采購員
1982 年退休
1984 年正式創辦私營企業浙江省富陽縣大源郵電器材廠
后改名為浙江省富陽縣郵電器材廠

現任：中國人民政治協商會議第八屆全國委員會委員
中國民(私)營經濟研究會常務理事
中國人民政治協商會議浙江省七屆委員會委員
中國浙江省總商會常委
中國人民政治協商會議浙江省富陽市委員會常委
浙江省富陽市私營企業協會副會長
浙江省杭州市貝爾電信有限公司董事長
浙江省富陽市貝爾電信器材廠廠長

公司地址：中國浙江省杭州市富陽市富陽鎮蔣家橋
電話：(0086)05813－324621，323601，326882
電報掛號：6755
郵政編碼：311401

「512」先生和「512」公司

——浙江杭州 512 銅業有限公司董事長、總經理　**何亦良**

1993 年 11 月 29 日下午，出席全國發展私營經濟研討會的全體中央黨政部門領導和專家學者，參觀訪問了何亦良先生和他的企業，這也是此次研討會的一項議程。

絕代鏡子

從杭州沿着四季如畫的富春江到富陽的 27 公里路段，是正在擴建的八車道超一級公路。驅車駛入富陽境內，沿路第一個引人注目的大企業，就是中美合資 512 銅業有限公司。新舊廠區夾 320 國道分列左右，占地 51.2 畝，廠門石獅雄踞，氣勢不凡，“走向世界”四個銅鑄的大字閃閃奪目。站在門口笑迎訪客的何亦良先生，是一幅很“標準”的企業家形象——他，正當盛年，身材適中，西裝合體，相貌是典型的“江南秀士”的模樣，舉止談吐給人一種親切得體的好印象。看到眼前的何先生和具有如此規模的工廠，耳畔聽着知根知底的人講，十幾年前，這位知名的民營企業家，曾是偏僻山鄉經營山村小店的農民。這強烈的變化差距，令人不禁心頭一震。

這家公司主體廠的前身是浙江富陽銅棒廠。一聽到銅廠名字，人們眼前浮現的不外是銅棒銅材之類。進了廠部，參觀的人們看到這個廠特制的紀念品是一柄精致的小銅錘，錘柄里面裝着五層用途不同的工具。大伙開始嘖嘖稱贊，誇獎構思巧妙、工藝精良，從這種“以小見大”的外行人心理出發，讓人感到這個廠的產品，絕非一般大路貨，紛紛稱道起來：“嗯，這個廠不簡單”。

一批又一批參觀的人們，往往是在稱贊的話音未落時，立刻又被眼前的奇觀引得鴉雀無聲了：一個個屏息凝神注視着這個廠的獨家產品，但見人們臉上呈現出打心眼兒里信服“這一回可真開了眼”的神情，看呆了。

這是一面 512 系列“古月神鏡”，外觀是一面仿古銅鏡，運用特殊工藝精制，表面鍍以純金，以天然玉石、紅木雕刻基座，雍容典雅，耀眼生輝。乍一看便夠得上是工藝精品，此時尚看不出此鏡“神”在何處，鏡面照影如常，但是只消陽光聚光直射鏡面，奇迹就呈現在人們眼前了：鏡背鑄印的圖像彷佛穿鏡反照，把圖像投射到對面板壁之上，神奇景象呈現眼前，其奧秘千年不解。啊！這就是中華古鏡之無雙瑰寶，民族特藝中之絕代奇葩，歷來是各國收藏家遍尋而不可再得的稀世奇珍。中國古鏡起源悠久，相傳在中華民族先祖——黃帝時代出現，到漢唐已有許多精品，世代琢磨創新，珍品之多，如星漢燦爛匯為傳統文化奇觀。古鏡中之極品，首推古月神鏡。512 系列產品——“古月神鏡”，是中國專家經過多年探索和研究，掌握了古代銅鏡背圖反投成像的妙竅，從此失傳千年的國寶能慶再生，雅好古鏡之士，有幸重睹芳華。“512”的這一杰作，令觀賞珍玩者，無不歡喜贊美，嘆為觀止。此鏡剛一面世，即為世人珍愛推重，國內外客戶紛至沓來，旋即被中國外交部指定為饋贈國賓的禮品。國家主席江澤民出訪到美國西雅圖，朱鎔基副總理出訪歐洲等國，特意選用鏡背鑄印有“中國國寶熊貓”和體現尊重對方信仰的“耶穌”、“天主”等吉祥圖案的“古月神鏡”，許多外國國家元首和世界名人表示極為珍視嘆服。這一份國誼之禮的精品，弘揚了中華古國文明和當代技術成就，增進了世界各國人民之間的情誼。

一鏡燭照業績，滴水能映春暉。這面鏡子不過是 512 系列產品的一個品種，但明眼人在贊嘆之余，還會去品味更深層次的道理，他們在思索，為什麼這樣的絕代古鏡，會復活在一個名不見經傳的民營企業之手？是機制優勢的出色發揮，還是經營策略的成功運作？總之引動了人們考察鏡子后面其廠其人的不可遏制的興趣。

現代廠子

一般人心目中的民辦廠、私營廠，都還在上打土鬧的水平。但是當人們踏上 512 廠這 51.2 畝廠區，便會一改舊觀。再一打聽，這樣大規模的廠，不過是 512 公司三大產業之一其中的一個主體廠，人們便會對這個企業的規模、組織形式和管理現代化的程度，有一個觀感為之一新的印象。

由何亦良先生出資百分之七十五、美商出資百分之二十五的中美合資杭州 512 銅業有限公司，總投資為人民幣五千一百二十萬元。廠區距杭州僅半小時車程，距上海港、寧波北侖港不足三小時車程，水、陸、空交通及電訊十分便捷。杭州 512 銅業公司自 1993 年初正式掛牌以來，致力于發展工業、貿易和旅游業，年產值可達一點五億元，稅金超過千萬元。目前公司三大產業發展包括：

工業：主要生產 512 系列銅制各種產品，包括黃銅棒材、板、管、綫、异型材及銅制工藝品，年產量萬噸以上，質量達到國內外同類產品先進水平，遠銷歐、亞、美三大洲和香港、臺灣等地區，產品出口占總產量的百分之六十。其中就有公司目前開發生產的銅制工藝品——“古月神鏡”。

貿易：公司以實業促進貿易的發展，通過經營進出口有色金屬材料，將公司貿易活動迅速推進到中國國內的西北、西南、華南、華北及沿海地區，并建立了牢固的貿易市場和企業信譽。在海外市場的拓展方面，公司已在美國正式設立了辦事機構；在香港，公司獨資注冊千萬港幣的香港天方國際投資有限公司，已與世界十多個國家和地區的客商開始了貿易往來，生意興隆。

旅游業，也占了地利。杭州是世界著名的風景旅游城市，富陽是旅游黃金綫的第一站（富春江、錢塘江、千島湖），古來便有“天下佳山水，古今推富春”的著名詩句。此地古稱富春，自秦初置縣至今已有二千多年，富春江橫貫全境 48 公里，上溯桐廬、瑤琳仙境、千島湖，下臨錢塘觀潮，320 國道加寬不久完工，驅車 20 分鐘便可到杭州西子湖畔。為使更多的四方賓客和外國朋友了解富陽、了解 512 銅業有公司，公司已開始着手在風景如畫的富春江畔，投資二千萬建造一幢標準為四星級的設計新穎、裝飾豪華、服務一流、集旅游、娛樂、文化于一體的號稱“橋牌大樓”的娛樂城；并在富春江中一塊占地八百畝的沙洲——月亮島上進行大規模開發建設，選用日本攔海築壩技術，搞好防汛救灾的基礎建設，要把月亮島建設成為一個擁有各國風情建築物、能飽覽富春江之秀色的、與松花江太陽島比肩并美的風景區。目前公司完成風景區的設計規劃，吸引外資一呼百應，已有着落。

杭州 512 銅業有限公司自創建以來，走的是一條“企業與社會共同繁榮”之路，繼續發揚合資前原浙江富陽銅棒廠的“求實創新、開拓奮進”的企業精神，外商不干預管理，在董事長兼總經理何亦良先生的全力領導下，從民主管理中取精華，堅持尊重員工、信任員工、理解員工、多給員工以情，嚴格質量管理、檢驗和考核制度，強化和建立多渠道的市場信息網絡，在市場競爭中建立以質量為準考核產量、并與員工個人收入掛勾的分配制度，從多方面提高員工整體素質，保證了公司健康、快速、高效的業務發展。同時，企業多年來一直懷着企業與社會共同發展的責任感，支持、扶持和幫助公益事業的發展，先后支持了北京名人橋牌賽、浙江省女子橋牌隊，并與本地駐軍開展軍民共建活動，幫助部隊開展文體活動和辦歌舞廳。與此同時，企業也從社會和部隊中學到了不少良好的敬業精神，提高了員工投身企業、奉獻社會的企業精神境界。作為企業領導人，何亦良越來越明白能人背后有能人，能用人者才是能人。他的切身體會是：把職工當朋友，關心他們的喜怒哀樂，心與職工貼在一起，就會心向一處想、勁往一處使。這樣才會保證自身的力量年年發展和壯大。512 公司成功之道就在于機制好，人心齊，有一個“512 先生”作主帥。

目前，中美合資的 512 銅業有限公司新廠區的首期工程正在抓緊進行，預計 1994 年第一季度可全部試車生產，并開始第二期工程，企業年產值將達到二億元。

時代驕子

在富陽召開的“93 全國發展私營經濟研討會”上，介紹了四位優秀民營企業家的事迹。關于何亦良，會上講了三個字：“號”、“牌”和“愛”，可以最簡潔地為何先生傳神寫照。

先說“號”。

何先生有一個幸運號——512。從他的企業名稱到廠房占地，都嵌着一個"512"。說穿了，奇也不奇，"512"乃富陽方言何亦良之諧音，何亦良便是這樣把他的事業、信譽、理想生命般地連在了一起。

一連串的"512"，勾勒出他艱辛的創業史。

十多年前，何亦良曾在偏僻的山鄉經營着由其祖輩幾代留傳下來的山村小店，與醬油、老酒提子打交道。勤奮好學、愛動腦筋的何亦良利用山區的樹根，做根雕工藝品受到了行家們的的好評。同時，他以辛勤的勞動，獲得了收益，用這些錢他又買了架國產相機，走鄉串戶去替人拍照，這便是他事業的起點。當他有了一點本錢，便馬上辦起了土法上馬的小冶煉廠。但他并不滿足于"小打小鬧"，他要闖蕩世界，創更大的事業。1988 年 1 月，他與鎮政府、縣旅游局三方各出資九萬元，辦起了富陽銅棒廠，這便是現在銅業有限公司的前身。憑借民營經濟的機制優勢，又占了天時地利人和，銅棒廠一年上一個臺階，主產品由年產 800 噸遞增到年產 4 千多噸，僅此一項產值就達 6 千萬以上。廠區占地面積，由原來的 3 畝增到 51.2 畝，接着而來的銀行賬號、私人車號、尋呼機、"大哥大"的尾號，也都是"512"。1993 年，公司"走向世界"戰略邁出决定性的一步——與美商合資，簽約日期也是"5.12"。他投資規模過億元后，下一個目標便是——5.12 億元。他要開發的銅業系列品種則要超過 512 種。

再說何亦良的"牌"。事業的成功，外界條件的變化并沒有改變何先生的本色。他依然是不沾烟酒，他時時感念政府和鄉親的恩情。早在 1985 年，當他剛掙了幾萬元的時候，就由他出資，組織了 70 多位湖源山里人，第一次集體乘飛機由杭州到上海觀光。這件事在當地轟動產生效應后，何先生又萌生了新的想法：不能光是玩得開心，還要"玩"出名堂。于是，他把贊助公益事業的熱情，傾注到一件事情上——打橋牌。他全力支持浙江省女子橋牌隊。接着，何老板的牌又打到了北京，支持了在北京舉行的名人橋牌賽等重要賽事。有趣的是，何先生本人并不玩橋牌，他說："我這個人干什麼都特別投入和認真，萬一我玩牌入了迷，就沒法替玩家們掙錢了。"何老板的這一手"公關牌"越打路數越多，最近，他又打出一張"王牌"，在富陽建一幢娛樂城，這座 12 層的四星級游樂商貿城兩年內建成，全部投資三年左右收回，當然，他得到的回報，何止此數。

最后要說的，是何亦良的"愛"。何亦良精神風貌的主要特征，就在于他是一個充滿愛心的人。

中國的民營企業，真是魚龍混雜的社會群體，十指有長短，區分他們各人的品識格調高下的着眼點，就在于他們從業的起動點上，愛財者有可能成為財主，只有愛國者才能成為國士。只有為祖國付出全部的愛，才能成為我們這個時代的驕子。

不久前，何亦良出價一萬元，買回了一件他曾親手制作、并以三百元賣出去的根雕作品。這個不等式引發了人們許多評議，人們從中可以看出，在他心理天平上，什麼東西更珍貴。他從內心深處最看重的是：為事業執着拼搏、精心鑽研的精神。用精心創作的態度對待自己經手的一事一物，這是何亦良做人的本色。"創作植根于愛"，何亦良懂得，只有祖國富強，他的事業才有根植的基礎。他將一切創造都根植于對祖國深沉的愛。干一行愛一行，愛鄉親、愛職工、愛祖國。這些年來，他煉銅，想的是給家鄉治窮；他鑄鏡，想的是送出國門光耀世界。在祖國面前，他永遠是山民的兒子，湖源山的凝重安穩，壺源溪的綿長淵深，教給了他對祖國應該有怎樣的真情。

何亦良內心深處熱望，就是不遺涓滴從壺源溪到富春江，奔流出海，把企業辦到大洋彼岸。

何亦良：1954 年 12 月 26 日出生在中國浙江省富陽縣農村；
1961 年至 1970 年在當地讀小學、中學；
1971 年回農村勞動，其間當過農民、營業員、工人；
1980 年開始個體經營；
1984 年創辦浙江省富陽縣湖源鄉橫槎銅棒廠；
1987 年將原企業與縣有關部門聯辦浙江富陽銅棒廠；
1993 年 5 月創辦中美合資杭州 512 銅業有限公司，任董事長、總經理。

公司總部：中國浙江省杭州市富陽杭富路 512 號
電　　話：(0086)0571－9023512；05813－324572，326469
傳　　真：(0086)05813－324148；
電報掛號：8845　　郵政編碼：311400

在文房里耕耘天地

——浙江省富陽市古籍宣紙廠廠長
——浙江省富陽市古籍印刷廠廠長

蔣放年

●蔣放年使中國古籍書大放异彩

一九八三年，一個靠養蚯蚓和地鱉蟲掙了幾千元錢的中國年青農民，放棄了投資辦廠或開商店的發財之路，將全部資金投入到了一個全新的領域：制造出版中國古籍書專用的宣紙，……當時，誰也沒有想到，這個農民后來竟使中國一大批幾乎絕迹的綫裝古籍書擺到了香港、臺灣、韓國、日本、東南亞等國內外許多文人墨客的書屋里，有的還成為中國領導人作為贈送國賓的禮品……這個被稱作“富春江畔小蔡倫”的農民就是浙江省富陽市古籍宣紙廠廠長、富陽市古籍印刷廠廠長蔣放年。

書香之家的農民

蔣放年出生在中國東南部浙江省秀麗的富春江畔富陽市一個書香之家。蔣的父親 1930 年加入中共，并在上海、杭州等地較早接受進步文化思想，曾在當地為農民、工人辦過讀書識字的夜校，很有聲望。一九四九年當蔣放年出生時，正是中國共產黨開始領導這個新生的國家，蔣的父親將自己對生活和事業的希冀全部寄托在兒子身上，以至于他的名字。

蔣的家鄉離富春江很近，這里盛產以稻草和竹木為原料、有一千九百多年歷史并曾行銷中國十八個省的“富陽土紙”。相傳在中國宋代，富陽紙已經是朝廷“錦夾奏章”和科舉試卷的用紙；到了清代，已有“京都狀元富陽紙，十件元書考進士”的美譽。這“元書”雖然沒有宣紙那樣潔白、綿軟，但紙面光潔、色澤白淨、不受蟲蛀、不會變色，寫字作畫滋潤而悅目，并且“紙薄若蟬衣，韌力似紡綢”。直到今天，富陽出產的元書紙，每年都要有一定數量供給中國國務院使用。

新生活的開始并沒有像蔣的父親想像的那樣充滿着活力。當五十年代中國在農村為提高生產力開始大搞土地改革、農業合作社和后來的政治運動時，蔣的父親被不斷地冲擊，最后蒙冤被關進監獄五年。

當蔣放年的父親五年后從監獄被放出來時，蔣已該上學了。干不了什麼農活的父親與家人硬撑着全家的生活，但對子女依然是嚴格要求：“做人要做正直的人，辦事要辦公道事。善有善報，惡有惡報……”

蔣放年在中國江南農村度過了他的兒童生活。在清貧、艱苦的農村小學校里，他沉默寡言却十分勤奮地讀書學習，還總愛對不懂的東西刨根問底，成績是全班最好的一個。直到十四歲那年，迫于生活的壓力，蔣放年不得不放棄讀初中的機會，成了一個普普通通回家種田的農民。在長達十幾年的農民生活里，他結婚、養兒育女、為父養老送終，……蔣仍時常在看書學習，總想把書本上學到的東西能用到勞作之中。

填補中國造紙工業空白

蔣放年在農村種田務農時，接觸了當地鄉親們都會的生產富陽土紙的土辦法：把一堆用稻草和石灰漚成的紙漿放在一只木槽里，用一扇細竹簾在漿水中撈，一天撈上幾個鐘頭，便能撈成幾百張草紙——這在當時是當地農民一項重要的經濟收入。他很好學，并掌握了不少知識與經驗。當靠養蚯蚓和養鱉蟲已賺了幾千元的蔣放年到北京拜訪父親三十年代在上海的故交時，他獲得了一個一般投資者并不在意的信息：中國國務院已成立了古籍出版規劃小組，正有計劃、有步驟地將一批在中國“文化大革命”中命運悲慘的手抄、木刻、石印的綫裝古籍書影印出版，以滿足廣大專家、學者和讀者的需要。但由于這些古籍藏本是由刻工非常精良地通過木版在宣紙上印刷的，要保持這些古代宋版、元版、明版、清版的印刷風貌，除了字體影印制版外，紙張也必須用宣紙，這樣才能同古籍相媲美。

蔣放年為這個信息深感興奮，他期望自己能出奇制勝，干出有文化色彩的奇迹。

僅有小學文化水平并初懂點造紙技術的蔣在后來的全新創業中，可以說是全身心地投入和土法上馬：他先蓋了二間工棚，挖了幾個長方形的坑，澆上水泥，作為料槽，將一個碩大的竈頭立在旁邊，上面支起一口大鐵鍋，用兩塊堅硬平展的大鐵板支成烘房。沒有專門技術人員，蔣放年向能造宣紙的師傅和各地的專家請教，許多專家對這個不擅辭令却又善動腦子、并且老愛出一些新奇設想和思路的農民十分贊賞并給予他認眞地解答。原料、技術、奔波、流汗、受凍、挨餓、有時是通宵達旦地試驗，蔣放年沒有自己的試驗室，他的許多研究是靠自己用心算和眼睛來分析和試驗各種添加劑、輔助材料對紙質纖維分布狀況、色澤變化以及強度的影響度。

一九八四年三月九日，對于蔣放年來說，是一個一生都值得紀念和回味的日子。在他那簡陋的研制棚里，終于誕生了第一張白潤如玉、柔軟如絹、不怕蟲蛀、可以保存幾百年不變質、適合印刷古籍的紙來。這種專門用來印刷古籍的紙，雖制法以手工為主，但其價錢只有宣紙的三分

●法國電視臺記者采訪富陽古籍印刷廠和蔣放年合影

之一。這種蔣放年命名為"古籍宣紙"的紙，后來通過了當時中國輕工部紙張質量監測中心的檢測，被認為適合"石印古籍綫裝本"的"特種專用紙"，為中國"造紙業塡補了一個空白"。

實現"古籍延年"的夢想

蔣放年研制出的"古籍宣紙"，實令中國文化出版界喜出望外，誰也沒有想到這是由一個普通農民在他的作坊里造出來的。不僅中國國務院古籍出版規劃小組對此給予了高度認可，以出版古籍書名揚海內外學術界的中華書局等幾家出版社很快與蔣簽訂了專供合同，資深的中國文化出版界名人更是對蔣放年的"古籍宣紙"大加首肯：中國著名版本學家、上海圖書舘名譽舘長顧廷龍稱之是"古籍延年，富陽紙貴"。

正當蔣放年雄心勃勃地在自己的家旁投資創辦一個年產六十噸的富陽古籍宣紙廠，期望自己生產的"古籍宣紙"能使中國大量的古籍書得以重見天日、走進專家學者和文人雅士的書房時，他才發現自己的期望值太高了，并不現實：一方面，中國的古籍書太多，要將它們全部翻印出來，不是現有的幾個古籍印刷廠可以負擔的；另一方面，綫裝古籍書要讓收入較低的普通專家、學者和讀者買得起，其費用和材料都是要進行新的研究和考慮。

"我創辦古籍宣紙廠的最大目標，是想繼承和發揚中國的傳統文化藝術事業，使之古為今用，推陳出新，而不是個人得失。"蔣放年后來回憶自己的再創業時說。

然而，古籍印刷對蔣放年來說，完全是一部全新的領域，它不同于蔣已知的"古籍宣紙"的制造技術，它要求印刷者在印制古籍書時，考慮到宣紙對油墨吸附的特殊要求，從照相制版到裝訂都要力爭達到仿古的目標。為了解決這些難題，蔣放年在整個古籍印刷中都在想方設法以自己的獨創性來取代先進的印刷工藝中不可缺省的技術手段，并成功地在自己生產的古籍宣紙上印刷出了各種栩栩如生的人物畫、山水畫和名家書法，以及古籍綫裝書，然后手工進行折頁、配頁、裝訂、切割、上封面宣紙和制作各式函套。

盡管蔣放年的古籍印刷很多是手工技術，但這個聰明的農民為了達到仿古逼眞的效果，還是作了新的大膽而富有創新的試驗：最著名的是蔣用普通石印技術取代了用厚磨砂玻璃作板材的珂鑼版印刷，對不同要求的古籍本分別進行電子分色、照相、加網點和手工制版印刷。蔣幾乎嘗試了所有現代印刷中的各種方法，這使得他印刷出來的古籍書在仿古方面幾乎達到了以假亂眞的地步：或古色古香、或保持古籍本中的色澤漸進、顆粒較粗的畫面，充分體現了"古籍宣紙"印制的古籍書原來那種凝重、深厚、協調、透着中國水墨畫和民間藝術的某些韵味。此外，他為保持古籍書的本色，還發明了古籍封面紙——這種中國獨此一家的"古籍封面紙"改變了過去古籍書用布包裝容易發霉、蟲蛀、年代久容易泛出一團團霉斑的缺點，它看上去象布，厚實凝重，顏色有靛青、藤黃、赭紅、青灰等多種，用它作封面，不必塗漿、裝裱，也不怕發霉、蟲蛀、發脆、變質。

不僅僅是在留下祖先的光輝

從一九八三年發明和制造"古籍宣紙"到一九八八年開始創辦專門的古籍印刷廠，蔣放年一直希望自己能為中國古老民族文化的再現光輝作出一個中國人或是紙的發明人后代要做的事。

至今蔣放年仍很感謝他那一生想"教育報國"逝去的父親——給了他最初、最深、最富影響力的中國古老文化的啟蒙；很感謝父親的故交給了他發掘和保留中華古老文化的信息，也感謝那些專家、學者，特別是當地政府對他的支持：不僅從政策上支持他，還給他撥了生產用地，貸了款。這些使他有了今天的成就。

蔣放年那被中國文史界稱作"古籍宣紙"的"古籍書畫石印紙"后來獲得了中國輕工部一九九一年科技進步三等獎，除了他發明的古籍綫裝本封面紙之外，蔣和他的工友還先后制造出了仿古紙、各種書畫用宣紙、羅紋紙、

毛泰紙、水印版書紙。在中國搶救古籍圖書中,蔣放年和他的富陽古籍印刷廠幾年來先后參與印刷了一千二百二十五種共五十多萬冊古籍書,其中有《聊齋志异》的早期流傳本《异史》、具有科學和史學研究與實用價值的《中國版刻圖録》、《壽世秘典》、《醫通大全》、《金瓶梅詞話》;套色達近十種的《中國臉譜大全》、《石竹齋畫譜》、《北魏墓志百種》等,其中在臺灣售價高達一萬臺幣的中國古代建築大百科全書——《李明仲營造法式》套色達十五種。蔣放年印刷的《中國臉譜大全》后來成為第七屆亞洲運動會的禮品書,而由中國著名宗教界人士弘一法師手書的《金剛經》獲印度新德里第五屆世界印刷代表大會"印刷精品獎"。在此之前,古籍多色套印用宣紙、仿古箋以及《李明仲營造法式》等多種古籍綫裝復印本還獲得首屆中國輕工博覽會金獎、中國輕工部優秀產品獎。

蔣放年在他那富陽古籍宣紙廠和富陽古籍印刷廠創造自己的人生財富,這從相當意義上說,是在創造中華民族歷史的財富。中國領導人李瑞環在接見蔣放年時,稱贊他的古籍綫裝本書"紙張好、印刷好、裝幀也好"。當一本本看似一部書、實為藝術品的古籍綫裝書進入中國的公立圖書館、專家學者或私人收藏家的書庫時,當一批批文化出版界人士絡繹不絕地訪問蔣的企業時,蔣放年始終以平靜却帶着某種孤獨的心態熱情地接待來訪者。

蔣放年的富陽古籍宣紙廠和古籍印刷廠現已從當年的兩間工棚發展成為一座極富江南民居色彩的二層樓房,年產古籍宣紙一百噸,其宣紙測定的拉力強度可達三千二百二十七米,即將"古籍宣紙"垂直懸掛三千二百二十七米才會斷裂;其印刷廠已可制作一米六長、六十厘米寬的拓片,一部一千頁的古籍書照相、制版、印刷、裝訂只要半個月便可以完成。

蔣放年和他的一家至今仍居住在自己那十分簡陋的住宅里,除了中國不少文化名人送給他的字畫、條幅之外,他似乎沒有更多的可以顯露的財富。雖然不是當地最富有的私營企業家,但他自認為仍是一個十分地道的中國農民:藏巧露拙——出自本能;事必躬親——出自興趣。為了讓工人不再辛勞奔波,蔣為員工們(他們中一半以上是殘疾人)建了宿舍;資金緊張,也要保證工人的利益;誰生活有困難,他盡一份心、一份力;社會公益事業,他也不斷地支持和資助,既使是在出版中國大量古籍文獻書方面,為了保證高質量地出版,支持國家對古籍的整理和挖掘工作,賠本的事他也做。

"文房里耕耘天地,同田野地里耕耘天地一樣廣濶深遠。我的願望是多方面地將中國優秀文化向國內外各個文化層次的人傳播,并流傳給子孫后代。"蔣放年十分坦然地說,"現在我仍在不斷地擴大生產規模,為弘揚民族文化和挖掘、整理出版古代文化遺產盡一份力。當然我也跨出了另一步——同國有化肥廠合資創辦了富春化工公司,力爭向億元產值的目標奮斗。"

●中國著名藝術大師葉淺予到蔣放年的企業參觀訪問

蔣放年:1950 年 4 月 20 日生于中國浙江省富陽市
1963 年因家境貧困不得不輟學回家務農
1983 年起試制成本低、仿古性強、專門用來印刷出版古籍書的"古籍宣紙",并在第二年獲得成功
1984 年創辦私營企業——浙江省富陽市古籍宣紙廠
1988 年創辦私營企業——浙江省富陽市古籍印刷廠

現任:中國造紙史委員會委員
中國文房四寶協會理事
中國人民政治協商會議浙江省杭州市委員會委員
中國人民政治協商會議浙江省富陽市委員會委員
浙江省富陽市古籍宣紙廠廠長
浙江省富陽市古籍印刷廠廠長

地　址:中國浙江省杭州市富陽市鎮環山路一號
電　話:(0086)05813-325439
郵政編碼:311400
電報掛號:8722

劉氏四兄弟——中國私營企業的排頭兵

——四川成都希望集團有限公司總裁**劉永好**及其兄長們

一九九三年三月，北京人民大會堂。當四十二歲的劉永好以私營企業家身份，代表和他一起新當選的中國人民政治協商會議第八屆全國委員的共二十一位非公有制經濟界政協委員，在八屆政協第一次會議上作大會發言，提出"國有私營，優勢互補，共求發展"的思路時，沒有人想到：這位在中國政壇上新起的人物，十一年前還是中國西南部四川省的一位中等學校的教師，通過與其三位兄長靠籌集的一千元錢，集體辭職下鄉創辦科技企業，今天已成為一個擁有資產三億、年產值達十五億元的成都希望集團有限公司的總裁。

就在這一年，劉永好的成都希望集團根據"國有私營、優勢互補"的思路，新建了12家企業，這為其在今后集團進入總體發展快車道打下了堅實的基礎。

成功在于抓住機遇、敢于冒險

"肖壩子，古家槽，爛泥雜草長齊腰，鍋里無米煮，竈里無柴燒，有女不嫁古家槽。"每當想起這段民謠，劉永好及其兄長，特別是三哥陳育新常有一種揪心的感受。一九八二年在從四川農業大學畢業前，陳育新對母親表示，他畢業后要回農村當農民，搞養殖業。母親望着眼前這個從小因家境貧困而寄養陳家的三兒子，十分不解："農村苦，你當了十多年的農民，還沒有當夠？"盡管陳育新從學校畢業沒有馬上回到農村，而是到了家鄉四川省新津縣農業局做技術員工作，但最終在這一年的一個星期天，他與在省會成都市一家軍工企業計算機室工作的老大劉永言、從事電子設備設計與維修工作的老二劉永行和在四川省機械工業管理干部學校作教師的老四劉永好一起，在家鄉的樹蔭下召開了劉家歷史上的"四方會議"——一個讓他們一生都可以回味的最艱難的選擇：全部辭職下鄉搞實業，創辦屬于社會、也屬于自己的民辦科技企業。劉家四兄弟的資本是：他們全部都是大學生，除了知識之外，他們只有面對當地農村的貧困和抓住改變農村貧窮局面的歷史機遇。

現代養殖技術帶來新的產業選擇

幾乎是義無反顧，劉家四兄弟憑着自己靈敏的嗅覺，毫不猶豫地從城市來到了農村。當時很多人都為劉家這四兄弟擔心。

靠着變賣家當籌集的一千元錢，劉家四兄弟首先開發出了一整套鵪鶉養殖繁育生產技術，同時又依靠多年的知識積累，各顯神通，摸索出用鵪鶉糞養猪，猪糞養魚，再用魚粉養鵪鶉的生態循環養殖辦法——由此他們生產的鵪鶉蛋每公斤成本降到和雞蛋差不多，從而贏得了市場。到一九八八年，劉家四兄弟創辦的四川省新津縣育新良種場已可以年產十五萬只鵪鶉，成為遠近聞名的大戶。在劉家四兄弟的影響下，當地創立了以專業化分工為特征的鵪鶉養殖業，形成目前全縣年產鵪鶉三百余萬只的規模，年產值上億元，成為中國目前最大的鵪鶉養殖基地。

養殖鵪鶉獲得的成功，不僅使劉氏四兄弟感到了創業帶給他們內心的喜悅，也使他們看到了另一種新的挑戰已經來臨：如何更科學地進行現代養殖？

八十年代后期，正是中國養殖技術在觀念和效果上產生根本性變革的時期：外來的全價飼料對中國市場的全面滲透正從根本上動搖中國傳統飼料的生存環境，僅一九九零年，合資飼料企業幾乎遍及中國各大城市，各種牌號的洋飼料以其投料少、猪成長快、肉質細嫩、皮毛光滑、賣相好等優點迅速擴散到中國農村市場。這一方面對中國飼料工業升級換代帶來良機，但也對中國民族飼料工業產生了巨大的冲擊，相當數量的飼料企業難以為繼。劉氏四兄弟開始考慮他們新的創業。

“希望”創造“飼料王國”

經過四年的艱苦奮斗，劉氏四兄弟的新津縣育新良種場以其科技養殖贏得了可觀的經濟效益。中國國家科學技術委員會主任宋健在視察了這家企業后，欣然題詞：“中國經濟的振興寄希望于社會主義企業家”。于是劉家的育新良種場更名為四川新津希望飼料廠。

從養殖技術中摸爬滾打過來的劉氏兄弟，此時看好的是市場含金量很高、既有風險又富挑戰性的猪飼料市場，并投身于這場角逐之中：一九八八年他們投資二百多萬元興建了中國西南地區最具規模的希望飼料研究所，聘請了三十多位專家、教授擔任兼職科研人員，并與在國外的中國留學生建立了廣泛的聯系，及時了解最新的飼料科技信息。此外，他們還先后到原蘇聯、波蘭、澳大利亞、德國、美國等國家考察學習，引進有關新技術。同時，劉氏四兄弟還直接邀請國外專家來企業交流，將世界最新的飼料技術用于希望飼料的研制，僅幾年來他們用于飼料研制的經費高達一千零三十萬元，而用于產品技術推廣的經費竟高達一千二百萬元之巨。

●成都希望集團有限公司總部大樓及科研所外景

一九八九年是劉氏四兄弟的事業被當地人看作“大出風頭”的一年：這年四月，他們經過兩年百次的反復實驗，運用綫型規劃原理、參照國外最新科研成果、結合中國原料狀況，選出三十三個配方，終于生產出了“希望牌”一號乳猪飼料系列，打破了外資產品獨占中國高檔飼料市場的壟斷局面。這一年，劉家四兄弟的“希望”飼料憑借其質量好、成本低、價格較為便宜超過成都著名的合資飼料“正大”，躍居四川省第一位，后來還獲得中國飼料工業新技術新產品特別金獎和首屆中國農業博覽會金獎。就在這一年，他們根據中國農村市場運輸不便、資金少、農副產品及青雜飼料多的情況，研制出科技含量很高的濃縮型飼料“希望精”，當年投產后年產值就達二千多萬元，盈利一百多萬元。一九九一年，僅有一百多名職工的四川省新津縣希望飼料廠產值突破億元大關，實現利稅一千多萬元，其“希望飼料研究開發”被列入中國國家星火科研計劃，并榮獲國家級星火計劃評比二等獎。似乎同先前帶動當地的養鵪鶉業一樣，劉氏四兄弟所在家鄉新津縣形成了以希望飼料為主體的“飼料王國”。

“希望模式”造就出“中華飼料王”

一九九二年年初，中國資深的領導人鄧小平巡視南方，并發表了重要講話，劉氏四兄弟敏感地意識到：他們的第二次大創業時機已經到來了。

這時，他們先后推出了三十多種“希望牌”飼料，完成了對大本營新津縣希望飼料廠的第二期擴建改造工程，在長江上游中國著名山城重慶投資一千多萬元興建重慶希望飼料有限公司，將銷售網點迅速擴大到一千三百多處，以保證“希望牌”飼料在四川東部保持銷量第一。與此同時，他們在四川北部綿陽興建的綿陽希望飼料公司也很快占據了川北的市場。

作為劉氏四兄弟的核心人物，劉永好一直在考慮如何能使企業在現有的規模上能有更大的發展和突破。基于對中國國有企業幾十年來計劃經濟體制經營的利弊關系的思考，他提出了“國有私營，優勢互補，共求發展”的經營戰略。這就是：充分利用國有企業幾十年積累下來的固定資產，如廠房、設備、資金和人才的優勢，發揮私營企業經營機制靈活、對市場反映靈敏、經驗豐富的手段，加快企業的發展速度和提高市場占有率。劉永好看到，自己兄弟四人經過多年的市場探索，在發展生產力和中國社會主義市場經濟的過程中，必須不失時機地抓住機遇，借國有企業轉換機制和機構改革的時機，廣拓市場、廣納人才、壯大規模，使企業上檔次、上臺階，向中國現代化的飼料企業集團方向快速推進。

劉氏四兄弟開始了新的試驗，盡管在此之前他們已經開始了嘗試，但從來沒有象現在這樣充分自信地拓展：在合作方式上，希望集團以技術、商標等無形資產和資金入股，國有企業以廠房、設備等有形資產入股，雙方合股建立新的企業，由希望集團派人按照私營企業的運行機制和希望集團的管理模式實施管理，這樣通過合資或兼并的原國有企業變為混合經濟成份的企業后，其活力大增——一般二至三個月便盈利，估計兩年即可賺回一個廠。1993年3月投產的上海希望飼料公司到當年年底已產銷希望飼料二萬五千噸，創產值三千多萬元，實現利稅三百多萬元。而這一年五月簽約、六月投產的江西南昌希望飼料公司投產后，產量比原產量增加了三倍，僅南昌一方一九九三年十二月獲得的利潤就超過了合資前一年的利潤，被當地經濟界人士稱作經濟奇迹。

劉氏四兄弟“國有私營、優勢互補、共求發展”的成功實踐，不僅被中國政府的有關部門和一些地方政府所肯定和支持，還被一些經濟學家稱作“希望模式”，促成了他們在中國其它地區發展規劃的實施：在中國內地，有三百多家企業和機構要求與希望集團合資合作，共求發展。在中國南方的湖南省邵東縣，地方政府一致歡迎希望集團到當地去投資，并將占地六公頃、有全套進口設備但連續五年虧損的國有飼料廠——邵陽市濃縮飼料廠給希望集團兼并。

“希望效應”與“希望城”

憑借“希望牌”飼料和“希望模式”，希望集團在中國西部市場取得絕對優勢的地位之后，一九九三年迅速在長江沿綫十幾個省市打開了銷路，并對中國長江經濟帶私營經濟的發展產生了積極的影響，被人們稱作“希望效應”。

在希望集團的發祥地——古家村，這個四川省的首批億元村，近年來全村六百多位農民有百分之七十的人圍繞“希望牌”飼料進行產、供、銷、養殖、運輸，擺脫了早期的貧困，戶均收入達二萬元，六十歲以上的老人能領取養老金，戶戶有電視、家家有樓房，不少人還買起了汽車。在劉氏兄弟的帶領下，古家村村辦、戶辦、聯戶辦企業蓬勃發展，一九九三年全村工農業產值達到二點六五億元，躍居四川省首位。

古家村的發展和劉氏希望集團的成功引起了四川省有關部門的關注，經四川省政府批準，新津縣以希望集團為依托，在古家村建立了中國第一個私營經濟開發試驗區——“希望城”，它占地二百多公頃，分工業、商貿、生活三個小區，目前已有飼料、食品、機電等三十多家企業進入“希望城”，總投資一點三個億，形成產值四個億。無獨有偶，上海市政府有關部門也根據上海希望飼料公司的影響于一九九三年七月在上海嘉定馬陸鎮上海希望飼料公司所在地建立了中國第二座“希望城”——上海希望私營經濟城，并聘請劉永好為上海希望私營經濟城名譽董事長，使上海“希望城”與四川“希望城”形成東西聯手，共同發展私營經濟的局面。

●劉永好及其兄長陪同全國工商聯領導參觀希望公司榮譽室

作為希望集團總裁的劉永好和他的大哥劉永言、二哥劉永行、三哥陳育新，正在開創一個積十多年苦心經營并正蒸蒸日上的希望的事業：十多年來，他們通過養殖鵪鶉，積累了資本，使其大本營四川新津縣成為中國最大的鵪鶉養殖基地；通過研制、開發高檔全價飼料，發展中國的民族飼料工業，不僅生產出更符合中國國情、二次榮獲國家星火科技成果獎、四項全國評比金獎的“希望飼料”，并在中國七省一市建立了 12 家獨資、合資飼料企業，產品暢銷中國二十多個省、市、自治區及越南、韓國、俄國斯等國，生產能力一百萬噸，產值可達十五億，連續四年穩居中國西部和中國民族飼料銷量第一位，被稱作“中華飼料王”，還啟動了整個中國飼料工業和地區飼料工業的發展水平。繼飼料工業之外，希望集團有限公司也正在不斷拓展產業領域，向房地產、建築、電子、食品等領域發展——投資四億元的成都“希望花園”高尚住宅區正在興建，投資三千萬元的希望食品廠已完成首期工程，自行研制的汽車自動檢測綫和變頻調速電機等高新電子產品即將投入 批量生產，經銷的賴氨酸滿足了中國西南市場的需要，年營業額達五千萬元。希望集團以其實力在中國市場經濟中贏得了一個重要的席位。劉氏四兄弟中最小的劉永好由此而被選為中國人民政治協商會議第八屆全國委員會委員、并榮任中華全國工商業聯合會副主席、中國飼料工業協會副會長。

劉永好：1951 年 9 月 30 日生于中國四川省新津縣
劉永言：1945 年 12 月 8 日生于中國四川省新津縣
劉永行：1948 年 6 月 15 日生于中國四川省新津縣
陳育新：1950 年 2 月 8 日生于中國四川省新津縣

劉永好現任：中國人民政治協商會議第八屆全國委員會委員
中華全國工商業聯合會副主席
中國飼料工業協會副會長
四川省工商業聯合會副主委
四川省私營經濟協會副會長
四川省成都市工商業聯合會副主委
四川省成都市私營經濟協會副會長
四川省成都市民辦科技企業家協會副會長
四川省成都市民營企業家聯誼會會長
四川省成都希望集團有限公司總裁

全資企業：四川成都希望房地產公司　四川新津希望飼料廠
四川重慶希望飼料有限公司　四川成都希望建築公司
四川綿陽希望飼料有限公司　四川成都希望商貿部
雲南昆明希望飼料有限公司　四川新津希望添加劑廠
湖南邵東希望飼料有限公司　四川新津希望食油廠
四川新津希望科研所

公司總部地址：中國四川省成都市新津希望城
電　話：(0086)028——7761612
傳　真：(0086)028——7783927
郵政編碼：610072　電報掛號：6339

兩百元起步 赤貧變巨富

——四川安都企業集團公司

人杰地靈的中國人口大省四川，曾經孕育了代代名人豪杰。數千年的歲月滄桑，從來沒有改變當地農民“日出而作，日落而息”的生活習俗。七十年代末，當中國開始實行新的經濟政策，當地誰也沒有想到，一個農民會用自己的智慧和雙手，在近乎赤貧的家境上，發展起了一個名振中國國內、集飼料、食品、化工、房地產、養殖業、輕工、科技開發等多種行業為一體的跨地區、跨行業的四川省首家私營企業集團——四川安都企業集團公司。

一次次失敗的結晶——“安都牌”飼料添加劑

一九八五年，中國農歷春節前，在四川省貧困山區岳池縣石垭鎮一個村莊，貧窮了幾乎一輩子的五旬農民劉顯合把四個兒子叫到了一起。劉將家中僅有的二百元人民幣交給四個兒子，明確地告訴他們：目前不少人靠政策和自己的勞動已經富了起來，有的還蓋起了新房，劉家不能老住在眼下的土坯房里，整天愁油鹽錢，這二百元錢適合搞什麼，由全家人一齊商量一下。

劉顯合的四個兒子望着父親那磨滿了老繭的雙手，深知父親的心思。四兄弟你一言我一語勾劃着創業的計劃，最后歸結為用這二百元買魚苗，在家門前的一點點空地上發展養魚業。

劉氏四兄弟有一個很好的優點，就是說干就干。但他們却失敗了——他們用了一個月的時間把魚塘挖成了，還買回了魚苗，但終因魚塘太小而失敗；接着他們又養鵪鶉、養長毛兔、種磨菇、搞竹筋加工、打米磨面，反復倒騰一年多，終因各種原因而失敗。初次創業的劉家四兄弟，面對這一次次的失敗，內心既抱怨、也詛咒，但越是失敗，越促使他們要為劉家創立出一條致富的門路。

功夫不負有心人。一九八七年，經過反復的試驗、研究，劉顯合與他的四個兒子終于自制出生猪快速催肥劑，幷研制出一種與之配套的養猪新技術，幷一舉成為在中國國內極有名氣的養猪專業大戶，其自制的“安都牌”生猪快速催肥劑很快風靡全國——在短短的三、四年間，“要想早日富，請找劉顯合”的廣告用語傳遍中國大陸，其家族創業史也成為中國二十多家電視臺、電臺和報刊的熱點話題，其“安都牌”飼料添加劑由此為國內累計創造產值上百億元，企業從起步的二百元發展成為今天擁有五千萬凈資產的企業集團。

成功跨越：從邊遠山區到大都市

劉氏家族經過無數次的跌倒，終于贏得了成功，幷在當地引起了轟動，成為岳池城鄉老百姓的熱門話題。率領家人艱辛創業的劉顯合憑借對市場的直覺，深深感到：一個企業的發展，在不同的階段需要不同的地域環境和不同的管理人才，這不僅是自己發展的需要，更是市場競爭的客觀需要。這個不因循守舊的中國農民深知，盡管自己在全家創業過程中不斷地加強對知識的積累，但作為家業興旺的帶頭人，面對越來越激烈的市場競爭和科技飛速發展的社會，他已經不能適應企業的發展了。同時，他也知道，目前他的這間企業處于四川省邊遠的山區，當地經濟不發達，交通不暢，自然環境的限制、數千年來封閉的觀念、傳統的小農經濟意識、以及種種陳規陋習，會束縛企業的發展。

劉顯合開始和他的四個兒子尋找自己企業發展新的生長點。從一九九零年起，劉氏家族五人分別考察了四川省的成都、德陽、廣漢、都江堰、樂山等城市，各自提出了不同地區的發展思路，爭論甚為激烈，最終他選擇了四兒子劉嘉林提出的成都：劉嘉林的理由在于——成都不僅是中國內陸省會大都市，中國西南部的政治、經濟、文化中心，有着優越的地理環境，并緊靠龍泉驛區這一國家級工業開發區，投資環境好；而且這里還有眾多的科技機構、大專院校，人才濟濟，有利于企業多層次全方位地尋找發展的機遇。

劉顯合十分喜歡并欣賞自己的四個兒子，他們同自己一樣在艱辛創業的過程中，個個都具有頑強意志和不屈不撓的性格，且有不成功誓不罷休的韌性。在選擇了企業新的發展地區之后，劉顯合將企業的命運交給了最小的兒子劉嘉林，由這個劉家年齡最小、作風穩健、思維敏捷的兒子掌管家業的帥旗，并得到了家庭成員的一致擁護。

一九九一年三月，投資上千萬元新建的四川成都顯合飼料添加劑廠在一陣鞭炮聲中開機運轉，當年就實現產值二千多萬元。劉氏家族的企業在年青總裁劉嘉林的運籌下，借助于企業外部的優越環境，竟獲得了飛速的發展。

企業的生存價值在于創造顧客

生于中國十年“文化大革命”時期的劉嘉林，外表極顯一副文靜的現代商人氣派。家境的貧困使他從小就養成了一種不服命運的性格，并從小立志要做一番大事業。一九八六年，當劉顯合和他的幾個兒子開始初次創業時，劉嘉林就開始研究畜牧業。盡管他養魚、養鵪鶉、種蘑菇，屢屢失敗，但劉嘉林依然不服輸。

對劉嘉林來說，打擊最大的是他養猪的經歷：當屢次失敗后，他將眼光放到了養猪的目標上，沒想到他養猪不到三個月，一場瘟疫竟使他們負債一萬六千元，成為當地有名的負債“萬元戶”。殘酷的事實，使劉嘉林一度十分灰心。但他自言是“一個從哪里跌倒就從哪里爬起來的人”。一個偶然的機會，劉嘉林從一張報紙上看到有人發明了一種快速養猪法，可以縮短猪的生長周期。劉嘉林敏感地感到這是一個很好的機會：他將迅速函購來的這套《快速養猪法》連同自己的體會一起寄給在西安讀大學的大哥，并同家人一道收集了眾多的國內外科學養猪的資料，根據當地特點參考國內已有的科研成果，大膽創新，經過反復實踐和摸索，終于成功地研制出一種能大大縮短生猪生長周期的添加劑——生猪快速催肥劑。這種一百五十克的催肥劑，可拌合五十公斤傳統養猪飼料，價值僅一點二元人民幣，三個月使一頭十五公斤左右的仔猪長到一百公斤，平均每天可長一公斤，四包即可催肥一頭猪，并且具有明顯的抗病、治病作用。

盡管劉氏家族研制出了這種生猪快速催肥劑，但初次進入市場，劉嘉林却并沒有成功：一九八七年初，這個劉氏家族執掌帥印的年青人，以“新春獻禮”為題，策劃一次市場促銷活動——印刷數萬份廣告、手提擴音機上街推銷。沒想到，劉嘉林和他的屬下縱使喊破了嗓子，收效甚微。初次促銷的失敗，并沒有使劉嘉林氣餒：一方面他確信這一成果，有着巨大的生命力，一方面他開始親自到當地農村向農民親自配制養猪飼料、治病防病。這使他不僅博采民間飼養技術，還使他與家人結合國內外科學養殖經驗，總結出了一套與使用添加劑相配套的養猪方法，并輔之以完善的售前、售后服務，通過電視、電臺、報刊，向中國二十余個省份的農村傳遞“要想早日富，請找劉顯合”的信息。

面對中國最基本的也是劉氏家族“生猪快速催肥劑”市場的農村，劉嘉林的農村戰略大獲成功：如同雪片般的來信、來函和感謝信帶給劉氏家族滾滾財富，劉嘉林在這一過程中逐步成熟起來。不屈不撓、永不滿足，也成為劉嘉林的個性。一九九一年當劉氏家業遷往成都后，他親手創建了成都科農飼料有限公司，生產飼料調味劑“美美香”，屬國內首創，獲得了巨大的成功，年產值已達數千萬元。

“企業的生存價值，除了追求利潤外，更重要的是創造顧客。”劉嘉林坦言。在發展飼料工業的同時，劉開始為企業不斷尋找新的天地，在創造業績的同時，也創造了顧客：四川安

●位于成都繁華市區的安都集團總部

都養殖總公司、四川安都天然保健品開發總公司、成都東海商貿有限公司、成都東洋榻榻密有限公司等十家企業相繼誕生，并一個接一個地獲得了成功。

有心致力于高新技術產業的國際化經營

多年的創業與商戰，似乎并沒有消去劉嘉林作為一個中國農民之子的本性，反而促使他在個性上既有傳統也有現代的味道：重信諾、重誠意、寬厚待人、凡事不斤斤計較，不拖泥帶水、決策果斷，具有現代企業家對瞬息萬變的市場風雲敏銳的洞察力和預見性，因而獲得了同

●安都集團骨干企業成都顯合飼料添加劑廠

行、同仁們的尊重，以至于一些商業競爭對手也不得不敬佩他。數載商場風雨的錘煉，使他形成了自己的管理風格。劉認為：“千里之行始于足下，一路輝煌源于勤奮，勤奮是一切事業的基礎，廣納賢才，廣進箴言，信賴和尊重下屬的首創精神，是企業活力的源泉；決策民主、科學而又不拖泥帶水是企業發展的基石。”由此，在劉嘉林的麾下，一批有強烈進取心、具有專門知識、勤奮工作的高素質人才被吸引進來，使企業保持了旺盛的發展冲力：集團的骨干企業之一——成都顯合飼料添加劑廠經擴建、技改將在一九九四年形成萬噸級生產能力，生產的“安都牌”添加劑一年可快速催肥二千七百多萬頭生猪，為市場增加十五億公斤猪肉，僅此可為全國二十多個省、市、自治區一千萬戶農民增加收入三十億元。他們在國內首創的具有滋補健身、抗癌防癌、延年益壽的保健聖品“靈芝茶”業已推向全國；毗鄰成都高新技術產業開發區、占地四十公頃的“安都國際工業城”，將成為四川安都集團為前來四川投資的海內外工商界提供一流的投資環境的中國西南部最大的私營經濟開發區。

“企業的財富來自社會，應該不斷地回報于社會。”劉嘉林十分誠懇地說。自一九八八年以來，安都集團在不斷發展的情況下，先后向社會公益事業、為鄉里鄉親改造舊房、修建公路和學校，支援中國國防建設、希望工程、災區人民生活和亞運會工程等共捐資三百五十萬元，贏得了社會各界人士的尊重。中國最大的官方報紙《人民日報》、國家電視臺中央電視臺以及《四川日報》等社會有影響力的報刊相繼介紹了安都集團及劉氏家族成員的業績，中國國家稅務總局授予四川安都企業集團公司“模範納稅戶”的榮譽稱號，劉嘉林本人一九九三年還先后被評為中國優秀私營企業家、全國青年實業家的稱號。

“集團在今后的幾年里，將會以更大的張力超前發展，”劉嘉林十分堅定地說，“在目前我們進行跨地區、跨行業、多元化經營的基礎上，集團將充分利用成都這個內陸大都市的種種優勢，致力于高技術研究，發展高、精、尖產品，立足中國西南地區，面向全國，走向世界，到國際市場上接受挑戰。同時，我們也將積極參與國內的經濟體制改革，參股或兼并國內一些企業，為社會主義市場經濟體系的建立作出自己的貢獻。”

劉嘉林：1968年9月9日生于中國四川省岳池縣

曾任：四川岳池縣“876”飼料添加劑廠副廠長

四川成都顯合飼料添加劑廠常務副廠長

現任：中國人民政治協商會議四川省成都市委員會第十屆委員

四川安都企業集團公司董事長兼總裁

四川成都科農飼料有限公司總經理

四川成都東海商貿有限公司總經理

四川省總商會執行委員

四川省私營企業協會直屬分會副會長

四川省市場流通協會常務理事

四川省成都市商會常委

四川省成都市民營企業家聯誼會副會長

一九九三年獲“全國青年實業家”、“全國私營企業家”稱號

下屬全資企業：

四川成都顯合飼料添加劑廠	四川成都科農飼料有限公司
四川成都東洋榻榻密有限公司	四川成都東海商貿有限公司
四川成都顯合化工制品廠	四川峨嵋山靈芝研究所
四川經濟信息科技開發研究所	四川嘉林制藥有限公司
四川安都養殖總公司	四川安都天然保健品開發總公司

集團公司總部地址：中國四川省成都高新技術產業開發區火炬大廈

電　話：(0086)028－5554214　傳真：(0086)028－5584921

郵政編碼：610041　電報掛號：5186

厚道比奸詐更易成功

——新疆烏魯木齊市廣匯工貿實業有限公司總經理　**孫廣信**

一九八九年五月，一位剛過二十六歲的中國陸軍尉級軍官脫去軍裝，在喜慶的鞭炮聲中用一盤糖果招待了好友，宣告自己將投身于辦一家私營企業……幾年后的今天，他已成為中國新疆地區最大的私營企業之一。這就是被稱作天山脚下商務"奇人"的新疆烏魯木齊市廣匯工貿實業有限公司總經理孫廣信。

中國軍營：令他榮耀、令他磨礪

一九八零年，出身工人之家的孫廣信帶着少年的聰穎好學和青春的夢想，考取了中國軍方汽車管理學院。中國人常把軍隊比作人生"熔爐"，意在你在軍隊可以通過軍事訓練，鍛煉你的意志、處事之法。孫很聰明，也很勤奮好學，成績當然優异，這令他的上司很滿意。三年后當校方要求他留校任教官時，孫堅持要求回到生地養他的新疆去。

孫廣信從軍校回到了新疆，被安排在新疆軍區專門培養初級技術軍官和士兵的訓練大隊當教官。走出校門不過才七個月，他因熟練的業務和一篇洋洋灑灑兩萬字的論文《怎樣當好排長?》而被破格提升一級，擔任修理所副所長、代指導員。在他主管修理所后一年，當上司準備再次提升他時，命運同他開了一個小小的玩笑——他要去赴任的位置已被人頂掉了。

孫廣信不得不留下來，但他已看到了自己身上潛在的商務能力有了發揮：在他擔任修理所副所長時，他一年帶着下屬為部隊賺了十萬多元。就在孫的上級第二次因其業務和管理水平不凡要再次提升他時，孫又一次被別人擠掉了本該屬于他的位置。

處于困惑之中的孫廣信此時心境極復雜。一九八八年，孫廣信應在當地一家政府機構辦公司的一位朋友邀請，出于早日走出軍營、轉業到政府機構的目的，被借調到這家公司作業務經理。干了剛十個月，他和同伴就賺了上百萬元。

●孫廣信堅信："厚道比奸詐更富成功"

有種自信：沒有風險就不會有事業

正當孫廣信與同伴雄心勃勃地要想大干一場時，一九八九年中國清理整頓黨政機關辦公司。他所在的公司在治理中被撤消。業務經理自然當不成，但孫從自己商業"戰績"中看到了日益成熟的潛能。他希望重新為自己設計一條新路，經與被撤消的那家公司經理助理反復商議，孫廣信决定辭公職，丟掉鉄飯碗，創辦一家私營企業。

從某種意義上說，孫廣信的行為得到了年老的父親和母親的理解和尊重。孫的父母什麼都沒有說，却把兩位老人幾十年的積蓄交到了兒子手中。今天，孫廣信想起當時父親那深沉的目光與神情，心里直想流泪。

孫廣信的開業今天看來有點"寒磣"：沒有賓客雲集和豪飲，只有幾掛脆響的鞭炮和一盤糖果，更"可憐"的是他手頭只有領來的三千二百元復員轉業費和七個願意跟他創業的復員轉業軍人，但他自言："沒有風險就沒有事業，成功總會伴隨着風險。"這是他最大的財富。

憑着誠摯和耐心，孫廣信首先從烏魯木齊市一家瀕臨倒閉的工廠里有限期地租到了一塊九十多平方米的地盤。為了解決資金奇缺，孫甘當起"二道販子"的買賣：他先盯上四川工程機械廠在新疆的銷售處，以腿的耐力為依托，以嘴的活力為紐帶，六個月先后推銷十七臺裝載機，初獲小勝。一九九零春節，一位日本商人有一批貨需要急運，孫廣信知道后主動為日本商人聯系車皮，親自組織裝運，解了日本人的燃眉之急，却沒有向他提出任何要求。第二年當這位日本商人再次來到新疆，得知孫廣信做生意資金短缺時，主動拿出四十萬元給孫做啟動資金。

商海初游，使孫廣信深知"信譽"對自己意味着什麽。"經商的規律是厚道比奸詐更易成功，真正的大商人都是重信譽的聰明的誠實人。客戶與你是相互依賴、利益相關的伙伴，而不是爾虞我詐的一錘子買賣"。他要披荊斬棘，志在險峰，廣泛匯集各路人才，做實事，講實效，誠合作，共發展，"務實、無畏"地發展他的廣匯工貿實業有限公司。

●即使在新疆，孫廣信的陽光大酒店依舊是「正宗粵味，典雅舒適」

"三大戰役"：飲食娛樂、石油、房地產

從一九八九年孫廣信破釜沉舟到商海里自由游，在短短幾年間，他完成了廣匯歷史上有名的"三大戰役"。

1989年10月，烏魯木齊市一家以經營粵菜為主的"廣東酒家"因經營不善，老板負債逃之夭夭。孫廣信得知后，立即同副手找到原老板的助理。經過一夜的市場分析與匡算，他決定買下這座酒家，并直奔負責處理此案的克拉瑪依法院。等東問西訪找到法院院長家時，已是深更半夜。孫的誠懇、務實的態度打動了院長。在最后與幾家財力雄厚的企業競爭中，孫廣信最后以六十七萬的價格買下了"廣東酒家"。

當然，孫廣信沒有想到：雖然他原先的商務活動令他進項猛進，但"廣東酒家"却使他在餐飲業中猛嗆了一口苦澀的海水——才四個月他就虧了十七萬元，這幾乎把他逼到了絕路。孫廣信沒有灰心，反而在酒家前店認真學了起來，經過半年的苦心經營，孫廣信不僅使"廣東酒家"實現扭虧，還收回了全部投資。至此，孫廣信在餐飲業上便一發不可收拾，抱着"廣匯應當引導烏魯木齊飲食娛樂業"的信念，孫廣信在十個月時間里先后投資上千萬元辦起了當地最豪華的"迪斯尼超級樂園"、"香港美食城"、"陽光大酒店"、"廣匯歌舞廳"、"凱旋門娛樂城"等飲食娛樂項目。這些不僅使孫在烏魯木齊市的飲食娛樂場所名聲顯赫，也為他的下一步發展奠定了基礎。

餐飲娛樂業的成功對于孫廣信來說，意義不止是他解決了發展和資金的問題，更重要的是通過這個窗口，他結交了社會各界人士，從客人那里受益頗豐。中國西部的新疆有着豐富的石油資源，據說其蘊藏量要比中東國家還要多，僅現在每年新疆石油系統就有幾十億元人民幣的貿易生意。孫廣信主動出擊，與中國內地兩家大的有進出口權的公司——中國陸地石油科技開發公司和中國電子進出口公司聯手合作，作這兩家公司在新疆地區的分公司，做起了新疆石油貿易的生意，第一筆九十多萬元的生意便獲成功。其后，孫又繼續以膽大和誠實的經營策略，在一九九二年以大貿易的方式，實現業務銷售額八千多萬元。這項買賣使孫廣信終可在商海上可以以沉着的態勢來尋找自己新的投資方向。一九九二年是中國房地產市場熱風狂漲的年頭。看準新疆對外開放和市場的孫廣信既沒有熱過頭，也沒有冷對市場，他借鑒海外通行辦法，在當地首家推出五萬二千平方米商品房跨年度分期付款銷售，一掃當地"有房賣不出，想房沒錢買"的房地產市場冷落之風，這也使孫看到新的房地產市場策劃須跳出買賣房產的狹小圈子，應向多規格的基層住宅開發、綜合利用與租賃、銷售一體化方向發展。

"紅色大亨"：為人要善、施政要仁

孫廣信生于普通一個中國工人之家，在辭職下海后短短幾年間資產從幾千元發展到一位在新疆擁有幾千萬元資本的大款，其背景曾令當地許多人揣測，可很少有人能想過這個轉業軍人為之所付出的艱辛。

孫在中國軍隊服役期間，不僅是技術過硬，而且能吃苦：冬天挖冰開道，夏天抗洪救灾，他是一個讓上司和下屬都認為出色的"共產黨員"。創業之初，孫廣信帶頭刷房子、掏下水道；公司生意不景氣時，他步行帶着員工走街穿巷派發廣告，以眞誠和實干贏得了客戶的信賴。

孫的下屬對他口碑很好。這不僅是因為孫本人做事務實，身先士卒，更因他是有着"為人要善、施政要仁，企業要和、內外要和，和衷共濟，和氣發財"的管理思想。當然，更大意義上講，孫廣信的公司里大部分高級管理員工大部分是在中國軍隊里受到良好訓練和素質個人好的轉業復員軍人，他們是孫成功的左臂右膀。

孫沒有象中國大多數私營企業老板那樣，對不稱職的員工爆炒魷魚：有人犯了經濟上錯誤，他先是調動此人的工作，準予更正；后來，那人又犯了錯誤，他就讓此人"退休"，待遇不變。有人上班相當不負責任，孫在教育多次之后，不得不讓他"退休"，仍然給予他一定的待遇。當然，孫的管理也是嚴格的，這可能主要體現在他待遇豐厚、獎罰分明：公司每年要從利潤中拿出十至三十萬元作為獎勵股份，頒發給對公司有着重大貢獻的員工；辭去公職來到公司的員工，享受國有企業的醫療保健待遇，男女雙方均在公司的員工和中高級管理人員由公司提供住房；辭去公職而來公司滿兩年者，子女入托、就學（包括小學、中學、大學）費用，由公司承擔一半；公司員工子女參加工作，由公司負責安排。僅此，孫的廣匯公司就為當地安置了四百多名待業青年。

孫廣信是一個社會抱負心很重的人。在下海最艱難的第一年里，為了企業的生存，他玩命地工作，一年里體重凈掉了十七公斤。高節奏的工作和常年平均每天十五小時的工作，已使孫的身體除了肝外，不同程度地患上了疾病：有幾次公司開會竟昏倒在會議桌上。今天，當他的烏魯木齊市廣匯工貿實業有限公司從最初的七人發展到今天擁有五百多名高級管理人員和員工，固定資產三千八百萬元，注冊資金一千五百多萬元，擁有七家經濟實體、四家貿易公司的大型實業有限公司，四年來累計向政府繳納四百七十萬元稅，他又做了許多人沒有做的事。

"廣匯有今天，要飲水思源。"孫廣信沒有多說。他首先拿出三十萬元人民幣在中國新疆大學設立"廣匯教育基金"，從一九九三年起連續每年提供給該校資金三十萬元，共三百萬元，并出資為新疆大學建立一所中國一流的實試室。軍人出身的孫當然沒有忘記在中國邊防生活的官兵仍在過着單調艱苦的精神與物質生活。一九九三年中國建軍節前，他又向中國新疆軍區捐贈了價值八十萬元人民幣的彩色電視機、組合音響、洗衣機、臺球桌、健身器材、書籍等文體用品。至此，他已向新疆的教育、體育、殘聯、軍隊等部門或機構的公益事業捐資達五百多萬元。到 2000 年他要為新疆的教育、體育和國防事業一共捐資二千萬元人民幣。

對于孫廣信來說，他有一個極為大膽并被許多人根本無法理解的願望，這就是當他的廣匯公司在五年內固定資產達到一個億、十年之內將廣匯辦成一個跨國性的集團公司時，"那時廣匯已發展到一定程度，我將把它交給國家。"這位新疆的先進私營企業的老板最后說。

孫廣信：1962 年 12 月 27 日生于中國新疆
1980 年考入中國人民解放軍汽車管理學院
1989 年 5 月正式創辦私營企業

現任：中國人民政治協商會議新疆烏魯木齊市第八屆委員會委員
新疆維吾爾族自治區烏魯木齊市廣匯工貿實業有限公司董事長、總經理
新疆總商會常務理事　新疆私營企業協會第一屆理事會理事

全資公司：烏魯木齊市廣匯房地產開發公司　烏魯木齊市廣東酒家
烏魯木齊市迪斯尼超級樂園　烏魯木齊市香港美食城
烏魯木齊市陽光大酒店　烏魯木齊市廣匯歌舞廳
烏魯木齊市凱旋門娛樂城　新疆廣匯東方貿易公司
香港達宇企業新疆達宇軟件有限公司　新疆廣匯物業管理公司

公司地址：中國新疆維吾爾族自治區烏魯木齊市天山區新華南路 68 號
總部電話：(0086)0991－265353
傳眞：(0086)0991－262233　電報掛號：5087

●**孫廣信在新疆大學設立"廣信教育基金"，并從 1993 年起計劃用十年時間捐資該校三佰萬元，讓新疆大學建立一所在中國屬一流的試驗室**

從戈壁灘到西部石油運輸綫

——新疆烏魯木齊遠達工貿實業有限總公司總經理　**李振祥**

當李振祥和幾個合伙人决意要在一塊戈壁灘上建一個建材廠時，他决沒有想到：多年后，這番創業已使他指揮着一個擁有三十五輛運輸車和二十個火車油罐車的石油運輸隊，奔波在中國西部新疆與甘肅之間的石油運輸綫上……

“過去的成功不等于未來。”作為一個從戈壁灘上起家的少數民族私營企業家，李振祥更喜歡冷靜地看自己的過去、現在和未來。

戈壁灘上尋找起點

李振祥出身在中國西部新疆維吾爾族自治區烏魯木齊縣一位農民家庭。李家所在的八家戶村，位于博格達雪峰下。這個西部的小村，既沒有動人的歷史，也沒有神奇的傳說，只有終年與雪峰和戈壁相伴。八家戶村的住戶據說是由幾十年前從外地逃荒躲債而來的八戶人家組成。除了貧窮，他們沒有什麼資本。幸在這八戶人家都很勤勞耕作，團結互助，不斷開墾荒地，人口也自然增加了不少，發展到今天。它已是一個百業興旺的幾萬口人的小鎮了。

李振祥說，他至今也沒有忘記自己小時候躺在村口的草地上望着那雪峰的情形。出身家境貧寒的李，上完小學就再也沒有錢去讀中學了，他只有在草地上可以去想象一下自己的夢想和未來是什麼樣子。

李振祥懂事時，正是中國“文化大革命”的時期。在這個非常時期，李只有留在自己的家中呆着，同家人一起辛勤地種點地，務些農活。“我們家收獲了幾十斤土豆，却被批判為‘走資本主義的道路’。我希望能用汗水改變自己的生活，尋找自己的前途。”

六、七十年代的中國西部農村，是相當的清貧與窮困。李振祥白天下地干活，夜里在學木工活。李是一個很會動腦子的人，他的木工手藝很快受到了村里人的稱贊。后來，他又學會了財務和照相。不過，即使這樣，他仍是一個農民，依然在八家戶過貧困的日子。這種局面只有到了七十年代末，中國實行開放政策之后，李振祥和所有中國農民一樣，開始從自己的土地上尋找生活的新起點。

從建材廠到實業總公司

李振祥在家鄉戈壁灘上尋找的第一個起點是，李要和幾個年輕的伙伴一起在村里的戈壁灘上辦一家建材廠。這一想法得到了當時縣與鄉官員的重視和支持。一九八四年十月，李振祥與合伙人籌集了七萬元，租用村口上的一塊戈壁灘，建起了一個建材廠，開始了他既冒險又遭人議論、但更充滿希望去改變人生命運的艱難之路。

李振祥的創業在今天看來十分的艱辛：在茫茫戈壁灘上建建材廠，主要生產市場需要的磚頭——這項又苦又累又臟的活計，使李幾乎白天黑夜一日三餐都泡在“廠”里，安排人力、組織生產、聯系推銷；除此之外，他還要親自帶頭干活，酷暑嚴寒，他身上的襯衣常常被汗水濕透。

李振祥在建材廠足足干了兩年，一分血汗一分收獲，一批一批產品打向市場。當然，一分一分財富也入到了他的賬戶上。一九八六年，李振祥的建材廠產值達到了

●李振祥伸出手：「我歡迎國內外的新老朋友一起發展新疆的經濟」

五十余萬元，不僅還淸了籌建借款，還有了一筆可觀的資金。

李是一個一心想踏踏實實干點大事的人。對于這筆錢，他采取了三項措施來保證資本的積累：一是不隨便花一分錢，把積存的資金集中起來用于擴大業務，投入適應市場發展的再生產；二是向社會進行了廣泛的市場大調查，千方百計掌握各方面的信息，揚長避短，看準了便 大膽投資，從千變萬化的市場競爭中爭取勝利；三是不拘一格選人材，把一批有頭腦、有開拓精神、有工作能力的人員，吸引到自己的旗下，同時熱誠地做好為農牧民的服務工作，提高自己信譽和知名度。

盡管后來的發展，有成功，也有失敗。但李振祥在這種經營思路下，最終還是取得成功的一步：一九八八年，李振祥的烏魯木齊市遠達工貿實業有限總公司開始了新的發展，他旗下有一個運輸公司、四個商貿分公司、五個經營部、還在烏奇公路上建立了一個加油站，解決了來往車輛加油難問題，其經營各具特色。

機遇之緣與遠達“快”的運作

李振祥的遠達工貿實業有限總公司成立后，從某種意義上說，得益于當時及后來中國大西北的開發熱潮，同時，他在經營中思想轉變、行動、信息收集和處理上“快”的抉擇，也為他帶來了豐厚的利潤。

“只要有利于企業發展，有利于經營，有利于本地百姓的事，我都敢大膽地干。”李在多年的經營中一直這樣堅持着。一九九一年、一九九二年，正是中國對西部新疆的石油資源進行大規模的開發，石油開采業的大發展同時也帶來了鐵路運輸巨大的壓力和新疆石油產品外銷難的問題，李振祥利用政府的優惠政策和新疆的大好時機、以及對信息的分析，內外聯系，籌集資金一百五十余萬元，購買了十噸位的大型貨車十輛、配備油罐十個，拖車十輛，加上原有的車輛，共投入原油運輸車三十五輛，同時又租了火車油罐二十個，配合新疆石油部門外銷石油。一個浩浩蕩蕩的石油運輸大隊從鐵路、公路雙管齊下，運行在吐魯番油田、準東油田、哈密油田上，奔馳在天山南北和內地省區的運輸綫上。在眾多的運輸隊伍中，李這只私營的石油運輸大隊很受關注，特別是在后來被新疆的高層人士所稱道。

與此同時，李振祥還熱心地幫助遠近農牧民推銷農副產品，如羊毛、羊皮、瓜果等，幫助他們將這些農產品販到上海、南京、廣州等地區，并將江蘇的大米、甘肅的水泥、河南殘疾人福利工廠生產的工具帶回烏魯木齊市。有一次，李振祥通過市場的信息分析，很果斷地要手下的一個分公司與新疆焉耆糖廠訂購了二千噸白砂糖，分期分批付款提貨。這一舉，不僅使他從中取得了較好的經濟效益，還解決了對方當時的經濟困難，并使他與焉耆糖廠建立了友好的合作伙伴關系。

李通過類似的經營活動，既解決了內地市民物質生活的需要，又解決了本地一些商品供不應求或供過于求等困難，促進了物資的交流，對促進新疆與內地的貿易合作起到了積極作用。

從一九八四年在一片戈壁灘上籌資辦一個建材廠，這位回族的私營企業家通過八年多的努力，給自己開拓出一個新天地來。李振祥最終沒有在家鄉的草地上去尋找自己的夢想。

八年多來，李振祥的遠達工貿實業有限總公司從最早的建材廠五十萬元產值發展到一九九二年經營總產值五百七十多萬元，這比一九八五年增長了十一倍多，僅一九九三年前十一個月已完成經營產值一千四百多萬元，其間，他積累資金已達上千萬元，成為新疆戈壁灘上一個擁有資金一千七百五十萬元、其中固定資產七百多萬元、流動資金一千多萬元的“千萬富翁”，并向政府上繳利稅一百萬余元，成為當地遠近聞名的私營企業納稅大戶。

●每次司機出車前，李振祥都要對司機叮囑一番

致力于民族地區經濟發展

這位三十六歲的富翁坦言，過去艱苦創業，雖有說不盡的甜酸苦辣，但沒有政府對他的關心與支持，很難有他本人今天的發展，特別是鄧小平一九九二年在南方的談話，為他的這間私營企業提供了政策保障和社會條件，幷有了一個新的突破、新的飛躍。

李振祥的生意經曾被當地稱作是"遠達經驗"，這其中包括了他的膽大心細的市場經驗和對信息的迅速處理。這也導致了當地不少企業、包括一些國有企業的廠長、經理找他討教經營與管理的經驗。因為，一個農民出身的私營企業家能將企業辦成一個擁有一百多名員工、管理人員都達到中專以上學歷文化程度，而且職工的工資待遇平均高出國有企業三至四倍、職工住房、保險、養老，以至于生老病死的待遇都比國有企業優厚的經營業績，着實讓很多國有企業的管理者驚訝。盡管李振祥的文化水平幷不高，但他很用心于思考自己的未來，特別是市場競爭對于他的威脅。"過去的成功幷不等于未來。"他一直堅持如此去要求自己。作為一個生活在少數民族聚集地新疆的回族私營企業家，李振祥希望自己的事業能有利于發展當地今天看來仍不是富裕的民族經濟，這不僅僅是因為他曾有過十分貧寒的家境。

●烏魯木齊市遠達工貿實業有限公司外景

"到 2000 年，我的遠達工貿實業有限總公司計劃產值要達到一億元，實現利稅一千萬元以上。同時開發電子、石油、化工產品。我希望在這期間能與外商合作，引進外資，建立實體企業，形成工、商、運輸多元化綜合經營企業，走集團化發展的路子，成立跨國經營公司，面向世界。"

鑒于目前中國新疆已同哈薩克斯坦、吉爾吉斯、巴基斯坦以及諸多獨聯體國家相鄰幷開展了邊境貿易，李振祥已决定將邊境貿易作為今后發展的一個重點，讓中國內地的商品也來走一走"西口"。經過市場的調查與分析，李首先要在著名的霍爾果斯口岸成立一家貿易公司。與此同時，他還計劃投資在新疆伊犁查布察爾縣新開辟的都拉塔口岸再建一個公司，它占地七公頃，為一個年儲五萬噸貨物周轉量的倉庫，以倉儲為主，搞對外商業貿易。

李振祥認為，都拉塔是新疆籌建的第十五個口岸，那里條件艱苦，目前幾乎一無所有，但這里直接通往吉爾吉斯共和國，將是一個很有前景的邊境口岸。許多人因為眼前尚無利可圖而不願投資，李振祥却對此十分樂觀，除了親自考察和進行投資决策之外，他對都拉塔口岸自有他的目標："我相信這個口岸不久會欣欣向榮，它將是自己向外發展的重點。我喜歡知難而進，絕不會滿足現有的一切。"這位戈壁灘上的千萬富翁說。

李振祥：1957 年 12 月 7 日生于中國新疆維吾爾族自治區烏魯木齊縣八家戶村

小學畢業后因家境貧寒而失學在家務農，后學做木工、財務以及照相技術

1984 年在村里創辦私營企業建材廠

1988 年起創辦新疆烏魯木齊市遠達工貿實業有限總公司

現任：中華全國工商業聯合會第七屆會員代表大會代表

新疆維吾爾族自治區第八屆人民代表大會代表

新疆維吾爾族自治區工商業聯合會執委

新疆維吾爾族自治區烏魯木齊市工商業聯合會常委

中國人民政治協商會議新疆維吾爾族自治區烏魯木齊縣委員會委員

新疆維吾爾族自治區烏魯木齊市遠達工貿實業有限總公司總經理

公司總部：中國新疆維吾爾族自治區烏魯木齊市鯉魚山路

全資企業：新疆維吾爾族自治區烏魯木齊市遠達工貿實業有限總公司遠達家電中心、糧油綜合貿易經銷部、建材經銷部、石油產品經銷部、加油站

電話：(0086)0991－416992

傳真：(0086)0991－415629，413250

郵政編碼：830000 電報掛號：4167

劉伯强與希格瑪

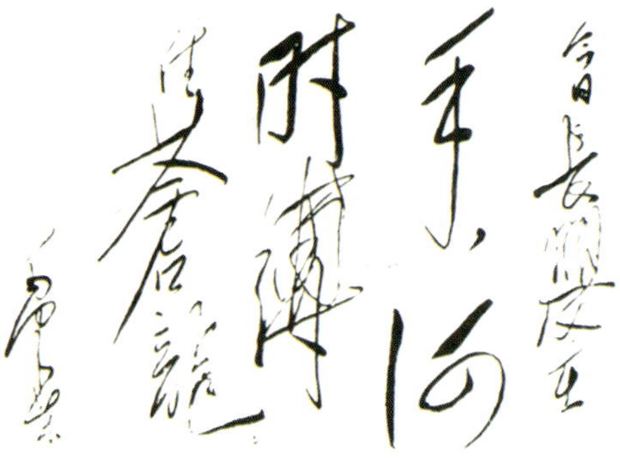

劉伯強的格言是:"今日長纓在手,何時縛住蒼龍"。

新疆希格瑪科工貿有限總公司董事長、總裁
劉伯强

"我的苦維都是自己找的"。當有一天,他告訴自己的一位朋友:"我眞想去跳樓!"這位朋友坦然地告訴他:"自然,跳樓也是一種選擇。"

想跳樓的人最終沒有走上絕路,相反扛起新疆希格瑪科工貿有限總公司的大旗,第一個以私營企業老板的身份冲進了中國新疆烏魯木齊市高技術產業開發區——此公乃劉伯強。

放棄輝煌:只為尋找自我的價值

劉伯強下海之前,曾分別在新疆烏魯木齊市兩家電子企業擔任廠長。當他走進烏魯木齊市家用電器廠時,誰也沒有想到——這個戴着眼鏡、沉沉穩穩、很有點白面書生的新廠長,使衰敗的企業在短短的二三年內,竟有了新的樓房、車間、宿舍、花圃、柏油路和交通車,工人第一次也是眞切地感到自己在為一個充滿活力的企業創造有價值的東西。

劉伯強以自信和才干贏得了工人的尊重:他們研制的共用天綫系統被新疆的六大建築設計院采用,不僅被中國國務院的權威部門列為"中國名牌優質產品"而收入《世界名牌產品》叢書,產值很快超過一百五十萬元,還吸引了技術實力與資金雄厚的北京電視技術研究所、四川省一家軍工企業先后與之建立合作關系,更重要的是,他還把分廠辦到了地處號稱"世界屋脊"的中國西藏拉薩市。

也許劉伯強之所以能成功,在他的才干之后有着他被許多人難以接受的倔強的秉性。好景不長。一九八八年六月,劉被請出了家用電器廠,調任當地一家國營中型電子企業做廠長。好在不是業非所長,劉伯強沒有太計較什麼。他依然專心地當廠長,一天十幾個小時"跟玩命似地"泡在廠里:改造車間、招聘人才、選定產品,引進設備。只幾個月的時間,新產品"家用電器穩壓保護器"便開始出廠,不僅成為新疆維吾爾族自治區優質產品,還被評為新疆"最受消費者歡迎產品",在市場上供不應求……

企業的成功,令劉伯強十分興奮,同時也使他從中看到在當時的體制下,科技要轉化為商品,竟是這般地難。思想活躍、社會報負心很強的劉伯強決意要在舊的科技體制下走一條民辦科技實業的道路:"中國人的智商幷不比外國低,為什麼外國人能做到的。我們中國人做不到?"他想憑自己的能力和智慧,把企業辦成一家能夠列入世界著名企業名次的跨國企業,在數年之后,將企業職員的收入和福利爭取新疆地區最高、最好。

一九九一年,已過不惑之年的劉伯強帶着幾個涉世未深的青年人正式辭去公職。

創業維艱:"我眞想去跳樓"

劉伯強給自己的企業起了一個很洋的名子:新疆希格瑪電子有限公司。"希格瑪(∑)"是希臘字母,在高等數學中常用于總和,連加求和,劉伯強取之意在:和睦團結、不斷發展。

當然,劉伯強沒有想到,當他把"新疆希格瑪電子有限公司"的招牌掛在烏魯木繁華的揚子江路后三個月,有一天他突然對自己的一位朋友說:"我眞想去跳樓!"此時,他的這間公司僅有一間房子、一部電話,預租的房間由于對方違約一直未騰出,每天他不但要與科技人員研制新產品，還要準備打一場官司，而公司除按月付給幾十個工人工資之外，已經有三個多月沒有一分錢的收入了。

劉的朋友坦然地看着他："自然，跳樓也是一種選擇。"

劉伯強沒有去跳樓：想想自己這幾個月來，為了尋找生產市場對路的產品，他不辭辛苦地下廣州、跑上海、奔沈陽、進北京，其中的酸甜苦辣，值嗎？

揚起風帆：市場、質量、人才、管理

廣闊市場的尋訪，令劉伯強找到了自己企業的主攻起點，電子節能產品，新型保溫材料太空棉。

劉伯強是一個被視為超前意識很強、并且敢于大膽實踐的人。找到了電子節能產品、新型保溫材料太空棉這一市場，劉首先拋棄了中國傳統國有企業不適于市場的經營機制和管理機制，把西方企業、中國"三資"企業和國有企業的優點集于一體，力求從質量、人才、管理方面嚴把决定企業命運的人事、分配大關。

"希格瑪公司的科研、生產必須以社會需要為出發點。"為此，他們廣泛收集信息，了解市場需求，按照市場所需，應用戶所急，確定適合市場需要的產品，并力求將研制的科技成果在生產基地里直接轉化為產品，迅速投入到市場。在希格瑪公司的生產過程中，它有自己一個全面獨產的質量管理機制——對內實行全面檢測；對外，希格瑪公司對用戶提出的任何質量問題，實行跟踪指導，即對問題認真分析、研究，追查責任。

●新疆「希格瑪牌」太空棉及「阿爾法牌」太空棉服裝獲93美國紐約新產品國際博覽會金獎

希格瑪公司地處中國經濟文化相對十分落后的新疆。劉伯強深感人才對于他意味着什麼：一流的產品要有一流的研究、開發和設計，而一流的研究更需一流的人才。為此，劉伯強一方面不惜重金招聘人才，一方面又對人進行嚴格的管理和考核：所有進入公司的應聘者要經過考核，即使親朋好友也不例外，擇優録用后，還要嚴格地考察試用三個月，不合格仍要辭退。同時，他又用新機制獎勵、大膽啟用為公司做出貢獻的每個人。在希格瑪公司工作的每位員工，不分年限、不分工種，一律論功受獎。多勞多得的分配機制，把公司和每個員工的利益緊緊地捆在一起，調動了員工的積極性和創造性。

從某種意義上說，劉伯強日后的成功得益于他的員工和他的管理。在隨后兩年的發展中，在新疆希格瑪科工貿有限總公司三百多位員工中，一百二十多名有大專以上學歷的員工是被吸引到公司來發展，其中總公司下屬的希格瑪電子廠廠長姜平從國有企業辭職來到劉伯強手下后，用一年多的時間，潛心鑽研，反復實驗，終于研制出專利產品——聲光雙控電子開關和電子鎮流器，分別榮獲中國國家星火計劃金獎、銀獎和'92北京國際發明博覽會銅獎。值得道的是"希格瑪"的電子鎮流器是中國首家從根本上取代了美國等西方少數先進國家早已淘汰的的傳統電感式鎮流器，具有節能、啟動電壓寬、無頻閃、無噪音、啟動快、功率因素高等性能。這使他的產品供不應求，為此劉一次重獎下屬。相反，六名高級職員因工作不利而被他先后炒了"魷魚"：劉伯強要員工明白，在"希格瑪"，只要你把工作干好，不違法亂紀，你就什麼都會有。

面條老板：
想做中國式的"艾柯卡"

劉伯強立志要成為中國的艾柯卡式的企業家，"一個人應該在茫茫星空里找到屬于自己的那顆星座，但不是每個人都能做到的。可以說，我的苦難都是自己找的。"對于他來說，他要通過高科技開發，振興中國邊疆地區的工業化生產。

從一九九一年正式辭職創辦私營企業，劉伯強從最早的新疆希格瑪電子有限公司發展為擁有五家工廠的新疆希格瑪科工貿有限總公司，企業分布新疆、西藏、河南、廣東等地，產業涉及商貿、電子、服裝、房地產，他們開發研制的產品被列為新疆維吾爾族自治區重點開發項目。可以說，"苦難"帶給了他成功。

"沒有劉伯強，就沒有希格瑪"。在劉的日曆上，沒有節假日，常常工作到深夜，其中每天晚九點到十二點是他守着"大哥大"專門聽來自各地企業和市場信息、進行市場分析與操作的時間。凡是要求員工做到的，劉首先自己做到。他與員工朝夕相處，既是朋友，又是老板；既嚴格，又關心別人。隨着希格瑪公司的發展，公司員工的工資福利在穩步上升，一九九三年公司員工工資比一九九二年增加了百分之三十。劉伯強此外還為所有員工投了人身保險，修建了家屬樓，他要使每一個“希格瑪人”都體會到在希格瑪的價值與溫暖。

劉伯強是一位對自己十分苛刻的人。二年多時間，他投入了幾百萬用于產品的開發研制，在整個新疆地區是一個很有名氣的老板了，可自己家里，除了一部十分氣派的電話機之外，居室毫無別致。劉的部下都不太願意與他出差，因為公司有錢了，老板對吃、住還是不講究，肚子餓了時，吃一碗面條就可打發。“金錢多少是企業家成功的標志，但作為一個企業家又不能只講金錢。現在一些私營企業大都是停留在百萬產值上舉步不前，最大的阻力是思想意識問題。”劉伯強主張要創立新的價值理論，因為他不以企業產值的輪番上升而滿足，也不以企業發明獲得的最高獎賞為榮。同一般的生意人不同，劉伯強除了積極鑽研技術、提高經營管理水平外，他還喜歡學習掌握哲學理論，不斷磁化自己的心智。對他來說，哲學的思辨會使他觀察、分析企業內部所面臨的形勢和問題。

一九九三年六月，對于劉伯強來說，是一個企業發展中的里程碑：在由中國國家科學技術委員會、中國科學技術協會和美國有關機構組織的’93中國新技術新產品博覽會上，劉伯強的新疆希格瑪科工貿有限總公司生產的“希格瑪牌”太空棉及“阿爾法牌”太空棉服一舉奪得“最佳質量金獎”，成為本屆七個金獎產品中的中國西北地區唯一的一個金獎產品。倍受美國客商歡迎的產品使他在眾多的總代理商中選擇了美國實力較大的紳寶服裝公司為總代理商，并簽訂了每年五百萬美元的銷售合同。

“世界上本沒有路，走的人多了，也就變成了路，在前面披荆斬棘的人，是最艱辛、也是最幸福的。”劉伯強常在心里回味這句話。作為新疆烏魯木齊市政府評出的“科技興市先進集體”，劉伯強可能會常常想起自己想跳樓的那段經歷，新疆希格瑪科工貿有限總公司在一九九三年如果實現了年產值五千三百萬元、利潤一千萬的總目標后，下一步又要實現多少新產品的開發、生產和銷售呢？

劉伯強：1945年11月26日生于中國河南省。曾任：新疆烏魯木齊市家用電器廠廠長，新疆昆侖無綫電廠廠長。1991年正式創辦私營企業——新疆希格瑪電子有限公司

現任：新疆希格瑪科工貿有限總公司董事長、總裁
新疆維吾爾族自治區工商業聯合會常委
新疆維吾爾族自治區家電學會副理事長
新疆烏魯木齊市工商業聯合會常委
中國人民政治協商會議新疆烏魯木齊政協委員

下屬全資公司：
新疆希格瑪服裝公司　新疆希格瑪房地產開發公司
新疆希格瑪電子有限公司　廣東希格瑪電子器材公司
新疆希格瑪太空棉廠新疆希格瑪睛綸棉廠
新疆希格瑪服裝公司中試廠　河南希格瑪工貿公司
西藏拉薩有綫電視安裝公司

總部地址：中國新疆維吾爾族自治區烏魯木齊市北京南路16號
電話：(0086)0991－551896
電報掛號：1752 郵政編碼：830000

●新疆希格瑪科工貿有限總公司外景

商海拼搏一奇人

——雲南昆明冷凍廠廠長　**黎玉林**

老老實實做人，脚踏實地工作；
遵紀守法經營、信譽合理賺錢。

——黎玉林

坐在我面前的這位中年漢子，黝黑的面孔，身材敦實，手里拿一根長長的水烟筒，不停地咕嚕咕嚕地抽着。如果不介紹，很難相信他就是在雲南昆明一帶大名鼎鼎的私營企業家黎玉林，倒是更象中國西南一代典型的農民形象。不過，當我和他聊起來以后，便發現他思維敏捷、看問題特準、樸實無華中透着精明強干。就是他，從一個流落他鄉的普通民工，短短幾年，便成為遠近聞名的大老板。有人說他是個奇人，一個具有傳奇色彩的人物。

從農民到商人——“蔬菜運銷大王”

黎玉林出生在四川閬中縣一個農民家庭，從小就學會家務農活，農民純樸、老實、吃苦耐勞的優點都被他一一繼承下來。15 歲時，黎的父母雙雙病故，遺下他和姐姐倆相依為命，少年就倍嘗人世艱苦。1969 年，他開始走南闖北自謀生路，先后在四川、陝西、雲南做泥工、磚瓦、木工、砌竈等零活。由于他聰明好學、悟性強、吃得苦、耐得勞，一般農村手藝人的活計，他樣樣都會，而且干得比別人好：他砌的竈，不論是家庭竈還是單位集體竈，燒起來既節約柴、煤，又省時間，受到人們的誇獎。可是，在是非顛倒的歲月里，空有一身好手藝的他，却被當做“走資本主義道路的黑包工頭”，受到無休止的批判打擊，老婆怕受“株連”和他離了婚。

1976 年初，黎玉林只身流落到昆明，身無分文，靠打工度日，熬到“四人邦”垮臺后，改革開放的春風，復蘇了他受傷的心靈；熱火朝天的建設鼓起了他渾身使不完的勁，他終于有了用武之地。黎玉林在昆明牛街莊拉起一個建築隊，以低價、質優承包了一項又一項工程，獲得甲方單位好評。牛街莊辦事處看中黎玉林是個能干又本分的好人，就讓他在牛街莊落了戶(農業戶)。牛街莊成了黎玉林的第二故鄉。

一些人認為搞建築易賺錢，一時社會上建築隊猛增。黎玉林是個有心計的人，他善于觀察思考問題。他不願和別人爭一個碗里的飯吃，他思考着要走另一條致富之路。他捕捉到“冬季北方天寒地凍，城市居民吃不到新鮮蔬菜”的信息。他想，要是能把雲南的時鮮蔬菜運銷到北方，準能賺到一大筆錢，他决意試試。1984 年，他貸款 19 萬元，收購了兩千噸新鮮蔬菜運往西安、北京和哈爾濱等城市銷售。由于準備不充分，包裝、保鮮技術跟不上，新鮮蔬菜經過幾千里的長途運輸后，大多腐爛變壞，成了垃圾，一下子虧掉 17 萬元。他不服輸，在認眞總結經驗教訓后，一面摸索試驗蔬菜長途運輸的包裝、保鮮技術，一面派出 10 多名得力助手奔赴北方 20 多個城市，調查當地不同季節所缺蔬菜品種、價格等信息，并同當地營銷戶建立關系，以保證蔬菜運到后，能及時批發上市。同時，黎玉林在上述城市聘請了 120 名信息員，以隨時獲得準確信息。一切準備工作就緒后，1985 年秋，黎玉林開始了大規模的行動。這時的他，不再是土頭土腦蠻干的農民，而象一個運籌帷幄、指揮千軍萬馬的將軍，源源不斷地將幾百個火車皮，八、九萬噸新鮮蔬菜送到北方城市居民的餐桌上，使北方人在冰封大地的時候有機會品嘗到雲南的上等時鮮蔬菜。

黎玉林搞規模“南菜北調”，可謂首創。此舉既緩解了北方部分城市居民冬季吃菜難的矛盾，亦為雲南菜農拓寬市場，增加收入找到了一條好路。他一時成了雲南的新聞人物，被譽為“蔬菜運銷大王”。此后，不少國營、集體單位和個體戶都來爭着搞“南菜北調”，形成了一項經久不衰的好業務。

守法經營——甘做“納稅憨包”

1986 年 5 月的一天，昆明關上稅務所走進一個肩扛皮箱的中年人，皮箱里滿滿裝了 13 萬元錢，他就是“蔬菜運銷大王”黎玉林，他是在做完一季蔬菜生意，除在外地交納了一部分稅外，主動來補稅的。因為當時是個體戶，沒有銀行帳號，所以只好繳現款。稅務所的人聽他要繳 13 萬元稅款，再看他營業執照上只有 6000 元注冊資金，感到萬分驚訝、大惑不解！黎玉林拿出一張張在全國各地做生意的發貨單和收據給稅務員核查。稅務員感動地說："平時收稅象擠牙膏一樣，查着一筆才收一筆。從來沒有誰象你這樣主動找上門來繳納大額稅款的"。事后，老所長說，這個黎玉林對納稅的認識真不錯，他不說，鬼也不知道他賺了多少錢！為此，黎玉林又多了一個別號——"納稅憨包"。

黎玉林真是"憨"得沒治了。1987 年，他又主動申報上繳 4 萬元個人收入調節稅。當時，個體戶主動申報個人收入調節稅，在雲南省還無先例。官渡區稅務局拿不準該怎麼辦，請示市稅務局，市稅務局又請示省稅務局，省稅務局研究同意，官渡區稅務局才收下這筆錢。過后，有人說黎玉林風涼話，說他是想出風頭。黎玉林聽到后笑着說："納稅多，證明我對國家貢獻大，納稅是一個公民應盡的義務。誰想出這樣的風頭，也可以來出嘛！"

黎玉林賺錢主動納稅，虧了本也照樣納稅。1983 年，他開五交化商店營業當時額定為 60 萬元，可一年干下來虧了本，他仍按 5%的稅率上繳了 3 萬元稅款。1988 年做洋葱生意時虧了 40 萬元，他仍舊繳了 12 萬元稅，有人勸他申請免稅，他却說："我這筆虧了，其它幾筆賺了，從總體上看還是賺，賺了錢就應該對國家做貢獻，哪能一虧就申請免稅呢！"

尋找新的契機——崛起中的"銀魚大王"

在商海中博擊十余年的黎玉林已經日臻成熟，而且，年近五十，已到"知天命"的年齡，他的生意經也"玩"熟了。他總結出的謀略是：好項目也要十中挑一；不與他人爭飯吃；利潤要高；有長期發展遠景。于是，他獨辟蹊徑，開發一個具有國內外廣濶市場潛力的新項目——養殖銀魚。

銀魚，身長僅 2 寸余，八十年代初從太湖引種到昆明養殖后，曾獲得意想不到的效果。開始幾年，無論質量還是產量都遠勝于原產太湖銀魚。由于它體潔如玉，肉嫩鮮美，兼有良好的滋補作用，不但成為昆明人喜愛的佳肴，還遠銷港澳、日本。可是好景不長，由于滇池雜魚橫行和污染日趨嚴重，不到幾年時間，它就失去了養殖銀魚的優良條件。如何保護好這一優良魚種，讓其在雲南高原永遠安家落戶？水產部門又把它引種到沒有受污染的滇池近鄰撫仙湖和星雲湖養殖，但產量遠遠不能滿足市場需要，黎玉林了解到銀魚的潛在市場后，决心投巨資開發現代化的大型銀魚養殖場，形成養殖、捕撈、加工、冷凍出口產銷一條龍的產業。

1988 年，黎玉林察雲南，走四川，選擇沒有受任何污染的優良湖泊作養殖基地。他了解、分析衆多湖泊的水溫、深度、浮游生物等自然條件后，選定四川西昌市的邛海和南充市的升中水庫為理想的養殖基地，總面積為一萬多公頃。他與當地政府簽訂了承包、使用湖泊的協議書，并把最優惠的條件讓給當地政府，如承包西昌邛海 6 年，他共投資 300 余萬元，建一個冷凍廠，購買兩輛客貨兩用型汽車、5 艘快艇、40 艘捕撈大船，捕撈生產期每年交當地政府 20 萬元，6 年后所有投資歸當地政府所有，他的行動實際上是幫助地方開發利用閑置水域，發展地方經濟，使沿湖農民早日脫貧致富。

目前，三個現代化的大型養殖場已先后建成，投養魚苗。魚場通過先進的魚類跟踪器，隨時可以從電腦螢光屏上顯示出魚類的生長情況，群體大小，活動範圍和活動區域，繼而制定出科學的捕撈時間、地點及合理的捕撈量。

從 1994 年起，如果不發生意外情況，他的三個養殖場年產銀魚平均達數百噸至壹千噸，產值約三、四千萬元，黎玉林將成為名符其實的"銀魚大王"。

●雲南昆明牛街冷凍廠外景

奇人、強人——一個有志氣的人

黎玉林自八十年代中期"南菜北調"成功后，成了雲南非公有制經濟中的知名人物，報上載文稱他"蔬菜運銷大王"、"闖蕩江湖一奇人"。黎玉林相貌平平，既無魁偉身材，又無漂亮外表，奇在什麼地方呢？奇在他的思想、精神和不平凡的經歷。他在"吃大苦、耐大勞"上是出名的鉄漢子，跟他一起工作過的人沒有一個不佩服他。工作忙時，黎玉林和工人一起頂班，他可以兩三天不合眼，一天到晚，水米不粘牙，對工作眞是成了如痴如醉、忘記吃喝、休息的"奇人"；餓起來的時候，他又食量驚人，可以一連吃下三套過橋米綫（三大海碗）。別看他當了大老板，抽烟還是喜歡用烟斗抽白裹的旱烟和水烟筒，烟量亦是不同常人。他沒有娛樂時間，在家如有空閑，就愛看富有傳奇色彩的武功錄像片，這是他唯一的嗜好。

黎玉林又是一個強人，一個從不被困難挫折嚇倒的人。盡管事業并非一帆風順，航程中經常遇到險風惡浪，但每次他都能化險為夷，贏者最后總是他。他有超人般的毅力，一次車禍，他撞斷了七根肋骨，在醫院躺了7天，就再也呆不住了，纏着紗布就離開了醫院，到工作場地指揮生產。

他亦是一個胸懷寬廣的人，從不輕易與人爭氣斗勝，對屬下溫和體貼，尊重他人、不擺架子。他胸量過人，再大再難的事都容得下。1993年4至5月，適值他每年以155萬元承包的永勝縣程海第一次捕撈銀魚，眼望即將豐收的銀魚，黎玉林又盤算新的計劃。誰料想，剛開湖捕魚，沿湖數千農民看見白花花魚紅了眼，只當是銀錢，置法紀不顧，爭先恐后下湖搶魚。面對法律意識淡薄農民，黎玉林單槍匹馬無能為力，只好任其捕撈一空，粗略估計，大約損失700噸魚，如果將這些魚加工冷凍包裝出口，約值2000萬元人民幣。面對這龐大的損失，氣憤不過的朋友要他上告或請新聞界曝光，被他婉言推辭，黎玉林只淡淡一笑說："只當扶貧算了！"

黎玉林靠勤奮、膽量和智慧創下了若大的事業，當上了老板。但他仍過着普通人的生活。既無豪華的私宅，也無奢侈的追求，他的追求就是"老老實實做人，脚踏實地工作，勤勤懇懇奉獻"。至1992年底，他已向國家繳納稅款和向主管部門上交管理費100余萬元；為公益事業捐款13萬多元。有人問他拼命干為什麼？他笑着說："如果為了錢，我沒有必要再干下去了。但是，我覺得許多東西比金錢更珍貴；一個人應該對國家對社會作出自己應有的貢獻，用自己的行動證明自己存在的價值！"

展望市場經濟——非公有制經濟如魚得水

隨着商品經濟發展和市場經濟建立，黎玉林在雲南私營經濟中脫穎而出，憑着他的膽識和氣魄，經過十年的商海拼搏，逐漸成長為一名成熟的民營企業家。他先后辦起了昆明牛街冷凍廠（自有）、玉林商行（自有）、昆明牛街鈣磷肥廠（擁有50％股權）、三個大型養殖廠（自有）、金林公司（自占90％股權），自有資金達千萬元以上。

展望前景，黎玉林對中國建立社會主義市場經濟充滿信心。他說："非公有制經濟既是發展市場經濟的先鋒，而發展市場經濟又為非公有制經濟發展提供了一個平等競爭的機會。非公有制經濟與公有制經濟相比，有幾個有利特點：一是沒有退休人員的負擔；二是沒有婆婆牽制，人事、生產人權老板說了算；三是經營靈活、機動性強；四是發展十年來，資金有一定積累，發展后勁大；五是發展市場，使非公有制經濟捷足先登、如魚得水，生機勃發。"

談到今后的發展，黎玉林也是信心十足：我的產業除以水產養殖為主外，還將以開發木材和花崗石等建築材料為輔，爭取五年內年產值達一億元，稅利達百萬元，為國家做出更大的貢獻。

黎玉林：生于中國四川省閬中縣
現任：雲南民間企業家公會會長
　　雲南省第七屆政協委員
　　中華全國工商業聯合會七大代表

●雲南昆明牛街鈣酸磷肥廠高爐

　　雲南省工商聯副主任委員
　　雲南省商會副會長
　　雲南昆明牛街冷凍廠廠長
　　昆明牛街鈣鎂磷肥廠法人代表及廠長
全資企業：雲南昆明牛街冷凍廠
　　　　雲南昆明牛街鈣鎂磷肥廠
　　　　雲南昆明玉林商行
企業通訊地址：中國雲南省昆明市牛街莊
電話：（0086）0871－3317127
郵編：650217

做中國的阿信……

——雲南省新利發經貿公司總經理　**朱　麗**

●我願做中國的阿信”——朱麗

八十年代中期，在中國大陸數億電視觀眾中，日本電視連續劇《阿信》深深打動着普通中國人的心，阿信的奮斗、磨難和成功，激動着中國觀眾的心緒。這在了解和熟悉朱麗的人們來說，一切都是太眞實了，因為他們身邊就有這樣一位中國的阿信，朱麗就是他們心目中的阿信。

角色的轉換——從工人到商人

一九八三年，在昆明一家工廠當工人的朱麗，在雲南第一次經商熱潮中，終于再也坐不住了。紅土地上的商風激動着每一個想發財的人，朱麗也是一樣：辭職下海，她要去實現自己的夢想。

在后來三年的商海中，朱麗象一條不諳水性的小魚，游來蕩去，既嘗到了海水的苦澀，也更感到了大海的廣濶。她終于尋到了一條艱難却有着燦爛前景的道路。

出生于雲南的朱麗深愛着這片紅土地，也熟悉這片生她養她的紅土地：雲南是中國天然的植物王國，農副土特產有着獨特的優勢。貨源是根本不成問題的，銷售也不是一個難題，關鍵是要有人來溝通這條渠道。于是，她做起了經營雲南土特產的生意。

朱麗做人有着一種不同于人們概念中的商人特點的性格：為人誠懇，做人正直，講求信譽。正因為如此，許多人十分相信她，沒有資金，沒有本錢，他們就借錢給她，這里既有私人存款，也有人們拿給她去信用社作抵押貸款的國庫券，三百、五百、一千元……這筆錢不僅使朱麗收購到了山貨，也使她徹悟道：人世間幷不是只有錢，還有眞情在。

山貨女邁出了重要一步

朱麗下海，專事收購雲南土特產。這對于她來說，是一件十分不容易的事情。對于一個弱女子來說，要想成功，需要付出的努力就不是一個常人所可以做到的：在崎嶇的山路上，晴天一片土、雨天一身泥，東跑西顚，吃住無着落成了家常飯，很苦也很累。但她知道，就在這些人們畏難而不願去的地方，有着値得自己去挖掘的財富：市場行情很好的雲南土特產。

信譽是經商的生命綫。朱麗一直對自己這麼要求着。山核桃、紅辣椒、白芸豆、牛肝菌、松茸……這些山里人不當回事的土特產，賣給朱麗這位省城來的山貨女，價格比以往高了許多，但朱麗無論收購什麼，都馬上付款，絕不賒賬。正是憑着這種信譽和她的為人，朱麗與許多外貿公司、供銷社、土產公司乃至山里的農戶、個體戶都建立了固定聯系，形成了固定的收購和信息網絡。每收購到一定數額的山貨之后，她立刻運回昆明，趕着加工，馬上賣出，收到貨款或籌集到現錢后，她又奔下各州、縣去收購。

在創業的最初幾年，朱麗就是這樣盈得了市場，效益象滾雪球一樣，其資產得以擴充和發展。

當有了一定的資產之后，朱麗開始為企業的下一步發展尋找目標。首先她找到了大學經濟學院的教授，征詢對她“想搞一家企業，專門加工、生產農副產品”的可行性意見，聘請專家做企業的顧問，為企業發展出謀劃策。一九八九年，朱麗在自己的家鄉昆明建起了第一個農副土特產品加工廠。此時，她已邁出了重要的一步，因為她已不是幾年前那條在商海里不諳水性的小魚了。

小公司完成了一樁“蛇吞象”的生意

建立了自己的企業之后，朱麗比往常更沒日沒夜地把自己埋在生意場上了。

首先，朱麗把開發雲南省土特產資源、將邊疆山貨推到國際市場作為公司的經營目標。一方面，朱麗自己和企業人員深入到雲南各地州收購各種農副產品，通過沿海轉口銷往歐美市場。另一方面，為了保證出口商品的質量，使之在國際市場上有一定的競爭力，朱麗在加工過程中，嚴格管理，堅持產品質量標準，把農副產品進行嚴格等級分類，加工包裝，三十八個農副產品上百個規格，她層層把關，決不允許有以次充好、以少充多的現象，重視質量，講求信譽，贏得了外商的信賴。

一九九零年是朱麗實力大增的一年。這年七、八月份正是外商來華洽談蘑菇生意的時期。在所有參加談判的公司中，朱麗的新利發經貿公司是不起眼的一家。由于當時世界蘑菇生產大豐收，市場銷路并不好，外國人壓低價格。有位外商每噸僅出價五千元人民幣，而且量也不大，只給中國公司二百噸的訂單。許多大公司一看到這個價，紛紛搖頭不干、撤了，只有朱麗想干。她抓住這一機會，高質量地交了貨。這位外商一看，十分滿意，又加收了四百噸，產品直銷到瑞士蘇黎世。雖然這一年，朱麗披星戴月忙得累死累活，但她却認為：“很值得。因為我的基礎打扎實了，雖沒有賺到多少錢，却給自己交了許多生意上的合作者。”果然，第二年，世界蘑菇生產是個小年，外商提前二個月就趕到了昆明與中國公司進行談判，結果朱麗的新利發經貿公司拿到了最大的訂單，單是上一年從她公司進口六百噸的老客戶就與她簽訂了六百多萬元的貿易合同。

經過多年深入山區的采購、加工和經銷，朱麗以很小的資本實力，贏得了市場和客戶，在市場的競爭中超過了比她實力遠為雄厚的大出口商，做成了一樁樁“蛇吞象”的生意來。

做中國的阿信

朱麗“半路出家”，商海闖蕩，沒有任何背景，從簡單的采購農副土特產品到辦起自己今天實力較為雄厚的企業，經歷了發展、辦實業與人生體驗的多重感受。也正因為在商海里游泳，她更看重信譽；也因為信譽，給她帶來了今天在她看來的好運氣。

一九八九年，以農副產品營銷為主業的朱麗遇到了一個當時無法克服的困難：國際市場上對中國的農副產品拒收，而國內市場飽和。一時間，朱麗的新利發經貿公司積壓了價值三、四千萬元的貨物，要賬的人踏破了公司和她的門坎。朱麗將債主們召集到一起，既是坦誠、也是無可奈何地說：“如果相信我，願意等一等，貨賣了就拿錢。不願等，用貨頂。”想到朱麗的為人，催債的人們相信了。憑着她在前些年建立起來的信譽和關系，朱麗找到了新的客戶，開拓了市場，終于闖出了這道許多人都闖不過去的難關。

一九九三年，朱麗的新利發經貿公司從老客戶中得到歐美客戶已作出“雲南大旱，菌類將有大豐收”的預測信息之后，及時與外商接觸，了解和掌握了歐洲市場的行情，果斷決策，一次就拿到了數百萬美元的訂單。隨后，朱麗又多方籌集資金，派員到雲南的南部、東北部、西部的一些地州搞技術培訓，委托當地外貿、供銷部門和一些有實力的個體經商戶開設了三百多個收購點——每當雨水落地、菌類收購季節來臨時，新利發21名職工帶領從雲南各地招聘的三百多名農民工加班加點收購加工，黎明即起，夜深方歸，生意一派紅火。

●朱麗與公司各業務主管就雲南特產出口問題進行討論

朱麗坦言：她經營的宗旨就是向質量要效益，靠信譽求發展，向速度要速度。確實，憑借雲南沒有任何環境污染的農副土特產，經過她的精心加工，她不僅賺到了錢，也賺來了朱麗的信譽；憑借着這信譽，朱麗不僅與國外建立了廣泛的聯系，還在國內為她自己、為外商尋找到了自己新的商人角色：做外商產品在雲南的總代理，從“康元餅干”、“火鳥皮具”到“藍寶食品”。僅九年間，她為新加坡做“康元餅干”雲南總代理，銷售額就從最早的幾萬元發展到目前的數百萬元，銷售網點從最早的幾個擴展到三百多個，產品銷售遍及全雲南的十幾個地、州、縣。

“康元餅干”的一位老板曾這樣評價朱麗：“朱女士一經決定的事就敢做，對她的工作特別投入，對有困難的事，先解決了再跟我們商量，用國內的話來說，是一位女強人。我們和她不僅建立了生意上的關系，個人之間也建立了信心。她不讓我們失望,我們也保證她盈利,這是我們給她信心。”他十分欣賞朱麗的營銷辦法。每年,朱麗都舉辦規模宏大的“康元”展銷訂貨會,不僅場面十分氣派,而且交易與文藝活動交相輝映,令買賣雙方十分地滿意。

目前朱麗的新利發經貿公司百分之九十的產品是出口。這對于她來說,既不容易——從一名工人辭職下海到經營資產上千萬的私營企業的老板;又是一個新的開端:“我能有今天,公司會有今天,但我更想我們雲南的農村明天會不會也這樣。雲南農業雖然落后,可有豐富的資源,潛力很大。這些年,我們就是立足雲南農副土特產品優勢加工出口而獲成功的。因此,農副土特產品完全可以形成大宗商品,成為雲南省一大支柱產業,我的目標就是要實現這目標。”朱麗十分坦誠地說,“從另一方面來說,我們新利發目前已面臨生產飽和,生產條件、加工環節的制約和一些有發展潛力的項目滿足不了外商的新要求的新矛盾。”

作為一位女人,朱麗既有自己做一名現代女性值得自慰的人生經歷,也有自己作為一名普通女性內心的不安。但在兩者之間,她選擇了事業,“我的生命就是公司,我的一切都給了事業。我沒有給家人應給予的,我也沒有理由要求他們給予我什麼。”

繼與香港美暉有限公司合資創辦了雲南利暉食品有限公司之后,朱麗又創辦了深圳分公司,建了二個加工廠。此外,她還在昆明創辦了一個農場,着手把國外高產的、暢銷的農副產品新品種引進來種,試種之后,向雲南農村進行普及,再收購回來加工返銷到國外。此外,她還想建一個脫水蔬菜廠、建一個速凍冷庫、在北京專門經營雲南風味的餐飲業、在國外準備設立自己的分公司,……“我不能與阿信相比,她比我做得大,但我想我應該努力成為中國九十年代真正的阿信,而且應該是很有實力的阿信,而不是一種觀念上的阿信,……我應該朝這個方向去不斷地追求自己的人生價值。”

一九九三年,朱麗又朝這個目標邁出重要的一步,她加工的牛肝菌占領了歐洲百分之九十以上的市場,在雲南三資企業中,新利發公司出口創匯名列第三名。這就是朱麗,一個女人,一個女商人、一個女企業家和一個奮斗者的心迹。

朱麗:1943 年 5 月生于中國雲南省昆明市
1965 年在昆明一家企業做工人,后辭職經商
1991 年正式注冊企業:昆明新利發經貿公司
1992 年又與香港合資創辦雲南利暉食品工業有限公司
現任:中華全國工商業聯合會第七屆會員代表大會代表
中國人民政治協商會議雲南省第七屆委員會委員
中國人民政治協商會議雲南省昆明市委員會委員
中國雲南省總商會常委
雲南省昆明市總商會常委
雲南新利發經貿公司總經理兼雲南利暉食品工業有限公司總經理
下屬全資企業:
昆明新利發經貿公司　昆明新利發經貿公司深圳分公司

●每年朱麗都要為外商和本公司產品舉行展銷定貨會

昆明新利發自選商場　昆明新利發美容廳
昆明新利發冷飲店　昆明新利發第一、第二、第三加工廠
昆明新利發美發廳　昆明新利發官渡農場
昆明新加坡康元餅干批發部　雲南新興工貿公司綜合經營部
公司總部:中國雲南省昆明市關上區民航路新利發大樓
電　話:(0086)0871——7175181,7176288
傳　真:(0086)0871——7176288
電報掛號:9731　郵政編碼:650020

中國枸杞大王：從黃土高原上走出來

——寧夏回族自治區中寧縣枸杞公司總經理　周金科

中國西北部的寧夏回族自治區中寧縣，是中國傳統名貴中藥材枸杞的原產地。黃河水從中流過，黃土地數千年來為當地的回、漢族居民奉獻着這種紅得晶瑩的果實。中國唐朝詩人劉禹錫曾賦詩贊譽道："僧房藥樹依寒井，井有香泉樹有靈，翠黛葉生籠石甃，殷紅子熟照銅瓶，枝繁本是仙人杖，根老新成瑞犬形，上品功能甘露味，還知一勺可延齡。"然而，這種可以"滋肝補腎，生精益氣，治虛安神，祛風明目；調配菜點，煲湯佐餐，經常食用，延年益壽"的好東西，一度被當地農民用來作農田里的肥料。對枸杞的選品、加工有獨到功夫的周金科沒有想到，正因為有了這種"谷賤傷農"的感受，他竟成為后來"中國的枸杞大王"。

"茨賤傷農"使他開始了新的嘗試

一九八五年，地處中國西北部的寧夏回族自治區遭受了一場特大的經濟損失，素有"寧夏五寶"之稱的寧夏特產——枸杞，因為出口訂單少，大批收購上來的中藥材枸杞，被積壓在倉庫里，賣不出去。一時間，當地種植枸杞的茨農怨聲載道：他們辛苦種植的枸杞竟被當作肥料以一公斤幾分錢的價格反銷給農民，倒在田地里當作肥料使用。

出生于本地的周金科，當時是中寧縣農村的一位"致富能手"。只是早先在中國農村，他本人是幾上幾下：周作過農村生產隊的大隊長，當他領導的生產隊一年勞動下來集體有了積蓄時，他被人推了下來；當生產隊沒錢時，他又被人抬了上去．好在始于七十年代末的中國農村聯產承包責任制，使有經營頭腦的周金科有了施展自己能力的機會，幾年下來，他有了幾萬元的積蓄。

周本自農民出生，他深知農民的生活的艱難，尤其是在中國的西北黃土高原上，不僅氣候惡劣，而且缺乏市場、資金、信息。面對一九八五年的枸杞市場大疲軟，對枸杞的選品、加工有獨到技藝的周金科開始了一個大膽的嘗試。

借助于手中僅有的幾萬元人民幣作資本，周金科首先在中寧縣注冊了自己的公司——中寧寧安貿易商行，利用他原先作生產隊長時為天津市外貿部門加工生產枸杞建立的業務關系，在本地為天津的客戶收購、加工枸杞。

"當時我的生產加工條件十分的簡單，對枸杞的選等、加工也只能是用篩子進行篩選，自家的房前屋后也就是我的經營場地。哪象現在，我的經營場地已經從過去的幾百平方米發展到現在的三千多平方米，人工加工也變成了基本上實現配套的機械化作業。"周金科事后回憶這段經歷，十分地自豪。

為寧夏做了一件大善事

周金科自己為天津市外貿部門代為收購、加工出口枸杞的事，后來被寧夏的外貿部門發現了。他們既很吃驚，也很希望周老板能同自己合作，畢竟中國人是很講究鄉里鄉親這份關系。當寧夏外貿部門找到了周金科時，沒想到周老板竟很快答應了他們的要求。

從固定的貿易伙伴到新的貿易伙伴，對周金科這個土生土長的農民來說，也是一番新的創業。畢竟寧夏同天津來比，信息、運輸、市場等都不如天津來的快。但周金科作為一個土生土的寧夏人畢竟還是想對家鄉做點貢獻，這也不僅僅是給本地的農民增加一點收入的問題。

"我搞枸杞的收購、加工，一向被外貿部門所看重。這主要是因為我能識別出送來的枸杞是本地產的，還是外地產的。因為寧夏有許多地方出枸杞，只有我們中寧出的枸杞質量是最好的，它是用流經本地的一種帶鹽碱性的清河水灌溉,不僅適應枸杞的生長,而且對枸杞的內在質量和理化水平都十分有益。另外一方面,我收購、加工的枸杞質量一直很穩定,貨是地地道道的中寧枸杞。所以,外貿部門出口枸杞,總是先到我這里來進貨,加工多少,他們收購多少;市場行情的變化對我來說,影響也不是很大,因為在國際市場上,客商們都知道我老周的貨質量是最好的,在同樣價格下,他們是先買我的,后買別人的貨。”周談起自己加工的枸杞來,興致十分的高。

從一九八五年在寧夏枸杞市場十分危難之中走出來尋找市場、進行收購和加工,周金科的寧安貿易商行由原先年加工十萬公斤,發展到目前他的中寧枸杞公司年可加工生產枸杞五十萬公斤,八年中共為寧夏外貿和天津外貿部門加工出口枸杞數百噸枸杞,創外匯銷售額數百萬美元,不僅解決了寧夏特產枸杞的國際、國內市場銷路問題,解決了當地農民的生產問題,也為寧夏這一中國西北經濟較為落后的民族地區發展對外貿易作出了貢獻,成為名副其實的中國枸杞大王。

●1989 年 10 月,周金科作為中國私營企業中的全國勞動模範人物,在北京參加國慶活動

厚道為本,誠實經營

作為一名私營企業的老板,周金科在商海中自由泳了數年,身上至今仍有着中國西北農民那種質樸、厚道的誠實之儀。

“我是一個農民,如果沒有政府的政策,當然也就沒有我的今天。一九八五年,本地農民賣枸杞難,我在這種情況下辦了自己的企業。幾年來,政府對我的經營也是十分的關注和大力支持,沒有他們的支持,我不行。所以對于周圍鄉里鄉親,我對于他們送來收購的枸杞,是什麼時候來,我就什麼時候收購,而且一律按質論價,十分公道。正因為這樣,所以不僅本地的農民和農場來我這里來賣枸杞,就連寧夏其他地方的農民和農場產的枸杞也都拿到我這里來賣。我想我的成功也離不開他們。”周自認為自己不是謙虛。

近年來,由于政策放活,當地不少農民也自己辦起了枸杞加工部,一旦市場好,就不注重質量,品質不一,哄抬價格;一旦市場行情差,就壓低價格,造成“茨賤傷農”。周金科對此十分地不安,但有時也感到無能為力。對他來說,只有以信譽和質量來求得在市場上的主動權。也正因為如此,他在當地的茨農心目中有很好的口碑。以至于后來,政府的工商行政管理局、稅務局就委托他代向茨農征收稅費,外貿部門正因為直接從他那里進貨,減少了不少中間環節,每年為國家節約數十萬元的開支。

枸杞是一種十分新鮮、不易保存的果實。每年從六月起到九月間是它的產季,而六月開始到次年的元月,正是枸杞的加工季節。周金科采取了一種十分靈活的用工制度,除了固定的工人之外,他還在收購和加工的繁忙時期采取“不定員、不定時、進退自由”的用工形式,每年安排附近的三百余名農村剩余勞動力到公司從事對枸杞的篩選、揀選加工、分等、包裝等工作,僅六年中,就有當地附近的數百名農民從他公司領取了一百多萬元的工資,使當地農民不少人家解決了生活的困難,脫貧致富。盡管這筆開支對于中國許多地方的私營企業來說,并不是一個十分大的數額,但對于一個在黃土高原上起步的私營企業來說,就是一個不少的數目了。至于為當地捐資助學、一九九零年的第七屆亞洲運動會、當地敬老院、軍烈屬、貧困戶捐款、捐物,周總是盡自己的心去做。

周金科以自己的厚道質樸和誠實經營推動了當地

的個體私營經濟的發展，也受到了當地政府和民眾的稱道。他后來不僅成為寧夏的民族團結先進人物、全自治區的鄉鎮企業優秀經理、勞動模範，受到了政府的表彰，還在一九八九年十月作為全國的勞動模範，受到了中國政府的表彰與獎勵，這在當時十分艱難的環境下，能有此榮譽，該是十分值得稱道的事。一九九零年，周還被評為寧夏和中國的“納稅模範戶”，再次受政府的表彰。

希望對枸杞開展全面開發

枸杞作為被中國古代大醫學家李時珍大為稱道的名貴中藥材，至今在海外華人心目中有着較高的認識，但對于外國人來說，却是鮮為人知。在中國國內，由于技術開發的落后和對市場的爭奪，出現了一方面枸杞的品種開發嚴重落后，枸杞的深度加工不盡人意，另一方面，中國的河北、新疆、內蒙古等地大面積廣種薄收，使外地產枸杞在質量上雖與寧夏無法去比，但在價格下，嚴重冲擊了寧夏枸杞的市場前景。這使周金科這位中國的枸杞大王深感憂慮。

一九八九年六月和一九九一年，周金科先后到香港、新加坡、泰國、澳門等地考察枸杞的國際市場前景問題。這對于他來說，收獲可謂十分大。“我希望能對枸杞開展全面的開發和應用，不應該使它僅成為一副中藥中的一味藥，或是泡酒、煲湯、炖肉，應該讓枸杞的功能得以充分地發揮。”

盡管這對于周本人來說，是一個十分具體而又投資戰綫十分長的工程，需要時間、資金、技術等多方面配合，而且他又處于一個經濟文化相對于中國許多地方都要落后的民族地區，實施起來十分困難，但周想借助于外界的力量能圓這個夢。

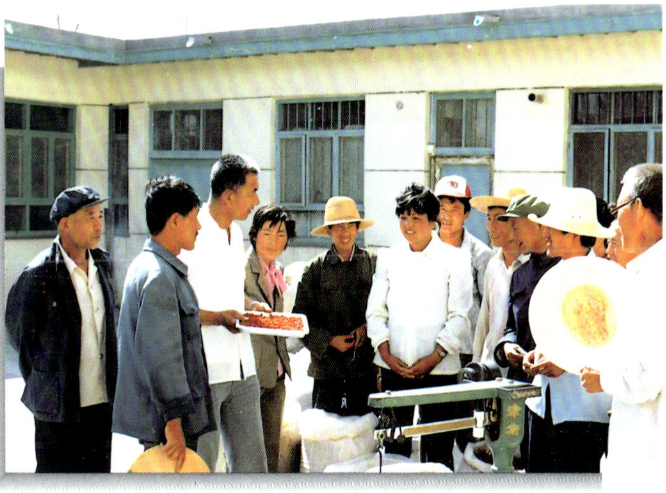

對收購的枸杞按質論價——保證了周金科的枸杞質量是最好的

周氏首先希望今后能在枸杞的品種上面做點文章：“為了發展枸杞的生產，我希望政府能為它減免農林特產稅、實行化肥特供、收購施行保護價，并共同更新目前的枸杞品種，以提高枸杞的單產量。”在這方面，他希望能做出點自己的努力，同時周氏還希望政府將來能給予他出口經營權。

“可能目前來說，在國際市場相對于潛力并不大的情況下，我會側重于國內市場的開發。雖然我的枸杞產品目前已經是全部出口，在臺灣、香港、美國、東南亞等國家和地區有着良好的信譽，但畢竟主要是在華人社會里。國際與國內市場相對比較，國內市場會更大一些。而且如果我在國內市場進行多方面的開發，如進行小規格的包裝、產品開發，這樣不僅可以積累資金，而且對于尋找新的市場也將會有利的。當然，為了加速發展，我們更願與國內外的客戶在互惠互利的基礎上精誠合作，如采取合作、合資經營的方式，共同對枸杞進行系列產品的開發，及早讓外國人了解和認識我們中國的名貴中藥材、同時也是高級滋補品枸杞。”周金科坦出自己的意願，十分真誠。

周金科：1941 年 9 月出生于中國寧夏回族自治區中寧縣農村
　　1985 年創辦私營企業寧夏中寧寧安貿易商行
　　1992 年重新注冊為寧夏中寧縣枸杞公司

現任：中華全國工商業聯合會第七屆執行委員
　　中國人民政治協商會議寧夏回族自治區第七屆委員會常委
　　寧夏回族自治區工商業聯合會第六屆常委
　　寧夏回族自治區中寧縣工商聯副主委
　　寧夏回族自治區中寧縣政協委員
　　寧夏回族自治區中寧個體勞動者協會副主任
　　寧夏中寧縣枸杞公司總經理
　　寧夏嘉興化工油料有限公司總經理
　　寧夏嘉華食品有限公司中寧分公司經理

全資企業：寧夏中寧枸杞公司
　　寧夏嘉興化工油料有限公司
　　寧夏嘉化食品有限公司中寧分公司

公司總部：中國寧夏回族自治區中寧縣城北街
電　　話：(0086)09634－521308
傳　　真：(0086)0951－641267(銀川辦事處)
　　(0086)09634－521308
郵政編碼：751200

從放牧人到生意紅火的老板

——西藏自治區私營企業家　夏　加

●夏加參加中華全國工商業聯合會第七次會員代表大會留影

作為一個西藏牧民人家出來的放牧人，夏加從來沒有想過自己竟改變了全家貧窮的命運，幷成為在全西藏生意做的十分紅火的老板。

做了二十多年的放牧人。

一九四八年，夏加出生在中國西藏自治區北部那曲地區索縣洋阿鄉一個牧民家庭。家庭的貧困使夏加從小就當了一個小牧民。即使在后來西藏實行民主改革，成立了人民公社，但對于生產、生活條件依舊十分惡劣的西藏農牧區來說，廣大西藏農牧民生活仍十分困難，一個強勞動力一天只掙人民幣一角錢，夏加全家六個人一天也只有六角錢的收入，而且也是十分地辛勞。為了減輕全家的生活負擔，年僅十八歲的夏加不得不離開自己的家人，到縣里加入了牦牛運輸隊。

六十年代的西藏各鄉之間，幷沒有公路可走。從那曲地區運往各縣的各種生活、生產物資，需要人們用牦牛運往各鄉。長長的牦牛運輸隊一隊有二十幾頭牦牛，而趕牦牛的人只有兩三個人。他們一年四季在荒無人烟的山間小道上驅趕牦牛，寂寞、寒冷、饑餓，時時困擾着他們，常常幾天吃不上一頓飽飯，睡不上一個好覺。夏加有整整七年就這樣風里來、雨里去，他拼命地干活，也只能塡飽自己一個人的肚子，不能給自己的家人有一點的幫助。沒有辦法，他只好利用休息的時間給別人做幫工，攢下人家給的口糧，幫助家里人度過難關。

牦牛運輸專業戶到邊境經商

一九八二年，中國對西藏實行新的經濟政策，西藏人民政府從西藏的實際出發，制定了將集體牲畜分給牧民，實行牧民對牲畜的私有私養、自主經營、免征免購等一系列放寬經濟的政策。這使一心盼望早日擺脫貧窮命運的夏加看到了自己的希望。

夏加首先帶着自己的大兒子率先干起了牦牛運輸專業戶，他把當地索縣南部的木材運往北部，再把北部的食鹽運到南部，既搞易貨交易也搞現金交易。僅干了二年，他手頭就有兩萬多元錢，到拉薩參加西藏自治區召開的“西藏自治區萬元戶慶功大會”，受到了西藏自治區政府領導人的稱贊與鼓勵。這次大會使夏加這一曾經窮了幾十年的牧民深受鼓舞。從拉薩回來后，夏加瞄準當時剛剛開放的中國與尼泊爾交界的樟木口岸，開始做起了邊貿生意來。一方面他向銀行貸了　萬伍仟元錢，從國營公司以批發價格購買暖水瓶、鞋類、以及各種日用雜品，運往樟木口岸銷往尼泊爾；另一方面他從樟木口岸進口各種呢料、孔雀羽毛等運到拉薩、成都等地銷售。同時，夏加還在自己的家鄉索縣開了一個百貨商店，請他的大哥哥和大侄子經營。

三年后，夏加不僅還清了他向銀行的貸款，而且手中還有了十幾萬元的流動資金。

想專為西藏農牧民生產服裝

一九八九年，夏加根據西藏樟木口岸市場的需求，生意從百貨經營轉向專門經營滌確良布。這一招，不僅使他通過從拉薩的批發商手里進的布匹運到樟木口岸后銷售一空，一年后他自己買了一部貨車，雇了一名司機，并請他的小侄子做他的業務員，到河北省的石家莊，直接從廠家進貨，并把貨直接運到樟木口岸銷售，而且還使他有了更多的資金可以積累，并在西藏樟木口岸建了一幢二層樓。如今，夏加讓他的大兒子坐鎮樟木，經營那里的商店，管理、出租房屋。“如果沒有政府好的政策，我不會有今天這個樣子。我想把自己手中的八十多萬元流動資金拿出來，用于擴大再生產，為西藏的建設和發展做自己的貢獻。”夏加十分眞誠地說。

這位在一九九三年被選為中華全國工商業聯合會第七屆執行委員的西藏的私營企業老板，道出了自己一個眞誠的願望，就是與他人能合作，在西藏自治區首府拉薩市近郊建一家服裝廠，從中國內地請幾位師傅來，專門生產適合西藏農牧區消費水平的各款中低檔的服裝。這在夏加看來，并不應是太久的事情。

●布達拉宮下的夏加一家

「世界屋脊」上的明星人物

——西藏自治區日喀則市旦增旅館經理　**旦　增**

在位于“世界屋脊”的西藏自治區，有一個被稱作后藏的日喀則地區。這里有作為中國著名藏傳佛教領袖班禪額爾德尼・確吉堅贊大師駐錫地的扎什倫布寺。每年到這里朝拜和旅游的藏族信教民衆、外國游客很多，日喀則市的旦增旅館由此而名聞海內外。作為一間私營旅舘的老板，旦增也因此而成為這個“世界屋脊”上明星人物。

●旦增和他的女兒接待住宿的英國和中國新疆遊客

年青時有過經商經歷

年已六十的旦增，出生于西藏自治區日喀則地區拉孜縣一位農民的家庭，當時的西藏仍是一個有着歐洲中世紀封建社會結構的宗法社會。旦增的家很窮，十四歲那年，他來到了西藏首府拉薩，在一個親戚家里當傭人。這一干就是三年。到了十七歲時，旦增從拉薩回到了日喀則。為了生計，開始做一點小買賣。六十年代開始的中國“文化大革命”運動，使與當時的貴族多索一家多少有些沾親帶故的旦增再也不敢做小買賣了，因為這時他已成為被革命的對象。后來，旦增趕了幾年的馬車，還做過炊事員，直到最后他在當地日喀則車隊當管理員。

放棄穩定收入重操舊業

進入七十年代末八十年代初，西藏開始對外開放。旦增這時看好形勢，放棄了自己那份穩定的工資收入，重操舊業。開始時，他只能做些小本買賣，從西藏拉薩、青海省格爾木購進鹽巴到缺鹽的西藏有關縣去賣。旦增的家鄉日喀則地區各縣氣候差异很大，有的縣遇到干旱常常是顆粒無收，而有的縣水資源豐富，糧食豐收，農民家中有多余的糧食急待出售。旦增就專門跑到有余糧的農民家中去收購，將收到的糧食運往受災的地區出售。幾年后，他終于有了一筆可觀的收入。

辦旅館獲政府官員支持

有了這筆資金，旦增還想干大一點的事情。這時他看好了本地的旅游資源，想辦一間旅館。

旦增認為，日喀則是西藏的第二大城市，這里不僅有舉世聞名的名勝古迹，還是攀登珠穆朗瑪峰和西夏幫馬峰的必經之地，這幾年國內外的游人不斷，開個旅館一定能行。可是，旦增也遇到了一個難題，他光有資金還不行，辦旅館，他連巴掌大的地方也沒有。情急之中，旦增找到了當時任西藏自治區日喀則地區行署的最高行政官員——行署專員、也是藏族人的頓珠先生。這位藏族官員十分欣賞旦增的想法，并親自帶他到日喀則市里去選地址。旦增看好了背靠日喀則有名的老縣——桑珠孜、面對當地農貿市場的一塊空地。頓珠當場拍板將這塊地批給了他。

憑着旦增做小買賣和收購、銷售糧食積蓄下來的資金，旦增在日喀則建起了一個具有濃鬱藏族風格的二層樓——西藏日喀則市旦增旅館。這個初期建起的小旅館在第二年竟很快又加蓋了一層。現在這幢有三層的旅館，不僅有曬臺，而且中間有陽光充足的天井，看上去象是一個家境殷實的大戶人家的住宅。旦增旅館有六十張床位，租金每天分別為人民幣十元至二十元不等，旅館內備有便飯和簡陋的衛生間。為了方便旅客，也為了增加收入，旦增在他的旅館下面還開設了一個百貨商店，出售中國內地產的各種毛斤、香皂、綢緞、尼泊爾和印度產的各種化妝品、香水、竈具等，可謂是應有盡有。每年在西藏的旅游黃金季節，這里吸引了許多來日喀則的國內外游客，特別是對西藏風情有着特殊興趣的外國人。旦增旅館的名氣還傳到了國外，僅尼泊爾出版的“中國西藏導游圖”上就標有“旦增旅館”的說明。

作為一名靠自己努力一步步起來的私營企業老板，旦增自認為是不可以同國內其他地方的同行和老板相比的，但在全西藏來說，他却是一個名聲不小的人物了。這位中華全國工商業聯合會第七屆代表，目前手頭還有數十萬元的流動資金，他想進一步去發展他的旅游業，也是他家鄉的旅游業：“目前對我來說，我想能進一步改善我的旅館設施，把旅館的土木結構逐漸改建成為鋼筋水泥結構，這樣將會給到我這里來的國內外游客提供更好的住宿生活環境。”旦增對此十分地肯定。

●旦增與兩位外國遊客在一起

曉亮訪談録

——訪中國社會科學院研究員　**曉亮先生**

曉亮：原名梁遵文 1928 年生，山西楡社縣人。1941 年參加革命，1943 年參加工作。抗日戰爭期間曾就讀于太行中學、太行行政干校。長期從事新聞工作。曾發表過八九百篇經濟學方面的文章，出版過十多本小冊子和專著。現爲《中國社會科學》編審(已離休)。主要從事所有制改革、分配問題、勞動經濟、生產力、商品經濟等研究。

現爲：中國合作經濟學會常務理事
中國市場經濟研究會常務理事
中國私營經濟研究會副會長
《中國經濟科學年鑒》主編
中國生產力經濟學研究會理事
中國房地產及住宅研究會理事
中國工商行政管理學會理事
北京開達經濟學家咨詢中心常務理事
中國勞動學會工資專業委員會常務理事
中國城鎮集體經濟研究會常務理事

(一)您是什麽時候開始關注幷研究個體私營經濟的？當時中國經濟理論界對這個問題的研究處于什麽狀態？

中國大陸是在改革開放的形勢下，才使個體經濟得到恢復和發展，幷且出現有雇工經營的私營經濟。1978 年，中國城鎮個體勞動者只有 15 萬人，1979 年恢復到 32 萬人，1980 年達到 81 萬人。數量雖然很小，但反映了一種客觀上的需要和發展趨勢。在個體經濟發展的基礎上，特別是在農村推行家庭承包經營之后，中國開始出現由專業戶、承包戶雇工經營的現象，出現個體勞動者擴大經營規模的要求。正是在這種情況下，我重新開始了對這一經濟現象的研究(50 年代中，我對個體經濟的經濟規律發表過意見；60 年初，我對自留地、家庭副業等寫過文章)。目的是，掃清思想障礙，推動個體、私營經濟的健康發展。

1981 年，我寫了一篇《試論社會主義條件下的個體經濟》的文章，發表在《新疆社會科學研究動態》，后轉載于《新疆社會科學》1982 年第 1 期。接着，我針對有人主張對自留畜要加以限制的觀點，發表了一篇《對自留畜的發展要不要限制?》的文章(見《農業經濟叢刊》1982 年第 2 期)。文章明確提出，限制自留畜的發展，就是限制生產力。同時，我還發表了一篇《允許個體戶請幫手帶學徒有無理論根據?》的文章(見《理論與實踐》1982 年第 5 期)，認爲個體戶在必要時，完全可以請幫手、帶學徒。到了 1986 年，我發表了好幾篇肯定私營經濟的文章，例如《允許私人經濟的發展，有利于社會主義事業》(光明日報《資料與文稿》第 32 期)，《關于私人經濟的概念》(《遼寧大學學報》1986 年第 5 期)，《把雇工大戶納入整個社會經濟關系中來研究》(《未定稿》1986 年第 21 期)。

70 年代末和 80 年初，中國經濟學界開始探討個體經濟在社會主義條件下的地位和作用時，基本上都持肯定態度，也有人主張允許存在，但要加以限制。至于雇工經營，80 年代初在內部研究中，看法很不一致，公開發表文章加以肯定者，幾乎沒有。據我所知，當時林子力等一些同志是充分肯定私營經濟的，但在社會上、在理論界，“私有”、“雇工”實際上還是禁區。研究者很少。上述我那些文章，旣是有針對性的，也是冒風險的。直到 1987 年初，中共中央明確制定了對私營經濟“允許存在，加強管理，興利抑弊，逐步引導”的正確方針以后，禁區才被打破。但是在“6.4”風波以后，仍有人把私營經濟同私有化、自由化聯系到一起，加以批判。由于“左”的思想在中國有很深的根源和影響，因而研究私營經濟問題容易被人誤解。直到現在，仍有人指責肯定私營經濟的經濟學家“大概是接受了私營企業家的好處，當了私營經濟的代言人”這樣極不負責任的話。

當然，我也並不是專門研究經濟的。我研究的問題較多，私營經濟問題，只是我在研究中國所有制結構中給以更多地關注的一個問題罷了。

（二）在中國私營經濟發展15年間的各個階段上，您的主要見解和學術觀點有哪些？

在十多年來對私營經濟問題的研究中，我大體發表過這樣一些見解。

1、關于私營經濟的概念。

我認為把私營經濟定義為“存在雇傭勞動關系的經濟成份”是不準確的、不科學的。私營經濟，可以理解為私有制經濟。如果這樣，它應包括資本主義經濟，小業主經濟、個體經濟。

它也可以理解為私人經營的經濟。如果這樣，它不僅包括上述三個部分，還應包括私人租賃、承包經營的國有、集體企業的經濟。

準確的說法應當是帶有資本主義性質的經濟，或私營企業。在中國條件下，私營經濟應包括個體經濟、私營企業，外商獨資企業。

2、有雇工經營的私營經濟同個體經濟既有聯系，又有區別。就如同農村中的富農與中農的界限一樣，有一定的相對性。簡單地用雇工八人（含八人）以上算作私營企業，雇工七人（含七人）以下為個體工商戶，這只是一個管理上、統計上的劃分，不是經濟學上的劃分。在我國具體情況下，把二者的界限劃在八上、七下，也不適宜。因為在現實中，不少雇傭十來個人的私營企業，實際是小作坊。不如在私營企業、個體工商戶之間，加一個小業主經濟的概念。中共在制定個體經濟與私營企業的政策時，應把它們聯系到一起考慮。

3、私營經濟代表了比個體經濟更高得多的生產力。因為它把諸多的生產要素組合在一起，形成了新的生產力，是新的生產力的成長點。它也有利于國家的管理。

4、私營經濟是適應社會主義商品經濟的一種所有制形式。因為它從來是面向市場的。它的生產要素，全部由市場獲得；它的產品也全由市場來消化。可以說，私營經濟同市場是不可分割的，同生共滅的。在長期的實踐中，它已經磨煉出一整套適應市場經濟的經營機制和組織形式。

5、私營經濟在中國的重新出現和發展，具有深刻的必然性和必要性。簡單地拿生產力水平低來說明私營經濟的發展具有必然性是不夠的。因為按照這種觀點，容易引伸出生產力發展水平一提高，私營經濟就要立即消滅的主張。另外還容易使人產生這樣的看法：私營經濟只適應于較低層次的生產力水平，而不適應較高層次的生產力。而如果我們把私營經濟當作資本主義的生產關系的同義語的話，它實際上適應從資本主義初期到現代資本主義時期這樣大的跨度的生產力界限。因為私營經濟這種生產關系，也是可以在一定程度上調整生產關系的。從世界範圍看，直到現在，這種經濟成份也還是充滿活力的。我的看法是，歷史還沒有發展到能夠用公有制經濟完全代替私有制經濟的地步。

6、對五十年代的“對資本主義工商業的社會主義改造”，要重新認識。僅僅說“對一部分原工商業者的使用和處理不很適當”是不夠的。由于當時公有制經濟在工業中已經占有主導地位，不實行讓資本主義絕種的政策，中國已經進入社會主義社會中了。如果當時不實行這種政策，或者在對資改造留一點尾巴，中國的經濟發展可能更快，我們也用不着再來一個允許私營經濟發展的政策轉換，延續下來豈不更好？總之，我不贊成這樣的觀點：過去對資改造是完全正確的，現在讓它重新發展也是正確的。二者之間應當有某種邏輯關系。

7、對于公有經濟的主體地位和私營經濟的補充作用，我認為這是從總體上說的，也反映了目前的實際情況。但是不應當拿這樣一個原則到處套用。在有些地區和部門（在第三產業和第二產業的某些部門），私營經濟在數量上發展很多，這也應當是允許的。更不應當拿這樣一個原則來限制私營經濟的發展。

8、在現階段的中國，私營經濟的發展，歸根到底是有利于社會主義的。不能把發展私營經濟當作一個權宜之計。

9、要為私營經濟的發展創設一個良好的環境。要注意克服干部和群眾中存在的“恐資病”和“紅眼病”。

10、私營經濟的適度發展，不會出現一個資產階級。

以上這十個觀點，是我1989年以前，在許多文章或發言中每次講過的。1989年“6.4”風波以后，我又在一些文章中講了這樣一些見解：

11、批判私有化是正確的，但是我不贊成把發展私營經濟同私有化聯系到一起來批判。那樣會導致對中共的允許私營經濟發展的政策的否定。發展個體、私營經濟不屬于資產階級自由化。

12、個體、私營經濟確實具有二重性：既有積極作用，也有消極作用。但必須指出，積極作用是主要的。

13、針對一些人提出的，個體、私營經濟是分配不公的主要表現，要對個體、私營企業的收入加以嚴格限制的言論，我在許多文章指出，研究收入分配不能從道義出發，而要從既定的生產關系出發。既然我們允許個體、私營經濟的發展，就要允許他們獲得較一般職工高得多的收入。對他們的收入和分配要作具體的分析。對違法的收入應當制止和打擊，合法的收入要給以保護。

14、要大講特講私營經濟的積極作用。

過去我們只講私營經濟在促進生產，活躍市場，擴大就業，出口創匯，能更好滿足人民生活多方面的需要等作用。這些作用是看得見、摸得着的。可以稱之為私營經濟作用的硬件部分。

其實，私營經濟的作用不只這些。它在促進公有經濟的改革方向，在調整產業和產品結構方面，在改變農村面貌方面，在培養產業工人、企業家方面，也有積極作用。在公有制還搞的不活的情況下，私營經濟的發展，在一定程度上起了支撐的作用，使公有制經濟可以騰出手來，深化改革。這些作用是要想一想才能認識的，所以可以把它稱之為私營經濟作用的軟件部分。

15、從總體上說，國家對私營經濟的政策，是節制資本的政策。我們不能否定要有必要的限制。但限制什麼要研究。"6.4"以后，有人主張限制雇工，有人主張限制剝削，還有人主張規定一個發展的"度"。這些我都不贊成。我認為只能在產業政策上搞傾斜。例如某些行業和重要的產品，不允許私人涉及，不允許私人壟斷。除此以外，都應當放開、允許私人經營。各種經濟成份的合理比重，應當在平等的競爭中，自然地形成。不宜人為地規定一個發展的"度"。

16、不贊成把私營經濟的發展，"往股份合作制"的方向引導。認為股份制與合作制是不能結合的。我們應鼓勵個體勞動者走合作制的道路，但不能要求有雇傭勞動關系的私營企業走合作制道路。私營經濟發展的正道是股份制。但要有一個過程。目前溫州等地出現的所謂股份合作制，實際上是以集體經濟之名，行保護私營經濟之實，是為了對付上面，采用一個好聽名稱罷了。從科學研究的觀點來看，這種說法是不能肯定的。

17、在中國現實情況下，影響私營經濟健康發展的，主要是"左"的思潮。為此我在1992年，寫過一篇《清除"左"的干擾，促進私營經濟健康發展》的文章。其中根據多年來的實際情況，明確指出，私營經濟的發展，同政治氣候的關系極大。并指出當時在發展私營經濟的問題上的種種"左"的言論。

18、私營經濟盡管從微觀基礎上說不同于公有經濟，但它是社會主義市場經濟的組成部分。不應把把它們當作异己的力量看待。它們同公有制經濟有着千絲萬縷的聯系。一般來說，它們的當事人是擁護社會主義的。

19、發展個體、私營經濟是貧困地區盡快地改變面貌的較好選擇。

20、1993年于光遠先生提出"只有不論公有、私有都視為神聖財產，社會主義社會才能存在，才能進步"的論點之后，我在一些文章中也論證了這個觀點。我認為財產關系是社會主義最基本的生產關系，穩定社會主義生產關系的基本要求是穩定財產關系。社會主義當然要保護公有財產神聖不可侵犯，但是在現階段也要保護私有財產神聖不可侵犯。由于歷史等原因，中國私營經濟在發展中也出現了產權關系不明晰的問題，不少私營企業掛靠公有制單位，以公有企業的面目出現。許多私營企業主缺乏長遠打算，有了錢高消費，或把錢轉到國外。在政治風向發生變化時，往往出現迫使私營企業主把財產繳公等問題。這對社會主義的穩定和發展并不利。因而應當明確宣布私有財產神聖不可侵犯。

（三）中國的學術界對您的學術觀點有何評價：

國內學術界對我這些觀點，絕大多數持肯定態度。我也常收到一些同志的信件，支持我的觀點，認為我敢講實話，反映了實際情況。但也有人反對我的觀點，不斷地同我商榷。

1988年初，我發表了一篇《發展私營經濟需要在理論上有一系列的突破》的文章，其中一個問題是"要破除發展私營經濟就是恢復資本主義，就要出現一個資產階級的觀點"。當時我講的是私營經濟的一定程度的發展。很快，就有人發表文章同我商榷。該文的大意是，既然允許私營經濟的發展，就必然會出現一個資產階級。這個問題在"6.4"風波以后，曾在《真理的追求》這樣一個刊物上引起討論。有人發表文章說，中國已形成資產階級。但也有人不同意。我在一篇文章中講的觀點是：盡管我們在理論上不能否認發展私營經濟有出現資產階級的可能性，但在這個問題上要十分慎重。因為階級、階級斗爭等不僅是經濟學概念，也是政治和社會學概念。中國現在私營經濟剛剛產生和發展，還十分脆弱。私營企業主大都是從農民、公有制干部轉化來的，他們經營私營企業的原因，有的是由于在公有制單位發揮不了自己的才能，有的是響應黨的號召，有的甚至是為開辟致富的道路，為社會作貢獻，何況私營經濟的生長環境同舊社會也大不相同。在這種情況下，說中國已出現一個資產階級是不適當的，可以稱他們為一個階層。

1992年，當我在一個刊物上發表了《清除"左"的干擾，促進私營經濟健康發展》的文章之后，也是很快就有人發表文章，同我商榷，其中心意思是，不能說私營經濟是社會主義商品經濟的組成部分。因為私有制成份是非社會主義經濟,私營企業是資本主義性質的企業。他不僅反對我說的“私營經濟是發展社會主義市場經濟的生力軍”、“私營經濟在建立和發展社會主義市場經濟中可以發揮獨特作用”、“在發展社會主義商品經濟(市場經濟)中私營經濟將是一支非常活躍的力量……”,而且太扣帽了,說我同中共的十四大報告精神不相符合,離開了十四大報告的着眼點,片面強調發展私營經濟,說我隨意抓用“左”的帽子,等等。我當然不能贊成這些觀點和做法,于是寫了文章,回答他的《商榷》。這些文章都見諸《中國工商管理研究》,這里就不展開介紹了。最近,聽說又有文章批我的觀點,我還未看到。總之,圍繞市場經濟和私營經濟是否屬于社會主義市場經濟的組成部分的問題,這場筆墨官司還沒有完結。

再就是社會主義是否應當保護私有財產的問題上,聽說也有人在會上說,有的經濟學家替資產階級說話。

看來在以上三個問題上(**目前是否出現一個資產階級,私營經濟是否社會主義市場經濟的組成部分,應不應保護私有財產**),人們的認識還很不一致。我想,只要不是惡意的人身攻擊,只要我們是對國家的前途負責,為社會主義的命運着想,這些問題不是不可以爭論的。

(四)您認為在中國研究私營經濟有什麼理論和現實意義。

我認為在中國研究私營私營經濟問題,有重大的理論意義和實踐意義。主要有以下幾點:

1、包括私營經濟在內的多種經濟成份的發展,是建設有中國特色的社會主義的不可缺少的內容之一。研究私營經濟問題的目的是正確認識和對待私營經濟。采取理論與實踐相結合的方法研究私營經濟,把它放在建設有中國特色的社會主義的大思路、大目標、大背景下加以研究,不但有助于豐富這一理論,而且可以發展馬克思的科學社會主義學說。

2、私營經濟直到現在還是不可取代的經濟成分,還充滿活力。所以,研究私營經濟問題,對于發展馬克思的政治經濟學也是有意義的。

3、推動和深化經濟體制改革的需要。私營經濟本身不存在改革的問題。但它靈活經營、面向市場、注重效益的機制,對公有制企業的改革也有借鑒意義。

4、私營經濟直到現在還是一個敏感性問題。人們對它還有種種偏見。在如何對待私營經濟問題上,“左”的東西時有表現。研究私營經濟,端正對它的看法,有助于落實對小平先生所說的“中國要警惕右,但主要是防止‘左’”。

5、為中共中央和决策部門制定對私營經濟的正確政策提供理論依據和參考意見。

6、為何興利抑弊,加強管理,引導私營經濟的健康發展,這也要依靠對私營經濟的研究為前提。

(五)您在研究中國私營經濟過程中,都做過哪些實地的調查研究工作?

我和中國社科院農村所的劉文璞同志是從 1987 年底,承擔國家“七五”規劃哲學社會科學重點研究課題——私營經濟問題的。為了完成這一任務,我們曾經與一些單位聯合,于 1988 年 6 月在福州市召開了“全國私營經濟調研會”。依靠會議成果,我們編了一本《中國的私營經濟——現狀·問題·前景》一本出版。之后,我利用開會等機會,到一些方面做了調查。

1988 年 11 月到溫州調查,使我認識到私營經濟與市場的緊密關系,即哪里有私營經濟、哪里必然會有與之相適應的專業市場的興起。對溫州私營企業與家庭工業的結合,對商品經濟調動起來的溫州人的干勁,也有很深的印象。

1989 年 3 月在河北省清河縣,我看到很多私營企業帶有家庭作坊的性質。清河號稱“北方溫州”。其私營經濟的發展,與當時縣委領導的全力支持是分不開的。

1989 年 3 月到山西晉中地區調查,發現私營經濟的產業結構,同地方上的產業結構有一種內在的聯系。

1989 年 4、5 月間,我到河南鞏縣、廣東番禺、汕頭以及廣州市調查,加深了我對私營經濟多樣性和發展趨勢的認識。廣東是中國私營經濟發展最快的省份之一,那里已出現了科技型、外向型企業,并在一些地方出現了專業村、鎮。

1990 年 3 月到廣東佛山市調查,同年 12 月在河北省三河縣調查,發現“左”的思潮對私營經濟的發展影響極大。現在人們所說的“真私營假集體”現象,不清除“左”的干擾是不可能解决的。

1991 年 5、6 月間,我在沈陽市、江蘇南通、蘇州市也看了一些私營企業。總的印象是,東北的私營企業多半是工廠型的,規模效益較好,但靈活性方面不及南方私營企業。不少私營企業主有顧慮,有的還有怨氣。這些年來私營經濟的發展,工商行政管理部門做了大量的工作。

我對私營經濟的調查不夠深入。我只是感到這也是一個大的海洋,可以調查研究的問題是很多的。

醫貧者："何約翰"

——浙江省富陽市工商行政管理局局長 **何俠安**

富阳县工商行政管理局

局 长

何 侠 安

地址：富阳县龙山路八号
电话：23846 22062

在中國的私營經濟發展進程中，何俠安是一個普通的工商管理官員，但他又是一個不同尋常的官員：一百六十多個日日夜夜，對很多中國的私營企業老板來說，不知又有多少進項，又有多少生意場上的營算與空虧。

在這一百六十多天里，"何約翰"蹲在中國的一所監獄里，他已不是昨天的工商行政管理局局長，而是……這改變似乎是在一夜之間。

"何約翰"：與個體戶有天然關系

原本有一個很洋名字的何俠安，出生在中國東南部浙江省一個信奉基督教的家庭。何的父親早年因家貧不得已離家到十里洋場的上海去學做生意，這后來在其父的身上產生了一生的影響：何的父親壓根就不會做莊稼活，只會做一點兒小生意，即今天中國大陸的個體戶。當然，這也使何的父親在 1949 年新中國成立以后從上海回到家鄉富陽市，在二十多年的"人民公社"時代，帶給全家的是貧困——因為不會干農活，他總是拿半個勞動力的工分。可能父親把對宗教與富裕的期望都寄托在兒子的身上和名字上了：何約翰(JHON・HE)。對此，何俠安至今也沒有解釋什麼。只是后來因為"約翰"一詞在當地用方言表達音同"俠安"，何約翰便成了何俠安。

從記事起，何俠安就一直目睹着當地中國農民的貧困與悲哀：一方面他的父親因為可憐的工分不能養家糊口而不得已繼續做小買賣，當"個體戶"。任憑在后來的運動中被一次次地割掉"資本主義的尾巴"，割了又長，長了又割；另一方面，鄉親們的辛酸、為擺脫貧困的掙扎……何目睹了這一切。這種自幼時起貧困生活的最初、最豐富、最深切的人生體驗，使何俠安知道、理解、同情和欣賞這種民間自發的向往和平、安定和富裕的追求。

善待父老鄉親

一九六四年，何俠安告別了貧困的農村，到中國軍隊服役。在長達十五年的軍營生活里，他跟着軍隊走了大半個中國，目睹了中國當時的貧窮和落后。當很多年以后，何俠安服完兵役，轉業回到家鄉，迎接他的是父母的那堆荒冢。何先是在當地政府的知青辦公室工作。這份專門安置在中國"文化大革命"中到農村干社會主義的城市青年回城工作的差事，使他親身地體驗到城市就業的艱難；后來，何俠安又進入當地的公安局，他看到了因失業給社會帶來的已不僅僅是治安狀況的日益嚴峻……

經過多年在基層踏實而富有成效的工作，一九八五年，何俠安榮任當地富陽市工商行政管理局局長。

工商行政管理是一個在中國任何角落都有着重要權力影響的部門。當何俠安升任此職時，他深深知道自己面對的已不僅僅是過去那童年時留下的陰影，更是他所企盼的家鄉父老對富裕的追求。

在八十年代中后期，中國的經濟已是發生根本性變化的時期，許多中國人對自身經濟利益要求的迫切性，促使不少人自己砸掉自己的鐵飯碗，經商下海！對此，何十分理解并對此給予了深深的關切：在中國這樣一個生產力水平低下、商品經濟很不發達的農業國家，發展私營經濟既合乎中國國情，又合乎國家的法律，完全合情、合理、合法，應該鼓勵發展本地私營經濟。

在后來的工作中，盡管當時人們對個體戶和私營企業依然有着"恐資病"、"斜眼病"、"紅眼病"的心態，而且個體戶和私營企業自身也有着"等外公民"的心病，何俠安對此冒着風險站出來為老板們說話：在地方政府制定有關政策時，何呼吁人們"最起碼的是不要歧視他們"，從解決審批、經營場地、資金、供電到解決內部糾紛、家庭矛盾，何俠安及他的同仁們眞誠地幫助老板們解決問題。有家私營企業因業務急用車，何俠安將工商局的面包車借給了他們；為了幫助私營企業規範化發展，何不僅組織了浙江省第一家"私營企業俱樂部"，讓老板們在其中互相學習、交流、監督，讓他們看到集體的力量；他還說服政府允許私營企業可以參與政府對企業的"重合同、守信用"的評定、請政府評選私營企業中的"明星企業家"……

沉重的代價

一九八八年秋天，正當富陽私營經濟發展迅猛之時，何俠安通過當地文聯，由他所在的富陽市工商行政管理局出資，邀請浙江省十多位知名作家專門為本地的三十多位私營企業老板寫傳。這如此大膽超前的"樹碑立傳"之舉，在當時引起了許多人的困惑和質疑。

面對作家的反問，何俠安坦言道："十年前后對比，富陽市私營經濟的發展速度是驚人的。1979 年富陽從事私營經濟的個體工商戶僅 25 戶，從業人員 25 人，到 1988 年 11 月從事私營經濟的個體戶和私營企業已發展到 15498 戶，從業人員達 32124 人，分別是 1979 年的 620 倍和 1285 倍，它在富陽整個經濟結構中占的比重，僅以上繳稅款為例，1979 年私營經濟上繳稅款幾乎是零，至 1988 年預計可達 1600 萬，占縣財政收入的五分之一，私營老板給國家的貢獻還小嗎？私營老板眼下的社會地位與之相稱嗎？作家們對還原私營老板的公眾形象能無動于衷嗎？你們的筆難道還不該細微地感觸他們的脈搏嗎？"

這本名為《當代老板》的書，后來由浙江文藝出版社正式出版，人們不僅從中了解了當地的私營企業的老板，也從這些人的發展中了解了富陽、理解了何俠安和他的同仁為之所付出的心血。

●何俠安到當地私營企業大戶方雪木的建設工地了解工程進展

一九八九年，何俠安組織了浙江省私營經濟研討會。他以實踐的眼光坦率地提出了發展私營經濟存在的困難和問題，批評了社會的"恐資病"，大膽地提出："他們（私營企業老板）是共和國的功臣，……可以在他們中選勞模，樹標兵。他們可以當人民代表、政協委員，在各個領域擺正他們的位置。"

富陽私營經濟的發展引起了當地乃至北京新聞傳媒的關注，正當何俠安準備說服政府并組織建立一個占地近十四公頃、交通方便、水電供應充足、土地集中使用的"富陽私營工業區"時，一份蓄意捏造的匿名誣告信使何俠安在一九八九年十二月被非法拘禁一個月后又被關進了監獄。

為了證實何俠安有罪，負責"此案"的人對何采取了一連串非法的行為：搜查、抄家、關押何的家屬……最終在何家中搜出他夫婦多年積蓄下來的三千元存折、何的未過門妹夫送他的三條香烟、以及何本人收藏多年的三十多瓶酒！為了獲得確鑿證據，有的辦案人員還要求當地私營企業老板檢舉、揭發何如此賣力幫助他們說話、辦事是有受賄、索賄罪。

遺憾的是，富陽的私營企業老板不僅沒有在當時的不利環境下造出"證據"來，還紛紛給何喊冤叫屈，還有人跑到杭州市市政府和省政府官員下跪求公道。

何俠安在浙江省的監獄里呆了一百六十多天。在獄中，他寫了一份近萬字的《我的陳述》。"我是窮苦（人家出身），……靠人民養育，我注意自身修養，能分清黑白……從未犯過錯誤。服役歸來，父母已是一堆荒冢，自己轉業十二年，一年一度的祭祖掃墓，我僅去過六次。這并非我不孝，因忙于工作，犧牲的節假日就在五百天以上，連晚上也幾乎天天上班。……自古忠孝不能兩全，我只能愧對我的生身父母和祖先了。……工商局長不是個什麼大官。我雖未達到清高而視金錢如糞土的境界，但也絕不是見錢眼開的小人。盡管政策并未規定工商局長的親屬不準當個體戶，而我為避嫌，不允許我的親屬去當個體戶；工商干部同樣要生活，上市場買菜，有人說，穿工商制服買東西便宜，我憋氣五年未穿一天制服，五年不上市場買菜。此中甘苦，有誰曉得？……我身正行端，胸懷坦蕩，生平不做虧心事，沒有給工商局丟臉……"

我有一個后臺

一九九零年五月十四日，何俠安在被蒙冤關進監獄一百六十八天后，無罪釋放。出獄后，何先是在當地政府新成立的財貿辦公室任主任，仍象以前那樣，拼命工作，后來他又重新被選任富陽市工商行政管理局局長。

當地的私營企業老板稱何俠安是一個敢于給他們撐腰引路的工商管理官員，是他們的"后臺老板"。當有人要對個體戶和私營企業老板找碴挑毛病時，何有時會很尖刻地駁斥道："個體戶如果都是窮光蛋的話，我敢打賭，那就沒有什麼人還有興趣對他們說三道四了"。甚至在政府的辦公會上，面對個別地方官員對工商局的指責，何毫不客氣地反駁："將心比心吧！你的親屬要開廠、辦店，那時你會來工商局說情，要求通融、照顧，弄不好還會埋怨我們太保守，思想僵化，條條框框多……而此刻卻反過來又責怪這方面政策太寬了，個體戶得益太多了，上商局對他們太支持了——有這樣出爾反爾的嗎？在這里講話起碼要講點兒公道。”

何俠安兩次出任當地工商行政管理局局長，富陽的私營經濟隨之起伏發展。在他蒙冤入獄時，有的私營企業老板看到他們的“后臺老板”落得如此下場，于是趕緊給自己戴上假“集體”的紅帽子，心灰意冷；當他出獄重新出任工商局局長一職時，中國私營經濟的發展環境已非昔日可比，當地有的老板已經收購了經營困難的集體企業，這令他感欣喜，這種利國、利民的好事，為何不鼓勵呢？一大批私營企業及其老板在何與其同仁的幫助下，發展起來：其中包括浙江省唯一的在中國人民政治協商會議第八屆全國委員會中當委員的私營企業老板方雪木；受國家有關部門委托、自造古籍宣紙、自行印刷裝幀古典書籍名揚海內外的富陽市古籍印刷廠老板蔣放年；為北京亞運會提供百分之七十的賽艇、引起國際體育界人士關注的富陽水上運動器材廠老板申屠良金……

“富陽市目前上規模的私營企業就有六百多家，其中產值超百萬的已達四十一家，超千萬的有三家，還有十一家創辦了中外合資企業。到1993年年底全縣私營經濟總產值可望達到十個億，上繳稅款可達三千五百萬元，占全縣稅務收入的四分之一強。中國現在有二千多個縣，其中三分之二的縣財政稅收加起來才二千萬，要靠上級政府的財政補帖。如果它們都能有象富陽這樣積極扶持發展私營經濟和個體工商戶，那中國的縣級財政和經濟發展又會是什麼樣呢？”何俠安并不隱瞞自己對私營經濟對中國社會經濟的影響力會怎樣這一想法。

何不僅是一個被當地款爺富婆視為十分清廉的工商管理官員，還是當地幾十萬百姓的好鄉親、好公僕、敢作敢為的好漢子——“好約翰”。從他第一次上任縣工商行政管理局局長這一實權位置，他就為下屬制定了嚴格的《規章制度》，并親寫前言——《做合格的公僕》，這本小冊子從他上任到今天官復原職，在他的下屬中人手一冊：“腐敗風氣，為群眾所切齒痛恨，古人雲：‘得民心者得天下，失民心者失天下’。任何一個政府的垮臺，都是從腐敗之風蔓延，失去民心開始的。古今中外，概莫能外。我等全體匹夫、公僕，當系民眾願望于心，位低職卑，無甚權柄可言，磚、瓦、砂、石，怎能負梁柱之責。但我們是政府的一個工作人員，在政府的一個重要部門工作，一舉一動，關系政府的形象。是好公僕，應從入門第一天起，即從我做起。不可以善小而不為，成為潰千里長堤之蟻穴。”

何俠安為官十年，他的同仁和下屬居住條件都大為改善，而何俠安却和自己的家人至今仍居在一處四十多平方米的公房里，這簡樸的居室自有其溫馨與親情：瘦弱的何太太是位醫生，為當地人去病醫痛，清秀嫻淑，辛勤持家，與先生志同道合；兒子正是一個中學生，那家中懸垂下來的一副吊環和墻上信筆寫出的“何華星書畫展”可見這位男中學生的興趣與家中特有的情趣。

盡管有的私營企業老板勸說已經為他們吃了苦頭的何俠安不要來做這個很容易使人誤解的“后臺老板”，但何依然很自信：中國搞社會主義的市場經濟，這是我這個“后臺老板”的最大的后臺老板，有了這個“大后臺”，一切愛國、敬業、守法的企業家怎會沒有一展身手的大舞臺呢？何和他的同仁已經為當地的個體工商戶和私營企業建起了一座占地三萬平方米的富陽工商市場，專門為當地的私營企業和個體工商戶、還有來自全國的工商界人士服務，何期冀着他們這一舉措能給當地經濟帶來前所未有的變化。

何俠安：1946年3月生于中國浙江省富陽市
1964年到中國軍隊服軍役
1978年結束軍營生活，回到富陽
1979年任職于浙江省富陽市公安局
1985年由浙江省富陽市公安局副局長
升任富陽市工商行政管理局局長
1989年蒙冤被捕入獄，時至第二年5月被無罪釋放
1991年2月出任浙江省富陽市人民政府財貿辦公室主任
1993年4月重任浙江省富陽市工商行政管理局局長到今
地　址：中國浙江省富陽市富陽鎮桂花路九號
電　話：(0086)05831—323846，326063

●何俠安與市政府官員陪同外商了解私營企業生產的水上運動器材

企 業 篇

1992年中國100家最大的制造業私營企業排序

企業名稱	銷售額（萬元）	排序	利潤額（萬元）		從業人數（人）	主營產品
			純 利	稅 收		
成都希望集團有限公司	83000	1	6650	利稅額	1250	飼料、食品、電子、房地產、旅游服務
重慶僑營化工工業公司	31300	2	13700	400	968	化肥、農藥、電子、化工
聞喜海鑫鋼鐵有限公司	26000	3	2600	1400	2380	生鐵、焦炭、洗精煤
昌寧集團	21000	4	2300	2000	3000	給水設備、無壓鍋爐、高能充電電池、高效食品飲料
廣東惠州市富紳服裝實業有限公司	20000	5	1080	800	2800	服裝
沈陽飛龍醫藥保健品集團有限公司	18000	6	6000	600	800	延生護寶液等醫藥保健品
廣東省汕頭昂泰企業（集團）有限公司	15000	7	1200	300	300	水產制品、生化食品
湖南迅達集團湘潭新產品開發研究所	12000	8	1500	1800	860	"迅達牌"旋流燃氣爐
威海華藝實業集團總公司	12000	9	960	600	780	民用、辦公系列家具、真皮沙發
廣東喬士集團公司	11500	10		570	2300	喬士服裝系列
大連寶路企業集團	10156.8	11	1110.9	476.1	409	彩色印刷
大連致誠企業集團股份有限公司	10000	12	1000	1000	1200	服裝（皮裝）加工
福建泉州匹克（集團）公司	10000	13	800	1220		PEAK男女童裝系列、高檔運動鞋
四川禾嘉實業集團有限公司	10000	14	500		338	印刷、食品、塑料等
蓋州市升茂鋼管廠	9000	15	400	110	160	鋼管、節能器
四川安都企業集團公司	8500	16	1020		500	飼料添加劑、食品化工、生物化工、塑料
廣東劍華（集團）公司	8300	17	910	415	383	彩虹燈、立體幻影燈、傳真機保護器、電子鎮流器、微型燈泡
四川省敦煌集團公司	6287	18	793		350	服裝、床上用品、房地產
海南門山園（集團）有限公司	6000	19	1000	200	1000	農業、副業產品
陽江市保時威實業有限公司	6000	20		70	1200	"歌達漫"牌西褲

企業名稱	銷售額（萬元）	排序	利潤額（萬元）		從業人數（人）	主營產品
			純利	稅收		
成都華僑新苑總公司	5500	21	480		360	塑料包裝、包裝基材
大連雲鵬有限公司	5400	22	320		860	肉蛋禽、混合飲料加工
沈陽市鵬飛有限公司	5000	23	1500	300	207	汽車配件
成都瑞豐有限公司	4780	24	238.5	17.5	116	飼料
山西安泰國際企業集團股份有限公司	4769.10	25	567.35	359	1291	冶金焦炭
晉江市安海鎮安東機械鍛造廠	4720	26	1748	136.3	213	加工裝載機零部件
安徽省商建企業集團總公司	4563	27	800	305	1150	水泥、建築、糧油、商貿、運輸、汽車組裝、農機加工
惠州市東海企業公司	4300	28	1700	60	230	（供電廠）電力
汕頭民生塑膠總公司	4000	29	160	250	1170	塑膠、首飾、裝飾品
廣東省揭陽市榕泰高級瓷具有限公司	4000	30	50	160	500	主營：塑料、仿瓷制品 兼營：房地産
山東華夏實業有限公司	3500	31	200	100	320	構件、水泥制品
湖南三一集團有限公司	3500	32	210	160	698	人造金剛石
大連韓偉企業集團	3218	33	251.4	34.4	518	商品鷄蛋及飼料加工
廣西噴施寶有限公司	3200	34	200	112	515	葉面肥
烟臺福山區永生五金制品有限公司	3200	35	110	50	280	五金、家具、電控櫃
廣西岑溪河口石材有限公司	3000	36	900	180	500	石材
重慶市榮昌特種飼料廠	3000	37	250	150	185	飼料系列產品
烟臺芝星食品有限公司	3000	38	240	135	250	“芝星牌”新新即食面
河北蠡縣昌光毛紡織廠	3000	39	360		500	毛綫系列
四川協力生化有限公司	3000	40	100	100	95	生化制品及蘆丁
深圳南國實業有限公司	2850	41	180	16	150	塑膠制品、服裝、手表

企業名稱	銷售額（萬元）	排序	利潤額（萬元）		從業人數（人）	主營產品
			純利	税收		
西安“一枝劉”制藥有限公司	2800	42	800	140	68	“一枝劉”産品
河南思達科技（集團）股份有限公司	2800	43	138	78.8	260	單相、三相標準功率電能表
青島國泰集團公司	2700	44	170	86.6	450	木制家具
鄭州大華爐料開發有限公司	2540	45	63	137	460	各種耐火材料系列
杭州貝爾電信有限公司	2200	46	190	230	328	通訊産品
西安市户縣輕化電綫廠	2100	47	158	132	60	鋁塑復合帶（電纜用）
張溪家用電器廠	2100	48	105	182	300	風扇系列、排氣扇
内蒙古永榮包裝有限公司	2100	49	70	52	300	彩印、瓦楞紙制品
陽江市江城五金民用廠	2100	50		65	250	五金文化用品系列
山西環海實業有限總公司	2050	51	201.1	147.5	482	鍋爐
深圳明雅實業有限總公司	2020	52	70	30	120	服裝、塑料制品
北京金吉列制衣有限公司	2000	53	130	124	120	男士襯衫
安徽省百春制藥有限公司	2000	54	100	103	172	以蜂産品爲主的中藥制劑、蜂系列營養保健品
山東省濱州濱渤有限公司	2000	55	80	30	150	碳纖生産
河南省鞏義市回郭鎮化工廠	2000	56	50	100	300	H 酸—單納鹽等
陽江市嘉倫餅業有限公司	1950	57		113	362	餅干
深圳科發實業有限公司	1934.23	58	73.09	66.51	80	“霸王”牌石英鐘
上海寶山區品杰海産有限公司	1929	59	195	108	38	海水産品
河南省虎頭山化工有限公司	1800	60	300	101	380	電纜、涂料、防火槽盒、冷却塔等
東陽市縫紉設備有限公司	1766	61	0.4742	24	44	工業用縫紉設備
廈門市杏林區申明時裝廠	1750	62	250	80	280	夏威夷T恤衫、床上用品、牛仔系列

企業名稱	銷售額（萬元）	排序	利潤額（萬元）		從業人數（人）	主營產品
			純　利	稅　收		
德慶縣德城橡膠廠	1750	63	95	90	350	膠管、膠帶及林化產品
婁底市汽車修制廠	1700	64	40	130	102	汽車修制
北京大中電器有限公司	1671	65	80	70	110	音響器材生産、經營
河北清河企業有限公司	1600	66	130	56	186	羊絨衫、汽車密封條
中陽縣鋼源鐵廠	1600	67	67	60	420	生鐵
杭州市傳化化學制品有限公司	1600	68	45	130	140	印染助劑
晉江威達機械部件有限公司	1550	69	180	80	182	紡織、工礦等機械配件
沈陽希貴集團公司	1500	70	600	58	240	美復康系列化妝品等
昆明興業建築公司	1500	71	125	60	528	建築材料
濱州市錦香實業總公司	1500	72	120	25	250	散熱器、熱水器、斟酒器、康復院
棗莊蓬萊閣鴻祥電扶梯有限公司	1500	73	110	108	410	沙發、席夢思床、鋼木家具及辦公用品、電扶梯
濟南市聯大經濟開發有限公司	1500	74	75	50	120	建材、生産資料、家電針紡品
深圳東海實業有限公司	1500	75	65	8	300	服裝、皮具、點陣、電子誘蟲燈、機械配件、發光二級管、數碼管、電子顯示屏
濟南光明機器有限公司	1485	76	115	80	120	塑料門窗焊接設備
鞏義市冶金設備有限公司	1450	77	106.3	99.3	450	軋鋼機、免燒磚機、木工機械、壓力機
内蒙古新優佳企業聯合公司	1400	78	80	27	320	鮮蛋、養殖設備、建材
福建省晉江市青陽僑興香料廠	1386	79	68	123	176	香精、香料、化妝品、塑料包裝
呼和浩特市鑫和鋼鐵集團總公司	1381	80	120	23	113	螺紋鋼、圓鋼
三河縣金山建運有限公司	1360	81	110	51.8	320	建材
湖南通海實業股份有限公司	1324	82	53.96	79.44	63	飼料

企業名稱	銷售額（萬元）	排序	利潤額（萬元）		從業人數（人）	主營產品
			純 利	稅 收		
深圳輝煌電子有限公司	1275	83	10	18	120	電視機
吉林省威特保健品有限公司	1250	84	320	55	166	"小聰聰"母液及其系列產品
江蘇省泗陽縣洋河鎮聚源永酒廠	1250	85	200	250	450	聚源大曲、洋酒優曲
西安滻河電子設備有限公司	1200	86	200	80	106	儀器儀表
滎成市淼海實業有限公司	1200	87	150	20	130	鷄蛋、面粉、面條
瑞安市永久機電廠	1200	88	80	100	180	電磁閥、疏水閥、減壓閥、過濾閥
新余市特種水泥廠	1200	89	還貸款	50	250	白水泥
廈門市協成實業總公司	1100	90	100	28	128	高低壓、開關櫃、高智能静電除塵器
山東省淄博市臨淄區茂林實業有限總公司	1100	91	84	30	127	加工、修理、經營、服務
長春市建中實業公司	1100	92	50	60	1000	各種膠合板
椒江市開關廠	1040	93	70	50	204	家用電器、開關
武漢中英時裝有限公司	1005	94	36.9	33.1	230	時裝制造（縫紉）
福州市金得利首飾模具有限公司	1000	95	100	50	200	首飾模具
西安市蘭達電子有限公司	1000	96	46	58	200	CATV 系統 汽油節油劑系列
中華茂祥工業有限公司	1000	97	40	100	296	制藥（中西藥）、墻紙、印刷業
廈門麗達實業有限公司	1000	98	20	5	38	塑料薄膜包裝
高州市解元工藝廠	989	99	158	40.8	480	角雕、玉雕、天然寶石畫
香河縣瑞龍氣體廠	940	100	188	150	80	高純氣體

關于"1992年中國一百家最大的制造業私營企業排序"結果説明

近年來中國私營經濟的迅猛發展，引起了各界的廣泛關注，在廣東等中國南方的一些省份，其發展速度遠遠超過其他各種所有制形式的經濟成份的發展。在此過程中，經營或資産規模上億元的私企大户更是格外引人關注。

爲更真切地反映私營企業大户的狀況，我們在編輯出版《中國私營經濟年鑒》的同時，在中國大陸私有企業主階層抽樣調查的基礎上，依靠全國各地工商聯調研人員的力量，在海南吴氏集團有限公司的支持下，憑着探索的精神，第一次嘗試進行中國私營企業經營規模的排序。

1. 經營規模指標的確定和行業選擇

"銷售額"是反映企業發展狀況最爲直接的指標，在規範化的市場經濟條件下，銷售額的增長更爲明確地反映企業設備更新、新産品的出現等技術進步因素帶來的經濟效益的提高。以"銷售額"作爲衡量企業經營規模的指標，也是國際上較爲通行的做法。

選擇單一的"銷售額"指標，而不考慮進行"資産"規模等其他指標的排序，主要是因爲私營企業的發展受外部條件的制約，使衆多私營企業在今天面對國家鼓勵發展的新政策面前依然顧慮重重。在初試的調查中，"資産"指標難以被接受，也考慮到調研人員的實際力量，所以在第一次出版《中國私營經濟年鑒》中，僅以"銷售額"一項指標進行排序。

另一方面，我們根據私營企業的結構特點，考慮到70%以上的私營企業均爲制造業(含加工業)私營企業，"銷售額"這一指標又無法作爲其他一些行業私企經營規模的衡量標準，因而我們的排序工作又僅限于私營企業最爲集中的制造(加工)業。

2. 調查方法

本次調查排序是由中國各省市工商聯專題調研員根據已掌握的資料，通過直接的企業問卷調查，并在各地工商行政管理等部門的協助支持下，從上萬家較大規模的制造業私營企業中篩選出來，并經私營企業核實確認，最后按銷售額大小排出前100家制造業最大的私營企業。

1989——1993年中國私營企業發展情况一覽表

中國國家工商行政管理局統計資料

年度＼項目	户數		從業人員		注册資金		産值		商品零售額	
	户數	比去年同期增長%	人數(萬人)	比去年同期增長%	金額(億元)	比去年同期增長%	金額(億元)	比上年同期增長%	金額(億元)	比上年同期增長%
1989年	90581		164		84		97		34	
1990年	98141	8.35	170	3.66	95	13.10	122	25.77	43	26.47
1991年	107843	9.89	184	8.24	123	29.47	147	20.49	57	32.56
1992年	139633	29.48	232	29.09	221	79.67	205	39.46	91	59.65
1993年	237919	70.39	373	60.78	681	208.14	422	105.85	190	109.90
平均增長率%	27.30		22.81		68.47		44.27		15.15	

1992年中國私營企業發展情况位次排列表

	户　數	位次	比去年同期增長　%	從業人員	位次	比去年同期增長　%	注册資金	位次	比去年同期增長　%
全國	139633		28.8	2318442		26.1	2211615		79.56
廣東	32833	1	27.64	475524	1	29.3	667570	1	94.29
浙江	11506	2	5.49	177528	2	4.78	109807	5	49.67
遼寧	10537	3	18.39	152448	4	17.49	116847	3	88.79
山東	10001	4	45.62	159517	3	36.56	105755	6	93.87
福建	6654	5	28.26	107350	8	32.55	111864	4	56.66
江蘇	5984	6	33.57	86702	9	27.10	67085	10	104.15
河北	5528	7	12.20	142828	5	15.05	89070	7	41.57
四川	5466	8	46.70	85917	10	37.64	71743	9	108.99
山西	5334	9	59.20	107608	7	44.29	83672	8	69.89
河南	4873	10	14.39	114184	6	12.94	66593	11	45.12
上海	4213	11	84.92	64149	11	77.49	29733	20	203.43
海南	3873	12	42.80	45522	16	37.05	197166	2	85.76
湖南	3762	13	22.74	60479	12	20.94	53269	12	57.47
天津	2890	14	54.60	50024	15	134.82	42349	14	158.12
陝西	2584	15	23.22	57543	13	18.79	30917	19	69.34
吉林	2530	16	23.54	37845	20	113.42	42996	13	37.80
貴州	2398	17	27.70	52294	14	22.34	29573	22	40.34
安徽	2222	18	80.21	35962	21	57.60	29518	23	126.78
湖北	2172	19	34.82	31309	23	32.55	29713	21	100.49
廣西	2097	20	23.13	44446	17	17.50	39480	15	51.89
内蒙古	2039	21	33.52	33990	22	31.63	32874	16	51.33
江西	1954	22	8.68	43133	18	22.63	16244	27	55.30
甘肅	1730	23	20.31	39226	19	17.04	25079	24	57.91
黑龍江	1634	24	55.92	22808	27	43.84	31153	18	49.21
北京	1428	25	233.60	22885	26	217.32	32628	17	549.70
新疆	1359	26	42.90	26330	24	30.79	24837	25	81.01
雲南	1043	27	6.21	23443	25	—2.09	16382	26	45.68
寧夏	655	28	30.70	9333	28	18.54	10655	28	48.96
青海	356	29	3.80	7743	29	—2.84	6643	29	37.28
西藏	14	30		241	30		400	30	

制表日期 1993.2.6

1993年中國私營企業發展情況位次排列表

項目 省份	私營企業户數			私營企業從業人員			私營企業注册資金		
	户數	位次	比去年同期增長 %	人數	位次	比去年同期增長 %	金額(萬元)	位次	比去年同期增長 %
全國	237919		70.4	3726293		60.72	6805159		207.70
廣東	45882	1	39.74	642089	1	35.03	1829108	1	173.99
浙江	19417	2	68.76	295248	2	66.31	428914	3	197.46
山東	18609	3	86.07	283729	3	77.87	326631	5	208.86
遼寧	17088	4	62.17	228765	4	50.02	345685	4	195.84
江蘇	12799	5	113.55	172657	6	99.14	262994	7	292.03
福建	12005	6	80.42	206908	5	92.74	320493	6	186.50
四川	10047	7	83.81	161406	8	87.86	238760	8	232.80
海南	9379	8	142.16	104018	13	128.52	1030699	2	422.86
上海	8247	9	95.75	116312	12	81.32	171284	9	476.07
山西	8132	10	52.46	151367	10	40.67	162285	11	93.95
湖南	7690	11	104.41	129836	11	114.68	159856	12	200.09
河北	7414	12	34.12	170405	7	58.36	197166	10	87.95
河南	6958	13	42.79	155497	9	36.08	147494	13	121.49
湖北	5730	14	163.81	83075	15	165.34	145333	14	389.12
安徽	5010	15	125.47	76450	16	112.60	81672	21	108.93
陝西	4758	16	84.13	90248	14	56.82	77645	22	151.14
天津	4530	17	56.75	69757	19	39.45	105631	17	159.43
吉林	4215	18	66.60	58795	22	55.36	89897	20	109.08
北京	3916	19	174.23	61355	21	168.10	132586	15	306.36
貴州	3733	20	55.67	70960	17	35.69	57445	24	94.25
廣西	3631	21	73.15	70839	18	59.38	110559	16	180.04
黑龍江	3595	22	120.01	45514	26	99.55	92846	18	198.03
内蒙古	3413	23	67.39	52005	24	53.00	76972	23	134.12
江西	3235	24	65.56	68379	20	58.53	39231	26	141.51
新疆	2940	25	116.34	48607	25	84.63	90598	19	264.77
甘肅	2458	26	42.08	52499	23	33.84	45201	25	95.85
雲南	1568	27	49.86	33922	27	44.70	35896	27	113.26
寧夏	985	28	48.12	13919	28	49.14	17636	28	65.52
青海	505	29	41.85	10879	29	40.50	13392	29	101.60
西藏	60	30	328.57	783	30	224.90	1331	30	232.75

制表日期 1994.2.3

中國私營企業名録

北京利民物資公司

一、企業概況:

創立時間:1983 年

注册資金:100 萬元

企業負責人:李澤民

職工人數:50 人

企業地址:北京市房山區燕房路 23 號

郵政編碼:102400

聯系電話:(0086)(01)9314885

二、企業簡介:

該公司主要經營品種有:建築五金、工具、電工器材、電料、工業電器、油漆涂料、水暖器材、衛生陶瓷、鋼材、水泥及水泥制品等。

自成立之日起,他們本着“爲豐富人民生活,爲生産、消費服務”的經營宗旨,積極開拓市場,擴大經營規模,銷售額由 83 年的 20 萬元上升到現在的 500 萬元。

該公司歡迎海内外同行和熱心于此行業的各界同仁進行投資合作,擴大經營項目,共圖發展。

陝西省寶鷄縣稀有金屬廠

一、企業概況:

注册資金:113.7 萬元

總 投 資:247 萬元

法人代表:楊山銀

企業地址:陝西省寶鷄縣虢鎮東關

電　　話:(0086)(0917)612649、613322

傳　　真:(0086)(0917)613331

郵政編碼:721300

二、經營範圍:

該廠是國内規模最大的金屬鍶、金屬鋇開發生産專業廠家。主要産品有:金屬鍶、金屬鋇、高純金屬鍶、鍶類合金、鋇類合金等。該廠具有獨立的開發、設計和制造能力,采用先進的生産技術和設備,并具備完善的質檢手段。其生産的金屬鍶、鋁鍶中間合金長效變質劑等項目均已列入省、市星火計劃和新産品開發計劃,産品已進入國内外市場,并榮獲第二届北京國際博覽會金獎、“七五”全國星火計劃成果博覽會金獎、1992 年墨西哥中國實用技術及産品貿易展覽會銀獎。

該廠産品質量可靠,均達到國外進口同類産品標準,價格便宜,歡迎各界用户前來洽談。

春光夏布實業公司

一、公司概況:

創立時間:1989 年 3 月

總 經 理:盧正光

固定資産:40 萬元

流動資金:500 萬元

職工人數:1200 人

公司地址:四川省榮昌縣大東街 135 號

郵政編碼:632460

聯系電話:(0086)(08226)32266

傳　　真:(0086)(08226)33893

電　　挂:4151

深圳辦事處地址:深圳樂園路 15 號金川酒樓 618 室

電　　話:(0086)(0755)224757 轉 618

傳　　真:(0086)(0755)2282256

二、公司簡介:

榮昌夏布歷史悠久,早在唐宋年間就成爲朝庭貢品,其原料系純天然直綫優質纖維,全手工制作,工藝精湛,美觀大方,具有很强的抗拉力,廣泛適用于服裝、建築裝飾等諸多方面。

該廠主要從事夏布的漂染、抽紗、刺綉、紡織、制衣等工藝。自 89 年建廠以來,歷經四年艱苦創業,目前發展已初具規模,擁有 7 個生産車間,350 臺織機設備,年産夏布 4—6 萬匹,産值達 1600 萬元,年收購夏布 6 萬匹,銷售收入達 1200 萬元,生産夏布、大麻布系列産品達 21 種,其中,春光 1 號産品有“王牌夏布”之稱。目前,該廠每年向香港、韓國出口産品達 12 萬匹。

三、合作意願:

榮昌系亞熱帶氣候,其土壤、日照、氣温等特點,十分利于苧麻的生長。該廠欲與韓國、日本、香港經營銷合作,由本廠提供夏布原料,合作方提供漂染、制衣等産品的設備和技術,聯營經銷,以滿足國際市場的需求。

烟臺市奇通化工設備有限公司

一、公司概況:

法人代表:于業義

注册資金:280 萬元

職工人數:82 人

公司地址;山東省烟臺經濟技術開發區科技園

郵政編碼:264000 聯系電話:(0086)(0535)372160、371519

二、公司簡介:

該公司是以生産制藥機械、静電粉末涂料成套設備、高節能多效濃縮器爲主的化工設備公司,兼營不銹鋼反應釜、計量泵、塑料擠出機等産品。成立八年來,他們不斷研制、開發新型化工産品,其中 TM—300 静電粉末涂料成套設備榮獲 92 年中國專利新技術新産品博覽會銀獎,高效節能濃縮器 92 年被山東省科委列爲火炬計劃。

該公司有廠房 62 間,各種機床設備 12 臺,各種電焊機 16 臺,供電能力達 200KVA,目前已具備相當的生產規模和較强的技術力量。由于產品供不應求,公司意欲與外商共同投資,擴大生產規模和產品品種。投資者不限國家和地區,投資額不少于 20 萬美元,合資后按各自認繳的投資額的比例在企業中共享利潤和承擔風險。

安徽省商建企業集團總公司

一、公司概況:

創立時間:1985 年 3 月

企業法人:孫楊勇

注册資金:1990 萬元

總 資 産:2491 萬元

職工人數:1150 人

公司地址:安徽省濉溪縣化家湖(新蔡鎮)孫莊南

郵政編碼:235109

聯系電話:(0086)(05611)674247

二、公司簡介:

安徽省商建集團總公司,原濉溪縣化家湖水泥廠,以生產礦碴硅酸鹽 32.5#、42.5#、普通早强 52.5#水泥爲主。自 85 年建廠以來,該廠把"質量第一、用户至上"作爲自己的經營宗旨,白手起家,僅用 8 年時間,便發展成爲擁有 14 家分支機構、總資産 2491 萬元、年産值 4363 萬元的綜合實體,成爲淮北地區行業生産能力較强的一家私人企業。其主導産品礦渣 325#水泥在 89 年省個協舉辦的省級名特優新産品展銷評定會上獲獎,并暢銷省内外,銷售量近 25 萬噸,無一分錢賠款,無一次質量事故,受到廣大用户好評。該公司原料來源可靠,技術力量雄厚,其産品具有很大的發展潛力。該公司願與國内友商精誠合作,本着互惠互利的原則,共同開發水泥新産品。

北京用友電子財務技術有限公司

一、公司概况:

創立時間:1988 年 12 月

投 資 人:王文京(董事長)

蘇啓强(副董事長)

郭新平(董事、總經理)

注册資本:500 萬

自有資金:1000 萬

職工人數:120 人(大專以上水平達 85%,碩士研究生占 15%)

公司地址:北京市海澱區白石橋路 48 號

郵政編碼:100081

聯系電話:(0086)(01)8321166—4803;8318536

傳　　真:(0086)(01)8318526

二、公司簡介:

該公司是以開發及經營電子財務軟件爲主的科技企業,現擁有專職技術開發人員 30 名。自 1988 年成立至今,已累計開發 3 個系列 16 個品種的財務軟件系列,并通過國家財政部評審。其中 UFO 電子報表軟件已達到國際水平,另有 12 項産品居國内領先地位,國家科委爲此發文向全國推廣使用。

用友,顧名思義,即"用户的朋友"。該公司本着"與用户真誠合作,做用户可靠朋友"的經營宗旨,大力開發和推廣實用新型財務軟件技術。目前,已在全國各省市建立起營銷服務網絡,并在北京西郊設有國内最大的財務軟件用户培訓中心,可同時接納 180 人培訓。其産品暢銷全國,用户總量近 1 萬家,在國内商品化財務軟件市場中居首位,在全國各大機關、企事業單位及大亞灣核電站等重點工程中均得到廣泛使用。

該公司曾被評爲"科技之光"優秀企業,近期又被選爲第一家私營企業進入北京新技術産業開發試驗區。

公司願與港、臺、日、美、東南亞地區軟件制造商、經銷商竭誠合作,共同開發電腦軟件,承接軟件工程項目,興辦合資合作企業,以求更大發展。

四川寶興錦成鐵合金廠
(四川寶興錦成水泥廠
(四川雅安錦成合金芯綫廠)
(四川錦成貿易公司)

一、企業概况:

創立時間:1989 年

法人代表(董事長兼總經理):鐘九成

注册資金:800 萬元

資産規模:2000 萬

職工人數:680 人

地　　址:四川省寶興縣漁洞子

郵政編碼:625700

聯系電話:22994、22995

電　　挂:6993

二、企業簡介:

該企業是以生産硅鈣合金爲主的專業廠家,年産硅鈣合金 800 余噸、水泥 8 萬噸、硅鈣合金芯綫 800 噸,年總産值 3500 萬元。

該廠具有獨特的硅鈣合金生産新工藝,經省冶金廳、省科委有關專家組織鑒定,被評爲國内外首創的科技成果,獲 92 年省級科技進步三等獎。其産品硅鈣合金被列爲四川省省級火炬計劃項目之一,遠銷日本、德國、加拿大、印度尼西亞等國,受到廣泛好評;硅鈣合金芯綫被列爲國家級重點新産品,以滿足國内重點鋼鐵企業的需求。

河北省香河縣瑞龍氣體廠

一、企業概況：

創立時間；1985年4月

投 資 人：董鳳瑞

注册資本：89.85萬元

自有資金：100萬元

職工人數：80人（其中大中專以上文化程度10人）

廠　　址：河北省香河縣蔣辛屯鄉后建各莊

郵政編碼：320550

聯系電話：（0086）（03256）711216、711215

二、企業簡介：

該廠建于1985年4月，占地4600平方米，建築面積2000平方米，具有從事高新技術產品研制開發的專業人員10名，大中型設備30臺套，有包括2700色譜儀等10臺檢測儀器。

該廠主要產品有：高純氧氣、高純氮氣、玻璃瓶裝高純稀有氣體和其它普通氣體。其中高純氮氣爲省級新產品，并榮獲優秀新產品三等獎；玻璃瓶裝高純稀有氣體爲省級新產品，并獲廊坊市科技進步二等獎、全國“七五”星火計劃優秀獎；高純氧氣爲國家級重大新產品，獲93年最佳火炬計劃產品獎。該廠幾年來共創產值940萬元，納稅150萬元，被命名爲省級高新技術企業。

目前，該廠正在擴大生產規模，研制高純氫氣和汽油加氫高新材料以及氮氣保鮮技術，向高科技、高效益的高新技術企業方向發展。

武漢市豪華裝飾材料實業有限公司

一、企業概況：法人代表：羅吉元

注册資金：200萬元

地　　址：武漢市江漢區民主街三十號

郵政編碼：430020 電　　話：（0086）（027）561094

二、經營範圍：主營：裝飾建築材料、五金工具、鋼材、電子元器件

兼營：服裝紡織品、干鮮果品、土特產品、中餐、美容、鋁合金、金屬結構、自產自銷、來料加工

三、合作意向：

本公司欲與香港地區的實業界人士合作，共圖發展。

武漢市卓亞服飾公司

一、企業概況：

法人代表：詹道喜

地　　址：武漢市漢口青年大道詹家墩61號

電　　話：（0086）（027）903553

注册資金：480萬元 其中固定資產280萬元

二、經營範圍：主營：生產經營各種高級男、女服裝 兼營：紡織品和服裝面料

該廠經營品種齊全，目前，除一部分爲滿足國內市場需要外，還出口國外，其產品曾獲全市消費者協會頒發的設計獎。爲擴大生產經營，該公司歡迎各界同仁前來協商洽談業務，共圖發展。

河南華源金屬制品有限公司

一、企業概況：

法人代表：劉亞雄

企業資本：60萬元

地　　址：河南省安陽市郭峰公路南段（北郊）

電　　話：（0086）（0372）223988—279、332852

電　　報：2628（北郊）

二、企業簡介：

該公司引進境內外先進技術，向境內外機械制造業提供各類粉末冶金制品、鐵粉、證章制作等。

粉末冶金制品之所以以較快的速度爲機械行業所采用，是因爲粉末冶金制品的模具一次成型，適應大批量生產，且含油耐磨、精度高，是一種少機加工、無機加工的金屬加工工藝，它比鑄、鍛、冲壓、機械加工等工藝制作的機械配件更爲經濟，特别是在替代銅套、軸承等方面更具有明顯的效果，爲使用粉末冶金制品者提高了產品質量，降低了產品成本。粉末冶金制品是用其它方法無法制作的配件，可根據用户要求來調整工件的含油率、硬度、强度、可電鍍等，如：預潤滑含油軸承、摩擦件、多孔金屬制品、硬質合金與難容金屬制品。粉末冶金制作的含油軸承、墊圈、齒輪、凸輪、帶凸緣、有孔或盲孔的异型件已用于飛機、汽車、拖拉機、農機、工程礦山機械、家用電器、紡織機械、食品機械、電動工具、液壓件、自行車、鎖類、健身器具、工具、兵器等各個領域。

粉末冶金工業正以每年10—30%的速度高速發展，爲提高產品質量、降低生產成本發揮着巨大作用。

通州市保靈不銹鋼制品有限公司

一、企業概況：

創立時間：1985年1月

法人代表（總經理）：徐勁松

公司地址：江蘇省通州市二甲環城北路西首

郵政編碼：226421

電　　話：（0086）（0513）241188、241468

業務聯絡：BP機：5399666—17818

4389300—16089

移動電話:9005343

二、企業簡介:

該公司是本市專爲賓館、酒樓、餐廳、單位職工食堂及個體飲食店提供服務的生産廠家。主要産品有:各類不銹鋼厨房制品、通風設備等産品,特殊規格可按客户要求及實際情况進行設計制造、安裝及長期保修服務。

該公司自創辦以來,首先把“質量第一”作爲自己的服務宗旨,一流的産品質量得到廣大客户的一致稱贊。其次是重合同、守信用、講究商業信譽和商業道德。“誠實信用”是該公司一貫遵循的原則,所有經濟合同没有一份是由于自己過錯而造成違約。與此同時,他們還組織采購、營銷人員學習《經濟合同法》及有關經濟法規,用法律武器維護自己的合法權益。第三,該公司始終堅持教育員工遵守國家法律,照章納税,爲國家經濟建設作貢獻。

一流的管理,一流的服務,贏得了一流的效益。該公司産值以100%的速度增長,人均經濟效益列全市同行業之首,公司總經理徐勁松獲得93年度通州市“百佳”青年光榮稱號。

開封市普球水表廠

一、企業概况:

注册資金:50萬元

企業負責人:張秀發

企業地址:開封市北門外環城路

郵　　編:475001

電　　話:(0086)(0378)552779、553539

電　　挂:1064

電　　傳(0086)(0378)552659

聯 系 人:王書文

二、企業簡介:

該廠是國家機械電子工業部定點生産水表的廠家之一,專業生産工業及民用水表已有10多年歷史。該廠生産環境優雅,技術力量雄厚,設備精良,檢測手段完備,具有完整的質保體系,被評爲省市先進企業,是全市儀表行業的骨干企業。

該廠産品結構先進、選材嚴格、質量可靠、使用壽命長、價格合理,各項技術指標均能達到國家A級産品標準。

主要産品有:

1、LXS－15C～40C旋翼濕式冷水水表

2、LXS－50mm旋翼濕式冷水水表

3、LXSR15～50mm旋翼濕式熱水水表

4、LXS－15E～50E直讀式冷水水表

5、LXSL－15～20mm旋翼立式冷水水表

6、LXL－80～200mm水平螺翼式冷水水表

7、LXLR－80～200mm水平螺翼式熱水水表

該廠生産的系列冷水、熱水水表規格齊全、計量精確,被河南省計量檢測部門評爲“信得過”和“優質”産品,産品暢銷全國各地,深受用户好評。

爲方便用户,該廠在包頭、大同、石家莊、昆明、西安、平頂山、南陽等地設有中轉站,用户可就近提貨,歡迎各地客户與廠家或駐外中轉站洽談訂貨。

安徽省淮南市防腐蝕保温工程公司

一、企業概况:

法人代表:周慶蓮

注册資金:158萬元

企業地址:安徽省淮南市九龍崗火車站對面

分支機構:淮南市田家港人民路市食品廠對面

電　　話:(0086)(0554)－323220

大 哥 大:(0086)(0554)906717

二、經營範圍:

各大、中、小型廠礦企業設備、管道、建築物及構築物的防腐、絶熱工程;大型廠房、高層建築的清洗、整修和屋面的防水、絶熱;各種耐純酸、純碱的鑄石工程。

該公司近年來承攬了淮南平圩發電廠、淮南田家巷發電廠、合肥發電廠、皖淮化工廠、鳳臺淮河大橋、山東樓德化肥廠、淮南二藥廠、三藥廠、四藥廠、潘三礦等省内外幾十家大型企業的防腐保温工程,均以一流的質量贏得了廠家的信賴。

内蒙古華榮實業有限公司

一、企業概况:

法人代表:富子榮

創立時間:1985年

公司地址:中國内蒙古呼和浩特市新城東街6號樓

電　　話:(0086)(0471)611628、41837

傳　　真:(0086)(0471)611628

郵政編碼:010010

二、企業簡介:

該公司主要經營建材、五金交電、鋼材、水泥等,目前與韓國合作經營以羊絨圍巾爲主的進出口貿易,是韓國德山機工株式會社的機械設備(用于生産建材)進出口業務及貿易總代理。

其他機構有:

1、内蒙古呼和浩特市生華聯合公司

主要經營鋼材、水泥、汽車、化肥、木材、煤炭、生産資料、化工産品等

2、内蒙古長生保健制品有限公司

主要産品有生發保健藥品、孕婦及嬰幼兒的保健系列産品

3、中韓合資内蒙古華德建材制品有限公司

該公司是華榮公司與韓國德山機工株式會社合資興建的，是目前華北地區規模較大的專業化生産廠家，主要生産以水泥、砂石、粉煤灰爲原料的混凝土砌塊，産品廣泛應用于城市建築、地面硬化、鐵路、公路、橋梁擴路護坡、園藝建造，還可利用二次成型生産彩色水泥磚，是美化城市、節約用地、利于環保、增强基建活力的新型建築材料。産品有良好的市場前景，具有成本低、質量高、美觀等特點，此項目添補了内蒙地區建築行業的空白。

4、中港合資内蒙古興蒙快餐開發有限公司 該快餐城位于呼和浩特市繁華的商業中心，是華榮公司等幾家單位與香港合興集團公司合資興建的，規模之大，檔次之高，在内蒙古首屈一指，堪稱北疆餐業界的一枝奇葩。

山西省介休市錦榮鐘表服務部

一、企業概況：

法人代表：郝錦榮（介休市工商聯執委、鐘表同業會會長）

地　　址：山西省介休市西大街40號

電　　話：(0086)(03669)22824

郵政編碼：031200

二、企業簡介：

介休市錦榮鐘表服務部是殘疾青年郝錦榮于1982年創辦的，并以其優質的服務和無私奉獻的精神贏得了廣大用户的好評。開業十年來，業主郝錦榮多次爲群衆義務服務，帶頭爲公益事業集資、捐款，積極主動照章納税，先后被授予"全國先進個體勞動者"、"新長征突擊手"、"全國自强模範"、"學雷鋒先進個人"等光榮稱號。

舟山市神模電氣有限公司（原名岱山縣電修工具廠）

一、企業概況：

注册資金：200萬元

企業負責人：祝志斌

地　　址：浙江省舟山市岱山縣高亭鎮司基

郵政編碼：316200

電　　話：(0086)(05857)779313

電　　挂：4850

業務聯系：劉彩雅、祝樂燕

上海辦事處：電器科學研究所中小型電機編輯部

地　　址：武寧路505號

電　　話：(0086)(021)2574990—371

電　　挂：2254

聯 系 人：卿嘉峪

二、企業簡介：

該公司爲生産電機工具和檢測儀器的專業企業，靠質量和信譽赢得了用户，靠開發産品取得了發展。公司充滿活力，用户遍及全國各地，目前生産的神模系列電機工具和檢測儀器，品種不斷增加，并向"成套化、系列化、高品位"的日標發展。該公司宗旨：一切爲了用户需要該公司精神：艱苦奮斗，力争一流。

廣西融安縣黄金海達竹木制品廠

一、企業概況：

注册資金：42萬元

法人代表：黄　斌

經營地址：廣西融安縣雅瑶鄉

郵政編碼：545417

電　　話：

電　　挂：3189

二、經營範圍：竹木制成品、半成品

主要産品有：木碗、木盤、木碟、木珠、木珠門串、汽車座墊、工業用木制配件、紡織器材、木制包裝箱、各種優質板枋材料。年加工木材達2000立方米以上。

該廠地處廣西北部山區，其森林資源十分豐富，盛産廣西杉、廣西松、紅椎、白椎、青岡、酸棗、稠木、梓木、荷木、楠竹、毛竹，且交通十分便利，鐵路、公路、水路四通八達，氣温適宜，山青水秀，與甲天下的風景區桂林相隔一百多公里，豐富的水電資源能够滿足生産發展的需要。

三、合作意向：

該廠誠邀東南亞各國的朋友、海外華人、港、澳、臺同胞共同投資合作，充分利用外資、技術和外銷信息，對本地豐富的森林資源進行開發和利用。

白果灣煤礦

一、企業概況：

法人代表：馬紹忠

經營地址：四川省滎經縣花灘鎮大理村白果灣煤礦

郵政編碼：625201

二、經營範圍：

該廠主要生産五聯無烟煤、精煤、沙煤、坎煤、年生産能力在15000噸以上，産品被評爲國家優質煤。

該廠原處荒坡地帶，白手起家，歷經千難萬險，才發展成今天這種興旺的局面，爲適應改革的需要，現正實行技改工程，年産量將在原來基礎上翻兩翻，希望有志于此行業的企業家給予合作和支持。

河南省平頂山市青雲茶葉采購供應站

一、企業概況：

法人代表：程瑞卿

電　　話：(0086)(0375)445282

郵　　編：467000

地　　址:河南省平頂山市建設路市場33號

二、經營範圍:

該站以茶葉、土產、副食糧油爲主,現又合資成立平頂山市群星物資購銷總站,總站下設糧油副食品批發站、建材、煤炭、石化分站、信息中介服務分站。主要經營各種建材、煤炭、石油制品、副食品、工藝美術品、糧油及制品、水暖器材、和提供各種中介服務,并于1993年被授予平頂山市人民政府先進私營企業稱號。

三、經營方式:批發兼零售、代購代銷、上門服務

四、合作意向:

該企業願與日本、臺灣、香港等地實業界人士合作,提供工藝美術制品、玉雕和大理石雕骨灰盒等工藝產品。

安徽省巢湖蜂寶制藥廠

一、企業概況:

注册資金:500萬元

法人代表:程文顯

經營地址:安徽省巢湖市烔墩崗

郵政編碼:238064

電　　話:(0086)(05655)816349、218100

傳　　真:(0086)(05655)218100

二、經營範圍:

以蜂產品爲主的中藥制劑;蜂系列營養保健品

三、企業簡介:

該企業系科、工、貿一體化企業,產品80%左右出口,分别出口于美、英、法、德、日、意、加拿大、比利時、西班牙、香港、澳門、東南亞等約20個國家和地區,"百春牌"蜂產品以其純真的品質飲譽海內外。

1、蜂王漿類產品:鮮蜂王漿、蜂王漿粉、蜂王漿膠囊、人參蜂皇漿、人參花粉蜂皇漿、蜂王漿美容霜

2、蜂蜜類產品:小包裝蜂蜜(洋槐蜜、紫雲英蜜、純蜂蜜等)

大包裝蜂蜜(白蜜、特淺琥珀蜜、淺琥珀蜜、琥珀蜜等)、蜂蜜果糖

3、花粉類產品:純净蜂花粉、破壁花粉、花粉片、蜂花粉口服液、花粉膠囊、花粉冲劑

4、蜂膠類產品:純净蜂膠、蜂膠浸膏(蜂膠精)、蜂膠片、蜂膠膠囊、蜂膠膏、蜂膠皂、蜂膠牙膏、蜂膠洗發膏、蜂膠糖

5、蜂蠟類產品:純净蜂蠟、脱色蜂蠟

6、蜂毒類產品:注射用蜂毒(粉針劑)、蜂毒油

7、蜂蛹類產品:雄蜂蛹凍干粉、雄蜂蛹膠囊、雄蜂蛹活性肽口服液

其中"百春牌"蜂王漿粉和人參蜂皇漿89年雙雙榮獲第32届國際蜂產品博覽會金獎。

"百春牌"洋槐蜜、蜂膠糖、活性蜂王漿粉、注射用蜂毒分别于93年第33届國際產品博覽會上榮獲銅獎。

五通橋區明興機械鑄造廠

一、企業概況:

注册資金:110萬

法人代表:廖　明

經營地址:四川省樂山市五通橋區牛華鎮沔壩村四組

郵政編碼:614801

電　　話:(0086)(0833)52827

電　　挂:五通8387

二、經營範圍:

各種牌號的有色金屬鑄件(尤善長于大型有色金屬鑄件、鋅鋁合金件)、中小型機械產品及鉚焊結構件

該廠位于樂山市牛華鎮,緊靠風景秀麗的峨嵋山,離聞名全國的樂山大佛僅15公里,交通方便,并具有豐富的有色金屬鑄造經驗,鑄件質量可靠,受到用户好評,歡迎各界同仁前來洽談業務。

上虞市烟草機械廠

一、企業概況:

創立時間:1985年

固定資產:800萬元

法人代表:石海森

職工人數:200人經營地址:浙江省上虞市驛亭鎮

郵　　編:312353

電　　話:(0086)(0575)231518

傳　　真:(0086)(0575)235828

二、企業簡介:

該廠位于風景秀麗、環境優美、全國聞名的春暉中學近旁,北接杭甬高速公路,南靠杭甬鐵路及杭甬運河,水陸交通、郵電都十分便利,是投資合作的好地方。

該廠現有廠房12000平方米,職工近200人,有車、刨、銑、磨、鏜等各類名牌數控機床,能生產各類先進烟機零部件、零配件3000余種型號規格,其中彈簧帶爲國內填補了空白,并在87年北京舉辦的國際烟草博覽會上展出,深受用户好評。除此之外,還有兩種產品被列入省烟機科技成果新產品。

該廠以優質的產品、優良的服務歡迎國內外有關實業界人士前來投資合作、光臨指導。

博白縣登高塑料制品廠(博白縣嬰幼用品廠)

一、企業概況:

法人代表:何衍忠

注册資金:(1989年3月27日)39,000元(1993年底實際自有資金爲218,000元)

地　　址:廣西博白縣博白鎮新興街129號

郵　　編:537600

電　　話:(0086)(7887)222689

傳　　真:(0086)(7887)222065

電　　挂:9219

二、經營範圍:塑料制品兼膠制品

經營具體類別:

日塑小百貨、五金交電塑膠品、食品包裝、文化、醫藥塑膠用品、工、農、信息産業塑膠零配件、系列嬰幼兒用品。

三、合作意向:

該廠在平等互利的基礎上,歡迎國内同行和海外僑胞、外國廠商共同開發塑膠制品新品種,投資或合作經營系列嬰幼兒用品,如:奶瓶、奶嘴、吸杯、湯匙、洗澡温度計,奶瓶刷等。

河南省滑縣道口“義興張”燒鷄店

一、企業概况:

法人代表:張中和

經營地址:河南省滑縣道口解放中路圖書館樓2號

郵政編碼:456400

電　　話:(0086)(03824)812346

二、企業簡介:

古老的道口鎮位于河南省北部,“道口燒鷄”是當地特産,其中“義興張”燒鷄以其歷史悠久、色味具佳馳名中外。店鋪因姓張,取其“義友濟興”之意,故定鋪號爲“義興張”。數百年來,張氏后嫡世代相傳,繼承和發展了這一精湛技藝,并和道口諸家燒鷄鋪歷經切磋,形成造型美觀、香味濃鬱和熟爛適口的獨特風味。

一九五六年,道口“義興張”燒鷄作爲地方特産,參加了在北京召開的土特産展覽會,受到好評,張和禮被正式命名爲“燒鷄專家”,從此北起京、津、哈,南至湘、黔、粤,東及蘇魯,西達蒙疆,全國各地食品單位和大賓館、飯店紛紛派人來學藝;七十年代后“義興張”燒鷄被引進中州賓館、國際飯店,成爲國内外來賓不可缺少的地方特産名菜,曾多次用來招待黨和國家領導人及來華訪問的外國元首和各種旅游觀光團體,備受贊譽;八十年代以來,道口“義興張”燒鷄參加了歷次省和全國肉制品評比會,榮獲商業部、河南省政府優質産品證書。近幾年來又新增軟包裝、聽裝、袋裝、盒裝等新品種,經銷全國各地,國内一些較大報刊、雜志、中央和省電視臺、電臺以及港、臺等報刊先后均有專題報導,使“道口燒鷄”名揚五大洲。

河南省内鄉縣水煮猪鬃加工廠

一、企業概况:

法人代表:董玉焕

注册資金:150萬元

占地面積:8000多平方米

地　　址:河南省内鄉縣大橋東灌漲街

電　　話:内鄉縣3331101轉

電　　挂:3727

區　　號:03879

職工人數:150人(其中專職技術工和熟練工占85%以上)

二、經營範圍:

該廠以生産黑白花水煮猪鬃爲主,年生産能力100噸以上,其産品達國家出口産品標準,暢銷全國,深受廣大用户歡迎。

三、合作意向:

該廠真誠希望與各國企業界和實業界人士合作,拓展國内、國際市場,多爲國家創匯。

深圳銀豪實業有限公司

一、企業概况:

注册資金:800萬元

企業地址:深圳市深南東路遠東大酒店1807室

電　　話:(0086)(0755)2250046　2205369－1807

傳　　真:(0086)(0755)2250046

郵　　編:518002

工業基地:深圳市寶安區石岩鎮烏石龍銀豪工業園

電　　話:(0086)(0755)7763365,7762976,7762975

傳　　真:(0086)(0755)7762975

法定代表人:龐正錦

二、經營方式:開發、生産、購銷、服務

三、經營範圍:

主營:電子報警器、不間斷電源(UPS)、國内商品(不含專營、專控産品)

兼營:

電話機、傳呼機、電子鎮流器及其標牌和相關的咨詢服務、汽車、電子産品

四、企業簡介:

深圳銀豪實業有限公司創建于一九八八年三月,主要開發電話機、UPS(不間斷電源)等電子、通訊産品。公司采用多種方針,將打基礎與引進高新技術項目并舉,經過短短幾年的拼搏,取得了較大的發展,現在深圳寶安區石岩鎮建有銀豪工業園,有三萬六千平方米的廠房,一萬三千平方米的生活房,水電設施齊全,交通方便。與此同時,公司還大力組織科技隊伍,廣招賢才,引進和開發高科技項目,向高科技型企業方向發展。

該公司以“真誠、互惠、求實”的精神,熱忱歡迎海内外客商及有識之士前來投資。

大連寶路企業集團

一、企業概况:

注册資金:5519.8萬元(其中外

方注册資金1030萬元人民幣)
固定資産:6692萬元
流動資金:500萬元
職工人數:428人
法人代表:馬玉林
企業地址:遼寧省大連市中山區中南路229號
郵政編碼:116013
電　　話:(0086)(0411)2681018

二、企業簡介:

大連寶路企業集團是以大連寶路企業集團公司爲核心的等九家混合性經濟實體,融集體、全民、私營和中外合資等多種經濟成分于一體的企業法人聯合體。幾年來,已形成集生産型、商貿型、科技型、娱樂型和教育型爲一體的經濟實體。

公司主要經營:照相制版、高檔彩印、裘服制作、皮裝加工、信息服務、科技交流、内外裝修、建材供應、油墨紙張、辦公用具、議價糧油、水産食品、電工器材、汽車配件、飼料生産、商貿流通、文化娱樂、餐飲服務

該企業集團的宗旨是:視顧客爲上帝,視信譽爲第一,以質量求生存,以效益求發展

該企業集團的發展方向是:實行標準化、網絡化、民主化、現代化、系列化的管理,實現跨國集團公司

該企業集團,以"爲人誠、爲國忠、爲學勤、爲業精"的企業精神爲座右銘,倡導"立業先立身,經營先做人",

使大連寶路企業集團在遼寧省十大聲望最高的民營企業評選活動中名列榜首,馬玉林先生也被評爲大連市工商精英、十大杰出青年企業家之一。

海南東方巨星實業有限公司

廣州東方巨星實業有限公司

一、企業概况:

(一)企業名稱:海南東方巨星實業有限公司
企業地址:海南省海口市國貿大道CMEC大厦1302—1308室
企業負責人:徐成憲
電　　話:(0086)(0898)6781357
傳　　真:(0086)(0898)6781394
郵政編碼:570006

(二)企業名稱:廣州東方巨星實業有限公司
企業地址:廣州市機場路33號中央大酒店454室
企業負責人:徐成憲
電　　話:(0086)(020)6678331—454
傳　　真:(0086)(020)6662316—454
郵政編碼:510400

二、經營項目:

高科技産品開發、房地産咨詢開發、農業開發、建築材料開發生産、科學儀器、五金交電、建築材料、民用鋼材、石化産品、林産品、商業、飲食業及其它服務行業。

三、合作意向:

征集已完成樣品研制的半成熟的高科技産品項目,投入資金使之商品化;尋求科研院所、大專院校和有前途的科研項目進行長期合作,我方可提供部分或全部科研經費。

吉林省遼源市時代美術公司商場

一、企業概况:

成立時間:1988年
注册資金:20萬元
企業地址:吉林省遼源市南康大街24號
電　　話:(0086)(0437)229024
總 經 理:趙洪華

二、經營範圍:

工藝美術品、百貨、結婚用品、玩具、牌匾、佛教用品、家具。

臨朐縣炳學有限公司

一、企業概况:

創立時間:1985年5月
企業負責人:史炳學
注册資金:1180萬元
年總産值:1600萬元以上
職工人數:460人
公司地址:山東省臨朐縣冶源鎮
郵政編碼:262605
聯系電話:(0086)(05468)631205 631416 631308 631169
電　　挂:3521

二、企業簡介:

該公司生産各種型號塑料編織袋、柔性集裝袋、325、425水泥及珍珠岩保温材料。自1985年建廠以來,經過八年的艱苦創業,目前已發展已初具規模,擁有3個分廠,固定資産900萬元。編織廠年生産各種型號編布700萬平方米,産值500萬元,産品主要供應國内各正大飼料集團,用作飼料包裝并暢銷國内和出口泰美等國;水泥廠年生産425、325普通硅酸鹽水泥6萬噸,産值1200萬元,受到了用户的高度評價和質檢部門的認可;保温廠于92年建成,年生産珍珠岩6萬立方米,年産值達300萬元以上,産品從投産到現在已供不應求。

該公司自1990年以來,連續三年被市政府、縣政府、縣税務局、縣工商局評爲優秀私營企業、先進個人、先進納税户、重合同、守信用單位。

公司歡迎國内外有識之士來廠投資,以求更大發展。

三年被市政府、縣政府、縣税務

局、縣工商局評爲優秀私營企業、先進個人、先進納稅業户、重合同、守信用單位。公司座落在全國72大名泉之一的老龍灣畔,緊靠著名海浮山旁,是旅游、投資是最佳聖地,公司願與國內外有識之士來廠指導、投資,以求更大發展。

廣東

企業名稱:**深圳新龍實業有限公司**
企業負責人:梁志杰
企業地址:深圳市陽光酒店B座806室、深圳市翠竹路特發工業區1棟5樓
經營範圍:主營:棉麻、絲綢時裝
兼營:針織時裝
郵政編碼:518000

企業名稱:**深圳特美健生物科技有限公司**
企業負責人:趙彬
企業地址:深圳市科技工業園東區一棟一樓五室
經營範圍:超氧化物歧化酶以及相關的保健品和添加劑
郵政編碼:518000

企業名稱:**深圳國大實業有限公司**
企業地址:深圳市八卦嶺工業區525棟5樓東
企業負責人:王翠平
經營範圍:主營:光纖壓力傳感器、超聲波測試儀、電子數字式體温計、便携式火焰焊割器、家用電器零配件、代理房地産銷售、轉讓、租賃、物業公證
兼營:五金輕工業儀器工具、日用小五金制品、建築裝飾材料、房地産政策、法規、投資環境信息咨詢服務、物業項目評估報告的代理
郵政編碼:518000

企業名稱:**深圳蘭陵實業有限公司**
企業負責人:肖清蘭
企業地址:深圳市深南東路京鵬大厦1607室市中心東曉路77號宏發工業大厦七樓
經營範圍:主營:3V鋰電子電池、臭氧發生器
兼營:保健磁性床褥、微電腦多功能電機保護器
郵政編碼:518000

企業名稱:**深圳南城實業有限公司**
企業負責人:張建華
企業地址:深圳市南山區大板橋18號
經營範圍:主營:金屬門窗
兼營:土石方工程運輸
郵政編碼:518000

企業名稱:**深圳泰林實業有限公司**
企業負責人:蔡潔蓮
企業地址:深圳市福田區皇崗中路38號
經營範圍:主營:高檔家私、真仿皮沙發、床墊、貼面、室內裝飾制品、厨具
兼營:家用附件、室內裝飾
郵政編碼:518000

企業名稱:**深圳金濤實業有限公司**
企業負責人:陳一濤
企業地址:深圳市福田區福昌路鴻圖大厦3樓市深南大道里崗路口
經營範圍:主營:木制品、制冷、水電安裝、室內裝飾、鋁合金門窗
兼營:鋁合金型材、地毯、五金工具、小五金配件
郵政編碼:518000

企業名稱:**深圳新源豐實業有限公司**
企業負責人:何桔梅
企業地址:深圳市總工會附樓十二層
經營範圍:主營:金屬門窗、建築五金制品、電子配件
兼營:橡膠制品、涂料
郵政編碼:518000

企業名稱:**深圳五岳電子技術有限公司**
企業負責人:潘子琦
企業地址:深圳市四川大厦918室
經營範圍:微機應用産品、工業自動化稱重儀器及設備
郵政編碼:518000

企業名稱:**深圳明華實業有限公司**
企業負責人:邱燊
企業地址:深圳市福星南路福星大厦25層C室
經營範圍:主營:保險櫃(箱)、通用設備零部件、船用輔機的機械及裝置
兼營:糕點、方便食品
郵政編碼:518000

企業名稱:**深圳惠美實業有限公司**
企業負責人:許磊
企業地址:市鳳凰路15、17號地下層
經營範圍:主營:服裝、絲印産品、包裝用品、服裝原輔料
兼營:電子玩具
郵政編碼:518000

企業名稱:**深圳新新輕紡實業有限公司**
企業負責人:林錫通
企業地址:深圳市田貝三路十九號二樓
經營範圍:主營:時裝、皮革制品、床上用品
兼營:絲印、門簾、窗簾
郵政編碼:518000

企業名稱:**深圳享通實業有限公司**
企業負責人:肖良文
企業地址:深圳上步猫頸田工業區17號1樓
經營範圍:主營:各類服裝
兼營:床上用品
郵政編碼:518000

企業名稱:**深圳萬玫工藝服裝有限公司**
企業負責人:萬玫
企業地址:深圳八卦嶺534棟4樓
經營範圍:服裝及服飾
郵政編碼:518000

企業名稱:**深圳雲海計算機通訊有限公司**
企業負責人:胡志强
企業地址:深圳市振興路5號院内7棟2樓東側
經營範圍:主營:計算機通訊應用有關的軟、硬件及有關技術
兼營:機械加工
郵政編碼:518000

企業名稱:**深圳南國實業有限公司**
負 責 人:吳思彬
企業地址:深圳市湖貝村369號
經營範圍:主營:塑料制品、膠絲花及其有關的化工、原料、服裝、紙類制品
兼營:電子玩具、裝飾工程
郵政編碼:518000

企業名稱:**廣州市增城縣長利泥廠**
企業負責人:阮劉固
企業地址:增城縣仙村上境村寶田村
經營範圍:水泥
郵政編碼:518000

企業名稱:**深圳豫中金屬焊接材料有限公司**
企業負責人:劉富學
企業地址:深圳市泥崗路銀湖路口東
經營範圍:主營:無銀焊條
兼營:蒸發器、冷凝器
郵政編碼:518000

企業名稱:**深圳生命力保健科技有限公司**
企業負責人:莊光明
企業地址:深圳市福田區東公廟工業區301棟4樓東
經營範圍:香茹多糖營養液
郵政編碼:518000

企業名稱:**深圳怡東窗簾有限公司**
企業負責人:鄒景强
企業地址:深圳市羅湖區泥崗東村三棟一層
經營範圍:窗簾系列制品
郵政編碼:518000

企業名稱:**深圳豐華實業有限公司**
企業負責人:鄭笑麗
企業地址:深圳市東方酒店六樓中廳深圳市蓮塘仙湖植物園右側
經營範圍:雨傘、塑料傘鈎
郵政編碼:518000

企業名稱:**深圳遠東實業有限公司**
企業負責人:黄遠東
企業地址:深圳市田貝三路船舶大厦5層
經營範圍:主營:革皮制品
兼營:五金、電子配件
郵政編碼:518000

企業名稱:**深圳鵬達金屬制品有限公司**
企業負責人:蔡轉
企業地址:深圳市彩田路上陂交通修配廠北側
經營範圍:金屬門窗及柵欄、卷閘門金屬軟管
郵政編碼:518000

企業名稱:**深圳巨人軟件科技有限公司**
企業負責人:史玉柱
企業地址:深圳市深南中路統建二棟九層及三棟610
經營範圍:M－6402和M－6403排版軟件
郵政編碼:518000

企業名稱:**深圳嘉威電子有限公司**
企業負責人:吳燕梅
企業地址:深圳市八卦嶺工業區三路610棟地下
經營範圍:遥控器、視力報警器、顯示儀表
郵政編碼:518000

企業名稱:**深圳盛達鞋業有限公司**
企業負責人:黄河
企業地址:深圳市文錦北路田貝北苑一棟二樓
經營範圍:皮鞋、旅游鞋及其它鞋類制品
郵政編碼:518000

企業名稱:**深圳東江實業有限公司**
企業負責人:黄建語
企業地址:深圳市深南西路竹子林市五建廠房
經營範圍:金屬門窗、電子玩具、非金銀工藝品、五金制品
郵政編碼:518000

企業名稱:**深圳源美工藝制品有限公司**
企業負責人:李小燕
企業地址:深圳市羅湖區東門中路36號東方大厦4樓403室深圳中路核電大厦1010室
經營範圍:工藝美術品(國家專控品除外)
郵政編碼:518000

企業名稱:**深圳龍威電子有限公司**
企業負責人:李舜嬌
企業地址:深圳市深南中路統建一樓、深圳市江蘇西路302棟東5樓
經營範圍:無綫耳機、電子游戲機、電子玩具及相關配件
郵政編碼:518000

企業名稱:**深圳海都實業有限公司**
企業負責人:林春娜
企業地址:深圳市人民北路34號3棟
經營範圍:主營:優良水果、中藥樹的種植等系列產品的加工
兼營:飼料
郵政編碼:518000

企業名稱:**深圳長城實業有限公司**
企業負責人:黃長城
企業地址:深圳市福田區田面工業村9棟
經營範圍:主營:金屬門窗、建築用小五金、新穎家私、電子配件
兼營:新科食品
郵政編碼:518000

企業名稱:**深圳建銀五金制品有限公司**
企業負責人:冼輝
企業地址:深圳市北環路北環加油站南側
經營範圍:焊接鋼管、金屬門窗
郵政編碼:518000

企業名稱:**深圳天行健保健食品有限公司**
企業負責人:陳遠征
企業地址:深圳市紅嶺路四川大厦511房、深圳市福田區沙咀村委工業區2-101
經營範圍:甲魚濃縮口服液及保健食品
郵政編碼:518000

企業名稱:**深圳長實金屬制品有限公司**
企業負責人:李輝炫
企業地址:深圳羅湖區寶安路30號
經營範圍:主營:金屬門窗、金屬柵欄、不銹鋼制品
兼營:建築用小五金
郵政編碼:518000

企業名稱:**深圳久興電子有限公司**
企業負責人:耿久興
企業地址:深圳市華僑城東門小區文昌街A5棟4樓東側
經營範圍:漏電保護插頭、電子玩具、容柵數字顯示裝置
郵政編碼:518000

企業名稱:**深圳精英紡織有限公司**
企業負責人:許美華
企業地址:市紅嶺南路30號濱江酒樓第7層3740-374、深圳市福田區巴丁街6號
經營範圍:服裝
郵政編碼:518000

企業名稱:**深圳業豐實業有限公司**
企業負責人:余偉業
企業地址:深圳市鳳凰路鳳山大厦四樓、市田貝三路十三號鹽業公司綜合樓七樓
經營範圍:時裝及服裝系列包裝
郵政編碼:518000

企業名稱:**深圳順威實業有限公司**
企業地址:市國際金融大厦23樓、深圳市福田區局工業大厦A座五樓
企業負責人:胡偉軍
經營範圍:服裝、皮革制品
郵政編碼:518000

企業名稱:**深圳華盛實業有限公司**
企業負責人:葉碧芳
企業地址:深南中路崗厦西路口
經營範圍:五金門窗裝飾配件、鋁合金門窗、家具、工藝品
郵政編碼:518000

企業名稱:**深圳長江實業有限公司**
企業負責人:黃江排
企業地址:深圳市水貝四路水田二街三號
經營範圍:主營:絲綢、棉麻、滌綸服裝、皮革制品、服飾
兼營:非金屬工藝品
郵政編碼:518000

企業名稱:**東莞市大嶺山宏達建材廠**
企業負責人:張樹森
企業地址:東莞市大嶺山鎮大嶺管理區
經營範圍:紅磚
郵政編碼:511774

企業名稱:**東莞市厚街絨旗石場**
企業負責人:王志偉
企業地址:東莞市厚街鎮新園管理區
經營範圍:石子
郵政編碼:511771

企業名稱:**珠海經濟特區(西區)成達實業有限公司**
企業負責人:成小明
企業地址:珠海市金海岸海華新村綜4-301
經營範圍:主營:土石方工程開發、工程機械
兼營:建材、攝影器材、電子產品
郵政編碼:519040

企業名稱:**珠海市(西區)恒達裝飾工程有限公司**
企業負責人:周卓軍
企業地址:珠海市三竈鎮三竈衛生院
經營範圍:主營:水電、室內外裝飾、冷氣安裝
營:裝修、燈飾
郵政編碼:519040

企業名稱:**東莞市鴻基實業有限公司**
企業負責人:張基
企業地址:東莞市篁村區盛和管理區
經營範圍:主營:五金表帶(引進加工)
兼營:首飾、服裝、皮具
郵政編碼:511715

企業名稱:**東莞市橫瀝仙津保健飲料食品有限公司**
企業負責人:鄧志華
企業地址:東莞市橫瀝鎮第二工業區
經營範圍:主營:保健飲料、食品
兼營:啤酒、調味品
郵政編碼:511715

企業名稱:**珠海市廣天實業有限公司**
企業負責人:常虹
企業地址:珠海市吉大九洲大道蓮花山17棟722
經營範圍:主營:網絡配件產品
兼營:電腦網絡產品、辦公用品、電器機械、化工產品、家用電器、通信設備
郵政編碼:519015

企業名稱:**珠海市嘉美實業有限公司**
企業負責人:麥炳瑜
企業地址:珠海市香洲人民路衛星樓三樓
經營範圍:主營:油墨、印刷器材、油漆
兼營:石油制品、保健品、建築材料、汽車零部件、電子產品、家用電器、通信設備、服裝
郵政編碼:519000

企業名稱:**珠海市(西區)金地工貿發展有限公司**
企業負責人:賀京沙
企業地址:珠海市金海岸青灣大道金地苑二樓
經營範圍:主營:消毒器、信息服務
兼營:日用百貨
郵政編碼:519040

企業名稱:**珠海市(西區)麗貝實業有限公司**
企業負責人:王肇慶
企業地址:珠海市三竈鎮榕苑新村3—402
經營範圍:主營:生産開發計算機軟件、電子原器件、儀表輕紡
兼營:建築、農副産品、家用電器、日用百貨
郵政編碼:519040

企業名稱:**珠海市(西區)肖幫科技開發實業有限公司**
企業負責人:肖勇
企業地址:珠海市三竈鎮南村
經營範圍:主營:建築噴涂料、防水材料
兼營:裝修工程、信息咨詢服務
郵政編碼:519040

企業名稱:**珠海特區(西區)華西工貿有限公司**
企業負責人:陳建群
企業地址:珠海市金海岸商業街128號
經營範圍:主營:燈飾加工
兼營:建材、鋼材、五金交電、攝影器材、化工原料
郵政編碼:519040

企業名稱:**珠海市(西區)富安工貿有限公司**
企業負責人:李文安
企業地址:珠海市金海岸西部工業總公司大樓501
經營範圍:主營:工業原材料、建材、紡織品、化工產品
兼營:小五金、日用百貨、信息服務
郵政編碼:519040

企業名稱:**珠海市(西區)東海實業發展有限公司**
企業負責人:鄧發
企業地址:珠海市三竈鎮月堂村
經營範圍:主營:服裝加工、包裝
兼營:家電、百貨、代購代銷、信息咨詢服務
郵政編碼:519040

企業名稱:**珠海市經濟特區東視有限公司**
企業負責人:葉建國
企業地址:珠海市吉大國際貿易展覽中心1521
經營範圍:主營:衛星設備、通信設備、CATV、CCTV 設備和器材
兼營:設計、安裝衛星視聽系統工程
郵政編碼:519000

企業名稱:**珠海特區發源電子有限公司**
企業負責人:張志光
企業地址:珠海市拱北北嶺新村
經營範圍:主營:電子元件及整機、

電子産品、模具
兼營:經濟信息咨詢服務
郵政編碼:519020

企業名稱:**珠海市經濟特區興大實業有限公司**
企業負責人:章達義
企業地址:珠海市前山明珠路頤海園14幢
經營範圍:主營:鋼絲制品、儀器儀表、汽車用品、冷軋變型鋼筋、通信設備
兼營:電器機械、化工原料、建材、金屬材料、家用電器、糧油
郵政編碼:519075

企業名稱:**珠海市興亞保健品有限公司**
企業負責人:曹雨田
企業地址:珠海市吉大吉蓮新村80號地下
經營範圍:主營:保健飲料、果汁飲料
兼營:茶、香料
郵政編碼:519015

企業名稱:**珠海市亞通有限公司**
企業負責人:武四蛇
企業地址:珠海市吉大南油水仙樓4座7F
經營範圍:主營:皮毛成衣再加工及邊角料再生産
兼營:土畜産品、化工原料、日用百貨、五金、家用電器
郵政編碼:519015

企業名稱:**珠海經濟特區科龍實業有限公司**
企業負責人:曾冬蓮
企業地址:珠海市拱北粵海西路氏富花園3號樓
經營範圍:主營:膨脹石墨復合材料氣缸墊
兼營:現代辦公用品、通訊器材、包裝材料、建築材料、化工産品、五金、日用百貨
郵政編碼:519020

企業名稱:**珠海市華昌印刷廠**
企業負責人:廖勇
企業地址:珠海市香洲石榴園13棟103號
經營範圍:主營:紙制品、紙張、紙張制品
兼營:裝修材料
郵政編碼:519000

企業名稱:**珠海西部龍力置業有限公司**
企業負責人:黄文龍
企業地址:珠海市金海岸金海花園北園227號
經營範圍:主營:房地産開發、經營(限小區一次性)
兼營:建材、鋼材、水泥、市政工程
郵政編碼:519040

企業名稱:**清遠汽車服務股份有限公司**
企業負責人:李偉賢
企業地址:清遠小市振南街A幢305
經營範圍:汽車客貨運輸、各種汽車零配件
郵政編碼:511515

企業名稱:**清遠市永通工程有限公司**
企業負責人:潘瑞洪
企業地址:清遠市清城區107國道百加井山新村
經營範圍:主營:道路土石方工程、運輸
兼營:五金交電、建材
郵政編碼:511500

企業名稱:**仁化縣順發鑄軋鋼廠**
企業負責人:黎信生
企業地址:仁化縣丹霞鎮東湖村
經營範圍:軋鋼
郵政編碼:512300

企業名稱:**樂昌恒豐發展股份有限公司**
企業負責人:陳文勝
企業地址:樂昌縣坪石鎮、老坪石鎮
經營範圍:主營:機械設備、輕工産品、金屬材料、塑料制品、辦公設備
兼營:汽車配件、化工原料、電子産品、飲食、烟、酒
郵政編碼:512229

企業名稱:**乳源鋼鐵廠**
企業負責人:黄松江
企業地址:乳源縣候公渡鎮林屋中間段
經營範圍:主營:羅紋鋼、圓鋼、冶鋼
兼營:廢鋼鐵
郵政編碼:512700

企業名稱:**新豐縣梅坑鎮徐坑聯户發電廠**
企業負責人:陳七如
企業地址:新豐縣梅坑鎮徐坑村
經營範圍:水力發電
郵政編碼:511100

企業名稱:**遠志紙類制品廠**
企業負責人:羅遠志
企業地址:新豐縣梅坑鎮梅西村
經營範圍:衛生紙、瓦楞紙
郵政編碼:511100

企業名稱:**韶關市時髦裝飾工程有限公司**
企業負責人:黄財
企業地址:韶關市復興路八十四號

經營範圍:主營:酒樓、賓館、室內外裝飾工程
兼營:工藝、字畫修建、水電安裝
郵政編碼:512023

企業名稱:**青城永利制衣廠**
企業負責人:黄有金
企業地址:清遠市松崗路西 11 座 1 號
經營範圍:服裝加工
郵政編碼:511500

企業名稱:**中山市三寶實業有限公司**
企業負責人:蔡健銘
企業地址:中山市古鎮新馬路
經營範圍:主營:家用電器、電子產品
兼營:燈飾及配件、建築材料、五金器材、日用百貨、針紡織品
郵政編碼:528421

企業名稱:**中山市偉業工貿公司**
企業負責人:廖偉雄
企業地址:中山市東鳳鎮廣珠道
經營範圍:主營:銅材管件、金屬制品
兼營:五金塑料、電子產品、家用電器、汽車配件、建築材料、機械維修、油漆顏料
郵政編碼:528425

企業名稱:**廣東臺山標信制衣廠**
企業負責人:彭國儒
企業地址:臺山市臺城橋湖路 106 號
經營範圍:主營:紡織品
兼營:服裝、水洗綉花
郵政編碼:529000

企業名稱:**中山市東鳳鎮七洲飲料有限公司**
企業負責人:趙惠英
企業地址:中山市東鳳鎮沙口大橋北岸
經營範圍:主營:果汁型飲料、豆奶、乳酸奶
兼營:蒸餾水、固體食品
郵政編碼:528425

企業名稱:**中山市寶路達電子制造有限公司**
企業負責人:何兆發
企業地址:中山市東鳳鎮興華路寶達工業中心
經營範圍:主營:天綫放大器系列、穩壓器、調壓器
兼營:電子、塑料配件、皮具制品、五金制品
郵政編碼:528425

企業名稱:**中山市萬視達天綫器材有限公司**
企業負責人:高奎
企業地址:中山市東鳳鎮廣珠道佰公路段
經營範圍:電視天綫、天綫放大器
郵政編碼:528425

企業名稱:**中山市電星電器實業有限公司**
企業負責人:馮在祥
企業地址:中山市東鳳鎮工業開發區 1 號
經營範圍:主營:穩壓器、調壓器
兼營:逆變器、充電器、滅蚊器、電暖器、電視信號放大器、不間斷電源設備
郵政編碼:528425

企業名稱:**中山市東鳳富華電器廠有限公司**
企業負責人:潘富華
企業地址:中山市東鳳鎮興華中路
經營範圍:主營:調壓器、放大器
兼營:夜明燈、整流器、冰箱、電視保護器、驅蚊機、電子元件
郵政編碼:528425

企業名稱:**中山市小欖鎮九洲基興利玩具廠**
企業負責人:盧愛珠
企業地址:中山市小欖鎮九洲基開發區
經營範圍:主營:玩具
兼營:手袋
郵政編碼:528415

企業名稱:**中山市小欖鎮欖源潔具實業有限公司**
企業負責人:李展開
企業地址:中山市小欖鎮紅山路 61 號
經營範圍:主營:建築、陶瓷、衛生陶瓷、潔具配套
兼營:建築材料、化工原料、塑料制品、家用電器
郵政編碼:528415

企業名稱:**中山市沙溪鎮順順制衣廠**
企業負責人:劉結倫
企業地址:中山市沙溪汽車站側
經營範圍:服裝
郵政編碼:528471

企業名稱:**中山市建業實業有限公司**
企業負責人:李添錦
企業地址:中山市東鳳鎮小瀝 13 隊
經營範圍:主營:沙石填土工程、道路工程、運輸業務
兼營:建築材料、汽車零配件、家用電器、電子元件
郵政編碼:528425

企業名稱:**中山市長江實業有限公**

司
企業負責人:區德成
企業地址:中山市古鎮崗東工業開發區
經營範圍:主營:電子電器
兼營:裝飾建材、燈飾、五金、機械、塑料制品、紡織品
郵政編碼:528421

企業名稱:**中山市華星電業有限公司**
企業負責人:區志祥
企業地址:中山市古鎮崗東新公路
經營範圍:主營:燈飾
兼營:家用電器原件及配件、五金配件、塑料制品
郵政編碼:528421

企業名稱:**中山市景成工貿有限公司**
企業負責人:曾成就
企業地址:中山市古鎮大馬路
經營範圍:主營:家用電器
兼營:電子產品、工業產品、科技器材、日用百貨
郵政編碼:528421

企業名稱:**中山市華發電器實業有限公司**
企業負責人:區社松
企業地址:中山市古鎮曹步大馬路西
經營範圍:主營:家用電器、電子電器及配件
兼營:五金、塑料制品、有色金屬材料
郵政編碼:528421
企業名稱:**中山市飛達鞋業有限公司**
企業負責人:何金和
企業地址:中山市古鎮七坊工業區路口
經營範圍:主營:運動鞋、皮鞋、凉鞋
兼營:電器產品、鞋類原材料
郵政編碼:528421

企業名稱:**中山市華大實業發展有限公司**
企業負責人:區錦洪
企業地址:中山市古鎮七坊工業開發區
經營範圍:主營:抽油烟機、石油氣爐具
兼營:電飯煲、木工機械、燈飾、建築機械、家用電器、電子消毒碗櫃
郵政編碼:528421

企業名稱:**中山市金輝實業有限公司**
企業負責人:何乃鎮
企業地址:中山市古鎮七坊工業區
經營範圍:主營:木工機械、建築機械、電動工具、塑料制品、木器制品、家用電器
兼營:鋁制品及材料、五金制品、沙石土方、建築工程、建築材料
郵政編碼:528421

企業名稱:**開平市永雅樓玻塑制品有限公司**
企業負責人:朱月華
企業地址:開平市赤坎鎮塘美管理區
經營範圍:塑料、玻璃藥品包裝
郵政編碼:529300

企業名稱:**中山市中南實業有限公司**
企業負責人:蕭常廣
企業地址:中山市環城區北臺
經營範圍:主營:電子
兼營:印刷機及配件
郵政編碼:528455

企業名稱:**開平市永雅樓玻塑制品有限公司**
企業負責人:朱月華
企業地址:開平市赤坎鎮塘美管理區
經營範圍:塑料、玻璃藥品包裝
郵政編碼:529300
企業名稱:**臺山市南龍制衣廠**
企業負責人:黃雪雲
企業地址:臺山市臺城新宇大道城北工業大樓
經營範圍:主營:紡織品
兼營:服裝、綉花
郵政編碼:529200

企業名稱:**高州縣港興實業有限公司**
企業負責人:梁仲榮
企業地址:高州縣高城府前路
經營範圍:主營:餅干加工、速食蛋白質葡萄糖營養米粉、珍珠葡萄米粉、飲料
兼營:副食品、其它食品、化工(國家專營除外)、建築材料、交電、汽車及零部件、百貨、針棉織品
郵政編碼:525200

企業名稱:**開平市銀星橡塑木業制品有限公司**
企業負責人:張健儀
企業地址:開平市龍勝鎮石橋圩
經營範圍:橡塑制品、木材加工制品、玻璃鋼制品
郵政編碼:529300

企業名稱:**高州縣解元工藝廠**
企業負責人:蘇解元
企業地址:高州縣高城府前路
經營範圍:主營:工藝美術
兼營:花、鳥、魚
郵政編碼:525200

企業名稱:**廣東高州縣華洋有限公**

司
企業負責人:楊廣成
企業地址:高州縣高城河西路 69 號
經營範圍:主營:雕塑工藝品、木器、金屬家具
兼營:建築、五金商品、冷暖器材、汽車零部件
郵政編碼:525200

企業名稱:**信宜縣民間工藝實業有限公司**
企業負責人:李勝
企業地址:信宜縣城竹山工業路
經營範圍:主營:大、中、小玉石盆景、手飾
兼營:大理石雕刻工藝
郵政編碼:525300

企業名稱:**信宜縣長江電器廠**
企業負責人:李建雄
企業地址:信宜縣城人民南路 110 號
經營範圍:主營:電熱感温器件
兼營:五金器件、家電彈簧
郵政編碼:525300

企業名稱:**潮安縣華藝陶瓷實業有限公司**
企業負責人:蘇培鈿
企業地址:潮安縣古巷楓四東徑頂
經營範圍:主營:陶瓷器
兼營:陶瓷器包裝品
郵政編碼:515600

企業名稱:**廣州市藍天實業有限公司**
企業負責人:藍妙華
企業地址:增城縣荔城鎮西城路 45 號
經營範圍:主營:樹脂類增塑劑、化妝用品、洗滌劑、食品添加劑
兼營:零售、批發汽車零配件、油漆及油漆輔助材料
郵政編碼:511300

企業名稱:**增城縣宏華有限公司**
企業負責人:陳桂恩
企業地址:增城縣中新鎮風光路 176—178 號
經營範圍:主營:中西成藥、日用化工、保健用品及冲劑
兼營:加工、銷售塑料五金工藝品
郵政編碼:511365

企業名稱:**增城縣長江彩印有限公司**
企業負責人:許鎮中
企業地址:增城縣中新鎮新市路
經營範圍:印刷制品
郵政編碼:511365

企業名稱:**廣州增城嘉隆實業發展公司**
企業負責人:陳福才
企業地址:增城縣中新鎮金龍園
經營範圍:主營:工業新技術的開發、生產、銷售及房地產咨詢服務
兼營:家用電器、電力器材、汽車配件、服裝、飲料
郵政編碼:510630

企業名稱:**廣州市增城縣沙埔廣豐洗漂有限公司**
企業負責人:吳潤佳
企業地址:增城沙埔鎮開發區
經營範圍:加工、銷售、洗漂、漂染服裝
郵政編碼:511300

企業名稱:**廣州市增城縣仙村裕豐水泥廠**
企業負責人:陳德禧
企業地址:仙村鎮沙頭
經營範圍:水泥
郵政編碼:511335

企業名稱:**廣州市增城縣永和東城土石方工程隊**
企業負責人:高峰
企業地址:增城縣永和鎮永平街 28 號
經營範圍:開采土、石、方工程、運輸服務
郵政編碼:511356

企業名稱:**廣州市增城縣仙村振興水泥廠**
企業負責人:阮劉嵩
企業地址:增城縣仙村鎮龍湖村
經營範圍:水泥
郵政編碼:511335

企業名稱:**增城縣仙村下基建材一廠**
企業負責人:列海棠
企業地址:增城仙村下基村
經營範圍:紅磚
郵政編碼:511335

企業名稱:**增城縣仙村新城水泥廠**
企業負責人:阮列光
企業地址:增成縣仙村鎮
經營範圍:水泥
郵政編碼:511335

企業名稱:**增城縣仙村振華水泥廠**
企業負責人:蘇國安
企業地址:增城縣仙村鎮石新公路藍山路段
經營範圍:水泥
郵政編碼:511335

企業名稱:**增城仙村藍山聯星水泥廠**
企業負責人:阮劉清
企業地址:增城縣仙村藍山村

經營範圍:水泥
郵政編碼:511335

企業名稱:**增城縣仙村金洲水泥廠**
企業負責人:阮恒清
企業地址:增城縣仙村鎮
經營範圍:水泥
郵政編碼:511335

企業名稱:**增城縣仙村巷頭沙灣水泥廠**
企業負責人:阮齊星
企業地址:增城縣仙村鎮巷頭沙灣道口
經營範圍:水泥
郵政編碼:511335

企業名稱:**增城仙村西城水泥廠**
企業負責人:阮汝均
企業地址:增城縣仙村鎮
經營範圍:水泥
郵政編碼:511335

企業名稱:**增城縣石灘開達軋鋼廠**
企業負責人:劉橋均
企業地址:增城縣石灘鎮馬修村
經營範圍:加工、軋鋼冷條
郵政編碼:511330

企業名稱:**增城縣永和鎮陂頭長樂磚廠**
企業負責人:黃焯坤
企業地址:增城縣永和鎮波頭村
經營範圍:紅磚
郵政編碼:511356

福建

企業名稱:**福建省騰達建築公司**
所屬行業:工業
企業負責人:李文生
經營地址:福建省武平縣平川鎮門東新春
經營範圍:裝璜、裝修、鋁合金門窗加工
郵政編碼:364300

企業名稱:**福建省仙游縣亨泰工藝品有限公司**
企業負責人:林光旭
經營地址:福建省仙游縣鯉城鎮城內街
經營範圍:漆盤、漆碗、漆木茶托、漆木鉢及籃胎漆器
郵政編碼:351220

企業名稱:**福建省政和縣東平服裝皮鞋廠**
所屬行業:工業
企業負責人:周書興
經營地址:福建省政和縣東平
經營範圍:服裝、皮鞋
郵政編碼:353600

企業名稱:**福建省光澤種鷄場**
所屬行業:其他
企業負責人:付光明
經營地址:光澤縣十里鋪
經營範圍:鷄蛋
郵政編碼:354100

企業名稱:**福建省福州市郭宅竹制品廠**
所屬行業:工業
企業負責人:郭孔海
經營地址:福州市郊區蓋山鎮郭宅村
經營範圍:竹制品、革制品
郵政編碼:350000

企業名稱:**厦門市東方玉雕工藝有限公司**
企業負責人:張靖
經營地址:福建省厦門市虎園路16號
經營範圍:天然寶石、奇石异礦
郵政編碼:361003
電話:(0086)(0592)222265—4128
傳真:(0086)(0592)221765

企業名稱:**磊鑫工貿公司**
所屬行業:工業
企業負責人:陳磊
經營地址:福建省厦門市湖濱南路186號
經營範圍:制造、加工針紡織品、服裝、承接室内裝修工程
郵政編碼:361000

企業名稱:**龍岩市商會工商貿易行**
企業負責人:章若漢
經營地址:福建省龍岩市西安商業城三幢二樓 12—13
經營範圍:批發、零售食品、日用雜品、家用電器、五金交電、建築材料
郵政編碼:364000

海南

企業名稱:海南亨通恩威制藥廠
所屬行業:工業
企業負責人:周文謙
經營地址:海南三亞市榆亞大道33號
經營範圍:主營:生産外用洗劑、噴霧劑
兼營:批發零售、中西成藥
郵政編碼:572000

企業名稱:**定安縣農房地開發公司**
企業負責人:陳太德
經營地址:海南省定安縣總工會内
經營範圍:主營:房地産開發、房屋租賃和回租
兼營:五金交電、水産加工、小汽車出租、農業開發
郵政編碼:571200

企業名稱:**三亞中銀典當拍賣公司**
所屬行業:其他行業
企業負責人:路雲

經營地址:海南省三亞市解放四路112號
經營範圍:寄售、典當、拍賣
郵政編碼:572000

企業名稱:**海南通澳經濟開發投資有限公司**
企業負責人:鐘保家
經營地址:海南省通什市建設銀行大院內
經營範圍:主營:土地開發、房地產經營、建築工程、水電安裝、民族風味購物中心、招商及金融咨詢與投資、民航旅游業、康樂、商場、酒店 兼營:建築材料、礦產資源開發
郵政編碼:572200

企業名稱:**海南省新益石膏板配套有限公司**
所屬行業:工業
企業負責人:陳正初
經營方式:批零、自產自銷、代購代銷
經營地址:海南省海口市海秀大道海南軍區89分隊
經營範圍:主營:石膏板生產及配套材料生產
兼營:建材、裝飾材料、鋼材、鉛合金、五金配件
郵政編碼:570000

企業名稱:**海口市鴻飛高低壓開關廠**
所屬行業:工業
企業負責人:陳邦和
經營方式:自產自銷
經營地址:海南省海口市和平南路95號
經營範圍:加工裝配
郵政編碼:570000

企業名稱:**海南省萬寧縣瓊州實業開發總公司**
企業負責人:張敬平
經營地址:海南省萬寧縣瓊州選礦廠
經營範圍:房地產開發、鈦礦業、農副產品加工等
郵政編碼:571500

企業名稱:**海南望海國際俱樂部有限公司**
所屬行業:其他
企業負責人:昂建斌
經營方式:服務、零售、生產、加工、自產自銷
經營地址:海南省望海樓
經營範圍:主營:卡拉OK歌舞廳、西餐廳
兼營:食品、飲料、烟、酒、服裝加工制作
郵政編碼:570000

企業名稱:**海口晨力實業有限公司**
所屬行業:其他
企業負責人:李景泉
經營方式:批零、自產自銷、三來一補
經營地址:海南省海口市龍昆上村59號
經營範圍:主營:種養業
兼營:建材、機電設備(除汽車)、家電、礦產品、農副產品、礦具、服裝、針織品、化妝品、電子產品、珠寶工藝品
郵政編碼:570000

企業名稱:**海南中外文化出版有限公司**
所屬行業:其他
企業負責人:趙亮
經營方式:設計、批零
經營地址:海南省海口市秀英村107號1樓
經營範圍:主營:美術設計
兼營:家電、建築材料、化工產品
郵政編碼:570000

企業名稱:**海南省海口翔麟有限公司**
所屬行業:批發、零售
企業負責人:孟翔麟
經營地址:海南省海口市濱海大道
經營範圍:主營:五金礦產品(專營商品除外)、建材、家電、紡織品、機械
兼營:日用百貨、飲料、農副土特產品
郵政編碼:570005

企業名稱:**海南日利種養有限公司**
所屬行業:其他
企業負責人:王啓明
經營地址:海南省海口市龍舌坡56號3樓301
經營範圍:主營:咸(淡)水養殖、農作物種植、種養品加工、種養技術服務、種養品加工技術研制
兼營:日用百貨、手工藝品、園林花木設計建設
郵政編碼:570000

廣西

企業名稱:**賓陽縣永和炮筒機廠**
所屬行業:機械工業
企業負責人:張慶和
經營方式:自產自銷
經營地址:廣西省賓陽縣賓州鎮三聯街003號
經營範圍:炮筒機、炮竹紙筒
郵政編碼:530405

企業名稱:**賓陽縣賓州光明爆竹紙筒機械廠**
所屬行業:機械工業
企業負責人:鐘榮生
經營方式:自產自銷

經營地址:廣西賓陽縣賓州鎮三聯街99號
經營範圍:主營:爆竹紙筒
兼營:爆竹紙筒機
郵政編碼:530405

企業名稱:**賓陽縣民政福利喜悅烟花炮竹機械廠**
所屬行業:機械工業
企業負責人:韋悅生
經營方式:自產自銷
經營地址:廣西賓陽縣賓州鎮中山公園對面
經營範圍:烟花炮竹機械設備、炮竹紙筒、紙張
郵政編碼:530405

企業名稱:**賓陽縣賓州三聯炮筒機械廠**
所屬行業:機械工業
企業負責人:吳榮新
經營方式:自產自銷
經營地址:賓州縣城北三聯街
經營範圍:主營:紙筒自動成型機械設備
兼營:烟花炮竹紙筒、紅炮紙
郵政編碼:530405

企業名稱:**長江鑄鋼廠**
所屬行業:機械工業
企業負責人:嚴國才
經營地址:廣西省梧州市長洲竹灣
經營範圍:金屬鑄造
郵政編碼:543006

企業名稱:**江南鑄造廠**
所屬行業:機械工業
企業負責人:易火生
經營地址:廣西省梧州市長洲長地村
經營範圍:金屬鑄造、小五金加工
郵政編碼:543006

企業名稱:**左江機械鑄造廠**
所屬行業:機械工業
企業負責人:曾光漢
經營方式:自產自銷
經營地址:廣西省崇左縣太平鎮麗江街
經營範圍:機械配件鑄造
郵政編碼:532200

企業名稱:**橫縣百合鎮景江合金鑄鐵廠**
所屬行業:機械工業
企業負責人:商維轟
經營方式:加工銷售
經營地址:廣西橫縣百合鎮口六景江洋園井
經營範圍:各種鑄鐵件、來料加工、裝配農機件
郵政編碼:530302

企業名稱:**橫縣六景鎮星光鑄造廠**
所屬行業:機械工業
企業負責人:陳村均
經營地址:廣西橫縣六景鎮六景街
經營範圍:鋼球、鋼鍛、小五金、農機具
郵政編碼:530313

企業名稱:**岑溪縣馬路華興鑄鋼廠**
所屬行業:機械工業
企業負責人:關書成
經營方式:加工銷售
經營地址:廣西岑溪縣馬路鎮義垌
經營範圍:鋼錠、鋼件、鑄件、機械零件加工
郵政編碼:543201

企業名稱:**志强鑄件廠**
所屬行業:機械工業
企業負責人:龍志强
經營方式:來料加工
經營地址:廣西梧州市長地竹灣村
經營範圍:鑄件加工
郵政編碼:543006

企業名稱:**環江鑄造廠**
所屬行業:機械工業
企業負責人:李克平
經營方式:來料加工
經營地址:廣西梧州市長地村
經營範圍:五金制造
郵政編碼:543006

企業名稱:**宏發鑄件廠**
所屬行業:機械工業
企業負責人:陳國翔
經營地址:廣西梧州市太和冲
經營範圍:五金、機械
郵政編碼:543002

企業名稱:**鹿寨縣光明鑄造廠**
所屬行業:機械工業
企業負責人:陳祖明
經營地址:鹿寨縣建中西路鎮農機修配廠院内
經營範圍:鑄造、鑄鐵、排污管

郵政編碼:545600

企業名稱:**廣西賀縣永佳工藝鑄造廠**
所屬行業:機械工業
企業負責人:梁雨貴
經營方式:制造、銷售、貨運
經營地址:賀縣賀街鎮河東街480號
經營範圍:主營:工藝鑄造
兼營:煤球、汽車運輸
郵政編碼:542801

企業名稱:**北海市四面塑料機械廠**
所屬行業:機械工業
企業負責人:岑起瑶
經營方式:自產自銷、來料加工
經營地址:廣西省北海市翟屋村邊
經營範圍:塑料機械制造、日用塑料制品、鋼具生産
郵政編碼:536000

企業名稱:**玉林市茂林永豐農機廠**
所屬行業:機械工業
企業負責人:霍家聯
經營地址:廣西玉林市茂林泉塘村
經營範圍:柴油機、拖拉機配件、機械配件
郵政編碼:537035

企業名稱:**廣西玉林市石南硫磺粉廠**
所屬行業:化學工業
企業負責人:吴宏輝
經營地址:廣西玉林市石南鎮獅子嶺
經營範圍:硫磺塊、粉、水泥紙袋、工藝編織
郵政編碼:537011

企業名稱:玉林市葵陽新新化工油漆廠
所屬行業:化學工業
企業負責人:閆玉生
經營地址:廣西玉林市葵陽立石紫膠場(公路邊)
經營範圍:各種色酚醛磁漆、調合劑、防銹漆、内墻涂料
郵政編碼:537016

企業名稱:**廣西玉林市石鼓塘綜合化工廠**
所屬行業:化學工業
企業負責人:辛賢勛
經營地址:廣西玉林市石鼓塘
經營範圍:硫酸銅、雙飛粉、硫磺粉
郵政編碼:537017

企業名稱:**廣西柳城縣冲脉化工廠**
所屬行業:化學工業
企業負責人:韋繼才經營方式:自産自銷
經營地址:廣西柳城縣冲脉鄉冲脉街
經營範圍:主營:硫磺
兼營:硫酸銅、磷酸、磷酸二氫鉀
郵政編碼:545214

企業名稱:**廣西武鳴縣兩江化工廠**
所屬行業:化學工業
企業負責人:黄靖
經營地址:廣西武鳴縣兩江鄉三聯村
經營範圍:硫酸銅、亞銨、亞鈉、三氧化二銻
郵政編碼:530114

企業名稱:**廣西武鳴龍安冶煉廠**
所屬行業:化學工業
企業負責人:梁秀賢
經營地址:廣西省武鳴縣羅坡河西村
經營範圍:硫酸銅、精銅粉
郵政編碼:530111

企業名稱:**廣西柳江縣精細化工廠**
所屬行業:化學工業
企業負責人:劉慶文
經營方式:自産自銷
經營地址:廣西柳江縣木羅村五倫屯
經營範圍:硫酸銅鋅及選礦涂料、選礦藥
郵政編碼:545106

企業名稱:**廣西柳江縣中波化工廠**
所屬行業:化學工業
企業負責人:鐘樂超
經營方式:自産自銷
經營地址:廣西柳江縣拉堡村公所
經營範圍:氯化鉀、磷酸氫二鈉、皮硝、燒碱、磷酸氫二鉀
郵政編碼:545100

企業名稱:**廣西賀縣八步制氧廠**
所屬行業:化學工業
企業負責人:劉國强
經營地址:廣西賀縣八步鎮牛仔灣55號
經營範圍:氧氣
郵政編碼:542800

企業名稱:**廣西欽州市精細化工廠**
所屬行業:化學工業
企業負責人:朱汝慶
經營方式:自産自銷
經營地址:廣西欽州地區林科所院内
經營範圍:硫酸銅、粘合劑坭粉、汽車貨運、農藥分裝
郵政編碼:535000

企業名稱:**廣西横縣雲表鄉賓雲冶煉廠**
所屬行業:化學工業
企業負責人:阮海灣
經營方式:自産自銷
經營地址:廣西横縣雲表鄉站圩
經營範圍:亞硫酸銨、碳酸鋅、銻氧粉
郵政編碼:530306

企業名稱:**南寧市大沙田光明漆料廠**
所屬行業:化學工業
企業負責人:張春華
經營地址:廣西南寧市大沙田
經營範圍:光油、天那水、松節油、蟲膠漆、粘膠顔料、皮漿
郵政編碼:530219

企業名稱:**廣西横縣横州鎮太平粘膠廠**
所屬行業:化學工業
企業負責人:戴經國
經營地址:廣西横縣横州鎮城東街174號
經營範圍:白乳膠、家具底色涂料、壓塑餅、天那水、松節水,光油
郵政編碼:530300

企業名稱:**廣西柳江縣涂料化工廠**
所屬行業:化學工業
企業負責人:鄭英亮
經營方式:自産自銷
經營地址:廣西柳江縣福利廠對面
經營範圍:印花涂料、墻面涂料、塑料制品
郵政編碼:545100

企業名稱:**廣西柳州市潔净日用化妝品廠**
所屬行業:化學工業
企業負責人:覃華賢
經營方式:自産自銷
經營地址:廣西柳州市躍進小區
經營範圍:日用化妝品、賓館旅客用品
郵政編碼:545001

企業名稱:**廣西省博白縣合成化工廠**
所屬行業:化學工業
企業負責人:黄宗武
經營地址:廣西博白縣沙河鎮大石村
經營範圍:無磷洗衣漿、洗衣粉
郵政編碼:537626

企業名稱:**廣西桂林市灕江洗滌劑廠**
所屬行業:化學工業
企業負責人:毛有德
經營方式:自産自銷
經營地址:廣西桂林市中山北路烏石街
經營範圍:洗衣粉、洗發精、洗潔精、護發素
郵政編碼:541001

企業名稱:**廣西永福縣永貴洗滌用品廠**
所屬行業:化學工業
企業負責人:趙剛生
經營方式:自産自銷
經營地址:廣西永福縣桃城鄉南雄村
經營範圍:洗發精、護發素
郵政編碼:541800

企業名稱:**廣西賓陽縣才華化妝品廠**
所屬行業:化學工業
企業負責人:蒙才華
經營方式:自産自銷
經營地址:廣西賓州鎮太平街87號
經營範圍:中藥生發靈、中藥營養洗發液
郵政編碼:530400

企業名稱:**廣西玉林市石南興業鈦礦加工廠**
所屬行業:化學工業
企業負責人:嚴振文
經營地址:廣西玉林市石南鎮環西路83號
經營範圍:鈦礦
郵政編碼:537011

企業名稱:**廣西欽州市嘉豐磷肥廠**
所屬行業:化學工業
企業負責人:陸景超
經營方式:自産自銷
經營地址:廣西欽州市大番坡鄉政府后
經營範圍:磷肥、復合肥
郵政編碼:535037

企業名稱:**横縣雲表全福葉肥廠**
所屬行業:化學工業
企業負責人:鄧金梅
經營方式:自産自銷
經營地址:横縣雲表鄉廣平村
經營範圍:204葉肥
郵政編碼:530306

企業名稱:**蒙山縣文圩利民復合肥廠**
所屬行業:化學工業
企業負責人:黄盛光
經營方式:生産自銷
經營地址:蒙山縣文圩鎮
經營範圍:主營:復合肥
兼營:植酸、燒碱
郵政編碼:546704

企業名稱:**賓陽縣賓州興賓植酸廠**
所屬行業:化學工業
企業負責人:蘇道實
經營地址:賓陽縣人武部内
經營範圍:植酸糠油、植酸系統産品(植酸鈣、植酸鈉、干酪素)、技術培訓、技術咨詢服務
郵政編碼:530400

企業名稱:**邕寧縣百興松香廠**
所屬行業:化學工業
企業負責人;謝宏江
經營地址:邕寧縣百濟鄉百濟街
經營範圍:松香、松節油、黑油、裂化油
郵政編碼:530204

企業名稱:**邕寧縣蒲廟鎮獅城化工廠**
企業負責人:何映暉
經營地址:邕寧縣農資公司肥料倉旁邊
經營範圍:松節油、烈化油、松蕉油、黑松得、再生膠片
郵政編碼:530200

企業名稱:**灕江蓄電池廠**
所屬行業:電氣機械及器材制造業
企業負責人:劉志杰
經營地址:桂林市蘆笛路31號
經營範圍:蓄電池
郵政編碼:541001
電話:(0086)(0773)332678 226104

企業名稱:**欽州市宇神電器廠**
所屬行業:電氣機械及器材制造業

經營負責人:黄宇輥
經營地址:欽州市沙尾街 35 號
經營範圍:主營:工業電器、日用電器制造
兼營:電器設備安裝、維修
郵政編碼:535000
電話:(0086)(0777)222582

企業名稱:**廣西柳州市立昌特種電機廠**
所屬行業:電氣機械及器材制造業
企業負責人:李自立
經營地址:柳州市柳石路 396 號
經營範圍:電機、電控産品、機械加工、五金加工、鋼材改制、汽車配件
郵政編碼:545005
電話:(0086)(0772)332053

企業名稱:**柳州市聖火電炊具廠**
所屬行業:電氣機械及器材制造業
企業負責人:董延清
經營地址:柳州市上游路四區 30—1 號
經營範圍:電炒鍋、五金、鋁制品加工
郵政編碼:545007
電話:(0086)(0772)333663 335511

企業名稱:**南寧市青龍電子儀器廠**
所屬行業:電氣機械及器材制造業
企業負責人:黄仕賢
經營地址:邕寧縣蒲廟鎮新城路
經營範圍:多功能電子檢測器、電子防盜儀器
郵政編碼:530200
電話:(0086)(0771)2919

企業名稱:**柳州市蘭天機電有限公司**
所屬行業:電氣機械及器材制造業
企業負責人:劉忠意
經營地址:柳州市革新路 8 區 33 號
經營範圍:主營:制動器、汽車配件、機電産品
兼營:電子儀器、健身器材、可調書桌椅
郵政編碼:545007
電話:(0086)(0772)338688 226888

企業名稱:**横縣横州家用電器廠**
所屬行業:電氣機械及器材制造業
企業負責人:吴　浩
經營地址:横縣横州迎宣門
經營範圍:電火鍋、電熱杯鑄鐵、拋光鍋電熱墊
郵政編碼:530300

企業名稱:**廣東金興膠塑電器廠欽州經銷處**所屬行業:電氣機械及器材制造業
企業負責人:肖壯輝
經營地址:欽州市公路段
經營範圍:膠木電器、電纜電綫、五金制品、塑料制品、家用電器
郵政編碼:535000

企業名稱:**柳州市八達機電有限公司**
所屬行業:電氣機械及器材制造業
企業負責人:董　沂
經營地址:柳州市柳邕路魚種場,北鵲路 69—1 號
經營範圍:機電産品、家電産品、汽車配件、農機配件、五金交電、五金冷作機加工、冲壓件
郵政編碼:545002
電話:(0086)(0772)227250 222788

企業名稱:**柳州市江東電器開關廠**
所屬行業:電氣機械及器材制造業
企業負責人:覃偉和
經營地址:柳州市東環路種子場
經營範圍:低壓電器成套設備、五金機械設備、機電修理
郵政編碼:545005
電話:(0086)(0772)333458

企業名稱:**柳州市魚峰電器廠**
所屬行業:電氣機械及器材制造業
企業負責人:梁金安
經營地址:柳州市上游路四區東一巷 2—1 號
經營範圍:非標電氣傳動控制設備、電子儀表、電器零配件、電氣安裝、塑機控制箱
郵政編碼:545007
電話:(0086)(0772)333400

企業名稱:**浦北縣燃料廠浦北分廠**
所屬行業:電氣機械及器材制造業
企業負責人:張開紹
經營地址:浦北縣樂民街
經營範圍:合成液化氣
郵政編碼:535313

企業名稱:**玉林市爲民新型合成燃料廠**
所屬行業:電氣機械及器材制造業
企業負責人:王敏佳
經營地址:玉林市城區大南路 7 號
經營範圍:合成燃料、爐具、燃料容器
郵政編碼:537000

企業名稱:**玉林市山心蓉江鑄造廠**
所屬行業:金屬制品業
企業負責人:李現進
經營地址:玉林市山心鎮
經營範圍:鑄造鐵鍋
郵政編碼:537018

企業名稱:**廣西玉林市茂林彈簧廠**
所屬行業:金屬制品業
企業負責人:張釗明
經營地址:玉林市茂林金谷村(即玉茂公路 9 公里處)
經營範圍:拉絲制品、五金配件、鍍鋅
郵政編碼:537035

企業名稱:**玉林市城西南聯配件廠**
所屬行業:金屬制品業
企業負責人:陳獻聯
經營地址:玉林市城站路南江商品房
經營範圍:鞍座、各種彈簧
郵政編碼:537000
電話:(0086)(0775)224837

企業名稱:**玉林市新橋富强五金制品廠**
所屬行業:金屬制品業
企業負責人:黎大啓
經營地址:玉林市新橋陽崗村
經營範圍:電木、塑料制品、五金
郵政編碼:537033

企業名稱:**玉林市南江青光電鍍廠**
所屬行業:金屬制品業
企業負責人:鐘文章
經營地址:玉林市南江竹美石根坡
經營範圍:電鍍
郵政編碼:537000

企業名稱:**桂林市康復保健器材廠**
所屬行業:金屬制品業
企業負責人:黄子平
經營地址:桂林市安新村九隊
經營範圍:經絡治療儀
郵政編碼:541002

企業名稱:**馬山縣振華礦産品加工廠**
所屬行業:金屬制品業
企業負責人:黄小山
經營地址:馬山縣白山鎮木棉壩
經營範圍:銻、錳、銅、鈦、鐵
郵政編碼:530600

企業名稱:**桂林市金鋼模具廠**
所屬行業:金屬制品業
企業負責人:李桂院
經營地址:桂林市甲山路南巷 61 號
經營範圍:主營:模具
兼營:旅游紀念章、模具産品配件
郵政編碼:541001

企業名稱:**賓陽縣賓州鎮永豐汽槍鉛彈廠**
所屬行業:金屬制品業
企業負責人:熊振忠
經營地址:賓陽縣賓柳路 94 公里處
經營範圍:汽槍鉛彈
郵政編碼:530405

企業名稱:**柳江縣豪華拉閘門廠**
所屬行業:金屬制品業
企業負責人:鄭崇日
經營地址:柳江縣拉堡柳邕路立交橋
經營範圍:拉閘門、卷門、汽車貨運、室内外裝飾安裝
郵政編碼:545100

企業名稱:**柳城縣鋼廠**
所屬行業:金屬制品業
企業負責人:俞奇全
經營地址:柳城縣沙埔鄉善濟村
經營範圍:主營:鋼材改制
兼營:鑄造、汽車運輸
郵政編碼:545203

企業名稱:**陸川縣復興配件廠**
所屬行業:金屬制品業
企業負責人:吕　福
經營地址:陸川縣陸城鎮城北路
經營範圍:五金機械、農機配件、塑料制品
郵政編碼:537700

企業名稱:**陸川縣米場農機配件廠**
所屬行業:金屬制品業
企業負責人;林勵武
經營地址:陸川縣米場街
經營範圍:農機配件、其他零配件加工、鑄件
郵政編碼:537713

企業名稱:**陸川縣米場五金冲壓配件廠**
所屬行業:金屬制品業
企業負責人:林永沂
經營地址:陸川縣米場街
經營範圍:電力低壓計量箱、L2111－1101014 注油管提升機料斗
郵政編碼:537713

企業名稱:**陸川縣平樂自行車零件廠**
所屬行業:金屬制品業
企業負責人:彭北波
經營地址:陸川縣平樂鄉
經營範圍:自行車零部件
郵政編碼:537711

企業名稱:**柳州市環城五金綜合廠**
所屬行業:金屬制品業
企業負責人:陸　政
經營地址:柳州市柳邕路二區四號
經營範圍:五金機械加工
郵政編碼:545001

企業名稱:**大雅五金廠**
所屬行業;金屬制品業
企業負責人:陸讓先
經營地址:梧州市富民路新民村
經營範圍:五金加工修理、建築裝飾
郵政編碼:543004
電話:(0086)(0774)323601、326355

企業名稱:**柳城縣沙埔鋁制品廠**
所屬行業;金屬制品業
企業負責人:胡忠平
經營地址:柳城縣沙埔鄉新隆村
經營範圍:鋁制品制造
郵政編碼:545203

企業名稱:**横縣巒城鎮承南五金修造廠**

所屬行業:金屬制品業
企業負責人:梁承南
經營地址:横縣巒城鎮
經營範圍:木工電鋸
郵政編碼:530308

企業名稱:**横縣恒豐鐵鍋廠**
所屬行業:金屬制品業
企業負責人:黎　强
經營地址:横縣平朗鄉平朗街
經營範圍:普通民用鍋頭、農具模具鑄件
郵政編碼:530319

企業名稱:**陸川縣城鐵鍋廠**
所屬行業:金屬制品業
企業負責人:陳振武
經營地址:陸川縣城北工業區
經營範圍:鐵鍋制造
郵政編碼:537700

企業名稱:**陸川肥良田石垌鐵鍋廠**
所屬行業:金屬制品業
企業負責人:廖國品
經營地址:陸川縣良田鎮石垌村
經營範圍:制造、銷售鐵鍋、回收廢舊生鐵
郵政編碼:537717

企業名稱:**永福縣永福電鍍廠**
所屬行業:金屬制品業
企業負責人:唐金蓮
經營地址:永福縣桃城鄉李家寨
經營範圍:電鍍
郵政編碼:541800

企業名稱:**邕寧縣良慶鄉銀光電鍍廠**
所屬行業:金屬制品業
企業負責人:李昌旋
經營地址:邕寧縣良慶
經營範圍:電鍍加工
郵政編碼:530201

企業名稱:**博白縣合金鋼砂耐磨材料有限公司**
所屬行業:金屬制品業
企業負責人:吴廣南
經營地址:博白縣沙陂北街口
經營範圍:鋼砂、鋼球、鋼鍛、襯板、鑄鋼、鑄鐵件
郵政編碼:537615

企業名稱:**永福縣福壽建材制品廠**
所屬行業:建築材料及其他非金屬礦物制品業
企業負責人:吴增德
經營地址:永福縣百壽鎮江岩村思磨屯
經營範圍:玻璃纖維坩鍋、細木制品、包裝箱、竹筷
郵政編碼:541807

企業名稱:**博白縣沙河油氈原紙廠**
所屬行業:建築材料及其他非金屬礦物制品業
企業負責人:朱賢志
經營地址:博白縣沙河鎮河中路195號
經營範圍:油氈
郵政編碼:537626

企業名稱:**合浦縣環城泰達裝飾建材工藝廠**
所屬行業:建築材料及其他非金屬礦物制品業
企業負責人:凌月德
經營地址:原環城磚廠舊址
經營範圍:大理石、水磨磚、花崗岩、裝飾墻磚、水泥制品及其它裝飾 材料
郵政編碼:536102

企業名稱:**柳州市新光制鏡廠**
所屬行業:建築材料及其他非金屬礦物制品業
企業負責人:卓少學
經營地址:柳州市榮軍路一區204號
經營範圍:各種玻璃及其制品
郵政編碼:545005
電話:(0086)(0772)333556

企業名稱:**浦北縣樂民唯有玻璃儀器廠**
所屬行業:建築材料及其他非金屬礦物制品業
企業負責人:周唯廣
經營地址:浦北縣樂民街
經營範圍:玻璃制品、塑料制品
郵政編碼:535313

企業名稱:**梧州市泗洲玻璃四廠**
所屬行業:建築材料及其他非金屬礦物制品業
企業負責人:陳慶文
經營地址:梧州市郊區泗洲村
經營範圍:玻璃制品、藥瓶
郵政編碼:543006

企業名稱:**梧州市泗洲玻璃三廠**
所屬行業:建築材料及其他非金屬礦物制品業
企業負責人:郭雪影
經營地址:梧州市泗洲村
經營範圍:玻璃制品、塑料制品
郵政編碼:543006

企業名稱:**博白縣水鳴安瓿玻璃廠**
所屬行業:建築材料及其他非金屬礦物制品業
企業負責人:黄昭武
經營地址:博白縣水鳴鎮那洋江
經營範圍:安瓿玻璃瓶
郵政編碼:537629

企業名稱:**岑溪岑城肇福玻璃制品廠**
所屬行業:建築材料及其他非金屬礦物制品業企業負責人:盤紹業
經營地址:岑溪沙基路18號

經營範圍:玻璃制品、橡膠塑料制品
郵政編碼:543200
電話:(0086)(07874)222917

企業名稱:**河池市金城江新型建材廠**
所屬行業:建築材料及其他非金屬礦物制品業
企業負責人:陸遠調
經營地址:河池市城西路
經營範圍:建材、油膏、油膏卷材、五金交化、日雜百貨、土特產
郵政編碼:547000
電話:(0086)(0778)283220 282210

企業名稱:**北海市星火綜合加工廠**
所屬行業:建築材料及其他非金屬礦物制品業
企業負責人:陳中充
經營地址:北海市雲南路獨樹根糖廠
經營範圍:新型建材系列產品、廢毛發工藝品加工
郵政編碼:536000

企業名稱:**大新縣建材化工廠**
所屬行業:建築材料及其他非金屬礦物制品業
企業負責人:王新華
經營地址:大新縣城那嶺路口
經營範圍:主營:無機鋁鹽防水劑
兼營:銷售、新建及修舊防水工程施工、汽車運輸
郵政編碼:532300
電話:(0086)(07821)22174

企業名稱:**橫縣清江石米水磨廠**
所屬行業:建築材料及其他非金屬礦物制品業
企業負責人:黎有森
經營地址:橫縣附城鄉長寨村東屯
經營範圍:水磨石磚、石米
郵政編碼:530300

企業名稱:**橫縣橫州鎮東門新興建材廠**
所屬行業:建築材料及其他非金屬礦物制品業
企業負責人:陳中成
經營地址:橫縣橫州鎮城東街東門
經營範圍:石米、水磨石
郵政編碼:530300

企業名稱:**賀縣八步大理石建材廠**
所屬行業:建築材料及其他非金屬礦物制品業
企業負責人:鄧錫康
經營地址:廣西賀縣八步鎮城西路17號
經營範圍:大理石、花崗石、板材
郵政編碼:542800
電話:(0086)(07871)283253

企業名稱:**賀縣水岩壩白沙壙大理石廠**
所屬行業:建築材料及其他非金屬礦物制品業
企業負責人:唐愛能
經營地址:賀縣水岩壩礦老虎坳
經營範圍:主營:大理石
兼營:石灰
郵政編碼:542817
電話:(0086)(07871)307

企業名稱:**陸川縣古城建材化工廠**
所屬行業:建築材料及其他非金屬礦物制品業
企業負責人:賴相業
經營地址:陸川縣城新洲路東區一號
經營範圍:石灰晶、石灰涂料
郵政編碼:537700

企業名稱:**陸川縣坡頭玻璃二廠**
所屬行業:建築材料及其他非金屬礦物制品業
企業負責人:賴澤信
經營地址:陸川縣灘面鄉坡頭村
經營範圍:日用玻璃制品、燈嘴、瓶蓋
郵政編碼:537726

企業名稱:**陸川縣馬坡新興玻璃廠**
所屬行業:建築材料及其他非金屬礦物制品業
企業負責人:龐朝林
經營地址:陸川縣馬坡鎮農機廠內
經營範圍:玻璃制品
郵政編碼:537712
電話:(0086)(07888)4066

企業名稱:**陸川縣沙湖興業玻璃制品廠**
所屬行業:建築材料及其他非金屬礦物制品業
企業負責人:羅秀文
經營地址:陸川縣沙湖街
經營範圍:日用玻璃制品
郵政編碼:537723

企業名稱;**貴港市嘉亮眼鏡有限公司**
所屬行業:建築材料及其他非金屬礦物制品業
企業負責人:羅富銘
經營地址:貴港市貴城西王街889—1號
經營範圍;主營:眼鏡、驗光、配鏡、眼鏡配件
兼營:鐘表、放大鏡
郵政編碼:537100

企業名稱:**柳城縣長隆石料廠**
所屬行業:建築材料及其他非金屬礦物制品業
企業負責人;曾誠忠
經營地址:柳城縣沙埔鄉長隆村
經營範圍:主營:耐火石磚制造
兼營:建築材料(不含鋼材、水泥、木材)
郵政編碼:545203

企業名稱:**環江温平碳素廠**
所屬行業:建築材料及其他非金屬礦物制品業
企業負責人:覃善橋
經營地址:環江縣温平村
經營範圍:碳素制品、煅焦、石墨、方解石、電極糊、兒童玩具加工
郵政編碼:547101

企業名稱:**浦北縣宏業菱鎂瓦廠**
所屬行業:建築材料及其他非金屬礦物制品業
企業負責人;顏承業
經營地址:浦北縣白石水街
經營範圍:菱鎂瓦、工藝竹編、小農機配件、五金加工
郵政編碼:535323

企業名稱:**浦北縣樂平佳興農磷粉廠**
所屬行業:建築材料及其他非金屬礦物制品業
企業負責人:韋 進
經營地址:浦北縣樂民平佳村
經營範圍:磷礦粉、石灰粉、復粉
郵政編碼:535313

企業名稱:**浦北縣大成順發炮竹封口粉廠**
所屬行業:建築材料及其他非金屬礦物制品業
企業負責人:鐘靈芳
經營地址:浦北縣大成
經營範圍:炮竹封口粉
郵政編碼:535304

企業名稱:**桂林市東方金鋼石工具廠**
所屬行業:建築材料及其他非金屬礦物制品業
企業負責人:劉晨光
經營地址:桂林市猴山路38號前
經營範圍:人造金剛石工具
郵政編碼:541002
電話:(0086)(0773)334150

企業名稱:**桂林市秀峰預制構件廠**
所屬行業:建築材料及其他非金屬礦物制品業
企業負責人:秦麒磷
經營地址:桂林市抗戰路鳳凰山
經營範圍:預制構件、拉絲
郵政編碼:541001
電話:(0086)(0773)228884

企業名稱:**崇左縣環城預制廠**
所屬行業:建築材料及其他非金屬礦物制品業
企業負責人:農文光
經營地址:崇左縣太平鎮環城路
經營範圍:水泥預制品、鋸木、石渣
郵政編碼:532200

企業名稱:**浦北縣北山預制廠果菜經銷部**
所屬行業:建築材料及其他非金屬礦物制品業
企業負責人:吴日生
經營地址:浦北縣北通鄉
經營範圍:水泥預制件、干鮮果品、土特産、竹制品、蔬菜、日雜、副食、飼料、民用建材
郵政編碼:535321

企業名稱:**南陽堅寧水泥制品廠**
所屬行業:建築材料及非其他金屬礦物制品業
企業負責人:譚植強
經營地址:邕寧縣南陽鄉南陽街
經營範圍:水泥預應力預制板花窗、腿梁
郵政編碼:530208

企業名稱:**蒲廟鎮華寧水泥構件廠**
所屬行業:建築材料及其他非金屬礦物制品業
企業負責人:黃善財
經營地址:邕寧縣蒲廟鎮八里亭
經營範圍:預應力空心圓孔板、平板、過梁、花窗
郵政編碼:530200

企業名稱:**合浦縣公館龍聯水泥廠**
所屬行業:建築材料及其他非金屬礦物制品業
企業負責人:徐 暉
經營地址:合浦縣公館鎮
經營範圍:水泥、水泥紙袋制品
郵政編碼:536119

企業名稱:**邕寧縣吴圩鎮友誼預制廠**
所屬行業:建築材料及其他非金屬礦物制品業
企業負責人:鄧强興
經營地址:邕寧縣吴圩鎮
經營範圍:水泥預制構件
郵政編碼:530225

企業名稱:**邕寧縣四壙鄉丹橋預制構件廠**
所屬行業:建築材料及其他非金屬礦物制品業
企業負責人:楊家美
經營地址:邕寧縣四塘下丹橋
經營範圍:預應力短向園孔平板
郵政編碼:530216

企業名稱:**横縣陶圩鄉聖山水泥廠**
所屬行業:建築材料及其他非金屬礦物制品業
企業負責人:李盛如
經營地址:横縣陶圩鄉福日五村
經營範圍:彩色水泥、普通硅酸鹽
郵政編碼:530316

企業名稱:**田陽縣粵桂塑料制品廠**
所屬行業:塑料制品業
企業負責人:韋梓則

經營地址:田陽縣田州鎮金獅街工業開發區
經營範圍:塑料軟硬管材、塑料壓條、塑料薄膜、塑料包裝袋、塑料异型材、塑料瓶類
郵政編碼:533600

企業名稱:**田陽永泉塑料管廠**
所屬行業:塑料制品業
企業負責人:蔡雪芳
經營地址:田陽飛機楊原修理廠宿舍區
經營範圍:農用塑料管
郵政編碼:533600

企業名稱:**陸川縣城北日用化工廠**
所屬行業:塑料制品業
企業負責人:陳森榮
經營地址:陸川縣泗里鐵路口
經營範圍:塑料制品、滅蚊燈
郵政編碼:537700

企業名稱:**合浦縣南康塑料紙制品廠**
所屬行業:塑料制品業
企業負責人:伍大賢
經營地址:合浦縣南康鎮陂塘琪田村
經營範圍:水泥袋及各種塑袋
郵政編碼:536117

企業名稱:**貴港市江南塑料編織袋廠**
所屬行業:塑料制品業
企業負責人:梁家勝
經營地址:貴港市國營西江農場第九隊
經營範圍:塑料編織袋
郵政編碼:537100

企業名稱:**貴港市東興塑料制品廠**
所屬行業:塑料制品業
企業負責人:黄　釗
經營地址:貴港市貴城城北路三合新莊 1290 號
經營範圍:塑料、薄膜、印刷包裝袋制品
郵政編碼:537100
電話:(0086)(07888)5041

企業名稱:**柳州市龍騰實業有限公司**
所屬行業:塑料制品業
企業負責人:覃天吾
經營地址:柳州市柳石路 368－11 號
經營範圍:電子捕鼠器、塑料包裝加工、帆布制品、五金電器、百貨、有色金屬、建材裝璜、鑄造材料
郵政編碼:345005
電話:(0086)(0772)336043

企業名稱:**岑溪縣紅光塑料制品廠**
所屬行業:塑料制品業
企業負責人:陳老火
經營地址:岑溪縣波塘公路口
經營範圍:模壓家具、塑料制品
郵政編碼:543200
電話:(0086)(07874)222861

企業名稱:**廣西賀縣八步宏達塑料廠**
所屬行業:塑料制品業
企業負責人:曾憲宏
經營地址:廣西賀縣八步鎮城西路 3 號、7 號
經營範圍:塑料打包帶、建築搭架帶、家具、廢舊回收、客貨運輸、手套、糖、烟酒百貨、五金、日雜、干鮮果、其它塑料制品
郵政編碼:524800
電話:(0086)(07871)283999

企業名稱:**賀縣賀街振興塑料廠**
所屬行業:塑料制品業
企業負責人:蘇朝東
經營地址:賀縣賀街鎮大橋西頭
經營範圍:主營:塑料紡織袋
兼營:各種大中小型塑編袋
郵政編碼:542801
電話:(0086)(07871)2078、2088

企業名稱:**廣西賀縣賀街聯合興達塑料廠**
所屬行業:塑料制品業
企業負責人:陳國新
經營地址:廣西賀縣賀街鎮河東街 192 號
經營範圍:塑料加工、輕重包裝袋
郵政編碼:542801
電話:(0086)(07871)0047

企業名稱:**廣西賀縣八步塑料編織廠**
所屬行業:塑料制品業
企業負責人:楊育民
經營地址:廣西賀縣八步鎮西約街油行巷 43 號
經營範圍:塑料草球、塑料索坯、塑料繩索
郵政編碼:542800
電話:(0086)(07871)283780

企業名稱:**賓陽縣賓州鎮興華塑料廠**
所屬行業:塑料制品業
企業負責人:藍美珍
經營地址:賓陽縣賓州鎮仁愛街 111 號
經營範圍:薄膜食品袋及塑料制品
郵政編碼:530405

企業名稱:**荔浦縣東鎮鑄造廠塑料分廠**
所屬行業:塑料制品業企業負責人:陳桂生
經營地址:荔浦縣東鎮街
經營範圍:塑料制品編織、土特産

郵政編碼:546613

企業名稱:**河池市南新塑料制品廠**
所屬行業:塑料制品業
企業負責人:潘遠康
經營地址:河池市六圩鄉新村坡
經營範圍:主營:塑料成品、半成品生產
兼營:塑料印字
郵政編碼:547000
電話:(0086)(0778)282674

企業名稱:**鹿寨縣遠盛塑料加工廠**
所屬行業:塑料制品業
企業負責人:盧效義
經營地址:鹿寨,柳州躍進路118號
經營範圍:塑料加工
郵政編碼:545600
電話:(0086)(07820)2786

企業名稱:**柳州市魚峰橡塑廠**
所屬行業:塑料制品業
企業負責人:吕紹堅
經營地址:柳州市柳石路西一巷1號
經營範圍:橡膠塑料制品
郵政編碼:545005
電話:(0086)(0772)332598

企業名稱:**蝴碟山噴塑裝潢廠**
所屬行業:塑料制品業
企業負責人:董　政
經營地址:柳州市蝴碟山路42號經營範圍:主營:静電噴塑、噴塑裝潢板、裝潢材料
兼營:噴塑設備、各種五金架箱
郵政編碼:545005
電話:(0086)(0772)333438

企業名稱:**玉林市新橋金城家電塑料廠**
所屬行業:塑料制品業
企業負責人:鐘世全
經營地址:玉林市新橋食品站内
經營範圍:塑料、電木制品、五金制品
郵政編碼:537033
電話:(0086)(0775)6274

企業名稱:**玉林市城區健福涼鞋二廠**
所屬行業:塑料制品業企業負責人:梁少能
經營地址:玉林市東明臘竹塘
經營範圍:制作各種塑料鞋
郵政編碼:537000

企業名稱:**合浦縣膠化廠**
所屬行業:橡膠制品業
企業負責人:劉青青經營地址:合浦縣環城豐門嶺
經營範圍:橡膠、塑料制品
郵政編碼:536100

企業名稱:**偉興膠帽廠**
所屬行業:橡膠制品業
企業負責人:黄木蓮
經營地址:梧州市紅旗鄉白后村經營範圍:瓶口膠帽、塑料瓶蓋郵政編碼:543002

企業名稱:**廣西柳州市峰華橡膠制品廠**
所屬行業:橡膠制品業
企業負責人:黎芽珍
經營地址:柳州市躍進路114號
經營範圍:橡膠制品
郵政編碼:545001
電話:(0086)(0722)0142

企業名稱:**柳江縣特種塑料膠配件廠**
所屬行業:橡膠制品業
企業負責人:徐建國
經營地址:柳江縣拉堡柳邕路231號
經營範圍:塑料橡膠配件、五金部件修造
郵政編碼:545100
電話:(0086)(0772)2727

企業名稱:**桂林市山外山實業公司**
所屬行業:醫藥工業
企業負責人:龐中華
經營地址:桂林市灕東路21棟5號
經營範圍:主營:孕知樂、百草蘭香露、戲曲彩塑
兼營:建築材料、旅游工藝、藥品
郵政編碼:541004
電話:(0086)(0773)442414

企業名稱:**貴港市南山中草藥加工廠**
所屬行業:醫藥工業
企業負責人:陳業勝
經營地址:貴港市貴城南江村黄崗嶺
經營範圍:中草藥干浸膏、中草藥來料加工
郵政編碼:537100
電話:(0086)(07888)3550

企業名稱:**玉林市城北康樂保健廠**
所屬行業:醫藥工業
企業負責人:蔣展福
經營地址:玉林市城北陳旺
經營範圍:燙傷燒外用樂"燙傷靈"、飲料、冲劑
郵政編碼:537000

企業名稱:**賀縣幸福棉胎廠**
所屬行業:其他工業
企業負責人:候興福
經營地址:賀縣賀街河東街471號
經營範圍:滌棉胎被套、蚊帳、草帽、棉胎、棉花來料加工
郵政編碼:542801
電話:(0086)(07871)2055

企業名稱:**柳州市振華胎陶瓷器加**

工廠
所屬行業:其他工業
企業負責人:熊勝發
經營地址:柳州市東環路東一巷南區25號
經營範圍:棉胎、陶器、瓷器、草席
郵政編碼:545005

企業名稱:**田陽縣那樓被胎廠**
所屬行業:其他工業
企業負責人:凌克飛
經營地址:田陽縣田州三雷那樓
經營範圍:被胎加工銷售
郵政編碼:533600

企業名稱:**田陽縣那滿鎮大同被胎廠**
所屬行業:其他工業
企業負責人:周金魚
經營地址:田陽縣那滿鎮大同街
經營範圍:回收紗頭棉、化學纖維絲、緣綸被胎
郵政編碼:533611

企業名稱:**南寧市桂宏裝飾工程有限公司**
所屬行業:建築業
企業負責人:張永恒
經營地址:南寧市唐山路50號5211房
經營範圍:承包裝飾工程
郵政編碼:530001
電　話:(0086)(0771)220712－336857

企業名稱:**南寧珠江裝飾工程有限公司憑祥分公司**
所屬行業:建築業
企業負責人:黄振英
經營地址:憑祥市南大路38號
經營範圍:室內外裝飾工程、五金交電(彩電除外)、冷氣裝修、裝飾材料
郵政編碼:532600

電話:(0086)(07815)21322

企業名稱:**北海鑫龍裝飾工程有限公司**
所屬行業:建築業
企業負責人:冷仲文
經營地址:北海市屋仔村108幢4號
經營範圍:建築裝飾工程、建築材料(民用)、五金交電、日用百貨
郵政編碼:536000
電話:(0086)(0779)336227

企業名稱:合浦縣科寶裝飾工程有限公司
所屬行業:建築業
企業負責人:歐盛橋
經營地址:合浦縣廣州還珠大道27號
經營範圍:裝飾、裝飾材料、化工、五金、交電
郵政編碼:536100

企業名稱:**貴港市東方裝飾工程有限公司**
所屬行業:建築業
企業負責人:李　鋒
經營地址:貴港市城區建設路
經營範圍:主營:裝璜裝飾工程設計、空調設計安裝、水電設計安裝
兼營:裝修工程零配件
郵政編碼:537100
電話:(0086)(07888)5816

企業名稱:**貴港市雄達裝飾工程有限公司**
所屬行業:建築業
企業負責人:鄭　志
經營地址:貴港市二建出租屋
經營範圍:建築裝修、冷氣設備安裝、維修兼建築材料、家具

郵政編碼:537100
電話:(0086)(07888)4708

企業名稱:**貴港市穗桂裝飾工程公司**
所屬行業:建築業
企業負責人:黄文新
經營地址:市府一招
經營範圍:室內外裝璜設計、裝飾材料、家具加工兼五金交電、日用百貨、計劃外建材
郵政編碼:537100
電話:(0086)(07888)5833

浙江省

企業名稱:**杭州江干區漢華羊毛衫廠**
企業負責人:翁仲華
企業地址:杭州市江干區江城路287號
經營範圍:針織服裝
郵政編碼:310000

企業名稱:**杭州市僑鳴制衣廠**
企業負責人:胡鳴民
企業地址:**杭州市麗水路**120**號**
經營範圍:服裝
郵政編碼:310000

企業名稱:**杭州傳化化學制品有限公司**
企業負責人:徐傳化
企業地址:蕭山市寧圍
經營範圍:901去油靈、C－201溶染劑
郵政編碼:311200

企業名稱:**蕭山市長河液汽動元件廠**
企業負責人:趙妙興
企業地址:蕭山市長河
經營範圍:液汽動元件

郵政編碼:311200

企業名稱:**杭州華關企業總公司**
企業負責人:孫亦根
企業地址:杭州市受降
經營範圍:三輪車、小輪車
郵政編碼:310000

企業名稱:**杭州黄帆實業有限公司**
企業負責人:黄小軍
企業地址:建德市新安路
經營範圍:消毒劑、漂白粉
郵政編碼:311600

企業名稱:**建德市寢具有限公司**
企業負責人:董先炎
企業地址:建德市乾潭
經營範圍:床上用品
郵政編碼:311600

企業名稱:**余姚精衛工貿有限公司**
企業負責人:陳柏金
企業地址:余姚市魯班莊園
經營範圍:多彩涂料
郵政編碼:315400

企業名稱:**余姚市紅岩塑料廠**
企業地址:余姚市豐角二商
企業負責人:黄祥忠
經營範圍:黑白、彩色電視機配件
郵政編碼:315400

企業名稱:**慈溪環球噴膠棉有限公司**
企業負責人:曹清海
企業地址:慈溪市周巷鎮
經營範圍:膠棉、彈力絮
郵政編碼:315300

企業名稱:**慈溪興成化纖制品有限公司**
企業負責人:成惠明
企業地址:慈溪市周巷鎮
經營範圍:膠棉、仿絲棉
郵政編碼:315300

企業名稱:**慈溪長城調壓器廠**
企業負責人:王仁棟
企業地址:慈溪市庵東
經營範圍:調壓器
郵政編碼:315300

企業名稱:**奉化蒓湖冷凍廠**
企業負責人:林克强
企業地址:奉化市蒓湖
經營範圍:水産、制冰
郵政編碼:315500

企業名稱:**奉化中港微型軸廠**
企業負責人:董祥義
企業地址:奉化啤酒廠后面
經營範圍:微型軸
郵政編碼:315500

企業名稱:**寧波日用竈具有限公司**
企業負責人:王正浩
企業地址:寧波中塔路 30 號
經營範圍:煤氣竈
郵政編碼:315000

企業名稱:**奉化大橋榮昌冷凍廠**
企業負責人:沈雲高
企業地址:奉化市大橋鎮菜場内
經營範圍:水産品
郵政編碼:315500

企業名稱:**寧波穎泰金屬制品有限公司**
企業負責人:張周悌
企業地址:寧波市横溪鎮
經營範圍:水暖器材
郵政編碼:315000

企業名稱:**寧波寧達制衣公司**
企業負責人:劉行興
企業地址:寧海縣城關
經營範圍:童裝
郵政編碼:315600

企業名稱:**寧波錫麟電子有限公司**
企業負責人:戴炳章
企業地址:寧波市游仙路 64 號
經營範圍:BCK18－1、BCK14－1 電源開關
郵政編碼:315000

企業名稱:**寧波三豐電子有限公司**
企業負責人:林利興
企業地址:寧波開發區
經營範圍:通信設備
郵政編碼:315000

企業名稱:**温州市鹿城友誼紡織品有限公司**
企業負責人:陳小英
企業地址:温州市信河街 40 號
經營範圍:紡織品
郵政編碼:325000

企業名稱:**温州鹿城印刷機械廠**
企業負責人:鄭勝濤
企業地址:温州市校前路 68 號門
經營範圍:印刷、包裝機械
郵政編碼:325000

企業名稱:**温州市鴻錚綫廠**
企業負責人:劉鴻錚
企業地址:温州市十八家支路
經營範圍:滌綸綫
郵政編碼:325000

企業名稱:**温州鹿城灰橋彩釉有限公司**
企業負責人:楊寶良
企業地址:温州市中山北路 58 號
經營範圍:陶、搪瓷釉料
郵政編碼:325000

企業名稱:**温州市三浹橡塑鞋二廠**
企業負責人:鄭智勤
企業地址:温州市新橋碭湖路
經營範圍:注塑鞋、皮鞋

郵政編碼:325000

企業名稱:**瑞安市旋具廠**
企業負責人:金生雲
企業地址:瑞安市陶山白蓮
經營範圍:電動、風動刀頭等
郵政編碼:325200

企業名稱:**瑞安市永固節能機電廠**
企業負責人:温邦綏
企業地址:瑞安市城北
經營範圍:自動恒温閥等
郵政編碼:325200

企業名稱:**温州市滬甌鐵廠**
企業負責人:章烈成
企業地址:温州市敖江鎮
經營範圍:建築綫材
郵政編碼:325000

企業名稱:**泰順縣振興玩具廠**
企業負責人:範日陶
企業地址:泰順縣太壽路
經營範圍:木制玩具、工藝禮品
郵政編碼:325500

企業名稱:**永嘉縣南洋鞋業有限公司**
企業負責人:朱雲體
企業地址:永嘉縣向陽亭
經營範圍:旅游鞋
郵政編碼:325100

企業名稱:**樂清縣虹橋人民無綫電廠**
企業負責人:陳文樂
企業地址:樂清縣虹橋鎮西街
經營範圍:電子設備等
郵政編碼:325600

企業名稱:**上虞市飛躍電器開關廠**
企業負責人:陶壽林
企業地址:上虞市道堰
經營範圍:高、低壓電器開關
郵政編碼:312300

企業名稱:**上虞市瀝海鎮裝璜電化廠**
企業負責人:婁坤良
企業地址:上虞市瀝海鎮
經營範圍:電化鋁蓋
郵政編碼:312300

企業名稱:**諸暨市織成有限公司**
企業負責人:周立雄
企業地址:諸暨市牌頭鎮
經營範圍:毛絨玩具
郵政編碼:311800

企業名稱:**諸暨市出口玩具有限公司**
企業負責人:周雄源
企業地址:諸暨市安華
經營範圍:毛絨玩具
郵政編碼:311800

企業名稱:**嘉興市長江通用現代辦公設備有限公司**
企業負責人:孫泉江
企業地址:嘉善縣下甸廟鎮
經營範圍:打印機、復印機等
郵政編碼:314000

企業名稱:**嘉興市峰佳吉晨實業有限公司**
企業負責人:陳阿金
企業地址:嘉興市洪合鄉
經營範圍:儀表、冲床、多功能工具機
郵政編碼:314000

企業名稱:**平湖市乍浦港實業有限公司**
企業負責人:繆音多
企業地址:平湖市林汰鎮
經營範圍:法蘭噴槍
郵政編碼:314200

企業名稱:**浙江海球寫字板有限公司**
企業負責人:糜海球
企業地址:桐鄉縣史橋
經營範圍:磁力寫字板
郵政編碼:314500

企業名稱:**長興縣向陽織機有限公司**
企業負責人:周土根
企業地址:長興縣華能發電廠側
經營範圍:織機
郵政編碼:313100

企業名稱:**永康市力士達實業有限公司**
企業負責人:胡建
企業地址:永康市芝英鎮
經營範圍:鋁合金錠
郵政編碼:321300

企業名稱:**義烏市華立儀表廠**
企業負責人:黄文松
企業地址:義烏市橋東
經營範圍:MC 系列儀表
郵政編碼:322000

企業名稱:**浙江廣勝集團**
企業負責人:樓齊明
企業地址:東陽市振興路
經營範圍:縫紉設備、電子、時裝等
郵政編碼:322100

企業名稱:**龍游縣康達畜禽有限公司**
企業負責人:鄭金瑞
企業地址:龍游縣占家鎮貴塘山
經營範圍:畜、禽飼料加工
郵政編碼:324400

企業名稱:**龍游 001 電子有限公司**
企業負責人:項青松
企業地址:龍游縣巨龍路 110 號
經營範圍:001 系列天綫、全自動燈

光控制器
郵政編碼:324400

企業名稱:**龍游縣東華五交化有限公司**
企業負責人:吳建豐
企業地址:龍游縣興龍路
經營範圍:家用電器
郵政編碼:324400

企業名稱:**臨海市時新絲綢制衣有限公司**
企業負責人:陳麗敏
企業地址:臨海市泉井路 8 號
經營範圍:電力紡服裝、綉衣、睡衣
郵政編碼:317000

企業名稱:**臨海市玻璃鋼制品廠**
企業負責人:郭世德
企業地址:臨海市康嶺麻山
經營範圍:膠合板、寶麗板
郵政編碼:317000

企業名稱:**温嶺縣東港水產品有限公司**
企業負責人:肖元信
企業地址:温嶺縣釣浜紅岩
經營範圍:蝦仁
郵政編碼:317500

企業名稱:**黄岩市家用電器實業有限公司**
企業負責人:鄭福生
企業地址:黄岩市路橋
經營範圍:冰箱零部件
郵政編碼:317400

企業名稱:**杭州江干區天馬定時器廠**
企業負責人:王祖偉
企業地址:杭州江干區筧橋同心路
經營範圍:定時器
郵政編碼:310000

企業名稱:**杭州江干區華盛家私廠**
企業負責人:沈榮根
企業地址:杭州市江干區凱旋路 164 號
經營範圍:家具裝飾
郵政編碼:310000

企業名稱:**杭州祥符絲織廠**
企業負責人:吳來法
企業地址:杭州市莫干山路
經營範圍:被面
郵政編碼:310000

企業名稱:**蕭山市打字機商店**
企業負責人:倪士榮
企業地址:蕭山市人民路 124 號
經營範圍:打字復印
郵政編碼:311200

企業名稱:**蕭山市微型軸廠**
企業負責人:勵敬軒
企業地址:蕭山市坎山
經營範圍:微型軸
郵政編碼:311200

企業名稱:**蕭山市黨灣第三服裝廠**
企業負責人:王慧芬
企業地址:蕭山市黨山鎮
經營範圍:服裝
郵政編碼:311200

企業名稱:**余杭縣出口商品包裝廠**
企業負責人:徐財德
企業地址:余杭縣黄湖
經營範圍:包裝機、塑料袋
郵政編碼:311100

企業名稱:**余杭縣裝飾燈具廠**
企業負責人:沈菊年
企業地址:余杭縣三墩鎮
經營範圍:燈具配件、裝飾材料
郵政編碼:311100

企業名稱:**富陽縣未來食品廠**
企業負責人:蔣敏德
企業地址:富陽縣富陽鎮勞動路
經營範圍:嬰兒食品
郵政編碼:311400

企業名稱:**富陽縣上陳鎖廠**
企業負責人:陳瑞龍
企業地址:富陽縣新義上陳
經營範圍:鎖
郵政編碼:311400

企業名稱:**富陽紙筒芯廠**
企業負責人:葉希玉
企業地址:富陽縣環山鄉
經營範圍:紙筒芯
郵政編碼:311400

企業名稱:**富陽石油儀器廠**
企業負責人:盧德海
企業地址:富陽縣場口鎮
經營範圍:石油儀器
郵政編碼:311400

企業名稱:**富陽縣紅溪耐火材料廠**
企業負責人:倪林國
企業地址:富陽縣場口鎮
經營範圍:耐火材料
郵政編碼:311400

企業名稱:**富陽縣場口鎮特種耐火材料廠**
企業負責人:王永富
企業地址:富陽縣場口鎮
經營範圍:耐火材料
郵政編碼:311400

企業名稱:**富陽縣場口塑料電器廠**
企業負責人:施建新
企業地址:富陽縣場口鎮
經營範圍:電器配件
郵政編碼:311400

企業名稱:**富陽塑料制品二廠**
企業負責人:汪明祥

企業地址:富陽縣東圖鄉
經營範圍:塑料封面、塑料包裝袋
郵政編碼:311400

企業名稱:**富陽縣包裝印刷廠**
企業負責人:趙乃桂
企業地址:富陽縣里山鄉
經營範圍:紙盒、紙箱
郵政編碼:311400

企業名稱:**富陽漁山鋼窗五金廠**
企業負責人:駱林龍
企業地址:富陽縣漁山鄉
經營範圍:鋼窗、鋁合金卷門
郵政編碼:311400

企業名稱:**杭州富陽祥興有限公司**
企業負責人:蔣炳祥
企業地址:杭州市富陽縣大源
經營範圍:餐巾紙、衛生紙
郵政編碼:311400

企業名稱:**杭州桐廬大洋制衣有限公司**
企業負責人:麻思聰
企業地址:杭州市桐廬鎮園通路
經營範圍:皮革服裝
郵政編碼:310000

企業名稱:**杭州桐廬思達有限公司**
企業負責人:陳陽慶
企業地址:杭州市桐廬鎮石明路
經營範圍:紡織器材
郵政編碼:310000

企業名稱:**慈溪宏達電子器件廠**
企業負責人:陳成安
企業地址:慈溪市小安鄉
經營範圍:遥控器塑殼、旋扭
郵政編碼:315300

企業名稱:**慈溪市天元鎮計算機配件廠**
企業負責人:許漢喬
企業地址:慈溪市天元鎮
經營範圍:按鍵、鍵帽、鍵盤附件
郵政編碼:315300

企業名稱:**慈溪市庵東華表五金廠**
企業負責人:苗成州
企業地址:慈溪市庵東庵北畈
經營範圍:鋼套內外圈
郵政編碼:315300

企業名稱:**慈溪庵東振興特種滚針廠**
企業負責人:張國偉
企業地址:慈溪市庵東
經營範圍:滚針、滚框
郵政編碼:315300

企業名稱:**鄞縣布政興欣工藝噴塑廠**
企業負責人:李旋温
企業地址:鄞縣古林鎮
經營範圍:工藝噴塑
郵政編碼:315134

企業名稱:**鄞縣環球制冷閥件廠**
企業負責人:王科達
企業地址:鄞縣龍觀鄉
經營範圍:制冷閥件
郵政編碼:315134

企業名稱:**寧海西店東海電器廠**
企業負責人:李吉德
企業地址:寧海縣西店
經營範圍:電器五金件
郵政編碼:315600

企業名稱:**寧海静電塑料廠**
企業負責人:王蘇鳳
企業地址:寧海縣城關
經營範圍:塑料件
郵政編碼:315600

企業名稱:**寧海達麗皮件服裝廠**
企業負責人:周麗娟
企業地址:寧海縣城關
經營範圍:牛仔服裝、羊毛呢套裙
郵政編碼:315600

企業名稱:**象山電機模具廠**
企業負責人:王興賢
企業地址:象山縣黄皮岙村
經營範圍:電機模具
郵政編碼:315700

企業名稱:**象山彩電配件廠**
企業負責人:蔣新祥
企業地址:象山縣西周鎮
經營範圍:彩電變壓器
郵政編碼:315700

企業名稱:**寧波市天寶家電配件有限公司**
企業負責人:何懼
企業地址:寧波市江北
經營範圍:冰箱配件
郵政編碼:315000

企業名稱:**寧波振華進口汽車修理廠**
企業負責人:鐘漁艇
企業地址:寧波江北大閘路
經營範圍:修理
郵政編碼:315000

企業名稱:**慈溪周巷鎮汽車電器附件廠**
企業負責人:範秀芬
企業地址:慈溪市周巷鎮
經營範圍:繼電器配件
郵政編碼:315300

企業名稱:**温州鹿城人民封包機廠**
企業負責人:李建武
企業地址:温州市黎明中路
經營範圍:手提電動封包機
郵政編碼:325000

企業名稱:**蒼南縣裝璜工藝廠**

企業負責人:陳顯東
企業地址:蒼南縣金鄉鎮
經營範圍:鋁塑工藝品
郵政編碼:325800

企業名稱:**紹興市越興基礎工程有限公司**
企業負責人:沈惠根
企業地址:紹興市越城東湖
經營範圍:基地工程
郵政編碼:312000

企業名稱:**上虞市儀表元件廠**
企業負責人:韓志生
企業地址:上虞市小越鎮
經營範圍:汽車里程計數器
郵政編碼:312300

企業名稱:**上虞市烟機彈簧廠**
企業負責人:石海森
企業地址:上虞市驛亭
經營範圍:烟機配件
郵政編碼:312300

企業名稱:**嵊縣包裝制品有限公司**
企業負責人:劉鈞
企業地址:嵊縣蒼岩鎮
經營範圍:瓶蓋
郵政編碼:312400

企業名稱:**嵊縣鑄造廠**
企業負責人:尹順林
企業地址:嵊縣甘林
經營範圍:鑄件
郵政編碼:312400

企業名稱:**嵊縣制革有限公司**
企業負責人:李華銓
企業地址:嵊縣城關鎮
經營範圍:革制服裝
郵政編碼:312400

企業名稱:**嵊縣沙泵廠**
企業負責人:倪彩娟
企業地址:嵊縣仙岩鎮
經營範圍:沙泵鑄件
郵政編碼:312400

企業名稱:**嘉興市百花肉類制品廠**
企業負責人:馮堯根
企業地址:嘉興市嘉北鄉百花村
經營範圍:熟肉制品
郵政編碼:314000

企業名稱:**平湖市乍浦鎮春燕服裝廠**
企業負責人:陳雲良
企業地址:平湖市乍浦鎮
經營範圍:服裝
郵政編碼:314200

企業名稱:**平湖市瓦山鋼家廠**
企業負責人:宋祥根
企業地址:平湖市乍浦鎮
經營範圍:家具
郵政編碼:314200

企業名稱:**海寧市周鎮新春皮件廠**
企業負責人:祁仙寶
企業地址:海寧市周鎮
經營範圍:皮革衣
郵政編碼:314400

企業名稱:**海寧市斜橋佳佳蔬菜廠**
企業負責人:郎祖仙
企業地址:海寧市斜橋鎮
經營範圍:小包裝榨菜等
郵政編碼:314400

企業名稱:**海寧市祝場皮件廠**
企業負責人:沈雲高
企業地址:海寧市祝橋
經營範圍:皮件服裝
郵政編碼:314400

企業名稱:**海寧市石路金星運動服廠**
企業負責人:陸建慶
企業地址:海寧市石路
經營範圍:運動服
郵政編碼:314400

企業名稱:**海寧市大明制衣廠**
企業負責人:張明甫
企業地址:海寧市丁橋鎮
經營範圍:皮羊衣、服裝
郵政編碼:314400

企業名稱:**蘭溪市長江機械廠**
企業負責人:陳建華
企業地址:蘭溪市靈洞
經營範圍:印刷機械
郵政編碼:321100

企業名稱:**永康市玉川五金工具廠**
企業負責人:盧美學
企業地址:永康市西溪鎮
經營範圍:木銼
郵政編碼:321300

企業名稱:**永康市古山有色金屬材料廠**
企業負責人:胡濟深
企業地址:永康市古山鎮
經營範圍:鋁錠
郵政編碼:321300

企業名稱:**武義縣鴻峰建材廠**
企業負責人:鄭洪
企業地址:武義縣白姆鄉
經營範圍:玻璃纖維制品
郵政編碼:321200

企業名稱:**武義縣恒友機電有限公司**
企業負責人:吕志輝
企業地址:武義縣武陽鎮
經營範圍:鑽頭
郵政編碼:321200

企業名稱:**衢縣金剛工業設備防腐有限公司**

企業負責人:姚小剛
企業地址:衢縣巨化
經營範圍:防腐油漆、房屋裝飾
郵政編碼:324000

企業名稱:**衢州市柯信綜合實業有限公司**
企業負責人:吳榮忠
企業地址:巨化濱江
經營範圍:勞保用品、機械配件、機械設備
郵政編碼:324000

企業名稱:**臨海市水洋加油站**
企業負責人:徐群
企業地址:臨海市馬頭山
經營範圍:汽油、柴油、機油
郵政編碼:317000

企業名稱:**黃岩市路橋人民印刷廠**
企業負責人:王天兆
企業地址:黃岩市路橋
經營範圍:紙張印刷
郵政編碼:317400

企業名稱:**黃岩市聚酯瓶廠**
企業負責人:吳正德
企業地址:黃岩市紅旗
經營範圍:聚酯瓶
郵政編碼:317400

企業名稱:**仙居縣黎明機械廠**
企業負責人:李漢波
企業地址:仙居縣城關
經營範圍:塑料切粒機
郵政編碼:317300

企業名稱:**青田縣彩礦鍛壓機械配件廠**
企業負責人:朱少川
企業地址:青田縣城鎮龍全路
經營範圍:機床配件
郵政編碼:323900

企業名稱:**縉雲縣明明農機廠**
企業負責人:李國明
企業地址:縉雲縣壺鎮
經營範圍:農機配件
郵政編碼:321400

企業名稱:**縉雲鎮藥用玻璃制品廠**
企業負責人:樓雪球
企業地址:縉雲鎮壺鎮
經營範圍:易拉瓶
郵政編碼:321400

企業名稱:**舟山定海東海船舶螺旋槳廠**
企業負責人:林明豐
企業地址:舟山縣城關
經營範圍:鋼質螺旋槳
郵政編碼:316000

江蘇

企業名稱:**南京市下關區陳炳漢魚丸館**
企業負責人:陳炳漢
經營地址:南京市下關區方家營271—4號
經營範圍:生鮮魚制品
郵政編碼:210000
電話:(0086)(025)801705

企業名稱:**南京市華豐制衣有限公司**
企業負責人:孫學良
經營地址:南京市雨花區紅花鄉夾崗村
經營範圍:各式服裝、羽絨制品、床上用品、室內裝飾品、紡織品和服裝輔料
郵政編碼:210000
電話:(0086)(025)395131

企業名稱:**南京鴻美皮鞋廠**
企業負責人:張世美
經營地址:南京市秦淮區菱角市38號
經營範圍:生產、定制、加工各式男、女皮鞋
郵政編碼:210000
電話:(0086)(025)627092

企業名稱:**南京市浦口區長城木材制品廠**
企業負責人:徐德前
經營地址:南京市浦口區浦鎮西門
經營範圍:生產高檔拼花木地板和大小 木制包裝箱及單件家具
郵政編碼:210000
電話:(0086)(025)352408 轉本廠

企業名稱:**南京市栖霞區新寧竹器搭蓬廠**
企業負責人:王啓燮
經營地址:南京市中央門外小市鎮安懷村47號
經營範圍:主營:竹器、搭篷 兼營:土雜用品、電工器材、陶瓷炊具、油漆涂料,民用建材(不含三大材)
郵政編碼:210000
電話:(0086)(025)651050

企業名稱:**南京雨花玻璃鋼防水材料廠**
企業負責人:馬立本
經營地址:南京市雨花臺區江東鄉中保村
經營範圍:專業生產玻璃鋼制品和防水材料
郵政編碼:210000
電話:(0086)(025)804349

企業名稱:**南京泉山衛生器材廠(有限公司)**
企業負責人:李榮才
經營地址:南京市湯山鎮南化療養院
經營範圍:生產"泉波"商標 系列塑

料座便器蓋、高、低水箱潔具、各種型號的返水彎和落水及爲其配套的各種管材。
郵政編碼:210000

企業名稱:**南京白下塑料精裝印刷廠**
企業負責人:任鋒
經營地址:南京市白下路32號
經營範圍:生產"國松牌"各類檔案資料保管用具及辦公用品
郵政編碼:210000
電話:(0086)(025)646309

企業名稱:**南京市建鄴區自力五金彈簧電機廠**
企業負責人:徐正富
經營地址:南京市建鄴區堂子街37號
經營範圍:經營和生產五金標準件、機電電器產品及各種彈簧
郵政編碼:210000

企業名稱:**南京市中保冲壓件廠**
企業負責人:聞和平
經營地址:南京市三汊河中保村69號
經營範圍:生產包裝用打包扣
郵政編碼:210000
電話:(0086)(025)685594

企業名稱:**南京市新興燈具廠**
企業負責人:周韶
經營地址:南京長江西街35號
經營範圍:各種規格型號螢光燈支架、民用臺燈、壁燈、吊燈、吸頂燈、庭園燈、大面積普照燈、應急燈;特殊燈具來圖加工;承接演播室照明工程設計、安裝
郵政編碼:210000

電話:(0086)(025)406618

企業名稱:**南京福生機械制造有限公司**
企業負責人:陳福生
經營地址:南京市光華門外中和橋路95號
經營範圍:經營生產C1336、C1325、C1318、C 336－1、C336K－1六角自動車床配件和C33 6－1回輪式車床
郵政編碼:210000
電話:(0086)(025)649634

企業名稱:**南京市雨花僑臺聯水電安裝工程隊**
企業負責人:方忠義
經營地址:南京市雨花東路24號
經營範圍:水電安裝、裝璜、10千伏以下低壓變電的設計安裝、外綫路設計安裝、室內水電安裝及各種水暖工程
郵政編碼:210000
電話:(0086)(025)623476

企業名稱:**南京市浦口華茂浴器廠**
企業負責人:琚濤
經營地址:南京市浦口夾河新村93號
經營範圍:"雙弓牌"鑄鐵拷瓷浴缸
郵政編碼:210000
電話:(0086)(025)351215

企業名稱:**南京市下關區鑫興石灰膏廠**
企業負責人:黃兆南
經營地址:南京市中央門外郭家山100號
經營範圍:石灰膏、草筋灰、社會運輸業務、裝卸勞務、代辦建材(石料)
郵政編碼:210000
電話:(0086)(025)653008

企業名稱:**南京市玄武區金寶時裝店**
企業負責人:謝金寶
經營地址:南京市中山路172號
經營範圍:新潮時裝
郵政編碼:210000

企業名稱:**南京市玄武華亞建材日雜商店**
企業負責人:王煥
經營地址:南京太平門環湖村3－5號
經營範圍:民用建築、五金油漆、裝璜等材料
郵政編碼:210000
電話:(0086)(025)641054 647513

企業名稱:**南京建通工藝美術有限公司**
企業負責人:侯逸民
經營地址:南京雨花區江東門河南后街46號
經營範圍:工藝花卉、各種工藝品加工
郵政編碼:210000
電話:(0086)(025)405914

企業名稱:**南京東光機電科技研究所**
企業負責人:陳憲明
經營地址:南京市廣州路干河沿北街49號
經營範圍:機械、電子、電器、水泥、造紙技術的實用性開發、轉讓、咨詢
郵政編碼:210000
電話:(0086)(025)306843

企業名稱:**江寧縣新美服裝廠**
企業負責人:杜明泉
經營地址:江寧縣江寧鎮
經營範圍:針織內衣、外套、服裝來料加工

郵政編碼:211100

企業名稱:**江寧縣時新沙發廠**
企業負責人:管德明經營地址:江寧縣江寧鎮新建村
經營範圍:各式單人、四人三用、折疊式、組合式沙發
郵政編碼:211100

企業名稱:**南京義陵鋼木家具廠**
企業負責人:俞仁義
經營地址:江寧縣湖熟鎮前窑頭
經營範圍:板式、鋼木家具、各式茶幾、方桌、圓桌、轉盤桌等
郵政編碼:211100

企業名稱:**江浦縣湯泉毛氈呢廠**
企業負責人:韋俊杰
經營地址:江浦縣湯泉鎮
經營範圍:各種民用呢、工業用呢
郵政編碼:211800

企業名稱:**江浦縣城東鄉盛昌皮革服裝廠**
企業負責人:董依勤
經營地址:江浦縣城北門外八里村
經營範圍:工作防護服、車輛防雨蓬布、防寒門簾、機器防護罩、四季時裝、被套、床罩、蚊帳、手套、工作防護帽、箱包等皮革制品
郵政編碼:211800

企業名稱:**南京市江浦縣中華工藝雕刻廠**
企業負責人:張爾堯
經營地址:江浦縣文德西路 92 號旁樓
經營範圍:紅木雕刻、白木浮雕系列藝術制品
郵政編碼:211800
電話:(0086)(025)682539

企業名稱:**南京江浦建材商行**
企業負責人:潘玉虎
經營地址:江浦縣東門橋工商局樓下
經營範圍:五金、交電、化工、塑料半成品、民用建材等
郵政編碼:211800
電話:(0086)(025)682938 682720

企業名稱:**六合縣城西陵皮鞋廠**
企業負責人:金廣洲
經營地址:六合縣城西鄉
經營範圍:男女各式皮鞋、童鞋
郵政編碼:211500

企業名稱:**六合縣金屬配件廠**
企業負責人:裴光榮
經營地址:六合縣六城鎮太山路 121 巷 13 號
經營範圍:金屬家具制造、加工、金屬切削加工
郵政編碼:211500
電話:(0086)(025)758354

企業名稱:**六合縣橫良鄉黃中石貨站**
企業負責人:黃承如
經營地址:六合縣橫良鄉黃中村
經營範圍:石磙、猪食槽及各種小石器、來樣加工各式石臼
郵政編碼:211500

企業名稱:**溧水縣柘塘鄉艾元金記皮毛廠**
企業負責人:謝金善
經營地址:溧水縣柘塘鄉艾元村
經營範圍:皮毛加工
郵政編碼:211200

企業名稱:**無錫市南長區金龍服裝工場**
企業負責人:金子祥
經營地址:無錫市南長區小木橋北 1 號-7
經營範圍:各式男、女服裝、童裝
郵政編碼:214000
電話:(0086)(0510)229548

企業名稱:**無錫市北塘區西蒙服裝廠**
企業負責人:王根榮
經營地址:無錫市北塘區錫新村 19 號
經營範圍:男女西裝、呢絨服裝、各式時裝
郵政編碼:214000

企業名稱:**無錫市北塘區思源堂梨膏糖食品廠**
企業負責人:王錫林
經營地址:無錫市吴橋東路旺盛里底 45 號
經營範圍:百草梨膏糖、百草梨、百草蜜、花色梨膏糖、蘇式糖果及小食品
郵政編碼:214000
電話:(0086)(0510)224873

企業名稱:**江陰市三元服裝廠**
企業負責人:趙仁財
經營地址:江蘇省江陰市澄江鎮三元坊巷 10 號
經營範圍:精細加工毛料制服及大衣
郵政編碼:214400
電話:(0086)(05217)884565

企業名稱:**無錫縣錢橋爲民食品廠**
企業負責人:王玉麟
經營地址:無錫縣錢橋鎮
經營範圍:主營:糕點、炒貨
兼營:蜜餞、飲料
郵政編碼:214100
電話:(0086)(0510)667831 轉

企業名稱:**無錫縣長安聯合化纖織造廠**
企業負責人:鄧福根

經營地址:無錫縣長安鄉古莊村
經營範圍:化纖布
郵政編碼:214100

企業名稱:**無錫縣東北塘友誼皮鞋廠**
企業負責人:陳東川
經營地址:無錫縣東北塘鄉尖岸村大陳巷
經營範圍:男、女各式皮鞋、皮革制品
郵政編碼:214100

企業名稱:**無錫縣洛社鎮松華家具廠**
企業負責人:徐榮華
經營地址:無錫縣洛社鎮上塘運河北路4號
經營範圍:家具
郵政編碼:214100
電話:(0086)(0510)931157

企業名稱:**無錫縣錢橋龍山包裝裝璜彩印廠**
企業負責人:毛晋權
經營地址:無錫縣錢橋鎮錢橋村
經營範圍:主營:包裝裝璜、彩印、燙金、鉛字印刷
兼營:塑料、人革制品
郵政編碼:214100
電話:(0086)(0510)666338

企業名稱:**無錫縣港下鄉塑料裝璜廠**
企業負責人:周永良
經營地址:無錫縣港下鄉田地巷
經營範圍:各式塑料電鍍衣鈎及鍍鋅家用毛巾鈎
郵政編碼:214100

企業名稱:**無錫市坊前鄉春豐金屬工藝廠**
企業負責人:丁亞青
經營地址:無錫縣坊前鄉春豐村
經營範圍:金屬工藝制品、加工、制造小五金
郵政編碼:214100

企業名稱:**無錫縣楊市塑料機械配件廠**
企業負責人:楊玉良
經營地址:無錫縣楊市鎮唐村
經營範圍:塑料機械配件、各類金屬標牌、各種規格油石
郵政編碼:214100

企業名稱:**無錫縣港下陳市建材廠**
企業負責人:尹樹明
經營地址:無錫縣港下鄉陳市
經營範圍:玻璃鋼瓦、石棉瓦、水池及各種規格水泥管
郵政編碼:214100

企業名稱:**常州市高達實業有限公司、中外合資常州裕達塑料制品有限公司**
企業負責人:高 鈞
經營地址:常州市玄妙觀弄11號
經營範圍:塑料模具、各種塑料制品
郵政編碼:213000
電話:(0086)(0519)41787

企業名稱:**常州市三美肉禽有限公司**
企業負責人:邱 斌
經營地址:常州市小河沿4號樓2—3
經營範圍:鹽水鴨、燒鷄、電烤鷄、電烤鴨、牛肉等
郵政編碼:213000
電話:(0086)(0519)605655

企業名稱:**常州市百惠有限公司**
企業負責人:杜燕平
經營地址:常州市篦箕巷6號
經營範圍:服裝、針紡織品、工藝美術品、日用品、勞保用品、商品信息咨詢服務等
郵政編碼:213000
電話:(0086)(0519)34767

企業名稱:**常州市東西方科技發展有限公司**
企業負責人:楊中勤
經營地址:常州市蘭陵路7號
經營範圍:日用電器、日用電子器具、儀器儀表、醫療保健器械、環境污染防治設備、固體廢弃物處理設備、玩具產品的技術轉讓、技術咨詢、技術開發、技術服務
郵政編碼:213000
電話:(0086)(0519)23158

企業名稱:**武進縣焦溪鎮后街畜產品加工廠**
企業負責人:莫榮林
經營地址:武進縣焦溪鎮后街村
經營範圍:26—32厘米各種口徑、無節頭、多節頭的各種規格、長度2.50米的優質干腸衣
郵政編碼:213100

企業名稱:**武進縣禮加再生纖維廠**
企業負責人:趙榮中
經營地址:武進縣禮加鄉魚池村
經營範圍:棉短絨、再生可紡棉麻毛纖維、棉被胎等
郵政編碼:213100

企業名稱:**武進縣寨橋鄉后橋織布廠**
企業負責人:薛國良
經營地址:武進縣寨橋鄉后橋
經營範圍:棉布、化纖布、各種色織布
郵政編碼:213100

企業名稱:**武進縣湖塘鎮沙塘岸化**

織布廠
企業負責人:邱浩興
經營地址:武進縣湖塘鎮沙塘岸
經營範圍:化纖布、絲織品、洋李子、仿美彈力華達呢、彈力螺紋呢、雙面珠、平紋呢
郵政編碼:213100

企業名稱:**武進縣雪埝龔巷皮革制品廠**
企業負責人:馬祖年
經營地址:武進縣雪埝鄉龔巷村
經營範圍:各種皮革制品、民用牛津包、工具包、儀表、儀器箱包、汽車、拖拉機坐墊、羊皮服裝
郵政編碼:213100

企業名稱:**武進縣鳴凰鎮人民印刷廠**
企業負責人:周九皋
經營地址:武進縣鳴凰鎮北廟橋村
經營範圍:不干膠商標、樣本、合格證、產品説明等彩色印刷、包裝裝璜及燙金等
郵政編碼:213100
電話:(0086)(0519)51611(轉)

企業名稱:**武進縣牛塘竹園華南裝飾廠**
企業負責人:許國水
經營地址:武進縣牛塘竹園村
經營範圍:工藝裝飾、有機玻璃工藝品、發夾、頭箍、發結等
郵政編碼:213100

企業名稱:**武進縣牛塘鎮竹園湯家裝璜工藝廠**
企業負責人:湯國强
經營地址:武進縣牛塘鎮竹園
經營範圍:有機工藝品及銅字招牌
郵政編碼:213100

企業名稱:**武進縣禮河鄉博文五金塑料廠**企業負責人:許雲東
經營地址:武進縣禮河鄉博文村
經營範圍:各類非標準零件、M5以下各種精密度要求較高的各類零件、可變容器、微調轉軸
郵政編碼:213100

企業名稱:**武進縣洛陽鎮特種橡塑裝璜廠**
企業負責人:虞海泉
經營地址:武進縣洛陽鎮陽湖村
經營範圍:硅膠塑料燙印板
郵政編碼:213100

企業名稱:**武進縣廟橋鄉振華塑料印坯廠**
企業負責人:孫浩權
經營地址:武進縣廟鄉新陽村
經營範圍:塑料印坯
郵政編碼:213100

企業名稱:**武進縣村前鄉振興塑料制品廠**
企業負責人:趙敖齊
經營地址:武進縣村前鄉(街)
經營範圍:設計、制造模具、民用燈具配件、臺燈、壁燈、吊燈、吸頂燈、塑料件及金屬件
郵政編碼:213100

企業名稱:**武進縣吕墅鄉連江集成塑料五金廠**
企業負責人:馮玉才
經營地址:武進縣吕墅鄉連江蔣溝村
經營範圍:125克以下的注塑業務
郵政編碼:213100

企業名稱:**武進縣焦溪鎮胡家鈑焊五金廠**
企業負責人:王泉興
經營地址:武進縣焦溪鎮胡家村
經營範圍:安全防盗鐵栅門、鋼折門、鋼大門
郵政編碼:213100

企業名稱:**武進縣奔牛鎮五金電器廠**
企業負責人:艾建民
經營地址:武進縣奔牛鎮中街149號
經營範圍:五金電器、系列性電暖鍋、電奶鍋產品、紡織廠使用的空調設備制作、安裝(噴淋管)等
郵政編碼:213100
電話:(0086)(0519)583

企業名稱:**武進縣龍虎塘鄉龍城船舶修造廠**
企業負責人:王貴湘
經營地址:常州市北郊龍虎塘龍圩2號村
經營範圍:鋼質船舶
郵政編碼:213100

企業名稱:**武進縣馬杭鎮滚針軸承廠**
企業負責人:楊永堅
經營地址:武進縣馬杭鎮
經營範圍:摩托車滚針軸承
郵政編碼:213100
電話:(0086)(0519)52337

企業名稱:**武進縣龍虎塘樊家長江鈑金廠**
企業負責人:張海大
經營地址:武進縣龍虎塘鄉樊家
經營範圍:生產、加工各種非標準設備、各種型號的電解機、鋼材結構件
郵政編碼:213100

企業名稱:**武進縣政平鄉飲料食品包裝廠**

企業負責人:蔣建東
經營地址:武進縣政平南碼
經營範圍:各種系列鋁合金易拉蓋、塑料筒體、食品玻璃易拉蓋
郵政編碼:213100

企業名稱:**武進縣湖塘鎮陳家新華電器廠**
企業負責人:王中宜
經營地址:武進縣湖塘鎮陳家殷家村
經營範圍:各種低壓配電屏、配電櫃、控制櫃、箱和組合箱
郵政編碼:213100
電話:(0086)(0519)51498

企業名稱:**武進縣禮加保温材料有限公司**
企業負責人:黃杏梅
經營地址:武進縣禮加鄉
經營範圍:硅酸鋁制品、復合制品、礦棉制品
郵政編碼:213100

企業名稱:**武進縣常新節能有限公司**
企業負責人:梅偉民
經營地址:武進縣禮加鄉
經營範圍:主營:節能保温材料 兼營:雲母絶緣材料
郵政編碼:213100

企業名稱:**武進縣湖塘鎮機電設備安裝工程隊**
企業負責人:孫玉斌
經營地址:武進縣湖塘鎮枉街
經營範圍:10KV 以下高低壓變電所、行車、電梯安裝和高低壓架空綫路的架設、設計及電器綫路、大樓綫路的預埋和電纜附設等大工程的安裝
郵政編碼:213100

電話:(0086)(0519)51613

企業名稱:**武進縣奔牛交通車輛修配廠**
企業負責人:潘達春
經營地址:武進縣奔牛鎮東首葉家碼頭汽車站
經營範圍:進出口、國産各種客貨汽車的維修和改裝
郵政編碼:213100

企業名稱:**武進縣前黄園林绿化工程隊**
企業負責人:沈培元
經營地址:武進縣前黄鄉小漕村
經營範圍:園林绿化工程、配制假山、瀑布、噴泉、游泳池、亭臺樓閣、園林小品、绿化布置
郵政編碼:213100

企業名稱:**常州市科達化工科技有限公司**
企業負責人:單桂冠
經營地址:金壇縣新環城北路
經營範圍:有機精細化工産品開發、化工科技咨詢、技術服務、技術轉讓和代研課題
郵政編碼:213200
電話:(0086)(0519)822021

企業名稱:**蘇州市白玉蘭百貨有限公司**
企業負責人:趙 静
經營地址:蘇州市觀前街大成坊24—1 號
經營範圍:經銷香港創意有限公司、明英高級時裝制造廠生産的高檔時裝和國内名家生産的男、女系列服裝、名牌襯衫、羊毛衫、皮茄克、裘皮大衣及各類新潮時裝
郵政編碼:215000

電話:(0086)(0512)223205

企業名稱:**常熟市福山鎮錫惠勞防用品廠**
企業負責人:趙惠根
經營地址:常熟市福山鎮肖橋村
經營範圍:生産、加工各種涂塑綫手套等勞保防護用品
郵政編碼:215500

企業名稱:**常熟市古里敦煌印刷廠**
企業負責人:陶金元
經營地址:常熟市古里鎮
經營範圍:名片等各類印刷業務
郵政編碼:215500

企業名稱:**常熟市福山鎮青聯鑄件廠**
企業負責人:朱建東
經營地址:常熟市福山鎮
經營範圍:金屬鑄件加工
郵政編碼:215500

企業名稱:**常熟市琴南湖濱汽車急修廠**
企業負責人:瞿 瑛
經營地址:常熟市滬宜公路湖濱橋南首
經營範圍:各種型汽車急修和整修保養、零售、代銷汽車配件
郵政編碼:215500
電話:(0086)(05221)623489

企業名稱:**張家港市港區工藝禮品廠**
企業負責人:秦龍寶
經營地址:張家港市港區鎮貿易街93 號
經營範圍:金絲絨、平絨、素緞錦旗、五色彩旗、國旗、團旗、紅領巾、機工手工綉品
郵政編碼:215600
電話:(0086)(05222)231179

企業名稱:**張家港市楊舍冷作制造廠**
企業負責人:徐桐林
經營地址:張家港市體育場后面
經營範圍:鍋爐輔機及機械、化工、礦機設備、來料加工、冷作加工
郵政編碼:215600
電話:(0086)(05222)222589

企業名稱:**昆山市石浦炊具廠**企業負責人:費偉華
經營地址:昆山市石浦鎮
經營範圍:厨房炊具機械產品
郵政編碼:215300

企業名稱:**昆山市陸家鎮金生醫用光學玻璃廠**
企業負責人:陳金生
經營地址:昆山市陸家鎮龍溪路25號(龍王廟)
經營範圍:防輻射高鉛光學玻璃
郵政編碼:215300

企業名稱:**太倉縣舒適軟墊沙發廠**
企業負責人:湯海清
經營地址:太倉縣南郊鎮
經營範圍:高級沙發、軟椅、席夢思床墊、各種座墊
郵政編碼:215400
電話:(0086)(05225)3896

企業名稱:**太倉縣婁東鄉新光家具沙發廠**
企業負責人:陳均恒
經營地址:太倉縣婁東鄉朝陽村
經營範圍:沙發
郵政編碼:215400
電話:(0086)(05225)3397

企業名稱:**太倉縣瀏河電器廠**
企業負責人:閔界棟
經營地址:太倉縣瀏河鎮蘇張村9組
經營範圍:室外天綫及天綫放大器(衛星牌)、室內天綫及天綫放大器(開樂牌)、KL－W－5電冰箱全自動保護器(開樂牌)、環球室內天綫放大器(開樂牌)、多功能自控穩壓保護器(三愛牌)
郵政編碼:215400
電話:(0086)(05225)41213

企業名稱:**吴縣勝浦鄉大港村并綫工場**
企業負責人:金林根
經營地址:吴縣勝浦鄉大港村
經營範圍:對紗類進行并綫加工
郵政編碼:215100
電話:勝浦總機轉

企業名稱:**吴縣斜塘西馬拋光廠**
企業負責人:沈雪生
經營地址:吴縣斜塘西馬村
經營範圍:五金零件拋光
郵政編碼:215100
電話:斜塘總機轉

企業名稱:**吴江縣銅羅鎮標牌廠**
企業負責人:周靄寶
經營地址:吴江縣銅羅鎮春橋橋堍
經營範圍:以PVC爲原材料的各式彩色黑白電視機和收録機銘牌、標牌
郵政編碼:215200

企業名稱:**吴江縣松陵鎮恒亨電腦配件廠**
經營地址:吴江縣松陵鎮府西街1弄4號
企業負責人:戴 淼
經營範圍:彩色遥控選頻器
郵政編碼:215200
電話:(0086)(05223)23994

企業名稱:**啓東市新義帆布廠**
企業負責人:張建平
經營地址:啓東市新義鄉竪海鎮
經營範圍:細帆布
郵政編碼:226200

企業名稱:**啓東市合作鄉繁榮玻纖織布廠**
企業負責人:樊永生
經營地址:啓東市合作鄉悦西村
經營範圍:帆布
郵政編碼:226200

企業名稱:**啓東惠豐俊方用品廠**
企業負責人:沈錦芳 鬱正明
經營地址:啓東市惠豐鄉頭興港閘西首
經營範圍:塑料帚
郵政編碼:226200

企業名稱:**啓東惠豐綉品廠**
企業負責人:倪建珍
經營地址:啓東市惠豐鄉雙慶村
經營範圍:被袋、被單、枕套、臺布、禮品卡、服裝花
郵政編碼:226200
電話:(0086)(05232)2911轉

企業名稱:**啓東市近海建國橡塑廠**
企業負責人:楊建國
經營地址:啓東市近海鄉團結村
經營範圍:制動制品
郵政編碼:226200
電話:(0086)(05232)3511轉

企業名稱:**啓東市新義竪海五金廠**
企業負責人:張松年
經營地址:啓東市新義鄉竪海鎮
經營範圍:加工“862”電度表接綫盒組合件、金屬切削加工、膠木件壓鑄、塑料造粒
郵政編碼:226200
電話:(0086)(05232)2977轉

企業名稱:**啓東市近海刀具廠**
企業負責人:董國安
經營地址:啓東市公益村鎮西市
經營範圍:新型高級木刻刀、石刻刀、油畫調色刀等多種刀具
郵政編碼:226200
電話:(0086)(05232)3511 轉

企業名稱:**啓江市近海玻璃儀器廠**
企業負責人:陸廟生
經營地址:啓東市公益村(鎮)東首
經營範圍:藥用玻璃安培瓶
郵政編碼:226200
電話:(0086)(05232)3511 轉

企業名稱:**海安縣墩頭友余竹木器材廠**
企業負責人:周友余
經營地址:海安縣墩頭鎮墩頭村三組
經營範圍:竹木家具、三類竹木
郵政編碼:226600
電話:(0086)(05235)墩頭總機轉 72

企業名稱:**海安縣壯志鄉友誼合作花邊廠**
企業負責人:劉書林
經營地址:海安縣壯志鄉秦莊村 2 組
經營範圍:花邊、臺布、勾針衣、尼龍手套、魚網等
郵政編碼:226600

企業名稱:**如東縣孫窑雙花織襪廠**
企業負責人:仲 華
經營地址:如東縣孫窑街
經營範圍:各種規格、型號的薄型尼龍襪
郵政編碼:226400

企業名稱:**如東縣兵房海鷗皮件廠**
企業負責人:李安康
經營地址:如東縣兵房鎮
經營範圍:各式牛津料、Pr 料、帆布、泡沫及進口材料包郵政編碼:226400

企業名稱:**如東縣南坎冶煉廠**
企業負責人:吴錫忠
經營地址:如東縣南坎鄉北坎閘東首
經營範圍:氫氟酸
郵政編碼:226400

企業名稱:**南通縣金西鄉國賢聯合布鞋廠**
企業負責人:王 軍
經營地址:南通縣金西鄉花家渡村六組
經營範圍:幼兒、兒童、中老年人四季常用布鞋
郵政編碼:226300

企業名稱:**海門縣東興金彩服裝廠**
企業負責人:周金彩
經營地址:海門縣東興鄉光耀村
經營範圍:勞保用品
郵政編碼:226100

企業名稱:**海門縣東興躍進五金廠**
企業負責人:張躍進
經營地址:海門縣東興鎮
經營範圍:螺絲、螺帽、緩冲管、自行車脚踏銷
郵政編碼:226100

企業名稱:**海門縣悦來鎮新悦制針廠**
企業負責人:龔錦高
經營地址:海門縣悦來鎮東首
經營範圍:皮茄克縫制針
郵政編碼:226100

企業名稱:**海門縣新余長江電碳廠**
企業負責人:于順芳
經營地址:海門縣新余鄉濱北村三組
經營範圍:電刷、電機配件
郵政編碼:226100

企業名稱:**海門縣衛星賓館用品設備有限公司**
企業負責人:俞 斌
經營地址:海門縣貨隆橋西側
經營範圍:賓館設備生産和維修
郵政編碼:226100

武漢

企業名稱:**江南工農副産品有限責任公司**
企業負責人:代元金
經營地址:青山區紅衛路鋼花村 116 街 1 棟 3 號
經營範圍:收購、代運輸、代儲存、代加工農副産品(豆類、芝麻、花生果、蓖麻、棉仁等)
郵政編碼:430081
電話:(0086)(027)663050

企業名稱:**武漢電氣設備制造有限公司**
企業負責人:張世錫
經營地址:漢口天門墩路 32 號
經營範圍:主營:特種變壓器、電器控制設備 兼營:電器銷售、技術咨詢
郵政編碼:430015
電話:(0086)(027)230227

企業名稱:**和平實業有限公司**
企業負責人:秦和平
經營地址:武昌區和平大道 344 號
經營範圍:化工、塑料制品、塑料模具開發生産、技術咨詢
郵政編碼:430000

企業名稱:**長城實業有限公司**
企業負責人:吕春漢
經營地址:武昌民主路 447 號
經營範圍:燈箱、招牌、貨貿、鋁門、

趟窗、幕墻、酒家、飯店、賓館中高級裝飾工程
郵政編碼:430060

企業名稱:**環亞保健有限公司**
企業負責人:楊先杰
經營地址:武漢市中山大道715號
經營範圍:經銷進口美容器材、美容培訓、生活美容、醫學美容
郵政編碼:430022
電話:(0086)(027)355890

企業名稱:**同昌裝飾防水工程有限公司**
企業負責人:文國强
經營地址:武昌解放路朝陽巷64號
經營範圍:主營:各種裝飾防水工程 兼營:裝飾防水材料,家具、水暖、燈具
郵政編碼:430000
電話:(0086)(027)877608

企業名稱:**武漢友誼應用技術研究所**
企業負責人:盛佛元
經營地址:武漢市友誼路155號
經營範圍:微歐測試儀、高壓開關動特性測試儀、程控無刷白藕調壓器
郵政編碼:430022
電話:(0086)(027)569371

企業名稱:**楊氏保健飲品開發有限公司**
企業負責人:楊大慶
經營地址:武漢同濟醫科大學内
經營範圍:楊氏口服液
郵政編碼:430030
電話:(0086)(027)565811—601

企業名稱:**南方裝飾有限公司**
企業負責人:馮小平
經營地址:武昌彭劉楊路232號
經營範圍:主營:裝飾工程、裝飾材料配件 兼營:燈具、電料、電動工具
郵政編碼:430060
電話:873047

企業名稱:**協樂電器汽配有限公司**
企業負責人:駱育仁
經營地址:漢口三陽路三陽小區12號
經營範圍:汽車配件、家用電器、五金、建材、日用百貨、精品服裝、文化用品、服裝面料、塑料制品
郵政編碼:

企業名稱:**卓婭服裝廠**
企業負責人:詹道喜
經營地址:江漢區青年大道詹家墩21號
經營範圍:"卓婭牌"西服
郵政編碼:430015

企業名稱:**武漢大江流書社**
企業負責人:饒建文
經營地址:武昌區徐東新村142號
經營範圍:主營:書刊 兼營:録音帶、計算機應用軟件
郵政編碼:430000

企業名稱:**現代電子研究所**
企業負責人:劉裕國
經營地址:武昌付家坡丁字橋135號
經營範圍:長途直撥防止器
郵政編碼:430070

企業名稱:**惠達水處理設備廠**
企業負責人:周展東
經營地址:武漢江岸區趙家條沔陽臺子8號
經營範圍:鍋爐輔機、水處理設備和小型機電產品
郵政編碼:430000
電話:(0086)(027)271658

企業名稱:**中英時裝廠**
企業負責人:周　英
經營地址:武漢江岸區銘新街29號
經營範圍:中、高檔女式時裝
郵政編碼:430000
電話:(0086)(027)357335 211788

企業名稱:**漢陽區曙光汽車修理廠**
企業負責人:萬幼成
經營地址:漢陽區鸚鵡大道479號
經營範圍:國内外大、中、小型各類汽車的修理
郵政編碼:430000
電話:(0086)(027)446075

企業名稱:**漢陽區金屬機械廠**
經營地址:武漢市漢陽區廟東灣24號
經營範圍:汽車配件、小型機械
企業負責人:陳建生
郵政編碼:430051
電話:(0086)(027)443267

企業名稱:**漢陽區楊子江進口汽車維修廠**
企業負責人:杜陰之
經營地址:漢陽區攔江路23號
經營範圍:汽車修理
郵政編碼:430000
電話:(0086)(027)441593

企業名稱:**更新沙發廠**
企業負責人:李新炎
經營地址:武漢市武昌區閱馬場黄鶴樓中學内
經營範圍:沙發、席夢思
郵政編碼:430060
電話:(0086)(027)871240

企業名稱:**維利斯食品廠**
企業負責人:周光雨
經營地址:青山區紅鋼城三街27號
經營範圍:加拿大面粉、奶油、法國

依士及其它高級輔料生產面包、蛋糕、中秋月餅、西點
郵政編碼:430080

企業名稱:**元垣電器設備廠**
企業負責人:喬得良
經營地址:青山區任家路江邊 804 號
經營範圍:中、小型特種變壓器與中小型電控設備
郵政編碼:430081

企業名稱:**江南進口汽車維修中心**
企業負責人:白君偉
經營地址:武漢市徐東路 28 號
經營範圍:承修進口汽車
郵政編碼:430077
電話:(0086)(027)612940

企業名稱:**碧溪印刷廠**
企業負責人:謝守法
經營地址:武漢市漢南區紗帽鎮綠苑路 46 號
經營範圍:書籍、圖表、資料、制版
郵政編碼:430090

電話:(0086)(027)441621 轉 517

企業名稱:**武漢昌毅化工廠**
企業負責人:柳毅
經營地址:武漢市武昌縣金水閘劉家墩
經營範圍:脂膠調合漆、油性調合漆、醇酸調合漆、醇酸磁漆
郵政編碼:430209

企業名稱:**武昌縣中興科學技術研究所**
經營地址:武昌縣紙紡鎮龍頭街 17 號
企業負責人:胡青雲
經營範圍:新技術的開發、轉讓及新產品研制、生產和銷售
郵政編碼:430210
電話:(0086)(07211)52090

企業名稱:**漢陽縣高廟書文木器社**
企業負責人:肖書文
經營地址:武漢市漢陽縣高廟鄉中心村
經營範圍:機械模型、教學用模型、高難木器制品
郵政編碼:430102

企業名稱:**武漢市漢陽縣練武皮鞋廠**
企業負責人:楊大壓
經營地址:武漢市漢陽縣張灣
經營範圍:主營:各種皮鞋 兼營:汽車運輸
郵政編碼:430117 電話:(0086)(07212)553767

企業名稱:**武漢市漢陽縣黃陵鎮飲料廠**
企業負責人:肖述智
經營地址:武漢市漢陽縣黃陵鎮
經營範圍:冰棒、汽水和其它飲料
郵政編碼:430109
電話:(0086)(07212)43331 轉

企業名稱:**黃陂縣城關鎮大碼頭玻璃礬石廠**
企業負責人:徐國祥
經營地址:黃陂縣城關車站路 12 號
經營範圍:建築材料
郵政編碼:432200
電話:(0086)(07215)32772

企業名稱:**黃陂縣五顯金屬結構廠**
企業負責人:胡仁義
經營地址:黃陂縣城關黃孝路 5 號
經營範圍:生產五金標準件、農業機械配件、斗車及金屬結構
郵政編碼:432200
電話:(0086)(07215)31996

企業名稱:**黃陂縣大興糖果廠**
企業負責人:李雲奎
經營地址:黃陂縣城關中山大道 45 號
經營範圍:各種糖果
郵政編碼:432200

企業名稱:**新洲縣友誼家用衛生材料廠**
企業負責人:朱時來
經營地址:新洲縣陽邏鎮潘龍路 84 號
經營範圍:主營:浴缸、浴盆、地板磚、大便器、洗面器、天花板 兼營:室內裝修業務
電話:(0086)(07231)61697

企業名稱:**新洲縣汪集紙管廠**
企業負責人:黎冬林

經營地址:新洲縣汪集鎮南街
經營範圍:紗紙管、紡織用沙管、汽流紡管、長布管
電話:(0086)(07231)81228

企業名稱:**武漢市陽邏永新皮件廠**
企業負責人:宋金彪

經營地址:武漢市新洲縣陽邏鎮新光村
經營範圍:竹胎、紙胎及杉木皮箱
郵政編碼:431415

安徽

企業名稱:**合肥興振電子技術有限公司**
企業負責人:陳曉寧
企業地址:合肥市桐城路 61 號 504 室
經營範圍:主營:計算機應用、電子元器件、電力系統裝置與設備 兼營:中試產品的銷售

郵政編碼:230061

企業名稱:**合肥桓達電子產品有限公司**
企業地址:合肥市徽州路64號401室
企業負責人:程 葵
經營範圍:主營:電流互感器、保護器、微型計算機
兼營:發電機來磁裝置及氧化鋅避雷器的代購代銷
郵政編碼:230001
電話:(0086)(0551)249022

企業名稱:**合肥市希爾克時裝有限公司**
企業負責人:陳 林
企業地址:合肥市三孝口四聯大樓東樓
經營範圍:主營:針紡織品、服裝、鞋帽、土產品、工藝品
兼營:日用百貨、家用電器
郵政編碼:230061
電話:(0086)(0551)277102

企業名稱:**合肥市肥西縣糖酒食品有限公司**
企業負責人:戴永良
企業地址:肥西縣城關致富樓
經營範圍:主營:烟、酒、糖、糕點、百貨
兼營:糕點、飲料、瓜子加工
郵政編碼:231200

企業名稱:**長豐縣畜禽服務公司**
企業負責人:錢玲玲
企業地址:長豐縣水湖鎮
經營範圍:主營:孵化、家禽
兼營:飼料、飼料添加劑
郵政編碼:231100

企業名稱:**肥東縣制動材料廠**
企業負責人:付世成
企業地址:肥東縣店埠鎮橋西
經營範圍:主營:石棉制品
兼營:磨料制品
郵政編碼:231601

企業名稱:**蕪湖縣清水取信玻璃鋼木材制品廠**
企業負責人:胡禮志
企業地址:蕪湖縣清水大橋
經營範圍:主營:玻璃鋼制品、木材加工
兼營:樹脂、玻纖布
郵政編碼:241100

企業名稱:**安徽省鵬程珍珠養殖經營有限公司**
企業負責人: 王吉鵬
企業地址:長豐縣孔店鄉
經營範圍:主營:淡水珍珠
兼營:魚、豬
郵政編碼:231101

企業名稱:**安徽省肥東縣通用機械廠**
企業負責人:張元祥
企業地址:安徽省店埠橋西
經營範圍:主營:農排管加工、鋼結構件、罐類
兼營:機械安裝
郵政編碼:231601

企業名稱:**蕪湖縣白馬山汽車聯營運輸公司**
企業負責人:丁以鵬
企業地址:蕪湖縣蕪南路旁
經營範圍:主營:汽車運輸
兼營:中餐、住宿
郵政編碼:241100

企業名稱:**蕪湖縣白馬山汽車運輸公司**
企業負責人:潘志堅
企業地址:蕪湖縣白馬山
經營範圍:主營:貨運、裝卸
兼營:農機修理、水泥、招待所
郵政編碼:241100

企業名稱:**蚌埠市迎春家電有限公司**
企業負責人:張迎春
企業地址:蚌埠市天橋商場三樓
經營範圍:家用電器、家用電子產品、交通器材
郵政編碼:233000

企業名稱:**蕪湖縣清永鎮玉林玻璃鋼廠**
企業負責人:李玉林
企業地址:蕪湖縣清水鎮
經營範圍:玻璃鋼制品
郵政編碼:241100

企業名稱:**蚌埠市迎春市場(蚌埠市迎春家電有限公司分支機構)**
企業負責人:張迎春
企業地址:蚌埠市天橋市場三樓
經營範圍:主營:家用電器(不含彩電)、電腦用品、交通器材、針紡織品、百貨
兼營:飲料、食品、烟、酒
郵政編碼:233000

企業名稱:**蚌埠市雄峰實業有限公司**
企業負責人:劉本華
企業地址:蚌埠市淮河路328號
經營範圍:主營:蜂產品研制、開發
兼營:蜂產品的合作生產、銷售
郵政編碼:233000

企業名稱:**淮南市新潮裝飾工程有限公司**
企業負責人:段宗社

企業地址:淮南市田家庵區龍湖中路
經營範圍:主營:室內外裝飾、鋁合金制品、家具、工藝品、園林景觀制作
兼營:建材、陶瓷、燈飾、五金交電、花木
郵政編碼:232007

企業名稱:**淮南市華聯工貿有限公司**
企業負責人:路玉珍
企業地址:淮南市人民北路
經營範圍:主營:通用煤礦機械、五金電器、印刷物資、工礦機械配件、閉 顯工礦設備及配件調劑
兼營:酒類、飲料
郵政編碼:232007

企業名稱:**淮南市通達有限責任公司**
企業負責人:葉 莉
企業地址:淮南市大通飯店車站旅社
經營範圍:主營:家用電器、工礦機械配件、裝璜材料
兼營:飲食品、酒、日用百貨
郵政編碼:232033

企業名稱:**淮南市電子醫療設備公司**
企業負責人:宋世鵬
企業地址:淮南市田家庵區陳洞中路朝陽醫院辦公樓
經營範圍:主營:電子類產品、醫療設備開發應用、維修服務
兼營:家用電器、五金交電、日雜、百貨
郵政編碼:232001

企業名稱:**淮南市開和防腐工程有限公司**
企業負責人:馮開和
企業地址:淮南市田家庵區人民路
經營範圍:防腐工程施工
郵政編碼:232007
電話:(0086)(0554)23004、22861

企業名稱:**淮南市建材有限供銷公司**
企業負責人:程晋標
企業地址:淮南市田家庵淮舜南路
經營範圍:主營:民用建材、小五金
兼營:工礦機械配件
郵政編碼:232007

企業名稱:**鳳臺縣友誼汽車出租公司**
企業負責人:胡煥東
企業地址:鳳臺縣大山鎮
經營範圍:客運
郵政編碼:232100

企業名稱:**淮南市長江有限責任公司**
企業負責人:申樹江
企業地址:淮南市田家庵區淮舜南路
經營範圍:主營:汽車、摩托車配件、五金交電
兼營:裝璜材料、民用建材
郵政編碼:232007

企業名稱:**鳳臺縣興華百貨有限公司**
企業負責人:辛文來
企業地址:鳳臺縣城關鎮古城大市場
經營範圍:主營:百貨、輕紡、化纖、顏料、五金、家用電器
兼營:摩托車配件、石棉瓦、油氈、鋼窗
郵政編碼:232100

企業名稱:**馬鞍山市嘉達紙品有限公司**
企業負責人:劉福生
企業地址:馬鞍山市雨十村 33 幢 103 室
經營範圍:紙張
郵政編碼:243000

企業名稱:**中國食用菌技術開發有限公司**
企業負責人:潘自航
企業地址:馬鞍山市花山區桃花村 13 棟
經營範圍:主營:食用菌技術開發、培訓、研究、轉讓、咨詢
兼營:食用菌菌種、食用菌系列產品、食用菌生產資料
郵政編碼:243011

企業名稱:**馬鞍山市永安機電有限公司**
企業負責人:葛偉明
企業地址:馬鞍山市西園路 33 號
經營範圍:工礦機電產品
郵政編碼:243000
電話:(0086)(0555)21777

企業名稱:**當涂縣進軍冷軋實業有限公司**
企業負責人:馮德進
企業地址:當涂縣黄山鄉
經營範圍:冷軋盤元綫材
郵政編碼:243104

企業名稱:**馬鞍山市胡道晋機動刀模廠**
企業負責人:胡啓文
企業地址:當涂縣博望鎮石家村
經營範圍:剪板機、折彎機
郵政編碼:243131

企業名稱:**皖淮北市順達汽車配件有限公司**
企業負責人:陳長久

企業地址:皖淮北市相山古城西路
經營範圍:汽車配件
郵政編碼:235000

企業名稱:**淮北市大衆汽車配件營業處**
企業負責人:張克和
企業地址:淮北市三堤口
經營範圍:主營:汽車配件
兼營:涂料
郵政編碼:235000

企業名稱:**淮北市友誼汽車修理改裝廠**
企業負責人:張全賢
企業地址:淮北市濉溪路慶相橋北側
經營範圍:主營:汽車維修
兼營:汽車配件
郵政編碼:235000

企業名稱:**淮北市桂林電汽綜合經銷部**
企業負責人:葛桂玲
企業地址:淮北市食品街 215 號
經營範圍:主營:電器電工器材、汽車配件
兼營:五金、建築裝璜材料
郵政編碼:235000

企業名稱:**濉溪縣曙光軋鋼廠**
企業負責人:崔恩平
企業地址:濉溪縣東關村
經營範圍:φ12 圓鋼
郵政編碼:235100

企業名稱:**濉溪縣馬橋振興水泥廠**
企業負責人:陳志勝
企業地址:濉溪縣蔡里鄉猪山東
經營範圍:水泥
郵政編碼:235111

企業名稱:**濉溪縣蔣町水泥廠**
企業負責人:周聖軍
企業地址:濉溪縣蔡里鄉猪山
經營範圍:水泥
郵政編碼:235111

企業名稱:**銅陵縣湖城泡花碱廠**
企業負責人:宋來富
企業地址:銅陵縣新橋鄉湖城村
經營範圍:泡花碱水
郵政編碼:244131

企業名稱:**懷寧縣總鋪耀華水泥廠**
企業負責人:吴安華
企業地址:懷寧縣總鋪鄉總鋪村
經營範圍:主營:普通硅酸鹽水泥制造
兼營:紙袋、小型予制構件、民用建材加工
郵政編碼:246133

企業名稱:**桐城肥麗梅橡塑制品有限公司**
企業地址:桐城城關鎮東大街
企業負責人:項宗祥
經營範圍:主營:橡膠制品、鐵器制品、模具制品、機械維修
兼營:汽車配件、百貨、糖、烟、酒、五金交化、副食品
郵政編碼:231401

企業名稱:**安慶市夢思裝璜有限責任公司**
企業負責人:張凱尼
企業地址:安慶市人民路 269 號
經營範圍:室内外建築裝璜
郵政編碼:246001

企業名稱:**懷寧縣月山復興水泥廠**
企業負責人:楊聖水
企業地址:懷寧縣月山鎮復興村
經營範圍:水泥制造
郵政編碼:246131

企業名稱:**桐城縣電器公司**
企業負責人:操德順
企業地址:桐城縣城關鎮和平路
經營範圍:主營:五金交電、化工原料、各種機械、汽車配件、百貨、針紡 織品、糖、烟、酒、副食品
兼營:小電器制造、電器維修、水暖安裝、旅社
郵政編碼:231400

企業名稱:**安徽省樅陽縣呆子瓜子實業開發有限公司**
企業負責人:周美生
企業地址:樅陽縣吴橋鄉
經營範圍:主營:瓜子加工
兼營:日用百貨、糖、烟、酒、建築五金、日用雜品
郵政編碼:216723

企業名稱:**亳州市中藥材購銷公司**
企業負責人:劉東海
企業地址:亳州市工商大樓西一樓
經營範圍:國家統管外的中藥材
郵政編碼:326800

企業名稱:**蕭縣興龍糧油貿易有限公司**
企業負責人:李樂好
企業地址:城鎮國防路
經營範圍:主營:糧油、食品
兼營:粉絲、糕點、蔬菜加工、畜産皮張
郵政編碼:233200

企業名稱:**亳州市中藥材有限公司**
企業負責人:李華昌
企業地址:亳州市人民東路 2 號
經營範圍:主營:國家政策允許經營的中藥材
兼營:中藥材加工
郵政編碼:236800

企業名稱:**穎上縣新興有限公司**
企業負責人:李明俊

企業地址:潁上縣城關二新路
經營範圍:主營:糧、油(國家政策允許的)
兼營:土產品
郵政編碼:236200

企業名稱:**安徽省全椒縣古河商業有限公司**
企業負責人:陳之樹
企業地址:全椒縣古河鎮巢湖路150—1號
經營範圍:主營:農業機械配件、化工商品
兼營:輕紡機械配件、家用電器(不含彩電)
郵政編碼:239500

企業名稱:**鳳陽縣建材工業有限公司**
企業負責人:薛本剛
企業地址:鳳陽縣府城鎮西門外
經營範圍:主營:玻纖瓦、水泥制品
兼營:水泥、砂子、裝璜材料
郵政編碼:233100

企業名稱:**全椒縣大洋養殖有限公司**
企業負責人:徐之道
企業地址:全椒縣中心鄉大文村
經營範圍:主營:養鷄
兼營:畜禽飼養、飼料加工
郵政編碼:239500

企業名稱:**全椒縣工貿有限公司**
企業地址:全椒縣新中路210號
企業負責人:許光勇
經營範圍:主營:家用電器、視音頻產品(彩電除外)
兼營:日用百貨、針織品
郵政編碼:239500

企業名稱:**安徽省鳳陽縣鳳淮有限公司**
企業負責人:韓其斌
企業地址:鳳陽縣棗巷鄉
經營範圍:主營:葦席、葦杆
兼營:面粉加工
郵政編碼:233100

遼寧

企業名稱:**沈陽市東農林特產科工貿有限公司**
企業負責人:李世昌
企業地址:沈陽市東陵區文化路54號
經營範圍:東北三寶
郵政編碼:110000
電話:(0086)(024)390909

企業名稱:**大連四方工業控制機研究所**
企業負責人:盧惠珍
企業地址:大連市經濟技術開發區哈爾濱路196信箱
經營範圍:微電腦控制系統
郵政編碼:116000
電話:(0086)(0411)491686、491689

企業名稱:**大華儀表有限公司**
企業負責人:于年鳳
企業地址:大連市旅順口區列寧街10號
經營範圍:煉油化工自動化控制儀表用金屬管件、儀表閥門、調節閥、節流孔板、儀表輔助容器等
郵政編碼:116000

企業名稱:**勝泉電器廠**
企業負責人:馮占一
企業地址:沈陽市蘇家屯區十里河
經營範圍:電器開關櫃、高低壓配電箱、控制電動箱、照明箱、變壓器等
郵政編碼:110000

企業名稱:**沈陽市華龍貿易有限公司**
企業負責人:王明弟
企業地址:遼寧省沈陽市沈和區中央路千德里十六棟
經營範圍:木材、木制家具、木材加工、五金、百貨、民用建材、電工器材、農副產品、低壓電器、工藝美術品等
郵政編碼:110000

企業名稱:**沈陽市紅旗液壓設備廠**
企業負責人:金成洙
企業地址:沈陽市郊區
經營範圍:液壓系統、液壓閥、鋼制彎頭生産綫
郵政編碼:110000

企業名稱:**華立實業有限公司**
企業負責人:張抗修
企業地址:沈陽市皇姑區長江街二段十四號
經營範圍:五金交化、建築裝飾材料、日用百貨、家用電器等
郵政編碼:110000

企業名稱:**沈陽市楊士鍋鑪配套廠**
企業負責人:鄧玉光
企業地址:沈陽市于紅區楊士鄉
經營範圍:鍋爐的砌築和包皮
郵政編碼:110000

河北

企業名稱:**無極縣光華電綫廠**
企業負責人:閻銀洞
企業地址:無極縣高頭鄉談下南街
經營範圍:黑紗包綫、塑鋁綫
郵政編碼:052460

企業名稱:**無極縣平方綫材廠**
企業負責人:曹平方
企業地址:無極縣高頭鄉談下三村
經營範圍:紗包電綫、塑料電綫、護

套電綫
郵政編碼:052460

企業名稱:**行唐縣農村政協委員聯合腸衣綜合加工廠**
企業負責人:劉國香
企業地址:行唐縣玉亭鄉官莊村西
經營範圍:腸衣
郵政編碼:050600

企業名稱:**保定市古城建材廠**
企業負責人:李保申
企業地址:清苑后高莊
經營範圍:煤灰、水泥空心砌塊、T形塊 1/2 塊、U 形塊 1/4 塊、標準塊 3/4 塊、單轉角塊、雙轉角塊
郵政編碼:071000

企業名稱:**保定市南市區新星化工廠**
企業負責人:時晋龍
企業地址:保定市鐵面將軍廟 9 號
經營範圍:各種色彩、規格的琉璃型瓦
郵政編碼:071000
電話:(0086)(0312)24553

企業名稱:**三河縣金山建材運輸有限公司**
企業負責人:劉寶金
企業地址:三河縣段甲嶺鎮
經營範圍:石子、塊石、白灰、公路貨物運輸
郵政編碼:101600

企業名稱:**廊坊市安次區東安莊鄉磚廠**
企業負責人:朱寶安
企業地址:廊坊市安次區東安莊鄉
經營範圍:磚
郵政編碼:102800

企業名稱:**香河縣司機飲酒控制器總廠**
企業負責人:温逸仙
企業地址:香河縣府前街 3 號
經營範圍:司機飲酒控制器
郵政編碼:302550

企業名稱:**大廠回族自治縣夏墊福順綜合商業樓**
企業負責人:左福順
企業地址:大廠縣夏墊北道
經營範圍:百貨、五金、建材、土産日雜、交電
郵政編碼:101700

企業名稱:**三河縣溝陽鎮東園建築隊**
企業負責人:田春希
企業地址:三河縣溝陽鎮東關
經營範圍:房屋建築
郵政編碼:101600

企業名稱:**三河縣燕郊華英大理石廠**
企業負責人:肖福海
企業地址:三河縣燕郊鎮農興樓北側
經營範圍:大理石、岩石、水磨石
郵政編碼:101600

企業名稱:**香河縣河北止務新興錦盒廠**
企業負責人:王英杰
企業地址:香河縣大羅屯鄉河北止務村
經營範圍:首飾盒、玉器盒、文房四寶盒、工藝美術品盒、獎杯盒、證章、獎杯盒、精密儀表盒、景泰藍盒、無印刷折叠裝訂盒、各種圖案的壓金、燙字
郵政編碼:302550

企業名稱:**永清縣劉街鄉南範莊冲壓件廠**
企業負責人:王岩
企業地址:永清縣劉街鄉南範莊
經營範圍:JF132E 汽車發動機驅動端蓋、内油封蓋、發動機軸承蓋、發 動機支撑襯套、驅動端蓋鋁套
郵政編碼:302650

企業名稱:**廊坊市智升源工藝雕刻廠**
企業負責人:劉志忠、王印生
企業地址:廊坊市大官莊后街 3 號
經營範圍:紅木小擺件、硬木家具、龍頭漁缸架、各型硬木木座、木架
郵政編碼:102800

企業名稱:**廊坊市友誼綜合服務樓**
企業負責人:劉成志
企業地址:廊坊市東安市場十棟 1—6 號
經營範圍:旅店、餐廳、汽車修理及汽車配件
郵政編碼:102800

企業名稱:**香河縣安平鎮安旺樓飯莊**
企業負責人:米懷旺
企業地址:香河縣安平鎮市津公路西側
經營範圍:飯店、旅店
郵政編碼:302550

企業名稱:**香河縣同福皮鞋廠**
企業負責人:張瑞廣
企業地址:香河縣王擺鄉三間房村
經營範圍:各種皮鞋、童鞋和凉鞋
郵政編碼:302550

企業名稱:**大廠回族自治縣祁屯京華活動房廠**
企業負責人:趙洪鋒
企業地址:大廠縣祁屯村
經營範圍:活動房
郵政編碼:101700

企業名稱:**大廠回族自治縣王指揮屯首飾工廠**
企業負責人:馬景權
企業地址:大廠縣王指揮屯村
經營範圍:首飾、項鏈、耳環、寶劍
郵政編碼:101700

企業名稱:**文安縣飛達工業有限公司**
企業負責人:馬四中
企業地址:文安縣城西關外
經營範圍:電動工具、電子儀器
郵政編碼:302850

企業名稱:**永騰機械配件廠**
企業負責人:周占侖
企業地址:文安縣新鎮莊子
經營範圍:各種規格法蘭、大小頭、彎頭、管接頭、活接頭、人孔、手孔、壓力表接頭
郵政編碼:302850

企業名稱:**文安縣建華木材有限公司**
企業負責人:帥樹雲
企業地址:文安縣灘里鄉西灘村
經營範圍:計劃外木材、多層板加工
郵政編碼:302850

企業名稱:**文安縣新興皮鞋廠**
企業負責人:羅伯智
企業地址:文安縣灘里鄉安里屯二村
經營範圍:男女皮棉鞋、皮單鞋、皮涼鞋
郵政編碼:302850

企業名稱:**三河縣揚莊鄉第二裝訂廠**
企業負責人:陶德明
企業地址:三河縣揚莊鄉揚莊村
經營範圍:裝訂各種精裝、簡裝書
郵政編碼:101600

企業名稱:**晉縣姚莊東風建築材料廠**
企業負責人:王入祥
企業地址:晉縣姚莊村西
經營範圍:水泥
郵政編碼:052260

企業名稱:**三河縣段甲成祥灰廠**
企業負責人:紀成祥
企業地址:三河縣段甲嶺鎮五頭山
經營範圍:白灰
郵政編碼:101600

企業名稱:**唐山市新區有限責任公司精密鑄鋼廠**
企業負責人:張柱
企業地址:唐豐路甸子村邊
經營範圍:鋼錠
郵政編碼:063000
電話:(0086)(0315)41489

企業名稱:**唐山市路北區通達水產冷凍廠**
企業負責人:張春樹
企業地址:唐山市路北區西北井水產街
經營範圍:水產品加工、生肉、飲料、蔬菜、水果冷藏
郵政編碼:063000
電話:(0086)(0315)28352

企業名稱:**唐山市曙光水泥廠**
企業負責人:張春來
企業地址:唐山市東礦區水峪鄉后水峪村西
經營範圍:325#、425#礦渣硅酸鹽水泥
郵政編碼:063000

企業名稱:**唐山市新區甸子合金鑄鋼廠**
企業負責人:徐國元
企業地址:唐山市唐豐路甸子村邊
經營範圍:鋼錠
郵政編碼:063000

企業名稱:**玉田縣京津建材廠**
企業負責人:丁懷明
企業地址:玉田縣渠河頭半壁街
經營範圍:輕質琉璃瓦
郵政編碼:064100

企業名稱:**唐山長城電子技術研究所**
企業負責人:張成貴
企業地址:新區幸福道城建局院内
經營範圍:穩壓電源、雙B穩壓電源
郵政編碼:063000
電話:(0086)(0315)41504

企業名稱:**唐山市東礦區輕鈣廠**
企業負責人:費雲榮
企業地址:東礦區水峪鄉北
經營範圍:輕質碳酸鈣
郵政編碼:063000
電話:(0086)(0315)52033 轉 1089

企業名稱:**臨西縣絲網印機配件廠**
企業負責人:壽金章
企業地址:臨西縣河西鎮商業街63號
經營範圍:各種手動、半自動絲網機制版設備
郵政編碼:057850

企業名稱:**新河縣毛紡織廠**
企業負責人:張鳳鳴
企業地址:新河縣安家莊
經營範圍:各種呢制品
郵政編碼:051730

企業名稱:**任縣光華機械廠**
企業負責人:張發林
企業地址:任縣邢家灣鎮
經營範圍:木工刨鋸
郵政編碼:055150

企業名稱:**臨西縣振興罐頭廠**
企業負責人:張善成
企業地址:臨西縣姚樓鄉東段村
經營範圍:各種水果罐頭、肉類罐頭、果醬
郵政編碼:057850

企業名稱:**臨西縣紙箱廠**
企業負責人:段三林
企業地址:臨西縣城北大街
經營範圍:各種紙箱
郵政編碼:057850

企業名稱:**新河縣恒鑫工藝綉品廠**
企業負責人:陳永寬
企業地址:新河縣北馮召村
經營範圍:刺綉品、被罩、枕套
郵政編碼:051730

企業名稱:**河北省廣宗縣工藝大廈予制廠**
企業負責人:石保金
企業地址:廣宗縣塘町鄉
經營範圍:水泥予制作
郵政編碼:054600

企業名稱:**石家莊市石聯低壓設備開關廠**
企業負責人:陳忠修
企業地址:石家莊市建設北大街常德里5號
經營範圍:低壓配電設備
郵政編碼:050000
電話:(0086)(0311)43294

企業名稱:**石家莊市華山金屬制品廠**
企業負責人:曹志剛
企業地址:石家莊市燃料五廠內
經營範圍:低壓配電設備
郵政編碼:050000
電話:(0086)(0311)43539

企業名稱:**石家莊市正定縣新立鋼砂廠**
企業負責人:郝新敏
企業地址:石家莊市兆通鄉西兆通村
經營範圍:鋼砂丸
郵政編碼:050000

企業名稱:**石家莊市正定縣常山電子應用設備廠**
企業負責人:白新來
企業地址:石家莊廿里鋪鄉小馬村
經營範圍:系列日光燈電子鎮流器
郵政編碼:050000

企業名稱:**石家莊市智光信息技術服務所**
企業負責人:林理時
企業地址:石家莊市新華西路107號
經營範圍:民用通訊設備
郵政編碼:050000
電話:(0086)(0311)33179

企業名稱:**石家莊市正定縣華大化工廠**
企業負責人:孫新華
企業地址:正定縣西兆通鄉十里鋪村
經營範圍:胺氨菊酯、蔬菜靈、西瓜靈
郵政編碼:050000

企業名稱:**石家莊市百滙自動化設備廠**
企業負責人:石風生
企業地址:石家莊市槐中東路
經營範圍:配電設備、自動化儀表、電子計算機控制設備
郵政編碼:050000
電話:(0086)(0311)631138

企業名稱:**南皮縣店子鎮天南旅游制品廠**
企業負責人:魏金堂
企業地址:南皮縣店子鎮西林子
經營範圍:羽絨制品
郵政編碼:061500

企業名稱:**東光縣秦村鎮蜂產品加工廠**
企業負責人:李松山
企業地址:東光縣秦村鎮一村
經營範圍:蜂蠟、蜂產品
郵政編碼:061600

企業名稱:**東光縣光明刃具廠**
企業負責人:李祥森
企業地址:東完縣大張鄉李四維村
經營範圍:刀具
郵政編碼:061600

企業名稱:**河間縣米各莊鎮留標活塞廠**
企業負責人:揭保國
企業地址:河間縣米各莊鎮
經營範圍:進口轎車活塞、摩托車活塞、柴油機活塞
郵政編碼:062450

企業名稱:**河間縣石棉橡膠板廠**
企業負責人:範漢增
企業地址:河間縣來城鎮範九村
經營範圍:石棉橡膠板
郵政編碼:062450

企業名稱:**東光縣于橋鄉小康五金廠**
企業負責人:于桂平
企業地址:東光縣于橋鄉小康村
經營範圍:主營:碳刷、電刷架、集電環
兼營:塑料袋
郵政編碼:061600

企業名稱:**東光縣仉于益民化工廠**
企業負責人:楊作凱
企業地址:東光縣大單鄉仉于村
經營範圍:工業用品

郵政編碼:061600

企業名稱:**黃驊市后唐廣興塑料制繩廠**
企業負責人:胡金榮
企業地址:黃驊市岐口鎮后唐村
經營範圍:聚乙烯絲綫繩網布
郵政編碼:061100

企業名稱:**獻縣新光醫療器械廠**
企業負責人:齊雲江
企業地址:獻縣城東小過
經營範圍:多功能偏癱治療儀
郵政編碼:062250

企業名稱:**武安市通達運輸有限公司**
企業負責人:劉彥昭
企業地址:武安市磁山鎮劉莊村
經營範圍:主營:貨運
兼營:客運、汽車配件
郵政編碼:056300

企業名稱:**邯鄲縣東小屯水泥制品廠**
企業負責人:崔振同
企業地址:邯鄲縣邯肥路口
經營範圍:予應力空心板和予制各種水泥構件
郵政編碼:056043

電話:(0086)(0310)26303

企業名稱:**邯鄲市峰峰礦區自強福利帆布廠**
企業負責人:牛玉生
企業地址:邯鄲市太行東路
經營範圍:帆布、帆布制品
郵政編碼:056043

企業名稱:**邯鄲市峰峰礦區義中個體聯辦曙光煤礦**
企業負責人:李清岐
企業地址:義井義中村東南
經營範圍:煤炭
郵政編碼:056043

後　　記

首卷《中國私營經濟年鑒》在港付梓發行，這首先要感謝許多有眼光有熱心的專家學者和實業界人士的支持與合作，使這本没有前例的記述中國私營經濟的史册，今天得以呈現在讀者面前。

《年鑒》的發端，是在去年二月七日，中華全國工商業聯合會常務副主席張緒武、黨組書記李定副主席、駐會副主席葉寶珊等全國工商聯領導及有關工作部門的負責人與香港經濟導報社社長、香港經導集團董事長謝明幹先生等，就雙方聯合在香港編輯出版《中國私營經濟年鑒》事宜進行了會商，并于三月份正式簽署了《中華全國工商聯合會、香港經濟導報社關于聯合編輯出版[中國私營經濟年鑒]的合作方案》，并議定由香港經導集團駐北京有關機構承辦出版事宜。

《年鑒》的編務工作，是在編輯部成立后，先后搜集了從一九七八年到一九九三年在全國各種出版物上發表的有關私營經濟的法規、政策、研究論文、調查報告等一千多篇；資助全國工商聯研究室、中國社會科學院社會學所完成中國大陸私營企業主階層抽樣調查工作；征集願意録入《年鑒》的尋求對外合作的私營企業名録；第一次完成了對全國最大的制造業私營企業排序調研課題——“1992年中國一百家最大的制造業私營企業排序”工作；還有入選《年鑒》人物的撰稿和返審等工作。在此期間，《年鑒》編輯部曾多次開會，根據去年一年來國家政策的調整、全國私營經濟出現的新的情况等，進行了研究和分析，調整了《年鑒》的内容結構及編務、印務工作計劃。對《年鑒》收録的文稿，反復商討了編例。舉凡載録一文一事，都要求堅持解放思想，實事求是的思想路綫；在學術上貫徹“百花齊放、百家争鳴”的方針；不論一文一例出自何處，録入《年鑒》均要求以是否有利于發展社會主義社會的生産力，是否有利于增强社會主義中國的綜合國力，是否有利于提高人民的生活水平，作判斷是否收録的根本標準。編輯部全體同仁自覺要求自己，處理史料要不落後于時代，要不斷開擴視野，展拓胸襟，自覺克服各種局限性，以科學的態度與手段，來對待和研究各地區、各部門、各個人物的實踐經驗與學術見解，認真地虚心地研究其它國家屬于人類文明的進步成果，以期同心協力，和衷共濟，使這本工具書，能够就自身特有的角度和功能，爲民營經濟的健康發展服務，發出自己的光和熱，致力于建設充滿生機活力的社會主義市場經濟體制。

《年鑒》首卷來之不易，正所謂“萬事開頭難”。編輯部的同仁們，甘作第一批敢吃螃蟹的人，克服重重困難螯鉗的夾擊，辛苦經年，艱難玉成，終于使宏願克償，向海内外各界推出了這一鴻篇巨制。白紙黑字，得失臧否，自有人來評説。我們回顧這段工作經歷，深切感受之一，正如一位知名學者講的，目前從事研究中國私營經濟的學者，尚處在“個體户”的境地，這項工作没有經費，掛不上號，不被理解。更有甚者，我們在這一年中還一次又一次體會到，目前中國的私營企業“老闆”極其缺乏群體的公益意識，正如我們抽樣調查了解到的，平日老闆之間交往很少。難得的有數的幾位熱心開明的老闆，他們的勛名已載入本册《年鑒》。

誰來支持這本《年鑒》的出版？爲着出版這卷《年鑒》，我們接觸了不少“老闆”。對這個問題，起初認爲似乎不成問題，殊不知許多老板目前并不明白《年鑒》爲何物，不認爲《年鑒》與他們個人有何關係，有的漠然置之，有的輕諾寡信，使《年鑒》經費的籌集舉步維艱，這使我們痛感某些先富起來的人在精神上是何等貧乏。倒是一位法國的讓·雪松先生，自學漢語后，三度來中國專門考察中國的私營經濟，他走訪《年鑒》編輯部，表示渴望中國能出這么一本書，并留下訂購費，成了《年鑒》的第一名外籍讀者。這怎能不令我們感慨系之，似乎在耳畔又聽到毛澤東評價白求恩的那段名言：“一個外國人……”。總之，無數正面和反面的實例教訓了我們，使我們感受到，中國私營經濟這種混沌狀態，是多么沉重的社會現實！從混沌走向比較自覺有序，這步履又是何等沉重而艱澀！這一切使我們更殷切地意識到，要加强這方面的工作，我們的使命感從而更加熾烈。我們的工作，是爲國家的，也是爲世界的，是不依暫時的順利與否爲轉移的。歷史大趨勢是中國要走向富强，要求我們在所從事的研究領域不斷開拓探索，今天中國經濟體制改革的目標已經明確，中國發展的歷史航船已經駛向了建立社會主義市場經濟體制。在社會經濟生活方面，多種經濟的“長期共同發展”，是中國特色社會主義的一個重要部分，我們爲此進行科學探索，投身社會變革之中改造我們的學習與研究，是無尚光榮的盛事，是歷史賦予我們的責任。社會實踐已經證明，理論和政策的滯后，對私營經濟發展尤爲不利，中國改革開放的實踐，迫切要求有中國自己的、適應改革要求的，反映時代特征的理論。當今世界的有識之士，都在注視着太平洋世紀的到來，如果沒有我們自己的理論，中國將不可能站到新世紀的前列。《年鑒》的出版是順應歷史潮流，擔負起私營經濟理論政策研究的一份責任。我們要努力以此自勉和互助，辛勤勞動，力爭無愧于偉大時代和養育我們的祖國人民，在今後繼續作出我們應有的一份貢獻。

中國私營經濟年鑒

（1978—1993 年中文繁體字版）

編輯：《中國私營經濟年鑒》編輯委員會

出版：香港經濟導報社

開本大16開 印張24.75 字數80萬

1994年8月第1版 1994年8月第一次印刷

定價：港　幣 HK＄300元

人民幣 RMB￥198元

國際書號：ISBN 962—531—026—6